Der junge Carl Maria von Weber

SCHOTT
Musikwissenschaft

Joachim Veit

Der junge Carl Maria von Weber

Untersuchungen zum Einfluß Franz Danzis und Abbé Georg Joseph Voglers

SCHOTT
Mainz · London · New York · Paris · Tokyo

Meinen Eltern

Bestellnummer: ED 7817

Umschlaggestaltung: Günther Stiller, Taunusstein
Printed in Germany · BSS 47164
ISBN 3-7957-1861-9

Inhalt

Biographischer Teil

Analytischer Teil

Vorwort

Bei der vorliegenden Veröffentlichung handelt es sich um die überarbeitete Fassung der Dissertation des Verfassers, die im Dezember 1987 unter dem Titel *Studien zum Frühwerk Carl Maria von Webers. Untersuchungen zum Einfluß Abbé Voglers und Franz Danzis* beim Fachbereich 4 der Universität - GH - Paderborn eingereicht wurde. Für die Drucklegung wurden nachträglich Literaturhinweise auf inzwischen erschienene Beiträge zum Weber-Jubiläumsjahr 1986 mit aufgenommen; aus dem ursprünglichen Notenanhang der Arbeit konnten nur die wichtigsten Beispiele in die Druckfassung übernommen werden, um den Umfang nicht ungebührlich zu dehnen. Zwei Kapitel zur Biographie Danzis und Voglers, soweit für die vorliegenden Betrachtungen von Interesse, wurden im Anhang abgedruckt. Briefe der drei Musiker sind in den Fußnoten nicht im einzelnen nachgewiesen; die Fundorte lassen sich für Danzi und Vogler den Briefregesten am Ende der Arbeit entnehmen, im Falle Webers kann auf vorliegende Editionen bzw. die in Vorbereitung befindliche Gesamtausgabe verwiesen werden. Ein Abkürzungsverzeichnis am Anfang der Arbeit gibt Aufschluß über häufig zitierte Kürzel; nur mit dem Namen des Autors angegebene Literaturnachweise können mit Hilfe der alphabetisch geordneten Bibliographie leicht vervollständigt werden, bei Mehrfachveröffentlichungen eines Autors ist dort im zuzuordnenden Titel der Autorname kursiv gesetzt.

Wenn man am Ende einer solchen Arbeit - vielleicht unumgänglich - enttäuscht über die Diskrepanz zwischen den ursprünglich gefaßten Ideen und deren tatsächlicher Verwirklichung zurückblickt, so verbindet sich mit diesem Zurückschauen auf der anderen Seite doch ein sehr angenehmes Gefühl: das der dankbaren Erinnerung an zahllose Begegnungen, Gespräche, Briefe und helfende Worte und Hände, die das Entstehen dieser Arbeit erst ermöglichten.

Mein Dank gilt zunächst meinem Doktorvater, Herrn Prof. Dr. Gerhard Allroggen, durch dessen Anregung nicht nur mein Interesse an frühromantischer Musik und Musikanschauung geweckt wurde, sondern auf den auch das Thema dieser Arbeit zurückgeht. Von den frühesten Vorarbeiten an hat er durch seine interessierte Anteilnahme und seine Bereitschaft, jederzeit mit Rat und Tat Orientierungshilfe zu geben, aber auch durch seine Bemühungen um die »äußeren« Arbeitsbedingungen die Entstehung der Arbeit bis hin zur Drucklegung gefördert.

Mit Dank erinnere ich mich auch meiner weiteren akademischen Lehrer und unter denen, die mein wissenschaftliches Denken nachhaltig geprägt haben, neben Herrn Prof. Dr. Allroggen besonders Herrn Prof. Dr. Arno Forchert und Herrn Prof. Dr. Christoph Hellmuth Mahling. Dank gilt darüber hinaus allen Mitgliedern des Detmolder Musikwissenschaftlichen Seminars für ihr anhaltendes und hilfsbereites Interesse.

Ohne die Unterstützung durch eine Vielzahl von Bibliotheken, Archiven und Privatpersonen hätte diese Arbeit nicht entstehen können. An erster Stelle muß dabei die freundliche Anteilnahme und vielfältige Förderung durch die Musikabteilung der Deutschen Staatsbibliothek Berlin/DDR und deren Direktor, Herrn Dr. Wolfgang Goldhan, genannt werden. Aus der umfangreichen Weberiana-Sammlung der Deutschen Staatsbibliothek konnte ich reichen Nutzen für die biographischen und analytischen Teile der Arbeit ziehen. Mein besonderer Dank gilt hier auch Frau Eveline

Bartlitz für ihre zuvorkommende Unterstützung und mancherlei Hilfe sowie für die Möglichkeit, das Manuskript ihres Weber-Autographen-Katalogs noch vor der Drucklegung einzusehen. Ein Wort des Dankes möchte ich an dieser Stelle auch dem Ururenkel Carl Marias, Hans-Jürgen Freiherr von Weber, sagen, sowohl für sein lebhaftes Interesse an meiner Arbeit, als auch für die Erlaubnis zur Einsicht der Weberiana aus Familienbesitz und jener Teile des Nachlasses, die 1986 als Schenkung dauerhaft in den Besitz der Deutschen Staatsbibliothek übergingen.

Was für Weber die Sammlung der Deutschen Staatsbibliothek, ist für Vogler die Musikabteilung der Hessischen Landes- und Hochschulbibliothek Darmstadt. Ihrem Leiter, Herrn Dr. Oswald Bill, und Frau Pilz sei ebenfalls für ihre unermüdliche Unterstützung und die Erlaubnis zur Verfilmung zahlreicher Quellen herzlich gedankt. Dem Badischen Generallandesarchiv Karlsruhe möchte ich für die Möglichkeit der Auswertung umfangreicher Archivmaterialien zu Danzis Wirken am Karlsruher Hoftheater meinen Dank aussprechen.

Unter den übrigen Bibliotheken, Institutionen und Privatpersonen danke ich, stellvertretend für zahlreiche andere, in besonderem Maße: der Musikabteilung der Staatsbibliothek Preußischer Kulturbesitz Berlin und ihrem früheren Leiter, Herrn Dr. Rudolf Elvers; dem Hessischen Staatsarchiv Darmstadt; der Fürstlich Fürstenbergischen Hofbibliothek Donaueschingen; dem Tiroler Landesmuseum Ferdinandeum Innsbruck; Herrn Dr. Joachim Draheim, Karlsruhe; der Badischen Landesbibliothek Karlsruhe; Frau Dr. Ute Schwab, Kiel; der British Library London; dem Staatsarchiv Ludwigsburg; der Musikabteilung der Stadtbibliothek Mannheim und ihrer Leiterin, Frau Brigitte Höft; Frau Dr. Liselotte Homering, Theatersammlung des Reiss-Museums Mannheim; dem Hauptstaatsarchiv München; der Musikabteilung der Bayerischen Staatsbibliothek München und ihrem Leiter, Herrn Dr. Robert Münster; Frau Dr. Gertraud Haberkamp, RISM München; dem Musikverlagsarchiv Johann André in Offenbach; dem Museum Carolino Augusteum in Salzburg; dem Baden-Württembergischen Hauptstaatsarchiv, der Landesbibliothek und dem Stadtarchiv Stuttgart; der Österreichischen Nationalbibliothek; der Wiener Stadt- und Landesbibliothek und der Bibliothek der Gesellschaft der Musikfreunde Wien mit ihrem Leiter, Herrn Dr. Otto Biba.

Mein herzlicher Dank gilt ferner den Mitarbeitern der Lippischen Landesbibliothek Detmold für die unermüdliche Bereitstellung von Literatur und Musikalien, besonders der Leiterin der Musikabteilung, Frau Dorothee Melchert, für mancherlei Hilfe.

Der Abschluß der Arbeit wurde ermöglicht durch ein zweijähriges Stipendium, das die Universität-Gesamthochschule Paderborn nach dem Graduiertenförderungsgesetz gewährte.

Wenn ich endlich zu guter Letzt die mir am engsten vertrauten Personen nenne, so nur, weil ihnen gewissermaßen die Summe meines Dankes gebührt. Wie viel ich vor allem meiner Frau bei der Entstehung dieser Arbeit zu verdanken habe, läßt sich sicher kaum mit einigen wenigen Worten ausdrücken; ebensowenig die Hilfe und Förderung durch meine Eltern. Ihnen sei diese Arbeit in Dankbarkeit gewidmet.

Abkürzungsverzeichnis

AS	Weber, Carl Maria von: *Autobiographische Skizze*
BeckerI	Becker, Heinz (Hg.): *Giacomo Meyerbeer. Briefwechsel und Tagebücher*, Bd. I: bis 1824, Berlin 1960
Betrachtungen	Vogler, Georg Joseph: *Betrachtungen der Mannheimer Tonschule*, 1. - 3. Jg., Mannheim 1778-1781
Bollert-Lemke	Bollert, Werner u. Arno Lemke: *Carl Maria von Webers Briefe an Gottfried Weber*, in: *Jb. des Staatl. Instituts für Musikforschung 1972*, Berlin 1973, S. 7-103
BSB	Bayerische Staatsbibliothek (München)
CS	Vogler, Georg Joseph: *Abt Vogler's Choral-System*, Kopenhagen 1800
Denkwürdigkeiten	Gänsbacher, Johann: *Denkwürdigkeiten aus meinem Leben*, hg. u. kommentiert v. Walter Senn, Thaur/Tirol 1986
DSB	Deutsche Staatsbibliothek (Berlin/DDR)
FS	Vogler, Georg Joseph: *System für den Fugenbau als Einleitung zur harmonischen Gesang-Verbindungs-Lehre vom Abt Vogler*, Offenbach: André, o.J.
HellS	Hell, Theodor (Hg.): *Hinterlassene Schriften von Carl Maria von Weber*, Bd. 1-3, Dresden u. Leipzig 1828
Hirschberg77	Hirschberg, Leopold (Hg.): *Carl Maria von Weber: siebenundsiebzig bisher ungedruckte Briefe*, Hildburghausen 1926
HSA	Hauptstaatsarchiv
JähnsS	Jähns, Friedrich Wilhelm: *Carl Maria von Weber. Eine Lebensskizze nach authentischen Quellen*, Leipzig 1873
JV	Jähns, Friedrich Wilhelm: *Carl Maria von Weber in seinen Werken. Chronologisch-thematisches Verzeichnis seiner sämmtlichen Compositionen*, Berlin 1871
JV	Jähns-Verzeichnis-Nummer
KaiserS	Kaiser, Georg: *Sämtliche Schriften von Carl Maria von Weber. Kritische Ausgabe*, Berlin u. Leipzig 1908
KlA	Klavierauszug
KT	Vogler, Georg Joseph: *Kuhrpfälzische Tonschule*, Teil I u. II, Mannheim 1778
LauxA	Laux, Karl: *Carl Maria von Weber. Aufriß seines Lebens, Wesens und Schaffens*, Berlin o.J. [1935]
LauxB	Laux, Karl: *Carl Maria von Weber*, [Bildbiographie], Leipzig ^{2}1978
LauxC	Laux, Karl: *Carl Maria von Weber*, Leipzig 1986
LB	Landesbibliothek
LHB	Landes- und Hochschulbibliothek
MMW	Max Maria von Weber: *Carl Maria von Weber. Ein Lebensbild*, Bd. 1-3, Leipzig 1864-1866

Muks	Bartlitz, Eveline: *Mein vielgeliebter Muks. Hundert Briefe Carl Maria von Webers an Caroline Brandt aus den Jahren 1814-1817*, Berlin 1986
Neues LTK	Gerber, Ernst Ludwig: *Neues Historisch-Biographisches Lexikon der Tonkünstler*, Leipzig 1812-1814, Reprint Graz 1966
NeumannW	Neumann, William: *C. M. v. Weber. Eine Biographie*, Kassel 1855
NohlW	Nohl, Ludwig: *Weber*, Leipzig o.J. [ca. 1890]
NohlM	Nohl, Ludwig: *Briefe C. M. von Weber's*, in: ds.: *Mosaik. Für Musikalisch-Gebildete*, Leipzig 1886, S. 63-93
PT	Vogler, Georg Joseph: *Handbuch zur Harmonielehre und für den Generalbaß, nach den Grundsätzen der Mannheimer Tonschule*, Prag 1802 [die sog. *Prager Tonschule*]
SA	Staatsarchiv
SB	Staatsbibliothek
SchafhäutlV	*Verzeichnis der Werke Vogler's*, in: Schafhäutl, Karl Emil von: *Abt Georg Joseph Vogler. Sein Leben, Charakter und musikalisches System. Seine Werke, seine Schule, Bildnisse &c*, Augsburg 1888, Reprint Hildesheim 1979, S. 245-282
SchnoorF	Schnoor, Hans: *Weber auf dem Welttheater. Ein Freischützbuch*, Dresden 1942
SchnoorW	Schnoor, Hans: *Weber. Gestalt und Schöpfung*, Dresden 1959
StA	Stadtarchiv
StB	Stadtbibliothek
TL	Weber, Carl Maria von: *Tonkünstlers Leben* [Romanfragment]
TT	Vogler, Georg Joseph: *Tonwissenschaft und Tonsezkunst*, Mannheim 1776
VeitM	Veit, Joachim: *Die Sinfonien Franz Danzis und die Theorie des Abbé Vogler. Beiträge zu einer stilkritischen Untersuchung der Spätmannheimer Sinfonik*, Magisterarbeit Detmold-Paderborn 1983
Walter 1898	Walter, Friedrich: *Geschichte des Theaters und der Musik am Kurpfälzischen Hofe*, Leipzig 1898, Reprint Hildesheim 1968
Walter 1899	Walter, Friedrich: *Archiv und Bibliothek des Grossh. Hof- und Nationaltheaters in Mannheim 1779-1839*, Bd. I: *Das Theaterarchiv*, Bd. II: *Die Bibliothek*, Leipzig 1899
Walter 1924	Walter, Friedrich: *Karl Maria von Weber in Mannheim und Heidelberg 1810 und sein Freundeskreis*, in: *Mannheimer Geschichtsblätter* 25. Jg. (1924), Sp. 18-73

(Sonstige Abkürzungen nach der Enzyklopädie *Die Musik in Geschichte und Gegenwart* bzw. gängigen Gepflogenheiten)

Einleitung

Zum Thema der Arbeit

Die Anregung zu der vorliegenden Arbeit geht letztlich zurück auf ein Seminar über frühromantische Musikanschauungen, das der Verfasser noch während seines Schulmusikstudiums im Wintersemester 1977/78 bei seinem späteren Doktorvater, Prof. Dr. Gerhard Allroggen, besuchte, und durch das sein anhaltendes Interesse an dieser »Übergangszeit« zwischen Klassik und Romantik bzw. an den Problemen der Gleichzeitigkeit »klassischer« und »romantischer« Musik geweckt wurde. Hermann Kretzschmars Hypothese, die in der Nachfolge des Holzbauerschen *Günther von Schwarzburg* stehenden deutschen Opernkompositionen von Danzi, Schubaur und Poissl bildeten *eine Brücke von der Mannheimer Periode hinüber zur »Euryanthe«*[1] und die in der Weber-Literatur meist unreflektiert übernommene Darstellung Max Maria von Webers, sein Vater habe, *durch Danzi's geistvolle Vermittelung, die Vorzüge der Mannheimer Schule* übernommen[2], waren Ausgangspunkt erster Überlegungen, Danzis Einfluß auf Weber (über die Ansätze der Arbeiten von Reipschläger[3] und Herre[4] hinausgehend) eine detaillierte biographische und stilistische Untersuchung zu widmen.

In einer ersten Annäherung an diese Fragestellung innerhalb der Staatsexamensarbeit des Verfassers[5] galt es zunächst zu überprüfen, inwieweit Franz Danzi noch der sogenannten *Mannheimer Schule* zugerechnet werden kann, ob also die Voraussetzungen der bei Kretzschmar bzw. Max Maria angesprochenen Fragestellung überhaupt gegeben sind.

Dabei rückte zusehends eine Persönlichkeit in den Mittelpunkt der Untersuchungen, die durch ihre zahlreichen Veröffentlichungen eine Art theoretisches Fundament der späten *Mannheimer Schule* begründete: Abbé Georg Joseph Vogler, durch dessen »Schule« auch Carl Maria von Weber in Wien und Darmstadt gegangen war, und der zwar nur wenige Jahre seines Lebens in Mannheim (bzw. München) verbrachte, sich aber auch in seinen Veröffentlichungen in Stockholm oder Prag stets auf die Ende der 70er Jahre in Mannheim herausgegebene *Kuhrpfälzische* oder *Mannheimer Tonschule* berief. Am Beispiel der für die Errungenschaften der Mannheimer bedeutendsten Gattung, der Sinfonie, konnte der Verfasser dann in seiner Magisterarbeit[6] zeigen, daß Voglers Theorien durchaus mit den Werken seiner Mannheimer

[1] Hermann Kretzschmar: Vorwort zu: *Ignaz Holzbauer: Günther von Schwarzburg*, in: *DDT*, 1. Reihe, Bd. VIII/IX, S. XVII

[2] vgl. MMW I, S. 141

[3] Erich Reipschläger: *Schubaur, Danzi und Poissl als Opernkomponisten. Ein Beitrag zur Entwicklungsgeschichte der deutschen Oper auf Münchener Boden*, Berlin 1911. Diese Dissertation wurde durch Kretzschmar angeregt.

[4] Max Herre: *Franz Danzi. Ein Beitrag zur Geschichte der deutschen Oper*, Diss. München 1924

[5] *Untersuchungen zum Instrumentalwerk Franz Danzis. Die Sinfonien D-Dur, B-Dur und d-moll aus dem Fürstlichen Bestand der Lippischen Landesbibliothek in Detmold*, Detmold, Januar 1982

[6] *Die Sinfonien Franz Danzis und die Theorie des Abbé Vogler. Beiträge zu einer stilkritischen Untersuchung der Spätmannheimer Sinfonik*, Magisterarbeit Detmold-Paderborn, Dezember 1983

Zeitgenossen in Verbindung stehen, daß er ferner durch die bewußte theoretische Begründung harmonischer oder formaler Phänomene einen wesentlichen Einfluß auf die sogenannte »dritte Generation« der Mannheimer Musiker (u.a. Winter, Danzi, Ritter) ausgeübt hat, und daß deren Kompositionen Charakteristika aufweisen, die als Erbe der frühen Mannheimer Sinfonik verstanden werden können.

Angesichts dieser Bedeutung Voglers schien es nun notwendig, bei der Frage nach Webers Verbindung zur *Mannheimer Schule* neben Danzi auch Vogler ins Blickfeld zu rücken, zumal beide Weber in der Zeit seiner kompositorischen Ausbildung nahestanden und eine Unterscheidung ihres jeweiligen Einflusses nur schwer durchführbar sein dürfte. Im Verlauf der Arbeiten wuchs so, auch im Widerspruch zu der Zurückhaltung, die sich die Weber-Biographen seit Max Maria bei der Auswertung der Rolle des *Mannheimer Tonlehrers* auferlegt hatten, allmählich die Einsicht in die (im Vergleich zu Danzi) weitaus größere Bedeutung Voglers, so daß sich der Schwerpunkt der ursprünglich intendierten Untersuchungen zugunsten Voglers verschob[7].

Die Untersuchung der Einwirkungen Danzis und Voglers auf den jungen Weber sollte auf zwei Ebenen erfolgen: einer biographischen und einer stilistischen.

Dabei galt es zunächst, die vielfältig verstreuten Belege für die Kontakte Webers zu Vogler und Danzi zu ermitteln und die Angaben der Sekundärliteratur zu überprüfen, um auf dieser Grundlage eine durch Quellen abgesicherte Darstellung der Beziehungen zu versuchen. Leider scheinen einige Quellen, die Max Maria in seinem *Lebensbild* noch heranziehen konnte, verloren, andererseits erwiesen sich aber auch eine Reihe von Materialien (etwa Webers Tagebücher, Gänsbachers *Denkwürdigkeiten* oder Briefe der drei Musiker) als noch unzureichend genutzt und konnten einige bisher übersehene Quellen ausgewertet werden.

In diesen biographischen Kapiteln wurden daher die erhaltenen Quellen in den Anmerkungen umfassend dokumentiert und darüber hinaus der Arbeit als Anhang zwei ebenfalls ausführlich belegte Skizzen zur Biographie Danzis und Voglers (soweit dies für das Verständnis der Persönlichkeit beider Komponisten von Interesse schien) beigegeben. In allen Fällen folgen die Zitate, wenn möglich, dem Wortlaut der Originale, wodurch eine Reihe von Abweichungen zu vorliegenden Editionen zu erklären sind. Die biographischen Teile der Arbeit sollen zugleich Bausteine zu einer Biographie des jungen Weber (aber auch Voglers und Danzis) liefern, denn erst auf der Grundlage gesicherter biographischer Fakten erscheinen weitere Überlegungen und Forschungen zur Frage eines stilistischen Einflusses sinnvoll.

Im zweiten, analytischen Teil stellten sich dem Verfasser eine Vielzahl von »Hindernissen« entgegen. Das Fehlen einer kritischen Ausgabe der Werke Webers, der Mangel an (Partitur-)Neudrucken selbst so zentraler Kompositionen wie *Euryanthe* und *Oberon*, Zweifel an der Echtheit bereits veröffentlichter oder neu aufgefundener Werke[8], der Verlust der Münchener Opernwerke Danzis, die unübersichtliche Quel-

[7] Damit wäre eigentlich auch Voglers Einfluß auf Meyerbeer mit ins Blickfeld der Untersuchungen gerückt. Die unzureichende Dokumentation früher Kompositionen Meyerbeers ließ - neben dem Aspekt der Stoff-Fülle - eine Beschränkung auf Weber sinnvoll erscheinen.

[8] vgl. hierzu im Analyseteil die Bemerkungen zur sogenannten *Jugendmesse* Webers und zur zweiten Vertonung der Arie der Fatime: *Wird Philomele trauern* aus dem *Abu Hassan*. Nach Abschluß der Arbeit wurde dem Verfasser eine weitere zweifelhafte »Jugendkomposition« Webers bekannt: eine *Cantate*: *Wiedersehn, o Wiedersehn, in des Paradieses Auen*, die sich in zeitgenössischen Hand-

lenlage und Zerstreuung der Werke Voglers und Danzis[9], aber auch die mangelnde Aufarbeitung des »Umfelds« dieser Komponisten, erschwerten die Arbeit, die zunächst vornehmlich auf ein Zusammentragen von Quellen beschränkt blieb. Andererseits war aber ein Überblick über die verfügbaren Materialien Voraussetzung für eine sinnvolle Auswahl der zu behandelnden Stücke.

Für die Analyse selbst wurden die Schriften Voglers Ausgangspunkt, da sich dort zahlreiche »Kompositionsanweisungen« formuliert finden bzw. sich aus den *Zergliederungen* extrahieren lassen, so daß die Schriften brauchbare Kriterien für eine Unterscheidung von Stileigentümlichkeiten an die Hand geben. Eine Untersuchung aller Aspekte möglicher Einwirkungen ist sicher kaum durchführbar, die Schriften heben jedoch die wichtigen und wirklich zentralen Gesichtspunkte so hervor, daß sich der Verfasser im Analyseteil der Arbeit im wesentlichen auf diese, für Voglers »Lehre« besonders typischen Punkte beschränken konnte.

In erster Linie ist dabei Voglers eigenartiges *Harmonie-System* - ein ins 19. Jahrhundert vorausweisendes System der Harmonie- und Modulationslehre - zu berücksichtigen, um dessen Verbreitung er sich lebenslang bemühte, und das in seinen Analysen breiten Raum einnimmt. Da Voglers Anweisungen in diesem Bereich am genauesten faßbar sind, bilden ausgiebige Untersuchungen zur Entwicklung der harmonischen Sprache des jungen Weber den Kern des Analyseteils, obwohl sich der Entwicklungsprozeß angesichts des Verlustes vieler Frühwerke, aber auch durch das Fehlen von Vergleichskompositionen seiner ersten Lehrer Heuschkel und Kalcher nur mit Mühe und lückenhaft nachvollziehen läßt.

In einem eigenen Kapitel werden dann die Einflüsse der von Zeitgenossen immer wieder hervorgehobenen Instrumentationskunst Voglers untersucht. Webers Lektüre des Voglerschen *Fugen-Systems* und die in Darmstadt erfolgte Umarbeitung der Schlußfuge zum *Ersten Ton* gaben Anlaß zu einer Analyse der kontrapunktischen Techniken in den Jugendwerken Webers. Auf Vorarbeiten, in denen sich die besondere Bedeutung der Voglerschen *Zergliederungen* für die Formanalyse speziell der Mannheimer Instrumentalmusik erwiesen hatte, stützt sich das Kapitel über formale Gestaltungsweisen. Hier standen deshalb weniger zusätzliche eigene Analysen der Instrumentalwerke Webers im Mittelpunkt, als vielmehr die Interpretation neuerer Forschungsergebnisse im Lichte der Voglerschen Äußerungen zur Form.

Schließlich durfte ein Kapitel über die Gattung nicht fehlen, in der laut Kretzschmar die *Brücke von der Mannheimer Periode hinüber zur »Euryanthe«* zu erkennen ist. Das komplexe Problem der Einwirkungen auf das Opernschaffen des jungen Weber konnte allerdings lediglich angesprochen werden, ohne daß sich mehr als vorläufige Hinweise auf Übereinstimmungen formulieren ließen. Dies hängt vor allem mit der noch weitgehend ungeklärten Frage des Einflusses der französischen Opernkunst in Deutschland zu Anfang des 19. Jahrhunderts zusammen. Man möge dem Verfasser nachsehen, wenn er sich angesichts der Bedeutung dieser Fragestellung im Opernkapitel darauf beschränkte, Probleme aufzuzeigen und Fragestellungen zu präzisieren.

schriften in der BSB München (Mus. Mss. 12559) und der LB Coburg (Ms. Mus. 7) erhalten hat; in Webers frühen Briefen oder in der *Autobiographischen Skizze* ist dieses Werk nirgends erwähnt.

[9] Bei Vogler kommt das Problem der zahllosen Mehrfachveröffentlichungen von in der Substanz identischen Werken (z.T. unter verschiedenen Titeln) hinzu.

Ohnehin mußte der Verfasser es im Analyseteil oft beim Aufzeigen von Parallelerscheinungen bewenden lassen, da sich stilistische Einflüsses selten wirklich »beweisen« lassen. Andererseits wird die Abhängigkeitshypothese in solchen Fällen meist durch die ermittelten biographischen Fakten unterstützt, so daß im Hinblick auf das Thema der Arbeit beide Teile einander ergänzen.

Webers Verhältnis zu Danzi und Vogler im Spiegel der Sekundärliteratur

Während die große Mozartbiographie von Otto Jahn und Philipp Spittas zweibändige Monographie über Johann Sebastian Bach in zunehmendem Maße eher wissenschaftsgeschichtlich von Interesse sind, blieb Max Maria von Webers *Lebensbild* seines Vaters bis heute die unverzichtbare »Standard-Biographie« über Carl Maria von Weber. Dies ist einerseits dadurch bedingt, daß die vielfältigen Anregungen, die die Bach- und Mozartbiographen u.a. durch die Gesamtausgaben des 19. und 20. Jahrhunderts erhielten, in der Weberforschung gänzlich fehlen[1]; andererseits konnte keiner der späteren Weber-Biographen so viele Zeitgenossen Webers befragen, noch hatte er einen so unmittelbaren Zugang zu der Vielzahl von Quellen aus dem Besitz der Familie wie Max Maria. Ihm standen neben Webers Tagebüchern *fast tausend Briefe von und an Weber und Weber's Familie* zur Verfügung und darüber hinaus zahlreiche *Aufsätze und Mittheilungen aus dessen eigner Feder und von Freunden und Zeitgenossen herrührend, die mir zum Theil zur Benutzung gelassen, theils besonders für meine Zwecke niedergeschrieben wurden*[2]. Anfragen oder eigene Forschungen in Archiven und die Auswertung zeitgenössischer Zeitungen und Zeitschriften ergänzten die vorhandenen Quellen[3]. Da Max Maria zudem ausdrücklich versicherte, er sei *nie bewußter Maßen vom Gegebenen abgewichen* und, obwohl er keine Quellen angegebe, *gern erbötig, auf* [...] *begründete Anfragen, diejenigen nachzuweisen, aus denen* [er] *jede Thatsache geschöpft oder in erlaubtester Weise vorsichtig Muthmaßungen hergeleitet* habe[4], galt das Lebensbild Max Marias als so zuverlässig, daß spätere Biographen häufig unreflektiert darauf zurückgegriffen haben. Zwar wurden schon früh die laienhaften oder unzureichenden Besprechun-

[1] Die im Jubiläumsjahr 1926 unter der Leitung von Hans Joachim Moser in Angriff genommene Weber-Gesamtausgabe blieb bereits in den Anfängen stecken. Nach dem Erscheinen der beiden ersten Bände mit den Jugendopern (1926 u. 1928) und der Edition der *Preciosa* (1932) endete das Unternehmen mit dem Plan, die von Constantin Schneider 1926 herausgegebene *Jugendmesse* unverändert in die Gesamtausgabe zu übernehmen.

[2] MMW I, S. XI. Der überwiegende Teil des umfangreichen Familien-Nachlasses wurde erst 1956 als Dauerleihgabe in die Deutsche Staatsbibliothek Berlin/DDR überführt und 1986 in eine Schenkung umgewandelt. Da bis zum Erscheinen des Katalogs von Eveline Bartlitz (*Verzeichnis der Weber-Autographen der Deutschen Staatsbibliothek Berlin*, Berlin/DDR 1986) nur wenige Forscher diese Bestände kannten, blieben sie weitgehend ungenutzt. Eine wertvolle Hilfe für die Biographen des 19. Jahrhunderts bildete jedoch die dreibändige Ausgabe der Schriften Webers durch Theodor Hell (Pseudonym für Carl Theodor Winkler, Dresden 1828), die u.a. Webers *Autobiographische Skizze* enthielt (Bd. I, S. V-XIV).

[3] MMW I, S. X-XII

[4] a.a.O., S. XIV

gen der Kompositionen in der Biographie beanstandet[5], und nach und nach wurden eine Reihe von Irrtümern des Sohnes aufgedeckt[6], aber direkte Übernahmen, besonders von biographischen Fakten und Wertungen, blieben die Regel. Dieser Eindruck bestätigt sich, wenn man die Beurteilungen des Verhältnisses Webers zu Vogler und Danzi durch die unterschiedlichsten Autoren miteinander vergleicht[7].

Max Maria schreibt in seinem *Lebensbild* zur Beziehung Webers zu Franz Danzi[8]:

> *Weit größern Einfluß als irgend eine andere Persönlichkeit in Stuttgart, ja vielleicht irgend eine überhaupt, Vogler nicht ausgenommen, hat auf Weber's künstlerische Entwickelung ein Mann geübt, der nicht unter die Bahnbrecher im Reiche der Musik, aber zu jenen gehört, die durch Vereinigung von Wissen und Individualität dafür geschaffen sind, das Talent mit dem sie in Beziehung treten, bewußt zu machen, ihm die eigentlich ursprünglichen Seiten seiner Schöpferkraft innewerden zu lassen, mit großer Klarheit künstlerische Mittel und Wege zur Erreichung großer Zwecke zu bezeichnen, unwiderstehlich zum Schaffen zu treiben und, in nüchterner Erkenntniß des mäßigen Umfangs eigenen Könnens, durch Beispiel und rastlose Thätigkeit zu zeigen, was die bedeutende Begabung zu thun hat, um groß zu werden.*

Diese Hochschätzung Danzis, die über das Bild, das Webers *Autobiographische Skizze* vermittelt, deutlich hinausgeht[9], beruht wesentlich auf Max Marias Kenntnis einiger (in der Biographie auch zitierter) Äußerungen Carl Marias in dessen Briefen an Franz Danzi. Den freundschaftlichen Umgang beider Musiker bezeugen dabei nicht nur das oft zitierte *musikalische Sendschreiben* an Danzi[10] oder die gereimten Briefe[11], sondern besonders zwei spätere Schreiben, in denen Webers Dankbarkeit gegenüber Danzi zum Ausdruck kommt. So schreibt Carl Maria in einem Brief vom 1. März 1824 an Danzi[12]:

> *Wie oft denke ich Ihrer mit innigem Dankgefühl; da Ihre warme Theilnahme und Nachsicht mein künstlerisches Streben einzig und allein in einer Zeit aufrecht erhielt, die mich bald ganz von meiner ursprünglichen Bestimmung abgeleitet hätte. Haben Sie nochmals und immer herzlich Dank dafür*

oder in einem Brief vom 26. Mai desselben Jahres[13]:

[5] vgl. etwa die Rezension des ersten Bandes der Biographie in der von Selmar Bagge herausgegebenen *Allgemeinen Musikalischen Zeitung* 1864, Sp. 289-298 u. 305-312

[6] vgl. dazu z.B. Artikel *Weber*, in: *MGG*, Bd. 14, 1968, Sp. 285-296 (Hans Schnoor)

[7] Im folgenden wurden im wesentlichen die Weber-Biographien und größere Aufsätze ausgewertet, neuere Populärbiographien blieben in der Regel aber unberücksichtigt. Häufig wiederkehrende Titel sind in Kurzform angegeben; vgl. hierzu das Abkürzungsverzeichnis (S. 11-12) bzw. die kursiv gesetzten Autorennamen in der Bibliographie am Ende der Arbeit.

[8] MMW I, S. 140

[9] Dort heißt es lediglich: *Hier, von der freundlichen Teilnahme des trefflichen Danzi ermuntert und angeregt, schrieb ich eine Oper: Silvana, [...] den ersten Ton, Ouvertüre, umgearbeitete Singchöre, wieder Klaviersachen usw.* (KaiserS, S. 7).

[10] MMW I, S. 146-149

[11] MMW I, S. 150-151 (September 1808) u. S. 275-276 (Sommer 1811)

[12] zitiert nach MMW II, S. 549

[13] zit. nach MMW II, S. 539

Sie wissen, daß eigentlich nur Ihr Beifall, Ihre Aufmunterung mich in Stuttgart der Kunst erhielten, und wie theuer und wichtig mir daher jedes Wort von Ihnen, dem Treumeynenden ist.

Die »kunstfremde« Stuttgarter Tätigkeit als Privatsekretär in den Diensten des Herzogs Ludwig Friedrich Alexander endete unrühmlich mit Webers Verhaftung und der Anschuldigung einer Unterschlagung von Geldern seines Dienstherrn. Da Max Maria diese Ereignisse als die *dunkelsten Stunden* im Leben seines Vaters ansah, und er zugleich - gestützt auf den Beginn von Webers Tagebuch mit der Ausweisung aus Stuttgart - dessen Haft zu einem dramatischen, in den Details überzeichneten Wendepunkt in Webers Leben hochstilisierte[14], scheint es kaum verwunderlich, wenn er Danzi in einer weitgehend korrupten Umgebung[15] als Webers *guten Engel*[16] betrachtete und den Einfluß, *welchen er auf den Menschen ausübte*, sogar höher als den künstlerischen bewertete[17]. Außerdem bestätigten die Informationen über die vielseitige Bildung Danzis, seine philosophischen Kenntnisse und seinen *fast elegant zu nennenden Styl*[18], die Max Maria wahrscheinlich dem Rochlitzschen Nekrologe entnahm[19], sein positives Bild von Danzis Charakter.

Abgesehen von den zitierten Briefen erschöpfen sich allerdings die Belege, die Max Maria für die Freundschaft beider Musiker anführt, in wenigen Sätzen. Nach der Ende 1807 datierten ersten Bekanntschaft hätten Weber und Danzi bald *im innigsten Verkehre* gelebt, *jedes Vorhaben besprechend, jedes Geschehene gegenseitig beleuchtend*[20]. Danzi, unter dem Namen »Rapunzel« Mitglied der feucht-fröhlichen Vereinigung »Faust's Höllenfahrt«, habe den zu Müßiggang neigenden Weber des öfteren von dieser Gesellschaft fernzuhalten versucht und ihn zum Arbeiten animiert[21], den Kontakt zur königlichen Bühne vermittelt[22] und schließlich die Annahme der Oper *Silvana* für diese Bühne erreicht[23]. Nach Max Marias Schilderung hat Danzi *laut für Weber's Unschuld* gesprochen, als dieser am 9. Februar 1810 im Orchestergraben verhaftet wurde, ja er *überlief die Richter mit Bitten, ihn zu ihm zu lassen und beabsichtigte selbst eine unerschrockene persönliche Vorstellung bei dem Könige, als der Verlauf der Sache alle Einwirkung unmöglich machte*[24]. Bei der Ausweisung ließ er ihm durch den *Polizei-Commissar Götz* [...] *mehrere*

[14] vgl. MMW I, S. 119, 175 (*Die sechszehn Tage bauen eine wunderbare Scheidewand in Weber's Leben*) u. 177

[15] vgl. die Schilderung der Stuttgarter Verhältnisse a.a.O., Bd. I, S. 124ff.

[16] a.a.O., S. 142

[17] a.a.O.

[18] a.a.O., S. 141

[19] *AMZ* 28. Jg. (1826), Sp. 581-587. In leicht veränderter Form nochmals veröffentlicht in: Friedrich Rochlitz: *Für Freunde der Tonkunst*, 3. Bd., [1]1830, [3]1868, S. 106-116. Zur umfassenden Bildung Danzis vgl. besonders *AMZ* 1826, Sp. 582-583. Rochlitz' Nekrolog bildete die Grundlage der biographischen Artikel zu Danzi im 19. Jahrhundert, vgl. Reipschläger, a.a.O., S. 45.

[20] MMW I, S. 143

[21] a.a.O., S. 143-144 u. 153-159

[22] a.a.O., S. 154 u. 159

[23] a.a.O., S. 174. Nach Max Maria brachte Danzi *täglich mehrere Stunden mit Weber in Besprechung über die Voranstalten zur Darstellung und die Proben zu, die demnächst beginnen sollten* (a.a.O.).

[24] a.a.O., S. 174-175

Empfehlungsbriefe auf Mannheim lautend aushändigen[25], so daß von Danzi auch *die Fäden, an denen sich sein ganzes künftiges Leben leitete, ausgehen sollten*[26]. 1811 trafen sich die Freunde noch einmal in München, wo Danzi Weber mit seinem Schüler Poissl bekannt machte, der die beiden zu zahlreichen gemeinsamen Unternehmungen begleitete, u.a. zu einem Aufenthalt am Starnberger See und zu einem Wettkomponieren bei Karl Friedrich von Wiebeking[27]. Max Maria spricht schließlich noch von einer Aufnahme Danzis in den »Harmonischen Verein«[28] und erwähnt die von Danzi geleiteten Karlsruher Aufführungen des *Freischütz* und der *Euryanthe*[29].

Was Webers Sohn andererseits über den künstlerischen Einfluß Danzis schreibt, ist offensichtlich von Rochlitz übernommen. Daß bei Danzi die *specifisch auf das Gesangliche und Rhythmische in der Instrumentalmusik* ausgerichteten Tendenzen der Mannheimer Schule, die Vogler mit dem Ausdruck *das Gesang* umschrieb, in reinster Form ausgeprägt seien[30], findet sich in ähnlicher Formulierung bei Rochlitz[31], der in Danzis Kompositionen auch die *Behandlung jedes Instruments nach seiner Natur* schätzt[32]. Diese letzte Bemerkung bezieht Max Maria allerdings in erster Linie auf die Vorliebe des Cellisten Danzi für sein eigenes Soloinstrument[33] und überträgt dann beide Aspekte direkt direkt auf die Beziehung Danzis zu Weber[34]:

> *Es ist unverkennbar, daß Carl Maria, durch Danzi's geistvolle Vermittelung, die Vorzüge der Mannheimer Schule überkam und das Gesangliche und Rhythmische der Instrumentalcomposition, von der Periode seines Umgangs mit Danzi an, eine ganz andere Rolle in seinen Arbeiten zu spielen begann* [...] *Hiermit wies Danzi's Einfluß Weber's Talent auf einen der Hauptpfade ein, die später zu den Siegeswegen für ihn werden sollten. Daß bei diesen bedeutsamen Einwirkungen auch das Aeußerlichere sich mit in Weber's Seele überführte und er von Danzi auch die Vorliebe für das Violoncell mit überkam, motivirt sich hier aus der Sache.*

Befremdlich wirkt in diesem Zusammenhang das Zitat eines *Violoncell-Rondo Danzi's*, von dem Weber in späteren Jahren behauptet habe, daß von dieser Arbeit Danzis [...] *ganzer musikalischer Einfluß auf ihn ihm emanirend erschien*[35].

[25] a.a.O., S. 176. Nach den Angaben a.a.O., S. 181/182 handelte es sich um Empfehlungsschreiben nach Mannheim an Gottfried Weber, Peter Ritter, Familie Hout, Madame Frank und Alexander von Dusch, sowie nach Heidelberg an Kapellmeister Hofmann.

[26] a.a.O., S. 181

[27] a.a.O., S. 273-274; vgl. auch den zitierten Brief an Gottfried Weber vom 3. Juli 1811, a.a.O., S. 276-278

[28] a.a.O., S. 232

[29] Durch die oben zitierten Briefe an Danzi vom 1. März u. 26. Mai 1824 belegt, vgl. MMW II, S. 539-540 u. 549-550.

[30] MMW I, S. 141

[31] *AMZ* 1826, Sp. 581-583 u. 586. Bei Rochlitz ist auch der Hinweis auf die Bezeichnung *das Gesang* vorgegeben, vgl. Sp. 582.

[32] a.a.O., Sp. 586

[33] MMW I, S. 141

[34] a.a.O., S. 141-142

[35] a.a.O., S. 142. Dieses *Rondo*-Thema, das Weber im Finale seines *Grand Pot-Pourri pour le Violoncelle* JV 64 übernommen hat, stammt aus Danzis Oper *Der Quasimann* (1789, *Rondo* der Therese: *Der Schutzgeist, der Liebende*; unveröffentlichte zeitgenössische Abschrift: Gesellschaft der Musikfreunde Wien; von Danzi zitiert in seinem Streichquartett op. VI, 4 und auch von Spohr in einer *Fantaisie et Variations sur un thème de Danzi* op. 81 verwendet). In der von Max Maria von

Damit erschöpfen sich Max Marias Bemerkungen zur künstlerischen Seite dieser Musikerfreundschaft, da im späteren Text jegliche Analyse, die konkret Gelegenheit böte, die festgestellten Einflüsse zu belegen, fehlt.

Wenige Jahre später hat dann Friedrich Wilhelm Jähns in seinem Werkverzeichnis einige konkrete Ergänzungen zu Danzis Einwirken auf Webers Kompositionen mitgeteilt. Neben dem vorstehend erwähnten *Rondo*-Thema, das Jähns in den »Harmoniebüchern« des Hoftheater-Archivs zu Stuttgart wiederfand[36], hielt er auch das *Andante*-Thema von Webers *Potpourri*, das mehrfach in Webers Werken begegnet, für ein Thema Danzis[37]. Ferner erwähnt er die Widmung des *Ersten Tons* an Danzi mit der Bemerkung im Autograph: *an des Kappelmstr. Danzi Geburtstag, auf der Solitüde gefeiert, ihm übergeben* [...][38] und ein *Chorlied*, das Weber zu Danzis Geburtstag verfaßte[39]. Auch in der unter *zweifelhafte Compositionen* eingeordneten *Ouvertüre Es-Dur für Pianoforte* sieht er mögliche Einflüsse Danzis[40].

Bis zum Erscheinen der beiden Monographien über Franz Danzi von Erich Reipschläger (1911) und Max Herre (1924) wurde diesem Bild nichts hinzugefügt[41]. Reipschlägers Arbeit geht zwar - abgesehen von der Behauptung, Weber habe sicherlich bereits in München Danzis deutsche Opern kennen gelernt[42] - biographisch nicht über Max Maria hinaus, er ergänzt jedoch dessen Bemerkungen zum künstlerischen Einfluß: *Bei der Einwirkung Danzis auf den Musiker Weber wäre vielleicht noch der Harmonik zu gedenken. Die Chromatik in der Harmonie war auch ein Kennzeichen der Mannheimer (Voglerschen) Schule*[43]. Auch Max Herre kann, obwohl er dem Verhältnis Webers zu Danzi in Stuttgart ein eigenes Kapitel widmet[44], neben einer weiteren Ausschmückung des bei Max Maria Mitgeteilten[45], keine neuen biographischen Fakten ergänzen. Immerhin aber glaubt er auf Grund seiner Analysen von Danzis Opern eine Reihe konkreter Einflüsse in Webers Umarbeitung der *Peter-Schmoll*-Ouvertüre und in der Partitur der *Silvana* erkennen zu können. Grundsätzlich stellt er dabei unter Danzis Einfluß bei Weber *eine reichere Harmonie, glänzendere und fülligere Instrumentation, klarere Ausarbeitung der Form nach Ordnung und Symmetrie, gesangmässigere Ausführung der Stimmen und rhythmischere* [!] *Abwechslung* fest[46]. Die Ergänzung der Klarinettenstimmen zur *Schmoll*-Ouvertüre schreibt er dabei ebenso wie die Wahl des Cellos als Ausdruckselement

Weber zitierten Variante in As-Dur (die fehlende zweite Punktierung in der ersten Vierergruppe des zweiten Taktes dürfte auf einem Irrtum beruhen) war das Thema bisher nicht nachweisbar.

36 vgl. JV 64, S. 80

37 a.a.O. Dieses Thema findet sich wieder in den Violoncell-Variationen für Alexander Dusch JV 94, in Nr. 3 der *Six pièces pour le pianoforte à quatre mains* op. 10, JV 83 und im *Musikalischen Sendschreiben* an Danzi JV 60.

38 JV 58, S. 74

39 JV 69, S. 83-84

40 JV Anh. III, Nr. 83, S. 439

41 Reißmann (S. 23-24) hält sich ebenso an Max Maria wie Benedict (S. 13) und Gehrmann (S. 14), der außerdem *Danzis Einfluss in Bezug auf gesanglichen und rhythmischen Ausdruck* in den Klavierstücken op. 10 bemerkt. Von anderen Autoren wird Danzi nicht oder nur am Rande erwähnt.

42 Reipschläger, S. 71

43 a.a.O., S. 73

44 Herre, S. 55-65

45 a.a.O., S. 55-64; vgl. hierzu auch die nachfolgenden Zitate aus Herres Arbeit

46 a.a.O., S. 60

der Silvana Danzis Vorliebe für diese Instrumente zu[47]. Vor allem in den *romantischen Zügen*, die Herre in den Werken Danzis bemerkt, zeigen sich für ihn Parallelen zu Webers späterem Schaffen[48]:

> *Die Instrumentalmusik, wie auch sein* [Danzis, e.A.] *Opernschaffen offenbart überall romantische Züge: in den kühnen oft unvermittelten Modulationen, in der chromatischen Führung der Mittelstimmen, überhaupt in der Verwendung einer gleitenden, stimmungssatten und im tiefsten Sinne des Wortes »farbigen« Chromatik, ferner in vielen Mittelsätzen, die sehnsüchtig-innigen, seltener phantastischen Charakter tragen. Sein Schwelgen in musikalischer Stimmung, auch die bisweilen zerfliessende Formgebung in Durchführungsteilen, selbst im Themenaufbau, auch die aus Mangel an architektonischer Strenge hervorgehende Diskrepanz zwischen Inhalt und Ausdehnung stempeln ihn zum Romantiker oder mindestens zu einem ihrer nächsten Vorgänger. Wie er in der Symphonie als Bindeglied zwischen den Mannheimern und den Romantikern aufgefasst* [wird], *so führen von seinen romantischen Opern, namentlich vom »Rübezahl« direkte Fäden hinüber von Mozart und Weber.*

Darüber hinaus betont Herre die künstlerischen Anregungen, die Weber in Gesprächen mit seinem Freund, der auch Webers Idee einer »deutschen Oper« mit prägte, empfangen habe[49]:

> *Hier bei Danzi werden die Reformgedanken zum ersten Male greifbare, in Diskussionen ohne Zahl ausgemeisselte Gestalt gewonnen haben, die er zuletzt in seiner »Euryanthe« zu verwirklichen glaubte und da werden die Freunde von Danzis »Iphigenie« ausgegangen sein, werden der durchkomponierten Oper das Wort geredet haben, werden von Holzbauers »Günther von Schwarzburg«, von Schweitzers »Alceste« gesprochen haben, hier werden sie gemeinsam in Mozarts Meisteropern ihre ewigen Vorbilder studiert und die Erfahrung des einen wird der heissen Sehnsucht und dem stürmischen Tatendrang des anderen zügelnd und ordnend Klarheit und Disziplin geschenkt haben.*

Spätestens in diesem Zitat wird jedoch deutlich, daß Herres Bemerkungen zu einem großen Teil in den Bereich der Spekulation gehören, was ebenso für seine Annahme gilt, die Uraufführung der Silvana sei wahrscheinlich von Danzi *durch Empfehlungen stark unterstützt* worden[50], oder die Aufführung des *Abu Hassan* am 10. Juli 1811 in Stuttgart habe unter Danzis Leitung stattgefunden[51]. Da auch für die Äußerungen über stilistische Einflüsse nie direkte Belege in den Werken Webers angegeben sind,

[47] a.a.O., S. 59 bzw. 62

[48] a.a.O., S. 171. Danzis *Rübezahl* entstand erst in Karlsruhe und wurde dort 1813 uraufgeführt.

[49] a.a.O., S. 57

[50] a.a.O., S. 64

[51] a.a.O. Herre hat offensichtlich auch als erster den Abschnitt aus *Tonkünstlers Leben*, der mit dem Satz beginnt: *Wie du* [...] *für mich gesorgt, für mich entsagt, Aussichten eröffnet, Wege gebahnt* [...] (vgl. KaiserS, S. 459), auf Franz Danzi bezogen (vgl. Herre, S. 64). Nimmt man an, daß dieses dritte Kapitel tatsächlich teilweise autobiographisch angelegt ist, müssen sich die erwähnten Bemerkungen auf die Zeit vor der Stuttgarter (und wohl auch Wiener) Periode beziehen, denn die (in der fiktiven Zeit des Abschnittes) nachfolgenden Bemerkungen über den klugen *Doctor medicinae* (KaiserS, S. 461) und die Klage über mangelnde Wissenschaft in der Kunst (a.a.O.) gehören - als autobiographische Bemerkungen - in die Salzburger und Augsburger Jahre, d.h. in die Zeit vor der Begegnung mit Vogler.

müssen vor diesem Hintergrund Herres Bemerkungen zur Rolle Danzis in Webers Schaffen sorfältig überprüft werden.

Die Äußerungen Herres wurden in dieser ausführlichen Form zitiert, da sie - wenn überhaupt zur Kenntnis genommen - neben Max Marias Bemerkungen und der *Autobiographischen Skizze* Webers zur Grundlage späterer Weber-Monographien wurden. So hat z.B. Paul Listl 1934 in seiner Arbeit über die Ouvertüren Webers die Bemerkungen Herres zu Danzi (und teilweise zu Vogler) unverändert übernommen[52], und von dort fanden sie weitere Verbreitung in der Weber-Literatur. Auch Erwin Kroll schließt sich in seiner Biographie von 1924 an Herre an, warnt allerdings vor einer Überschätzung des Einflusses Danzis[53]. Er glaubt, im *Ersten Ton* durch Danzi angeregte neue harmonische Wege Webers zu erkennen und erwähnt den Einfluß von Voglers *Lampedo* und Danzis *Cleopatra* auf dieses Werk, allerdings ebenfalls ohne dies zu belegen[54]. Darin stimmt er mit Saunders überein[55], der aber im übrigen ebensowenig über das bei Max Maria oder in der *Autobiographischen Skizze* Gesagte hinausgeht wie die Biographien von Lucy und Richard Poate Stebbins, Peter Raabe und Julius Kapp[56]. Hans Schnoor möchte im Anschluß an Kroll die Bedeutung Danzis für Weber relativieren, bezeichnet ihn aber gleichzeitig als *künstlerische Anregernatur ersten Ranges*, deren Einfluß auf Weber *weder voll erfaßt noch ausreichend gewürdigt* sei[57]. John Warrack gesteht offen seine Schwierigkeiten ein, den Einfluß Danzis auf die Werke Webers mit konkreten Worten zu bestimmen[58], folgt aber weitgehend den Äußerungen seiner Vorgänger. Neu ist lediglich die Auffassung, die Verklammerung der einzelnen Abschnitte des *Ersten Tons* durch den verminderten Septakkord gehe möglicherweise auf den Einfluß Danzis zurück[59].

Während also für die Frage des biographischen Hintergrundes der Beziehungen Webers zu Danzi nach wie vor (neben der *Autobiographischen Skizze*) das *Lebensbild* Max Marias Gültigkeit besitzt, basieren die Äußerungen über konkret musika-

[52] vgl. Listl, S. 18, 66, 67, 71, 88, 90, 91, 96 u. besonders die Zusammenfassung S. 114; der Hinweis zu Danzis Einfluß auf das Fugato-Thema der Ouvertüre zu *Euryanthe* (S. 91) stammt nicht von Max Maria, sondern von Herre, vgl. dort S. 59.

[53] Kroll, S. 12 u. 129. In seinem Aufsatz *Carl Maria von Weber. Zur 100. Wiederkehr seines Todestages: 5. Juni 1826*, in: *ZfMw* 8. Jg. (1925/1926), S. 514/515 zitiert Kroll eine schriftliche Mitteilung von Herre an ihn, in der alle Aspekte des Einflusses Danzis auf Weber (so wie Herre sie beurteilt) auf knappem Raum zusammengefaßt sind.

[54] Kroll, S. 99

[55] Saunders, S. 37

[56] Kapp schreibt zur Festnahme Webers: *Carl Maria befand sich am Abend des 9. Februar gerade, wie so häufig, während des Zwischenakts, bei Danzi im Theater, um mit ihm Einzelheiten wegen der Proben zu »Silvana«, die endlich einige Tage zuvor fertig geworden, zu besprechen, als plötzlich Gendarmen in das Orchester drangen* [...] (Kapp, S. 59). Dem Verzeichnis von Jähns hätte er entnehmen können, daß die Oper erst am 23. Februar vollendet wurde (vgl. *JV* 87, S. 95); die Verlegung der *Silvana*-Besprechung in den Zwischenakt ist ebenfalls Kapps Erfindung (vgl. dazu MMW I, S. 174).

[57] SchnoorW, S. 104, Zitate S. 96

[58] Warrack, S. 73

[59] a.a.O., S. 78. Die Annahme, die Musik zu *Turandot* sei für Danzi geschrieben (vgl. S. 79), ist ebenfalls neu und wurde z.B. von Leinert (S. 35) übernommen. Günter Zschacke schreibt zum Einfluß Danzis: *Seine Virtuosität in der Führung der Holzbläser (in der Kammermusik wie in den konzertanten Symphonien) hat ihren Einfluß auf Weber nicht verfehlt; wenngleich sich dessen bis dahin vorliegende Kompositionen bereits durch Eigenständigkeit auswiesen, brachten Danzis Werke neue Einsichten*. (Zschacke, S. 57)

lische Einflüsse mit wenigen Ausnahmen auf den Untersuchungen Max Herres, die jedoch einer Überprüfung bedürfen.

* * *

Im Gegensatz zu dem positiven Bild, das Max Maria den zeitgenössischen Äußerungen über das Wirken und die Persönlichkeit Franz Danzis entnehmen konnte, waren die Ansichten über Leben und Wirken des Abtes Georg Joseph Vogler sehr geteilt. Bei der Kenntnis zeitgenössischer Zeitschriften, über die Max Maria in seinem Vorwort spricht, konnten ihm die vielfältigen Auseinandersetzungen um die theoretische und praktische Tätigkeit sowie über die Persönlichkeit des Abtes, besonders in der Leipziger *Allgemeinen Musikalischen Zeitung* und der Speyerer *Musikalischen Realzeitung* bzw. *Korrespondenz der teutschen Filarmonischen Gesellschaft*, nicht verborgen bleiben. Selbst in den überwiegend positiven Beurteilungen Gerbers und Schillings fehlen Hinweise auf die angeblich anmaßende Haltung Voglers oder auf seinen *Eigensinn*, seine *Pedanterie und mancherlei Seltsamkeiten* nicht[60], und Joseph Fröhlichs begeisterte Biographie von 1845 konnte einem kritischen Leser eher Anlaß zur Skepsis geben[61].

Das Ansehen des *wunderliche*[n] *Original*[s][62] hat gerade in der Zeit des Entstehens von Max Marias *Lebensbild* erheblich gelitten und zwar einerseits durch die Mozart-Biographie Otto Jahns, besonders durch die darin veröffentlichten Äußerungen Mozarts[63], und andererseits durch die Voglerschen »Verbesserungen« von Bach-Chorälen, die innerhalb der Bach-Renaissance des 19. Jahrhunderts erneute Kritik hervorriefen[64], so daß Webers Zergliederung dieser »Verbesserungen« wie ein Makel

60 Art. *Vogler*, in: Gerber: *Neues LTK*, Sp. 476 u. *Schilling*, S. 792 (Zitat). Vgl. auch Art. *Vogler* im *Schlesischen Tonkünstler-Lexikon*, 4. Heft, Breslau 1847, S. 325: *Vogler erndtete seines Systems wegen sowohl das größte Lob als auch den bittersten Tadel* [...] oder bei *Bernsdorf*, Bd. 3, S. 820: *V. hat als Künstler wie als Mensch seinen Zeitgenossen zum Tadel eben so viel Veranlassung gegeben wie zur Verehrung* [...]

61 Nach Fröhlich war Vogler *ein edler Mensch; ein würdiger Priester; einer der größten Meister auf der Orgel, die je lebten; einer der tiefsinnigsten und gründlichsten Theoretiker aller Zeiten; ein ausgezeichneter, zum Heile der musikalischen Kunst viel wirkender Lehrer; eine nothwendige Erscheinung in der Kulturgeschichte der Menschheit, deren Genius sein verdienstreiches Haupt mit dem Kranze der Unsterblichkeit zierte* (Fröhlich, S. 4).

62 Riehl, S. 281

63 Otto Jahn: *W. A. Mozart*, 2. Teil, Leipzig [1]1856, S. 109-114 u. besonders Beilage XII, S. 520- 526. Wiederabgedruckt als Beilage IX in Hermann Aberts Mozartbiographie, 2. Teil, Leipzig 1921, S. 982-989. Jahn selbst spricht Vogler, der *ohne Zweifel eine ungewöhnliche und bedeutende Natur* gewesen sei, zwar nicht musikalisches Talent, jedoch jegliche *Schöpferkraft* ab (Jahn, a.a.O., S. 113). Mozarts Urteil ist sehr viel direkter und härter (vgl. seine Briefe an den Vater vom 4. u. 13. November u. 18. Dezember 1777), allerdings ist Jahn der Meinung, daß *nicht die Rivalität* [...] *Mozart bewog große ihn überragende Verdienste zu verkennen und gehässig zu verkleinern* [...] (Jahn, a.a.O., S. 112).

64 vgl. hierzu etwa Adolph Bernhard Marx: *Die Lehre von der musikalischen Komposition*, Erster Theil, [1]1837, [8]1875, S. 580-584; C. L. Hilgenfeldt: *Johann Sebastian Bach's Leben, Wirken und Werke*, Leipzig 1850, S. 109; den Artikel von Friedrich Nebelthaus in der *Kasseler Allgem. Zeitung* 1836, zitiert bei Martin Geck: *Die Wiederentdeckung der Matthäuspassion im 19. Jahrhundert*, Regensburg 1967, S. 116; die z.T. kritischen Anmerkungen der sonst eher positiven Kurzbiographie Voglers in dem *Neujahrsgeschenk an die Zürcher'sche Jugend 1859* oder die Biographie von Carl Hermann Bitter: *Johann Sebastian Bach*, Berlin 1865, 2. Bd., S. 99 u.a.; vgl. dazu auch Schafhäutls Bemerkungen über das Vogler-Bild seiner Zeit, Schafhäutl, S. 105-108

in seiner Biographie wirken mußte. Da Weber auch selbst in seinem *Wort über Vogler* viel von der zeitgenössischen Kritik an Vogler anklingen läßt - wie überhaupt der ganze Artikel sehr defensiven Charakter hat - ist es verständlich, daß Max Maria dem Wirken Voglers kritisch begegnete, obwohl aus den ihm sonst zur Verfügung stehenden Äußerungen Carl Marias wenig Ursache dazu bestand (wie noch zu zeigen sein wird).

Um dennoch die Begeisterung Webers für Vogler erklären zu können, bediente sich Max Maria einer psychologischen Hilfskonstruktion: *Vogler's und Franz Anton's Geister waren Zwillingsbrüder von merkwürdiger, nur durch die äußere Entwickelung etwas abgeschwächter Aehnlichkeit* [...][65], so daß von daher Carl Marias Verhalten gegenüber Vogler verständlich werde[66]:

> *Carl Maria's Anhänglichkeit für Vogler, die er bis zu seinem Tode bewahrte, und die mehr von kindlicher Pietät, als von der Liebe des Jüngers zum Meister an sich hatte, ist nicht allein aus seiner Dankbarkeit für den Lehrer erklärlich, aber wir finden einen passenden Schlüssel zu diesem eben so edeln als geheimnißvollen Gefühle in dem, was wir oben über die enge Verwandtschaft der Naturen von Franz Anton von Weber und Vogler sagten. Unbewußt umfaßte Carl Maria's Herz im verehrten Meister die potenzirte Wesenheit des, trotz aller seiner Schwächen, heißgeliebten Vaters.*

Damit ist Carl Maria gleichzeitig der Verantwortung für sein Verhalten bis zu einem gewissen Grade enthoben, und alle von Max Maria zitierten (meist positiven) Aussagen Carl Marias über Vogler konnten in diesem Lichte relativiert werden.

Eigenartigerweise haben bis heute die meisten Autoren diese Konstruktion übernommen[67] oder haben sich durch Max Marias Bemerkung über den *mystische Tiefe* vorspiegelnden und *charlatanmäßig reisenden Apostel* Vogler[68], der infolge jesuitischer Schulung gerade *junge Gemüther* [...] *aufs höchste zu beeinflussen* in der Lage gewesen sei[69], zu ähnlichen psychologischen Begründungen bewegen lassen, die allesamt von einem gewissen Rechtfertigungszwang zeugen und damit Ausdruck eines im Grunde negativen Vogler-Bildes sind[70].

[65] MMW I, S. 77. Zum Verhältnis beider vgl. a.a.O., S. 77-78

[66] a.a.O., S. 82/83

[67] vgl. Reißmann, S. 13/14; Pfordten, S. 11; Stebbins, S. 39; Moser, S. 17; Raabe, S. 27; Kapp, S. 32 u. Zentner, S. 57

[68] MMW I, S. 78 u. 79

[69] a.a.O., S. 79

[70] NohlW, S. 14: *Der 54jährige* [...] *hatte den* [...] *Jüngling ganz bezaubert*; vgl. auch S. 15; Gehrmann, S. 8: *Zudem verstand er es vortrefflich, jungen Gemüthern durch sein würdevolles und vollendet urbanes Wesen als ein Hoherpriester der Tonkunst zu erscheinen, dessen Aussprüche den Stempel unfehlbarer Wahrheit trugen*; Kroll, S. 7: *Ein anderer* [...] *weitgereister Musiker, halb Genie halb Charlatan, war es, der die Webers magisch anzog* [...]; Saunders, S. 21: *the romantic glitter and glamour that was largely inherent in his* [Weber's] *nature he found vastly accentuated and even exaggerated in the life and work of his master. Thus, essentially congenial to each other as they were, the mutual attraction was immediate* [...]; SchnoorW, S. 82: in der Autobiographie erscheine Vogler *als der Erfüller des ganzen jünglingshaften Sehnens, indem er Weber in die Schule seiner Unfehlbarkeit einreiht. Die blinde Verehrung Voglers durch seinen Schüler* [...] *beruht auf einem psychologischen Grunde, für den eine umfassende Erklärung noch aussteht*; Warrack, S. 54: *Nach den Erfahrungen, die Weber über Kunst und Künstler an Gestalten wie Grätz, Senefelder und vor allem seinem eigenen Vater gewinnen konnte, war er geradezu prädestiniert dazu, in Voglers Bann zu geraten* [...] *Bestimmt konnte der leicht beeindruckbare*

Die vorwiegend negative Charakterzeichnung Voglers bei Max Maria blieb auf seine Darstellung der biographischen Hintergründe des Kontaktes zwischen Weber und Vogler nicht ohne Auswirkung. Über die *Autobiographische Skizze* hinausgehend, schildert er die Aufnahme seines Vaters bei Vogler nach einem durch Gänsbachers Gönner, dem Grafen Firmian, vermittelten Vorspiel[71], wertet dann aber den weitgehenden Verzicht auf eigenes Komponieren während der Unterrichtszeit bei Vogler (1803/1804) als *schweren Rückschritt*[72] und sieht Carl Maria (in Abwesenheit Franz Antons) durch die Arbeit am Klavierauszug von Voglers Oper *Samori* ausgenutzt[73]. Komponiert habe Weber *auf Vogler's Veranlassung* nur die beiden Variationswerke über Themen aus Voglers *Samori* und *Castor und Pollux*[74]. Ob Vogler seinen Schüler beim Einstudieren der Oper *Samori* in Anspruch genommen hat oder ob er auf andere Weise dessen *Direktionstalent* kennen lernte, entzieht sich der Kenntnis des Biographen; die Empfehlung Webers als Leiter des Breslauer Theaters lege dies aber nahe[75].

Ausführlicher und durch die weitgehende Beschränkung auf unkommentierte Briefzitate in der Beurteilung zurückhaltender ist das Wiedersehen mit Vogler in Darmstadt 1810/1811 geschildert, wo dieser seinen Schüler mit *offenen Armen* empfangen habe[76]. Gemeinsam mit Meyerbeer und Gänsbacher traf man sich hier meist in der Wohnung Voglers oder bei Hofkammerrat August Konrad Hofmann[77], verbrachte die Tage mit *musikalischen Uebungen und Arbeiten*[78] oder begleitete Vogler zum Orgelspiel[79].

> *Die Abende verflossen fast alle in ernstem Verkehr mit Vogler oder bei Hoffmann, wo Vogler, oder einer der jungen Musiker phantasirte, oder ein gutes Werk durchgenommen, oder auch nur Gespräche gepflogen wurden*[80]. *Eigentlichen Unterricht Vogler's genoß Carl Maria in Darmstadt nicht, obwohl dieser mit ihm seine Arbeiten durchging und Weber pietätvoll, so weit es seine Ueberzeugung gestattete, denn diese ließ er sich jetzt schon selbst von Vogler nicht mehr anfechten, seinen Rathschlägen folgte*[81].

Erwähnt wird ferner die Geburtstagsfeier für Vogler[82], Webers nicht ohne Zaudern ausgeführte Zergliederung der von Vogler umgearbeiteten Bach-Choräle[83] und seine Umarbeitung des Textbuchs von Voglers *Samori*[84]. Vogler führt seinen Schüler per-

Weber seinem Lehrer die nötige Begeisterung entgegenbringen, die dieser zum Leben so dringend brauchte [...]

71 MMW I, S. 83/84
72 a.a.O., S. 84
73 a.a.O., S. 85
74 a.a.O., S. 87
75 a.a.O., S. 86
76 a.a.O., S. 194
77 a.a.O., S. 197
78 a.a.O., S. 199
79 a.a.O.
80 a.a.O.
81 a.a.O., S. 198/199
82 a.a.O., S. 205-207
83 a.a.O., S. 207-208
84 a.a.O., S. 246

sönlich beim Erbgroßherzog Ludewig in Darmstadt ein[85] und stellte ihm eine Reihe von Empfehlungsschreiben aus, worunter die an den Aschaffenburger Fürstbischof Carl von Dalberg und an den Kronprinzen von Bayern ausdrücklich erwähnt sind[86]; ferner unterstützte er Weber auch in finanziellen Notlagen[87].

Eine Reihe weiterer Fakten lassen sich den zitierten Briefen entnehmen, ohne daß sie von Max Maria kommentiert sind, so u.a. Webers Beschäftigung mit Voglers *Fugen-System* und (offensichtlich in diesem Zusammenhang) die Umarbeitung der Fuge zum *Ersten Ton*[88], seine Absicht, eine Biographie Voglers zu schreiben[89], seine Kenntnis von Voglers *Requiem*[90] und die auf Voglers Rat zurückgehende Dedikation des *Abu Hassan* an den Großherzog von Darmstadt[91]. Einige Bemerkungen zu Carl Marias Wiedersehen mit Vogler in Wien 1813[92], zu seiner Reaktion auf die Nachricht vom Tode Voglers[93] und zum Geschenk eines Brustbildes von Vogler[94] finden sich schließlich in späteren Kapiteln des *Lebensbildes*.

Diese Kenntnis der biographischen Hintergründe des Kontaktes zwischen Weber und Vogler konnte seit Max Maria in der Weber-Literatur nicht wesentlich erweitert werden, sieht man von Ludwig Nohls Veröffentlichung der frühen Briefe Webers an seinen Jugendfreund Thaddäus [irrtümlich oft: Ignaz] Susan ab[95]. Der Hinweis auf die druch Vogler vermittelte Bekanntschaft Webers mit Joseph Haydn in Nohls kleiner Biographie[96] basiert auf der Kenntnis dieser Briefe, die außerdem Hinweise auf die näheren Umstände des Unterrichts bei Vogler, die Entstehung des Klavierauszugs zu *Samori* sowie der beiden Variationswerke für Klavier op. 5 und op. 6 enthalten[97]. Einige wenige zusätzliche Informationen finden sich auch in den 1867 von Nohl veröffentlichten Briefen an Gänsbacher[98], während die teilweise aufschlußreichen Briefe an Gottfried Weber erst 1972 publiziert wurden[99]. Ebenfalls erst in neuerer Zeit wurden die in diesem Zusammenhang interessanten Briefe und Tagebücher Meyerbeers zugänglich[100].

[85] a.a.O., S. 195

[86] a.a.O., S. 203 u. 210. Schon in der Wiener Zeit hatte Vogler seinem Schüler Empfehlungsbriefe ausgestellt, so z.B. an den Breslauer Organisten Berner, vgl. MMW I, S. 94.

[87] a.a.O., S. 216

[88] a.a.O., S. 218

[89] a.a.O., S. 208

[90] a.a.O., S. 198

[91] a.a.O., S. 240

[92] a.a.O., S. 409/410

[93] a.a.O., S. 438

[94] a.a.O., S. 477

[95] Diese Briefe wurden von Nohl erstmals 1843 in der *Wiener Zeitschrift für Kunst, Literatur, Theater und Mode* veröffentlicht, blieben in dieser Form jedoch weitgehend unbeachtet, so daß Nohl sie 1882 in seinem *Mosaik* erneut abdruckte (Leipzig 1882, S. 63-93). Selbst Max Maria scheint diese Veröffentlichung entgangen zu sein; vgl. *Mosaik*, S. 63.

[96] NohlW, S. 15

[97] vgl. Nohl: *Mosaik*, S. 68-81

[98] Ludwig Nohl: *Musiker-Briefe*, Leipzig 1867, S. 180-292

[99] Werner Bollert u. Arno Lemke: *Carl Maria von Webers Briefe an Gottfried Weber*, in: *Jahrbuch des Staatl. Instituts für Musikforschung 1972*, Berlin 1973, S. 7-103. Zur Auswertung dieser Briefe sowie der nachfolgend genannten Meyerbeer-Dokumente vgl. die nachfolgenden Kapitel dieser Arbeit.

[100] Heinz Becker (Hg.): *Giacomo Meyerbeer. Briefwechsel und Tagebücher*, Bd. 1 (bis 1824), Berlin 1960 (nachfolgend zitiert als Becker I)

Dagegen stammen einige Ergänzungen zum Bild der Freundschaft beider Musiker von Seiten der Vogler-Biographen bereits aus den 80er Jahren des vorigen Jahrhunderts. 1884 wies Ernst Pasqué darauf hin, daß Weber in Darmstadt für Vogler den Klavierauszug des *Admiral* angefertigt habe[101], und Emil Schafhäutl konnte 1888 auf Grund eines Voglerschen Briefes an die Gräfin Firmian die Art von Voglers Unterricht näher charakterisieren[102].

Die Darmstädter Zeit hat dann in einigen Aufsätzen nochmals eine ausgiebigere, wenn auch meist nur vorhandene Fakten zusammenfassende Darstellung gefunden, so in Friedrich Walters Aufsatz *Karl Maria von Weber in Mannheim und Heidelberg und sein Freundeskreis*, wo auch die Begegnungen mit Vogler erwähnt sind[103], und kurze Zeit später bei Karl Esselborn, der seinen Beitrag durch einige Zeitungsnotizen und die Erstveröffentlichung einiger Briefe Webers ergänzte[104]. Unter Berücksichtigung der Tagebücher Webers und Meyerbeers und der Briefe des letzteren hat in jüngster Zeit Ursula Reichert in ihrem Aufsatz *Musik in Heidelberg: Die Zeit der Romantik* (erschienen im Katalog der Ausstellung *Musik in Heidelberg 1777-1885*) einige Aspekte auch der Darmstädter Zeit beleuchtet[105].

Damit erschöpfen sich die veröffentlichten biographischen Informationen über Webers Kontakte zu Abbé Vogler, so daß es kaum verwunderlich erscheint, wenn in der Weber-Literatur wiederholt das Fehlen einer Spezialstudie zu diesem Thema beklagt wurde[106].

Erstaunlicherweise stehen diesem Mangel an biographischem Wissen auf der anderen Seite dennoch eine Vielzahl von Äußerungen zum künstlerischen Einfluß Voglers auf Weber gegenüber.

Max Maria hatte als Laie auf dem Gebiet der Musik hierzu kaum Anhaltspunkte geliefert. Angeregt durch zeitgenössische Urteile über Vogler mußte er diesem immerhin das Zugeständnis eines *unbestreitbaren Lehrtalents*[107] machen, und er begriff Voglers Bemühen, seinem Schüler *den Ernst der Kunst lieb zu machen*[108], als wirksames Gegenmittel zu der damals durch allzufrühe Erfolge und den Einfluß des Vaters drohenden Verflachung *im dilettantisch Liebenswürdigen*[109]. Konkrete Einflüsse Voglers sah er in der Vermittlung der *Sammelliebhaberei Vogler's für National-Melodien*[110], die dieser als Frucht seiner weiten Reisen an seine Schüler Weber und Meyerbeer weitergegeben habe. Die beiden einzigen Kompositionen, denen Max Maria ausdrücklich Voglers Einfluß anmerkt, sind die erste Sinfonie, die ihn *eben so an Vogler wie an Haydn* erinnert[111] und die Ouvertüre zur *Silvana*, die schon ganz die für Weber *charakteristische, melodiöse Gestaltung der Ideen zeigt,*

[101] Pasqué, S. 17
[102] vgl. den Brief Voglers an die Gräfin Firmian vom 10. Juli 1810, teilweise zitiert bei Schafhäutl, S. 61-62. Dieses Schreiben hatte im übrigen bereits Nohl in seinen *Musiker-Briefen* von 1867 veröffentlicht (S. 293), allerdings als Anhang zu den Gänsbacher-Briefen nicht chronologisch eingeordnet.
[103] *Mannheimer Geschichtsblätter*, 25. Jg. (Jan./Febr. 1924), Sp. 18-73
[104] *Carl Maria von Weber und Darmstadt*, in: *Darmstädter Blätter für Theater und Kunst* IV (1926), Heft 35/36, S. 209-216. Die mitgeteilten Briefe stammen aus den Jahren 1814-1817.
[105] Heidelberg 1985, S. 43-120, besonders S. 62-82
[106] vgl. z.B. SchnoorW, S. 50 u. Artikel *Weber*, in: *MGG*, a.a.O., Sp. 292
[107] MMW I, S. 79
[108] a.a.O., S. 84
[109] a.a.O.
[110] a.a.O., S. 80
[111] a.a.O., S. 113

wenn sie sich auch in den harmonischen Formen und der Instrumentation noch sehr an ältere Meister anlehnt und besonders Vogler's Einfluß erkennen läßt[112]. Sehr abstrakt bleibt die Erwähnung der *Anregungen*, die Weber während der Darmstädter Zeit (ohne *eigentlichen Unterricht*!, s.o.) durch das Zergliedern eigener und fremder Werke unter Anleitung Voglers, gemeinsame Abende mit diesem und die Erlebnisse von dessen Orgelimprovisationen erhalten habe[113]. Ohne eine Kommentierung durch Max Maria läßt sich den zitierten Briefen, wie erwähnt, Webers Beschäftigung mit Voglers *Fugen-System* und die offensichtlich dadurch angeregte Umarbeitung der Fuge zum *Ersten Ton* entnehmen[114], ferner die Beschäftigung mit den von Vogler umgearbeiteten Bach-Chorälen und mit Voglers Biographie[115]. Webers Kenntnis der Voglerschen Theorie, die man dem *Wort über Vogler* entnehmen kann, unterstreicht Max Maria im Kapitel über die Prager Zeit durch die Bemerkung[116]:

> *Kühnel* [...] *verlangte von ihm eine zeitgemäße Umarbeitung der Albrechtsberger'schen »Musikschule«, was Weber ungemein anmuthete, da er hier Gelegenheit gehabt haben würde, die Vogler'schen, von ihm so hoch gehaltenen Theorien, deren dunkle Behandlung durch den Meister selbst ihm immer als Haupthinderniß von deren allgemeiner Adoptirung erschien, ausführlich in seiner klaren Weise darzulegen.*

Zu einer eventuellen Einwirkung dieser Theorie auf Webers Komponieren äußert sich Max Maria allerdings nicht.

Verständlicherweise wurde hingegen in der Vogler-Sekundärliteratur wiederholt betont, daß Webers Kenntnis des Voglerschen *Systems* auch in seinen Werken durchscheine[117]. Es fehlen jedoch gerade in den sehr apologetischen Schriften Joseph Fröhlichs, Ernst Pasqués und Emil Schafhäutls konkrete Belege für diese Behauptung[118]. Schafhäutl stellt in seinem Kapitel über *Vogler's Werke* lediglich fest, daß sich Voglers Instrumentierung in den Werken Webers verkörpere[119]. Für die Weber-Literatur wurde dann die in weiten Teilen auf Schafhäutls Angaben beruhende Arbeit von James Simon (1904) von Bedeutung, da dieser eine Reihe der von Schafhäutl vorgegebenen Charakteristika Voglerscher Kompositionen direkt auf Webers Werke bezieht. Neben der bereits von Max Maria erwähnten *Vorliebe für die fremdländische Tonweisen* und damit zusammenhängend für das *Volkstümliche, Volks-*

[112] a.a.O., S. 158
[113] a.a.O., S. 198-199
[114] a.a.O., S. 218
[115] a.a.O., S. 208
[116] a.a.O., S. 318
[117] vgl. u.a. Fröhlich, S. 36-37 u. 58; Pasqué, S. 14-15; Schafhäutl, S. 62, 103-109, 144-146 u. 213-214; Rupp, S. 6/7; Schweiger, S. 13 u. Kreitz, S. 144
[118] Fröhlich, S. 36/37: [...] *wenn man die herrlichen Werke von C. M. von Weber, von Meyer-Beer, Gänsbacher u.s.w. betrachtet, die doch nach den Grundsätzen des Voglerischen Systems gebildet worden sind* [...], *wie fällt da Schubarts Behauptung von den beengenden Fesseln des Voglerischen Systemes in ein Nichts zusammen*; Pasqué, S. 15 sieht Weber und Meyerbeer als Erfüller der prophetischen Worte ihres Meisters.
[119] Schafhäutl, S. 213; er belegt dies mit dem Berlioz-Zitat: *O Weber! das ist Carl Maria von Weber aus Voglers Schule!* (a.a.O., S. 214). Ohne ausdrücklichen Bezug auf Weber erwähnt er Voglers Verwendung von vier Hörnern und drei Pauken in einigen seiner Werke.

liedhafte[120] sieht er vor allem in der Instrumentation Übernahmen von Vogler, so im Gebrauch von vier Hörnern[121], in der Verwendung des tiefen Klarinettenregisters[122] und in der oft koloristischen Funktion des Orchesters[123]; auch das *Elementar-Naturgewaltige* späterer Werke Webers sei bei Vogler vorgeprägt[124]. Simon belegt seine Aussagen allerdings nicht mit Hinweisen auf bestimmte Kompositionen oder Abschnitte in Werken Webers[125].

Die Weber-Sekundärliteratur hat - sofern ein Einfluß Voglers zugestanden wurde - diese Hinweise auf die Vorliebe für Nationalmelodie und Volkslied und die Anregungen durch die Instrumentation Voglerscher Kompositionen bereitwillig übernommen[126]. Um eine Präzisierung dieser Angaben haben sich in der älteren Literatur August Reißmann und Hugo Strelitzer bemüht. Reißmann sieht die Ursprünge des Einflusses in Voglers programmgebundenen und illustrierenden Kompositionen[127] sowie in dessen Bestreben, den *Klang* und seine Wirkung zu gestalten: Webers *orchestrale* Darstellung von Akkorden, die Reißmann als ein Charakteristikum herausstellt, habe ihre Wurzeln bei Vogler, für den die *sinnliche Wirkung* der Akkorde im Vordergrund gestanden habe[128]. Trotz dieser Anregungen bleiben die Bemerkungen Reißmanns im Grunde ebenso allgemein wie die Feststellungen in der Meyerbeer-Dissertation Strelitzers (1924), für den Vogler eine *überragende historische Stellung in der Entwicklung der modernen Instrumentalmusik* hat, da er sowohl Weber als auch Meyerbeer zur Ausnutzung der *Wirkungen der Klangfarben, der einzelnen Register von Instrumenten* und zu ganz neuer *Mischung der Klangfarben sowie vielfache*[r] *Teilung der Instrumentalgruppen* angeregt habe, wodurch ein *modern-differenzierter Orchesterklang* entstanden sei[129].

Über diese Bemerkungen hinausgehend, werden von einzelnen Autoren unterschiedlichste Einflußfaktoren herausgestellt. So führt im Anschluß an Reißmann Matthias S. Viertel Webers Neigung zu programmatischen oder charakteristischen Kompositionen auf den Einfluß Voglers, etwa auf dessen Orgelimprovisationen, zurück[130]. Einen Einfluß der Voglerschen Harmonik, wie ihn schon Max Maria in der

[120] Simon, S. 10 (Zitat 1) u. S. 45; belegt durch die Erwähnung von Voglers *Polymelos*, der *Marlborough-Variationen* u. der komischen Oper *Der Admiral*.

[121] Simon, S. 18/19 u. 63; vgl. dazu Schafhäutl, S. 213

[122] Im *Herrmann von Unna* und in geistlichen Vokalwerken; vgl. Simon, S. 63; dazu Schafhäutl, S. 214

[123] Simon, S. 60. Als Beispiel erwähnt er Voglers *Samori*-Vertonung; vgl. dazu Schafhäutl, S. 214-219

[124] Simon, S. 48. Als Beispiele sind hier einzelne Teile aus *Herrmann von Unna* erwähnt: Ouvertüre, Choral u. Verbrecherchor.

[125] Dem haben Rupp, S. 6/7 u. Schweiger, S. 12/13 nichts Neues hinzugefügt.

[126] Der Hinweis auf die Vorliebe für fremdländische Melodien bzw. für das Volkslied als ein Erbe Voglers findet sich sehr häufig, vgl. NohlW, S. 15; Gehrmann, S. 8; Sandt, S. 31; Wolzogen, S. 166; Degen, S. 20; Coeuroy, S. 121; Kroll, S. 7; Listl, S. 8 u. 114; Stebbins, S. 46 u. 72; Moser, S. 18; SchnorrF, S. 29; Kapp, S. 35, 44, 250 u. 260; Zentner, S. 57; Sandner, S. 131; Warrack, S. 55, 61 u. 121; LauxC, S. 29/30 (mit Hinweis auf den *Polymelos*) u. Härtwig, S. 18. Hinweise auf Voglers Einflüsse auf Webers Instrumentation finden sich u.a. bei Sandt, S. 31; Kroll, S. 103; Listl, S. 38, 114 u.ö.; Moser, S. 18 u. 70; Saunders, S. 180; Kapp, S. 258; Zentner, S. 57. Vgl. auch Heinz Becker I, S. 51.

[127] Reißmann, S. 15-16 u. 114

[128] a.a.O., S. 16, 184 u. 192

[129] Strelitzer, S. 91. Vgl. dazu auch Kreitz, S. 93: *Voglers Vorschläge für die Verwendung entsprechender Instrumente zur Charakterisierung bestimmter Affekte nimmt* [sic!] *Forderungen vorweg, die erst in der Romantik durch seine Schüler Weber und Meyerbeer erfüllt wurden.*

[130] Viertel, S. 303-304

Silvana-Ouvertüre zu erkennen glaubte, hat nach Reißmann[131] und Listl [132] vor allem Helmut Kreitz betont[133]. Karl Laux sieht deutliche Fortschritte in einigen Sätzen von Webers Klaviervariationen op. 5 und 6 und zitiert die Briefstelle, die auf die Abhängigkeit der Variationen op. 5 von Voglers *System* verweist[134].

Auch die schriftstellerische Tätigkeit Webers wird zum Teil auf Voglers Anregung zurückgeführt[135]. Die Vermittlung der Werke älterer Meister durch Vogler verbindet sich für Schafhäutl vor allem mit dem Namen Händels[136], während Alfred Sandt die Hinführung zu den Werken Glucks hervorhebt[137]. Das vielerörterte problematische Verhältnis Webers zu Beethoven[138] wird ebenfalls meist der Anhänglichkeit an Vogler zugeschrieben[139] oder gar als direkte Folge des negativen Einflusses des zum Beethoven-Antipoden erklärten Vogler betrachtet[140].

In der Beurteilung der Rolle Voglers als Lehrer und der Auswirkungen seines Unterrichts schließen sich eine Reihe von Autoren an Max Maria an, der in diesem Unterricht eine Art »Gegengift« zur bisherigen Erziehung Webers sah, und erkennen damit die Bedeutung dieses Unterrichts in erster Linie in einer Vermittlung von *Ordnung und Disciplin*[141]. Selten begegnet dagegen ein unumwundenes Eingeständnis eines prägenden Einflusses Voglers auf seinen Schüler Weber, wie etwa in William Neumanns kleiner Monographie, der von einem *bedeutenden Einfluß* Voglers auf Webers Bildungsgang spricht[142], oder bei Wilhelm Heinrich Riehl, nach dessen Ansicht Weber in Vogler *einen mächtigen Förderer seines zwiespältigen Wesens* fand[143]. Auch Jähns nennt Webers Bekanntschaft mit Vogler *ein Ereigniss, das als eines der einflussreichsten auf den Entwicklungsgang des werdenden Künstlers zu betrachten ist*[144] und spricht davon, daß Weber sich in Darmstadt *voll Begeisterung unter Vogler's Leitung höchst gründlichen, seinerseits erneuten Studien* hingegeben

131 Reißmann, S. 185

132 Listl, S. 18, 26 u. 88

133 Kreitz, S. 144. Im Anschluß daran hat auch der Verfasser auf die weit ins 19. Jahrhundert hinein verweisenden Tendenzen der Harmonik und Harmonielehre Voglers hingewiesen, ohne direkte Parallelen zu Webers harmonischer Sprache zu ziehen; vgl. Joachim Veit: *Die Sinfonien Franz Danzis und die Theorie des Abbé Vogler. Beiträge zu einer stilkritischen Untersuchung der Spätmannheimer Sinfonik*, Magisterarbeit Detmold-Paderborn 1983 (im folgenden zitiert als VeitM), S. 53-57.

134 LauxC, S. 31

135 vgl. Kapp, S. 71; KaiserB, S. 12 u. Warrack, S. 110

136 Schafhäutl, S. 61

137 Sandt, S. 26 u. 31

138 vgl. hierzu das Kapitel zu Webers Unterricht in Wien w.u.

139 vgl. Kroll, S. 8 u. 62; Moser, S. 19; Kapp, S. 37 u. LauxC, S. 32

140 vgl. Benedict, S. 35; NohlW, S. 15; Gehrmann, S. 38; Stebbins, S. 42; Raabe, S. 44; SchnoorW, S. 84; Leinert, S. 22 u. Härtwig, S. 18/19

141 Gehrmann, S. 8. Vgl. Köstlin, S. 13; Pfordten, S. 11 (*Was Franz Anton gesündigt, hat Abt Vogler wieder gut gemacht* [...]); La Mara, S. 12; Stebbins, S. 72; Saunders, S. 21; SchnoorF, S. 28; Kapp, S. 33-35 u. Zentner, S. 56

142 Neumann, S. 12-14

143 Riehl, S. 279. Vgl. auch Johannes Wolf: *Carl Maria von Weber. Öffentlicher Festvortrag, gehalten in Bückeburg am 21. Juni 1926*, in: *Archiv für Musikforschung*, 8. Jg. 1926, S. 121: [...] *ein Mann, der einen Carl Maria von Weber und einen Meyerbeer zu bilden verstand, kann nicht unbedeutend gewesen sein.*

144 JähnsS, S. 7. In ähnlicher Weise bezeichnet K. Laux Vogler als einen Lehrer, der *von größter Bedeutung für den jungen Künstler werden sollte* (LauxC, S. 26).

habe[145]. André Coeuroy schätzt den Einfluß Voglers auf den jungen Musiker sehr hoch ein, da Vogler durch seinen Unterricht und durch sein musikalisch begründendes System in der Lage gewesen sei, Webers drängende Fragen nach dem »Warum« bestimmter Regeln zu erklären[146].

Dagegen behauptet Erwin Kroll, obwohl er in einigen Kompositionen Voglersche Einwirkungen erkennt[147], *unmittelbare musikalische Einflüsse selbst der Männer, die Weber lehrend ganz nahe kamen, nämlich Michael Haydns, Voglers und Danzis* seien in Webers Werken *kaum feststellbar*[148]. Peter Raabe wiederum bedauert, daß Weber nicht bei einem besseren Lehrer studierte, da Vogler ihm *den Blick für das Höchste in der Kunst* [...] *völlig umnebelt* habe[149]. Julius Kapp sieht in Webers Anhänglichkeit an Vogler eine blinde Überschätzung der Voglerschen Kompositionsmethode, deren positiver Wert gering sei[150], gesteht jedoch andererseits Voglersche Einwirkungen auf Werke Webers zu[151]. Für Hans Schnoor hat Max Maria mit seiner Beurteilung Voglers recht behalten: *Mehr als eine romanhafte Episode ist Voglers Lehre in seines Vaters Leben nicht gewesen.* Weber habe vielmehr eine Lehre erlebt, *die mehr Krankheitsdiagnose und Wunderkur war* und künstlich Webers Phantasiequell drosselte[152]. John Warrack erscheint der *gerissene alte Schaumschläger*[153] gar *nur mehr als ein anregender Scharlatan, als eine groteske Fußnote zu den Karrieren seiner Schüler*[154], der Weber für den Unterricht durch die Anfertigung des Klavierauszugs der Oper *Samori* habe bezahlen lassen[155].

Da diesen gegensätzlichen Positionen fast jeglicher begründende Zusammenhang fehlt, wurde ein ernsthaftes Interesse an einer kritischen Vermittlung dieser Positionen nie geweckt. Sieht man von sehr allgemeinen Hinweisen ab, sind konkrete Aussagen zu bestimmten Werken relativ selten, und eine Zusammenstellung der Aussagen zu einzelnen Werken offenbart eine Beschränkung auf wenige, oft wiederholte Merkmale, die zudem selten detailliert beschrieben werden[156]. Zu den bereits genannten Merkmalen, die mit der Vorliebe für Nationalmelodien, Volkslied und illustrierende bzw. charakteristische Musik oder mit Aspekten der Instrumentation zusammenhängen, treten melodisch-harmonische Besonderheiten (chromatische Führung der Mittelstimmen, farbige Harmonik) oder weitere Neuerungen der Instrumentation (Bläserbehandlung, Verwendung extremer Instrumentallagen) und Hinweise auf die nicht eigentlich polyphon gedachten kontrapunktischen Abschnitte in Werken Webers. Ansonsten erschöpfen sich die Bemerkungen oft in Hinweisen auf

[145] a.a.O., S. 11
[146] Coeuroy, S. 14 u. 92
[147] vgl. Kroll, S. 66, 69, 78, 95, 99, 100, 103 u. 126
[148] a.a.O., S. 52
[149] Raabe, S. 44/45
[150] Kapp, S. 35
[151] a.a.O., S. 35, 44, 71, 250, 258 u. 260
[152] beide Zitate: SchnoorW, S. 83
[153] Warrack, S. 55
[154] a.a.O., S. 52
[155] a.a.O., S. 54
[156] vgl. etwa folgende Hinweise in Zusammenhang mit einzelnen Werken Webers: *Rübezahl*: Kroll, S. 126; Listl, S. 38 u. 42; Saunders, S. 180; *Romanza Siciliana*: Kapp, S. 44; Kroll, S. 78; Sandner, S. 131; Stebbins, S. 46; Warrack, S. 61; *Messen*: Kapp, S. 258; Kroll, S. 103; Simon, S. 63; Allekotte, S. 9-10; *Freischütz*: Listl, S. 66; Moser, S. 19 u. 70; Kreitz, S. 144. Zu Webers Fugentechnik vgl. etwa Allekotte, S. 68; Sandner, S. 148 u. Viertel, S. 387/388, 395 u.a.m.

eine *Anregung* oder *Billigung* durch Vogler, auf dessen *vermutlichen* Einfluß bzw. auf *Voglersche Züge* in einzelnen Kompositionen Webers.

Im Grunde gilt C. M. v. Webers Bemerkung: [...] *jeder spricht zwar mit Achtung den Namen Vogler aus, aber gleichsam nur aus Tradition, weil man entweder gar nichts, oder nur seine frühesten Kompositionen von ihm kennt*[157] in modifizierter Form bis heute. Voglers Kompositionen sind fast gänzlich, seine Schriften weitgehend unbekannt[158]. Keiner der Weber-Biographen nach dem zweiten Weltkrieg hat sich der Mühe eines ernsthaften Vergleichs unterzogen.

Diesem Mangel, der Webers Beziehung zu Danzi ebenso betrifft, soll im folgenden in doppelter Weise begegnet werden: neben eine ausführliche Überprüfung der biographischen Quellen tritt - gestützt auf die daraus gewonnenen Erkenntnisse - eine Untersuchung stilistischer Eigentümlichkeiten, die aus theoretischen bzw. praktischen Werken Voglers und Danzis abgeleitet und in Beziehung zum Schaffen Webers gesetzt werden sollen. Dies schließt eine Prüfung der in der bisherigen Literatur aufgestellten Behauptungen ein.

[157] *Ein Wort über Vogler*, KaiserS, S. 322
[158] vgl. Schafhäutl, S. 144; Rupp, S. 2 u. Kreitz, S. 5

Biographischer Teil

Weber und Franz Danzi

Webers Aufenthalt in München 1798-1800

Die erste Möglichkeit einer Begegnung Webers mit Franz Danzi bot sich während des Münchener Aufenthalts Franz Anton und Carl Maria von Webers in den Jahren 1798 bis 1800. Ob es bereits hier zu einer persönlichen Begegnung mit Danzi kam, läßt sich bisher nicht belegen. Zweifellos kam Weber aber mit Danzis öffentlichem Wirken in Berührung, denn eine Äußerung in einem Brief an den Jugendfreund Thaddäus Susan bestätigt, daß Weber sogar um die Schwierigkeiten der Stellung Danzis im Münchener Musikleben wußte. Am 11. November 1803 schrieb Weber aus München an Susan: *Das Lied von Danzi werde auf Deine Empfehlung kaufen, Danzi ist ein verdienstvoller, leider nur noch zu wenig bekannter und in München unterdrückter Componist*[1].

Außer dieser Andeutung finden sich jedoch keine weiteren konkreten Belege für eine Bekanntschaft mit Danzi schon in dieser Zeit, und durch die sehr lückenhafte Dokumentation des Münchener Aufenthalts der beiden Weber[2] läßt sich auch nur sehr vage vermuten, welche Werke Danzis Weber dort kennenlernen konnte.

Der *Autobiographischen Skizze* zufolge kamen Vater und Sohn *Ende 1798* nach München, wo Carl Maria Gesangsunterricht bei Valesi (Johann Evangelist Wallishauser) und Kompositionsunterricht bei Johann Nepomuk Kalcher erhielt[3]. Wahrscheinlich sind beide aber bereits im Herbst 1798 in München eingetroffen[4], denn die Tatsache, daß der Vater schon in einem Brief vom 19. Januar 1799 aus München davon spricht, daß sein Sohn *hier nicht anderst als der kleine Mozardt heißt* und *schon die erste Oper componirt* habe[5], (die nach den Worten des Sohnes *unter den Augen des Lehrers* Kalcher entstand[6]), deutet darauf hin, daß sich Weber schon seit einiger Zeit in München aufhielt. Bis zum August 1800 blieben die beiden Weber in München[7], unterbrachen ihren Aufenthalt jedoch durch einige Reisen. Deren erste

[1] vgl. NohlM, S. 74. Um welches Lied es sich hierbei handelt, ließ sich nicht feststellen. Im Druck waren von Danzi Anfang Oktober 1803 zwei Lieder als Beilage zur *AMZ* erschienen (6. Jg. 1803/1804, Beilage Nr. 1 vom 5. Oktober 1803: das einstimmige Lied *O weine nicht* und der mehrstimmige Satz *Selbst die glücklichste der Eben*). Zu Danzis Situation in München vgl. Anhang 1 dieser Arbeit.

[2] Die Daten, die Max Maria von Weber für die Münchener Zeit angibt, sind - wie auch viele andere Datierungen in seiner Biographie - nur mit größter Vorsicht zu benutzen. Im folgenden sind deshalb stets nur durch Quellen abgesicherte Daten angegeben.

[3] vgl. *AS* (KaiserS, S. 4). Von Kalcher findet sich eine Eintragung vom 1. August 1800 in Webers *Album amicorum* (DSB Berlin, Mus. ms. autogr. theor. C. M. v. Weber WFN 5, Bl. 20v.), die im Faksimile bei LauxB, Abb. 9 wiedergegeben ist.

[4] Am 22. September 1798 hielten sich beide noch in Salzburg auf (vgl. Brief Franz Antons, Weberiana, Mappe I A, Abtl. 3, Nr. 1b).

[5] Brief an den Weimarer Hofrat Kirms, abgedruckt bei Ernst Pasqué: *Goethe's Theaterleitung in Weimar*, 2. Bd., Leipzig 1863, S. 23-24

[6] vgl. *AS* (KaiserS, S. 4)

[7] Eine Eintragung im *Album amicorum* vom 31. August 1800 lautet: *zum Andenken des letzten fröhligen Abends unseres Hierseyns. Von Ihrem wahren Freunde Jos. Mederer Ihlge* (Bl. 39r).

fällt in den Sommer 1799: Eintragungen in Webers *Album amicorum* belegen Aufenthalte in Heldburg am 10. Juli[8] und in Hildburghausen am 30. Juli[9]. Spätestens am 29. August waren beide wieder zurück in München[10]. Eine größere Reise unterbrach den Münchener Aufenthalt auch im Frühjahr 1800: vom 12. April findet sich eine Eintragung aus Prag[11], vom 8. Mai aus Freiburg, wo neben dem Bruder Edmund auch andere Verwandte Carl Marias wohnten[12]. Am 18. Mai war Weber wieder zurück in München, wo er dann bis August 1800 durchgängig blieb[13].

In den Jahren 1799 und 1800 hielt sich Weber also vorwiegend in München auf[14], so daß unter der Anleitung Kalchers eine größere Zahl von Kompositionen (*eine Oper* [...] *eine große Messe, mehrere Klaviersonaten, Variationen, Violintrios, Lieder usw.*[15]) entstehen konnten.

In dieser Zeit war Franz Danzi als Vizekapellmeister am Münchener Hof tätig und führte Anfang Februar 1799 seine Oper *Die Mitternachtsstunde* und am 27. Juni 1799 zum ersten Mal den *Kuß* auf[16]. Letztere scheint sich in München größerer Beliebtheit erfreut zu haben, denn im November des Jahres erschienen vier Nummern daraus bei Falter im Druck[17], und in einer Notiz der *AMZ* vom Januar 1800 heißt es: *Die Oper: Der Kuss, von Danzi wird jetzt bekannter, und was hier wahrhaftig nur Eins seyn kann - immer beliebter*[18]. Im Sommer 1800 konnte Weber

Demnach hat Weber München erst im September verlassen. Neben der erwähnten Eintragung Kalchers vom 1. August (vgl. Anm. 3) findet sich eine weitere vom 19. August 1800 (Bl. 46r), die auf einen ersten Abstecher nach Freiberg schließen läßt. Ende September 1800 halten sich beide Webers bereits in Berlin auf, denn die *AMZ* vermerkt am 1. Oktober (3. Jg., Sp. 24): *Unter den Virtuosen, die sich zur Michaelismesse hier aufhalten, ist der* [...] *in dieser Zeitung schon mehrmal erwähnte, dreyzehnjährige Komponist und Klavierspieler, Maria von Weber aus München.*

8 *Album amicorum*, Bl. 19r

9 a.a.O., Bl. 44r, eine längere Eintragung des Vaters

10 Mit diesem Datum findet sich eine Münchener Eintragung Franz Antons im Stammbuch seines Sohnes Fridolin Weber (vgl. SPrK Berlin Mus. ms. autogr. S 7, Bl. 14r). In das gleiche Stammbuch hat sich Carl Maria am 1. September 1799 in München eingetragen (a.a.O., Bl. 20r u. v).

11 *Album amicorum*, Bl. 2r

12 a.a.O., Bl. 44v: Eintragung von Bruder Edmund u. Bl. 45r: *Schwester Luiße v. Weber. Freyburg den 8ten May 1800*. Zur Freiburger Herkunft der Familie Webers vgl. Friedrich Hefele: *Die Vorfahren Karl Maria von Webers*, Karlsruhe 1926; vgl. auch den Brief Fridolin Webers an seinen Bruder Carl Maria vom 5. November 1809 (Weberiana, Mappe XVIII, Classe V 4, Nachtrag 9).

13 Eintragungen von München finden sich im *Album amicorum* unter dem 18. Mai 1800 (Bl. 51r u. 42r), 18. Juni (Bl. 48r), 2. Juli (Bl. 3r), 31. Juli (Bl. 52r) und, wie erwähnt (vgl. Anm. 7), im August 1800.

14 Auch im Jahre 1801 scheint Weber nochmals von Freiberg aus nach München gekommen zu sein, denn es finden sich aus diesem Jahr zwei nicht näher datierte Eintragungen von Ferdinand Freiherr und von Karl Friedrich August von Lütgendorf in Webers *Album amicorum* (Bl. 67r u. 73r). Vgl. dazu Eveline Bartlitz: *Eine vergessene Freundschaft - Miniatur zum Weber-Jubiläum 1986*, in: *Beiträge zur Musikwissenschaft* 29. Jg. (1987), S. 69-73 mit einem Faksimile der Eintragung Ferdinand von Lütgendorfs.

15 vgl. *AS* (KaiserS, S. 4)

16 Die *Mitternachtsstunde* war schon im April 1788 uraufgeführt worden (vgl. hierzu Anhang 1). Am 26. März 1799 führte Marius von Babo zur Eröffnung seiner Direktionszeit Peter von Winters *Unterbrochenes Opferfest* im Hoftheater auf.

17 vgl. Intelligenzblatt IV vom November 1799 in: *AMZ* 2. Jg. (1799/1800), Sp. 16: dort sind als erschienen angegeben die beiden Arien *Ihr Herrn und Frauen*, *Freyen wäre mir schon recht* und die Duette *Nimm diesen Dank* und *Nacht und Nebel decken*.

18 *AMZ* 2. Jg. (22. Januar 1800), Sp. 297-298

möglicherweise noch beobachten, welche nachhaltige Wirkung der frühe Tod von Danzis Ehefrau Margarethe auf dessen Schaffen ausübte[19].

Danzi seinerseits könnte durch Valesis Vokal- und Instrumentalakademien auf den *kleinen Mozardt* aufmerksam geworden sein[20] - da Belege fehlen, bleiben solche Vermutungen jedoch reine Spekulation.

Festzuhalten bleibt, daß Weber bei seinem Weggang von München mit Sicherheit einige Werke Danzis kannte[21] und auch um die Stellung Danzis im Münchener Musikleben wußte. Selbst wenn Weber Danzi in München nicht persönlich kennengelernt hat, waren diese Voraussetzungen nach Webers Ankunft in dem ihm ansonsten fremden Stuttgart der Entwicklung einer Freundschaft beider Musiker sicher förderlich.

Die Stuttgarter Jahre (1807-1810)

Ob Weber wirklich, wie es Max Maria schildert, mit einer festen Zusage, als Sekretär in die Dienste des Herzogs Ludwig von Württemberg treten zu können, nach Stuttgart kam[1], läßt sich durch Quellen nicht belegen. Gesichert ist lediglich, daß Weber am 22. Februar 1807, einen Tag vor seiner Abreise aus Schloß Carlsruhe in Schlesien, ein Empfehlungsschreiben des Herzogs Eugen von Württemberg erhielt, das ihn als *Künstler in der Musick und eigener Composition* an den Stuttgarter Hof verwies[2]. Wie Webers Konzerttätigkeit während seiner ausgedehnten »Reise« nach

[19] Schon Rochlitz weist auf die Folgen dieses schmerzlichen Verlustes für Danzis weiteres Schaffen hin; vgl. Nekrolog für Franz Danzi, *AMZ* 28. Jg. (1826), Sp. 585; Margarethe starb am 11. Juni 1800.

[20] *AMZ* 3. Jg. (26. August 1801), Sp. 803: *Unter solchen Anstalten* [zur Förderung *edler musikalischer Kultur*] *nenne ich die Vokal- und Instrumental-Akademie, die der berühmte Singmeister, Hr. Vallesi, alle vierzehn Tage für junge Liebhaber und angehende Tonkünstler beyder Geschlechter giebt, und eine vortreffliche Pflanzschule für sich entwickelnde Talente ist.* Denkbar ist auch eine Bekanntschaft über den Hoforganist-Akzessisten Kalcher, da Danzi in dieser Zeit eine Vielzahl kirchenmusikalischer Werke komponierte.

[21] Außer den erwähnten Opern und vielen kirchenmusikalischen Werken wurden zahlreiche konzertante und kammermusikalische Kompositionen Danzis in München aufgeführt und publiziert (vgl. Herre, S. 33-38). Webers Interesse für das Senefeldersche Lithographieverfahren (Webers Variationen op. 2 wurden von Theobald Senefelder lithographiert) mag ihn auch mit Danzis dort lithographierten Werken, darunter ein Arrangement der *Zauberflöte* für Quartettbesetzung, bekannt gemacht haben (vgl. Alois Senefelder: *Vollständiges Lehrbuch der Steindruckerey*, München [2]1821, S. 25).

[1] MMW I, S. 118-119

[2] Das an einen nicht näher genannten *Kammerherrn* in Stuttgart gerichtete Dokument, dessen Haupttext von der Hand des Carlsruher Sekretärs Carl Vietsch stammt, befindet sich heute im Stadtarchiv Stuttgart (neuerdings im Faksimile veröffentlicht im Katalog der Ausstellung *Baden und Württemberg im Zeitalter Napoleons*, Stuttgart 1987, Bd. 1.2, S. 901). Schon am 8. Juli 1806 hatte Herzog Eugen Weber auf dessen eigenen Wunsch zum *Musick-Intendanten* ernannt, da ihm der Titel auf Reisen *von einigem Vortheil* sei (vgl. Weberiana, Classe V, Mappe XVIII, Nr. 14 E e). Der Tag von Webers Abreise, der 23. Februar 1807, ist den Reisenotizen Webers zu entnehmen (Weberiana Classe II k, Nr. 1).

Stuttgart (wo er am 17. Juli 1807 eintraf)[3], so deutet auch dies darauf hin, daß er eher auf eine Anstellung als Musiker hoffte.

In seinen Reisenotizen vermerkte Weber am 19. Juli 1807: *Ludwigsburg und um 12 Uhr meine 1ste Visite bey H:*[4], und am 21. Juli präsentierte er laut Vermerk das genannte Empfehlungsschreiben[5]. Am 2. August fuhr er nach Stuttgart[6], wo am 7. unter Danzis Leitung die Festaufführung von Peter von Winters *Marie von Montalban* anläßlich der Vermählung Jérômes von Westfalen mit Katharina von Württemberg stattfinden sollte[7]. Am 9. August beantragte Weber die Erlaubnis, *sich mit einem Concert auf dem Forte piano, und einer Simphonie mit vollen Orchestre von seiner Composition, produciren zu dürfen* [...][8]. Da jedoch die Situation des Orchesters unter der Leitung des eigentlich zuständigen Justin Heinrich Knecht sehr mangelhaft war und man sich in diesen ohnehin durch das Fest überfrachteten Tagen gerade erst um die Anstellung des neuen Kapellmeisters Danzi bemühte, scheint es kaum verwunderlich, daß dieser Antrag von König Friedrich abschlägig beschieden wurde[9].

Erst unter dem 17. August findet sich in Webers Notizen dann der Vermerk *wieder nach Ludwigsburg und angestellt*[10]. In der mit Datum vom 16. August ausgestellten Urkunde verpflichtete sich Herzog Ludwig Friedrich Alexander, Weber als *geheimen Sekretär* in seine Dienste zu nehmen[11]. Die Sekretärspflichten sind in der Urkunde (abgesehen von allgemeinen Treue- und Verschwiegenheitsvorschriften) nicht näher erläutert, dagegen ist angefügt, daß Weber auch *Unsere sämtliche Kinder, im Schreyben, der Musique und sonstigen guten deutschen Schreybarth* zu unterrichten, also gewissermaßen das Amt eines Hauslehrers zu übernehmen habe[12].

[3] Reisenotizen Webers, vgl. Anm. 2. Neben den dort genannten Konzerten finden sich Hinweise auf Webers Konzerttätigkeit auch bei Karl Hartmann: *Der Knabe Karl Maria von Weber auf der Nürnberger und Bayreuther Bühne*, in: *Nachrichten des Vereins für die Geschichte von Oberfranken*, Nr. 3 (1. Juni 1943), S. 6. Hartmann zitiert Hinweise auf Konzerte Webers in Bayreuth am 20. und 29. Juni 1807.

[4] Reisenotizen, a.a.O.

[5] Vermerk auf Seite 1r des Schreibens vom 22. Februar 1807

[6] Reisenotizen, a.a.O.

[7] Die Aufführung mußte aber auf den 13. August verschoben werden; vgl. Anhang 1 bzw. Frhr. von Brusselle-Schaubeck: *Die Vermählung des Prinzen Jérôme von Frankreich mit der Prinzessin Katharina von Württemberg*, in: *Schwäbische Kronik, des Schwäbischen Merkurs 2. Abteilung*, Sonntagsbeilage Nr. 371 (10. August 1907), S. 9-10. Danzi traf in den ersten Augusttagen in Stuttgart ein und hielt sich bis zum 18./19. August anläßlich der Feierlichkeiten und zu Verhandlungen über seine neue Stelle dort auf (vgl. Anhang 1 bzw. Danzis Briefe an Morigotti vom 1. und 20. August 1807. Die Ankunft Danzis meldet die *Schwäbische Chronik* am 2./3. August 1807).

[8] vgl. das Schreiben des Intendanten von Wächter vom 9. August 1807, HSA Stuttgart E 6 Bü 1

[9] Vermerk auf dem in Anm. 8 genannten, am 11. August 1807 präsentierten Schreiben: *abge*[lehnt] *F*[riedrich]

[10] Reisenotizen, a.a.O.

[11] Die Urkunde wurde erstmals veröffentlicht von Peter Raabe: *Wege zu Weber*, Regensburg 1942, S. 37-38; Autograph z.Z. unbekannt.

[12] Entgegen den Angaben bei MMW I, S. 132 (und entsprechend bei späteren Autoren) gehörte das Unterrichten der Kinder des Herzogs also von Anfang an zu Webers Pflichten. Auch im Verhörsprotokoll vom 9. Februar 1810 gibt Weber an, es sei *vorzügl*[ich] *seine Bestimmung gewesen, den Prinzessinnen Unterricht zu geben* [...] (HSA Stuttgart, G 246, Bü 5, Fasz. 6).

Abgesehen vom Musikunterricht als Bestandteil seiner mit 400 Gulden jährlich bezahlten Tätigkeit *entsagte* Weber also, wie er sich ausdrückte, mit dieser Stellung *eine Zeitlang der Kunst als ihr unmittelbarer Diener*[13]. Sowohl seine Abhebungen bei der Hofbank am 28. August 1807[14] als auch die Aufforderung an die Gläubiger des Herzogs Ludwig vom 17. September des Jahres[15] zeigen, daß Weber sogleich mit den Geldangelegenheiten seines Brotgebers betraut wurde - eine Aufgabe, mit der er, wie sich in der Folge herausstellen sollte, hoffnungslos überfordert war.

Wenn Weber neben dieser Tätigkeit Zeit und Interesse zum Komponieren fand, so verdankt er die Anregung hierzu nach seinen eigenen Worten Franz Danzi[16], der im Oktober 1807 seine Stuttgarter Stellung angetreten hatte. Das erste Werk, das Weber ausdrücklich als unter Danzis Einfluß geschrieben erwähnt, ist die melodramatische Kantate *Der Erste Ton* JV 58, die am 20. März 1808 vollendet wurde[17]. Zu dieser Zeit muß bereits ein enger Kontakt zwischen beiden Musikern bestanden haben, denn das Titelblatt des Autographs trägt den Zusatz: *componirt und seinem Freunde Franz Danzi aus Achtung und Liebe zugeeignet* [...], und auf der danebenliegenden Seite hat Weber notiert[18]:

> *Der Töne freundlich mächtigem Meister widmet den ersten Ton, zwar schwachtönend der Leyer, aber voll und Stark dem reinsten Einklange des Herzens entsprossen, Sein innigster Verehrer und Freund C. M. v. Weber* [...] *an des Kappelmstr. Danzi Geburtstag* [am 15. Mai][19], *auf der Solitüde gefeiert, ihm übergeben Anno 1808* [...]

Dies deutet darauf hin, daß die Beziehungen zwischen beiden Musikern noch im Jahre 1807 angeknüpft wurden. Ob jedoch schon die Umarbeitung der Ouvertüre zu *Peter Schmoll* JV 54 auf Danzis Anregung zurückgeht, läßt sich nach der Quellenlage nicht eindeutig entscheiden. Weber datierte die Umarbeitung in seinem eigenen Werkverzeichnis auf 1807[20]. Die Widmung des Werkes an Jérôme von Westphalen[21] legt nahe, die Bearbeitung in zeitliche Nachbarschaft zu den erwähnten Vermählungsfeierlichkeiten Anfang August 1807 oder zur Ankunft Jérômes in Stuttgart Ende November 1807 zu rücken[22]. Parallel zu dieser Widmung muß jene der 7 *Varia-*

[13] *AS* (KaiserS, S. 7)

[14] vgl. Webers autographe Aufstellung für 1807/1808 in: WFN - Handschriftliches XXII, Nr. 8

[15] Weberiana, Classe II h 5. Dort finden sich noch einige weitere Dokumente zu Webers Sekretärstätigkeit, darüber hinaus auch in der Mappe WFN - Handschriftliches XXII.

[16] vgl. *AS* (KaiserS, S. 7) sowie die im weiteren Text dieser Arbeit zitierten Briefe Webers

[17] Angabe im Autograph, vgl. *JV*, S. 74.

[18] *JV*, S. 74

[19] Alle älteren biographischen Artikel (auch Lipowsky in den *Kurzgefassten Biographien* und Rochlitz) geben Danzis Geburtstag mit dem 15. Mai an. Daß Danzi selbst dieses Datum als Geburtstag feierte, zeigt ein Brief vom 17. Mai 1812 an Morigotti, wo es heißt: *Vorgestern bin ich 49 Jahre alt geworden* [...] Die Kirchenbücher geben den Geburtstag jedoch mit dem 15. Juni an (vgl. Anhang 1).

[20] vgl. HellS, Bd. III, S. 160

[21] *JV*, S. 69. Nach Jähns (a.a.O., S. 70) trug eine Partitur der Ouvertüre aus dem Besitz der musikalischen Akademie München im Titel den Zusatz: [...] *composée et dediée A sa Majesté Le Roi de Westphalie par Ch. M. de Weber.*

[22] Zu den eigentlichen Hochzeitsfeierlichkeiten im August 1807 vgl. Anm. 7. Jérôme selbst traf in Begleitung seiner Gattin am 28. November 1807 in Stuttgart ein (vgl. Brusselle-Schaubeck: *Die Vermählung des Prinzen Jérôme*, a.a.O.). Über die Feierlichkeiten bei seiner Ankunft berichtet Danzi im Rückblick an Morigotti (Brief vom 6. Dezember 1807): *Er kam an* [...] *grade als wir die Hauptprobe von Lodoiska hielten, welche Tags darauf* [29. Nov.] *gegeben wurde* [...] *Den Tag*

tionen über Vien quà, Dorina bella JV 53 an die Gemahlin Jérômes, die Prinzessin Katharina von Württemberg, gesehen werden; diese Komposition ist ebenfalls ohne nähere Datierung mit *1807* in Webers Verzeichnis eingetragen[23]. Wirklich begründet ist die Annahme einer Anregung Danzis bei diesen Werken nur, wenn sie erst für die Feierlichkeiten Ende November gedacht waren[24].

Am 5. April 1808 bat Webers Vater, der Anfang Dezember 1807 in Stuttgart eingetroffen war[25], in einem Brief an Rochlitz (dem Verfasser des Textes zum *Ersten Ton*), um eine Besprechung dieser melodramatischen Kantate in der Leipziger *AMZ* und verwies ausdrücklich auf das Lob der *Kenner der Edlen Tonkunst, als dahier unter andern der hiesige Königl. HofKappellMstr Danzi ist, welcher bey geendeter Probe dem jungen Componisten nebst Vielem andern ein sehr groses Lob über diese seine Arbeit machte* [...][26] Rochlitz stimmte einer Besprechung zu, empfahl aber offensichtlich den ihm bekannten Danzi als Rezensenten[27]. Am 1. Mai 1808 übersandte Franz Anton den Aufsatz Danzis an Rochlitz[28], der die kurze wohlwollende Besprechung noch im Mai 1808 veröffentlichte[29], und während Danzis Geburtstagsfeier am 15. Mai dedizierte Weber dann die Kantate dem Freunde[30].

Genau einen Monat später ist Webers vielzitiertes *musikalisches Sendschreiben* an Danzi verfaßt, das als übermütige Parodie einer kleinen Opernszene Melodiezitate enthält, die zumindest teilweise auf Danzische Werke anspielen und somit Webers Vertrautheit auch mit dessen Kompositionen widerspiegeln[31]. Die Art der Verwen-

drauf war Hofkonzert [...] *Dann wurde den folgenden Tag Achill aufgeführt* [...] *Dann wurde in Ludwigsburg den lezten Tag aufgeführt: die Intrigue an den Fenstern und der Hausverkauf* [...] Diese letzte Aufführung fand nach der *Schwäbischen Chronik* am 3. Dezember statt, die übrigen Daten werden in dem o.g. Aufsatz von Brusselle-Schaubeck bestätigt.

23 vgl. HellS, Bd. III, S. 159; Widmung siehe *JV*, S. 67. Die Tatsache, daß Katharina von Württemberg in der Widmung als *la Reine de Westphalie* bezeichnet wird, gibt Mitte August 1807 als frühestes Datum der Widmung an.

24 Zwar dürfte die zweiwöchige Anwesenheit Danzis in Stuttgart im August 1807 zu einer ersten persönlichen Begegnung Webers mit Danzi, kaum aber zur Anregung der erwähnten Kompositionen geführt haben.

25 Die *Schwäbische Chronik* vom 2. Dezember 1807 verzeichnet unter den angekommenen Fremden *Herr*[n] *Major v. Weber, von Breslau*. Auch hier ist die Angabe Max Marias (April 1809, vgl. *MMW* I, S. 163) falsch; vgl. dazu auch die im folgenden zitierten Briefe aus Stuttgart vom Jahr 1808.

26 Brief Franz Antons vom 5. April 1808 aus Stuttgart (Autograph: British Library London, Dep. of Mss., Germ. 47843, fol. 63r u. v). Der Brief ist bei Max Maria (Bd. I, S. 164-165) zitiert, allerdings irrtümlich mit der Jahreszahl 1809.

27 vgl. dazu Franz Antons Antwortschreiben, zitiert bei MMW I, S. 165-166 ohne Datumsangabe. Der Brief wurde am 1. Mai 1808 geschrieben (Autograph wie Anm. 26, fol. 64r).

28 vgl. Anm. 27. Statt *Danzi'schen Archiv* (MMW I, S. 165) ist wohl zu lesen: *Danzischen Aufsaz*

29 vgl. *AMZ* 10. Jg. (25. Mai 1808), Sp. 556-557

30 vgl. o., Anm. 19

31 Erstmals abgedruckt bei MMW I, S. 146-149, Autograph z. Z. unbekannt. Neben dem nachstehend genannten *Cantabile*-Thema dürfte zumindest auch das *Maestoso*-Thema auf Danzi zurückgehen. Als Zitat jedoch ließ es sich bisher nicht nachweisen; eine ähnliche Wendung findet sich in Danzis Szene u. Arie für Tenor: *Ah che incertezza amara* (veröff. in der *Auswahl von Arien*, die in München bei Falter erschien), wo nach dem Ertönen des Trompetenzeichens folgende Stelle zu finden ist:

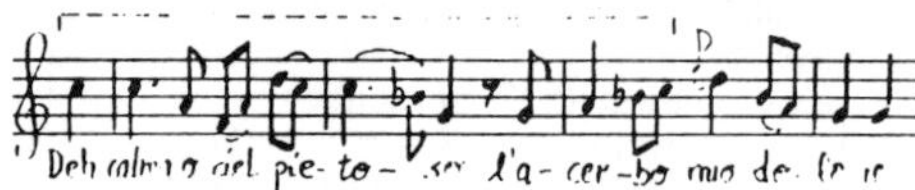

dung des *Cantabile, Andante* - Themas (*Ach! nur bei Dir allein, liebster Rapunzel kann ich nur schmunzeln weichet der Schmerz*)[32] und das wiederholte Zitieren dieses Themas auch in anderen Werken Webers (Nr. 3 der *Six pieces* op. 10, JV 83[33], *Grand Potpourri* op. 20, JV 64[34] und *Variationen für das Violoncell* JV 94[35]) sprechen für eine Zuweisung an Danzi. Da das Thema in dem Ende Dezember 1808 entstandenen *Grand Potpourri* auftritt, dessen Finale ein Thema aus Danzis 1789 uraufgeführter Oper *Der Quasimann* variiert[36], liegt es nahe, daß auch das genannte *Cantabile, Andante* - Thema aus dieser Oper stammt, von der sich leider nur eine Arie erhalten hat[37].

Das *Musikalische Sendschreiben* belegt außerdem Webers Bekanntschaft mit Danzis Schülerin Margarethe Lang[38], der Weber seine am 4. Juni 1808 entstandene *Grande Polonaise* JV 59 mit der Bemerkung widmete: *composta per uso della mia cara amica M: L: il 4tro Junio 1808. Ludwigsburgo*[39]. Gemeinsam mit Danzi besuchte Weber Margarethe beispielsweise, als sich der Hof im September 1808 zu Theatervorstellungen in Ludwigsburg aufhielt. Danzi hatte aus diesem Grund Weber um Vermittlung zweier Zimmer gebeten, worauf Weber mit dem bei Max Maria

Vgl. *mio dolce Franz Danzi io deggio...* [bricht ab] im *Sendschreiben*. Die Textanspielung würde zwar dort ebenfalls Sinn ergeben, indem sie sich auf den ankommenden Prinzen Adam bezöge; es ist jedoch wahrscheinlicher, daß der gesamte Abschnitt (ab *Maestoso*-Beginn) genaues Zitat eines noch nicht identifizierten Danzischen Werkes ist.

32 vgl. MMW I, S. 147

33 T. 1ff.; hier in G-dur und im vorletzten Takt in einer vereinfachten Fassung

34 T. 58ff.; vorletzter Takt des Themas wie im *Sendschreiben* (mit zusätzlichen Verzierungen)

35 T. 46ff.; vorletzter Takt des Themas zunächst wie in JV 83, vgl. Anm. 33

36 vgl. *Grand Potpourri*, T. 242ff. Das hier zitierte Thema geht auf die Arie der Therese im *Quasimann* zurück (vgl. Abschrift der Arie im Besitz der Gesellschaft der Musikfreunde Wien sowie eine weitere Abschrift mit unterlegtem italienischen Text *Andiamo Signore* in der Bibliothek der Hansestadt Lübeck, Mus. Qu 3). Weber zitiert das Thema vom Einsatz der Singstimme an (Danzi T. 8) mit der vollständigen Begleitung (T. 242-264 = Danzi T. 9-31; weitere Übernahmen vgl. Analyseteil dieser Arbeit, Kapitel Oper). Danzi selbst hat dieses Thema mit der Angabe: *Quasimann* in seinem Streichquartett op. 6, Nr. 4 (Druck Mainz: B. Schott, Pl. Nr. 82) verwendet und Louis Spohr benutzt es ebenfalls in seiner *Fantaisie et Variations sur un thème de Danzi pour la Clarinette, 2 violons, alto et violoncelle* op. 81 (erschienen bei Schlesinger; Neuausgabe v. H. Voxmann bei Musica Rara, London 1977). Danzis Arie hat in der ersten Strophe den beziehungsreichen Text: *Der Schutzgeist, der Liebende, stetig umschwebet; / mit Hoffnung und Muth in Gefahr sie belebet, / der hat ihn erhalten, der bringt ihn zurück*. Das D-Dur-Thema erscheint in Max Marias Zitat (Bd. I, S. 142) versetzt nach As-Dur und mit Punktierungen (T. 2 sicherlich fehlerhaft), zudem als *Violoncell-Rondo* Danzis bezeichnet und zu einer zweifelhaften Bedeutung erhoben; vgl. MMW I, S. 142.

37 Bisher ließ sich mit Sicherheit nur die genannte Arie der Therese (vgl. Anm. 57) als Bestandteil der Oper identifizieren. Unklar ist, ob Jähns das *Andante*-Thema bereits als Thema Danzis identifiziert hatte. Im Anhang Nr. 31 seines Werkverzeichnisses (S. 429) gibt er an, die Melodie, die Weber in JV 94 benutzt hat, unter Danzis Namen als *Nr. 121* in den *Harmoniebüchern* der Hoftheater-Bibliothek Stuttgart aufgefunden zu haben. Unter JV 64 bezeichnet er jedoch das Finalthema des *Grand Potpourri* als das unter Nr. 121 aufgefundene (S. 80). Da die *Harmoniebücher* der Hofbibliothek nicht erhalten sind, ließ sich die Angabe nicht mehr überprüfen.

38 vgl. das *Adagio-con-espressione*-Thema des *Sendschreibens*

39 *JV*, S. 76. Das Werk steht in der gleichen Tonart wie das *la-mia-cara-Puzicaca*-Zitat des Sendschreibens (Es-Dur). Quellen über nähere Kontakte Webers zu Margarethe Lang (vgl. MMW I, S. 159-160) sind nicht erhalten. Im Brief Danzis an Weber vom 7. April 1809 läßt Margarethe Weber *vielmals für das Embser Waßer danken*, das er ihr offensichtlich von seiner Reise nach Bad Ems übersandt hatte.

zitierten gereimten Brief antwortete[40]. Während dieser Aufführungen in Ludwigsburg wurde am 29. September als Festvorstellung zum Geburtstag der Königin Danzis Oper *Die Mitternachtsstunde* gegeben[41].

Anregungen fand Weber in Stuttgart auch durch Kontakte zu einer Reihe weiterer Persönlichkeiten des Hoflebens. Aus dem erwähnten Reimbrief an Danzi vom September 1808 geht z. B. die engere Bekanntschaft Webers mit dem Bibliothekar Hofrat Lehr hervor, der in Webers Haus wohnte[42]. Von ihm hat Weber 1808 die Lieder *Er an Sie* JV 57, *Meine Farben* JV 62 und 1809 das *Trinklied* JV 80 vertont[43]. Durch Lehr könnte die Bekanntschaft mit den Redakteuren des *Morgenblatts für gebildete Stände*, Johann Christian Friedrich Haug und Georg Rheinbeck, vermittelt sein. Von beiden hat Weber Texte vertont: von Haug die Rhapsodie *Traurig, einsam welkst du hin* (JV 70, komponiert am 30. Mai 1809 zu Ludwigsburg), von Rheinbeck die Romanze *Süsse Ahnung* (JV 71, 15. Juni 1809 zu Ludwigsburg) und das Lied *Sanftes Licht, weiche nicht* (JV 72, 25. Juni 1809 zu Stuttgart). Durch diese Bekanntschaft wurde Weber Mitarbeiter des Cottaschen *Morgenblattes*, konnte neben seinen Wort-Beiträgen[44] zwei Guitarrelieder in dieser Zeitschrift veröffentlichen (die erwähnte Haugsche *Rhapsodie* am 8. Oktober 1810; die *Serenade von Baggesen* JV 65, komponiert am 22. Februar 1809 in Stuttgart, am 8. Januar 1810)[45] und blieb auch nach der Ausweisung aus Stuttgart Mitarbeiter des in Tübingen erscheinenden Blattes[46].

In enger Verbindung zu Danzi steht schließlich eine weitere Persönlichkeit, die für Webers Stuttgarter Wirken von Bedeutung ist: der Theaterdichter Franz Carl Hiemer, der das Textbuch von Webers früher Oper *Das Waldmädchen* zur *Silvana* umarbeitete. Mit der Komposition dieser von Danzi angeregten Oper[47] hat sich Weber nachweislich seit Mitte Juli 1808 beschäftigt. Die Arbeit schritt jedoch nur langsam und offensichtlich in Schüben voran. Die Genesis des Werkes läßt sich nach den erhaltenen Partiturteilen nur lückenhaft beschreiben[48]:

(I. Aufzug, Nr. 1-8):

18. Juli 1808:	Nro 3 *comp*; - *notirt d. 20. März 1809*
13. Dezember 1808:	No. 4
2. März 1809:	No. 1 *Finito*

[40] vgl. MMW I, S. 150-151, besonders die Zeilen: *Hatt' er schon zwei Zimmerchen ausgerochen* bzw. *Und Wein wird den Sängerinnen auch hier nicht fehlen*. Hier scheint Max Maria verlesen zu haben, denn nach dem Versmaß müßte es heißen: *Und Wein wird der Sängerin auch hier nicht fehlen* o.ä. Die erste Vorstellung in Ludwigsburg fand nach der *Schwäbischen Chronik* am 25. September statt.

[41] vgl. *Schwäbische Chronik*, Ankündigung für den 29. September 1808. Die Oper sollte nach dieser Chronik am 9. Oktober in Stuttgart wiederholt werden, wurde wegen Krankheit der Mad. Graff aber abgesetzt und erst am 14. Oktober gegeben.

[42] vgl. die Nachbemerkung Lehrs in dem genannten Brief, MMW I, S. 151. Einige Zeilen vorher schreibt Weber (a.a.O., S. 150): *Ich hab ein' chinesischen Hofrath im Haus,* / [...] *Nun kann ich denn so einen Herrn einquartieren,* / *So wird ein Kapellmeister mich auch nicht genieren.*

[43] zu diesen und den nachfolgenden Datierungen vgl. die Angaben im Jähnsschen Werkverzeichnis

[44] vgl. KaiserS, Nr. 7 u. 160 (Kapitel 4) als Texte, die noch in Stuttgart selbst verfaßt wurden. Daneben hat Weber auch kürzere Anzeigen für das Blatt geliefert; vgl. z. B. 4. Jg., Nr. 31 vom 5. Februar 1810.

[45] *JV*, S. 81

[46] vgl. KaiserS, Nr. 13, 16 u. 21 sowie Webers Korrespondenz mit Cotta

[47] vgl. *AS* (KaiserS, S. 7)

[48] vgl. die Angaben im *JV*, S. 101; Autograph in Privatbesitz

16. März 1809: No. 5 *Finito*
20. März 1809: No. 2
23. März 1809: Ouvertüre *renovata*
25. März 1809: No. 6
12. April 1809: No. 7 *notirt*

(III. Aufzug, Nr. 16-19):
7. Januar 1810: No. 18
8. Januar 1810: No. 16
8. Februar 1810: No. 19 *componirt; - instrumentirt d: 23t Februar*

Die intensive Arbeitsphase am ersten Akt im März/April 1809 wurde wahrscheinlich durch Hiemers Schuld unterbrochen, denn am 6. Juni 1809 schrieb Hiemer an Weber[49]:

> *Herr Hofrath Lehr hat mir Ihre freundschaftliche Donnerwetter wegen meiner Saumsal richtig über den Hals geschikt* [...] *Können Sie sich entschließen, nächsten Samstag sich nach Stuttgart zu bemühen, so sollen Sie Arbeit die Hüll' und Fülle antreffen und in Empfang nehmen.*

Dennoch mußte Weber am 19. Juli erneut mahnen: *O allgewaltiger Reim-Tyrann! / Der alles, was er will, auch kann, / Erhör des Komponisten Flehn; / Laß ihm die Krisis nicht vergehn, / In der Er durch Dich inspirirt / So manche Nummer exspedirt*[50].

Über die Arbeit am zweiten Akt liegen keine Dokumente vor[51]. Die Komposition des dritten Aktes stand Anfang 1810 vor ihrem Abschluß, und Weber schien auf eine Aufführung durch Danzis Vermittlung in Stuttgart zu hoffen, denn am 12. Februar wies er zur Deckung seiner Schulden u.a. auf seine Oper *Silvana* hin[52]:

> *Hingegen durch den Verkauf der Oper, wenn solche wie ich erst voraussezte hier zuerst gegeben werden dürfte, die zweite Einnahme* [neben dem Verkauf seiner Instrumente] *also gegen 400 f und durch den alsdannigen Verkauf an andere Theater /: da ich beynah mit Zuversicht mir schmeicheln darf daß sie gefallen wird :/ über 1000 f nach und nach eintragen muß* [...]

Schon vorher hatte er seine Oper als Kapital angegeben und sich *über deren Kunstwerth* [...] *auf den Kapellmeister Danzi berufen* und den Erlös durch den Verkauf an fremde Bühnen sogar mit 1500 Gulden eingeschätzt[53].

An eine Aufführung der Oper in Stuttgart war durch die Einleitung des Verfahrens gegen Weber nicht mehr zu denken[54]; Danzi hat Weber jedoch in seinen Bemühungen um eine Aufführung des Werkes unterstützt, wie eine undatierte Empfehlung von seiner Hand beweist[55]:

[49] Autograph: Weberiana, Mappe I A, Abtlg. 2, Nr. 11
[50] vgl. MMW I, S. 144
[51] autograph erhalten sind nur Akt I und III, s.o.
[52] Zitat in: Auktionskatalog *Musiker-Autographen aus der Sammlung Wilhelm Heyer in Köln*, 1. Teil (6./7. Dezember 1926), Nr. 591; Verbleib des Autographs z.Z. unbekannt.
[53] vgl. Verhörsprotokoll vom 10. Februar 1810, Prozeßakten HSA Stuttgart, G 246, Bü 5, Fasz. 6
[54] Zum Zeitpunkt der Verhaftung Webers (9. Februar 1810) war die Oper auch noch nicht vollendet.
[55] Autograph im StA Stuttgart, Franz Danzi 2; Faksimile vgl. Katalog der Ausstellung *Baden und Württemberg im Zeitalter Napoleons*, a.a.O., S. 904

> *Die Musik zur Oper Silvana, von Karl Marie von Weber, zeichnet sich durch Neuheit, Lieblichkeit und Originalität der Gedanken aus, und scheinet mir von großer, theatralischer Wirkung zu seyn. / Franz Danzi / k. wirtembergischer Kapellmeister.*

Durch die Arbeit an der *Silvana* war Hiemer offensichtlich neben Danzi zu einem der engeren Vertrauten Webers geworden. Laut Max Maria gehörte Hiemer auch dem feucht-fröhlichen Zirkel an, der sich im *Trinkstübchen* des Ludwigsburger Schlosses traf[56]. Carl Maria hat später in seinem Aufsatz über Stuttgart geschildert, daß es solche privaten Zirkel waren, die abseits der offiziellen Veranstaltungen des Hofes die Kultur der Stadt zu beleben suchten[57]. Entsprechend fanden auch die Veranstaltungen der Mitglieder dieser Zirkel meist in häuslichem Rahmen statt. Weber hatte den Weg zu einem solchen privaten Kreis gefunden, dem neben anderen auch Hiemer, Danzi und Lehr angehörten. Danzi berichtete am 23. März 1809 an seinen Münchener Freund Morigotti, er habe in den vergangenen Wintermonaten *Musik* [...] *einmal bei mir, und einmal bei Baron Weber gemacht*[58], und in einem undatierten Brief Margarethe Langs wird Weber zur Mitwirkung an einer im privaten Rahmen stattfindenden Aufführung eines Stückes eingeladen, das nach Max Maria *Antonius* betitelt war und zum Namenstag des Tenoristen Krebs von Weber, Hiemer, Danzi, Lehr, Margarethe Lang und der Sängerin Miedke aufgeführt wurde[59]. Am 6. Juni 1809 lud Hiemer Weber zu einer Aufführung eines Werkes von Ludwig Abeille ins Haus des Ministers von Mandelslohe ein, da dieser schon längst Webers *interessante musikalische Bekanntschaft* zu machen wünsche. An dieser Aufführung wirkten wiederum Danzi und Hiemer, daneben Krebs und der Tenor Berger mit[60].

Weber blieb durch solche Veranstaltungen trotz seiner Sekretärstätigkeit der Musikpraxis verbunden und bewegte sich zugleich in Kreisen, die im Stuttgarter Musikleben eine führende Rolle spielten[61]. Neben der direkten Anregung durch Danzi dürften auch diese Kontakte seine kompositorische Tätigkeit angeregt und

56 vgl. MMW I, S. 139 u. 143/144. Die Informationen über das *Trinkstübchen* erhielt Max Maria von Ferdinand Dusch (Brief vom 7. Januar 1862 an Max Maria von Weber, vgl. Abschrift Weberiana, Classe V 4 B, Mappe XVIII, Nachtrag): *Noch lebende ältere Herren vom Hofe wollen sich erinnern, daß er* [Carl Maria] *hier ein munteres Leben geführt u. sich viel in heiterer Gesellschaft beim schwäbischen Rebensaft habe blicken lassen, wozu ihm freilich ein zu jener Zeit für die Angestellten des Hofes im alten Schlosse selbst eingerichtetes »Trinkstübchen« die Gelegenheit verführerisch nahe legen mußte.* Woher Max Maria die Informationen über die Gesellschaft Fausts Höllenfahrt bezog, war nicht zu ermitteln. Den Namen selbst, sowie die Bezeichnungen *Rapunzel, Krautsalat, Dr. Faust* konnte Max Maria den zitierten Briefen entnehmen (vgl. MMW I, S. 147, 148, 149, 151 u. 161).

57 vgl. *Ansicht des gegenwärtigen Zustandes der Kunst und Literatur in Stuttgart*, veröffentlicht in KaiserS, Nr. 6, S. 139-145, besonders S. 140

58 Auch eine Angabe in den Verhörsprotokollen zeigt, daß in Webers Haus gemeinschaftlich musiziert wurde, denn er sagt aus, zwei silberne Leuchter seien ihm von Prinz Adam *aus Gelegenheit einer Musick einmahl geliehen worden* [...] (HSA Stuttgart, G 246, Bü 5, Fasz. 6).

59 vgl. MMW I, S. 160-161. Der Namenstag des Johann Baptist Krebs wurde am 24. 6. oder 29. 8. gefeiert.

60 Brief Hiemers vom 6. Juni 1809, vgl. Anm. 49

61 Max Marias Angaben über sonstige Kontakte Webers (MMW I, S. 136-137) gehen wahrscheinlich auf den unter Anm. 57 genannten Aufsatz Carl Marias zurück.

gefördert haben. Konkrete Anlässe lassen sich jedoch nicht bei allen Werken der Stuttgarter Zeit feststellen.

Zu den Werken, die ihre Entstehung der Förderung durch Danzi verdanken, gehört sicherlich die Umarbeitung der *Ouvertura Chinesa* und deren Erweiterung zur Bühnenmusik zu Schillers *Turandot* (JV 75), denn die Komposition der (mit Ausnahme der Ouvertüre) musikalisch wenig ergiebigen Sätze ist ohne konkreten Anlaß kaum denkbar. Auch die kurze Zeitspanne zwischen der Komposition dieser Bühnenmusik und deren Aufführung spricht für die Annahme einer Auftragsarbeit[62].

Hinweise zu Danzis Rolle als Förderer der Kompositionstätigkeit Webers finden sich auch in einem Brief vom 7. August 1809 an den in Bad Ems weilenden Weber. *Kommen Sie recht bald zurück und bringen uns was Schönes von Ihrer Arbeit mit* [...] heißt es in diesem Brief, in dem Danzi erwähnt, daß er dem ihm befreundeten Baron Hoggner Musikalien von Webers Komposition mitgegeben habe[63]. Zu erwähnen ist ferner der kleine Chorsatz JV 69, mit dem Weber sich 1809 bei Danzi aus Anlaß von dessen Geburtstag bedankte[64].

Die *Six Pièces* JV 81-86 verdanken ihre Entstehung der Hauslehrertätigkeit Webers (Widmung: *à Leurs Altesses Sérénissimes Mesdames les Princesses Marie et Amélie de Württemberg*[65]). Für seinen Bruder Fritz, der die Direktion einer Operntruppe in Freiburg übernommen hatte[66], schrieb Weber am 18. Oktober 1809 das *Andante und Rondo Ungarese für die Alt-Viola* JV 79[67] und außerdem zwei Einlagen in dessen (nach Haydn bearbeiteter) Oper *Der Freybrief*[68]: am 10. Oktober 1809 ein *Rondo alla Polacca*: *Was ich da thu* JV 77 und am 13. des Monats das nach einer Vorlage aus Peter Schmoll umgearbeitete Duett *Dich an dies Herz zu drücken* JV 78[69]. Ob diese beiden Einlagen zum *Freybrief* mit der Bitte des Bruders zu-

62 vgl. *JV*, S. 87-89. Laut Autograph vollendete Weber diese Musik am 12. September 1809; schon am 20. des Monats ging *Turandot* mit Webers Musik über die Bühne, vgl. Ingeborg Krekler: *Katalog der handschriftlichen Theaterbücher des ehemaligen Württembergischen Hoftheaters*, Wiesbaden 1979, S. 281, Nr. 1670.

63 Weberiana, Mappe I A, Abtlg. 2, Nr. 2; veröffentlicht von Reipschläger, S. 97-98. Danzi schreibt u.a. *Baron Hoggner läßt Ihnen viel Schönes sagen; ich habe ihm die Musik mitgegeben*. Zum Verhältnis Hoggner-Danzi vgl. auch Anhang 1. Weber selbst hat Hoggner später persönlich aufgesucht; vgl. Brief an Gottfried Weber vom 16. August 1811: *Hier sizze ich auf dem Gute des Herrn Baron Hoggner in Wolfsberg* [...] In diesem Brief bezeichnet Weber Hoggner als seinen *Freund* (vgl. Bollert-Lemke, S. 40).

64 In der Abschrift, die Jähns von diesem (inzwischen verschollenen) Autograph anfertigte, fehlt leider der zugehörige Text; vgl. *JV*, S. 84.

65 *JV*, S. 93-94; Autograph DSB Berlin/DDR, Mus. ms. autogr. C. M. v. Weber WFN 10 (1). Ferdinand von Dusch bemerkt in dem o.g. Brief (vgl. Anm. 56) zum Unterricht der Prinzessinnen: *Die Königin von Württemberg* [geb. 1800, d.h. Pauline] *und die Markgräfin von Baden* [geb. 1802, d.h. Elisabeth] *ihre Schwester, erinnern sich noch beide sehr gut der Clavierstunden, die sie von Ihrem Vater* [Carl Maria] *hier im Palais erhielten, das damals der Herzog Louis, ihr Vater, bewohnte* [...] Mithin hat Weber alle vier Prinzessinnen unterrichtet, dazu noch den ältesten Prinzen Adam (geb. 1792), für dessen Finanzen Weber die Verantwortung trug (vgl. die Abrechnungen in WFN - Handschriftliches XXII und im StA Stuttgart).

66 vgl. Brief Fridolin (Fritz) von Webers an Carl Maria vom 5. November 1809, Abschrift: Weberiana, Mappe XVIII, Classe V 5, Nachtrag 9

67 vgl. *JV*, S. 92

68 vgl. Jähns: *»Der Freybrief«. Eine Oper von Jos. Haydn, Fritz v. Weber, Mozart und Carl Maria v. Weber*, in: *LAMZ* (hg. v. Chrysander), 11. Jg., Nr. 48 (29. November 1876), Sp. 753-757

69 vgl. *JV*, S. 90-91

sammenhingen, seine Oper dem Stuttgarter Hof zu verkaufen, ließ sich nicht feststellen[70].

Zu den übrigen in Stuttgart entstandenen Werken (Lieder JV 52[71], 63, 67, 68, 73 und 74; *Trinklied* JV 66, Variationen JV 55 und 61, *Momento capriccioso* JV 56, *Harmonie in B* JV Anhang 31[72] und die nach Jähns zweifelhafte *Ouvertüre in Es* JV Anhang 83[73]) ließen sich keine konkreten Anlässe ermitteln.

Obwohl Weber in Stuttgart der Kunst *als ihr unmittelbarer Diener* entsagte[74], entstanden also eine ganze Reihe von Kompositionen, und eine Aussage Webers, die sich in den Protokollen des Stuttgarter Prozesses findet, zeigt, daß er sogar seinen Lebensunterhalt wieder durch musikalische Tätigkeiten zu bestreiten hoffte. Im Verhör vom 10. Februar gibt er an, *daß er sich durch seinen musikal*[ischen] *Verdienst und insbesondere durch das Honorar einer eben fertigen Oper* [...] *so wie auch durch einige andere literärl*[iche] *Arbeiten soviel zu gewinnen, Hofnung machen dürfe, um innerhalb eines Jahres sie* [seine Schulden] *gänzlich zu tilgen*[75]. Wenn diese Angaben in finanzieller Hinsicht auch maßlos übertrieben scheinen[76], so zeigen sie doch, daß Weber zumindest am Ende seiner Stuttgarter Zeit zur Rückkehr in die künstlerische Laufbahn fest entschlossen war[77].

Das Ende seiner Stuttgarter Zeit kam für Weber unerwartet durch jene Prozeßgeschichte, die in der Weber-Literatur seit Max Maria zu einer dramatischen *Wende* im Leben Carl Marias hochstilisiert wurde[78], obwohl die Hintergründe noch immer unzureichend erhellt sind und eine Reihe von Angaben Max Marias als Hinzudich-

[70] *Es würde mir sehr angenehm sein, wenn Eure Theater-Direction diese Oper behalten würde, denn ich kann das Geld sehr gut gebrauchen* [...] *Sollte es aber dennoch nicht sein, so bitte ich, mir solche zu schicken; ich werde trachten, sie dennoch an den Mann zu bringen* [...] schreibt Fridolin Weber in dem unter Anm. 66 genannten Brief. Eine Aufführung der Oper in Stuttgart konnte schon Jähns nicht nachweisen (vgl. den in Anm. 68 genannten Aufsatz).

[71] Jähns gibt das Lied im Werkverzeichnis als bereits in Stuttgart komponiert an; vgl. a.a.O., S. 66.

[72] Das Autograph dieses zweisätzigen Werkes entdeckte Wolfgang Sandner in der Bibliothèque Nationale in Paris; vgl. Sandner: *Die Klarinette bei Carl Maria von Weber*, Wiesbaden 1971, S. 204-205 sowie vollständige Faksimile-Wiedergabe, a.a.O., S. 228-234. Vgl. dazu *JV*, S. 429.

[73] vgl. die Anmerkungen im *JV*, S. 439. Hinsichtlich der Echtheit dieses Werkes, bei dem es sich um den Klavierauszug einer instrumentalen Ouvertüre handeln muß, ließen sich keine neuen Argumente finden. In den Analysen blieb das Werk unberücksichtigt, da kein Beweis für die Autorschaft Webers vorliegt. Zur Entstehung des in der Aufzählung fehlenden Klavierquartetts JV 76 vgl. Analyseteil.

[74] vgl. *AS* (KaiserS, S. 7)

[75] HSA Stuttgart, G 246 Bü 5, Fasz. 6

[76] Weber hatte sich bei einem Jahreseinkommen von 400 Gulden in den knapp zweieinhalb Stuttgarter Jahren mit über 2600 Gulden verschuldet (vgl. Bericht des Stadtoberamtmanns Hoffmann über Webers Schuldenwesen vom 17. Februar 1810, HSA Stuttgart, G 246, Bü 5, Fasz. 13). Am 12. Februar 1810 gab er sein Aktivvermögen mit 2300 Gulden an, darunter rechnete er circa 1400 Gulden für seine Oper *Silvana* (a.a.O., Fasz. 12 und Auktionskatalog Wilhelm Heyer, a.a.O., 6./7. Dezember 1926, Nr. 591). Wie es wirklich um sein Vermögen bestellt war, zeigt die Dauer seiner Schulden-Tilgung: erst am 6. April 1816 sandte er den letzten Wechsel an die Stuttgarter Stadtschreibung (vgl. WFN - Handschriftliches XXII, Nr. 18 bzw. Brief vom 24. Juli 1816 an dieselbe, Autograph: Museum für Geschichte der Stadt Leipzig).

[77] Darauf bezieht sich wahrscheinlich auch die Bemerkung in der *AS* (KaiserS, S. 7): *Von dieser Zeit an kann ich ziemlich rechnen mit mir abgeschlossen gewesen zu sein* [...]

[78] vgl. MMW I, S. 175: *Die sechszehn Tage* [Haft] *bauen eine wunderbare Scheidewand in Weber's Leben*. Vgl. auch a.a.O., S. 177.

tung identifiziert werden können[79]. Dies gilt besonders für die Haftbedingungen, die Webers Sohn in den dunkelsten Farben gemalt hat. Die vorliegenden Unterlagen bestätigen aber diese Sicht, der sich viele spätere Biographen bereitwillig anschlossen, in keiner Weise. Als Weber nach dem ersten Verhör am 9. Februar 1810 in Polizeiarrest gebracht wurde, war Anweisung auf *ausdrücklich gute Kost* gegeben worden[80], und nach seiner Überführung ins Stadtoberamt konnte er beispielsweise am 23. Februar das Finale seiner *Silvana* instrumentieren[81] und empfing am 25. Februar Besuch u.a. von Hiemer, der in Webers *Album amicorum* folgende Eintragung hinterließ[82]:

> *Silvana ist abgethan. Besinnen Sie sich auf den Chor der Gläubiger, dann machen wir uns über den Berggeist her, der uns die leeren Beutel gutmütig füllen wird; diß wird endlich manchem spanisch vorkommen, mir aber nur auf den Fall, wenn Sie je aufhören könnten, mein Freund zu seyn. / Stuttgart den 25. Febr. 1810 / Hiemer / An demselben Orte, wo das lezte Stük der Silvana instrumentirt wurde.*

Dies deutet im übrigen darauf hin, daß zu diesem Zeitpunkt zumindest der Plan zur Oper *Abu Hassan* schon gefaßt war - wahrscheinlich war das Textbuch sogar weitgehend fertig, denn in seinem Tagebuch notierte Weber wenige Wochen später, am 21. März 1810: [...] *an H*[iemer] *geschrieben für Hasan zu cop*[ieren] und vermerkte den Empfang am 29. des Monats[83]. Hiemers Erwähnung der Oper *Der Berggeist* könnte sich auf den Plan einer Umarbeitung der alten *Rübezahl*-Oper Webers beziehen[84].

Am gleichen Tag, dem 25. Februar 1810, schrieb sich Weber noch die italienische *Canzonette*: *Sicché t'inganni o Clori* (JV 88) von Danzi ab und vermerkte im Autograph: *d. 25. Februar 1810, letzten Tag in Stuttgart*[85]. Bei dieser Gelegenheit übergab Danzi Weber wahrscheinlich auch eine Reihe von Empfehlungsschreiben an

[79] Ein in der Dissertation an dieser Stelle ursprünglich eingeschobener Exkurs zur Prozeßgeschichte erschien inzwischen in umgearbeiter Form unter dem Titel *»... mit äußerster Diskretion zu benutzen«. Carl Maria von Webers Stuttgarter Prozeßgeschichte* in Heft 12/1989 der *NZfM*, so daß hier auf eine Darstellung der Hintergründe verzichtet werden kann.

[80] vgl. Hans Pohl: *Drei Aktenstücke über K. M. v. Webers Gefangennahme in Stuttgart 1810*, in: *Allgemeine Musikzeitung Berlin* 37. Jg. (1910), S. 1208, Bericht vom 19. Februar 1810. Nach Überführung Webers ins Stadtoberamt wurde am 19. Februar die Zulassung von *Schreib-Materialien* beantragt (vgl. HSA Stuttgart, G 246, Bü 5, Fasz. 14).

[81] vgl. die Eintragung im Partitur-Autograph

[82] *Album amicorum*, a.a.O., Bl. 21r

[83] Erst in Mannheim hat sich Weber dann offensichtlich intensiver mit dem Text beschäftigt, denn am 20. Mai (in Jähns Abschrift ist der Monat irrtümlich mit März angegeben, vgl. Weberiana Classe II B, Nachtrag zu Gänsbacher Nr. 61 mit Autograph SPrK Berlin, Mus. ep. C. M. v. Weber 11) schrieb er an Gänsbacher in Darmstadt: [...] *in einer der Schubladen muß der Text zu der kleinen Oper Abu Haßan liegen, den bitte ich mir mitzubringen* [...]

[84] Weber hat später lediglich die Ouvertüre umgearbeitet (vgl. JV 122; datiert: 8. November 1811). Eine *Rübezahl*-Oper haben sowohl Danzi (Karlsruhe 1813) als auch Vogler geschrieben (Breslau 1802, vgl. SchafhäutlV Nr. 171 und Artikel *Vogler* im *Schlesischen Tonkünstler-Lexikon*, hg. v. Koßmaly u. Carlo, Breslau 1846-1847, S. 325).

[85] vgl. dazu vom Verfasser: *Jähns 88 - eine Komposition Franz Danzis*, in: *Beiträge zur Musikwissenschaft* 26. Jg. (1984), Heft 2, S. 151-152

seine Mannheimer Freunde[86], die es Weber dann ermöglichten, rasch wieder Fuß im Musikleben zu fassen.

Kontakte zu Danzi in den Jahren 1810-1812

Nur Webers Tagebucheintragungen seiner ersten Besuche in Mannheim lassen erraten, an wen sich Danzis Empfehlungsschreiben richteten: Unter den Bekannten der ersten Mannheimer Tage finden sich der Tenorist Ludwig Berger, der Kapellmeister Peter Ritter, Musikdirektor Friedrich Joseph Hoffmann, die Familie der Sängerin Luise Frank, Gottfried Weber und Solomé, sowie in Heidelberg Gottfried Webers Schwäger Alexander Dusch und Ludwig Hout[1]. Schon zwei Wochen nach seiner Ankunft in Mannheim, am 13. März 1810, schrieb Weber an Danzi und bat ihn wohl um eine Partitur seiner *Silvana*[2], die Weber am 23. März dem Intendanten von Venningen zur Annahme für das Mannheimer Theater vorlegt, wobei er sich auf den *Beifall* Danzis und Voglers zu dieser Oper berief[3].

Im übrigen lassen sich für die Mannheimer und Darmstädter Zeit Webers nur wenige Hinweise auf anhaltende Kontakte Webers zu Danzi finden. Nur das Tagebuch vermerkt einige Daten:

- 7. August 1810: *geschrieben an Hiemer* [...] *Danzi* [...]
- 15. August 1810: *Brief von Danzi erhalten*
- 10. Januar 1811: *an Danzi geschrieben und 1ten Ton geschikt*[4]

Kurz vor seiner Abreise nach München erhielt Weber am 13. Februar 1811 von Danzi ein Empfehlungsschreiben an dessen Münchener Freund Morigotti[5]:

[86] Von den bei MMW I, S. 176 erwähnten Empfehlungsschreiben konnte bisher kein Exemplar wiederaufgefunden werden. Die w. u. erwähnte Empfehlung Danzis an Morigotti und die Empfehlung der *Silvana* legen aber nahe, mehrere Empfehlungsschreiben Danzis auch nach Mannheim anzunehmen.

[1] vgl. Tagebucheintragungen vom 27./28. Februar 1810 u. ff. Zu Webers Mannheimer Aufenthalt vgl. vor allem Friedrich Walter: *Karl Maria von Weber in Mannheim und Heidelberg 1810 und sein Freundeskreis*, in: *Mannheimer Geschichtsblätter* 25. Jg. (1924), Sp. 18-73 sowie Ursula Reichert: *Musik in Heidelberg. Die Zeit der Romantik: III. Carl Maria von Weber und sein Kreis in Heidelberg und Stift Neuburg*, in: *Ausstellungskatalog Musik in Heidelberg 1777-1885*, Heidelberg 1985, S. 62-82.

[2] Im Tagebuch heißt es am 13. März 1810: *an Danzi geschrieben* und am 20. d. M.: *die Silvana erhalten*. In dem Brief vom 13. März konnte Weber Danzi bereits über die Aufführung des ersten Finale aus der *Silvana* in seinem ersten Mannheimer Konzert vom 9. März 1810 berichten (vgl. Walter 1924, Sp. 37).

[3] vgl. Friedrich Walter: *Archiv und Bibliothek des Grossh. Hof- und Nationaltheaters in Mannheim 1779-1839*, Bd. I: *Das Theater-Archiv*, Leipzig 1899, S. 456-457

[4] Weber hatte am 7. Januar 1811 den Klavierauszug des Danzi dedizierten *Ersten Tons* von Simrock erhalten (vgl. Tagebuch) und ihn offensichtlich an Danzi weitergeschickt.

[5] vgl. Tagebucheintragung vom 13. Februar 1811: *Brief von Danzi* [...]; Autograph des Empfehlungsschreibens: SA Ludwigsburg E 18 I, Bü 72a, erstmals veröffentlicht mit Faksimile im *Programmbuch der Karlsruher Musiktage 25. Mai - 15. Juni 1986*. Der Brief belegt, daß Danzi mit Morigotti bereits öfter über Weber gesprochen hatte. Diesbezügliche briefliche Äußerungen haben sich aber nicht

Stuttgart d 6. Februar 11 / Lieber Freund. / Der Ueberbringer dieses ist Herr von Weber, von deßen schöner Komposition und vollendeten Klavierspiel ich oft mit dir gesprochen habe. Wenn du ihm in irgend etwas nützlich seyn kannst, oder etwas dazu beitragen, daß seine schöne Oper dort aufgeführt würde, so dankt' ich dir es herzlich. Nächstens ein mehreres. / Dein / aufrichtiger Freund / Franz Danzi

Am 14. März 1811 traf Weber in München ein und besuchte am nächsten Tag die Familie der Margarethe Lang und Danzis Bruder Anton, den er möglicherweise schon in Stuttgart kennengelernt hatte[6]. Am 19. März vermerkte Weber im Tagebuch: *um 11 Uhr in der Hof Kapelle - Meße von Danzi herrlich executirt*. Als Danzi dann am 14. Juni 1811 nach München kam, um Rat bei seinem ehemaligen Arzt wegen der geplanten Kur zu suchen, traf Weber sogleich mit ihm zusammen: *mein lieber Danzi kam an, und ich brachte mit ihm den Abend bey Theobald Lang zu. Schrecklicher Holzbrand*[7]. Da Danzi seine Kur auf Anraten des Arztes in München verbrachte, sahen sich die Freunde nun fast täglich. Die Begegnungen, die Weber in seinem Tagebuch ausdrücklich vermerkt, sind sicherlich nicht die einzigen gewesen, aber schon die Liste dieser Eintragungen (nur im vorliegenden Text nicht mehr erwähnte Daten sind im folgenden aufgelistet) belegt die intensiven Kontakte beider Musiker auch in München[8]:

15. Juni:	*Nachmittag spazieren mit Danzi pp nach Thalkirchen*
16. Juni:	*Schocolade mit Danzi getrunken*
18. Juni:	*nachmittag spazieren mit Danzi*
22. Juni:	*Nachmittag nach dem Aumeister spazieren gegangen mit Danzi pp*
25. Juni:	*im schwarzen Adler mit Danzi Poisel*[9] *und Tonel Danzi*[10]
26. Juni:	*Mittag im goldnen Han mit Danzi pp*
1. Juli:	*Mittag bey Langs mit Danzi*
3. Juli:	*Mittag mit Morigotti, Danzi, Poisl, Bärmann bey Stürzer*
6. Juli:	*Nachmittag bey Danzi dann herumgeschlendert*
10. Juli:	*Mittag mit Danzi. Po*[is]*l. und Bärm: im Adler dann spazieren im Harmonie Garten*

erhalten (mit Ausnahme eines weiter unten zitierten Briefs an Morigotti vom 23. März 1809, vgl. Anhang 1). Weber selbst erwähnt eine Begegung mit Morigotti (und Danzi) im Tagebuch vom 3. Juli 1811.

6 vgl. Tagebuch vom 15. März 1811. Danzis Bruder Anton Danzi, der in der Münchener Zeit als *Tonel* Danzi häufig im Tagebuch begegnet, hatte sich im Mai 1808 als Bratschist in Stuttgart beworben, blieb dann aber doch in München (vgl. HSA Stuttgart, E 6, Bü 3). Zu Webers Münchener Kontakten vgl. auch Robert Münster: *Zu Carl Maria von Webers Münchener Aufenthalt 1811*, in: *Musik. Edition. Interpretation. Gedenkschrift Günther Henle*, München 1980, S. 369-383.

7 Tagebuch 14. Juni 1811; zu Danzis Münchener Aufenthalt 1811 vgl. Anhang 1

8 Bei der Bewertung der Daten des Tagebuchs ist zu bedenken, daß sie oft nur als Beleg für finanzielle Ausgaben Webers gedacht und daher sicherlich nicht alle Begegnungen mit Danzi aufgeführt sind. Die häufigen *Spaziergänge* sind wohl auf Danzis Kur zurückzuführen.

9 Die Bekanntschaft mit Danzis Schüler Johann Nepomuk von Poissl scheint erst durch Danzi selbst vermittelt, denn vor Danzis Ankunft begegnet der Name Poissls in Webers Tagebuch nicht.

10 vgl. Anm. 6

22. Juli:	*Böklins Fragmente gekauft* [...][11] *sich halb todt darüber gelacht mit Danzi und Poisl im Harmonie Garten*
28. Juli:	*Abends bey Lang mit Danzi*
29. Juli:	*Mittag mit Danzi Poisl pp bey Mayers. recht angenehm*
1. Aug.:	*Abends mit Danzi bey Albert*

Die Eintragungen im Tagebuch und der übermütige Tonfall einer gereimten Einladung Webers an Danzi[12] zeigen, daß sich auch ein kleiner Musizierkreis in wechselnder Besetzung zusammenfand. So vermerkt Weber z. B. am 1. Juli *Abends Musik gemacht bey Theobald* [Lang], *mein Quartett gespielt. Franz* [Xaver Lang] *Fagott conc: von D:*[anzi] *geblasen,* [Joh. Nepomuck] *Capeller, Quinto* [=Heinrich Bärmann,] [Ferdinand] *Fränzl Trio. Bärmann, Variat: von D:*[anzi][13]. Zwei Tage später schrieb Weber in einem Brief an Gottfried Weber über dieses Treffen[14]:

> *So viel Sinn für Kunst man im Theater und Concerten zeigt, so wenig häuslichen MusikSinn, /: möchte ich es nennen :/ haben die Münchener. man macht keine Quartetten, nichts. seit Danzi hier ist, haben wir vorgestern einmal ordentlich Musik gemacht, wo ich mein Quartett gespielt habe, von Fränzl und Legrand acc.*

Am 11. Juli verzeichnet Weber eine gemeinsame Fahrt mit Theobald Lang, Poissl und Danzi nach *Stahremberg*, die aber wegen des schlechten Wetters am nächsten Tag abgebrochen wurde. Am Morgen des 12. Juli fand noch ein Wettkomponieren zwischen Weber, Danzi und dessen Schüler Poissl statt. Aufgabe war eine *Canzonette à 3*: *Danzi wurde um 2 Takte früher fertig als ich. ich comp: son troppo innocente nell'arte d'amar*[15]. Am 15. Juli wurde erneut eine Fahrt nach Starnberg unternommen, diesmal mit Danzi, Poissl, Bärmann und Anton Danzi. Einen Tag später notierte Weber zu dieser Unternehmung: *den ganzen Tag sehr angenehm verlebt mit Musik pp. im Kegeln verlohren. Nachtische Fränzl in Almannshausen besucht. im Sturm zurükgefahren. am Concert für Bärm: comp:*[16]. Am nächsten Tag begann Weber bereits mit der Komposition des zweiten Satzes dieses (zweiten) Klarinettenkonzerts, und am 18. Juli kehrten die Freunde nach München zurück[17].

[11] Franz Friedrich Siegmund August Böcklin von Böcklinsau: *Fragmente zur höheren Musik u. f. ästhetische Tonliebhaber*, Freiburg i. Br. 1811. Weber hat später eine Rezension dieses Werkes verfaßt; vgl. Briefe an Gottfried Weber vom 19. Juli u. 2. August 1811 (Bollert-Lemke, S. 38-39).

[12] vgl. MMW I, S. 275-276 (undatiert)

[13] Tagebuch; bei dem Quartett handelt es sich um Webers Klavierquartett JV 76

[14] Weber an Gottfried Weber, 3. Juli 1811 (Bollert-Lemke, S. 36). Mit Legrand ist wahrscheinlich der Hofcellist Peter Legrand gemeint (vgl. Münster 1980, a.a.O., S. 376).

[15] Tagebuch, 12. Juli 1811. Woher Max Maria die Information hatte, daß dieses Wettkomponieren bei Webers Gastgeber Wiebeking stattfand, und die Aufgabe von der Tochter Fanny Wiebeking (Webers Klavierschülerin) gestellt wurde (vgl. MMW I, S. 274), blieb unklar. Das Werk, das Weber wohl nicht als ernsthafte Komposition betrachtete, da es in seinem eigenhändigen Werkverzeichnis fehlt, ist verschollen.

[16] Auch am 15. Juli 1811 notiert Weber *Abends gesungen, und mit Bärmann auf den See gefahren.*

[17] Tagebuch, 18. Juli 1811: *Abends zurük nach München* [...] Über diese Unternehmung schreibt Weber am 12. August 1811 an Meyerbeer: [...] *mein Aufenthalt in München war seit d. 3t wo ich Dir schrieb nicht mehr besonders Merkwürdig, als daß ich viele langweilige Visiten zu schneiden hatte, und mit Danzi, Baron Poisl, und Bärmann 4 höchst vergnügte Tage am Stahrenberger See, 7 Stunden von München verlebten* (Becker I, S. 120).

In diesen geselligen Kreisen oder mit Danzi bzw. Poissl allein wurden auch Kompositionen gegenseitig besprochen. So heißt es im Tagebuch:

26. Juni: *Poisl's neue Italienische Oper durch gegangen*[18]
4. Juli: *Früh das Orat: Abraham auf Moria v: Danzi durchgegangen*[19]
5. Juli: *Nachmittag die Silvana durchgegangen bey Danzi*
13. Juli: *2: Akt von Poisl's Oper durchgemacht*
26. Juli: *Danzi Oratorium gesungen*

Auch hier kann man davon ausgehen, daß sich die Gespräche der Freunde häufig auf den Gegenstand Musik richteten und wesentlich öfter konkret über bestimmte Kompositionen gesprochen wurde, als dies im Tagebuch ausdrücklich erwähnt ist. In dieser Hinsicht war der Münchener Aufenthalt für Weber sehr anregend und förderte sicherlich die durch Aufträge sehr lebhafte kompositorische Tätigkeit[20].

Wie sehr Weber erneut die Anschauungen Danzis den eigenen verwandt fühlte, zeigt auch sein Vorschlag, Danzi in den *Harmonischen Verein* aufzunehmen. Etwa Anfang Juli 1811 schrieb Weber von München aus an seine Vereinsbrüder in Mannheim[21]:

> [...] *ich habe hier noch weder ein Kopf noch ein Herz gefunden, das ich in unserer Mitte sehen möchte. Danzi, der seit einiger Zeit hier ist, wäre freylich eine gute acquisition, indem er alle Bedingnisse umfaßt, aber meine Vorsicht erlaubt es mir immer noch nicht, und ich werde nur nach und nach ihn euch zu nähern suchen. Ich sprach mit ihm wegen der Musik. Zeitung für Südd:*[eutschland] *und er gieng mit Wärme in diese Ideen ein, und erbot sich sogleich zum Mitarbeiter. Dieß ist etwas, ich würde weiter gegangen sein, wenn nicht seine Hypochondrie mich schreckte und ich zugleich fürchte, daß er nicht genug sich allen so nothwendigen Formen beugen möchte und auch schon zu sehr begründeten Ruf hat, um mit großem Interesse mitzuwirken. Doch gebe ich ihn nicht auf und hoffe in 4 Wochen wenigstens ein bestimmtes Resultat über ihn liefern zu können.*

Am 19. Juli heißt es in einem Brief an Gottfried Weber: *Ich bin begierig auf die Antworten der br:*[üder] *auf mein o* [=Rundschreiben]; *ich gehe um Danzi herum wie ein spähender Teufel*[22]. Am 10. August schrieb dann Meyerbeers Bruder Wilhelm Beer, der in die Geheimnisse des Vereins eingeweiht war, an Meyerbeer in

[18] Es muß sich dabei um Poissls Oper *Ottaviano in Sicilia* handeln, die am 1. Juli 1812 in München uraufgeführt wurde (vgl. Reipschläger, S. 124). Weber schreibt unter dem 26. Juni 1811 im Tagebuch zum 1. Akt des Werkes: *nichts neues, einige hübsche Sachen.*

[19] Das Werk wurde am 14. August 1811 in München aufgeführt; vgl. *Journal des Luxus und der Moden*, Jg. 1811, S. 662: *Den 14ten* [August] *gab der königl. Würtembergische Kapellmeister, Hr. Danzi im Hoftheater: Abraham auf Moria, ein Oratorium von Niemeier, von seiner Komposition, und beide von sehr hohem Werth, worüber die Kenner alle übereinstimmen, und welche deshalb also wohl mit Recht ein zahlreicheres Auditorium verdient hätte, als heute gegenwärtig war.* Weber hatte zum Zeitpunkt der Aufführung München bereits verlassen.

[20] vgl. dazu Webers Brief an Gottfried Weber vom 30. April 1811 (Bollert-Lemke, S. 30)

[21] Bollert-Lemke, S. 35. Dieser Teil des Circulars liegt laut Bollert-Lemke zwar dem Brief vom 6. Juni 1811 bei, muß aber später geschrieben sein, da Danzi erst am 14. Juni in München eintraf. Der Brief vom 6. Juni ist bisher im Autograph nicht nachgewiesen; ein Rundschreiben ist in Webers Tagebuch aber am 3. Juli vermerkt.

[22] Bollert-Lemke, S. 39

Darmstadt: *Danzi ist rejicirt wi*[e] *sich nach Deinem Widerspruch ohne weiters von selbst versteht*[23]. Was Meyerbeer gegen Danzis Teilnahme einzuwenden hatte, bleibt unklar. Danzi wurde also nicht Mitglied des Vereins[24], wie auch die spärlichen Korrespondenzeintragungen der nächsten Jahre in Webers Tagebuch beweisen.

Durch dieses Münchener Intermezzo belebte sich der Briefwechsel zwischen Weber und Danzi zwar zunächst (Briefe von oder an Danzi sind am 31. August und am 14. und 22. September 1811 erwähnt[25]), verebbte aber wieder mit dem Jahr 1812. Danzis Name begegnet in Webers Tagebuch nur anläßlich einer Aufführung eines *Salve* von Danzi in Gotha (13. Februar 1812) und der Abschrift eines Liedes von Danzi (3. Mai 1812)[26]. Ein erhaltener Brief Webers an Danzi vom 23. Mai 1812 aus Berlin zeigt, daß Weber sich um die Verbreitung der Werke seines Freundes bemühte, indem er Danzis Oratorium *Abraham auf Moria*, seine Messen, *Vespern u. andere Kirchenstücke* empfahl[27]. Am 3. Juli 1812 übersandte Danzi ein Verzeichnis seiner Kompositionen und teilte Weber gleichzeitig seine Absicht mit, die württembergischen Dienste zu verlassen[28]. In seinem Antwortschreiben vom 14. Juli 1812 (vier Tage nach der Berliner *Silvana*-Aufführung) berichtete Weber über den Berliner Erfolg der *Silvana* und über die Änderungen, die er in der Partitur vorgenommen hat und schloß mit den Worten: *Wie manchmal denke ich an vergangenen Sommer und unsere Staremberger Reise zurück. Nun, wer weiß, wo uns das Schicksal wieder ein Mal zusammen führt; und doppelte Hoffnung winkt mir ja, wenn Sie Ihren jetzigen Standpunkt verlassen*[29].

Ihre Beziehung während Danzis Karlsruher Zeit (1812-1826)

Auf Grund der Schilderungen der Beziehung Webers zu Danzi in Max Marias *Lebensbild*[1] sollte man erwarten, daß der Briefwechsel zwischen beiden zeitlebens sehr intensiv blieb. Webers Tagebücher belegen jedoch, daß dies für Danzis Karlsruher Jahre nicht der Fall ist. Die wenigen Eintragungen sind im folgenden aufgelistet:

11. August 1815:	*Recomandationen mitgegeben Neumanns, an Hiemer, Danzi* [...]
14. September 1815:	*Brief von Danzi*

[23] vgl. Becker I, S. 118

[24] vgl. dagegen die Darstellung bei MMW I, S. 232, die in der späteren Literatur übernommen wurde.

[25] Vom 17. August findet sich im Tagebuch die Notiz: *geschrieben an* [...] *Bärm: und zugleich Bittschrift wegen Danzi an den König mitgeschikt.* Worauf sich dies bezieht, ließ sich bisher nicht ermitteln.

[26] Hierzu heißt es im Tagebuch lediglich: *Nachtische zu* [Auguste oder Amalie] *Sebald, Danzis Lied aufgeschrieben und von mir Duetten hingebracht.*

[27] Abschrift Slg. Weberiana, Classe II B, Nr. 1c, veröffentlicht von Reipschläger, S. 99-100

[28] Dies ist Webers Antwortschreiben vom 14. Juli zu entnehmen, vgl. MMW I, S. 356; Autograph unbekannt (angeboten in: *Auktionskatalog der Slg. Wilhelm Heyer*, a.a.O., Teil III, 29. Sept. 1927, Nr. 428).

[29] MMW I, S. 357

[1] vgl. besonders MMW I, S. 140-144.

13. März 1816:	*Brief von Danzi*
16. März 1816	*an Danzi geschrieben wegen Gervais* [...]
24. Mai 1816:	*geschrieben an* [...] *Danzi nebst Text der Kant.*
19. April 1818:	*Brief von Danzi*
27. April 1818:	*geschrieben an Danzi*
25. Juni 1818:	*Briefe von* [...] *Danzi* [...]
5. Juli 1818:	*geschrieben an Danzi* [...]
24. Febr. 1824:	*Brief von Danzi*
1. März 1824:	*geschrieben nach Carlsruhe um die Concerte, an Danzi*
19. April 1824:	*Brief von Danzi*
26. Mai 1824:	[Brief an Danzi]; *expedirt* am 27. Mai

Da Max Maria neben einigen früheren die letzten beiden der sieben hier aufgelisteten Briefe Webers an Danzi zur Verfügung standen[2], konnte er einen regen Briefwechsel auch in Danzis Karlsruher Jahren annehmen.

Es hat sicherlich zum Teil äußere Gründe, daß der Briefwechsel fast zum Erliegen kam und mag einerseits begründet sein durch die räumliche Entfernung und die Tatsache, daß Danzi nicht aktives Mitglied des *Harmonischen Vereins* wurde, andererseits aber auch mit persönlichen Eigenheiten zusammenhängen. So schreibt Weber am 30. November 1812 aus Gotha an Friederike Koch[3]:

> *Noch immer habe ich nicht an Danzi geschrieben. Zürnen Sie nicht, es soll gewiß recht bald geschehen, und es soll mir eine wahre Wonne sein, wenn ich Ihnen befriedigende Nachrichten mittheilen kann. Aber freilich wird das noch ein Weilchen dauern, Danzi ist eben auch nicht der prompteste Briefschreiber* [...],

und Danzi entschuldigt später seine oft selbst beklagte *Schreibfaulheit* in einem Brief an Morigotti[4]:

> *Mit Weber bin ich leider! außer aller Korrespondenz, wiewohl ich ihn wahrlich nicht vergeßsen habe; nur weiß ich nicht wo ich ihn packen soll, und ob er noch gegenwärtig Kapellmeister in Prag ist, wenn du es weißt, so laße auch mich es wißen.*

Dennoch blieb das Verhältnis beider Musiker auch über solche Zeiten des fehlenden Kontaktes hinweg ein sehr herzliches. Webers Anhänglichkeit an seinen Stuttgarter Mentor kommt z. B. in einem Bericht über eine Aufführung von Danzis *Mitternachtsstunde* am 29. Juni 1815 in München zum Ausdruck, wenn er an Caroline schreibt[5]:

[2] Briefe vom 1. März 1824 (MMW II, S. 549-550), Autograph: GLA Karlsruhe, S/Marc Rosenberg 1130,1 und vom 26. Mai 1824 (MMW II, S. 539-540)

[3] veröffentlicht von Wilhelm Virneisel: *Aus dem Berliner Freundeskreise Webers*, in: *Carl Maria von Weber. Eine Gedenkschrift*, hg. v. Günter Hausswald, Dresden 1951, S. 65

[4] Danzi an Morigotti, 11. August 1815. Wahrscheinlich hatte Morigotti von Webers Anwesenheit in München im Sommer 1815 gesprochen, so daß diese Frage an ihn gerichtet wurde.

[5] *Mein vielgeliebter Muks. Hundert Briefe Carl Maria von Webers an Caroline Brandt aus den Jahren 1814-1817*, hg. v. Eveline Bartlitz, Berlin 1986, S. 137. Wenige Zeilen vorher schreibt Weber über die Münchener Darstellerin des Kammermädchens, Margarethe Lang, verehelichte Carl: *ich habe sie gestern spielen sehen, das Kammermädchen in der Mitternachtsstunde von Danzi. recht*

> *Dann gieng ich aufs Museum, und las ein paar Zeitungen, dann nach Hause, wo ich Deinen lieben Brief fand, und in ihm die freudige Stimmung, die man haben muß ein Kunstwerk zu genießen, da ich in die Oper von Danzi gieng. die mich aber so weich machte, daß ich Noth hatte mich zu faßen. ich dachte mir die Oper bey uns, und Dich in der Rolle des KammerMädchens* [...]

Ebenso wehmütig erinnerte sich Weber seiner früheren Begegnung mit Danzi, als Anfang 1816 vorübergehend der Briefwechsel durch ein geplantes Gastspiel der Kalrsruher Sängerin Madame Gervais an Webers Prager Bühne belebt wurde[6]:

> *Es ist so wohlthätig im Andenken guter Menschen zu leben u. wahrlich, die Stunden, die wir in Stuttgart mit einander verlebten, gehören zu den liebsten Erinnerungen meines Lebens. Ich hätte recht viel mit Ihnen zu plaudern, könnte Folianten voll schreiben, u. leider ist meine Zeit so karg zugemessen* [...]

Gleichzeitig ersuchte Weber Danzi um die Übersendung von Textbüchern seiner Opern mit Angabe des erforderlichen Personals, damit er u. U. Werke Danzis für seine Prager Bühne erwerben könne: *Es sollte mich inigst freuen, ein Werk von Ihnen mit der Sorgfalt u. Liebe zu geben, die sie verdienen u. die ich gewiß auf jedes vorzügliche Werk wende*[7].

Am 24. Mai 1816 beklagte sich Weber bei Danzi darüber, daß er der Sängerin Gervais nichts von seinen Opern mitgegeben habe. Zugleich übersandte Weber den Text seiner Kantate *Kampf und Sieg* an Danzi und bat ihn, sich beim Großherzog, der die Partitur des Werkes erhalten sollte, dafür zu verwenden[8].

Im November 1817 hielt sich Weber während seiner Hochzeitsreise mit Caroline Brandt auch in Mannheim und Darmstadt auf[9]; zu einem Besuch bei Danzi in Karlsruhe reichte die Zeit jedoch nicht aus. In Mannheim traf er bei dieser Gelegenheit mit seinem Schwager und dessen Frau Magdalene Danzi zusammen und schrieb darüber später an Franz Danzi[10]:

> *Nun sind Sie obendrein mein Herr Vetter geworden, und das will ich mir nicht nehmen laßen. Hätten wir das einmal geglaubt? daß aus unserer Wahlverwandschaft auch noch eine leibliche werden würde? ich habe mich sehr*

brav, auch ziemlich gesungen. habe ihr aber Deinen Gruß nicht ausrichten können, da ich nicht aufs Theater gieng, sondern mit Poisl und Bärmann ruhig im Parterre saß (a.a.O., S. 136-137).

6 vgl. Webers Brief an Danzi vom 16. März 1816, veröffentlicht bei Reipschläger, S. 100, zitiert nach Jähns Abschrift. In diesem Brief erwähnt Weber den Eingang eines Schreibens von Danzi vom 31. September 1815. Dieser Brief ist in Webers Tagebuch nicht verzeichnet.

7 Reipschläger, S. 101, zitiert nach Jähns

8 vgl. Reipschläger, S. 102-103: *Ich werde die Partitur meiner Cantate dem Grossherzog zu Füssen legen, und es bedarf wohl nicht erst der Bitte, dass Sie sich dafür verwenden, wenn die Sache an Sie kommt.* In dem am 19. April 1821 angelegten Inventarium (mit Nachträgen) ist Webers Kantate unter den *Opern* verzeichnet (vgl. GLA Karlsruhe 47/1127).

9 vgl. Webers Tagebuch; vom 11. November 1817 findet sich die Eintragung aus Mannheim: *zum Schwager gezogen*

10 Brief Webers an Danzi vom 27. April 1818, vgl. Reipschläger, S. 103-105, zitiert nach Autograph. Über die Verheiratung der Tochter Danzis mit Webers Schwager, dem Mannheimer Regisseur Ludwig Brandt, heißt es schon im Brief vom 16. März 1816 an Danzi: *Die Verheiratung Ihres guten Lenchens wusste ich schon. Gott gebe seinen Segen dazu, der bei den Theaterverhältnissen dreifach kommen darf.* (Reipschläger, S. 101).

gefreut, Lenchen zu sehen, wie sie froh und heiter lebt, und beglükt. Es war recht ärgerlich daß Sie nicht mehr da waren. ach in dieser Beziehung habe ich manches unangenehme auf der Reise erfahren, und mein Urlaub war so beschränkt daß ich gar nicht das freundliche Karlsruhe aufsuchen konnte. Nun, aufgeschoben ist nicht aufgehoben [...]

Wiederum bat er Danzi um ein Verzeichnis seiner Opern[11]:

Mit Ihnen möchte ich wohl zanken, daß Sie so wenig thun. unser deutsches OpernPersonale ist zwar noch sehr beschränkt, aber ich muß Sie doch bitten mir ein Verzeichniß Ihrer Opern, aber mit beigefügten und bezeichneten Personale zu schikken, nebst Preiß, damit ich doch einmal die Freude habe etwas von Ihnen aufführen zu können.

In der Folgezeit war es dann vor allem Danzi, der sich für die Werke seines Freundes einsetzte. Zwar sind nur zwei Briefe aus dem Jahre 1824 an Danzi erhalten, die dessen Eintreten für die Werke seines Freundes direkt bestätigen[12]; seine Bemühungen können aber darüber hinaus aus den Akten des Karlsruher Theater-Comités abgelesen werden, in dem Danzi seinen Einfluß auf die Gestaltung des Repertoires geltend machen konnte[13].

So dürfte es wohl auf Danzis Kontakte zu Weber zurückzuführen sein, daß Webers am 14. März 1821 uraufgeführte Schauspielmusik zu *Preciosa* schon im Sommer des Jahres von der Karlsruher Intendanz erworben wurde[14] und kurze Zeit später auch eine Kopie des von Weber angebotenen *Freischütz* in Auftrag gegeben wurde[15]. Am 26. Oktober 1821 bestätigte die Intendanz Weber den Empfang dieser Oper und fügte hinzu: *Preciosa wird künftigen Donnerstag aufgeführt werden, die äußerst geniale Musik* [...] *hat uns in der gestrigen Probe außerordentlich befriedigt und sie wird gewiß allgemeinen Beyfall finden. Der Freyschütz wird dann in der zweiten Hälfte December nachfolgen*[16].

Die Aufführung beider Werke, *Preciosa* am 21. November 1821, der *Freischütz* am 26. Dezember 1821, war ein voller Erfolg, und beide Werke gehörten anschließend zu den meistgespielten[17]. Die Tatsache, daß der Karlsruher Intendant Freiherr von Auffenberg sich nach der ersten Aufführung des *Freischütz* in einem Schreiben ausdrücklich bei allen Mitwirkenden bedankte, zeigt, daß sich Danzi mehr

[11] vgl. Reipschläger, S. 105, zitiert nach Autograph

[12] vgl. o., Anm. 2

[13] Ein ständiges *Theater-Comité* bestand seit August 1822 (vgl. GLA Karlsruhe 47/1148ff.); Danzi hatte aber bereits vorher die Möglichkeit, an der Repertoiregestaltung mitzuwirken, vgl. Anhang 1 bzw. GLA Karlsruhe 47/1105, 47/1127, 47/1145 u.a.

[14] Am 1. August 1821 übersandte Weber die Schauspielmusik an die Karlsruher Intendanz und bot gleichzeitig den *Freischütz* an: [...] *erlaube ich mir meine Oper der Freyschütz gedichtet von Fried: Kind, zum Gebrauch des Großherzogl: Hoftheaters anzubieten. das Personale und die Szenischen Anforderungen sind von der Art daß keine bedeutendere Bühne Schwierigkeiten finden wird sie darzustellen* (GLA Karlsruhe 47/1105).

[15] vgl. Antwort der Intendanz: *Was die uns angebotene Oper der Freyschütz betrifft so werden wir dies sehr gerühmte Werk gern für unsere Bühne acquiriren wenn Euer Hochwohlgebohren uns solche für das Honorar von 24 Ducaten überlassen wollen* [...] (GLA Karlsruhe 47/1105)

[16] Briefentwurf vom 26. Oktober 1821 (GLA Karlsruhe 47/1105)

[17] vgl. Günther Haass: *Geschichte des ehemaligen Großherzoglich-Badischen Hoftheaters Karlsruhe von seiner Gründung bis zur Berufung seines Reformators Eduard Devrient. 1806-1852*, Bd. 1: *1806-1822*, Diss. Karlsruhe 1934, S. 230ff.

als gewöhnlich engagierte, um das Werk seines Freundes auf die Bühne zu bringen[18]. Den Theaterakten ist zu entnehmen, daß er sich auch später für das Werk einsetzte, z. B. dazu riet, es abzusetzen, wenn keine geeigneten Sänger verfügbar waren[19], umgekehrt es als Ersatz für ausfallende Werke vorschlug[20] oder gegen die Anschaffung einer Münchener Parodie des *Freischütz* votierte[21]. Danzi schien in dem Werk Züge zu erkennen, die seinen eigenen Intentionen verwandt waren, denn in einem Briefwechsel mit dem Verleger André, in dem u.a. von dem (teilweise mit Beethoven identifizierten) *musik*[alischen] *Zeitgeist* die Rede ist, der *seinen Weg nach dem Narrenhause nähme*, führte Danzi den *Freischütz* als Vertreter der Gegenrichtung an[22]:

> *Behielt die neueste Methode zu komponiren die Oberhand, was würde wohl aus der Kunst werden? Es war höchst nothwendig, daß mein Freund und Vetter C. M. v. Weber mit seinem Freischützen dazwischen trat, um die Irregeleiteten wieder auf den rechten Weg zu führen: mögen sie nur auf demselben fortwandeln!*

Große Mühe bereitete Danzi die Karlsruher Aufführung der *Euryanthe*, die am 21. März 1824 über die Bühne ging[23]. Schon am 1. November 1823, nur wenige Tage nach der Wiener Uraufführung, bat das Karlsruher Theater-Comité Weber um ein Angebot für diese Oper[24]. Da Weber ein wesentlich höheres Honorar forderte als vorher beim *Freischütz*, kam die Entscheidung für das Werk nur unter Schwierigkeiten zustande[25]. Schwierigkeiten gab es auch bei der Rollenbesetzung: die Partie

[18] *Ich halte mich Verpflichtet dem Herrn Kapellmeister Danzi für die Mühe mit welcher er in so kurzer Zeit die schwierige Oper der Freyschütz zur in Musikalischer Hinsicht sehr gelungenen Vorstellung brachte, so wie dem ganzen HoforchesterPersonale für die Aufmerksamkeit u*[nd] *Pra*[e]*cision mit welcher sie diese Komposition ausführte meinen besonderen Dank zu erstatten* (Briefentwurf vom 27. Dezember 1821, GLA Karlsruhe 57/302).

[19] vgl. z. B. sein Votum vom 7. August 1823 (GLA Karlsruhe 47/1144)

[20] vgl. Danzis Vorschlag vom 8. März 1822 (GLA Karlsruhe 47/1145)

[21] Gegen die Anschaffung des *Staberl in der Löwengrube* votierten am 31. Dezember 1823 der Regisseur Mittell und Danzi, da die Aufführung einer solchen Parodie dem Erfolg des Werkes schaden könne, wie die Parodie der *Hussiten vor Naumburg* durch das Stück *Herodes vor Bethlehem* zeige (GLA Karlsruhe 47/1143).

[22] Danzi an Johann André, 17. Juni 1822. Weber bedankte sich in seinem Brief vom 1. März 1814 ausdrücklich für Danzis *Zufriedenheit mit dem Freischützen*.

[23] vgl. Besprechung in: *Charis. Rheinische Morgenzeitung für gebildete Leser*, hg. v. Friedrich Karl Freiherrn von Erlach, Mannheim u. Heidelberg, 12. April 1824 bzw. *Didaskalia* vom 10. Mai 1824

[24] [...] *wir nehmen uns die Freiheit hiermit bei Ihnen anzufragen ob sie uns nicht Dero neu angekündigte Oper /Euryanthe/ gefelligst für hiesiges Hoftheater mittheilen wollen, und biethen Ihnen nach den Verhältnissen unserer Bühne für diese Oper das nämliche Honorar an wie* [...] *für den Freyschützen* [Anmerkung von Danzis Hand am Rand: *NB Sollen wir das Honorar bestimmen?*] *Auch für den Fall daß Sie diese Oper nicht gleich nach ihrer Vollendung andern Theatern mittheilen wollen - ersuchen wir Euer Hochwohlgebohren unsere Bühne vorzumerken; damit wir wenigstens sobald als möglich in den Stand gesezt werden ihr neues Werk zur Aufführung zu bringen und dadurch die Achtung an den Tag zu legen von welcher wir für ihren hohen Genius durchdrungen sind* [...] (GLA Karlsruhe 47/1105, der Entwurf des Briefes ist signiert von Auffenberg, Mittell, Rat Keller und Danzi).

[25] vgl. GLA Karlsruhe 47/1150 u. 47/1105. In der Antwort an Weber heißt es: [...] *haben wir die Ehre hiermit zu erwiedern daß obschon das geforderte Honorar bei den Verhältnissen hiesiger Bühne unsere Kräfte übersteigt, wir doch in besonderer Anerkennung und Schätzung der hohen Meisterschaft, welche E: H: so rühmlich bewähren das Möglichste unsererseits thun wollen um mit*

des Lysiart mußte schließlich mit dem Tenor [!] Weixelbaum besetzt werden[26] und die Sängerinnen Gervais und Weixelbaum erklärten sich erst nach einigen Auseinandersetzungen um die Rollenverteilung mit der Übernahme der Partie der Eglantine bzw. Euryanthe einverstanden[27]. Wiederum belegt der ausdrückliche Dank des Intendanten[28] die Art und Weise, in der Danzi sich für das Werk Webers eingesetzt hat, und Carl Maria selbst schrieb schon während der Vorbereitungen zur Aufführung der Oper an Danzi[29]:

Ein neuer Beweiß Ihrer Freundschaft ist mir die Sorgfalt die Sie meiner Euryanthe widmen. und allerdings muß ich auch die treue Sorge meiner Freunde, dieser Oper sehr wünschen da sie einen mißlichen Platz in der Welt betritt. Die Erwartungen der Maße sind durch den wunderbaren Erfolg des Freyschützen, bis zum Unmöglichen ins Blaue hinauf gewirbelt, und nun kommt das einfach ernste Werk, das nichts als Wahrheit des Ausdruks, der Leidenschaft, und Charakterzeichnung sucht, und alle der mannichfachen Abwechslung und Anregungsmittel seines Vorgängers entbehrt. - Nun, - wie Gott will! [...] *Ich bitte schreiben Sie mir recht aufrichtig den Erfolg der Oper, und eben so ehrlich Ihre Meynung. das Urtheil eines Mannes wie Sie, den ich so sehr hoch schätze und deßen Wohlwollen für mich, ich kenne, muß mir das Geschwäz von 100 Lobhudlern oder Neidern aufwiegen, und mich erfreulich belehren* [...]

Nachdem ihm Danzi dann über die Aufführung berichtet hatte, antwortete Weber[30]:

Haben Sie innigen Dank für alle Liebe, Sorge und Noth, die Sie mit meiner Euryanthe gehabt haben; und vorzüglich aber auch für die schonende Weise mit der Sie mir den eigentlichen Erfolg derselben zu verbergen suchten. ich bin aber darauf an den meisten Orten gefaßt, denn das jezige Kunsttreiben ist so wunderlich durcheinander gewirbelt, die eigentliche Andacht der Hörer und Ausführer, so fast gänzlich erloschen, und man will von der Kunst nur gleich einer Bajadere gekitzelt sein, daß ich mich ordentlich wundre, wenns einmal wo anders ist, und ein ernstes Streben, wirklich eingreifft. In Dresden war dieß der Fall. Wie's weiter wird, wollen wir abwarten, und am Ende muß es ja nicht sein daß man Opern macht.
Kennte ich Sie nicht, mein innig verehrter alter Freund, deßen Einsicht ich immer und immer gerne meine Ansicht unterordnen werde; so würde ich ent-

denselben hierüber einig zu werden. (Brief vom 4. Dezember 1824, 47/1105). Weber erhielt schließlich 35 Dukaten plus 5 Dukaten für Helmina von Chezy.

26 vgl. GLA Karlsruhe 47/1142 u. 47/1144. Der Korrespondent der *Charis* schreibt dazu: *Unser erster Tenorist, Hr. Weixelbaum, hatte, (da es uns leider! noch immer an einem ersten Bassisten fehlt) die Rolle des Lysiart übernommen, und der zweite Tenorist, Herr Schütz, sang den ersten Tenor, die Rolle des Adolar. Wie schwer auch die Aufgabe für den ersten seyn mochte, so leistete er doch das Mögliche* [...] *Hr. Schütz (Adolar) gab sich viele Mühe, jedoch ist diese Rolle offenbar über seine Kraft* (*Charis*, 12. April 1824, a.a.O.).

27 vgl. GLA Karlsruhe 47/1151

28 Am 22. März 1824 bedankt sich Auffenberg bei allen Mitwirkenden *für die große Mühe, Sorgfalt und Anstrengung mit welchen sie auf die rühmlichste Weise wetteiferten, dieses Kunstwerk zur Ehre des Instituts in würdiger Vollendung darzustellen* (GLA Karlsruhe 57/324).

29 Brief vom 1. März 1824, zitiert nach dem Autograph (GLA Karlsruhe, S/Marc Rosenberg 1130,1), vgl. MMW II, S. 549

30 Brief vom 26. Mai 1824, zitiert nach dem Autograph (Weberiana, Classe II A f 1, Nr. 12a); vgl. MMW II, S. 539

sezlich über die Besezzung des Lysiart durch Weixelbaum!!! lamentiren. Aber es war gewiß auf diese Art am besten, und ich sage, Herr dein Wille geschehe. Am Ermunterndsten und tröstlichsten ist mir das, was Sie mir selbst über Eury: sagen. Sie wißen daß eigentlich nur Ihr Beifall, Ihre Aufmunterung mich in Stuttgart der Kunst erhielten, und wie theuer und wichtig mir daher jedes Wort von Ihnen, dem Treumeynenden ist. dem Zeitgeist habe ich übrigens gewiß nicht huldigen wollen, habe ich es doch gethan, hat mich der Teufel unbewußt geritten; obwohl ich gerade über den Modulationspunkt, sehr strenge über mich wache. aber ich wills gewiß noch mehr thun, laße ich mich wieder zu einer Oper verführen [...]

Diese letzte Bemerkung zeigt, daß Danzi durchaus auch Kritik am Werk seines Freundes geübt hat und sich offensichtlich noch immer in einer Art »Mentorrolle« fühlte. Durch die Aufführung der Werke Webers wurden die Kontakte beider Musiker wieder belebt, und Danzi scheint sich nun noch stärker für Webers Werke eingesetzt zu haben, denn Ende August 1825 wurde von Webers (und Danzis) Schwager Brandt in Mannheim auch die Oper *Abu Hassan* erworben[31], deren Aufführung Danzi noch mit plante[32]. Vom Januar 1826 findet sich unter den (von Danzi vorzuschlagenden) Orchesterwerken ferner eine Rechnung zu Webers Ouvertüre zum *Beherrscher der Geister*[33]. Es mag auch eine Nachwirkung der durch Danzi geknüpften Verbindung zu Weber sein, daß nach Danzis und Webers Tod die Partitur zum *Oberon* nicht auf billigem Weg von Zulehner, sondern rechtmäßig über Webers Erben bezogen wurde[34].

Als Weber in London aus einem Brief Carolines vom Tod Danzis erfuhr, schrieb er ihr am 30. April 1826: *Mein armer Danzi! Gott gebe ihm die ewige Ruhe!!*[35]

Wenn Weber am 1. März 1824, also noch 14 Jahre nach seiner Ausweisung aus Stuttgart, an Danzi schrieb[36]:

[31] Am 2. September wird die Hofrechnungskammer ersucht *für die mit hoher Genehmigung acquirirte und bereits erhaltene Oper Abu Hassan in 1 Act, Musik von Carl Maria von Weber acht Louisdors an den Herrn Regisseur Brand in Mannheim hochgeneigtest zahlen lassen zu wollen* (GLA Karlsruhe 47/1105).

[32] Nach der Sitzung des Comités vom 7. März 1826, in der Danzi nach längerer Krankheit wieder anwesend ist, wird die Aufführung des *Abu Hassan* zunächst für den 9. April vorgesehen (vgl. GLA Karlsruhe 47/1154). Von Danzis Hand existiert ferner ein Besetzungsvorschlag für diese Oper (47/1144), der mit dem Vorschlag des Comités übereinstimmt. Die erste Aufführung fand nach Haass (a.a.O., S. 51) erst am 16. April 1826 statt, drei Tage nach Danzis Tod.

[33] Rechnung des Musikalienhändlers Velten aus Karlsruhe vom 26. Januar 1826, vgl. GLA Karlsruhe 47/1127

[34] Weber hatte sein Rundschreiben wegen des *Oberon* auch an die Karlsruher Bühne gesendet (vgl. GLA Karlsruhe 47/1105) und erhielt vom Comité eine Eingangsbestätigung; mit dem Ankauf des Werkes wolle man aber noch warten, [...] *bis man von deßen Aufführungen hört* (GLA Karlsruhe 47/1154). Im März/April 1833 verhandelte die Intendanz dann mit Webers Nachlaßverwalter Theodor Winkler und wurde beauftragt, die Bezahlung der Partitur über den Mannheimer Schwager Webers abzuwickeln (vgl. GLA Karlsruhe 47/1106 u. 1107).

[35] *Reise-Briefe von Carl Maria von Weber an seine Gattin Carolina*, hg. v. seinem Enkel [Carl von Weber], Leipzig 1886, S. 183. Caroline hatte in ihrem Brief vom 22. April 1826 mitgeteilt: *Zwey brave Männer sind in diesen Tagen gestorben: der Minister* [...], *und der Kapellmeister Danzi. beide am Schlag.* (DSB Berlin/DDR Mus. ep. Caroline von Weber 18)

[36] zitiert nach Autograph; vgl. MMW II, S. 549

Mit welchen freudigen Gefühlen und lieben Erinnerungen erkannte ich Ihre Hand, mein theurer Freund! Wie oft denke ich Ihrer mit innigem Dankgefühl; da Ihre warme Theilnahme und Nachsicht mein künstlerisches Streben einzig und allein in einer Zeit aufrecht erhielt, die mich bald ganz von meiner ursprünglichen Bestimmung abgeleitet hätte. Haben Sie nochmals und immer herzlich Dank dafür [...],

so bezeichnet dies sehr deutlich die Rolle, die Weber selbst Danzi in seiner künstlerischen Entwicklung zumaß. Danzi hat wesentlich dazu beigetragen, daß Weber sich nach dem Stuttgarter Intermezzo *wieder ganz der Kunst weihte*[37], und er hat dies u.a. durch seine Anregungen zum Komponieren erreicht. Auf Webers weitere Entwicklung hat er also vor allem durch seine Unterstützung in diesem Stuttgarter Entscheidungsprozeß gewirkt. Die zwischenmenschliche Seite dieser Beziehung kann also durchaus so hoch angesetzt werden, wie dies Max Maria in seiner Biographie getan hat[38]. Über den künstlerischen Einfluß ist damit jedoch noch wenig gesagt.

Allerdings sprechen eine Reihe von Gründen dafür, auch auf der künstlerischen Ebene einen spürbaren Einfluß Danzis anzunehmen. Dazu gehört vor allem das Faktum, daß einige Stuttgarter Kompositionen unmittelbar von Danzi angeregt und unter seinen Augen entstanden sind; ferner muß Webers Hochschätzung der Opern Danzis, die *dem Mangel an deutschen Originalopern abzuhelfen* in der Lage seien[39], ebenso als Hinweis auf mögliche Einflüsse gewertet werden, wie die Tatsache, daß Danzi in Webers späteren Werken eine verwandte Seite anklingen fühlte. Da jedoch nur wenige konkrete Belege für einen künstlerischen Einfluß erhalten sind, kann der Nachweis nur über den stilistischen Vergleich der Werke Webers mit jenen Kompositionen Danzis erfolgen, die Weber nachweislich oder mit großer Wahrscheinlichkeit gekannt hat. Es kann im Rahmen dieser Arbeit nur darum gehen, Indizien für diese Annahme eines künstlerischen Einflusses zusammenzutragen - eine erschöpfende Antwort erscheint angesichts der Quellenlage nicht möglich.

[37] *AS* (KaiserS, S. 7)
[38] MMW I, S. 140
[39] *Ansicht des gegenwärtigen Zustandes der Kunst und Literatur in Stuttgart*, in: KaiserS, S. 142

Die Beziehung Webers zu Abbé Vogler

Der Unterricht bei Vogler in Wien 1803/1804

Die wichtigsten Informationen zur Begegnung Webers mit Vogler in Wien sind in Webers *Autobiographischer Skizze*, in den Briefen an den Jugendfreund Thaddäus Susan[1] und in den *Denkwürdigkeiten* Johann Gänsbachers[2] enthalten. Da sich Webers Studien bei Vogler vorwiegend in privatem Rahmen vollzogen, könnten nur neue Brieffunde das Wissen über Webers dortigen Aufenthalt wesentlich erweitern. Zusätzliche Aufschlüsse mögen sich auch beim Aufarbeiten der umfangreichen archivalischen Quellen zur Wiener Musikgeschichte dieser Zeit ergeben - hier stecken die Forschungen aber (mit Ausnahme der Heroengeschichte) noch in in den Anfängen. In der nachfolgenden Darstellung wurden daher neben den genannten Quellen lediglich zeitgenössische Zeitschriftennotizen, vor allem aus der *Allgemeinen Musikalischen Zeitung*, ausgewertet.

Vogler hielt sich seit Ende 1802/Anfang 1803 in Wien auf[3]. Der Wiener Korrespondent der *AMZ* meldete am 29. Januar 1803: *Abt Vogler bleibt den Winter hier*[4], und wenig später findet sich die Notiz, Vogler werde *2 neue Opern auf schikanederische Texte von ganz besonderem Schlage komponiren* [...][5]. Diese Nachricht wurde in einem weiteren Bericht von Ende Februar modifiziert: *Beethoven und Abt Vogler komponiren jeder eine Oper für das Theater an der Wien*[6]. Nach einer Mitteilung des *Freimüthigen* war mit beiden Komponisten vereinbart, daß sie als Gegenleistung freie Wohnung und zehn Prozent der Einnahmen der ersten zehn Vorstellungen erhalten sollten[7].

Der Kontrakt mit Vogler ist möglicherweise auf eine erfolgreiche Aufführung seiner Schauspielmusik zu *Herrmann von Unna* zurückzuführen, die im Theater an

[1] Ludwig Nohl: *Briefe C. M. von Weber's*, in: ds.: *Mosaik. Für Musikalisch-Gebildete*, Leipzig 1882, S. 63-93 (nachfolgend zitiert als NohlM). Die Briefe an den irrtümlich mit dem Vornamen *Ignaz* bezeichneten Jugendfreund Webers hatte Nohl bereits 1843 in der *Wiener Zeitschrift für Kunst, Literatur, Theater und Mode* (No. 1-6) veröffentlicht, wo sie aber fast unbeachtet blieben.

[2] Johann Gänsbacher: *Denkwürdigkeiten aus meinem Leben*, hg. u. kommentiert v. Walter Senn, Thaur, 1986 (nachfolgend zitiert als: *Denkwürdigkeiten*), besonders S. 17ff.

[3] Gänsbacher schreibt in den *Denkwürdigkeiten*, S. 19: *Gegen Ende des Jahres 1803 kam Abbé Vogler nach Wien.* Hier hat sich Gänsbacher wahrscheinlich in der Jahreszahl geirrt; seine Erinnerungen sind hinsichtlich der Daten für die Wiener Zeit des öfteren lückenhaft; so schreibt er z. B. auch, er sei durch Voglers *Rennomé besonders angezogen 1801* nach Wien gereist (a.a.O., S. 17), obwohl sich Vogler zu dieser Zeit noch nicht in Wien aufhielt.

[4] *AMZ* 5. Jg. (23. Februar 1803), Sp. 374

[5] a.a.O., Sp. 376

[6] a.a.O. (30. März 1803), Sp. 458

[7] vgl. Alexander Wheelock Thayer: *Ludwig van Beethovens Leben*, 2. Bd., Leipzig 1910, S. 387. Zur Aufführung des Oratoriums *Christus am Ölberg* zitiert Thayer den *Freimüthigen*: *Doch brachte die Aufführung Beethoven 1800 Gulden ein und er ist, sammt dem berühmten Abt Vogler, für jenes Theater engagirt worden. Er wird eine, Vogler drei Opern schreiben; dafür erhalten sie nebst freier Wohnung von der Einnahme der zehn ersten Vorstellungen 10 Procent* (a.a.O.).

der Wien erstmals am 3. Oktober 1802 erklang[8]. Sein neues Werk, *Samori*, dessen Libretto nicht, wie ursprünglich in der *AMZ* angekündigt, von Schikaneder, sondern von Franz Xaver Huber, dem Verfasser des Textes zu Beethovens *Christus am Ölberg*, stammte, sollte offensichtlich zunächst im Sommer 1803 aufgeführt werden[9]; in einer Mitteilung vom 11. August des Jahres in der *AMZ* heißt es zu einer Verschiebung des Werkes kritisch[10]:

> *Hrn. Abts Vogler Arbeit kömmt erst künftigen Advent zur Vorstellung. Er will die, in jetziger Jahreszeit zerstreueten Einwohner Wiens vorher wieder alle vereinigt wissen, um sein Stück zwanzigmal hinter einander geben und dafür, vermöge Kontrakts, 2500 Gulden abfordern zu können. Es ist wirklich galant, dass der Hr. Abt dem Wiener Publikum so viele Anhänglichkeit an seine Verdienste zutrauet. Uebrigens gehet er hier durch gute und böse Gerüchte* [...]

Die Aufführung des Werkes verzögerte sich noch bis zum Mai 1804, was sicherlich nicht allein auf die Schwierigkeiten zurückgeht, die durch den Verkauf des Theaters an der Wien an Baron von Braun entstanden[11].

In diese Zeit der Arbeit an *Samori* fällt Webers Wiener Bekanntschaft mit Vogler. Weber war im August 1803 in Wien eingetroffen[12] und fand sogleich Aufnahme in den kleinen Kreis der Schüler Voglers[13], denn er schreibt schon Anfang Oktober an seinen Salzburger Freund Thaddäus Susan: *Ich habe das Glück gehabt, den Abt Vogler kennen zu lernen, der nun mein bester Freund ist und bei dem ich nun sein vortreffliches System studire. Ich bin täglich vier bis fünf Stunden bei ihm* [...][14]. Aus Webers Äußerungen läßt sich nicht entnehmen, ob er Wien zielgerichtet

[8] vgl. Anton Bauer: *150 Jahre Theater an der Wien*, Zürich u.a. 1952, Verzeichnis der Aufführungen: 3. Oktober 1802; das Werk wurde unter dem Titel *Hermann von Stauffen oder Das Femgericht* gegeben und bis zum Mai 1807 zehnmal aufgeführt. Schafhäutl (S. 51) gibt eine Einladung der Wiener *musikalischen Societät* als Grund der Wienreise Voglers an. Da dessen Konzert zugunsten der Witwen und Waisen dieser Gesellschaft erst im Dezember 1803 stattfand, scheint es naheliegender, die Kontakte zu Schikaneder als Hauptursache seines Wienbesuches anzunehmen. Vogler lieferte Schikaneder u.a. einige Einlagen zu einer Aufführung des *Labyrinths* von Peter von Winter, vgl. *AMZ* 5. Jg. (17. August 1803), Sp. 779 (Bericht vom 27. Juli 1803 aus Wien).

[9] In einer Mitteilung aus Wien vom 11. Juli 1803, *AMZ* 5. Jg. (27. Juli 1803), Sp. 734 heißt es: *Abt Vogler wird nun bald mit seiner Arbeit hervortreten.* Franz Xaver Huber (gest. 1809) schrieb u.a. die Texte zu *Das unterbrochene Opferfest* (1796), *Der Bettelstudent* (1802), *Das Sternenmädchen im Meidlinger Walde* (1802) und *Solimann II.* (1807).

[10] *AMZ* 5. Jg. (24. August 1803), Sp. 797

[11] vgl. hierzu u.a. die Berichte in der *AMZ* 5. Jg. (24. August 1803), Sp. 795-797, 6. Jg. (29. Februar 1804), Sp. 361 und (8. August 1804), Sp. 762; *Zeitung für die elegante Welt* 1804, Sp. 208 bzw. Anton Bauer, a.a.O., S. 66 und Attila E. Lang: *Das Theater an der Wien*, München 1977, S. 15-16

[12] vgl. Weber an Susan, Augsburg, 30. Juni 1803, NohlM, S. 67: *Schon lange war es bei mir und meinem Vater beschlossen, zu Ende künftigen Monats nach Wien zu gehen* [...] bzw. Wien, 4. April 1804, NohlM, S. 80: *Ja, es war auch keine Kleinigkeit* [...] *an einem so vielgebährenden Orte beinahe neun Monate zu sitzen und - keine Note zu componiren.* Die Vertrautheit im Umgang mit Vogler in dem nachfolgend zitierten Brief vom 8. Oktober 1803 spricht ebenfalls für einen bereits mehrwöchigen Aufenthalt in Wien bzw. Unterricht bei Vogler.

[13] Zu Voglers Schülern in Wien gehörten u.a. die blinde Therese von Paradis, der bereits in Prag von Vogler unterrichtete Joseph von Blumenthal und Johann Gänsbacher; vgl. *Denkwürdigkeiten*, S. 18 u. Voglers Briefe an Gänsbacher vom 12. September und 20. Oktober 1804 sowie Schafhäutl, S. 242-243.

[14] Brief vom 8. Oktober 1803 aus Wien, NohlM, S. 68

wegen der Anwesenheit Voglers aufgesucht hat oder sogar auf Joseph Haydn als Lehrer hoffte, wie Max Maria vermutet[15].

Die Bekanntschaft mit Voglers *System* der Harmonielehre fällt in eine Zeit, in der sich Weber durch eifrige Studien theoretischer Werke, die er zum Teil auf seiner Reise nach Norddeutschland und Leipzig im Jahre 1802 erworben hatte[16] und durch Diskussionen mit seinem Augsburger Freund, dem Mediziner Dr. Joseph Munding[17], in ein *Meer von Zweifeln*[18] gestürzt sah, aus dem ihn, nach den Schilderungen seiner *Autobiographischen Skizze* zu urteilen, *nach und nach das Schaffen eines eigenen, auf natürliche und philosophische Gründe gestützten Systems rettete, so daß ich das viele Herrliche, das die alten Meister befohlen und festgestellt hatten, nun auch in seinen Grundursachen zu erforschen und in mir zu einem abgeschlossenen Ganzen zu formen suchte*[19]. Die Schilderung dieser Zeit in dem autobiographisch gefärbten dritten Kapitel von *Tonkünstlers Leben* stimmt mit diesen Bemerkungen der *Skizze* überein; die Zweifel des fiktiven Briefschreibers sind dort ähnlich formuliert[20]:

> *Ich fühle es täglich mehr, daß wir nur verbieten und gebieten, ohne zu sagen warum? und ohne anzuleiten zum Wie. Es heißt, ja, Bach hat das gemacht! Händel schrieb dieses nicht! Mozart erlaubte sich jenes! Wenn einem nun aber glücklicherweise etwas einfällt, was die (noch) nicht gemacht haben, so täte es not, man strich es gleich wieder weg, weil man mit nichts beweisen kann, daß es auch so sein darf. Welch ein Mangel an festem Halt und Stützpunkte*[n] *von Haus aus in der Musik! Gefühl und wieder Gefühl* [...] *Ich habe mir also fest vorgenommen, die Kunst einmal so recht schulgerecht wie eine andere Wissenschaft zu behandeln* [...]

Webers kritische Auseinandersetzungen mit Musik und Musiktheorie in jener Zeit spiegeln sich auch in den Briefen an Susan. Die jugendlichen Freunde planten offensichtlich die Herausgabe einer musikalischen Zeitschrift, möglicherweise auch eines musikalischen Lexikons[21] und übten sich im Rezensieren theoretischer und

[15] vgl. MMW I, S. 76-77; in der *AS* heißt es lediglich: *Es drängte mich nach der Tonwelt Wiens* [...] *Hier lernte ich nebst dem Umgange der bedeutendsten Künstler, des unvergeßlichen Vater Haydn usw., den Abt Vogler kennen* [...] (KaiserS, S. 5). Vgl. auch die Bemerkung Webers im Brief vom 30. Juni 1803, s.o., Anm. 12.

[16] vgl. *AS* (KaiserS, S. 5): *1802 machte mein Vater eine musikalische Reise mit mir nach Leipzig, Hamburg, Holstein, wo ich mit dem größten Eifer theoretische Werke sammelte und studierte.* Die Liste der 1810 in Stuttgart in einer Kiste zurückgelassenen Theoretika aus Webers Besitz belegt, daß er eine stattliche Zahl theoretischer Schriften aus dem 17., teilweise sogar aus dem 16. Jahrhundert besaß (vgl. Beilage zum Brief an Gottfried Weber vom 9. Juli 1817, unveröffentlicht).

[17] Dr. Joseph Anton Munding (1774-1838) studierte in Wien Medizin, wurde 1800 in Innsbruck zum Doktor der Medizin promoviert, im März 1801 Mitglied des ärztlichen Kollegiums in Augsburg, seit 1809 Leibarzt des Fürst-Bischofs und Kurfürsten zu Trier in Augsburg und 1812 geheimer Rat (*Neuer Nekrolog der Deutschen*, Jg. 1833 u. 1835). Obwohl Weber in seiner AS nur von einem *Doctor Medicinae* spricht (KaiserS, S. 5), wird in den Briefen an Susan Max Marias Vermutung bestätigt, daß es sich hierbei um Munding handelt (vgl. Briefe vom 8. und 18. Oktober 1803, NohlM, S. 69-70 bzw. 71); vgl. auch Webers Brief an Caroline vom 7. August 1815 in: *Muks*, S. 182.

[18] *AS* (KaiserS, S. 5)

[19] a.a.O.

[20] KaiserS, S. 461

[21] Am 23. Dezember 1802 schreibt Weber an Susan: *Deinem Plan zur musikalischen Zeitung sehe ich mit Erwartung entgegen* [...] *An Deinen Bemühungen für das Lexicon erkenne ich mit vielem*

praktischer Werke[22]. Die Erwähnung von Schriften C. Ph. E. Bachs, Agricolas, Riepels und Kirnbergers in den Briefen an Susan[23] belegt das fortgesetzte Interesse an einer Erörterung musiktheoretischer Fragen.

Dieses jugendliche Streben nach einer Art von *wissenschaftlicher Begründung* musikalischer Sachverhalte mußte von Voglers Bemühen, *die Musik wissenschaftlich zu behandeln*[24] angezogen werden und konnte in dessen auf dieser Idee begründeten *System* seine Erfüllung finden[25].

Schon nach wenigen Wochen des Studiums bei Vogler hob Weber in einem Brief an Susan dieses Charakteristikum der Voglerschen Theorie positiv hervor[26]:

> *Es ist sehr schlimm, daß wir in unserer Kunst keine andere Norm als die Erfahrungen oder vielmehr die zu Regeln gewordenen Gewohnheiten unserer ersten Tonsetzer haben, der große Haufe hilft sich mit dem, daß er bei einer solchen Frage* [hier: der Stimmführung] *das Verfahren großer Meister zur Regel und zum Beweise macht. Weh dem, der in solchen Fällen kein richtiges Kunstgefühl hat, und hat er es, es nicht entscheiden läßt! - Durch Vogler's System fällt nun freilich das Herumtappen in der Finsterniß weg, aber wie wenige kennen es, wie lange wird es brauchen die verjährten Vorurtheile auszurotten und es durchgängig einzuführen?*

Dank den warmen Kunstverehrer (NohlM, S. 65) und am 30. Juni 1803: *Für Deine beiden Beiträge für das Lexicon danke ich herzlich, von Schinn habe ich nichts erhalten und ich bitte Dich, die übrigen saumseligen Herren doch noch einmal der guten Sache wegen zu erinnern* (NohlM, S. 67). Ob diese Beiträge für ein eigenes musikalisches Lexikon gedacht waren oder für das *Neue LTK* Gerbers, für das Weber nachweislich einige Artikel schrieb, läßt sich diesen Äußerungen nicht entnehmen (vgl. Georg Kaiser: *Beiträge zu einer Charakteristik Carl Maria von Webers als Musikschriftsteller*, Leipzig 1910, S. 10-11 u. 43-47). Für die zweite Vermutung spricht eine Begegnung mit Gerber in Sondershausen nur wenige Monate bevor dieser Brief an Susan geschrieben wurde (vgl. Eintragung im *Album amicorum* vom 29. August 1802). Außerdem planten die beiden jugendlichen Freunde eine Theatergeschichte Wiens (vgl. NohlM, S. 75), wozu Weber nach dem Eingang des Breslauer Antrags anmerkte: *Komme ich hier weg, so sitzt die Zeitgeschichte Wiens auch wieder fest* (NohlM, S. 81).

22 Zur Rezensionstätigkeit beider vgl. Briefe vom 23. Dezember 1802, NohlM, S. 66; 30. Juni 1803, a.a.O., S. 67; 11. November 1803, a.a.O., S. 74; 4. April 1804, a.a.O., S. 79-80 (die beiden letztgenannten Briefe lassen darauf schließen, daß einige der frühen Rezensionen Weberscher Werke in der *AMZ* aus Susans Feder stammen) und 12. Juni 1804, a.a.O., S. 84.

23 vgl. Brief vom 30. Juni 1803, NohlM, S. 67-68: *Den Apollon und Bach will ich nehmen, wenn Hr. Hacker dagegen Musik aus Gombart's Verlage nehmen will; will er, so nimm die Bücher gleich zu dir* [...] Mit *Apollon* ist wohl die unter diesem Namen von Julius Werden u.a. herausgegebene Zeitschrift gemeint, deren erster Band 1803 in Penig erschien; vgl. Ankündigung *AMZ* 5. Jg. 1802/1803, Intelligenzblatt Nr. III vom Oktober 1802 bzw. Besprechung a.a.O. (22. Dezember 1802), Sp. 214-220. Im Brief vom 11. November 1803 schreibt Weber: *Daß Dir mein Vater nicht auch den 2. Theil von Bach mitgebracht hat, ärgert mich, ich werde sorgen, daß Du ihn nebst den Beispielen erhältst. Ueber Agricola und Riegel* [= Riepel] *habe ich Dir schon im letzten Briefe geschrieben. Kirnberger ist mir zu theuer* [...] (NohlM, S. 73).

24 in der *Prager Tonschule*, S. III u. VIII-IX und an zahllosen weiteren Stellen in Voglers Schriften zu findende Forderung

25 vgl. hierzu auch das Kapitel *Zum Systemcharakter der Voglerschen Musiktheorie*, in: VeitM, S. 27-30

26 Weber an Susan, 11. November 1803 (NohlM, S. 74). In diesem Zitat spiegelt sich deutlich Voglers Einfluß; vgl. dazu etwa die Vorrede zur *PT* oder zum *CS*, S. 5 u. 19-20.

Noch 1810 stellt Weber in seinem *Wort über Vogler* heraus, daß Vogler ***der erste ist, der in der Musik rein systematisch zu Werke geht*** [...][27]. Die Begeisterung, mit der Weber in der Wiener Zeit von seinem Lehrer spricht, hat ihre Ursache also einerseits darin, daß Voglers *System* Webers Erwartungen entsprach, hängt aber andererseits wohl auch mit Voglers intensiver Betreuung zusammen, denn Weber verbrachte laut oben zitiertem Brief an Susan ***täglich vier bis fünf Stunden*** bei Vogler[28].

Über die Art dieses Unterrichts gibt es nur wenige Zeugnisse; auch Angaben Webers über seine Mitschüler bei Vogler fehlen völlig[29], mit Ausnahme des späteren Hinweises auf Joseph Gänsbacher[30], der eigenen Angaben zufolge ***kaum 24 Stunden*** nach Voglers Ankunft in Wien dessen Schüler geworden war[31] und bei ihm mit Weber zusammentraf[32].

Übereinstimmend berichten Weber und Gänsbacher, daß die Grundlage ihres Unterrichts Voglers Harmonie-*System* bildete[33]. Neben der *Kuhrpfälzischen* dürfte dabei in erster Linie die neuere *Prager Tonschule* Verwendung gefunden habe, da Vogler selbst Kritik an der Darstellung in seinen früheren Schriften geäußert hatte und der systematische Aufbau seiner Lehre nun in dem neuen Werk in deutlicherer, wenn auch sehr knapper Form zusammengefaßt war[34]. Die Erwähnung der *Mannheimer Tonschule* und des *Choral-Systems* in Webers Briefen an Susan[35] und der dokumentierte Besitz von *Tonwissenschaft und Tonsezkunst*, *Data zur Akustik*, der *Übersicht der Orgelumschaffung zu St. Marien in Berlin* sowie einiger Schriften

[27] KaiserS, S. 321

[28] vgl. o., Anm. 14

[29] vgl. o., Anm. 13

[30] vgl. Voglers Brief an die Gräfin Firmian vom 10. Juli 1810 (abgedruckt bei Nohl: *Musiker-Briefe*, Leipzig 1867, S. 293)

[31] *Denkwürdigkeiten*, S. 19. Gänsbacher müßte demnach bereits seit Anfang 1803 Voglers Unterricht besucht haben.

[32] a.a.O., S. 19: *Bey ihm* [Vogler] *lernte ich auch zum erstenmahl Carl Maria von Weber kennen, mit dem ich in der Folge die innigste Freundschaft schloß.* Für die Darstellung Max Marias, wonach Weber zunächst im Hause des Grafen Firmian Gänsbacher kennen lernte und durch dessen Vermittlung bei Vogler eingeführt wurde (MMW I, S. 83-84), ließen sich keine Belege finden.

[33] vgl. Weber an Susan, 8. Oktober 1803, NohlM, S. 68: (Vogler, [...] *bei dem ich nun sein vortreffliches System studire* [...]) und den oben zitierten Brief vom 11. November 1803, NohlM, S. 74. Gänsbacher schreibt in den *Denkwürdigkeiten*, S. 19: *Er machte mich mit seinem Harmoniesystem, mit seiner eigenen Art Fugen zu componiren* [...] *vertraut* [...]. Außerdem gibt er an, Therese von Paradis *im Generalbaß nach Voglers Harmoniesystem* unterrichtet zu haben (a.a.O., S. 18). Die Kontrapunktlehre spielte allerdings in Voglers damaliger Lehre noch keine große Rolle und Gänsbacher korrigiert die zitierte Aussage später anläßlich seines Berichts über den Unterricht bei Albrechtsberger: [...] *denn nachdem Vogler keine eigentlichen contrapunctischen Studien mit mir vorgenohmen und nur seine Hauptansicht über die Bildung einer Fuge mitgetheilt hatte, so waren meine Kenntnisse darüber sehr unvollkommen* (a.a.O., S. 21). Zu Voglers Kontrapunktlehre vgl. Analyseteil.

[34] vgl. *CS*, S. 12-13 und VeitM, S. 29-30. Weber selbst erwähnt dieses *Handbuch zu seinem System* in dem Brief an Susan vom 11. November 1803, vgl. folgende Anm.

[35] Brief vom 11. November 1803, NohlM, S. 73-74: [...] *von Vogler's Choralsystem möchte ich wol wissen, was es kostet. Freilich schrieb er mehrere theoretische Werke, die Mannheimer Tonschule, das Handbuch zu seinem System u.s.w.* Wenn gerade diese Werke in der in Stuttgart zurückgelassenen Bücherkiste Webers (vgl. Anm. 16) fehlen, läßt dies angesichts der übrigen Bestände eher darauf schließen, daß Weber diese grundlegenden Voglerschen Theoretika mit nach Mannheim genommen hatte, als daß er sie nicht besaß.

des Vogler-Apologeten Justin Heinrich Knecht[36] sprechen dafür, daß Weber in dieser Zeit auch mit Voglers Ideen zu einer kirchentonartgemäßen Harmonisierung von Chorälen[37] und mit seinen akustischen und instrumentenbaulichen Vorstellungen[38] bekannt wurde, zumal Vogler nach Angaben beider Schüler in der Mitteilung seiner Kenntnisse *immer sehr bereitwillig sich zeigte*[39], was wiederum in Einklang mit seinen Bemühungen um die Verbreitung seiner *Systeme* steht.

Neben der Vermittlung des Harmonie-*Systems* stand im Mittelpunkt des Unterrichts die analytische Betrachtung, die Vogler seit dem Erscheinen seiner *Betrachtungen der Mannheimer Tonschule* als Kernpunkt jeglichen Unterrichts angehender Komponisten propagierte[40]. Weber schreibt dazu in seiner *Autobiographischen Skizze*[41]:

> *Auf Voglers Rat gab ich, nicht ohne schwere Entsagung, das Ausarbeiten größerer Dinge auf und widmete beinahe zwei Jahre dem emsigsten Studium der verschiedenartigsten Werke großer Meister, deren Bau, Ideenführung und Mittelbenutzung wir gemeinschaftlich zergliederten und ich in einzelnen Studien zu erreichen und in mir klar zu machen suchte.*

Daß in diesen Analysen Voglers eigene Arbeiten eine wesentliche Rolle spielten, zeigt eine Äußerung Gänsbachers: *Er machte mich* [...] *mit allen jenen Werken, die er dazumahl theils für das Theater, theils für die Kirche schrieb vertraut* [...][42].

Zu den Werken Voglers, die Weber genauer kennen lernte, gehörte zunächst die Oper *Samori*. Anfang Oktober 1803 spielte ihm Vogler - nach sehr viel Geheimniskrämerei - *die Ouvertüre und einige andere Stücke der Oper*[43] vor. Weber berichtete darüber an Susan[44]:

> *Es ist ganz göttliche Musik, und dann, - was meinst Du? - giebt er mir sogar seine eigenhändige Partitur der Ouvertüre mit, um so nach und nach die Oper in Clavierauszug zu setzen. - Nun sitze ich darüber und studire, und freue mich, daß ich oft des Teufels werden möchte - vor Freude* [...],

[36] vgl. die in Anm. 16 erwähnte Bücherliste

[37] vgl. dazu Floyd K. Grave: *Abbé Vogler and the Bach Legacy*, in: *Eighteenth-Century-Studies*, Berkeley, XIII/2 (Winter 1979/1980), S. 119-141 und Joachim Veit: *Voglers »Verbesserungen« Bachscher Choräle*, in: *Alte Musik als ästhetische Gegenwart. Bach. Händel. Schütz. Bericht über den internationalen musikwissenschaftlichen Kongreß Stuttgart 1985*, Kassel 1987, S. 500-512

[38] vgl. Anhang 2 und die dort genannte Literatur; da Voglers Harmonielehre von akustischen Prinzipien ausging, mußte Weber notwendigerweise mit dessen Überlegungen zu akustischen Problemen in Berührung kommen, worauf im übrigen auch eine Randbemerkung anläßlich der Wiener Akademie Voglers Bezug nimmt: *Das Haus war sehr voll, beide Majestäten waren zugegen, ein Hauptanstoß der Etikette-Menschen war es, daß Vogler, der sein Fortepiano stets nach der Quere auf dem Theater stehen hat, den Majestäten den Rücken zukehrte. Mein Gott, daran hat der gute Mann gewiß nicht gedacht, er dachte blos akustisch und nicht etikettisch* (Brief an Susan vom 2. April 1804, NohlM, S. 78).

[39] *Denkwürdigkeiten*, S. 19, vgl. Weber: *AS* (KaiserS, S. 5-6)

[40] vgl. dazu etwa *Betrachtungen* I, S. 95, 271-306; II, S. 154-157 und III, S. 163-171

[41] KaiserS, S. 6; Weber hat sich hier in der Zeitangabe geirrt, denn er hielt sich nur von August 1803 bis Mai 1804 in Wien auf.

[42] *Denkwürdigkeiten*, S. 19

[43] vgl. die Schilderung des nächtlichen Vorspiels bei Vogler im Brief an Susan vom 8. Oktober 1803, NohlM, S. 68-69

[44] a.a.O.

und wenige Tage später schrieb er: *Wien hält mich wol gefesselt, aber in Arbeitsfesseln, denn Du wirst wol wissen, daß ein Clavierauszug von einer großen Oper keine Kleinigkeit ist*[45]. Nachdem die Oper Anfang 1804 noch immer nicht vollendet war, traten durch den Verkauf des Theaters an der Wien an Baron Braun und die Übernahme der Direktion durch Joseph von Sonnleithner[46] neue Schwierigkeiten ein, über die Weber am 2. April 1804 an Susan berichtet[47]:

> *Das Publikum ist mißmuthig, der Adel pikirt, das kleinste Versehen wird doppelt geahndet, das Haus ist meistens leer, nun reißt eine falsche Politik bei der Direction ein, man dankt die am besten bezahlten, daher brauchbarsten, Leute als die Mad. Willmann, die beste Bravoursängerin und einzige deutsche Sängerin am Wiedner Theater* [...] *und Hrn. Deimer, einen sehr braven Bassisten und Englisch-Hornisten ab, um Geldausgaben zu sparen und sich dadurch die Mittel zum Geldverdienen zu benehmen. Abbé Vogler, dem von der französischen Partei alle erdenklichen Cabalen gespielt werden*[48]*, verliert sehr durch den Abgang obiger Mitglieder, denn diese beiden waren die einzigen, die ganz einstudirt waren, auf die er hauptsächlich gebaut und geschrieben hatte. Nun muß er beinahe wieder von vorne anfangen, die Hauptrolle einer Sängerin (Mad. Campi) geben, die nicht sprechen kann (welches Unglück er schon mit der männlichen Hauptrolle hat, nämlich mit Hrn. Simoni* [...]*)* [...] *vieles umarbeiten u.s.w. Schikaneder sollte auch* [s]*eine Oper heben helfen, der ist auch weg.*

Weber hatte also Gelegenheit, die Entstehung des Werkes in allen Einzelheiten zu verfolgen und konnte außerdem neben dem theoretischen Studium der Partitur die Wirkung der Instrumentation Voglers auch praktisch studieren, denn das Werk ging nach Angaben des Korrespondenten der *AMZ* erst nach *über fünfzig Proben* am 17. Mai 1804 über die Bühne, ohne mit großer Begeisterung aufgenommen zu werden[49]. Über Voglers Vertonung des Huberschen Textes äußerte sich der Korrespondent der *AMZ* eher zurückhaltend[50]:

> *Die Musik hat manche Schönheiten, aber auch sehr viel Gesuchtes und Verunglücktes. Die Ouvertüre aus G moll ist mit Feuer und Kraft angelegt und durch-*

[45] Weber an Susan, 18. Oktober 1803, NohlM, S. 70

[46] vgl. Anm. 11. Mit Sonnleithner schien Vogler näher bekannt zu sein. Er hatte ihn schon in Kopenhagen kennengelernt; vgl. Sonnleithners Artikel: *Etwas über die Vogler'sche Simplification des Orgelbaues, Kopenhagen dem 29. März 1800*, in: *AMZ* 2. Jg. (7. Mai 1800), Sp. 565-568. Vogler ermächtigte ihn am 27. April 1803 in Wien zum Empfang und Quittieren eingehender Gelder (vgl. Brief Voglers an das Bureau de Musique in Leipzig vom 27. April 1803).

[47] NohlM, S. 76-77

[48] Über die Einzelheiten dieser Auseinandersetzungen teilt Weber nichts mit. Die französische Oper eroberte in dieser Zeit in Wien zunehmend die Gunst des Publikums, vgl. *AMZ* 5. Jg. (16. März 1803), Sp. 428: *In Wien fassen die bessern französischen Opern nun auch festern Fuss, und gedeihen meistens recht wohl*; (6. Juli 1803), Sp. 683/684: *Das musikalische Publikum verdanket dem wiedner Theater, nach Cherubini und Mehül, seit gestern nun auch die Bekanntschaft des dritten französischen Komponisten* [Le Sueur...]; (17. August 1803), Sp. 779: Die Aufführung von Winters Labyrinth habe wenig Beifall gefunden, *besonders da jetzt der Geschmack an französischen Opern herrscht.*

[49] vgl. *AMZ* 6. Jg. (30. Mai 1804), Sp. 581-583

[50] a.a.O., Sp. 582-583

geführt, und liess vieles erwarten, auch die Introduktion mit dem einfallenden Chore ist von Wirkung. Was aber ein gebildetes Ohr befremdet, ist V.s Art, seine Tenor- und Bassarien zu instrumentiren. Die Begleitung geht nämlich gewöhnlich in tiefer Entfernung blos mit Violinen, Violoncells und Bässen fort, und die Blasinstrumente bleiben dabey ganz unthätig, welche doch Mozart, Cherubini, Salieri, Pär u.a. gerade bey solchen Gelegenheiten zu den höchsten Effekten benuzten. Hier und da findet man wol auch ein ganz verfehltes Stück; z.B. in der Arie der Naga: Woher mag das wohl kommen, Mir fehlt die Essenslust!!!, oder eine Reminiscenz, wie man denn im Finale des zweyten Akts sehr auffallend an das God save the King erinnert wird. Doch gefiel die Oper im Ganzen, wenn man gleich nach den Forderungen des weiter fortgerückten Geschmackes und besonders der Theatermusik mehr hätte erwarten können.

Webers eigener, leider nur für Teile des ersten Aufzugs erhaltener Bericht in einem Brief an Susan weicht verständlicherweise in einigen Urteilen von der zitierten Rezension ab[51]:

Vogler's Oper hat das Theater an der Wien gerettet, indem viele vorher gegangene Opern durchfielen. Die Ouverture, eine echte Schilderung des Inhalts von Rache und Edelmuth, ein äußerst kräftiges, streng gearbeitetes Ganze aus G-moll, an dem sich die äußerst fließende Introduction aus B-dur (Chor) rein siebenstimmig und wohlthuend anschließt, gefiel sehr. Nr. 2. Duett zwischen Maha, der ersten Liebhaberin und Tochter des Rama, Sterndeuters, worin sie ihn um ihr Verhalten gegen den ihr verlobten Thyrannen Tamburan befrägt, ein echtes Declamationsstück aus E-dur und vortrefflich von Mad. Campi gesungen, auf das wieder der Chor Nr. 3 aus G-dur, wo Tamburan seiner Braut die Geschenke überbringt, äußerst angenehm folgt. Nr. 4. Cavatina von Pando, Liebhaber der Maha, worin sich die beiden, Rama und Mahadowa, sein Erzieher, zum Terzett anschließen, ganz italienisch mit obligater Clarinette und Flöte, aber doch nicht ohne Vogler's Geist und Neuheit. Gefiel sehr. Nr. 5. Naive Arie von der Naga, der Geliebten Tamburan's aus B-dur [...], *welche im Anfange nicht ganz mit der ihr gebührenden Wärme aufgenommen wurde; sie ist zu fein und delicat behandelt, um gleich vom großen Publikum gefaßt und verstanden werden zu können. Mad. Müller führte sie mit der ihr eigenen Naivität und Leichtigkeit aus. Nr. 6. Terzett aus C-dur, blos mit Bratschen und Bässen. Zwischen Pando, Mahadowa und dem Höfling Baradra* [...], *der gern beide ausforschen möchte, was sie am Hofe Tamburan's wollen. Aeußerst, aber fein komisch, auch vom Dichter sehr glücklich, wurde mit Enthusiasmus aufgenommen und muß jedesmal wiederholt werden.*

Webers Klavierauszug der Oper erschien im Druck ohne Nennung seines Namens, möglicherweise weil Vogler selbst den Klavierauszug dem Fürsten Lobkowitz wid-

[51] Brief an Susan vom 12./14. Juni 1804, NohlM, S. 85. Auffallend sind vor allem die unterschiedliche Beurteilung der Nr. 5 *Woher mag dieses kommen? mir fehlt die Essenslust* (es handelt sich dabei um die Vorlage für Webers Variationen op. 6 JV 43) sowie in Webers Besprechung durchgehend die Betonung der instrumentatorischen Besonderheiten und die Hervorhebung gelungener Verbindungen zwischen zwei Nummern.

men wollte[52]; ein Arrangement der Oper für Sextett durch Voglers Schüler Joseph von Blumenthal wurde hingegen unter dem Namen des Bearbeiters herausgegeben[53].

Im Dezember 1803 hatte Weber Gelegenheit, während der Feier von Voglers 30jährigem Priesterjubiläum in St. Peter die ältere *d-Moll-Messe* Voglers zu hören[54]. Ein für Wien neu komponiertes *Benedictus à 4* zu dieser Messe, das auch in Voglers Akademie vom 26. März 1804 erklang[55], bezeichnete Weber in einem Brief an Susan als ein *vortreffliches Werk in vielstimmigem Gesang und Harmonie. Ich besitze es und werde sehen es Dir gelegentlich schicken zu können, aber blos für Dich*[56]. Weber beschrieb seinem Freund Susan nach dem mitgesandten Programmzettel auch den weiteren Verlauf dieser ausschließlich mit Werken Voglers bestrittenen Akademie.

Bei der eingangs erklingenden Sinfonie, über die er sich lobend äußerte (*Die ganze Symphonie ist ein Meisterstück, der Menuett mußte wiederholt werden*)[57], handelt es sich um Voglers *C-Dur-Sinfonie* (SchafhäutlV 164), deren Finalthema, die C-Dur-Skala, an die Improvisationsaufgabe erinnert, die Vogler Beethoven in einer musikalischen Soirée bei Joseph Sonnleithner stellte[58]. Ferner erklangen in dem Konzert die beiden 1799 in der *AMZ* veröffentlichten Gesänge, das Terzett *L'invocazione del Sole alla mezza notte in Laponia* und das *Trichordium* nach einer dreitönigen Melodie Rousseaus[59], dem wohl die erst später gedruckten Variationen folgten, in denen Vogler seine Fähigkeiten zur *Ausarbeitung* auch unter schwierigen Voraussetzungen demonstriert[60], denn Weber bemerkt dazu: *Aus dem bekannten Lied Rousseau's ist*

[52] vgl. Titelblatt: *Sr. Hochfürstl. Durchlaucht dem regierenden Herrn Fürsten Lobkowitz Herzogen in Raudnitz etc. gewiedmet vom Verfasser Abt Vogler*. Vogler hatte dem Fürsten auch eine Partitur seiner Oper *Castor und Pollux* gewidmet, vgl. Brief Voglers an Madame de Frank in Eisenberg vom 20. Juli 1803. Obwohl Webers Name auf dem Titelblatt fehlt, geht aus der *AS* doch hervor, daß er offensichtlich das ganze Werk in Klavierauszug gesetzt hat (vgl. KaiserS, S. 6).

[53] vgl. SchafhäutlV 175p bzw. *RISM*, Serie A, Nr. V 2417

[54] vgl. *AMZ* 6. Jg. (11. Januar 1804), Sp. 250; der Korrespondent der *AMZ* schreibt zu dem Werk: [...] *ich kann mit aller Aufrichtigkeit versichern, dass diese Komposition zu den bessern dieses Komponisten gehört. Vorzüglich gut war das Gloria, wie auch das Graduale, die übrigen Sätze waren nicht genügend; am allerwenigsten das Offertorium, welches entweder ganz neu gemacht, oder - stark umgearbeitet werden sollte*. Es handelt sich um die postum bei André erschienene Messe SchafhäutlV 126 (vgl. auch Schafhäutl, S. 52). Das Datum deutet im übrigen darauf hin, daß Vogler schon im Jahr 1773 die Priesterweihe empfing (vgl. dazu Voglers Brief von Weihnachten 1773 an seine Eltern und den Brief Gottfried Webers an Joseph Fröhlich vom 7. Mai 1814, Schafhäutliana 4.3.4, wonach die Priesterweihe sogar schon 1772 stattgefunden haben müßte).

[55] vgl. Brief Webers an Susan vom 2. April 1804, NohlM, S. 77-78: *Zu der Messe aus D-moll, welche Vogler in Mannheim vor Jahren schrieb, hier neu dazu verfertigt*; Bericht über diese Akademie vgl. *Zeitung für die elegante Welt*, Leipzig 1804, S. 326

[56] Brief an Susan, NohlM, S. 78

[57] NohlM, S. 77; vgl. *Zeitung für die elegante Welt* 1804, S. 326: *In der ersten Symphonie wurde ein Stück da Capo gerufen und vom Orchester wiederholt.*

[58] vgl. Gänsbachers Bericht in den *Denkwürdigkeiten*, S. 19-20. Gänsbacher spielte bei einem vorhergehenden Voglerschen Quartett die Bratsche. Das Datum dieser Soirée ließ sich nicht ermitteln. Thayer spricht, gestützt auf Schindlers Angaben, von einer musikalischen Soirée bei Sonnleithner, bei der Cherubini, Beethoven und Vogler zusammentrafen, im Juli 1805 (Thayer, a.a.O., Bd. 2, S. 478).

[59] Brief an Susan, NohlM, S. 77. Die Schilderung der Entstehung des erstgenannten Werkes zeigt Webers Vertrautheit mit dieser Komposition Voglers. Beide Stücke waren im 1. Jg. der *AMZ* (Beilage XIV zum 12. Juni 1799, Sp. 592ff.) veröffentlicht worden.

[60] vgl. SchafhäutlV 165a

hier ein sehr vollständiges mannichfaltiges Ganze mit einer Polonaise am Schluß geworden[61]. Diesem Werk schloß sich Voglers Ouvertüre zum Schauspiel *Die Kreuzfahrer* an[62], dann das erwähnte *Benedictus* der *d-Moll-Messe*, das in Wien *neu und schnell componirt*[e] Werk *Israels Gebet zu Jehova, aus dem 84sten Psalm Davids*[63] und schließlich Klaviervariationen, die Weber bereits mehrfach von Vogler gehört hatte, denn er schreibt zum Beschluß dieses Konzertes[64]:

> *Variationen. Sind sehr schön und außerordentlich schwer, da sie aber über ein Moll-Thema geschrieben sind, so fanden sie wol nicht den allgemeinen Beifall, den sie verdient hätten, bis auf die Fuge, die Vogler stets aus dem Stegreife und so oft als ich sie ihn schon spielen hörte, anders spielte; gefiel so außerordentlich, daß er sich noch einmal hinsetzen und phantasiren mußte, welches dann mit Enthusiasmus aufgenommen wurde.*

Bei diesen Variationen handelte es sich höchst wahrscheinlich um Voglers *Dole vise*, dessen Thema in d-Moll steht[65].

Am 22. und 23. Dezember 1803 gab Vogler zum Befremden des Wiener Publikums in einer Veranstaltung der *musikalischen Societät* zum Besten ihrer Witwen und Waisen seine Oper *Castor und Pollux* als *Oratorium*, aufgeführt von über 200 Mitwirkenden und wiederum mit einigen neukomponierten Nummern versehen[66].

[61] Brief an Susan, NohlM, S. 77; vgl. auch den Bericht in der *Zeitung für die elegante Welt* 1804, Sp. 326: [...] *vorgetragen vom Singchor und von Variazionen des Instrumentalchors begleitet.*

[62] a.a.O. Weber spricht nur von einer [...] *Ouvertüre. Ein originelles Meisterstück, welches aber nicht zum besten vorgetragen wurde, besonders bei dem Eintritt der vollen türkischen Musik.* In der *Zeitung für die elegante Welt* 1804, Sp. 326 heißt es dazu: [...] *eine Ouvertüre zu Kotzebues »Kreuzfahrern«, wo der Marsch Karls des 12ten bei Narva und ein ächtes barbareskes, von dem Abt selber in Afrika notirtes Lieblingsstück zusammen treffen, um die Uebereinstimmung des Ritter Balduin und des Emirs zu schildern.* Vgl. dazu SchafhäutlV 168.

[63] *Zeitung für die elegante Welt* 1804, Sp. 325/326. Dort wird das Werk bezeichnet als *eine kleine Kantate, die mit einer vom englischen Horn begleiteten Bravourarie, wo noch andere Solo's und der Chor eintreten, schloß.* Vgl. auch Brief an Susan, NohlM, S. 78.

[64] Brief an Susan, NohlM, S. 78; vgl. *Zeitung für die elegante Welt* 1804, S. 326: *Nach den Variationen mit der Pedalfuge hielt das Publikum mit einem feurigen Händeklatschen so lang an, bis sich der Abt Vogler noch ein Mal ans Fortepiano setzte. Er wählte das hiesige Lieblingsstück aus seiner Oper »Kastor und Pollux«, die Szene der glücklichen Schatten in den elisäischen Feldern, variirte es und führte es kontrapunktisch, vom Pedal unterstützt, durch.* Über das gleiche Thema (bzw. dessen zweiten Teil) schrieb Weber seine Variationen JV 40.

[65] SchafhäutlV 302. Die letzte Variation ist im Darmstädter Autograph des Werkes (Mus. ms. 1071) nicht ausgeführt. Der Bericht in der *Zeitung für die elegante Welt* 1804, S. 326 stützt die Annahme, denn dort heißt es: *Ein nordisches Lied, mit Variazionen vom Fortepiano und einer Pedal-Fuge, gespielt vom A. V.* [...]

[66] vgl. Bericht in der *AMZ* 6. Jg. (11. Januar 1804), Sp. 250-251: *Es war ein sonderbarer Einfall, eine Oper, deren volle Wirkung nur durch die handelnden Personen und allen Aufwand von Pracht in theatralischen Aufzügen und damit verflochtenen Balleten etc. erreicht werden kann, hier in einem sehr zusammengedrängten und gewaltsam abgerissenen Auszuge, als Oratorium zu geben* [...]. Am 20. Juli 1803 entschuldigte sich Vogler in einem Brief an Madame de Frank in Eisenberg, daß die dem Fürsten Lobkowitz gewidmete Partitur des Werkes noch immer nicht von Sucowati kopiert sei. In dem Brief, in dem auch von einer geplanten konzertanten Aufführung in Eisenberg die Rede ist, gibt Vogler an, nur Lobkowitz besitze *das eigentliche Werk* [...] *trotz aller herumschwärmenden Papagenos von Partituren gleichen Namens.* Vogler hat die 1787 in München uraufgeführte Karnevalsoper dann allerdings 1806 für München nochmals überarbeitet und ins Deutsche übertragen; vgl. Rudhart, a.a.O., 1. Teil, S. 173 u. *AMZ* 8. Jg. (12. Februar 1806), Sp. 318-319.

Man kann davon ausgehen, daß Weber in seiner Wiener Zeit neben diesen Werken eine Reihe weiterer Kompositionen Voglers kennen lernte, darunter die Musik zu *Herrmann von Unna*, die er möglicherweise bereits im Herbst 1800 in Berlin gehört hatte[67] und sicherlich auch die damalige Gestalt des *Polymelos*, das zusammen mit dem *Choral-System* Voglers Bemühungen um *von der Harmonie unabhängige Melodien* kennzeichnete[68], sowie die Chöre zu Racines *Athalia*, die erst nach Webers Weggang von Wien im November 1804 zur Aufführung kamen[69].

Der kompositorische Ertrag der Wiener Zeit Webers war dagegen zum Leidwesen des Vaters Franz Anton, der seinen Sohn in Wien allein gelassen hatte, gering[70]. *Öffentlich erschien in dieser Zeit nichts von mir als ein paar Werkchen Variationen und der Klavierauszug der Voglerschen Oper Samori*, schreibt Weber in der *Autobiographischen Skizze*[71]. Das erste dieser Variationswerke, die Variationen über ein Thema aus Voglers Castor und Pollux, [...] *denen Vogler einen ausgezeichneten Beifall schenkte*[72], entstand auf dessen Wunsch. Weber schrieb darüber an Susan[73]:

> *Ja, es war auch keine Kleinigkeit für eine schreibfähige Seele, an einem so vielgebärenden Orte beinahe neun Monate zu sitzen und - keine Note zu componiren. Aber es war mein fester Vorsatz lange zu hören, zu sammeln und zu studiren, ehe ich wieder etwas schreiben würde. Fest hielt ich bis jetzt, trotz allem Anfeuern und Fragen von Andern und Brummen von Papas Seiten, meinen Vorsatz, bis mich Vogler selbst jetzt dazu aufforderte. - Sie werden bei Eder gestochen. Sobald sie heraus sind, schicke ich ein Exemplar, wo Du sie dann selbst beurtheilen kannst. Sie sind nach Vogler'schem Systeme geschrieben, und ich sage Dir es gleich im Voraus, ärgere Dich nicht über die etwa darin befindlichen Quinten. - Sobald Vogler's Oper gegeben ist, werden mehrere Variationen von mir über darin befindliche Themata erscheinen.*

Die Ende des Winters 1804 entstandenen Variationen über das *Allegretto* des *Ballo patetico dell'ombre felici* im dritten Akt von *Castor und Pollux* widmete Weber der

[67] Während Voglers Anwesenheit in Berlin hielt sich auch Weber im Herbst 1800 dort auf, vgl. *AMZ* 3. Jg. (1. Oktober 1801), Sp. 24. Zu den dortigen Aufführungen der Schauspielmusik vgl. Anhang 2. Der große Erfolg des Werkes dürfte Vogler veranlaßt haben, diese Komposition auch in seinem Unterricht zu besprechen.

[68] vgl. das Vorwort zum *Polymelos* SchafhäutlV 185. Zur Bedeutung der »neuen« Art der Harmonisation solcher Melodien vgl. Analyseteil. Da das *Polymelos* ein Hauptbestandteil der Orgelkonzerte Voglers blieb, kann davon ausgegangen werden, daß Weber dieses Werk schon in Wien kennenlernte.

[69] vgl. *Denkwürdigkeiten*, S. 19. Senn glaubte, hier liege eine Verwechslung mit der Aufführung des *Castor und Pollux* vor (a.a.O., Anm. 171). In der *AMZ* 7. Jg. (12. Dezember 1804), Sp. 174 wird allerdings von einer Aufführung des *Voglerischen Oratorium*[s] *im Redoutensaale: die Chöre aus Racine's Athalia* am berichtet.

[70] In seinem Brief an Susan vom 2. April 1804 gibt Weber an, er habe *trotz* [...] *Brummen von Papas Seiten* (NohlM, S. 80) erst auf Voglers Aufforderung mit neuen Arbeiten begonnen. Über die Abwesenheit Franz Antons, die Weber mit einem Aufatmen in dem Brief an Susan vom 8. Oktober 1803 kommentiert (NohlM, S. 68: [...] *zweitens wollte ich Dir nicht eher schreiben, bis ich das Frei schreiben konnte. Ja frei bin ich, ganz mein Herr, lebe ganz der Kunst*), äußerte er sich auch in weiteren Briefen an Susan (vgl. 10. Oktober und 11. November 1803, NohlM, S. 71-72 u. 75), wobei geradezu eine Furcht vor dem Wiedereintreffen des Vaters zum Ausdruck kommt.

[71] KaiserS, S. 6

[72] Weber an Susan, 11. November 1803, NohlM, S. 80

[73] a.a.O.

österreichischen Kaiserin, der er das Werk noch vor Ostern überreichte[74]. Es erschien, wie angegeben, 1804 im Druck bei Eder[75].

Von den geplanten Variationen über Themen aus der Oper *Samori* komponierte Weber lediglich die Variationen über die Arie der Naga *Woher mag dieses kommen, mir fehlt die Essenslust* aus dem ersten Aufzug der Oper[76]. Das erhaltene Autograph des Werkes zeigt, daß Vogler wiederum die Arbeit seines Schülers beaufsichtigte und an einigen Stellen korrigierte[77]. Den Titel der Variationen und die Widmung *à l'auteur, Monsieur l'abbé Vogler; Directeur de l'accademie royal de musique en Suède, par son élève, Charles Marie de Weber, Directeur de la musique du théatre royale de Breslau* hat Vogler im Autograph selbst später nachgetragen und außerdem auf dem Titelblatt vermerkt: *Als Eigenthum der chymie Druckerey cedirt den 21 Augt 1804. - Die übrig*[en] *5 Themen folgen noch nach. Ab. G J Vogler Pensionär Sr. Schwed. Maj.*[78]

Das Werk erschien mit der Plattennummer 68 im Druck, erweitert um eine Begleitung durch Violine und Violoncello *ad libitum*[79]. In der gleichen Form gab Vogler die angekündigten fünf weiteren Variationsreihen mit den Plattennummern 63-67 heraus[80]:

- *VII Variations* [...] *sur un Thema tiré de l'Overture*, PN 65;
- *V Variations* [...] *sur le Marche et Choeur quand on apporte les dons nuptials*, PN 66 (*In diesen Geschenken erkennet die Triebe*; vgl. Nr. 3 der Oper)[81];
- *VI Variations* [...] *sur le Trio de Pando, Mahadowa, et Rama*, PN 63 (*Sanfte Hoffnung* aus dem Terzett Nr. 4)[82];
- *VI Variations* [...] *sur le Duo de Maha et Pando*, PN 64 (*Was brauchen wir Zepter und Kronen?*; vgl. Duett Nr. 13)[83];
- *VI Variations* [...] *sur le Duo de Naga et Tamburan*, PN 67 (*Lass mich noch einmal hören*; vgl. Duett Nr. 15)[84].

Die Herausgabe von Webers *Samori*-Variationen JV 43 in dieser Reihe Voglerscher Variationen deutet darauf hin, daß Webers Komposition (wie die *Castor-und-Pollux*-Variationen JV 40) nach den Anforderungen Voglers entstand[85].

[74] a.a.O.; Vorlage vgl. handschriftlicher Klavierauszug LHB Darmstadt Mus. ms. 1063f, Bl. 80

[75] vgl. JV 40. Im Brief vom 10. April bzw. 8. Mai 1804 an Susan schreibt Weber (NohlM, S. 83): *D. 17.* [April] *habe den Titel meiner Variationen zu Eder getragen, welcher Titel zur Censur und zu Ihrer Maj. der Kaiserin muß, weil sie ihr dedicirt sind, ehe er gestochen werden darf.*

[76] JV 43, vgl. Zitat aus dem Brief vom 11. November 1803; Vorlage: gedruckter Klavierauszug Wien, Nr. 5, S. 48ff.

[77] London, British Library, Add. 41634 (Klavierstimme); zu den Einzelheiten vgl. Analyseteil

[78] Dieses Datum hat Jähns veranlaßt, die Variationen nach dem Lied *Wiedersehen* JV 42 einzuordnen, obwohl dieses Lied erst nach Webers Abreise aus Wien entstand. Weber erwähnt in der Besprechung der Oper *Samori*, die er am 14. Juni 1804 von Augsburg aus an Susan sandte, das Werk in einer Form, die darauf schließen läßt, daß Susan die Variationen bereits kannte; vgl. NohlM, S. 85.

[79] vgl. SchafhäutlV 175i

[80] SchafhäutlV 175k-o

[81] Vorlage vgl. gedruckter Klavierauszug Wien, S. 23ff

[82] a.a.O., S. 44ff.

[83] a.a.O., S. 106ff.

[84] a.a.O., S. 129ff.

[85] Möglicherweise hat Vogler auch die *ad-libitum*-Begleitung hinzukomponiert, um das Werk in die Reihe seiner eigenen *Samori*-Variationen einzuschließen.

Diese beiden Variationswerke JV 40 und 43 sind die einzigen Kompositionen, die Weber für seine Wiener Zeit im handschriftlichen Verzeichnis aufführt[86]: Das in einem Brief an Susan am 11. November 1803 erwähnte Lied (wahrscheinlich das dreistimmige *Ein Gärtchen und ein Häuschen drin* JV 36) ist vor der Wiener Zeit entstanden[87]; das von Jähns ohne Quellenangabe mit *5. Mai 1804 zu Wien* datierte *Ich sah sie hingesunken*, das Weber in einem Brief an Susan vom 12. Juni 1804 mit Titel nennt[88], könnte ebenfalls früher entstanden sein[89], und das Lied *Jüngst saß ich am Grabe der Trauten allein* entstand bereits nach Webers Abreise von Wien in Salzburg, wo Weber sich auf der Durchreise nach Augsburg am 4. Juni 1804 aufhielt[90]. Für die Beurteilung des unmittelbaren künstlerischen Einflusses Voglers auf Weber in der Wiener Zeit stehen daher lediglich die beiden Variationswerke zur Verfügung; die Nachwirkungen des Unterrichts müßten sich vor allem an den Werken der sich anschließenden Breslauer und Carlsruher Zeit zeigen.

Unter den Ereignissen, die Weber in seinen Briefen an Susan hervorhebt, müssen neben der sehr genauen Beobachtung des Wiener Theatergeschehens sowie der Konzerte Wiener und auswärtiger Künstler[91] seine Besuche bei Joseph Haydn erwähnt werden[92]. Über einen gemeinsam mit Vogler unternommenen Besuch bei dem alternden Meister am 4. April 1804 berichtet Weber an Susan, den er gleichzeitig zum ersten Mal über eine Anfrage des Breslauer Theaters an Vogler informierte[93]:

> *Haydn war sehr schwach, als wir zu ihm kamen, daher wir auch nicht lange blieben, indessen war es doch ein großes Vergnügen für mich, die beiden alten Herren so vertraulich zusammen von ihrer Jugend und Begebenheiten schwatzen zu hören. Doch ging das Interesse des Gespräches nicht so in's Kunstfach, daß es einen Nicht-Augenzeugen unterhalten könnte. Von Haydn ging ich noch mit Vogler und blieb bei ihm bis nachts 12 Uhr. Das sind selige Stunden, im Ver-*

86 vgl. HellS, Bd. III, S. 159

87 vgl. Brief an Susan, NohlM, S. 74 und *JV* 36, S. 53

88 *JV* 41, S. 56; vgl. Brief an Susan, NohlM, S. 84: *Vergiß nicht mein Lied, »Ich sah sie hingesunken«, an die Musik-Zeitung zu schicken, verlange aber eine Anzahl Exemplare dafür.*

89 Jähns nimmt die in der vorstehenden Anmerkung angegebene Briefstelle als Beleg dafür, daß das Werk zu diesem Zeitpunkt bereits gedruckt vorlag und möglicherweise in der 1802 bei Böhme in Hamburg herausgegebenen (verschollenen) Sammlung von Liedern enthalten war (vgl. *JV*, S. 56).

90 vgl. *JV* 42, S. 57

91 vgl. Nohls Ausgabe der Briefe, S. 73, 75-79, 82-83 u. 85

92 vgl. Brief vom 2. u. 4. April 1804, NohlM, S. 79, wo es u.a. heißt: *Ich war schon einige Mal bei Haydn*. Beethoven begegnet in den Briefen Webers aus Wien dagegen nicht. Dies kann damit zusammenhängen, daß nicht alle Briefe an Susan erhalten sind. Eine Begegnung dürfte dennoch stattgefunden haben, zumal Beethoven ebenfalls am Theater an der Wien wohnte und mit der Arbeit an seiner *Leonore/Fidelio* beschäftigt war. Beethoven wird jedoch auf seinen Konkurrenten Vogler nicht allzu gut zu sprechen gewesen sein, denn in einer Rezension seiner Variationen über *Ein Mädchen oder Weibchen* bzw. *Mich brennt ein heißes Fieber* in der *AMZ*, 1. Jg. (6. März 1799), Sp. 366-368 war ihm Voglers Verbesserung der Forkelschen Variationen über *God save the king* als Muster vorgehalten worden. Außerdem verbesserte Vogler auch Beethoven (vgl. *Zur Arie »Ah! perfido« von Beethoven* [statt des letzten Adagio], *Veränderung von Abbé Vogler*; Autograph in der ÖNB Wien, S. m. 34.188; erhalten sind 8 Takte Partitur einer veränderten Fassung des letzten Adagio: *Dite voi, se in tanto affanno*) und hat sich wahrscheinlich mit seiner Improvisationsaufgabe für Beethoven in der erwähnten Soirée bei Sonnleithner (vgl. *Denkwürdigkeiten*, S. 19-20) nicht gerade die Freundschaft Beethovens erworben.

93 NohlM, S. 81

trauen eines solchen Mannes und belehrenden Kunstgesprächen zugebracht. Ich fürchte nur, daß ich nicht lange mehr Vogler noch Wien genießen werde können, eben erhalte ich den Ruf nach Breslau als Director des Orchesters mit 600 Thaler Fixum und einem Benefice, welches auch 4-500 Thaler trägt. Was soll ich thun? der Antrag ist ehrenvoll. - - - Was Gott will, ich habe meine Bedingnisse durch Vogler, der die Sache führt, geschickt und erwarte nun den Ausgang. Bis dahin bitte ich Dich - Verschwiegenheit.

Der Intendant des Breslauer Theaters, Johann Gottlieb Rhode, hatte sich an Vogler gewandt mit der Bitte um Empfehlung eines Nachfolgers für Heinrich Carl Ebell, der die Direktion der Breslauer Oper niedergelegt und ein Amt in der Kriegs-Domänenkammer angenommen hatte[94]. Vogler schlug seinen Schüler Gänsbacher und den erst 17jährigen Weber für das Amt vor[95]. Da Gänsbacher gerade von seinem Gönner, dem Grafen Firmian, ein lukratives Angebot als Hauslehrer erhalten hatte[96], lehnte er eine Berufung nach Breslau ab, so daß Weber trotz seiner Jugend die Stelle erhielt[97] - was sicherlich ohne die anerkannte Autorität Voglers nicht denkbar gewesen wäre.

Damit endete die Unterrichtszeit bei Vogler knapp zwei Wochen nach der Wiener Uraufführung des *Samori* Ende Mai 1804[98]. Weber reiste über Salzburg noch einmal nach Augsburg, wo er sich im Juni aufhielt und trat am 11. Juli 1804 sein Amt in Breslau an[99].

Die Tatsache, daß die Kontakte zu Vogler damit nicht abbrachen, beweist, daß Weber schon damals bewußt über die Seltsamkeiten und Eigenheiten im Umgang des Abbé hinwegsehen konnte und dessen Bemühen, *dem wahrhaft ernstgemeinten Streben freudig zu helfen, und mit der reinsten Hingebung den Schatz seines Wissens* vor ihm aufzuschließen[100], als die Vogler eigentlich kennzeichnende Charaktereigenschaft betrachtete. Während Gänsbacher schrieb: *Seine Eigenheiten bekümmerten mich nicht, desto mehr seine Gelehrsamkeit und Erfahrung in der Kunst*[101],

[94] Artikel *Heinrich Carl Ebell*, in: *Schlesisches Tonkünstler-Lexikon*, hg. v. Koßmaly u. Carlo, 2. Heft, Breslau 1846, S. 183 und Maximilian Schlesinger: *Geschichte des Breslauer Theaters*, Bd. I: *1522-1841*, Berlin 1898, S. 104. Schlesinger beruft sich auf eine nach verbrannten Akten erstellte Chronologie des Breslauer Theaters von Richard Kißling (früher Stadtbibliothek, St. B. 2907, heute Universitätsbibliothek Breslau R 2907).

[95] Schlesinger, a.a.O., S. 104

[96] *Denkwürdigkeiten*, S. 20

[97] vgl. Schlesinger, a.a.O., S. 104

[98] vgl. die Eintragungen in Webers *Album amicorum* von Joseph Susan (einem Bruder des Thaddäus): *Wien dem letzten Tage ihres Hierseyns den 28ten May* [1]*807* (Bl. 77r) bzw. Anna Teitmeierin[?], Wien, 18. Mai 1804 (Bl. 77v)

[99] vgl. Jähns Bemerkungen zum Lied JV 42, Brief an Susan vom 12. bzw. 14. Juni 1804, NohlM, S. 83-85 und Schlesinger, a.a.O., S. 104 bzw. Fritz Müller-Prem: *Das Musikleben am Hofe der Herzöge von Württemberg in Carlsruhe in Oberschlesien. Carl Maria v. Weber als herzogl. Musikintendant und Herzog Eugen als Componist. Ein Beitrag zur Musikgeschichte in Schlesien*, Diss. Breslau 1922, S. 91

[100] KaiserS, S. 5-6

[101] *Denkwürdigkeiten*, S. 19. Dort heißt es auch: *Vogler hatte seine großen Eigenheiten, wodurch er vielleicht manchen jungen Künstler von sich entfernt hielt. Ich wußte mich darein zu fügen, erwarb mir sein Vertrauen, bereicherte durch ihn meine Kenntnisse* [...] *Der bloße Umgang mit ihm allein schon war eine Schule.*

nahm Weber diese Eigenheiten sozusagen als verzeihliche Nebenerscheinungen eines ansonsten positiven Strebens[102]:

Wahrlich, nur wer so wie ich, und einige Wenige noch, Gelegenheit hatte, diesen tieffühlenden starken Geist, diesen unerschöpflichen Reichtum an Kenntnissen und die feurige Anerkennung alles Guten, aber auch die strenge Wägung desselben zu beobachten, dem mußte er ehrwürdig und unvergeßlich sein, und er mußte die durch Erziehung, Stand, Anfeindungen aller Art und Mißverstehen dem großen Ganzen eingeschobenen, es umgebenden und scheinbar verwirrenden Schlacken und seltsamen Eigenheiten, als an sich minder merkwürdige Erscheinungen hinnehmen, übersehen und natürlich finden.

Hätte Weber diese *merkwürdige*[n] *Erscheinungen* als wesentlich betrachtet, würde er wohl kaum später in Darmstadt erneut Voglers Rat gesucht haben.

Für die anhaltenden Kontakte Webers zu Vogler in der Zeit zwischen 1804 und 1810 haben sich leider so gut wie keine Zeugnisse erhalten[103]. Wahrscheinlich durch ein Empfehlungsschreiben Voglers hatte Weber in Breslau den Organisten der dortigen Elisabethkirche, den Vogler-Enthusiasten Friedrich Wilhelm Berner kennengelernt[104], der später zu Webers engerem Freundeskreis gehörte und auch in den *Harmonischen Verein* aufgenommen wurde[105]. Webers Achtung vor seinem Wiener Lehrer zeigt sich in den Programmen seiner Breslauer Benefizkonzerte; so setzte er in seinem Konzert vom 11. April 1805 folgende Werke aufs Programm[106]:

1. Die Ouvertüre und Introduktion aus der Oper Samori, der neuesten von Abt Vogler in Wien geschriebenen Oper. 2. Das neueste Violinkonzert von Rhode, gespielt von Herrn Dozer. 3. Preis Gottes, Kantate von Danzi. 4. Ouvertüre und Introduktion mit doppelten Chören aus der Oper Alceste von Gluck. 5. Freie Phantasie nebst Variationen über Nagas Arie aus der Oper Samori, gespielt von C. M. v. Weber.

[102] KaiserS, S. 6

[103] Weber erwähnt in einem Brief an Susan vom 12. Juni 1804 einen Brief Voglers, den er in Augsburg erhalten habe (NohlM, S. 84). Zusätzlich ließ sich bisher nur der weiter unten genannte Brief Voglers vom 12. Juni 1809 nachweisen.

[104] vgl. MMW I, S. 94 und Hans Heinrich Borcherdt: *Carl Maria von Weber in Schlesien*, in: *Schlesische Heimatblätter*, Jg. 1908/1909, S. 190. Diese Empfehlung scheint insofern naheliegend, als Berner (nach Angaben des *Schlesischen Tonkünstler-Lexikons*, 1. Heft, Breslau 1846, S. 4-15) Vogler 1802 in Breslau kennengelernt hatte und von dessen *eigene*[r] *Art der Registrirung* und *Behandlung des Chorals* angezogen, sich die Vorzüge von Voglers Spiel anzueignen suchte. Auch in seinem Werkverzeichnis, in dem Variationen über *God save the king »nach Abt Vogler«* bzw. auch *als Quartett in allen griechischen Tonarten* auftauchen, spiegelt sich die Bewunderung für Vogler (vgl. auch *Königlich Priviligierte Berlinische Zeitung von Staats- und gelehrten Sachen*, 9. Juni 1812: Konzertankündigung für 12. Juni, auf dem Programm Variationen von Vogler für die Orgel *bearbeitet und gespielt von Berner*). Es kann daher kaum verwundern, daß der Verehrer Voglers zu einem der engsten Vertrauten Webers in Breslau wurde.

[105] Berner komponierte einen *Abschieds-Chor an C. M. v. Weber* (vgl. Verzeichnis, a.a.O., S. 14) und traf später mit Weber in Berlin zusammen, wo er in einer Akademie u.a. Mozarts Doppelkonzert für zwei Klaviere mit ihm spielte (vgl. *Königl. Priv. Berlinische Zeitung*, a.a.O., 28. Mai 1812, Konzertanzeige für den 31. Mai). Zur Aufnahme in den *Harmonischen Verein*, wo er allerdings kein sehr aktives Mitglied war, vgl. Webers Briefe an Gottfried Weber vom 9. März 1813 und 30. Januar 1815, Bollert-Lemke, S. 52 bzw. 67.

[106] vgl. Borcherdt, a.a.O., S. 188; weitere Benefizkonzerte Webers fanden statt am 27. Juli 1805, 3. April 1806 u. 21. Juni 1806 (vgl. Schlesinger, a.a.O., S. 107-108)

Demnach mußte Weber also sogar das Orchestermaterial der neuen Oper durch Vogler erhalten haben. Auch das *Trichordium* erklang zweimal in Webers Benefizveranstaltungen[107].

Schließlich erinnern auch die Veränderungen in der Probentechnik und besonders in der Sitzordnung des Orchesters, die Weber erstmals in Breslau (und später auch in Prag und Dresden) vornahm[108], an Voglers raumakustische Erörterungen und Versuche[109]. Die in Carl Julius Adolf Hoffmanns Lexikon der *Tonkünstler Schlesiens* beschriebene neue Orchesterordnung scheint unmittelbar an entsprechende Vorstellungen Voglers anzuknüpfen[110]. Ferner fällt in Webers eigener kompositorischer Tätigkeit eine Tendenz zu *nationalcharakteristischen* Werken auf, die ebenfalls auf Voglers Vorbild zurückgeführt werden kann. Unter den Kompositionen Webers, die in einem Brief seines Vaters an den Leipziger Verleger Kühnel am 7. Februar 1807 genannt sind, finden sich eine *overture Chinesisch Militärisch, nach einem ächt chinesischen Thema*, ein *Variazioni thema variato, fantasia e Pollacca p. il Corno 2do principale con grande orchestre* und *Variazioni p. il flauto Princip. con orchestre. Romanza Caratteristica Siciliana p. il Flauto*[111]. Auf Grund der mangelhaften Quellenlage und unzureichender Aufarbeitung lassen sich jedoch zu Webers

[107] vgl. Maria Zduniak: *Webers Wirken am »Königlich privilegierten Breslauischen Theater«*, in: *Carl Maria von Weber und der Gedanke der Nationaloper. Bericht über die Wissenschaftliche Konferenz im Rahmen der Dresdner Musikfestspiele 1986*, hg. v. Günther Stephan u. Hans John, Dresden 1987, S. 251. Im Bildanhang des genannten Artikels findet sich ein Faksimile des Programms von Webers Akademie vom 3. April 1806, die Schauspielhaus zu Breslau stattfand (vgl. a.a.O, S. 256ff.)

[108] vgl. MMW I, S. 96-97 oder Carl Julius Adolf Hoffmann: *Die Tonkünstler Schlesiens*, Breslau 1830, S. 452-455, zitiert bei Zduniak, a.a.O, S. 248-249, ferner Robert Haas: *Carl Maria von Weber in Prag (1813-1816)*, in: *Mitteilungen des Vereins für Geschichte der Deutschen in Böhmen*, 52. Jg. Heft 3-4 (1914), S. 526 und Kroll, S. 26.

[109] vgl. u. a. Voglers *Data zur Akustik*, Leipzig 1801 oder die handschriftlich erhaltenen *Harmonisch-Akustischen Bemerkungen über den Theaterbau* (SA Darmstadt, D 12, Nr. 48/26-27, niedergeschrieben ca. 1808). Daß akustische Überlegungen Vogler auch in der Wiener Zeit beschäftigten, zeigt ein Abschnitt in diesem Aufsatz, in dem Vogler über die Veränderung des Orchesterbodens im Theater an der Wien berichtet, wo er in Analogie zur unterschiedlichen Durchlässigkeit von Geigendecke und -boden Veränderungen vorgeschlagen hatte: *Aus dem nämlichen Grund habe ich in dem vor der Stadt Wien an der Wien gelegenen Theater von der Resonanz der Musik auf die fehlerhafte Anlage des unteren Boden fürs Orchester geschloßen; und die Theater Direkzion fand bei dem Aufbrechen des Bodens alle vorher detaillirten Eigenschaften: er war nämlich hohl, von einfachen dünnen Brettern verfertigt, und hatte die Untersätze p.*[p.] *wie ich angab. Aber sieh! sobald ich den Boden mit Balken an Balken ausfüllen, das obere zwar dünne Holz daran befestigen und alle, im Orchester-Raum verstreuten hohlen Bänkchens wegwerfen lies, glaubte das Publikum bei der ersten darauf folgenden Vorstellung ein doppelt beseztes Orchester zu hören.*

[110] Breslau 1830, S. 453-454 (Zitat eines Korrespondenten); vgl. hierzu die in der vorstehenden Anmerkung erwähnten Bemerkungen Voglers. In seinem Aufsatz erwägt Vogler auch die Probleme der Sitzordnung des Orchesters und berichtet u.a., er habe in Stockholm *eine neue Form* [...] *in welcher das Orchester gereiht werden könnte*, entworfen, die er anschließend beschreibt und mit einer Skizze veranschaulicht.

[111] Gemeint sind die Werke JV 75 (vor der Umarbeitung), JV 188 (in der verlorenen Erstfassung) und JV 47. Falls es sich bei den zuletzt genannten Flötenvariationen um zwei verschiedene Werke handelt, dürften mit dem ersten Titel die im Brief Webers an Susan vom 12. Juni 1804 erwähnten Variationen gemeint sein (vgl. NohlM, S. 84-85).

Breslauer Zeit[112] keine detaillierteren Angaben machen, die eventuell weitere Rückschlüsse auf seine Kontakte zu Vogler zuließen.

Immerhin zeigt aber ein Brief Voglers an Weber aus dem Jahre 1809 deutlich, daß sich beide auch nach dieser langen Zeit noch nicht fremd geworden waren. In dem Brief, der auf eine Anfrage Webers an Vogler (nach dessen Besuch in Stuttgart) zurückgeht, schreibt Vogler u.a.[113]:

> *Daß ich im Dezember 1808 nach Stuttgart kam ohne, Sie, Bester! zu besuchen, fiel Ihnen auf? - o Ja! ich begreiffe es. Allein, ich war diese 24 Stunden nicht in Stuttgart, sondern im Umkreis* [...] *Durch die Nachricht, daß Sie Table d'Hôte im König von Engelland speisen, war ich unglük*[licher] <...> *Weise getäuscht; Sie kamen nicht, warten konnt ich nicht, und* [...] *wir sahen uns nicht, was ich sehr bedauerte.*

Nach einem Bericht über seine neuesten Orgelarbeiten verabschiedet sich Vogler dann in sehr vertraulicher Form: *Adieu! Halten Sie mich werth und antworten Sie baldigst Ihrem Sie so zärtlich liebenden Ab. G J Vogler*[114].

Dieser Tonfall macht verständlich, daß Weber sich nach seiner Ausweisung aus Stuttgart im Frühjahr 1810 problemlos wieder an Vogler wenden konnte und von diesem Anfang April in Darmstadt *ganz liebevoll*[115] aufgenommen wurde.

Webers Aufenthalt in Mannheim und Darmstadt 1810-1811

Zu Webers Situation nach der Ausweisung aus Württemberg

In der neueren Weber-Literatur hat Carl Maria von Webers Aufenthalt bei Vogler in Darmstadt kaum größere Beachtung gefunden. Dies hängt zum einen mit der distanziert-zurückhaltenden Wertung in Max Marias *Lebensbild* zusammen[1], andererseits hat dazu aber auch der oft zitierte Aufsatz Friedrich Walters *Karl Maria von Weber in Mannheim und Heidelberg 1810 und sein Freundeskreis*[2] beigetragen. Titel und Zwischenüberschriften dieses Beitrages verstellen den Blick auf die realen Verhältnisse: Walter beschreibt den Darmstädter Aufenthalt Webers unter der Rubrik *Reisen* und schließt mit einem Kapitel *Abschied von Mannheim*, in dem er Webers Besuch

[112] Auch Maria Zduniak konnte in ihrem inzwischen gedruckt vorliegenden Dresdner Referat über Webers Breslauer Zeit (vgl. Anm. 107) keine wesentlichen neuen Erkenntnisse vorlegen. Detailinformationen über diese Zeit finden sich daneben vor allem in den Werken von Schlesinger und Müller-Prem, sowie in einigen in der Bibliographie aufgeführten Aufsätzen.

[113] Brief vom 12. Juni 1809, Weberiana Classe II A i, Nr. 1; Faksimile bei Kleefeld, S. 24. Vogler hatte sich auch Ende Juli 1807 in Stuttgart aufgehalten (vgl. *Schwäbische Chronik* vom 30. Juli 1807, Fremdenliste); da Weber aber erst am 2. August von Ludwigsburg kommend in Stuttgart eintraf, dürfte es nicht zu einer Begegnung gekommen sein.

[114] Brief vom 12. Juni 1809. Ähnlich vertraulich schließen Voglers Briefe an Gänsbacher aus den Jahren 1804/1805.

[115] vgl. Tagebucheintragung Webers vom 4. April 1810

[1] MMW I, S. 193-222, vgl. vorliegende Arbeit, S. 25-26

[2] *Mannheimer Geschichtsblätter*, 25. Jg. (Jan./Febr. 1924), Sp. 18-73

in Mannheim Ende 1810 und seine letzte Begegnung mit den Mannheimer Freunden in Darmstadt im Februar 1811 schildert[3]. Obwohl Walter mit dem Aufsatz in erster Linie einen weiteren Beitrag zu seinen verdienstvollen Publikationen über das Mannheimer Musikleben beabsichtigte[4], entstand so der Eindruck, als sei das Jahr nach Webers Ausweisung aus Stuttgart ein »Mannheim-Heidelberger« Jahr gewesen, während ein Blick auf die verfügbaren Quellen zeigt, daß mit gleichem, wenn nicht gar mit größerem Recht von einer »Darmstädter« Zeit Webers gesprochen werden müßte.

Es erscheint daher notwendig, auf der Grundlage gesicherter Daten die äußere Situation Webers in der Zeit zwischen seiner Ankunft in Mannheim am 27. Februar 1810 und seiner Abreise aus Darmstadt am 14. Februar 1811 näher zu beleuchten, zumal dieser Hintergrund für die Bewertung der neuerlichen Kontakte Webers zu Vogler von Bedeutung ist.

Webers erste Bemühungen in Mannheim mußten sich auf eine Besserung seiner desolaten finanziellen Verhältnisse richten. Die Familie der Sängerin Luise Frank, die Weber von Stuttgart her kannte, sorgte zunächst für ein Quartier[5]. Am 1. April verhalf Weber seinem Vater zu einer eigenen Unterkunft und zog selbst zu dem Sänger Ludwig Berger[6], entschloß sich dann aber nach dem ersten Besuch bei Vogler, in Darmstadt zu bleiben[7]. Bei seinen späteren Besuchen in Mannheim wohnte er zunächst wiederum bei Berger[8], in der zweiten Jahreshälfte regelmäßig bei Gottfried Weber[9].

Einkünfte erhoffte Weber vor allem aus eigenen Konzerten und dem Verkauf seiner Kompositionen. Wohl auf Grund der Empfehlungsschreiben Danzis konnte er schon am 2. März 1810 in der neunten Hofmusikakademie mitwirken, wo er zum Abschluß *Phantasie und Variationen für Pianoforte von seiner Composition* vor-

[3] a.a.O., Sp. 51-54 u. 56-60

[4] a.a.O., Vorbemerkung, Sp. 18: *Die nachstehenden Mitteilungen bieten einen* [...] *Beitrag zu dem früher in besseren Zeiten gelegentlich vom Altertumsverein ins Auge gefaßten Werke über die Beziehungen der großen Dichter und Musiker zu Mannheim* [...]

[5] vgl. Tagebuch, 28. Februar 1810: *zu Franks gegangen, welche eine große Freude hatten, mich zu sehen, und sogleich für ein Monats Quartier sorgten.* Weber hatte zuvor im Pfälzer Hof übernachtet. Zu Luise Frank vgl. Walter 1924, Sp. 40. Sie war in Stuttgart für die Vermählungsfeierlichkeiten Jérômes von Westfalen im Jahre 1807 engagiert (vgl. Voranzeigen in der *Schwäbischen Chronik* für den 9., 13. und 19. August 1807); bei dieser oder einer späteren Gelegenheit war Weber ihr wahrscheinlich begegnet.

[6] vgl. Tagebuch, 1. April 1810: *d. 1: April zu Berger gezogen, und Papa in sein neues Quartier* [...]. Nach Walter 1924, Sp. 40 wohnte der Vater anfangs bei Gottfried Weber im Hause und laut Mieterbuch ab 13. Oktober 1810 bis zu seinem Tode bei Georg Regenscheid in B 4, 14. Zu Ludwig Berger vgl. Walter 1924, Sp. 40/41, Anm. 41a. Der Tenorist Berger war der erste Mannheimer Musiker, den Weber nach seiner Ankunft aufsuchte, vgl. Tagebuch vom 27./28. Februar 1810.

[7] vgl. dazu die Ausführungen w. u. Zunächst war also offensichtlich die Reise nach Darmstadt nur als kurzer Abstecher geplant.

[8] vgl. Gänsbacher: *Denkwürdigkeiten*, S. 34: *Am 24ten* [Mai...] *erreichte ich Mannheim und fand Weber beim Schauspieler und Sänger Berger* [...] *einquartirt, von dem ich auch herzlich aufgenommen wurde.*

[9] vgl. Webers Brief an Gänsbacher vom 24. September 1810: [...] *kam den 3.* [August 1810] *in Mannheim an* [...]. *Ich wohnte dießmal bei Weber* [...] bzw. Tagebuch, 7. November 1810: *in Mannheim zu Weber gezogen* [...]

trug[10], und bereits am 9. März fand seine erste eigene Akademie statt, in der Weber neben seiner ersten Sinfonie und dem ersten Finale aus *Silvana* wiederum Variationen sowie ein Klavierkonzert von Eberl zu Gehör brachte[11]. In einer zweiten Akademie am 28. März stellte er dann ein Duett aus *Silvana* und eine eigene Ouvertüre erstmals vor und spielte ein Beethovensches Klavierkonzert[12]. Schon am 2. April trat er erneut in Mannheim auf, spielte in einem Museumskonzert sein Klavierquartett und leitete die Erstaufführung seiner melodramatischen Kantate *Der erste Ton*[13].

Zwei Tage später reiste er nach Darmstadt, um dort durch Voglers Vermittlung ebenfalls ein Konzert zu geben[14]. Wegen der Karwoche wurde das Konzert aber vom 16. auf den 30. April verschoben[15], so daß Weber sich am 11. April zur Abreise entschloß, um am 15. in Aschaffenburg ein weiteres Konzert zu geben[16]. Auch der sich anschließende Abstecher nach Amorbach zum Fürsten von Leiningen[17] diente wohl der Vorbereitung von Konzertplänen.

Als Weber am 19. April nach Darmstadt zurückkehrte[18], waren inzwischen sein ehemaliger Mitschüler bei Vogler, Johann Gänsbacher, und Voglers neuer Schüler Giacomo Meyerbeer eingetroffen[19]. Spätestens zu diesem Zeitpunkt entschloß sich

[10] vgl. Abschrift des Programms in der Theaterzettelsammlung des Reiss-Museums Mannheim. Auf dem Programm stand auch Beethovens *Pastoral-Sinfonie*. Im Tagebuch Webers vom 2. März heißt es: *im großen Concert gespielt die Var: aus C:*, womit wahrscheinlich die Variationen über *Vien quà, Dorina bella* JV 53 gemeint sind. Diese Variationen spielte Weber angeblich auch in einem Konzert in Heidelberg am 4. März 1810, das Walter 1924, Sp. 46 nach Angaben Oskar Huffschmids (*Karl Maria in Heidelberg, Festspielbuch Heidelberger Festspiele 1928*, S. 47) zitiert, bei dem allerdings keine Quelle angegeben ist. Im Tagebuch Webers ist für den 4. März kein Konzert vermerkt, auch in der Jahresübersicht fehlt ein Eintrag unter diesem Datum.

[11] Wiedergabe des Konzertzettels bei Walter 1924, Sp. 37. Die Sinfonie ist zwar lediglich als *Große Symphonie* bezeichnet, die Besprechungen in der *AMZ* 12. Jg. (9. Mai 1810), Sp. 502-504 und in der *Rheinischen Correspondenz* Mannheim vom 11. März 1810, S. 276 sowie die Tatsache, daß Weber das Werk wenig später zu André in Druck gab, belegen, daß es sich dabei um die erste Sinfonie Webers handelte.

[12] Konzertzettel bei Walter 1924, Sp. 38. Bei der Ouvertüre handelte es sich wahrscheinlich um die zu *Silvana*, vgl. Tagebuch 28. März 1810. Mit dem *komischen Duett* ist die Nr. 5 im ersten Akt der *Silvana* gemeint.

[13] Walter 1924, Sp. 41; vgl. Gottfried Webers Besprechung in der *AMZ* 12. Jg. (9. Mai 1810), Sp. 502-504

[14] Tagebuch, 4. April 1810: *früh 6 Uhr* [...] *nach Darmstadt abgereißt*; zu Voglers Vermittlung vgl. folgende Anm.

[15] Tagebuch, 10. April 1810: *früh zu Vogler gegangen und von ihm erfahren dass die Großherzogin nicht den 16: in der Karwoche in ein Concert ginge, worauf beschlossen wurde es bis auf den 30: zu verschieben und ich mir vornehme unterdeßen nach Aschaffenburg zu gehen.*

[16] Tagebuch, 11. April 1810: *früh* [...] *nach Aschaffenburg abgereißt*. Vgl. Brief an Gottfried Weber vom 15. April 1810: *Ich gebe heute hier Concert* [...] und Tagebuch, 15. April: *Abends mein 3tes Concert gegeben*. In seiner Jahresübersicht 1810 im Tagebuch gibt Weber das Datum dieses Konzerts versehentlich mit dem 16. April an.

[17] vgl. Brief Webers an Gottfried Weber vom 15. April 1810

[18] vgl. Tagebuch, 19. April 1810

[19] Gänsbacher traf am 14. April in Darmstadt ein (vgl. *Denkwürdigkeiten*, S. 31: *Am 14ten reiste ich nach Darmstadt und wurde von Vogler sehr freundlich empfangen*), Meyerbeer zwischen dem 14. und 18. April 1810 (vgl. die Angaben nach dem *Darmstädter Frag- und Anzeigeblatt* bei Karl Esselborn: *Carl Maria von Weber und Darmstadt*, in: *Darmstädter Blätter für Theater und Kunst 1926*, Heft 35/36 vom 24. Mai und 1. Juni 1916, S. 209).

Weber offensichtlich, in Darmstadt zu bleiben, denn am 21. April bezog er gemeinsam mit Gänsbacher ein Zimmer bei dem Metzger Klein in der Darmstädter Ochsengasse[20]. Nach Gänsbachers Abreise im September des Jahres wurde Weber dann von Vogler in dessen neu erworbenes Haus am Mathildenplatz aufgenommen[21].

Seit Ende April 1810 wurde damit Darmstadt der Ausgangspunkt der Unternehmungen Webers[22], der weiterhin, wenn auch nicht immer erfolgreich, seine Kasse durch Konzertieren aufzubessern suchte. Eine Liste seiner Konzerte bzw. Konzertpläne illustriert die Intensität dieser Bemühungen:

- ein für den 30. April 1810 geplantes Konzert in Darmstadt fand nicht statt, da der Großherzog über eine verfrühte Presseankündigung der Veranstaltung verärgert war[23];
- am 9. Mai spielte Weber vor dem Fürstprimas von Dalberg in Aschaffenburg[24];
- am 13. Mai in Amorbach vor dem Fürsten von Leiningen [25];
- am 26. Mai spielte er bei einem Konzert im Mannheimer *Museum* (wobei auch Gänsbachers Sinfonie auf dem Programm stand) die wenige Tage vorher komponierten Sätze *Adagio* und *Rondo* aus dem erst später vervollständigten ersten Klavierkonzert[26];

[20] vgl. Tagebuch, 21. April 1810. Gänsbacher schreibt dazu in den *Denkwürdigkeiten*, S. 32: *C. M. von Weber* [...], *dessen finanziellen Umstände ihn zwangen, ökonomisch zu leben, nahm gleichfalls bey meiner Hausfrau Wohnung und Kost. Wir verzehrten jeder 16 kr. mittags und 9 kr. abends; für das Zimmer samt Betten bezahlten wir zusammen 8 fl. monatlich. Ein Frühstück zu nehmen, erlaubten unsere Finanzen nicht. Von dieser Zeit an wurde mit Weber, mit dem ich so ganz harmonirte, die wärmste Freundschaft geschlossen* [...]

[21] Am 21. August schrieb Weber an Gottfried Weber: *Vogler hat das Haus der Frau von Hertling gekauft und zieht diese Woche hinein*; am 23. September meldete er: *Ich wohne jetzt bei Vogler in seinem neuen Hause*. Zu Voglers Darmstädter Wohnung vgl. Esselborn, a.a.O., S. 209. Vogler mußte das zunächst von ihm bewohnte Haus nach dem Verkauf im Juli bis zum September 1810 räumen (SA Darmstadt D 12, Fasz. 48, Nr. 27) und erwarb deshalb das geräumige Haus der Frau von Hertling (vgl. SA Darmstadt G 28 F, Nr. 2871/8 bzw. C 2, Nr. 23).

[22] Neben den nachfolgend genannten Konzertreisen sind längere Aufenthalte in Mannheim/Heidelberg zu nennen vom 16. Mai bis 7. Juni 1810, vom 3. bis 17. August und vom 7. November 1810 bis 5. Januar 1811 (unterbrochen durch die Reise nach Karlsruhe).

[23] Ankündigung in der *Großherzoglich Hessischen Zeitung auf das Jahr 1810*, 28. April 1810: *Montag den 30. April 1810. wird Carl Marie von Weber die Ehre haben im Saale des Gasthauses zum Erbprinzen ein großes Vocal- und Instrumental-Concert zu geben, worin er seine Compositionen aufführen wird*. Weber vermerkt am 28. April 1810 im Tagebuch: *H. Potenius sagte, daß der Großherzog noch gar nichts von meinem Concert wüste, auch sehr aufgebracht sey daß es eher in der Zeitung stünde als man es Ihm angemeldet. worauf ich zu V:*[ogler] *gieng und ihn bat die Sache beyzulegen*. Am folgenden Tag notiert er: *Früh beschloßen, daß das Concert aufgeschoben werden soll, und deßwegen kleine Aenderung druken laßen* [...]

[24] vgl. Tagebuch, *Moralische Übersicht* 1810: *d: 9: May in Aschaffenburg vor S: Durchlaucht dem Fürst Primas gespielt*. Im Tagebuch heißt es unter diesem Datum: *Abends spielte ich das Concert von Eberl weil keines mehr probirt werden konnte, konnte aber zum 2t* [Teil] *nicht kommen, weil der Fürst nicht wohl war und das Concert bald aus war*.

[25] Tagebuch, 13. Mai 1810: *Abends zum Fürsten gegangen, und gespielt allein und mit Uber* [...]; vgl. auch Übersicht 1810

[26] vgl. Gänsbachers Bericht in den *Denkwürdigkeiten*, S. 34 und Carl Marias Besprechung in der *AMZ* 12. Jg. (11. Juli 1810), Sp. 659-662. Das *Adagio* des Klavierkonzerts wurde am 21. Mai, das *Rondo* am 22. Mai in Mannheim komponiert, vgl. Tagebuch. Zum Konzert vermerkt Weber am 26. Mai im Tagebuch: *mein Adagio und Rondo gespielt mit so viel Beyfall daß es wiederholt werden mußte*.

- am 30. Mai folgte ein eigenes Konzert in Heidelberg, bei dem Gottfried Webers Schwager Alexander von Dusch Webers Variationen für Violoncello und Orchester JV 94 zur Aufführung brachte[27] und Luise Frank das neukomponierte Rondo *La dolce speranza* JV 93 sang[28];
- Pläne zu einem Konzert während seines Karlsruher Aufenthalts Ende Juli 1810 mußte Weber aufgeben[29];
- am 4. August beteiligte er sich an einem Konzert im Mannheimer *Museum* mit einer Phantasie am Klavier[30];
- am 13. August veranstaltete er ein Konzert in Heidelberg, in dem er neben seinem Klavierquartett und einer freien Phantasie mit Dusch wiederum seine Cellovariationen spielte[31];
- ein für August ins Auge gefaßtes Darmstädter Konzert kam nicht zustande[32];
- am 19. November erklang im Mannheimer *Museum* in Gegenwart der Prinzessin Stephanie von Baden erstmals Webers Klavierkonzert JV 98 vollständig neben einer Ouvertüre (zu *Peter Schmoll*?) und einem Psalm von Meyerbeer[33];

[27] vgl. Tagebuch, 28. Mai 1810: *Variation für Dusch componirt*. Zu Dusch vgl. Walter 1924, Sp. 34-37 u. 62-65. Ein Bericht über das Konzert findet sich im *Morgenblatt für gebildete Stände*, Tübingen, 4. Jg. (16. Juni 1810), S. 576. Walter 1924 (Sp. 46, Anm. 53) hat wiederum von Huffschmid (a.a.O., S. 48) das falsche Datum 10. Mai übernommen und führt daher das Konzert vom 30. Mai als weitere Veranstaltung auf.

[28] Dieses Rondo wurde erst am Tag vorher instrumentiert (vgl. Tagebuch). Zu dem Konzert schreibt Gänsbacher in den *Denkwürdigkeiten*, S. 35: *Um 7 Uhr begann das Concert, wobey ich abwechselnd die Violine, Violonzell, Guittarre, womit ich Fräulein Frank accompagnirte, und zum Schluß die Pauken spielte. Die meisten Stücke von Webers Composition waren größtentheils neu und sehr effecktvoll, das Haus gefüllt, größtentheils von Studenten besetzt, der Beifall allgemein* [...]. Vgl. Webers Eintrag im Tagebuch, 30. Mai 1810: *Abends mein 4t Concert gegeben, welches außerordentlich brillant und besucht war und wo ich vielen Beyfall erhielt im Ganzen nahm ich ein 145 f. davon betrugen die Unkosten 90 f. 18* [...]

[29] vgl. Brief an Gänsbacher, 24. September 1810. Dort heißt es u.a.: *der Aufenthalt und die Reise kosteten mich über 10 Carolin, die mich sehr schmerzten*. Weber hatte sich schon vor seiner Abreise aus Darmstadt bei Vogler 50 Gulden leihen müssen, vgl. Tagebuch, 14. Juli 1810.

[30] vgl. Tagebuch, *Moralische Übersicht* 1810 bzw. Brief an Gänsbacher vom 24. September 1810

[31] Alexander von Dusch teilt in einem Brief an Max Maria von Weber vom November 1860 (Weberiana, Classe V 4 B, Mappe XVIII, Nachtrag 10) nach dem gedruckten Konzertzettel den Inhalt des Konzerts mit: *Quintett von Mozart, Clavier-Quartett von C. M. v. Weber, Variationen für Clavier und Violoncell von ihm und mir gespielt, freie Phantasie pp. Beim Quintett und Quartett war ich natürlich auch am Violoncell*. Die Variationen JV 94 erklangen hier also in einer Fassung mit Klavierbegleitung. Weber erwähnt das Konzert in seinem Brief an Gänsbacher vom 24. September 1810.

[32] vgl. Weber an Gottfried, 21. August 1810: [...] *aus meinem Concert wird wohl nichts, Vogler sagt, daß jezt alles zu sehr mit dem Theater beschäftigt wäre, mit einem Wort, ich merke, daß er nicht die Courage hat, bey Hofe ordentlich anzuklopfen, und so entgeht mir eine beträchtliche Einnahme, die ich jezt sehr gut hätte brauchen können*.

[33] Weber an Gänsbacher, 7. Dezember 1810: *D. 19*. [November] *war Museum, wo eine Ouverture von mir, einer von den Psalmen von Beer und mein Concert gemacht wurde. Die Prinzessin Stephanie war darin, und war ganz entzückt, bat mich einige Liedchen zur Guitarre zu singen, und war so für mich eingenommen, daß Sie mir auf der Stelle antragen ließ in Mannheim zu bleiben*. Vgl. dazu die Besprechung des Konzerts im *Morgenblatt für gebildete Stände*, Tübingen, 4. Jg. (15. Dezember 1810), S. 1199-1200. Die Angabe, daß es sich bei der Ouvertüre um die zu *Peter Schmoll* handelte, stammt aus Walter 1924, Sp. 54. Vgl. auch Webers Bericht im Tagebuch, 19. November: *Abends Museum. darin wurde gegeben. meine Overt: aus Es. Beers Psalm aus c moll. aus d. Tiefe pp und mein Concert zum erstenmale ganz. Alles ging sehr gut. Die Prinzeßin war da, es gefiel*

- erst am 21. Dezember, dem Tag der Abreise der Königin von Bayern, konnte Weber sein früher geplantes Konzert in Karlsruhe geben, worin u.a. seine *Silvana*-Ouvertüre erklang[34];
- ein für Ende Dezember 1810 in Mannheim angekündigtes Konzert mit dem Hoftheaterorchester wurde durch Kabalen Peter Ritters vereitelt[35];
- am 31. Dezember spielte Weber dann noch einmal im Mannheimer *Museum*[36];
- Anfang Januar 1811 erhielt er aus Mainz eine Absage für ein dort geplantes Konzert[37];
- am 6. Februar 1811 fand sein Konzert in Darmstadt statt, wobei u.a. ein Duett zur Aufführung kam, das Weber für Mad. Schönberger und die Tochter des Kapellmeisters Mangold neu komponiert hatte (JV 107)[38].

Enttäuschend verliefen Webers Bemühungen um ein Konzert in Frankfurt, von dem er sich offensichtlich so viel versprach, daß er seine Abreise aus Darmstadt immer wieder verschob. Schon am 23. Juni 1810 hatte er an Gottfried Weber geschrieben, er wolle künftige Herbstmesse ein Konzert in Frankfurt geben und anschließend *in der günstigen Jahreszeit* [seinen] *Stab weiter setzen*[39]. Am 23. September meldete er: *Mein Concert in Frankfurt wird erst Ende October sein* [...][40]. Als er schließlich zu diesem Zeitpunkt nach Frankfurt reiste, mußte er wegen der überraschend angeordneten französischen Handelskontrollen, die in Frankfurt großes Aufsehen erregten, erneut sein Konzert verschieben[41]. Dann stellte ihm die Prinzessin Stephanie von Baden eine Kapellmeisterstelle in Mannheim in Aussicht und hielt ihn so davon ab, seine *Reise nach München, Berlin, Hamburg, Kopenhagen etc.* an-

ihr sehr, und Sie verlangte daß ich etwas zur Guittarre singen sollte, dieß that ich denn auch, und Sie unterhielt sich sehr artig mit mir. dann ließ Sie mir durch H: von Bärstädt sagen über welche Bedingungen ich hier bleiben wollte. - noch halte ich nichts davon denn ich kenne meinen Stern [...]

34 Weber wollte wegen seiner beabsichtigten Reise nach München Kontakt mit der in Karlsruhe weilenden bayerischen Königin aufnehmen; vgl. dazu seinen Brief an Gänsbacher vom 13. Januar 1811: *Bei der Königin spielte ich auch nicht, sie ließ mir aber sagen Sie freue sich, mich in München zu hören* [...] *und endlich trat mir das Museum einen Ball-Tag ab, so daß ich den 21. ein Concert zu Stande brachte* [...]. Über das Konzert berichtet kurz das *Morgenblatt für gebildete Stände*, 5. Jg. (12. Januar 1811).

35 vgl. dazu den Bericht Webers an Gänsbacher vom 13. Januar 1811 und seine Kritik an den Vorkommnissen, *AMZ* 13. Jg. (10. April 1811), Sp. 261-263; vgl. auch Walter 1924, Sp. 57-58.

36 Tagebuch, *Moralische Übersicht* 1810: *d: 31: December. Variationen von Eberl mit obl: Violoncell, im Museum zu Mannheim*; vgl. Brief an Gänsbacher vom 13. Januar 1811

37 Brief an Gottfried Weber, 8. Januar 1811: *Von Mainz habe ich ein*[en] *Brief bekommen daß es nichts mit einem Concert ist, das Casino will Honorar geben, wenn man ihm spielt, aber, nur 2 Carolin; dafür dank ich.-*

38 vgl. Brief Webers an Gänsbacher, 27. Februar 1811 und an Gottfried, Anfang Februar 1811. Bei diesem Konzert nahm Weber die stattliche Summe von 241 fl. 53 xr ein (vgl. Jahresübersicht 1811 im Tagebuch).

39 Brief an Gottfried Weber, 23. Juni 1810. Schon am 21. Mai 1810 hatte Weber in einem Brief an Nägeli geschrieben: *Um baldige Antwort bitte ich recht sehr, denn da ich eine große Reise vorhabe, werde ich mich nicht sehr lange mehr in diesen Gegenden aufhalten.*

40 Brief an Gottfried Weber vom 23. September 1810

41 Die Kontrollen hingen mit Napoleons Kontinentalsperre zusammen; vgl. dazu Webers Bericht an Gottfried Weber vom 23. Oktober und 1. November 1810. Nach acht Tagen verließ Weber Frankfurt unverrichteter Dinge.

zutreten[42]. Als dieser Plan scheiterte, hatte ihm endlich Großherzog Ludewig die Zusage für ein Konzert in Darmstadt gegeben, das schließlich am 6. Februar 1811 zustande kam[43]. Am 14. Februar verließ Weber die Stadt und ging nach Frankfurt, wo sich seine Konzertpläne endgültig zerschlugen[44]. Schon am 18. Februar reiste er weiter nach Gießen, wo er dann am 22. sein nächstes Konzert veranstalten konnte[45].

Neben den Konzerten suchte sich Weber durch den Verkauf seiner Werke eine weitere Einnahmequelle zu verschaffen. Bereits nach dem ersten eigenen Mannheimer Konzert bot er am 23. März 1810 dem Intendanten des Mannheimer Theaters von Venningen die Partitur seiner Oper *Silvana* an[46]:

> *Ich schmeichle mir, daß meine Arbeit, die sich des ausgezeichneten Beyfalls eines Voglers, Danzi etc. erfreute, auch vor dem anerkannten Kenner Auge Ew: Exellenz Beyfall finden wird, denn nur der wahre Kenner kann den Künstler ganz faßen und verstehn. Das Finale des ersten Akts, welches ich in meinem Concert aufgeführt habe, gefiel allgemein, und die ganze Oper hat den Vorzug, mit großem Pomp und doch ohne Kosten aufgeführt werden zu können. Das Sujet ist anziehend und wird gewiß die Oper zu einem Kaßen Stüke machen. Das Verlangen, meine geringe Arbeit von dem hiesigen vortrefflichen Personale aufgeführt zu wißen und dadurch meinen Ruf verbreiteter zu sehen, bestimmt mich, von dem gewöhnlichen Preise abzugehen und sie Ew. Exellenz für den sehr mäßigen von 8 Carolin anzubieten.*

Webers Ersuchen wurde abgelehnt[47].

[42] vgl. Brief an Gänsbacher vom 7. Dezember 1810. Zu Webers Reiseplänen siehe auch Briefe an Gänsbacher vom 9. Oktober 1810 u. 27. Februar 1811. Die Prinzessin hatte Weber im Konzert vom 19. November 1810 gehört (vgl. o., Anm. 33). In dem genannten Brief an Gänsbacher berichtet Weber weiter (7. Dezember 1810): *Alles gratulirte mir, und war voll Freude mich zu behalten, und ich kann sagen, daß mir auch die Aussicht unter so lieben Menschen zu leben und zu wirken wohl that. Täglich wurde nun von der Sache gesprochen, die Oberhofmeisterin der Prinzessin leitete das Ganze, man bot mir vor der Hand 1000 fl* [...] *die ganze Sache war für abgethan anzusehen, als eines Tages (nachdem ich oft bei der Herzogin gewesen war und mit ihr gesungen und gespielt hatte) mir die Obersthofmeisterin sagte, die Prinzessin hätte mit ihrem Kassier gesprochen, und sie bedauerte sehr, aber ihre Cassa erlaubte jetzt nicht mich zu engagiren. Dieß sagte man mir nachdem man mich 14 Tage herumgezogen, ich meine edle Zeit verloren und nicht einmal ein Präsent bekommen hatte.* Vgl. dazu auch Walter 1924, Sp. 55-56 u. Alexander von Duschs *Flüchtige Aufzeichnungen*. Peter Ritters Kabalen gegen Weber sind wohl in Zusammenhang mit diesem Engagementsplan zu sehen, denn Weber schrieb am 15. September 1811 an seinen Vater: *Daß Herr Ritter allein die Ursache ist, daß meine Anstellung nicht zu Stande kam, weis ich schon lange, es hat aber gar nichts zu sagen. Er ist ein Mann von Verdienst u. hätte es nicht nöthig neidisch zu sein. Ich verzeihe es ihm übrigens von Herzen* [...]

[43] vgl. Briefe vom 8. Januar 1811 an Gottfried Weber, vom 13. Januar 1811 bzw. 27. Februar 1811 an Gänsbacher und w.o., Anm. 38

[44] vgl. Tagebuch, 14. Februar und Brief an Gottfried Weber vom 20. Februar 1811: [ich] *gieng nach Frankfurt, wo ich noch Briefe abgab, und* [...] *so gut aufgenommen wurde, daß ich mich beinah überreden ließ noch ein paar Tage zu bleiben, da aber mein Concert hier* [in Gießen] *auf d: 20t bestimmt war, mußte ich doch mich entschließen, d: 18t abzureisen.*

[45] vgl. Brief an Gottfried Weber vom 20. Februar 1811 und an Gänsbacher vom 27. Februar 1811 sowie Konzertprogramm (abgedruckt bei Raabe, S. 51)

[46] Weber an von Venningen, 23. März 1810, abgedruckt in: Walter 1899, Bd. I, S. 456 bzw. Walter 1924, Sp. 42-43

[47] a.a.O., Walter 1899, Bd. I, S. 457 bzw. 1924, Sp. 43

Im Juli wurde dann durch Voglers Vermittlung die *Silvana* für das Frankfurter Theater angenommen. Weber hatte Ende Juni 1810 mit Vogler eine Reise nach Frankfurt und Hanau unternommen und mußte ihm in seinem Hanauer Konzert vom 30. Juni registrieren[48]. Im Tagebuch heißt es dazu: [...] *der Großherzog kam hoch auf die Orgel und war ganz entzükt. Versprach auch sich für meine Oper zu verwenden*[49]. Während eines weiteren Besuchs in Frankfurt notierte Weber dann am 11. Juli im Tagebuch: *meine Oper ist jezt so angenommen*. Das Werk ging am 16. September 1810 erstmals über die Bühne[50] und wurde am 26. des Monats zum *2t: male vortrefflich executirt auch mit vielem Beyfall aufgenommen*[51]. Am 27. August vermerkte Weber in seinem Tagebuch: *das Geld für die Silvana erhalten: 100 fl.*[52].

Die am 12. Januar 1811 fertiggestellte Partitur seiner Oper *Abu Hassan* überreichte Weber schon zwei Tage später dem Großherzog Ludewig[53]. Am 8. Januar hatte er Gottfried Weber über diesen Plan informiert: *Ich werde den Abu Haßan dem Grosherzog dediciren vielleicht speyt er da etwas ordentliches*[54]. In diesem Falle sah sich Weber in seiner Hoffnung bestätigt, denn der Großherzog ließ ihm durch Vogler die stattliche Summe von 440 fl. überreichen und gab ihm auch die Erlaubnis zu dem Konzert vom 6. Februar[55]. Gleichzeitig hatte Weber seine beiden Opern dem Karlsruher Intendanten von Stockhorn angeboten; da dieser aber nur 70 fl. für beide Werke bot, ging Weber erst zögernd und nach Rücksprache mit seinem Librettisten Hiemer auf den Vorschlag ein[56].

Weitere Einnahmen wurden durch Webers Kontakte mit den Verlegern Simrock und André ermöglicht. Mit beiden scheint Weber bereits seit seiner Stuttgarter Zeit bekannt gewesen zu sein. André verlegte seine Variationen JV 55, worüber Weber am 15. April 1810 an Gottfried schrieb: *sage Berger daß ich seine Briefe erhalten*

48 vgl. *Denkwürdigkeiten*, S. 38. Die Abreise nach Frankfurt ist in Webers Tagebuch mit dem 27. Juni 1810 angegeben.

49 Tagebuch, 30. Juni 1810

50 vgl. Tagebuch, 16. September 1810 und Meyerbeers Bericht im *Morgenblatt für gebildete Stände*, 4. Jg., Nr. 237 (3. Oktober 1810), S. 948

51 Tagebuch, 26. September 1810

52 In Mannheim hatte Weber 88 fl. für die Oper verlangt; vgl. Anm. 46 (1 Carolin = 8 fl.).

53 Nach der Komposition der Ouvertüre am 9. und 11. Januar 1811 notierte Weber am 12. Januar im Tagebuch: *Abu Haßan ganz vollendet*. Zur Übergabe der Partitur vgl. Webers Briefe an Großherzog Ludewig vom 14. Januar 1811 bzw. an Gottfried Weber vom 15. Januar 1811: *Der Abu Hassan, ist nebst Overture fix und fertig, und habe ich den Kerl gestern in saubern rothen Saffian gebunden dem Großherzog dedicirt und überschickt.*

54 Brief an Gottfried Weber, 8. Januar 1811; vgl. auch Brief an Gänsbacher, 13. Januar 1811

55 Vermerk auf Webers Brief an Ludewig vom 14. Januar 1811: *hat durch Gh Geistl. Geh: Rath Vogler 440 fl. für die Oper - und den der Frau GrosHerzogin übergebenen Clavierauszug - erhalten. Darmstadt d. 2t Febr: 1811.* An Gänsbacher schrieb Weber am 27. Februar: *D. 14.* [Januar] *überschickte ich den Abu Hassan dem Großherzog, und einige Tage war alles ganz still davon, doch endlich sagte mir Mangold der Großherzog hätte Freude daran gehabt, und nun würde es gewiß auch gut mit meinem Concert gehen* [...] *Der Großherzog nahm 120 Billets, und machte mir außerdem 40 Carolin für die Oper zum Präsent.*

56 vgl. Weber an Gottfried Weber, 15. Januar 1811: *der Stokhorn aus Carlsruhe hat mir geschrieben wegen mein*[er] *2 Opern, und bietet mir wegen Armuth seiner Cassa nur 70 f für beyde das ist schofel, und ich kann sie dafür nicht geben.* In einem Brief vom 12. Februar 1811 an Stockhorn willigte Weber dann doch in das Angebot ein.

habe, und daß der eine nun geschikte von André war, der meine Variationen nach Stuttgart geschikt hatt[e], *und die jezt wahrscheinlich in Mannheim sind, er soll sie aufmachen und mir einige Exemplare nach Darmstadt bringen*[57]. Als Weber drei Tage später André persönlich aufsuchen wollte, traf er diesen nicht an[58], so daß er ihm erst während seiner Reise mit Vogler nach Frankfurt Ende Juni 1810 begegnete[59]. Am 8./9. Juli besuchte André Darmstadt[60] und anschließend fuhr Weber mit ihm nach Offenbach; im Tagebuch notierte Weber: *Nachmittag bey ihm. Handel mit ihm abgeschloßen, mein Concert, Sinphonie und 6 Sonaten für 150 fl. und auch noch das Rondo obendrein*[61]. Es handelte sich dabei um das erste Klavierkonzert, die erste Sinfonie, die im Herbst des Jahres komponierten *Six sonates progressives pour le Pianoforte avec Violon obligé* JV 99-104 und das *Recitativ und Rondo*: *Il momento s'avvicina / La dolce speranza* JV 93[62]. Nach der erfolgreichen Aufführung der *Silvana* übernahm André schließlich im September auch *2 Liedchen aus Silvana*[63].

Die *Six Sonates* bot Weber Anfang November Nicolaus Simrock an, nachdem er sich mit André über diese Stücke zerstritten hatte[64]. Simrock hatte bereits bei einem Besuch in Darmstadt am 4. Mai 1810 Webers *Potpourri pour le Violon* JV 64, den *Ersten Ton*, die *Grande Polonaise* JV 59 und das Klavierquartett JV 76 für seinen Verlag übernommen[65]. Im Sommer schlossen sich die aus der Stuttgarter Zeit stammenden Lieder JV 57, 63, 67, 68, 73 und 74 an, die Simrock als op. 15 veröffentlichte[66].

Ein Vertrag mit Hans Georg Nägeli, dem Weber offensichtlich schon von Stuttgart aus sein Klavierquartett und das *Momento Capriccioso* JV 56 übersandt hatte[67], kam

57 Brief an Gottfried Weber, 15. April 1810. Die Bemerkung zeigt, daß André Weber noch in Stuttgart vermutete, ihn also aus dieser Zeit kannte.

58 Tagebuch, 18. April 1810: [...] *in Offenbach angehalten um mit André zu sprechen und erfahren daß er gestern abgereißt.*

59 Tagebuch, 28. Juni 1810: *nach Offenbach und H: André gesprochen u. dann nach Hanau*; 29. Juni: *mit Vogler und André auf der Orgel gewesen.*

60 Tagebuch, 8. Juli 1810: *André angekommen*; 9. Juli: *früh mit André nach Offenbach gereist.*

61 Tagebuch, 9. Juli 1810

62 Weber spricht bei dem letztgenannten Werk stets nur vom *Rondo*. Im Autograph stammen die 12 einleitenden Rezitativtakte von Gottfried Webers Hand (vgl. JV 93, S. 114).

63 vgl. Tagebuch, 19. und 20. September 1810 bzw. die Begleitschreiben an André vom 20. September 1810. Gemeint sind wohl die beiden Arietten des Krips, Nr. 6 *Ein Mädchen ohne Mängel* und Nr. 14 *Sah ich sonst ein Mädchen.*

64 Die Werke entsprachen nicht Andrés Vorstellungen, vgl. Webers Brief an Gottfried Weber vom 1. November 1810: *d: 29t* [Oktober] *gieng ich nochmals zu André und hatte da Gelegenheit mich weidlich zu ärgern. der Kerl hatte mir meine Sonaten zurück geschikt, unter dem vortrefflichen Grunde, - Sie seyen zu gut, das müßte viel platter seyn, die Violine nicht obligat pp., kurz wie die von* [Johann Sebastian] *Demar /:nun so was schlechtes giebts gar nicht mehr auf* [der] *Welt als diese sind :/ ich erklärte ihm, kurz und bündig daß ich solchen Drekk nicht schreiben könnte, nie schreiben würde, und somit giengen wir ziemlich verdrießlich auseinander*. Vgl. auch Webers Brief an Gänsbacher vom 7. Dezember 1810. In einem Brief vom 3. November bot Weber die Sonaten Simrock an, der sie erst im Juni 1811 endgültig übernahm; vgl. Briefe Webers an Simrock vom 6. u. 27. Juni 1811.

65 Tagebuch, 4. Mai 1810. Der Tonfall der Briefe Webers an Simrock aus dem Jahre 1810 läßt vermuten, daß auch er schon seit der Stuttgarter Zeit mit Weber bekannt war.

66 vgl. Briefe an Simrock, 18. Juli u. 21. August 1810 u. 25. Februar 1812

67 vgl. Brief an Nägeli, 21. Mai 1810

nicht zustande - das Capriccio wurde dann von Gombart in Augsburg übernommen und erschien Anfang 1811[68]. Gombart, mit dem Weber seit seiner Augsburger Zeit 1802 in näherem Kontakt stand[69], übernahm auch die später als op. 13 gedruckten Lieder JV 35, 52, 72, 91, 96 und 97[70]. Über Webers Kontakte zu ihm lassen sich leider - abgesehen von wenigen Tagebucheintragungen - keine genaueren Angaben machen, da Briefe an Gombart bisher nicht wiederzufinden waren.

Zu erwähnen bleibt schließlich noch die schriftstellerische Tätigkeit Webers, die nach der Gründung des *Harmonischen Vereins* eher der Eigen-Werbung des Vereins als primär finanziellen Interessen galt[71]. Der finanzielle Aspekt spielte aber sicherlich eine Rolle bei Webers Verhandlungen mit dem Tübinger Verleger Johann Friedrich Cotta, dem er Ende Juli 1810 in Baden begegnete[72]. Weber berichtete darüber an Gänsbacher[73]:

> *Am angenehmsten aber war es mir, daß ich meinen Freund Cotta, den bekannten großen Buchhändler aus Tübingen antraf, der mich bat, etwas über Baden fürs Morgenblatt zu schreiben (welches ich unter der Firma des Hrn. Melos that)*[74]*, und dem ich mein Künstlerleben zum Verlag antrug. Er nahm es zu meiner großen Freude an, und es soll zu künftiger Oster Messe mit einigen Kupfern erscheinen. Sein Verlag hat einen so ausgezeichneten literarischen Ruf, daß dadurch allein schon das Glück und der Werth meiner Arbeit in den Augen der Welt halb entschieden ist.*

Das Manuskript sollte zunächst im Dezember abgeschlossen sein[75]; Weber entschuldigte sich aber wiederholt bei Cotta für das Ausbleiben des vollständigen Werkes,

[68] vgl. JV 56, S. 72 und Ankündigung in der *AMZ* 13. Jg., Intelligenzblatt IV (April 1811)

[69] vgl. Webers Briefwechsel mit Susan (23. Dezember 1802, 30. Juni 1803 u. 12. Juni 1804). Bei Gombart erschienen an früheren Werken Webers: JV 9-14, 15-26, 53, 54, 81-86 (diese nach einem Vermerk im Autograph *bey Gombart gestochen im December 1809*) sowie einige der frühen Lieder im op. 13.

[70] JV 97 entstand am 17. November 1810 in Mannheim. Die Lieder übersandte Weber laut Tagebuch am 23. März 1811 an Gombart, nachdem er mit ihm am 8. März bzw. 13. März in Augsburg entsprechendes vereinbart hatte (8. März: *Gombart aufgesucht, große Freude von beyden Seiten, er ist noch ganz der Alte* [...]; 13. März: *bey Munding mit Gombart abgeschloßen daß ich meine Schuld ihm durch Composition zahlen werde, ihm gegeben den Momento Capricciosa. 3 Sonaten versprochen, und 6 Lieder mit Guitarre*). Das *Momento* ging sofort in Druck, denn am 20. März sind im Tagebuch bereits Korrekturen vermerkt und am 3. April der Empfang von 8 Exemplaren; am 25. April folgten dann die ersten gestochenen Exemplare der Lieder op. 13. Vgl. dazu auch Webers Brief an Gottfried Weber vom 30. April 1811.

[71] Über Webers frühere schriftstellerische Tätigkeit vgl. neben der Einleitung zur Schriften-Ausgabe von Georg Kaiser von demselben: *Beiträge zu einer Charakteristik Carl Maria von Webers als Musikschriftsteller*, Diss. Leipzig 1910. Eine genauere Darstellung der Tätigkeit des *Harmonischen Vereins* und der dadurch angeregten umfangreichen Publikationstätigkeit ihrer Mitglieder, die nach den bisher veröffentlichten Briefen über das bei Kaiser Erfaßte hinausgeht, steht noch aus.

[72] Tagebuch, 25. Juli 1810: *Mit Cotta gesprochen der mein KünstlersLeben verlegen will.*

[73] Weber an Gänsbacher, 24. September 1810

[74] vgl. Tagebuch, 1. August 1810: *Aufsaz über Baden gemacht. vollends mit Cotta verabredet wegen meinem Buch. im December muß er es haben.*

[75] vgl. Anm. 74

obwohl er ihm des öfteren einzelne Kapitel übersandte[76]. Auch zu einer Ende 1812 geplanten Vollendung des Werkes kam es nicht[77].

Trotz der rastlosen Tätigkeit besserte sich die finanzielle Lage Webers nur zögernd. Bitter beklagte er sich über mißlungene Konzertpläne[78] und sah sich mehrfach genötigt, von Vogler Geld zu leihen[79]. Erst die großzügige Bezahlung des *Abu Hassan* durch Ludewig I. erlaubte es Weber im Februar 1811, mit der Abtragung seiner Stuttgarter Schulden zu beginnen[80]. Die finanziellen Sorgen liegen wie ein Schatten über dem Darmstädter bzw. Mannheimer Aufenthalt Webers, so daß z. B. Voglers Angebot, ihn in sein neuerworbenes Haus aufzunehmen[81], eine große Erleichterung für Weber bedeutete, und er dadurch seinen Darmstädter Aufenthalt länger als geplant ausdehnen konnte.

Bevor dieser Aufenthalt bei Vogler detaillierter beschrieben wird, soll zunächst noch Voglers Stellung am Darmstädter Hof und sein Verhältnis zu Webers »Mitschülern« kurz betrachtet werden.

Vogler in Darmstadt und sein Schülerkreis

Voglers Kontakte zum Darmstädter Hof reichen bis in seine Mannheimer Zeit zurück und sein offenbar freundschaftliches Verhältnis zu Großherzog Ludewig I.[1] führte

[76] vgl. Briefe an Cotta vom 29. Januar 1811 u. 20. April 1811. Vor Jahresende erwähnt Weber mehrfach seine Arbeit am Roman; vgl. Tagebucheintragungen vom 24. September, 14. November und 4. Dezember 1810.

[77] vgl. Brief an Cotta vom 3. Oktober 1812: *der Strudel meiner vielen Geschäfte in Berlin hat mich bis jezt abgehalten, Sie einmal wieder an Ihr gütiges Versprechen in Baaden zu erinnern, den Verlag meines Künstlerlebens betreffend. Was ich davon bedeutenden Gelehrten pp. vorgelesen habe, hat allgemeines Intereße erwekt,und ich hoffe daß dieses kleine Werk jedermann beyderley Geschlechtes ansprechen wird. Wollten Sie mir daher Ihre gütige Meynung über die Zeit es erscheinen zu laßen und die Bestimmung der Bedingniße die ich Ihnen ganz überlaße, zu schreiben, so würde ich mich sogleich über die Vollendung und Feilung deßelben hermachen.*

[78] vgl. z. B. seine Bemerkungen über das gescheiterte Konzert in Karlsruhe im Brief an Gänsbacher vom 24. September 1810: *Ueber alle dem verging Zeit, die Prinzessin Stephanie machte eine Reise, der Kronprinz wollte abreisen und so wurde ich ärgerlich und gab es ganz auf. Ich erkannte in alle diesem wieder meinen feindlichen Genius, der mir es zu lange hatte gut gehen lassen, um mich nicht wieder einmal bedeutend zu necken, der Aufenthalt und die Reise kosteten mich über 10 Carolin, die mich sehr schmerzten.*

[79] Tagebuch, 3. Mai 1810: 11 fl. von Vogler für die Reise nach Frankfurt erhalten, zurückgegeben am 6. Mai; 14. Juli 1810: *von Vogler vorschußweise zur Reise* [nach Heidelberg] *erhalten 50 fl.*; 28. September 1810: *an Vater geschickt wozu mir Vogler geliehen 6.24*; 13. Februar 1811: *Vogler für die ihm schuldigen 55 fl. eine Anweisung auf den Rest meines Honorars bey André gegeben* [...]

[80] Am 2. Februar 1811 vermerkt Weber den Erhalt der 440 fl. von Ludewig, am 16. Februar 1811 sind 55. fl. nach Stuttgart verbucht; vgl. Zettel mit Schuldenabtragung, Weberiana Classe A II h 9.

[81] vgl. o., Anm. 21

[1] Vogler spricht bereits in seinem Glückwunsch zur Thronbesteigung des Landgrafen Ludewig im April 1790 ausdrücklich von seiner *alten unveränderten Ehrfurcht und Ergebenheit* und kündigt an, er werde nach seiner Rückkehr aus London persönliche Glückwünsche überbringen (Brief an Landgraf Ludewig, 14. Mai 1790). Schon am 4. Juli 1779 war in Darmstadt Voglers Melodram *Lampedo* aufgeführt worden, das er (wie anschließend das Singspiel *Erwin und Elmire*) für diesen Hof geschrieben hatte; auch andere seiner Kompositionen sandte Vogler nach Darmstadt (vgl. Schaf-

dazu, daß dieser ihm bei einer Begegnung in Mannheim im Juni 1807 eine Anstellung an seinem Hof in Aussicht stellte[2]. Vogler hatte dann nach Absprache mit Ludewig nicht um seine Aufnahme als Kapellmeister, sondern als *Großherzoglich Hessischer geheimer geistlicher Rath* gebeten[3]. Bei einer Besoldung von 2200 fl. und freier Unterkunft sollte es zu seinen selbstgewählten Aufgaben gehören, *bei allen Bauten, seien es Kirchen, Schulen, Lehr- oder Hörsäle in akustischer Rücksicht Referent zu sein*, sein Hauptinteresse weiter auf den Orgelbau zu richten und im Großherzogtum Hessen *alle Orgeln allmälig zu untersuchen*, ferner Pläne und Vorschläge zur Umarbeitung bzw. Anschaffung seiner projektierten *Normal-Orgel* auszuführen, Reisen zu unternehmen, um danach *fremde akustische Einrichtungen und musikalische Fortschritte in Hessen zu verpflanzen*, außerdem monatlich ein *Concert Spirituel* auf der Orgel zu geben und schließlich Kompositionen für den Darmstädter Hof zu liefern[4].

Ludewig schien ein großes Interesse daran zu haben, den in ganz Europa bekannten Abbé an seinen Hof zu binden, denn er stimmte nicht nur Voglers Vertrag in dieser Form rückwirkend zum 1. Juli 1807 zu[5], sondern gewährte ihm auch später häufig Vorschüsse für seine Reisen und Projekte oder großzügige Urlaubsverlängerungen[6] und behielt ihn - trotz offensichtlicher Verärgerung - auch nach dem Zusammenbruch der finaziellen Verhältnisse Voglers und dem Scheitern des *Triorganon*-Plans im Jahre 1813 weiterhin am Hof[7].

Voglers Stellung entsprach also durchaus seiner außergewöhnlichen Biographie, und der spätere Darmstädter Musikdirektor Georg Thomas schrieb über sein Auftreten: *Nie ist nach ihm eine Erscheinung in Darmstadt gewesen, die in jeder*

häutl, S. 26-27). Weitere Aufenthalte Voglers in Darmstadt sind vom 16.-23. Oktober 1786, am 23. und 27. Oktober 1790 belegt (vgl. Elisabeth Noack: *Musikgeschichte Darmstadts vom Mittelalter bis zur Goethezeit*, Mainz 1967, S. 284).

2 vgl. Schafhäutl, S. 57

3 undatiertes Schreiben Voglers an Ludewig I., Sommer 1807, SA Darmstadt D 12, Nr. 48/26-27. Schafhäutl, S. 57/58 erweckt den Eindruck, als sei Vogler auch als Kapellmeister angestellt worden.

4 Alle Angaben nach dem in der vorstehenden Anm. genannten Schreiben. Zur Normal-Orgel vgl. w.u.

5 vgl. Notiz vom 16. Oktober 1807 zu dem in Anm. 3 genannten Schreiben

6 Fast regelmäßig überzog Vogler seinen Urlaub, den er zu Reisen nach München nutzte, so im November 1808 (vgl. Brief Voglers an Schleiermacher vom 15. November und 6. Dezember 1808: er warte u.a. auf Dürer-Lithographien, die er für Ludewig erwerben wolle), im Dezember 1809 (vgl. undatierter Brief an Schleiermacher vom Dezember 1809 mit der Verlängerungsbewilligung vom 14. Dezember: Grund ist diesmal der *Triorganon*-Plan) und im August 1812 (zur Vollendung der Orgel in der Münchener Hofkirche, vgl. Brief an Ludewig vom 16. August 1812). Im Dezember 1811 bat Vogler um einen Vorschuß für 1812 (Brief an Ludewig, o. D., Dez. 1811), im Januar 1813 ebenso für das Jahr 1813 (Brief an Ludewig vom 15. Januar 1813).

7 Am 10. Dezember 1812 teilte Vogler nach mehrfachen Urlaubsverlängerungen in einem Brief an Ludewig mit, daß der Vertrag zum Bau des *Triorganons* aufgehoben werden solle und ihm große finanzielle Verluste drohten. Nach dem Aufheben des Kontraktes im Januar 1813 (vgl. Vogler an Ludewig, 15. Januar 1813) legte Vogler Protest ein; am 12. Juni 1813 schrieb er an Gänsbacher: *Endlich habe ich einen Vergleich erkämpft, den man mir anboth und zugleich über das Quantum der Entschädigung eine Erklärung abforderte. Mit 15,000 fl zu den schon erhaltenen 10,000 begnüge ich mich, da aber mein Vorschus sich auf 45,000 fl beläuft, so verliere ich 20,000 fl und eben so viel gewinnt das Ministerium durch Ersparung an der Nicht-Vollendung der akkordirten großen Orgel* [...] Zuvor hatte Vogler den Großherzog um Hilfe und um eine jährliche Zulage von 300 fl. sowie deren Vorauszahlung für 1813/1814 gebeten und dadurch Ludewig offenkundig verärgert (vgl. Briefe an Ludewig vom 22. Mai u. 23. Juni 1813).

Beziehung ein gleiches Aufsehen wie Abt Vogler erregt hätte[8]. Laut Vertrag war Vogler täglicher Tafelgast Ludewigs und er schien dieser Einladung regelmäßig Folge zu leisten[9]. Er unterstützte die ehrgeizigen Kunstpläne des Großherzogs bei der Einrichtung einer musikalischen Bibliothek und eines Museums[10], indem er für Ludewig u.a. wertvolle Kupferstiche in München erwarb[11] oder neue Erfindungen, so die einer Paukenstimmschraube, aufkaufte[12].

Die Berichte, die er von seinen Reisen an den Großherzog übersandte, zeugen - soweit erhalten - von dem großen Kunstinteresse seines Mäzens[13]. Der Großherzog leitete auch meist selbst die Konzertaufführungen bzw. nach der Übernahme des Theaters durch den Hof im Mai 1810 die Opernproben, die er zu seinen *gewöhnlichen Abendunterhaltungen* machte[14], wodurch die Möglichkeiten zu Konzerten auswärtiger Künstler in Darmstadt sehr eingeschränkt wurden[15] - was auch Weber

[8] Georg Sebastian Thomas: *Die Großherzogliche Hofkapelle, deren Personalbestand und Wirken unter Ludewig I.*, Darmstadt, ²1859, S. 82

[9] vgl. das in Anm. 3 genannte Schreiben Voglers; Thomas, a.a.O., S. 82 und *Denkwürdigkeiten*, S. 32

[10] Diese Einrichtungen verdanken ihre Entstehung außer der Sammelleidenschaft Ludewigs besonders den Interessen des Kabinettsekretärs Schleiermacher; vgl. Alexander Brill: *Leben und Wirken des Kabinettsekretärs Ernst Schleiermacher in Darmstadt*, in: *Merck'sche Familien-Zeitschrift*, 29. Jg. (1969), S. 108-115. Die offizielle Gründung der Hofbibliothek und des Museums erfolgten erst nach Voglers Tod, vgl. Thomas, a.a.O., S. 69.

[11] Am 3. Oktober 1808 schrieb Vogler aus München an Schleiermacher: *Ich habe die Ehre, von einigen Kunstverhandlungen, die ich zum besten des Musaeum und überhaupt zum Vergnügen unseres gnädigsten Herrens* [...] *vornahm, Rechenschaft abzulegen*. Er berichtete über seine Erkundigungen wegen neuer Druckverfahren in Stuttgart und München und über neue Drucke von Senefelder. Am 1. November subskribierte Vogler im Auftrag des Großherzogs die *periodischen Herausgaben* Senefelders (vgl. Vertragsentwurf Schafhäutliana 4.3.10). Am 5. November 1808 teilte er Schleiermacher mit, daß er 4 Vignetten zu *Somerville's Poeme of the Chasse* [...] *nebst dem ersten Theil Albrecht Dürer'scher Zeichnungen und einer schwarzen so wie illuminirten General-Charte von Baiern schon im Haus* habe und demnächst den zweiten Teil der Dürerschen Zeichnungen erhalte. Zu Voglers früherem Plan, im Kloster Attl bei Wasserburg mit Senefelder, Gleißner und dem Münchener Freiherrn von Aretin eine eigene lithographische Anstalt einzurichten, wobei er vor allem eigene Kompositionen zu verlegen hoffte, vgl. Kontraktentwürfe in Schafhäutliana 4.3.1-1 u. Alois Senefelder: *Vollständiges Lehrbuch der Steindruckerey* [...], München 1821, S. 100-103.

[12] vgl. Brief an Schleiermacher, 14. August 1812 und an Ludewig, 16. August 1812 (in diesem Brief berichtet er auch von seiner eigenen Erfindung eines Orgelschwellers). Im Intelligenzblatt der *AMZ* 14. Jg., Nr. XIV vom Oktober 1812 wird berichtet, daß die neue Erfindung der Paukenschraube von dem Münchener Hofpauker Gerhard Cramer stammt und von Vogler aufgekauft wurde. Der Name Cramers ist in Voglers Brief an Ludewig nicht genannt!

[13] vgl. Briefe Voglers an Ludewig I. im SA Darmstadt D 12 Nr. 48/26-27

[14] vgl. Hermann Knispel: *Das großherzogliche Hoftheater zu Darmstadt von 1810-1890*, Darmstadt 1891, S. 31. Knispel schreibt zu diesen Proben: *Dieselben waren* [...] *eigentlich als Hofconcerte anzusehen, und sie wurden auch wie solche betrieben; es herrschte dabei der größte Anstand, der sich auch auf alle andern Proben, an welchen der Fürst nicht theilnahm* [...] *verpflanzte*. Vgl. auch Gänsbacher in den *Denkwürdigkeiten*, S. 32 zur Aufführung von Grauns *Tod Jesu*: *Bey den Proben dirigirte der Großherzog immer selbst*; bzw. Thomas, a.a.O., S. 58 u. 70. Nach Thomas hatte Ludewig bei den Opernproben jeweils auf einem Pult eine eigene Partitur liegen und griff bei Bedarf ein.

[15] vgl. Knispel, a.a.O., S. 31: *Nach der Uebernahme des Theaters* [durch den Hof] *hörten die Concerte auf, und der Großherzog wählte nun die Opernproben zu seinen gewöhnlichen Abendunterhaltungen* [...]. Am 13. Oktober 1811 schrieb Meyerbeer aus Darmstadt an Wolfssohn: *Übrigen's ist es weltbekannt, daß der Großherzog seitdem er seine Liebhaberei dem Theater zugewendet hat, durchaus keinen Geschmack mehr für Konzerte hat* [...], vgl. Becker I, S. 126.

erfahren mußte. Georg Thomas, der während Voglers Anwesenheit Akzessist im Orchester war[16], teilt in seinem Buch über die Großherzogliche Hofkapelle mit, Vogler sei *kein wirkliches Mitglied der Hofkapelle* gewesen, obwohl er *mehrere Jahre hindurch interimistisch die obere Leitung dieses Kunst-Instituts* innegehabt habe[17]. Als Leiter des Orchesters trat er aber nur bei der Einstudierung eigener Werke in Erscheinung[18]. Offenbar fühlte sich Vogler sogar dadurch zurückgesetzt, daß man ihn als Kapellmeister nicht mehr in Anspruch nahm, denn als der Großherzog sich im Jahre 1810 für seine Opernproben einen eigenen Chor zusammenstellen ließ, schrieb Weber darüber kritisch an Gottfried[19]:

> *Der Grosherzog hat sich einen Chor gepreßt, aus seinen Hautboisten, und jungen Mädchen aus der Stadt die nun sämtlich in der Musik Unterricht bekommen, und schon recht brav zusammenplärren* [nachtr. ersetzt durch: *singen*]. *So 45-46 Hälse können schon was zusammenschreyen. Der Mittel wären hier so viele, wenn jemand die Leitung hätte der es recht verstünde. Vogler ist dabey ganz unthätig, wenn ich an seiner Stelle wäre, ich bliebe nicht, wo man meiner so wenig nöthig hätte, oder nöthig haben wollte. Inzwischen ist er's schon ziemlich nun gewohnt, und lebt so seinen Stiefel weg.*

Es ist angesichts dieser Stellung Voglers wenig verwunderlich, daß er für seinen ehemaligen Schüler nicht selbständig Konzerte arrangieren, sondern nur mittelbar seinen Einfluß am Hof geltend machen konnte[20].

Vogler nahm an den *Abendunterhaltungen* des Hofes nur in bestimmten Fällen aktiv teil und verwendete einen großen Teil seiner Zeit auf die Entwicklungen seiner Orgelbaupläne[21]. Im Oktober 1807 hatte er einen Entwurf zu seiner sogenannten *Normal-Orgel* vorgelegt, die als ein preisgünstiges Instrument für die Kirchen des Großherzogtums konzipiert war[22]. Im Herbst 1808 reiste er nach München, um - neben Konzerten und neuerlichen Bemühungen um das Senefeldersche Lithographieverfahren[23] - die Arbeiten an seinem Orgelneubau in St. Peter zu überwachen[24]. Die Orgel wurde 1809 fertig und von Vogler im Herbst des Jahres der Öffentlichkeit

[16] Thomas, a.a.O., S. 62/63

[17] a.a.O., S. 81

[18] vgl. Knispel, a.a.O., S. 35, Anm. 1. Dazu gehörten die Einstudierung seiner Oper *Samori* 1811, des *Herrmann von Unna* 1811/1812 sowie zahlreicher kirchenmusikalischer Werke, die in der Hofkirche oder im Konzertsaal des Schlosses zur Aufführung kamen (vgl. Schafhäutl, S. 58-59, 64 oder Voglers Briefe aus dieser Zeit).

[19] Weber an Gottfried Weber, 30. August 1810

[20] vgl. dazu etwa den Bericht Meyerbeers (über den Plan zu einem Konzert, den ihm seine Mutter durch Vogler nahelegen ließ) im Brief an Wolfssohn vom 13. Oktober 1811, Becker I, S. 125-126. Meyerbeer schreibt sogar zu Voglers Stellung: *Dann wissen Sie auch wie wenig Vogler's Fürsprache bei Hofe gilt.* Vgl. Webers Brief an Gottfried Weber vom 12. August 1810.

[21] vgl. dazu besonders Hertha Schweiger: *Abbé Voglers Simpflifikationssystem und seine akustischen Studien*, in: *Kirchenmusikalisches Jb.* 29. Jg. (1934), S. 72-123

[22] Ein handschriftlicher Entwurf eines Anzeigentextes, der dann in gedruckter Fassung in mehreren in- und ausländischen Zeitungen veröffentlicht werden sollte, findet sich im SA Darmstadt D 12 Nr. 48/26-27. Der Darmstädter Orgelbauer Oberndörfer sollte für das Projekt eine Muster-Orgel bauen. Das in dieser Anzeige näher erläuterte Projekt sollte 800 Gulden bzw. bei Mitverwendung vorhandener Bestandteile sogar noch weniger kosten.

[23] vgl. Anm. 11 und Voglers Briefe an Ludewig und Schleiermacher aus München Ende 1808

[24] vgl. *AMZ* 11. Jg. (23. November 1808), Sp. 123

vorgestellt[25]. In dieser Zeit entstanden seine Pläne, in der Münchener St. Michaelskirche ein *Triorganon* zu bauen, eine Orgel mit drei unabhängigen Spieltischen zu fünf, vier und vier Manualen und *12. Duzend Registern*[26]. Dieser Plan beschäftigte Vogler während der nächsten Jahre; er investierte erhebliche eigene Summen in das Projekt, das sich erst 1813 durch die Auflösung des Vertrages zerschlug[27].

Vogler hatte für seine Orgelumschaffungen zunächst den aus Frankfurt stammenden Orgelbauer Felix Reiner gewonnen, der in seinem Hause wohnte und an den Vorbereitungen zum Bau des *Triorganon* beteiligt war[28], suchte aber auch weiterhin nach einem *Erben* für sein Simplifications-System. Schon in seinem Bewerbungsschreiben an Ludewig im Sommer 1807 hatte er angegeben, er wünsche *auch einen Schüler als actuarius mit sich zu führen, dem er sein System mittheilen könne*[29]. Offensichtlich hoffte er vorübergehend, seinen ehemaligen Schüler Gänsbacher für dieses Unternehmen zu gewinnen.

Gänsbacher hatte sich Anfang April 1808 an Vogler gewandt und den Wunsch geäußert, erneut *bey ihm Studien zu machen* und sich *unter seiner Anleitung im Org*[e]*lspiel* [...] *mehr auszubilden*[30]. Vogler antwortete ihm im Oktober 1808 von München aus, vielerlei Gründe, darunter seine finanziellen Verhältnisse, erlaubten eine solche Begegnung zur Zeit nicht und vertröstete ihn auf den Sommer 1809, wo er ihn möglicherweise bei der Ausführung seiner Orgelpläne in Prag oder Wien treffen werde[31]. Im Jahre 1809 begegnet in Gänsbachers Aufzeichnungen dann erneut der Plan, *nach Darmstadt zu Abbé Vogler zu gehen und bey ihm noch einige Studien zu machen*[32]. Am 17. Januar 1810 beantwortete Vogler von München aus dieses neuerliche Ansuchen: *Am 13ten Dez. v. J. schrieb ich von Prag durch die Fr. Gräfin Firmian an Sie und wiederhole jezt* [...] *daß es mich sehr freuen würde, Sie bei mir zu haben und meine Orgelbau- und Spielkunde Ihnen mitzutheilen*[33]. In

[25] *Journal des Luxus und der Moden*, Weimar 1809, S. 741-742, wo Voglers erste öffentliche Orgelprobe am 16. Oktober 1809 zugunsten der Witwen- und Waisenkasse erwähnt ist; bzw. *AMZ* 12. Jg. (6. Dezember 1809), Sp. 155. Die Orgel hatte nach dem Bericht 5 Manuale, ein Pedal von dreieinhalb Oktaven und 74 Register.

[26] vgl. Brief Voglers an Ludewig, o.D. (Ende Dez. 1809). Zur Beschreibung der Orgel vgl. Voglers Brief an Gänsbacher vom 23. Juni 1813 und *Nouvelles Litteraires et Politiques*, Mannheim, No. 95 (5. April 1810).

[27] In einem Brief an Ludewig vom 20. Dezember 1812, in dem er sich über das Scheitern des Planes äußerte, gab Vogler den drohenden Verlust mit 43.000 fl an, seinen Vorschuß bezifferte er in einem Schreiben an den Würzburger Rat Oberthür vom 11./13. Januar 1813 mit 33.000 fl, in dem genannten Brief an Gänsbacher (vgl. Anm. 7) mit 45.000 fl; nach dem Vergleich betrug die Entschädigungssumme 25.000 fl. Zu Voglers Angaben vgl. Webers Brief an Gänsbacher vom 28. Juli 1813.

[28] vgl. Briefe Voglers an Ludewig vom 19. Oktober 1812, an Präfekt Schmid in München vom 14. Oktober 1813 und Webers Brief an Gänsbacher vom 9. Oktober 1810 (über Voglers Haushalt heißt es dort: *Hr. Reiner macht noch immer witzige Bemerkungen, Therese singt noch immer falsch, Hr. Beer Collega macht Canzonetten und Psalme, die Alte schnupft Taback* [...]).

[29] vgl. Anm. 3

[30] *Denkwürdigkeiten*, S. 24. Das Datum des dort genannten Briefes (9. April 1808) läßt sich aus Voglers Antwortschreiben vom 27. Oktober 1808 entnehmen.

[31] Vogler an Gänsbacher, 27. Oktober 1808: *wenigstens habe ich unsern gnädigsten Herrschaften schon zugeflüstert, daß in Europa nur ein Gänsbacher mich als Orgelspieler remplaziren könne*; vgl. auch *Denkwürdigkeiten*, S. 24

[32] *Denkwürdigkeiten*, S. 25

[33] Vogler an Gänsbacher, 17. Januar 1810. Karl Anton Reichsgraf Firmian und Maria Anna Gräfin AlthannFirmian, die Gänsbacher 1801 kennengelernt hatte, waren großzügige Mäzene Gänsbachers; vgl. *Denkwürdigkeiten*, S. 131-132, Anm. 155.

den *Denkwürdigkeiten* notierte Gänsbacher: *Am 11. April schrieb mir Vogler von Darmstadt, daß er mich mit offenen Armen erwarte; ich befand mich aber schon auf der Reise dahin*[34]. Am 14. April traf er in Darmstadt ein und wurde von Vogler *sehr freundlich empfangen*[35]. Am nächsten Tag kam es zu einer Aussprache über den eigentlichen Zweck der Reise Gänsbachers[36]:

> *Voglers Absicht war, mich in der Orgelbaukunst und Orglspiel zu unterrichten, was aber mit meiner Absicht nicht übereinstimmte, die dahin gieng, das Studium des reinen 4stimmigen Satzes fortzusetzen, seine Compositionen zu studiren und mich durch 4stimmige Aufgaben in der musikalischen Declamation zu üben.*

Über die Unterredung berichtete Gänsbacher an die Gräfin Firmian[37]:

> *Ich habe die Sache so eingeleitet, daß nicht ich zu V:*[oglers] *Absicht, aber wohl V:*[ogler] *zu meiner Absicht verrenkt wird* [...] *Ich hatte freilich mit mehr Schwierigkeiten zu kämpfen, daß ich mein und nicht V:*[ogler] *sein Projeckt durchsetze* [...]

In dem gleichen Brief vom 18. April erwähnt Gänsbacher auch, daß sein *ehemaliger Condiscipl bey V:*[ogler] *H*[err] *B*[aron] *v Weber* [...] *nächstens hier eintrefen* werde. Als Weber einen Tag später wieder in Darmstadt ankam[38], begannen die gemeinsamen Unterrichtsstunden bei Vogler[39], die Ende Mai unterbrochen wurden, als Gänsbacher zu einer durch Weber vermittelten Aufführung seiner Sinfonie im *Museums*-Konzert vom 26. Mai nach Mannheim reiste[40]. Mit Weber ging er anschließend nach Heidelberg, um bei dessen Konzert mitzuwirken[41] und kehrte am 6. Juni nach Darmstadt zurück[42]. Bereits am 19. Juni bat er seine Gönnerin, die Gräfin Firmian, um eine Art Abberufungsbescheid an Vogler, da er mit seinem künstlerischen Fortkommen mehr als zufrieden sei und seine Reise fortzusetzen

[34] *Denkwürdigkeiten*, S. 30

[35] a.a.O., S. 31

[36] a.a.O., S. 31-32

[37] Gänsbacher an Gräfin Firmian, 18. April 1810. Dort heißt es außerdem, ähnlich wie in den *Denkwürdigkeiten*: *Diese* [Voglers Absicht] *war ein Studium des Orgelbaues, und seines Orglspiels, denn dafür bin ich schon zu alt, sondern* [meine Absicht war] *Studium des reinsten 4stimmig*[en] *Satzes, und seiner eigenen harmonischen Verwebungen, worinne er beiderseits einzig ist; dabey werden alle seine Composition*[en] *durchstudirt, nicht etwa um ihn nachzuahmen, sondern seine Kenntniße und Erfahrungen nach meiner eigenen Einsicht und Talent zu verarbeiten.* Die im folgenden zitierten Briefe Gänsbachers an die Gräfin Firmian sind im Tiroler Landesmuseum Ferdinandeum in Innsbruck erhalten. Für Kopien ausgewählter Autographen ist der Autor dem Museum zu Dank verpflichtet.

[38] vgl. Tagebuch, 19. April 1810

[39] *Denkwürdigkeiten*, S. 32

[40] *Denkwürdigkeiten*, S. 34. Gänsbacher reiste am 23. Mai 1810 nach Mannheim ab, Weber hatte Darmstadt schon am 8. Mai verlassen (vgl. Tagebuch 7./8. Mai 1810). Über die Aufführung der Sinfonie sowie über die *Canzonetten* Gänsbachers berichtet Carl Maria in der *AMZ* 12. Jg. (11. Juli 1810), Sp. 659-662.

[41] vgl. seinen ausführlichen Bericht in den *Denkwürdigkeiten*, S. 34-36

[42] a.a.O., S. 37. Zuvor hatte Gänsbacher noch am 3. Juni in Mannheim seine *vor 2 Jahren componirte Messe in B, Kyrie in F* während eines Hochamtes zur Aufführung gebracht und sich bis einschließlich 5. Juni in Mannheim aufgehalten (a.a.O., S. 36).

wünsche[43]. Diese Abreisepläne bewirkten *einen großen Sturm bey V:*[ogler][44], der ihm anbot, ihm *in seinem eigenen Hauß* [...] *Freiquartier zu geben, auch* [...] *übrige Mittel zu finden, mit dem Zusatze, sein Orgelsimplifactions-System mitzutheilen zu wollen, um es zu verbreiten, und selbst Hand anzulegen*[45]. Vogler fand weitere Gründe, seinen Schüler noch wenigstens drei Monate in Darmstadt zu halten: er solle sein Kammermädchen weiter in Gesang ausbilden, das angefangene *Operettchen unter seiner Aufsicht vollente*[n] und aus seinen Werken *noch mehr Nutzen ziehen*[46]. *Ich begriff zwar Voglers Wunsch, für sein System einen Nachfolger zu haben*, schreibt Gänsbacher in den *Denkwürdigkeiten*[47],

> [...] *überdies fand sich Vogler durch das seltene Zusammentreffen und Zusammenstimmen unserer Trias* [Weber, Meyerbeer, Gänsbacher] *sehr geschmeichelt* [...] *denn er war vielleicht nicht zu oft in dem Falle, von Menschen umgeben zu seyn, die ihn wahrhaft verehrten, uneigennützig dachten, ihm in allem seinen Willen befolgten, mit seinen nicht gewöhnlichen Eigenheiten Nachsicht hatten, endlich ihn als Künstler und seine Werke so zu begreifen und zu würdigen verstanden.*

Offen schrieb Gänsbacher an die Gräfin Firmian[48]:

> *Ich werde V:*[ogler] *als meinen Lehrer ewig dankbar verehren, und habe volle Ursache dazu; mich ihm aber so sehr* [...] *verpflichten, und von ihm allein abhängen, hieße meine ganze Freiheit hingeben, die mir einstweilen um keinen Preiß feil ist* [...]

Unter den Gründen für seine Abreise gab er außerdem an, seine *Liebe zur Kunst* gehe *noch nicht so weit, um ihr ausschließlich allen übrigen Lebensgenuß zu opfern*[49]. Dieser Gesinnung entsprechend, widmete er sich in den nachfolgenden Jahren fast ausschließlich seinen patriotischen Neigungen[50]. Früher als geplant - und wohl auch für Weber überraschend - reiste Gänsbacher dann am 19. Juli 1810 mit einem Kredit und Empfehlungsschreiben von Vogler ausgestattet aus Darmstadt ab[51].

[43] Brief an die Gräfin Firmian, 19. Juni 1810. Dort heißt es u.a.: *Es wäre mir sehr lieb, wenn mir Euer Exzellenz auf eine kluge, fifige Art* [...] *eine Art Abberufung nach Prag schreiben, entweder als wäre mein erhaltener Urlaub schon zu Ende, oder als wenn Sie mich länger nicht entbehren könnten* [...] *kurz, wie Sie es immer für gut befinden; richteten aber den Brief, oder wenigstens ein Blatt dess*[elben] *so ein, daß ich es V:*[ogler] *zeigen und zu lesen geben könnte* [...]

[44] Gänsbacher an die Gräfin Firmian, 10. Juli 1810

[45] a.a.O., vgl. auch *Denkwürdigkeiten*, S. 39

[46] vgl. Brief an Gräfin Firmian, 10. Juli 1810 und *Denkwürdigkeiten*, S. 39

[47] *Denkwürdigkeiten*, S. 39; ähnlich im Brief vom 10. Juli 1810

[48] Brief vom 10. Juli 1810

[49] a.a.O.

[50] vgl. die ausführlichen Schilderungen seiner Beteiligung an den kriegerischen Auseinandersetzungen der Jahre 1813-1815 in den *Denkwürdigkeiten*, S. 47-80

[51] vgl. *Denkwürdigkeiten*, S. 39. Am 10. Juli 1810 ging er im Brief an die Gräfin Firmian noch von einer späteren Abreise aus: [...] *kurz, ich würde* [...] *am 16. August krepiren, wenn ich d. 15t nicht Darmstadt verlaßen könnte.* Für eine überraschend frühe Abreise spricht auch Webers Äußerung in einem Brief an Gänsbacher vom 24. September 1810: [...] *hier* [in Mannheim] *war es wo ich am 18.* [Juli] *Ihren Brief erhielt, der die Ankündigung Ihrer Abreise in sich verschloß. Was soll ich Ihnen mit langen Worten ausdrücken, welche trübe Stimmung dieß über unsern ganzen Kreis und besonders über mich verbreitete* [...] *Ihrer wurde unzählige Male* [...] *gedacht und auch mitunter wacker geschimpft, daß der Seebund sich so schnell aus dem Staube gemacht* [...]

Am längsten hielt es Webers zweiter »Mitschüler« in Darmstadt aus: Giacomo Meyerbeer. Er war als 18jähriger durch seinen Berliner Lehrer Bernhard Anselm Weber an Vogler empfohlen worden. Bernhard Anselm Weber, selbst ein Schüler Voglers, hatte dem Abbé eine vierstimmige Fuge seines Schülers (*Gott, des Weltalls Herr, ist König*) zur Begutachtung gesandt, durch die sich Vogler zu einer *Umarbeitung* veranlaßt sah und so sein *Fugen-System* verfaßte, das erst postum veröffentlicht wurde[52]. Meyerbeer traf Mitte April 1810 in Begleitung seines Lehrers Wolfssohn und seines Bruders Heinrich (Hans) in Darmstadt ein und wohnte ab Anfang Mai mit in Voglers Haus[53]. *Über die, mit dem Herrn Sohn vorzunehmende, Schule* schrieb Vogler am 3. Mai an Meyerbeers Mutter nach Berlin, er könne versichern, *daß bei einer so vortreflichen Anlage und vermittelst eines so seltnen, ausharrenden Fleißes in Zeit von einem Jahr eine Bildung erweckt werden muß, deren vielleicht noch nie ein Tonschüler, der nach der Kenntniß eines Tongelehrten strebte, sich zu erfreuen hatte*[54]. Mit beschwichtigenden Worten beugte er Klagen über zu starke Inanspruchnahme des Sohnes vor, denn er besitze eine Lehrmethode,

> *die jede, dem Körper lästige, Anstrengung ausschließt, weil sie mit mannigfaltigen und ergötzenden Kunst-Unterhaltungen abwechselt; die des Zöglings Schritte beflügelt, weil er keinen unsichern Tritt zu wagen hat; die ihm eine kräftige, anhaltende Geistes Nahrung gewährt, wovon er in seiner ganzen, übrigen Laufbahne* [...] *wird zehren können. Kurz! Ihr guter Sohn, den ich väterlich liebe, ist hier sehr wohl auf gehoben, gesund und vergnügt und lernt spielend*[55].

Nach Ablauf des ersten Unterrichtsjahrs begann Meyerbeer gegen den Rat seines Vaters[56] unter der Anleitung Voglers mit der Arbeit an seiner Oper *Jephtas Gelübde*, so daß sich die schon Anfang 1811 geplante Abreise aus Darmstadt immer weiter hinauszögerte[57]. Vogler schrieb im Juli 1811 an Jakob Herz Beer, teilte ihm die Fortschritte seines Zöglings mit und versuchte, den Vater für seine Pläne zu gewin-

52 vgl. Becker I, S. 50-53 u. Vogler: *System für den Fugenbau*, a.a.O., S. 5. Vogler war schon von seinem früheren Berliner Aufenthalt her (1800) mit der Familie Beer bekannt, da er damals in deren Haus wohnte (vgl. Heinz Becker: *Meyerbeer in Selbstzeugnissen und Bilddokumenten*, Reinbek 1980, S. 20). Becker weist auf den Widerspruch zwischen dem von Schafhäutl (S. 60) zitierten Brief, in dem Vogler Meyerbeer auffordert, nach Darmstadt zu kommen, und dem anfänglichen Sträuben gegen diesen Unterricht hin (vgl. Vogler an Jakob Herz Beer, 5. Juli 1811, Becker I, S. 116 bzw. S. 587, Anm. 47). Vogler wußte die finanziellen Verhältnisse Meyerbeers bzw. die seiner Familie für sich auszunutzen, vgl. Brief an Amalia Beer, 15. Oktober 1811, a.a.O., S. 130.

53 vgl. o., S. 79, Anm. 20 bzw. Becker I, S. 53-54

54 Becker I, S. 64-65

55 a.a.O., S. 65

56 vgl. Brief Jakob Herz Beers an Meyerbeer, 4. Januar 1811, Becker I, S. 87: [...] *es scheint das dieser Vogler Dir so viel vorspiegelt das Du Dich gar nicht von ihm trennen kanst er ist und bleibt ein Erzpreller* [...] bzw. Meyerbeer an Wolfssohn, 13. Oktober 1811, a.a.O., S. 128: *Denn hätte ich Vater's Rath gefolgt und die Oper gar nicht angefangen, so wäre ich jetzt schon längst von Vogler weg* [...]

57 Am 10. Januar 1811 gibt Meyerbeer gegenüber Gänsbacher an, daß *die Zeit [seines] hiesigen Aufenthaltes bald verflossen* sei (Becker I, S. 88). Mehrfach äußert er sich unzufrieden über die von Vogler hinausgeschobene Reise nach Würzburg (und weiter nach München), vgl. Becker I, S. 128 u. 158.

nen, wobei erneut der Gedanke an einen *Erben* des Orgelbau-Systems eine Rolle spielte[58]:

> *Ich habe keinen Schüler in der neuen Orgelbau- und spielkunst. Hiezu fühlte zum grösten Leidwesen mein lieber Meier keine Lust. Nun - er besizt schon mehr Harmonie-Kenntniße, mehr Imaginazion, mehr Schöpfungs-Vermögen und mehr Fertigkeit auf dem Fortepiano als irgend ein Organist in Europa; es fehlt ihm Nichts, als das Eigentliche der Orgelbehandlung, das er durch meine Lehre und praktisches Vorspielen in einem Jahre leicht erlernen und wodurch er den Rang des ersten Orgelspieler von Europa einnehmen kann. Jüngsthin führte ich ihn auf eine Orgel, hielt ihm Vorlesungen und lies ihm seltne Wirkungen hören, und - er brannte vor Begierde, selbst einen Versuch zu wagen; dieser Versuch fiel so glücklich aus, daß er in einen Enthusiasmus gerieth und* [...] *sogleich mit dem Organisten eine Einrichtung traf, jede Woche einige Male auf der Orgel* [...] *die dazu geeigneten Übungen vorzunehmen.*

Obwohl Vogler versprach, daß *vermittelst einer solchen ungewöhnlichen Bildung ein junger Mann schon in 2 Jahren im Stand gesezt wird, der erste in seinem Fache zu werden*, und Meyerbeer zum *Universal-Erben* seiner Kenntnisse einsetzen wollte[59], sah er sich in seinen Erwartungen hinsichtlich des Orgelbaues wiederum enttäuscht, konnte Meyerbeer aber durch das Versprechen, ihn nach München zu begleiten, für weitere Monate in Darmstadt halten[60]. Die immer wieder hinausgezögerte Reise und eingeschobene Konzert- und Orgelumschaffungspläne Voglers in Würzburg[61] ließen den vorausreisenden Meyerbeer schließlich erst im April 1812 in München eintreffen[62]. Anfang April hatte er in Würzburg die Komposition seiner Oper *Jephta* abgeschlossen[63], die er durch Voglers Vermittlung am 6. Juli 1812 in München der bayerischen Königin überreichte[64]. Am 23. Dezember kam das Werk in München zur Aufführung[65]. Anfang Januar 1813 notierte Meyerbeer vor seiner Abreise über diese Stadt, sie werde ihm *stets merkwürdig bleiben, weil ich dort meine erste Oper auf die Bühne brachte, dort meine musikalische Lehrjahre beendigte (denn ich verlasse jetzt Vogler) & endlich weil München der erste Ort ist, wo ich wirklich bedeutendes Aufsehen erregte*[66].

[58] Vogler an Jakob Herz Beer, 5. Juli 1811, Becker I, S. 117

[59] Becker I,, S. 117-118

[60] vgl. Vogler an Amalie Beer, 15. Oktober 1811, Becker I, S. 130 bzw. Tagebuch vom April 1812, Becker I, S. 158

[61] vgl. dazu Meyerbeers Brief an Joseph Fröhlich vom 19. Oktober 1811 (Schafhäutliana 4.3.4), an Wolfssohn, 15. März 1812 und 28. März 1812 (Becker I, S. 152 bzw. 158), sowie Vogler an Fröhlich, o. D. (Oktober 1811) und 5. November 1811 (beide Schafhäutliana 4.3.4), an Rat Oberthür, 2. Februar 1811 und an Fröhlich, 2. Februar 1811.

[62] Meyerbeer, Tagebuch, 25. April 1812, Becker I, S. 166

[63] Meyerbeer, Tagebuch, 6. April 1812, Becker I, S. 158

[64] Meyerbeer, Tagebuch: Am 17. Juni 1812 war Meyerbeer mit Vogler bei der bayerischen Königin zu Gast, wo er erstmals seine Oper erwähnte (Becker I, S. 182), am 27. Juni überreichte er zusammen mit Vogler das Programm seiner Oper (a.a.O., S. 184), am 6. Juli schrieb er ins Tagebuch: *Mit Vogler zum Oberhofprediger Schmidt gegangen, ihm meine Oper zu empfeblen. Dann nach Nymphenburg gefahren, wo ich der Königin die Partitur meiner Oper übergab & sie bat, die Aufführung zu bestimmen* (a.a.O., S. 188).

[65] vgl. Meyerbeers Bericht im summarischen Tagebuch Ende 1812, Becker I, S. 212-213

[66] a.a.O., S. 213

In der Tat muß eigentlich das Jahr 1812 noch insgesamt als weiteres »Lehrjahr« bei Vogler gerechnet werden, wie zahlreiche Tagebucheintragungen auch aus der Zeit des Münchener Aufenthaltes belegen[67], und erst mit dem Abschied von München trat Meyerbeer aus dem ihn inzwischen psychisch belastenden Schatten Voglers heraus[68].

Über die Kontakte der engsten Mannheimer Freunde Webers zu Vogler in Darmstadt ist relativ wenig bekannt. Alexander von Dusch erinnert sich in Zusammenhang mit Gänsbachers Besuch in Mannheim daran, daß *von Zeit zu Zeit einmal nach Darmstadt (was mich betrifft, freilich nur immer sehr vorübergehend) zum Besuch bei Vogler und Hoffmann, dem besonderen Musikfreund und Gönner Carl Marias* gefahren wurde[69]: *Dieser und auch Gottfried Weber, besonders der Erstere, blieben oft wohl längere Zeit und ehrten den alten Meister hoch.* Die Besuche, die Dusch hier anspricht, fanden jedoch vorwiegend nach Carl Marias Abreise aus Darmstadt statt, denn gemeinsam mit Gottfried Weber ist ein Darmstädter Besuch Duschs in Webers Tagebuch nur zu dem Konzert vom 6. Februar 1811 vermerkt[70]. Dusch gesteht jedoch selbst ein, daß sein Erinnerungsvermögen an diese Zeit nur sehr lückenhaft sei[71].

Gottfried Weber hatte bereits Ende April 1810 Carl Maria in Darmstadt besucht[72], der am 27. April in seinem Tagebuch notierte: *mit W:*[eber] *zu Vogler gegangen.* Abgesehen von dem genannten Aufenthalt in Darmstadt im Februar 1811 ist ein

[67] Am 14. Juni 1812 war Vogler in München eingetroffen (Becker I, S. 181); danach finden sich u.a. folgende Eintragungen über weiteren Unterricht Voglers: 21. Juni: *Nachmittag Besuch von Vogler. Wir beschlossen, für die Königin ein Programm von der Oper fertigen zu lassen* (Becker I, S. 183); 24. Juni: *Nachmittags ging ich mit Vogler den ersten Akt von »Jephta« durch* (a.a.O., S. 184), 26. Juni: *Besuch bei Vogler. Wir gingen den 2. & 3. Akt von »Jephta« durch. Wir beschlossen den Chor »Vater, wir schauen« etwas zu kürzen & dem ersten Eintritt Sulimas im 3. Akt ein paar Takte von dem Chor* [...] *vorhergehen zu lassen* (a.a.O., S. 184); 6. Juli: *Nachmittag wohnte ich einem Kollegium bei, welches Vogler mehreren Organisten über die Umschaffung der Neumünster-Orgel in Würzburg las* (a.a.O., S. 188), 24. Juli: *Den Choral »Wer nur den lieben Gott lässt walten« 4stimmig ausgesetzt. Dies tat ich auf Voglers Wunsch, weil dieser (auf den Wunsch der Baseler reformirten Gemeinde) denselben ebenfalls 4stimmig aussetzte* (a.a.O., S. 194) usw. Eintragungen über Besuche bei Vogler finden sich in den erhaltenen Teilen des Tagebuchs fast täglich.

[68] vgl. Brief Meyerbeers an Wolfssohn vom 21. März 1812: *Übrigens ist es für meine musikalische Existenz durchaus nothwendig daß ich mich von V*[ogler] *bald trenne, denn man sinkt so zur Null neben ihm herab, wird den Leuten so unbedeutend* [...] *Ich kann mich übrigens nicht über Vog*[ler] *beklagen, der immer der alte O Gott bleibt, und alle Tage zu mir kömmt, sondern nur sein übergroßer Ruhm ist für seine musikalischen Begleiter etwas lästig, und drückt sie danieder* (Becker I, S. 153).

[69] Alexander von Dusch: *Flüchtige Aufzeichnungen*, Abschrift Weberiana, Classe V 4 B, Mappe XVIII, Nachtrag 10

[70] Tagebuch Webers, 6. Februar 1811: *von Weber und Dusch zu meiner großen Freude überrascht worden.* Beide blieben bis zum 10. Februar.

[71] Alexander von Dusch an Max Maria von Weber, November 1860 (Abschrift wie Anm. 69): *Dazu kommt endlich, daß mein ohnedieß zu keiner Zeit sehr zuverläßig gewesenes Gedächtniß seit einer schweren* [...] *Krankheit vor einigen Jahren zu einem verschwimmenden Traum geworden* [...]

[72] vgl. Tagebuch Webers, 24. April bis 29. April 1810

weiterer Besuch Gottfrieds während Webers dortiger Anwesenheit nicht erwähnt[73], obwohl Gottfried später häufiger nach Darmstadt kam.

Ende Juni 1810 plante Vogler eine Konzertreise nach Mannheim, die er aber auf unbestimmte Zeit verschob, als er von dem Gastspiel der Madame Schönberger in Mannheim erfuhr[74]. Carl Maria hatte über den geplanten Besuch an Gottfried geschrieben: *Künftige Woche kömmt Vogler mit Beer auf ein paar Tage nach Mannheim. /:gelt Jürgel, jezt kannst ihm zu freßen geben, nehmlich Noten:/ schiebt doch Euer Museum bis dahin auf*[75].

Im August übergab Carl Maria Vogler ein Werk seines Namensbruders zur Ansicht und schrieb darüber: *Unser GroßPapa grüßt dich und deine Frau, ich habe ihm den Polimeter gezeigt, mit der gehörigen Vorrede, er fand ihn recht schön und sagte es mit den Worten, recht schön gedacht, ist recht viel Genie darin. - Freuen kannst du dich darüber, aber besauf dich nur nicht*[76]. Gottfried suchte also Voglers Rat für seine Arbeit, was auch in einer ironisch-bedauernden Bemerkung an Meyerbeer indirekt zum Ausdruck kommt: *Lebt wohl Ihr glücklichen, die Ihr in der Nähe der Sonnenbahn hauset, schliest mich ein in Euer Gebet an Vogler, u bedauret mich armen Tropfen der dahinsizen muß und grundgelehrte Deductionen ex utroque jure schreiben*[77]. Ein von Gottfried Weber angeforderter Katalog der käuflich zu erwerbenden Werke Voglers deutet ebenfalls auf sein Interesse am Schaffen Voglers hin[78]. Zudem setzte Gottfried Werke Voglers auf das Programm seiner *Museums*-Konzerte[79], lud Vogler nach Mannheim ein[80] oder besuchte Aufführungen von Voglers *Samori* und *Herrmann von Unna* in Darmstadt[81].

[73] In einem Brief an Gottfried Weber vom 23. September 1810 heißt es: *Wenn Du Dienstag hieher kommst, kannst Du Mittwoch früh mit mir nach Frankfurt kutschiren*. Gottfried konnte jedoch nicht zur zweiten Aufführung der *Silvana* am 26. September kommen; vgl. Brief Webers an Gottfried vom 28. September 1810.

[74] vgl. Weber an Gottfried Weber, 23. Juni 1810: *Ich habe mit Vogler gesprochen, und du weißt, er ist ein curioser Kauz, daher kurz daß er vor der Hand nicht zu euch kommen wird, da die Schönberger noch mehrere Gastrollen giebt.*

[75] Weber an Gottfried Weber, o. D. (18. Juni 1810)

[76] Weber an Gottfried Weber, 21. August 1810. Bei dem *Polimeter* handelt es sich um die von Dusch gedichtete Nr. 4 der 12 vierstimmigen (Vogler gewidmeten) Gesänge Gottfrieds, die als op. 16 bei Gombart erschienen; vgl. Arno Lemke: *Jacob Gottfried Weber. Leben und Werk*, Mainz 1968, S. 72-83.

[77] Gottfried Weber an Meyerbeer, 2. Oktober 1810, Becker I, S. 77

[78] vgl. Briefe Webers an Gottfried Weber vom 18. Juni und 8. Oktober 1810

[79] Bereits 1809 stand Voglers *Auferstehung Jesu* auf dem Programm, am 7. April 1811 wurde sein *Lob der Harmonie* aufgeführt (vgl. Gottfried Weber an Meyerbeer, 4. Oktober 1811: *Künftigen Sonnabend gebe ich im Museum Voglers »Lob der Harmonie«*, Becker I, S. 125), am 25. Dezember 1814 dessen *Pastoralmesse*; (vgl. Lemke, a.a.O., S. 31-32). Gänsbacher erwähnt außerdem eine Aufführung von Voglers *Benedictus à 4tro* im Hause Gottfrieds am 3. Juni 1810 (*Denkwürdigkeiten*, S. 37) und Carl Maria in einem Brief an Gottfried vom 23. Juni 1810 eine Mannheimer Aufführung von Voglers *Pastoralmesse*.

[80] vgl. Becker I, S. 610-611, Anm. 153,2 (zur Mitwirkung Voglers im Museumskonzert vom 20. März 1812). Ein eigenes Konzert Voglers im Museum fand am 30. Juli 1811 statt (vgl. Lemke, a.a.O., S. 31).

[81] Zum Besuch der *Samori*-Aufführung vom 30. Juni 1811 vgl. den Antwortbrief Webers auf Gottfried Webers Bericht, 19. Juli 1811. Am 17. Januar 1812 lud Meyerbeer Gottfried und Alexander von Dusch zur Aufführung des *Herrmann von Unna* am 19. Januar nach Darmstadt ein (Becker I, S. 143).

Gottfried schien Vogler auch in die Pläne des *Harmonischen Vereins* eingeweiht zu haben (wenn dies nicht schon Weber selbst getan hatte[82]) und nahm ihn für die Zwecke des Vereins, der ganz Voglers eigenem früheren Vorgehen entsprach[83], in Anspruch, wenn er z. B. am 14. Februar 1812 an Meyerbeer schrieb[84]:

> *Bruder: Spektakel auf allen Seiten. Ein neues musicalisches Blatt, Daß Du für uns in Beschlag nimmst, resp*[ective] *durch Voglern nehmen laßest versteht sich, u zwar in der Art daß Vogler den redact*[eur] *anweist uns zu Mitarbeitern aufzufordern, wo möglich gegen Honorar, <wo> nicht des Honorars wegen sondern des Anstands u Respects weg*[en]. *Dringe u arbeite darauf zu was Du kannst, neue Blätter sind uns besonders wichtig weil wir solchen am willkommensten sind u uns nach u nach am festesten sezen.*

Andererseits ergriff Gottfried aber auch für Vogler die Feder, um ihn etwa gegen die Vorwürfe der Unterschlagung bei einem Heidelberger Konzert vom 13. Februar 1812 zu verteidigen[85]. Gottfried gehörte auch zu den letzten Fremden, die Vogler vor dessen Tod besuchten. In einer Mitteilung an Joseph Fröhlich vom 7. Mai 1814 heißt es dazu[86]:

> *Am vierten* [Mai 1814] *besuchte ich ihn noch bei meiner Durchreise durch Darmstadt, blieb von Morgens bis in die Nacht bei ihm, und eben so noch den ganzen Morgen des 5. bewunderte noch die jugendliche Geistes- u. Körperkraft dieses genialen Greises, er sprach noch viel von der Art wie und wozu er sein noch übriges Leben verwenden wolle* [...]

In Gottfried Webers eigenem Nachlaß fanden sich zahlreiche theoretische und praktische Werke Voglers[87], so daß man nach alledem davon ausgehen kann, daß Vogler auf sein Denken einen nicht geringen Einfluß ausübte. Die Tatsache, daß er später in seiner *Kurzgefaßten Biographie* bestritt, *aus der Vogler'schen sogenannten Mannheimer Tonschule hervorgegangen* bzw. ein *Zögling Voglers* gewesen zu sein[88], ist dahingehend interpretiert worden, Gottfried habe *nicht eine einzige Stunde* bei

[82] Am 24. September 1810 teilte Weber Gänsbacher in einem Brief die Gründung des *harmonischen Bundes* mit, dem zunächst nur Meyerbeer, Gottfried Weber und er angehörten. Am 1. November 1810 meldete er Gottfried die Fertigstellung der Statuten. Da sich Weber in dieser Zeit in Darmstadt aufhielt, ist es durchaus möglich, daß er Vogler in die Sache einweihte, zumal dieser bei der Herstellung von Kontakten zu den verschiedenen Zeitungen nützlich sein konnte, wie auch der nachfolgend zitierte Brief Gottfrieds vom 14. Februar 1812 beweist.

[83] So ließ Vogler schon in seiner *Mannheimer Tonschule* die Antwort auf Berliner Angriffe gegen sein System unter dem Namen seiner Schüler Pixis, Franz Metzger u. Kornacher veröffentlichen (*Mannheimer Tonschule*, 1. Jg., 9.-12. Lieferung). Ein autograph erhaltener Bericht Voglers über seinen Schweden-Aufenthalt (vgl. Anhang 2), zeigt ebenso wie einige wahrscheinlich aus seiner Feder stammenden Mitteilungen über seine Prager Tätigkeit in der *Münchener kurpfalzbaierischen Staatszeitung* (vgl. Anhang 2), daß er sich ähnlicher Mittel auch in dieser Zeit bediente. Die Beispiele ließen sich bei besserer Quellendokumentation sicherlich beliebig vermehren; vgl. auch etwa Voglers Bitte an Weber um Veröffentlichung eines Berichts über sein Orgelkonzert in der *Prager Zeitung* (Brief Webers an Gänsbacher, 28. Juli 1813). Auch Webers *Wort über Vogler* und die Zergliederung der Bach - »Verbesserungen« gehören in diesen Zusammenhang.

[84] Becker I, S. 145

[85] vgl. dazu a.a.O., S. 609, Anm. 146,1

[86] Abschrift Schafhäutliana 4.3.4

[87] vgl. Lemke, a.a.O., S. 286

[88] a.a.O., S. 257, Anm. 3

Vogler Unterricht gehabt[89]. In erster Linie scheint sich die Bemerkung aber gegen die Annahme zu richten, er habe Voglers *Mannheimer Tonschule*, d.h. dessen Unterricht während der Mannheimer Jahre besucht. Andererseits dürfte die Distanzierung von Vogler aber auch auf den Versuch zurückzuführen sein, die Eigenständigkeit seines theoretischen Hauptwerkes zu betonen[90]. Dagegen hatte Gottfried im Juni 1814 in einem Brief an Bernhard Anselm Weber Vogler durchaus noch als seinen *Lehrer* bezeichnet[91]. Inwieweit Gottfried Webers *Theorie der Tonsetzkunst* Voglerschem Gedankengut verpflichtet ist, müßte allerdings noch untersucht werden[92].

Zu Voglers Unterricht

Carl Maria von Webers *erneute Studien* bei Vogler begannen während seines seines ersten Besuchs in Darmstadt vom 4. bis 10. April 1810, wo er sich nachweislich fast täglich längere Zeit bei Vogler aufhielt[1]. *Mit Vogler habe ich sehr seelige Abende verlebt*, heißt es in einem Brief vom 10. April an Gottfried, und im Tagebuch vom 6. April vermerkt Weber eine gemeinsame Besprechung seiner *Silvana*: *Abends mit Vogler meine ganze Oper durchgespielt und manches Stück zweymal, wo er mir viele Lobsprüche und aufmunternde Dinge sagte*. Zwei Tage später lernte Weber erstmals Voglers *göttliches Requiem*[2] kennen, das *alles übertrifft was ich bisher von Kontrapunktischen Künsten die zugleich Herz und Gefühl ansprechen, kenne*[3].

Am 19. April 1810 begannen dann nach Webers Rückkehr von seinem Konzert in Aschaffenburg die gemeinsamen Studien mit Gänsbacher und Meyerbeer[4], die durch Webers Abreise nach Frankfurt am 8. Mai unterbrochen[5], erst einen Monat später (nach Konzerten in Mannheim und Heidelberg) wieder aufgenommen wurden[6] und nach kürzeren Unterbrechungen[7] schon am 19. Juli mit Gänsbachers Abreise ihr Ende fanden.

89 so etwa von Schilling in seiner *Enzyklopädie*, vgl. dazu Lemke, a.a.O., S. 33, Anm. 90

90 vgl. Gottfried Weber: *Versuch einer geordneten Theorie der Tonsetzkunst*, Mainz: B. Schott's Söhne, ³1830-1832, Bd. 4, S. 205

91 vgl. Lemke, a.a.O., S. 33, Anm. 90

92 So erwähnt z. B. Becker I, S. 51, daß die Stufenbezeichnung nicht Gottfried Webers, sondern Voglers Verdienst sei. Eine detaillierte Prüfung der Abhängigkeiten liegt bisher nicht vor.

1 vgl. Tagebuch, 4., 5., 6., 8. und 10. April 1810

2 Tagebuch, 8. April 1810

3 Weber an Gottfried Weber, 10. April 1810

4 vgl. Tagebuch Webers bzw. *Denkwürdigkeiten*, S. 32. Eine kurze Unterbrechung entstand zunächst nur durch Webers Reise nach Frankfurt am 24. April 1810, von der er am 26. zurückkehrte, vgl. Tagebuch.

5 Tagebuch, 7./8. Mai 1810: [...] *fuhr ich d: 8: früh 6 Uhr mit einem Brief von V:*[ogler] *an den F:*[ürst] *Primas nach Frankfurt ab*. Am 16. Mai reiste Weber nach Mannheim, wo er bis zu Gänsbachers Ankunft blieb.

6 Gänsbacher traf am 6. Juni 1810 wieder in Darmstadt ein, Weber zwei Tage später, vgl. *Denkwürdigkeiten*, S. 37.

7 Vom 27. Juni bis 6. Juli reiste Weber mit Vogler nach Frankfurt und Hanau (vgl. Tagebuch). Außerdem hielt sich Weber am 9./10. Juli in Offenbach und Frankfurt auf und fuhr am 14. Juli nach Heidelberg/Mannheim. Zu Gänsbachers Abreise vgl. w.u.

Gänsbachers Bericht über diese Unterrichtszeit belegt erneut die betont analytische Unterrichtsform Voglers[8]:

> *Wir mußten deutsche Psalmen nach Mendelsohns Uebersetzung 4stimmig schreiben und übergaben unsere Arbeiten Vogler zur Einsicht, der sie kritisch beleichtete und uns seine Ansichten mittheilte. Anfangs kamen wir gewöhnlich Nachmittag mit unseren Pensis zu ihm. Da er aber fast täglich beym Großherzog speiste und gleich darauf unsere Arbeiten vornahm, geschah es nicht selten, daß er mit dem Bleistift in der Hand dabey einschlief. Wir verabre*[de]*ten uns daher, künftig immer Vormittag ihm unsere Studien zu zeigen.*

Nach Gänsbachers Rückkehr nach Darmstadt am 6. Juni heißt es[9]:

> *Zwey Tage später kam auch Weber, und die Trias harmonica war wieder beisammen. Wir setzten unsere Aufgaben fort, recensirten einander unsere Arbeiten selbst, studirten nicht allein Voglers, sondern auch andere classische Werke, vorzüglich aber von Haendl, die wir mit Vogler an seinem Klavier analysirten, wie es auch früher geschah, und veranlaßten Vogler selbst, 12 vierstimmige Hymnen während unserer Anwesenheit zu schreiben, die ganz vorzüglich für unser Studium paßten.*

In ähnlicher Weise äußert sich Vogler am 10. Juli gegenüber der Gräfin Firmian: Durch seine drei Schüler existiere *jezt wirklich eine Akademie der Tonwissenschaft* in seinem Hause[10]:

> *Jeden Tag liefert jeder seine eigene Komposizion - manchesmal lege ich ihnen samt und sonders eine schwere Aufgabe vor; jeden Vor- und Nachmittag hören und zergliedern wir eine von meinen Arbeiten oder die Arbeit eines andern, aber immer klassischen Kompositeur*[s]. *Die Frucht eines 56jährigen Studiums theile ich ihnen väterlich mit, ja sie lernen oft vom 62jährigen, was der 61ger selbst noch nicht wuste; weil sie selbst mitzuerfinden Gelegenheit haben.*

Dieses »Miterfinden« charakterisiert einerseits die erwähnten vierstimmigen Hymnen, die parallel zu den vierstimmigen Psalmkompositionen der Schüler entstanden; es kennzeichnet gleichzeitig aber auch ein beliebtes Unterrichtsverfahren Voglers, der seine Schüler oft zur Arbeit an gleichen Aufgaben animierte, damit sie aus dem Vergleich um so deutlicher die eigenen Fehler erkennen sollten[11].

[8] *Denkwürdigkeiten*, S. 32

[9] a.a.O., S. 37. Um welche der zahlreichen Hymnen Voglers es sich hier handelt, blieb unklar. Unter den Kompositionen, die Schafhäutl unter der Nr. 207 aufführt, findet sich ein Psalm (*Benigne fac Domine*), der auf den 1. Juni 1810 datiert ist (BSB München, Mus. Mss. 4306). Möglicherweise gehen die *Hymni Sex, quatuor vocibus cantandi, auctore Abbate Vogler* [...] *edidit Gottofredus Weber*, Leipzig: Hofmeister, PN 841 auf die hier erwähnten Hymnen zurück; vgl. auch Brief an Gottfried vom 23. Juni 1810. - Über C. M. v. Webers Beteiligung an diesen Kompositionsübungen ist nichts bekannt.

[10] Vogler an die Gräfin Firmian, 10. Juli 1810. Der Brief ist eine Reaktion auf die durch Gänsbacher initiierte Bitte um Abberufung.

[11] vgl. Meyerbeers Satz zu dem Choral *Wer nur den lieben Gott läßt walten*, den er auf Voglers Wunsch gleichzeitig mit diesem bearbeitete (s. o., S. 95, Anm. 67) oder die gleichzeitige Komposition des Opernbuchs zum *Admiral* durch Vogler und Meyerbeer (s. u.). In ähnlicher Weise hatten während Voglers Mannheimer Zeit seine beiden Schüler Johann André und Franz Danzi das Textbuch zu *Azakia* vertont (vgl. Anhang 1).

Möglicherweise entstand so im November 1810 als Gegenstück zu Webers Einakter *Abu Hassan* Meyerbeers ausführlicher *Plan zum Singspiel Abuhassan*[12]. Ausdrücklich auf Voglers Arbeit bezogen, versuchte sich Meyerbeer Anfang 1811 an dem Singspiel *Der Admiral*, worüber er am 10. Januar an Gänsbacher schrieb[13]:

> *Der Papa* [...] *hat vor einigen Wochen vom Großherzog einen miserablen Text zu einer komischen Oper erhalten, mit dem Auftrage dieselbe zu komponiren. Da hat nun Papa den glücklichen Einfall gehabt, daß ich dieselbe auch komponieren sollte, und zwar Nummer für Nummer zu gleicher Zeit mit ihm. Denke Dir nun zu was für interessanten und lehrreichen Vergleichen das Gelegenheit giebt. Papa's Komposition ist schon ganz fertig* [...]

Vogler sprach später gegenüber Jakob H. Beer davon, daß Meyerbeer diese Oper *vermöge meiner täglichen und stündlichen Zergliederungen gleichsam mitschrieb, mitaufführte* [...][14].

Vogler ließ seine Schüler auch an seinen vielfältigen Ideen zur Akustik, zum Orgelbau und Orgelspiel teilhaben, wobei besonders seine Improvisationen ein lebhaftes Echo hervorriefen. Weber notierte bereits anläßlich seines ersten Besuchs in Darmstadt am 4. April im Tagebuch: *Abends bey Vogler zugebracht, wo er mir göttlich vor Phantasierte.* Am 19. Juni wurde die *Trias* bei einem Besuch des österreichischen Gesandten von Hügel in Voglers Haus vorgestellt, wobei Vogler zum Abschluß des Besuchs *ganz himmlisch* phantasierte[15]. Am 23. Juni schrieb Weber an Gottfried: [...] *um 10 Uhr spielt Vogler für uns Orgel, daher valet* [...] und berichtet anschließend: *Was hätte ich drum gegeben wenn du heute da gewesen und Voglers Spiel, und Vorlesung mit praktischen Beyspielen über seine Akustick gehört hättest.* Auch Gänsbacher gab seiner Begeisterung Ausdruck[16]:

> *Das war ein Ohrenschmauß! Zum erstenmahle hörte ich heute den Orgeldonner, ein wahrer Gott, wenn er die tausend Kehlen allein* [?] *anstimmt; nicht bald ergriff mich etwas so mächtig; unus est Deus, unus est Voglerus.*

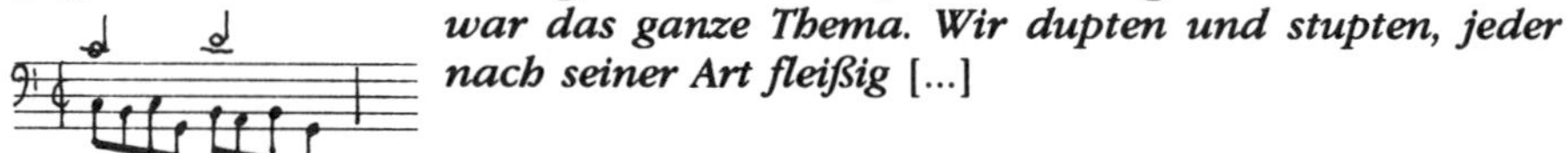

> *war das ganze Thema. Wir dupten und stupten, jeder nach seiner Art fleißig* [...]

Ende Juni hatte Weber auf seiner Reise mit Vogler nach Frankfurt und Hanau ausführlicher Gelegenheit, das Orgelspiel des Abbé und wohl auch dessen Orgelpläne kennenzulernen. Am 29. Juni heißt es in Webers Tagebuch: *Vormittag Orgeln Pro-*

[12] Am 13. November 1810 notierte Weber im Tagebuch *Abu Haßan vollendet* (mit Ausnahme der Ouvertüre). Von Meyerbeer existierte ein 18seitiger Brief vom 18. Dezember 1810 an einen ungenannten Schriftsteller, *dem der junge Komponist seine Ansichten über die Eigenschaften eines guten Operntextes entwickelt und im Anschluss daran den von ihm entworfenen ausführlichen »Plan zum Singspiel Abuhassan in 2 Aufzügen« mit genauem Szenarium und dem Inhalt der Singstücke mittheilt* (Georg Kinsky: Versteigerungskatalog *Musiker-Autographen der Sammlung Wilhelm Heyer in Köln*, 1. Teil, 6./7. Dezember 1926, Nr. 351). Der Verbleib des Autographs ist unbekannt.

[13] Becker I, S. 89

[14] Vogler an Jakob H.Beer, 5. Juli 1811, Becker I, S. 117

[15] vgl. *Denkwürdigkeiten*, S. 38; Vogler spielte dabei wahrscheinlich auf seinem Wiener Pedalflügel, vgl. dazu Versteigerungsankündigung in der *Großherzoglich Hessischen Zeitung auf das Jahr 1814* (25. Juni 1814), S. 690.

[16] Nachschrift zum Brief Webers an Gottfried Weber vom 23. Juni 1810

biert. Nachmittag dito. Abend gegeßen [...] *Vorher mit Vogler und André auf der Orgel gewesen*; am 4. Juli: *abgereißt* [...] *nach Kirchheim Polandt, da angelangt Nachmittag. in die Kirche gegangen wo Vogler Orgel spielte* und schließlich am 6. Juli aus Mainz: *früh das Requiem für d: Herzog v: Montebello gehalten mit aller Pracht wo Vogler die Orgel dazu spielte*. In dem Hanauer Konzert vom 30. Juni, in dem wiederum der *Orgeldonner* erklang, erhielt Vogler vom Fürstprimas von Dalberg das Thema: *g-a-h-c* (jeweils Halbe), [...] *um als Schlußstück darüber zu fugiren, worin sich Vogler als den großen Meister und Org*[e]*lspieler ganz einzig zeigte*[17].

[...] *ein unscheinbares, für sich nichtssagendes, sogenanntes Thema contrapunktisch zu verarbeiten und mit Gegenstimmen bis zur vollkommenen Fuge zu steigern und zu beleben: darin war er ein gewaltiger Meister, auch seine derartigen Improvisationen* [...] *waren immer voll Leben, Kraft und Geist* erinnerte sich später Alexander von Dusch[18]. Die Eigenheiten der Themenauswahl und -behandlung Voglers werden auch in einem seiner Briefe an den Vater Meyerbeers deutlich, worin er gar von einer *neue*[n] *Erfindung, sich von den Zuhörern drei Töne angeben zu lassen und, sie mögen noch so dissonirend scheinen, daraus ein Thema zu bilden, und es kraftvoll auszuführen* spricht[19]. Man kann annehmen, daß solche Improvisationen mit kurzen, prägnanten Motiven auf Webers eigene Improvisationskunst anregend wirkten und möglicherweise seine Art der improvisierten kontrapunktischen Behandlung eines Themas hier ihren Ursprung hat, ist aber wegen des Fehlens ausführlicherer Berichte weitgehend auf Spekulationen angewiesen[20].

Anregungen empfingen die Schüler auch durch Besuche in Voglers Haus, so etwa bei einem Gespräch Voglers mit den beiden Heidelberger Professoren Johann Heinrich Voß und Aloys Schreiber über *Choral und Ackustik*, wobei Vogler eine *mündliche Abhandlung* über den Choral hielt, die *seiner als Professor ganz würdig* gewesen sei[21]. *Ueberhaupt*, schreibt Gänsbacher, *war nicht allein das Studium seiner Werke, seine Recensionen der unsrigen, sondern vorzüglich sein Umgang zu Hause oder auf Spatziergängen immer sehr belehrend, indem fast ausschließend die Kunst, seine Reisen und Abentheuer der Gegenstand seines Gesprächs waren*[22].

Die Vielfalt der Unterrichtsgegenstände, die in Voglers Schriften ebenfalls zum Ausdruck kommt, spiegelt sich auch in einem Rechenschaftsbericht Voglers an Meyerbeers Vater, in dem Vogler seiner Freude darüber Ausdruck gibt, daß sein Schüler *blos durch meinen Umgang sich so viele theoretische und historische*

17 *Denkwürdigkeiten*, S. 38.

18 *Flüchtige Aufzeichnungen*, a.a.O.

19 Vogler an Jakob Herz Beer, 5. Juli 1811, Becker I, S. 117. In seinem Tagebuch notierte Meyerbeer am 23. Juli 1812: *Allein von morgen an will ich ernstlich anfangen, die vielen rückständigen Arbeiten zu vollenden; auch will ich täglich über 3 Töne oder über ein aufgegebenes Thema fantasieren, wie ich dieses in Darmstadt tat* (Becker I, S. 194).

20 vgl. Hinrich Lichtensteins Bericht über Webers Improvisationen in Berliner Gesellschaftskreisen, in: ds.: *Briefe von Carl Maria von Weber an Hinrich Lichtenstein*, Braunschweig 1900, S. 2-6 und Webers Eintrag im Tagebuch vom 5. Oktober 1817, wo er zu einem Konzert in Dresdner Hofkreisen bemerkt: *Sonate in C: gespielt. Phantasirt über 3 Töne F. d. es.*

21 vgl. *Denkwürdigkeiten*, S. 32. Das genannte Treffen fand am 20. April 1810 statt, dem Tag der Aufführung von Grauns *Tod Jesu* in Darmstadt; vgl. auch Webers Eintragung im Tagebuch vom 20. April 1810: *früh mit Voss pp zu Vogler gegangen.*

22 *Denkwürdigkeiten*, S. 38

Kenntnisse erworben hat, indem er jetzt schon mit allen Systemen, mit dem allmäligen Zuwachs und der Abnahme der Musik, so wie mit allen ausgezeichneten ältern und neuern Tonsetzern, Tonkünstlern und Tonschriftstellern bekannt geworden ist[23].

Eine besondere Rolle bei der Erörterung fremder musiktheoretischer bzw. praktischer Werke spielten Voglers Auseinandersetzungen mit der Berliner Musiktheorie, besonders mit Kirnberger[24], sowie mit dem in Göttingen ansässigen Forkel[25]. Der Bach-Verehrung beider Theoretiker stellte Vogler gewissermaßen seine Händel-Verehrung entgegen. Mehrfach hatte er sich bereits gegen Kirnbergers Versuch gewandt, Bachs Harmonik als normgebendes Muster zu betrachten[26]. In die Zeit der Anwesenheit der *Trias* in Darmstadt fiel nun sein dritter größerer Angriff auf die an Bachs Beispielen orientierte Harmonielehre Kirnbergers. Dabei wußte Vogler Bach durchaus zu schätzen[27] und hatte auch die Kühnelsche Ausgabe subskribiert[28], von der er schrieb, Kühnel scheine damit *statt Modekrämerei die jede Saison wechselt* [...] *Werke in Umlauf bringen zu wollen, die ihre Selbstständigkeit halbe Jahrhunderte behaupten*[29]. Er konnte seinen Schülern so auch an praktischen Beispielen verdeutlichen, warum er *in rhetorischer, logischer und ästhetischer Rüksicht Händels klare, einfache, kräftig wirkende Fugen* den Bachschen vorzog und der Meinung war, *aus einer Bachischen Fuge hätte Händel sechs gemacht und mit jeder mehr Beifall errungen*[30]. Während Vogler in diesem Zusammenhang eine *geläuterte Auswahl* Bachscher Werke als *Studierstükke* empfahl[31], übte er andererseits heftige Kritik an der Verabsolutierung der harmonischen Sprache Bachs und versuchte ihm harmonische Satzfehler und Härten nachzuweisen[32]. Mitte Juni 1810 beauftragte er seinen Schüler Weber damit, eine neuerliche, aus seiner Feder stammende *Verbesserung* Bachscher Choralsätze zu kommentieren. Weber schrieb darüber am 23. Juni an Gottfried[33]:

> *Du mußt wißen* [...], *daß ich eine Arbeit auf Voglers Verlangen unternommen habe, die mir viel Ruf, aber auch verflucht viel Hunde über den Leib hezen kann* [...] *Er hat nemlich 12 Choräle von Seb: Bach verbeßert und umgearbeitet* [...] *die bey Kühnel herauskommen* [...] *und wozu ich einen Vergleichungs Plan und Zergliederung beyder Arbeiten schreiben soll der auch schon fertig ist, und den ich dir gar zu gerne zeigen möchte* [...]

Daß dieser Vergleichungsplan und die Zergliederung gemeinsam mit Vogler im Kreise der Schüler besprochen wurde, zeigen Eintragungen Voglers in Webers Auto-

23 Vogler an Jakob Herz Beer, 5. Juli 1811, Becker I, S. 117
24 vgl. dazu v. Verf: *Abt Voglers »Verbesserungen« Bachscher Choräle*, a.a.O., S. 500-512
25 Vogler hatte Forkel durch seine *Verbesserungen der Forkelschen Veränderungen über das Englische Volkslied God save the king* angegriffen (vgl. SchafhäutlV 153 u. 153b; näheres vgl. Anhang 2).
26 vgl. Anm. 24, a.a.O., S. 502-504
27 a.a.O., S. 506
28 vgl. Voglers Briefe an Kühnel vom 1. Juli 1801, 1. Juli 1806 (mit einer Beschwerde über die unvollständige Lieferung Bachscher Werke) und 24. Juli 1806 (mit Angabe der erhaltenen Lieferungen).
29 Vogler an Kühnel, 24. Juli 1806
30 Vogler: *FS*, S. 27
31 a.a.O., S. 26-27
32 vgl. die Darstellung in dem in Anm. 24 genannten Aufsatz
33 Im Tagebuch heißt es am 21. Juni 1810: *Einleitung zu den Chorälen geschrieben*.

graph[34] sowie in eine Abschrift der Zergliederung von Gänsbachers Hand[35]. Vogler beauftragte Weber auch mit den Verlagsverhandlungen und ließ das Werk mit dessen Namensnennung bei Kühnel drucken[36].

Welche Werke Händels (außer dem *Messias*) in Voglers Zergliederungen als Beispiel dienten, läßt sich aus den erhaltenen Quellen nicht ermitteln[37]. Gänsbachers Bemerkung, er habe bei einem Besuch in der Wiener Hofbibliothek 1811 Werke von Händel studiert[38], zeigt jedoch, daß Vogler seine Schüler nachdrücklich auf die Werke dieses Meisters aufmerksam machte[39].

* * *

Den größten Anteil im Unterricht beanspruchte allerdings Vogler mit eigenen Werken. Gänsbacher schrieb am 10. Juli 1810, nur wenige Wochen nach dem Beginn der gemeinsamen *Zergliederungen*, an die Gräfin Firmian: *V:*[oglers] *bedeutendste Werke sind schon durch studiert*[40]. Dabei muß davon ausgegangen werden, daß Gänsbacher - wie auch Weber - einen Überblick über das gesamte Schaffen Voglers hatte, denn anläßlich des 61. Geburtstages ihres Lehrers am 15. Juli 1810 hatten es beide übernommen, angeregt durch Voglers früher geäußerten Wunsch, *alle seine Musikalien und Schriften geordnet zu sehen* [...] *seine in 3 großen Kästen befindlichen Werke in eine systematische Ordnung zu bringen und einen vollständigen Chatalog darüber zu verfassen*[41]. Der Katalog dieser Kompositionen, die nach Gänsbachers Angaben *bis 1764* zurückgingen, wurde am Geburtstagmorgen zu Voglers

[34] DSB Berlin, WFN - Handschriftliches II, Bl. 21-23r. Die Bemerkungen zu Choral Nr. 7 stammen von Gänsbachers Hand.

[35] LHB Darmstadt, Hs. 4233/1, Notenbeispiele Mus. ms. 1300 (ebenfalls mit Korrekturen Voglers). Gänsbacher schrieb am 19. Juni 1810 an die Gräfin Firmian: *Ueberdieß machte V: über 12 Bachische Choräle eine Umarbeitung der Begleitung, die einzig in seiner Art ist; sie wird eine schreckliche musik: Fehde veranlaßen, denn V: schlägt damit allen Bachianern gerat ins Gesicht, und unpartheiisch zu reden, muß er den Sieg davon tragen.*

[36] vgl. Webers Briefe an Kühnel vom 30. August, 28. November 1810 u. 9. Januar 1811. Das Werk erschien mit der PN 834 unter dem Titel: *Zwölf Choräle von Sebastian Bach, umgearbeitet von Vogler, zergliedert von Carl Maria von Weber.*

[37] In dem gedruckten *Verzeichnis fremder Musikalien* aus Voglers Besitz, das eine Ergänzung zu dem unvollständigen Verzeichnis Voglerscher Musikalien aus den Darmstädter Nachlaßakten darstellt (SA Darmstadt G 28 Darmstadt F Nr. 2871/8) und in der dortigen Landes- und Hochschulbibliothek erhalten blieb, ist von Händel lediglich eine *Fugue p. Fortepiano* unter der Nr. 44 aufgeführt. Welche Musikalien über die im Versteigerungsprotokoll erwähnten 21 Nummern *Musikalische Bücher von fremden Autoren*, 40 Nummern gedruckte und gestochene Musikalien und 84 Nummern *Fremde Musik* (darunter 3 Bände *Madgrigali à 3*) hinaus sich noch in Voglers Besitz befanden bzw. ob er zur Illustration Händelscher Satzkunst mit auf Meyerbeers Bibliothek zurückgreifen konnte, ist nicht bekannt.

[38] *Denkwürdigkeiten*, S. 41. Weber führt in seiner *Anagramm-Charade* (KaiserS, S. 513) als typischen Fugenkomponisten ebenfalls Händel an.

[39] vgl. dazu Voglers Bemerkungen über Händel im *FS*, S. 24-27 und im Artikel *Fuga* der *Deutschen Encyclopädie* (Bd. X, 1785, S. 630): *In den Fugen war Händel der gröste Meister, alle Tage singt man und hört von seinen Oratorien noch mit Vergnügen, und nur wegen seinen starken Chören und bündigen Fugen.*

[40] Gänsbacher äußerte ausdrücklich, er sei u. a. nach Darmstadt gekommen, um Voglers Werke zu studieren, vgl. *Denkwürdigkeiten*, S. 32.

[41] *Denkwürdigkeiten*, S. 37

großer Freude überreicht[42]. Vogler schrieb später an Ludewig: *Ich besitze eine Sammlung von eigenen Partituren, sie ist eine Stufenreihe der Ausbildung eines Compositeurs, geordnet in einer ununterbrochenen, datirten BefähigungsFolge von einem halben Saeculum: vom Jahre 1763 bis 1812 zu grosen Werken und kleinen Stücken über 300*[43]. Dabei dürfte es sich im wesentlichen um die durch Gänsbacher und Weber katalogisierten Arbeiten handeln. Der Katalog beider Schüler wurde später Grundlage des Nachlaßverzeichnisses[44], das wiederum Schafhäutl bei der Anlage seines Werkverzeichnisses benutzte[45].

Unter den ausdrücklich erwähnten Werken, die im gemeinsamen Unterricht erläutert wurden, erfreute sich besonders Voglers *Requiem in Es*[46] großer Beliebtheit. Nach seiner ersten Bemerkung hierzu im Tagebuch vom 8. April notierte Weber am 10. Juni erneut: *Abends das göttliche Requiem*. Gänsbacher bestätigt in seinen *Denkwürdigkeiten* die genauere Kenntnis dieser Komposition[47]:

> *Unter den neuesten Werken Voglers befand* [sich] *auch sein Requiem, welches, wenn nicht der Krieg es verhindert hätte, zu Haydns Todtenfeyer in Wien bestimmt war. Wir studirten es öfters durch und fanden vieles darunter, wirklich der Unsterblichkeit würdig.*

In seinem *Wort über Vogler* schreibt Weber zu diesem *Requiem*: *Hier ist alles vereint, was die Kunst und das Künstliche in allen seinen Formen darbietet, und dies mit so großem Genius, Geschmack und wahrhafter Kunst behandelt, daß man sie darüber vergißt und rein vom Gefühle angesprochen wird*[48].

Mit dem später von André gedruckten Werk *Die Scala oder personifizierte Stimmbildungs- und Singkunst*[49] bedankte sich Vogler am Abend seines Geburtstages für die ihm gebrachte Kantate der drei Schüler. Gänsbacher schreibt hierzu[50]:

> *Nachdem sich die Gäste entfernt hatten, producirte uns Vogler am Fortepiano seine neueste Composition zum Dank. Es war eine ganz neue Idee und Behandlung, nämlich die Singschule mit Chor und vollständigem Orchester. Zum Schluß dieses feyerlichen Tages ließ uns Vogler dieses Werk noch einmahl genießen* [...]

42 a.a.O., S. 37-38: *Darauf führten wir Vogler zu seinen offenstehenden Musikalienkästen und übergaben ihm den Chatalog, was ihm auch ganz besondere Freude machte.*

43 Vogler an Ludewig, 22. Mai 1813

44 *Verzeichnis der von dem Theoretiker und Compositeur in der Tonkunst berühmten* [...] *Abt G. J. Vogler nachgelassenen, größtentheils noch nicht bekannten praktischen und theoretischen, im Manuscript vorhandenen Werke, so wie seiner im Druck erschienenen und mehreren fremden Musikalien* [...], Darmstadt 1814 (SA Darmstadt, G 28 Darmstadt F 2871/8). Darin sind 207 handschriftliche Musikalien, 40 gedruckte Werke und 21 Theoretika Voglers aufgelistet; vgl. Anm. 37.

45 Schafhäutl, S. 245-281

46 SchafhäutlV 202

47 *Denkwürdigkeiten*, S. 38; vgl. auch seinen Brief an die Gräfin Firmian vom 19. Juni 1810

48 KaiserS, S. 322. Ähnlich enthusiastisch äußerten sich über dieses Werk Joseph Fröhlich in der *Cäcilia* Bd. 1 (1824), S. 105-128 und Friedrich Rochlitz in der *AMZ* 25. Jg., No. 42 (15. Oktober 1823), Sp. 681-696.

49 SchafhäutlV 208

50 *Denkwürdigkeiten*, S. 38

Am 3. Juni hatten Weber und Gänsbacher Gelegenheit, in einer musikalischen Soirée bei Gottfried Weber in Mannheim Voglers *Benedictus à 4tro* zu hören[51], bei dem es sich um das Benedictus der d-Moll-Messe Voglers handeln dürfte, das Weber schon seit seiner Wiener Begegnung mit Vogler selbst besaß[52]. Über seine Kenntnis der Voglerschen *Pastoralmesse* informiert u.a. ein Brief vom 23. Juni 1810[53].

Im Juni 1810 versprach Weber, seinem Namensvetter Gottfried einen *Catalog von Voglers Sachen* zuzuschicken[54] und instruierte Gänsbacher, im Falle von Voglers Abwesenheit *einige Hymnen zu capern*[55]. Der *Katalog der käuflichen Musik*, der dann erst Anfang Oktober bei Gottfried eintraf[56], enthielt außerdem einige theoretische Werke Voglers und kann nur als indirekter Hinweis auf Weber bekannte Werke seines Lehrers herangezogen werden[57]:

Erste Musikalische PreisAusteilung mit 40 Kupfert. 3 f. Nachricht von einer Mus: Herausforderung in Paris. 12 xr. Ueber die Umschaffung der St. Marien Orgel in Berlin 8 xr. Data zur Akustik. 8 xr. das Choral System 4 f. Kurpfälzische Tonschule 4 f. Musikalien. Improviso di Metastasio. 12 xr. Miserere. mit gedrukter Erklärung 3 f. Vogl: beleb: Mus: Herausgaben. die deutsche Meße mit Zergliederung. 5 f. die große Oper Samori im Klavierauszug 6 f.

Carl Maria, der unter den drei Schülern Voglers sicherlich der in musikalischer Hinsicht am weitesten fortgeschrittene war[58], gewann in dieser Zeit das besondere Vertrauen seines Lehrers, was sich nicht nur in dem Auftrag für die Kommentierung der Bach - »Verbesserungen« äußert, sondern in dem wohl ebenfalls auf Voglers Veranlassung geschriebenen *Wort über Vogler*[59], das er am 12. Juni 1810 von Darmstadt aus an Reinbeck, den Redakteur des *Morgenblatts für gebildete Stände* sandte[60], und besonders in Voglers Entschluß, Weber solle seine Biographie verfassen.

Am 23. Juni informierte Weber Gottfried über diesen Plan: *Ich werde vielleicht Voglers Biographie schreiben /: unter uns gesagt :/ wenn ich nehmlich so viel Sizleder behalte.* Der pejorativen Deutung dieser Äußerung in der Weber-Literatur widerspricht u. a. Webers späterer Brief vom 9. Oktober an Gänsbacher, wo es heißt: *Auch am Künstlerleben arbeite ich fleißig und auch Papas Biographie ist angefangen. Letzteres ist nun freilich ein Werk, an dessen Beendigung ich jezt nicht denken kann, aber doch thue ich so viel mir möglich ist.* Der Plan zu dieser Biographie blieb auch nach Voglers Tod bestehen. Am 16. Mai 1814 teilte Weber Roch-

51 a.a.O., S. 37
52 SchafhäutlV 126. Dieses *Benedictus* hatte Vogler in Wien nachkomponiert, vgl. o., S. 68.
53 An Gottfried Weber: *warum reißt denn du verdammter Kerl just weg wenn man Voglers Pastoral Meße aufführt? weißt du daß ich dir das sehr übel nehme?* Vgl. SchafhäutlV 19 u. 19a.
54 Weber an Gottfried Weber, 18. Juni 1810
55 Weber an Gottfried Weber, 23. Juni 1810
56 vgl. Brief vom 8. Oktober 1810 an Gottfried Weber
57 Es handelt sich um die Werke SchafhäutlV 152, 23, 14, 13, 12, 10 und die Musikalien SchafhäutlV 233, 198, 81 u. 175a.
58 Vogler selbst schreibt in dem Brief an die Gräfin Firmian vom 10. Juli 1810 über Weber: [...] *Karl v. Weber, der ehemals mit Gänsbacher in Wien bei mir lernte, der schon Opern mit Beifall aufgeführt hat, auch künftige Herbstmesse eine in Frankfurt aufführen wird* [...]. Gänsbacher war zwar älter als Weber, hatte aber durch seine patriotischen Unternehmungen weniger musikalische Erfahrungen als dieser sammeln können.
59 KaiserS, S. 321-323; zum Autograph vgl. Fr. Walter 1924, Sp. 29, Verbleib unbekannt.
60 Tagebuch, 12. Juni 1810; veröffentlicht im *Morgenblatt* vom 20. Juni 1810

litz den Tod Voglers mit und fügte hinzu: [...] *ich behalte mir vor später etwas Ausführliches über ihn und seine Werke zu schreiben*[61], und noch am 20. Februar 1816 schrieb Weber an Joseph Fröhlich: *Um die Mittheilung der Abhandlung über den Geist Voglers bitte ich recht sehr, sowie um alle Notizen, die Sie mir in Beziehung auf ihn vielleicht verschaffen können*[62]. Es ist anzunehmen, daß die Ausführung dieses Werkes durch die Arbeitsbelastung Webers in Dresden nicht zustande kam. Unerklärlich bleibt der Verlust seiner Aufzeichnungen und Entwürfe zu dieser Biographie. Joseph Fröhlich schrieb 1845 in seiner Vogler-Monographie, Vogler habe die Materialien zu seiner Biographie *schon im Jahre 1812 seinem würdigen Schüler Carl Maria von Weber gegeben, welcher es übernommen hatte, die Biographie Voglers zu schreiben. So sagte dieser* [Vogler] *zu dem Referenten, der ihn um die Mittheilung der erwähnten Materialien ersuchte. Sie müssen sich noch unter den Papieren des sel. v. Weber vorfinden*[63]. Im Familiennachlass gibt es jedoch keine Spur dieser Materialien, so daß zu befürchten steht, daß Theodor Winkler auch diese Unterlagen nach Webers Tod vernichtet hat[64].

* * *

Nach der Erstaufführung der *Silvana* am 16. September 1810, zu der Vogler eigens nach Frankfurt reiste[65], nahm der Abbé seinen Schüler Weber, wie erwähnt, in sein neuerworbenes Haus auf, so daß die Bindung Webers an seinen Lehrer nach Gänsbachers Abreise noch enger wurde. Damit war der Zugang zu Voglers eigenen Werken ebenfalls erleichtert, und Weber wurde zudem Zeuge der Entstehung neuer Werke, so z. B. einer Abhandlung Voglers *über die hebräische Scansion*[66], und er fand Gelegenheit zum Studium des Manuskripts zum *System für den Fugenbau*. An Gottfried Weber schrieb er am 23. September: *Gestern und Vorgestern habe ich Voglers FugenSystem durchgegangen, in dem unendlich viel vortreffliches und neues ist. die Fuge vom ersten Ton habe ich umgearbeitet, und das ist jezt ein ganz anderer Bißen geworden als vorher*[67]. Anfang Oktober antwortete er Gottfried auf dessen Frage nach dieser Schrift Voglers: *Das Voglersche Fugensystem ist nicht gedrukt sondern Manuscr*[ipt] *ich habe es aber in den Klauen, nur habe ich die Geduld nicht es abzuschreiben, so wichtig es auch ist*[68].

61 Brief an Rochlitz, 16. Mai 1814: *Seit einigen Tagen drückt mich auch sehr eine Nachricht nieder die ich Ihnen zugleich als Notiz, die Sie unter meinem Namen in die M. Z. setzen können, mittheile, und an der Sie gewiß Antheil nehmen. Abt Vogler ist nicht mehr*. In der *AMZ* 16. Jg. (25. Mai 1814), Sp. 350-351 erschien zunächst nur eine kurze Mitteilung über Voglers Tod.

62 vgl. Franz Segner: *Zwei unbekannte Weber-Briefe*, in: *Die Musik*, 5. Jg. (1905/1906), S. 300-301

63 Joseph Fröhlich: *Biographie des grossen Tonkünstlers Abt G. J. Vogler*, Würzburg 1845, S. 4, Anm. 1

64 vgl. dazu *MMW* I, S. XII; Winkler war Vormund der Kinder Webers

65 vgl. die Angaben in Webers Tagebuch vom 16./17. September 1810

66 vgl. Weber an Gänsbacher, 9. Oktober 1810. Am 17. Januar 1811 teilte Vogler in einem Empfehlungsschreiben für Prof. Wolfssohn (an den geistlichen Rat Oberthür in Würzburg) mit, daß er Wolfssohn *sehr thätige Beihilfe bei einem Werk über das Wort Sala und über das karakteristische der hebraischen Poesie* verdanke und hoffe, dieses Werk noch vor seinem Tode herauszugeben. Über den Verbleib des Manuskripts ist nichts bekannt.

67 Über die Umarbeitung vgl. Analyseteil w.u.

68 Weber an Gottfried Weber, 8. Oktober 1810

Vogler scheint seinen Schüler, der mit Konzerten und eigenen Arbeiten beschäftigt war, in diesen Monaten nicht für seine eigenen Zwecke in Anspruch genommen zu haben. Erst am 28. Januar 1811 findet sich eine Notiz in Webers Tagebuch: *Klavier-Auszug vom Admiral durchgesehen* und am 29. Januar *Klavierauszug vom Admiral der Großherzogin dedicirt und überschikt*. Ernst Pasqué hat aus dieser Bemerkung den sicherlich berechtigten Schluß gezogen, der Klavierauszug dieser Voglerschen Oper sei von Weber angefertigt worden[69]. Da Meyerbeer parallel mit Vogler den Text zum *Admiral* vertonte[70], scheint es denkbar, daß Vogler auch seinen Schüler Weber an der Oper beteiligen wollte und ihm die Anfertigung des Klavierauszugs übertrug. Im einzigen erhaltenen handschriftlichen Exemplar des Auszugs fehlt allerdings die genannte Widmung an die Großherzogin[71], und der Auszug stammt von fremder Hand; es finden sich jedoch zahllose Nachträge und Korrekturen von Webers Hand[72]. Obwohl sich also die Frage, ob Weber den Klavierauszug insgesamt angefertigt oder nur den bereits geschriebenen durchgesehen und korrigiert hat, gegenwärtig nicht eindeutig beantworten läßt, belegt das erhaltene Exemplar seine genauere Kenntnis dieses Werkes. An Gottfried Weber schrieb er Anfang Februar über die Oper[73]:

> *Papa Vogler hat eine kleine Oper componirt ein Hundsschlechter Text, der ihm aber vom Großherzog geschikt wurde, nun er die Musik fertig, und überreicht hatte, überhäuft man ihn mit Lobsprüchen, bedauerte aber - - - wie er einen so schlechten Text hätte wählen können. - che tené wu de cé? ist das nicht um des Teufels zu werden. Doch hat dieses die gute Folge, daß jezt der Samori gegeben wird. Da mußt Du herüber reisen.*

Weber hatte zu diesem Zeitpunkt bereits von Vogler den Text zu dessen *Samori* erhalten, um ihn für die Darmstädter Bühne einzurichten, worauf eine Notiz in Webers Tagebuch vom 29. Januar 1811 deutet: *Samoris Buch umgearbeitet*[74].

Neben diesen gelegentlichen Arbeiten für Vogler entstanden im Verlaufe des Darmstädter Aufenthaltes eine Reihe eigener Werke Webers, bei denen man davon ausgehen kann, daß sie einer »Kontrolle« Voglers unterzogen wurden, da die *kritische Zergliederung* der Schülerarbeiten ausdrücklich zu Voglers Unterrichtsprogramm gehörte[75], und auch von Meyerbeer und Gänsbacher neben den Psalmvertonungen weitere Kompositionen eindeutig unter Voglers Aufsicht geschrieben wurden[76].

69 Pasqué: *Abt Georg Joseph Vogler* [...], Darmstadt 1884, S. 17

70 vgl. o., S. 99

71 HLB Darmstadt, Mus. ms. 1052a; das Titelblatt stammt von fremder Hand und ist bezeichnet: *Der Admiral / Oper in Einem Ackt / von / Abt: Vogler. / für Clavier eingerichtet von C: M: von Weber / in / Darmstadt. / (Manuscript).*

72 Weber korrigierte den Notentext, ergänzte z. T. Dynamik und Phrasierung und mußte oft den Text einzelner Stimmen nachgetragen.

73 Weber an Gottfried Weber, Anfang Februar 1811. Weber spielt in dem Zitat auf das eigenartige Französisch des Großherzogs an. Vogler hat seine Oper später umgearbeitet und neu textiert als *Der gewonnene Prozeß*, vgl. SchafhäutlV 212.

74 Die erste Aufführung fand am 30. Juni 1811 statt. Ein Exemplar des Darmstädter Textbuches mit Webers Veränderungen scheint (auch im Druck) nicht erhalten.

75 vgl. u.a. Voglers Brief an die Gräfin Firmian vom 10. Juli 1810

76 vgl. *Denkwürdigkeiten*, S. 32 oder Brief Webers an Gottfried vom 23. Juni 1810

So teilte z. B. Gänsbacher am 10. Juli 1810 der Gräfin Firmian mit, Vogler wolle, daß er sein *Operettchen* [*Des Dichters Geburtsfest* von Treitschke] *unter seiner Aufsicht vollende*, und Carl Maria berichtete am 24. September über ein Lied Gänsbachers, *welches Papa umarbeitete und unter* [...Gänsbachers] *Namen der Großherzogin zu Ihrem Geburtstag übergab*[77]. Meyerbeers Oper *Jephtas Gelübde* verdankte bereits den Textentwurf der Mitwirkung Voglers[78] und wurde von diesem in allen Stadien der Komposition betreut, so daß Meyerbeer zu Recht im Begleitschreiben zu dem Dedicationsexemplar für Ludewig I. darauf hinwies, daß *diese Oper* [...] *unter der Leitung eines Dero Diener (des Herrn Geheimrathes Vogler) ausgearbeitet wurde*[79]. Daß Vogler Arbeiten seiner Schüler außerhalb seiner Aufsicht nicht dulden wollte, zeigt ein Brief an seinen ehemaligen Schüler Joseph von Blumenthal, dem er über Meyerbeers Arbeiten berichtet[80]:

> *MB hat unter mir Jephte geschrieben: ein Meisterstück; er schmierte auf eigene Faust für das Theater von Stuttgardt eine komische Oper, die fiel tragisch aus. In Wien wollte er sie umarbeiten - die Zerstreuung lies es nicht zu. Sich einen Namen machen ist leichter, als erhalten.*

Auch im Falle Webers ist in einigen Fällen belegt, daß er seine Arbeiten Vogler vorlegte. Zum ersten Klavierkonzert, dessen erster Satz Ende August in Darmstadt komponiert wurde[81], schrieb Weber am 24. September 1810 an Gänsbacher: [ich] *componirte das erste Allegro zu meinem Concert, womit der Papa sehr zufrieden ist*[82]. Ebenso schrieb er zu der durch das Studium von Voglers *Fugen-System* veranlaßten Umarbeitung des Schlußchors des *Ersten Tons*: [Ich] *arbeitete die Fuge vom ersten Ton um, bei der ich das* [Notenbeispiel] *zum Contra Subject nahm und mit der Papa so zufrieden war, daß ich es Ihnen gar nicht wieder sagen mag*[83].

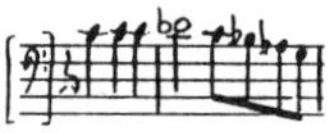

In Voglers Haus entstanden außerdem Ende September bis Mitte Oktober 1810 die André versprochenen *Six Sonates progressives* JV 99-104[84]. Eine *Hundsfött*[i]*sche Arbeit* [...] *kostet mich mehr Schweiß als so viel Simphonien*, klagte Weber gegenüber Gottfried[85]. Da die Arbeit nur unter Mühen vollendet wurde[86], wird Weber

[77] Brief an Gänsbacher, 24. September 1810

[78] vgl. Brief Voglers an Jakob Herz Beer, 5. Juli 1811, Becker I, S. 116-117.

[79] Meyerbeer an Ludewig, 6. Januar 1813, unveröffentlicht (SA Darmstadt D 12, Nr. 33/37). Zur Betreuung der Komposition durch Vogler vgl. die Briefe und Tagebücher Meyerbeers aus der Zeit der Entstehung des Werkes bis zur Münchener Uraufführung.

[80] Vogler an Joseph von Blumenthal, 3. August 1813

[81] vgl. Tagebucheintragungen Webers; der 2. und 3. Satz waren schon am 21./22. Mai in Mannheim entstanden.

[82] vgl. auch Weber an Gottfried Weber, 30. August 1810: *Mein Erstes Allo: zum Concert ist fertig, und wie man sagt, gelungen.*

[83] Weber an Gänsbacher, 24. September 1810

[84] vgl. Tagebuch Webers (bzw. Autograph): 30. September, 2., 3., 5., 6., 9., 12., 13., 16. u. 17. Oktober 1810. Am 17. Oktober heißt es: *meine 6 Sonaten vollendet.* Da sich Weber bereits am 23. September gegenüber Gottfried Weber über die Arbeit beklagt (vgl. nachfolgendes Zitat), muß er die Arbeit an dem Werk schon früher begonnen haben.

[85] Weber an Gottfried Weber, 23. September 1810

[86] vgl. Weber an Gottfried, 12. Oktober 1810: *Ich bin leider seit ein paar Tagen in der schreklichen Stimmung, nichts arbeiten zu können, von denen verfluchten 6 Sonaten sind 5 fertig und die letzte kann ich nicht zusammen kriegen* [...]. Am 1. November 1810 spricht er von den *verfluchten 6 Sonaten* [...], *die ich* [...] *endlich im Schweiße meines Angesichts fertig gemacht* [...]

wohl seinen Lehrer konsultiert haben, ohne daß dies im Tagebuch oder in Briefen belegt ist. In Darmstadt komponierte bzw. vollendete Weber auch große Teile seines *Abu Hassan*[87], den er auf Voglers Rat dem Großherzog widmete[88]. Besonders die erwähnte, vom Dezember 1810 stammende Abschrift des Meyerbeerschen *Abu-hassan*-Plans[89] deutet darauf hin, daß Webers Komposition auch in Voglers Unterricht eine Rolle spielte. Anzunehmen ist auch, daß Weber die übrigen an André bzw. Simrock übersandten Kompositionen nochmals Vogler zur Begutachtung vorlegte. Zahlreiche Überklebungen im Autograph der ersten Sinfonie deuten z. B. darauf hin, daß das Werk vor der Übersendung an André im Sommer 1810 *umgearbeitet* wurde[90].

Neben den genannten Werken entstanden bis zur Abreise aus Darmstadt außer einigen Liedern und Kanons lediglich die für das Heidelberger Konzert mit Dusch komponierten bzw. größtenteils aus dem Stuttgarter *Potpourri pour le Violoncelle* JV 64 arrangierten *Variationen für das Violoncell* JV 94, die am 28. Mai 1810 in Mannheim geschrieben wurden[91]; ferner das am 19. Mai in Heidelberg komponierte und am 29. Mai dort instrumentierte *Rondo La dolce speranza* JV 93 für die Sängerin Luise Frank[92] sowie das am 27. Januar 1811 für das Konzert vom 6. Februar in Darmstadt komponierte und am 1. Februar instrumentierte Duett *Se il mio ben* JV 107[93]. Die *3 Variat:* [...] *über der Großherzogin ihr Thema*, die am 11. Februar 1811 im Tagebuch erwähnt sind, haben sich offensichtlich nicht erhalten[94], und zu der Geburtstagskantate für Vogler am 15. Juni 1810 schrieb Weber lediglich die Texte[95].

Welche Einwirkungen Voglers sich in diesen überwiegend in Darmstadt entstandenen Kompositionen Webers bemerkbar machen, soll im Analyseteil dieser Arbeit genauer untersucht werden.

Wie im Falle Gänsbachers, versuchte Vogler auch Weber länger als geplant in Darmstadt zu halten. *Papa will mich zwar nicht gerne geben lassen, aber ich kann meine schönste Zeit nicht so verträumen*, schrieb Weber am 13. Januar 1811 bzw. Anfang Februar: [...] *es thut Noth, daß ich einmal aus diesem Magischen Kreise herauskomme*[96]. An Gottfried schrieb er später aus Gießen: *Du siehst daß ich endlich aus diesem ZauberKreise heraus bin, und wahrlich ich fühle mich so verwaist, als ein MutterSöhnchen das zum erstenmal die liebe Mama verläßt. Den 14t machte ich mich schwer von mein*[em] *guten alten Vogler los* [...][97]. Ein ähnlicher Unterton des Bedauerns spricht aus seinem Brief an Gänsbacher vom 27. Februar:

87 vgl. Tagebuch, 2. November 1810: *Introduction von Abu Haßan comp*, 3. November: *Gläubiger Chor aus A: H: notirt*, 4. November: *Duett, von Omar und Fatime comp*, 9. Januar 1811: *Overture zu Abu Haßan entworfen* und 11. Januar 1811: *Overture von Haßan instrumentirt.*

88 vgl. o., S. 83

89 vgl. o., S. 100

90 Laut Tagebuch übernahm André das Werk am 9. Juli 1810, am 20. September übersandte Weber die Partitur, vgl. Begleitschreiben vom gleichen Datum. Die zahlreichen Überklebungen im Autograph (Privatbesitz) könnten erst nach vorsichtiger Ablösung genauer beurteilt werden.

91 vgl. Tagebucheintragung vom 28. Mai 1810

92 vgl. Tagebuch, 22. und 29. Mai 1810

93 vgl. Tagebuch, 27. Januar und 1. Februar 1811

94 Das Werk wird sonst nirgends erwähnt; vgl. JV Anh. II, Nr. 34.

95 vgl. KaiserS, S. 516-517

96 Briefe Webers an Gänsbacher bzw. Gottfried Weber

97 Brief an Gottfried Weber, 20. Februar 1811

Ich habe mich endlich nach vieler Anstrengung in Darmstadt losgemacht, und unsern guten alten Lehrer verlassen, es ging mir wirklich sehr nahe, doch mußte es einmal sein, und wirklich ich hatte lang genug gezaudert.

Webers Kontakte zu Vogler brachen damit jedoch keineswegs ab, vielmehr belegt ein Blick auf sein späteres Verhältnis zu Vogler bzw. seinen Umgang mit dessen Werken die anhaltende Hochschätzung des Lehrers. Dies mögen abschließend einige Zitate belegen, die zugleich dem in der Literatur verbreiteten Urteil entgegenwirken sollen, als habe sich Webers Verhältnis zu Vogler mit »zunehmender Reife« geändert.

Webers späteres Verhältnis zu seinem Lehrer

Am 22. März 1811 berichtete Weber begeistert von einer Münchener Aufführung des *Don Juan* mit dem in jener Zeit vielfach üblichen Ersatz des Finale durch Voglers *Furienchor* aus *Castor und Pollux*[1], den Weber in seine Prager Aufführung des *Don Juan* ebenfalls übernahm[2]:

> *Gesehen und gehört habe ich hier* [...] *Gestern Don Juan wo am Ende der FurienChor aus Castor und Pollux gemacht wird von Vogler, ja Bruder, was hätte ich Gestern darum gegeben, euch an meiner Seite zu haben, so ein Orchester hebt einen gen Himmel wie Meereswogen wenn das Finale los geht und die Overtüre und der FurienChor!!! Mordelement was hat der Kraft, es pakt mich so wenn ich daran denke daß ich vor Ungeduld die Feder wegwerfen möchte.*

Aufmerksam verfolgte Weber von München aus die Vorbereitungen zur Darmstädter Aufführung des *Samori*. Am 27. Juni 1811 heißt es in einem Brief an Gänsbacher:

> *Von* [Gottfried] *Weber habe ich gestern Briefe erhalten, worin er mir schreibt, daß er den 21. nach Darmstadt geht, wo Samori gegeben wird, ich bin höchst begierig wie er ausfällt, lange genug haben sie daran studirt, das ist nicht zu läugnen, so eine Kleinigkeit wieder von 10000 Proben. Ich fürchte beinahe für den Samori, denn nach den letzten Ae*[u]*ßerungen Mangolds und des ganzen Orchesters waren sie nichts weniger als con amore daran, und Du weißt wie viel das thut* [...] *Papa Vogler hat mir lange nicht geschrieben, ich kann mir denken, daß er viel mit Samori zu thun hat.*

Nach der Aufführung der Oper am 30. Juni schrieb Weber an Gottfried: *Was gäbe ich darum wenn ich hätte bey euch seyn können und diesen hohen Genuß theilen. ich hoffe Du wirst mir ausführlich über die Aufführung schreiben damit ich etwas für die hiesigen Blätter arrang*[ieren] *kann*[3] und ähnlich wenige Tage später[4]:

> *Was hätte ich darum gegeben wenn ich mit Euch hätte in Darmstadt seyn können, und besonders mit dir über die Musik* [zu Samori] *raisoniren. denn*

[1] vgl. außer der erwähnten Münchener Aufführung z. B. die Bemerkung zu einer Berliner Aufführung bei E. T. A. Hoffmann: *Schriften zur Musik*, hg. v. Friedrich Schnapp, München ^{2}1977, S. 499

[2] Brief an Gottfried Weber, 22. März 1811

[3] Brief an Weber vom 8. Juli 1811

[4] Weber an Gottfried Weber, 19. Juli 1811

ich hätte Sie nach mein[en] *seit der Zeit als ich sie gehört habe gesammelten Erfahrungen gar zu gerne wieder gehört. Es freut mich besonders daß es gut gieng, denn ich hatte wirklich einige Furcht vor denen Musikanten, die alle den alten Papa nicht recht leiden können. deine Notiz vom Bad: Magazin, habe in einer neuen Sauce ins GesellschaftsBlatt pp. gegeben, und verbreite es nach Kräften.*

Der Briefwechsel Webers mit Vogler blieb in den Jahren 1811 und 1812 intensiv[5], und Weber bedauerte sehr, vor der (zunächst für November 1811 angekündigten) Ankunft seines Lehrers und Meyerbeers in München abreisen zu müssen[6]. Erst im April 1813 traf er wieder mit Vogler in Wien zusammen. Dort hielten sich zu dieser Zeit neben Vogler auch Meyerbeer und Bärmann auf, und Meyerbeer vermerkte in seinem Reisetagebuch die Ankunft Webers, der am 29. März in Wien eintraf: *Der Anblick des geliebten Freundes löschte allen Groll aus meinem Herzen und mit einem lauten Schrei lag ich in seine Arme. Wir gingen sogleich Papa aufsuchen den wir aber nicht zu Hause trafen*[7]. In einem Brief Webers an Gänsbacher heißt es dazu: *Montag früh 1/2 9 Uhr war ich schon in Wien glücklich angelangt, suchte Papa Vogler auf, fand ihn aber erst Mittwoch, er hatte eine große Freude und grüßt Dich herzlich. Morgen esse ich bei ihm und bringe ihm das Geld*[8]. An die Familie Türk in Berlin schrieb Weber wenige Tage später: *Ich hätte zu keiner glücklichern Zeit nach Wien kommen können, Vogler, Meyerbeer, Bärmann, die Schönberger pp. kurz zahllose Bekannte von mir finde ich hier beisammen*[9]. Am 9. April mußte Weber mit Meyerbeer bei einem Orgelkonzert Voglers in Wien registrieren[10] und urteilte Über das Programm: [...] *viel Göttliches und manches was hätte wegbleiben können* [...Vogler] *wird noch einige* [Orgelkonzerte] *geben, ist übrigens noch ganz der Alte* [...][11]. Ein weiteres Konzert Voglers erwähnt Weber am 4. Mai 1813 in seinem Tagebuch. Vogler dürfte in dieser Zeit auch Webers Konzert im Redoutensaal vom 25. April[12] sowie die Wiener Aufführung des *Abu Hassan* am 28. Mai[13] gehört haben, an der Weber nicht teilnehmen konnte, da er wegen einer plötzlichen Erkrankung nach Prag zurückgeeilt war[14].

5 Briefe, die direkt von Vogler stammen oder an ihn gerichtet sind, werden im Tagebuch unter folgenden Daten erwähnt: 24. und 26. Februar, 23. März, 8. April, 10. Juli, 23. September, 31. Oktober, 5. und 30. November 1811, 19. September und 19. November 1812.

6 vgl. Briefe Webers an Gottfried Weber, 15. und 29. November 1811

7 zitiert nach Heinz Becker: *Meyerbeers Wiener Reisetagebuch 1813*, in: *Festschrift Rudolf Elvers zum 60. Geburtstag*, hg. v. Ernst Herttrich u. Hans Schneider, Tutzing 1985, S. 43; vgl. auch Webers Tagebuch vom 29. März 1813

8 Weber an Gänsbacher, 2. April 1813. Gänsbacher hatte noch Schulden bei Vogler, die Weber in seinem Auftrag zurückzahlte; vgl. Webers Brief an Gänsbacher vom 16. April 1813. Das Tagebuch vom 31. März bestätigt die Angaben.

9 Weber an Türks, 6. April 1813

10 vgl. Weber an Gänsbacher, 16. April bzw. Tagebuch 9. April 1813

11 Brief an Gänsbacher vom 11. April 1813

12 vgl. Tagebuch, 25. April 1813 und MMW I, S. 413

13 vgl. Anton Bauer: *150 Jahre Theater an der Wien*, a.a.O., Kalendarium: 28. Mai 1813. Gleichzeitig wurde Klingemanns Prolog *Moses Errettung* aufgeführt, über den Vogler später an den Großherzog berichtete (vgl. Brief an Ludewig vom 21. Juli 1813).

14 vgl. MMW I, S. 413. Laut Webers Tagebuch kam die Krankheit aber erst nach der Ankunft in Prag zum Ausbruch (vgl. 13. Mai).

Im Sommer 1813 bestellte Weber bei Vogler die Partitur seiner Oper *Samori* für das Prager Theater[15]. Vogler überließ seinem Schüler die Bestimmung des Honorars und berichtete ihm von München aus über das Scheitern seines Triorganon-Plans und seine finanziellen Einbußen[16]. Aus einem Brief Webers an Gänsbacher wird deutlich, daß diese Geschäfte Voglers für Weber zu den *verwirrenden Schlacken und seltsamen Eigenheiten*[17] im Umgang mit dem Abbé gehörten und er sich durch Voglers Brief in Verzug gesetzt fühlte:

> *Von Vogler habe ich kurz hinter einander 2 Briefe erhalten, worin er mir schreibt, daß ich ein Honorar für seinen Samori etc. etc. bestimmen und auf der Stelle nach Wien schicken sollte. Du weißt, daß das so schnell nicht geht, und wie kann ich das Honorar bestimmen. Das sind fatale Commissionen, ich habe ihm heute geschrieben. Auch wollte er haben, daß ich das was Du mir schicktest von seinem Orgelconcert in die Prager Zeitung einrücken lassen sollte. Ich bin recht froh, daß er in München den Vergleich gemacht hat und zweifle wie Du an dem großen Vorschuß. Es thut mir auch wehe, diese Flecken an dem großen Geiste zu wissen*[18].

Mitte August 1813 übersandte Vogler den *Samori* von München aus an Weber[19], der die Partitur erst im Oktober 1813 erhielt[20]. Die Oper kam jedoch, wahrscheinlich wegen Besetzungsschwierigkeiten, in Prag nicht zur Aufführung[21], obwohl im Tagebuch unter dem 23. Oktober 1815 eine Probe des Werkes erwähnt ist[22]. Später erwarb Weber die Oper auch für sein Dresdner Theater; am 19. März 1819 vermerkte er im Tagebuch: *Honorar für Alimelek 20' Wettk:*[ampf] *zu Olimpia. dito und Samori dito einkaßirt. Samori für mich 20# oder 61rh, 16gr*[23]. Über eine Aufführung des Werkes in Dresden ist allerdings nichts bekannt.

Wie aus dem oben zitierten Brief an Gänsbacher vom 28. Juli 1813 hervorgeht, scheint Weber weitere Werke Voglers erworben zu haben[24]; so spricht er später gegenüber Gottfried von einem *Te Deum* Voglers, das sich in seinem Besitz be-

[15] vgl. dazu Webers Brief an Gänsbacher vom 28. Juli 1813
[16] a.a.O.
[17] *AS* (KaiserS, S. 6)
[18] Brief an Gänsbacher, 28. Juli 1813. Die erwähnten Briefe Voglers sind am 12. und 25. Juli im Tagebuch verzeichnet.
[19] vgl. Voglers Nachfrage bei der Postbehörde vom 15. November 1813 (wegen der verspäteten Ankunft seiner Postbestätigung)
[20] a.a.O., laut Reskript am 23. Oktober 1813 bei Weber eingetroffen, im Tagebuch am 25. Oktober vermerkt
[21] In Webers *Prager Notizenbuch* ist das Werk unter den *noch nicht aufgeführten Opern* aufgenommen und angemerkt: *ist à quadro ganz geschrieben, so auch die Blas-Instrumente vom 2ten Akt. Im Ersten aber noch nicht. Die Posaunen fehlen noch durchaus*; vgl. Neuveröffentlichung des *Notizenbuchs* durch Jaroslav Buzga: *Carl Maria von Webers Prager »Notizen-Buch« (1813-1816)*, in: *Oper heute*, hg. v. Horst Seeger u. Mathias Rank, Bd. 8, Berlin 1985, S. 38-39; in wesentlichen Teilen auch bereits veröffentlicht von Robert Haas: *Ein Notizen-Buch Karl Maria von Webers aus Prag*, in: *Der Merker*, 7. Jg. (15. März 1916), S. 201-212. Kopialien sind in Webers Tagebuch am 2. Oktober 1816 (1. u. 2. Akt) vermerkt.
[22] Dort heißt es lediglich: *um 10 Uhr Pr*[obe] *v. Samori.*
[23] Weber hatte die Opern Meyerbeers und Poissls direkt von den Komponisten bezogen. Die Partitur des *Samori* hat er möglicherweise selbst zur Verfügung gestellt, wie die Abrechung andeutet.
[24] Es heißt dort: *für seine Samori etc. etc.* [...]

finde[25]. Außerdem setzte Weber wiederholt Werke Voglers auf die Programme seiner Konzerte. So erwähnt er ein geplantes Programm für ein Konzert am 4. April 1814 in Prag, wo er *lauter böhmische Componisten loslassen* [...] und *auch einige Kleinigkeiten von Vogler und Gluck dazwischen werfen* wolle[26]. Am 6. August erklang bei seinem zweiten Leipziger Konzert ein *Ecce quam bonum* Voglers[27]. Am 7. April 1816 fand laut Tagebuch eine *Probe bey Sternberg von Voglers Miserere* statt; die Aufführung am folgenden Tag kommentierte Weber mit den Worten: *Miserere von Vogler. göttlich.*

Webers verkehrte bis zum überraschenden Tod Voglers regelmäßig brieflich mit dem Abbé[28]. Am 12. Mai 1814 erhielt Weber von dem Orgelbauer Reiner, den Weber als Mitbewohner in Voglers Darmstädter Haus kannte, die Nachricht vom Tod des ehemaligen Lehrers und notierte im Tagebuch:

> *Um 11 Uhr nach Hause. Brief von Reiner gefunden wo er mir den Tod meines theueren Abt Vogler d: 6. huj: früh um 1/2 5 Uhr meldet. Gott segne seine Asche, ich habe ihm viel zu verdanken und er hat mir immer die ausgezeichneteste Liebe bewiesen.*

Den Briefen Webers an Gänsbacher und Meyerbeer vom folgenden Tag ist deutlich Webers Betroffenheit anzumerken[29]:

> *Ich kann und brauche Dir wohl nicht erst zu sagen wie mich dieses erschüttert hat*, schreibt er an Meyerbeer, *Friede sey mit seiner Asche, die Welt verliert Großes an ihm, und uns wird sein Andenken stets heilig seyn, denn wie sehr schwinden kleine Flecken im Vergleich seines großen Geistes. am meisten bin ich nun um seine Bibliothek und Manuskripte besorgt. Es sollte mich sehr wundern, wenn er nicht Einen von uns zum Erben seiner Werke gemacht hätte, wahrscheinlich aber wird der Großherzog zugreifen. gib acht wie die Schlingels in der Kunst Welt ihn jezt vergöttern werden.*

Gegenüber Gänsbacher äußerte Weber jedoch auch seine Sorge um die Bewahrung des Voglerschen Erbes[30]:

> *Wenn nur seine Werke nicht verschleudert werden und er Einen von uns zu seinem Erben gemacht hat. Auf jeden Fall schreibe ich sogleich an Reiner und bitte mir seine Büste aus, wo wir das Piedestal dazu machen ließen, - ich möchte Dir gerne einterley schreiben, aber mein Herz ist zu voll.*

Diese Sorge erwies sich als berechtigt; Webers Hoffnung, Vogler hätte einen seiner Schüler zum Erben eingesetzt, wurde enttäuscht, denn der Abbé hatte keinerlei Testament hinterlassen[31]. Vom 29. September bis zum 1. Oktober 1814 wurden

[25] vgl. Brief Webers an Gottfried, 9./16. November 1814
[26] vgl. Brief Webers an Gänsbacher, 5. März 1814
[27] vgl. Tagebuch, 6. August 1820
[28] direkt von Vogler empfangene oder an ihn gesandte Briefe nach dem Tagebuch 1813/1814: 24. Februar, 12., 25., 28. Juli, 8., 11., 19. August, 25. November, 3., 9. Dezember 1813, 31. Januar, 23. März und 29. April 1814
[29] Brief an Meyerbeer, 13. Mai 1814 (Becker I, S. 234-235)
[30] Brief an Gänsbacher, 13. Mai 1814; vgl. auch Brief an Rochlitz vom 16. Mai
[31] vgl. Nachlaßakten Voglers, SA Darmstadt G 28 Darmstadt F 2871/8

Voglers Musikalien in Darmstadt versteigert[32]. Während einige Kompositionen von Großherzog Ludewig I. übernommen wurden, ging der überwiegende Teil der Werke an den Verleger André, an den Darmstädter Kapellmeister Wagner und den Hofkantor Rinck (die beide auch in fremdem Auftrag steigerten), sowie an den Orgelbauer Reiner[33]. Ein Schreiben von Voglers Schüler Joseph von Blumenthal, *worin derselbe wegen Abgebung der Voglerschen Werke an die Gesellschaft der Musikfreunde anfragt*, traf erst am 4. Oktober 1814 in Darmstadt ein[34]. Voglers Orgelbaumaterialien wurden erst nach wiederholten Auktionsterminen versteigert, da sich zunächst keine Interessenten fanden[35]. Das Manuskript zu seinem *Simplifications-System* erwarb der Orgelbauer Reiner - es ist seither verschollen[36].

Weber war über diese Nachlaßregelung bestürzt. Im November 1814 schrieb er an Gottfried: *Es ist unbegreifflich daß Vogler gar nichts über seine Werke disponirt hatte, und Gott weis wie sie jezt werden verschleudert werden*[37]. Empört reagierte er auf den Bericht von der Versteigerung der Musikalien[38]:

> *Es ist himmelschreyend wie des guten Voglers Mspte. verschleudert worden sind. ist das das Ende eines so wahrhaft großen Geistes, und handelt so, ein so kunstliebend wollender Fürst? Die ganze Welt ist doch wahrhaftig so elend und erbärmlich, daß man oft über seinen eignen Wahnsinn erstaunt, noch etwas anderes zu thun als Kartoffeln zu säen. Es ergreifft mich oft eine ungemeine Bitterkeit wenn ich das alles so mit ansehe und überdenke. ich begreiffe jezt das verschloßene, schwer zugängliche Wesen großer Männer, die auch von dem Welt Geschmeiß so in sich zurückgescheucht nur selten sich aufschließen, und nie ihr Inneres offen und warm darlegen.*

Obwohl Weber sich noch im Februar 1816 um eine Abhandlung Joseph Fröhlichs *Über den Geist Voglers* bemühte und diesen um Übersendung aller ihm zugänglichen Materialien über Vogler bat[39], hat er seinen eigenen Beitrag zur »Ehrenrettung« des Abbé nie vollendet.

Als Zeichen seiner anhaltenden Hochschätzung Voglers sei schließlich noch eine Marginalie erwähnt: Am 8. April 1815 notierte Weber in seinem Tagebuch erfreut den Empfang eines Voglerschen Bildnisses[40]. Mehr als vier Jahre später ließ er dieses Portrait mit einer schützenden Glasscheibe versehen[41] - zu einer Zeit, als bereits Teile des *Freischütz* entstanden waren, war Webers Verehrung für seinen Lehrer also noch keineswegs verblaßt.

[32] a.a.O., Versteigerungsprotokoll

[33] a.a.O. Die theoretischen Werke wurden von André geschlossen erworben mit Ausnahme der Artikel zur *Deutschen Encyclopädie*, die Wagner erwarb und des *Orgelsimplifications-Systems*, das Reiner ersteigerte.

[34] a.a.O., Versteigerungsprotokoll

[35] a.a.O., Nachlaßakten sowie *Großherzoglich hessische Zeitung auf das Jahr 1814*, 25. Juni, 7. Juli, 5. August und 20. August 1814

[36] vgl. Anm. 34

[37] Brief an Gottfried Weber, 9./16. November 1814

[38] Brief an Gottfried Weber, 30. Januar 1815

[39] Brief an Joseph Fröhlich, 20. Februar 1816, vgl. o., S. 106

[40] Tagebuch, 8. April 1815: *Mad: Duschek überraschte mich mit dem Bildniß meines theuren verewigten Freundes Vogler.*

[41] Tagebuch, 16. September 1819

Analytischer Teil

Die unter Voglers Anleitung komponierten Variationen op. 5 und 6

Voglers eigene Variationen und ihr theoretisches Fundament

Der Versuch, Voglers Einfluß auf die kompositorische Tätigkeit des jungen Weber genauer zu bestimmen, muß bei jenen beiden Werken ansetzen, die unter Voglers Anleitung während der Wiener Unterrichtszeit entstanden. Nicht nur Voglers Aufforderung zur Komposition dieser Werke oder Webers Plan, *mehrere Variationen* über Themen aus dessen Oper *Samori* zu schreiben, deuten auf eine enge Verknüpfung mit Voglers Unterricht, sondern auch die Eintragungen und Korrekturen Voglers im Autograph des op. 6 (JV 43), und die Passage in einem Brief an Thaddäus Susan, in der Weber angibt, die Variationen über ein Thema aus *Castor und Pollux* op. 5 seien *nach Vogler'schem Systeme geschrieben*, sprechen ebenfalls dafür[1].

Während mit dieser letzten Bemerkung Voglers Harmonielehre-*System* angesprochen ist, dessen Auswirkungen auf Webers harmonische Sprache erst im Anschluß und unter Berücksichtigung der Ergebnisse dieses Kapitels untersucht werden sollen, stellt sich in Bezug auf die vorliegenden Variationen zunächst die Frage, inwieweit diese Werke spezifischen Anforderungen Voglers an die »Gattung« gerecht werden. Zur Beurteilung dieser Frage ist ein Blick auf die theoretischen Äußerungen und auf jene Variationswerke Voglers erforderlich, die Weber sicher oder mit einiger Wahrscheinlichkeit kannte. Zu bedenken bleibt bei den nachfolgend aufgelisteten, handschriftlich oder im Druck erhaltenen Variationen aber, daß Weber die Variationskunst seines Lehrers wohl vor allem in dessen Orgel- oder Klavierimprovisationen kennenlernte und in den notierten Formen solcher Improvisationen meist nur vereinfachte, verkürzte oder vereinheitlichte Fassungen überliefert sind. Variationswerke Voglers für Tasteninstrumente (mit oder ohne Begleitung)[2]:

1. Variationswerke aus den *Betrachtungen der Mannheimer Tonschule*, darin besonders die später auch separat veröffentlichten:
- (A) 16 Variationen über ein Thema aus der Ouvertüre zur Operette *Der Kaufmann von Smyrna* (SchV 14b)[3]

[1] vgl. hierzu im biographischen Teil S. 70

[2] In der nachfolgenden Liste sind nur jene Variationswerke Voglers erfaßt, die hinreichend verbreitet waren und die auf Grund der biographischen Fakten Weber bekannt sein konnten. Genauere bibliographische Angaben sind der Bibliographie am Ende der Arbeit zu entnehmen. Der Einfachheit halber wurden den Variationen Kennbuchstaben (in Klammer) vorausgestellt, auf die dann nachfolgend verwiesen wird. Im Falle der Kompositionen, die in den *Betrachtungen der Mannheimer Tonschule* oder in der Neuveröffentlichung von Floyd K. Grave (*Pièces de Clavecin oder Zwei und Dreisig Präludien*, Madison 1986) zugänglich sind, wurden teilweise bei den Belegstellen die Seitenzahlen dieser Publikationen mit aufgenommen. Die *Variations sur l'air de Marlborough* liegen in einer älteren Ausgabe von Fritz Schröder (Mainz: Schott, 1951) vor.

[3] vgl. *Betrachtungen* IV, S. 174-179; Erläuterungen in Band II, S. 115-125. Weitere Bemerkungen zu Variationswerken finden sich in den *Betrachtungen* in Band I, S. 41-48 (NB in Bd. IV, S. 20-21);

2. Die einzeln veröffentlichten bzw. überlieferten Werke:
- (B) Variationen über *Wilhelm von Nassau* (SchV 150)
- (C) *Variations sur l'air de Marlborough* (SchV 151)
- (D) Die Verbesserungen der Forkel'schen Veränderungen über das englische Volkslied *God save the king* (SchV 153)
- (E) Variationen über die grönländische Weise *Dole vise* (SchV 302)[4]
- (F) Variationen über *Ah, vous dirais-je, Maman* (SchV 199)

3. Die Variationen innerhalb der *Pièces de clavecin* (SchV 159)[5]:
- (G 1) *Barcarole de Venise* (4)
- (G 2) *Air chinois* (*Cheu Teu*) (16)
- (G 3) *Chanson Suédoise* (*Min Far han var en Vestgöthe*) (2)
- (G 4) *Air Finois* (*Ak minan rakes linduisen*)
- (G 5) *Chanson Suédoise* (*Höns Gummans Visa*)
- (G 6) *Air Russe*
- (G 7) *Marche des Chevaliers de l'Ordre des Seraphims en Suède* (Seraphinermarsch)
- (G 8) *Danse Suédoise* (*Quarndansen*)

4. Die Sätze mit variativen Elementen innerhalb der älteren Sammlung des *Polymelos* (Speyer: Boßler), soweit abweichend von den *Pièces des clavecin*[6]:
- (H 1) *Danse des Cosaques* (vgl. 12: *Kosakentanz*)
- (H 2) *Musique des Cors Russes* (10)
- (H 3) *Hirtenmusik aus der Schweiz* (6)

S. 109-111 (NB in Bd. IV, S. 56-57); in Band II, S. 55-56 (NB in Bd. IV, S. 142-143) und in Band III, S. 249-250 (NB in Bd. IV, S. 350-352 und S. 522-526).

[4] Sechs dieser in mehreren Exemplaren handschriftlich überlieferten Variationen wurden in die Münchener Veröffentlichung des *Polymelos* unter der Nr. 15 übernommen; es handelt sich dabei um die Variationen 2, 4, 6, 9, 14 und 15. Vogler scheint das Werk normalerweise durch eine fugierte Variation beschlossen zu haben, die allerdings in den Handschriften nicht überliefert ist und nach Webers Angaben in jeder Aufführung anders ausfiel, vgl. o., S. 69. Die Leipziger *AMZ* erwähnt eine Berliner Aufführung des Werkes mit einer einleitenden *kurzen Fantasie*; vgl. *AMZ* 3. Jg. (19. November 1800), Sp. 131.

[5] Diese Stücke erschienen zunächst 1798 in Stockholm innerhalb der Voglerschen *Claver-Schola* und tragen Titel, die an Voglers Improvisationen jener Jahre erinnern bzw. direkt übernommen sind. Die Kompositionen knüpfen an die bereits 1791 bei Boßler unter dem Titel *Polymelos* veröffentlichten Werke an und wurden zum Teil in der späteren Münchener Ausgabe des *Polymelos* von 1806 wiederverwendet (die nachgestellten Zahlen in Klammer verweisen auf die entsprechenden Nummern der Münchener Ausgabe). Zur Neuveröffentlichung vgl. Anm. 2.

[6] vgl. Anm. 5. Schafhäutl hat unter Nr. 185 in seinem Verzeichnis nur die Münchener Fassung des *Polymelos* aufgeführt. Die ältere Fassung war 1790 in der *Musikalischen Korrespondenz der teutschen Filarmonischen Gesellschaft* von Boßler (Speyer, Nr. 23 v. 8. Dezember 1790) in zwei Teilen mit folgenden Titeln angekündigt worden: I. Teil (Boßler, PN 199): *1. Schwedischer Fackeltanz, 2. Schottisches Lied, 3. Kosakentanz, 4. Polonoise, 5. Russische Hörnermusik, 6. Italiänische Arie*; II. Teil: *1. Moderne Siziliana, 2. Französische Arie, 3. Hirtenmusik aus der Schweiz, 4. Spanischer Fandango, 5. Cheu Teu aus China, 6. Deutscher Tanz*. Von diesem zweiten Teil ließ sich bisher kein Exemplar nachweisen. Nur ein Teil der Nummern dieser früheren Publikation wurde in die spätere Ausgabe übernommen (vgl. nachgestellte Zahlen in Klammern), darunter der *Kosakentanz* in einer erweiterten Fassung und die *Hirtenmusik aus der Schweiz*, bei der es sich wohl um den *Schweizer Kuhreiben* (neu: Nr. 6) handeln dürfte; die übrigen Nummern des Münchener *Polymelos* entstammen den *Pièces de clavecin* bzw. sind neu komponiert worden.

5. Die neu hinzukommenden Variationen des 1806 in München erschienenen *Polymelos* (München: Falter), die Weber wahrscheinlich erst in Darmstadt bzw. nach der Wiener Begegnung mit Vogler kennenlernte[7]:
- (I 1) *Königslied*, *Polymelos* Nr. 1
- (I 2) *Einzug der bayerischen Krieger*, *Polymelos* Nr. 5
- (I 3) *Volkslied*: *Ich bin ein Bayer*, *Polymelos* Nr. 9
- (I 4) *Schottische Arie*, *Polymelos* Nr. 10
- (I 5) *Vermählungslied*: *Der 14. Jänner 1806*, *Polymelos* Nr. 11

6. Die Variationen über Themen aus Voglers Oper *Samori*, die Weber vermutlich nur noch teilweise in Wien kennenlernen konnte[8]:
- (K 1) 7 Variationen über ein Thema aus der Ouvertüre (SchV 175k)
- (K 2) 6 Variationen über das Trio von Pando, Mahadowa und Rama: *Sanfte Hoffnung* (SchV 175l)
- (K 3) 6 Variationen über das Duett von Mahadowa und Pando: *Was brauchen wir Zepter und Kronen* (SchV 175m)
- (K 4) 6 Variationen über das Duett von Naga und Tamburan: *Laß mich noch einmal hören* (SchV 175n)
- (K 5) 5 Variationen über Marsch und Chor: *In diesen Geschenken* (SchV 175o)

Voglers Äußerungen zu den verschiedenen, von ihm zergliederten Variationswerken beziehen sich zum überwiegenden Teil auf Gegebenheiten, die mit Harmonik und Stimmführung der einzelnen Variationen zusammenhängen. Weitergehende Anmerkungen zur variativen Technik finden sich lediglich in der Analyse seiner 16 Variationen über ein Thema aus der Ouvertüre zum *Kaufmann von Smyrna* (A) und besonders in seinen Forkel-Verbesserungen (D). Durchgängig fordert er dabei in allen Zergliederungen, daß in den einzelnen Veränderungen *der Hauptstof*[f] *sich sehr deutlich ausnehme*[n][9] müsse, d.h., *daß man zu jeder* [Veränderung] *das Thema sollte mitsingen können*[10]. Diese für den Typus der Melodievariation in der zweiten Hälfte des 18. Jahrhunderts durchaus gängige Forderung[11] verbindet sich mit

[7] Dies gilt zumindest für die »bayerischen« Stücke, sofern Vogler hier nicht auf ältere Kompositionen zurückgegriffen hat (wie etwa später bei SchafhäutlV 284 = I 3); vgl. Anm. 5 u. 6.

[8] Vogler hat die *Samori*-Variationen seines Schülers am 21. August 1804, also nach Webers Weggang aus Wien, an die Druckerei übersandt und gleichzeitig versprochen: *Die übrigen 5 Themen folgen noch nach* (Titelblatt des Autographs). Ungewiß bleibt damit, ob die Variationen Voglers zu diesem Zeitpunkt schon vollendet waren bzw. ob er diese Aufgabe erst übernahm, als Weber abgereist war und den Plan, mehrere Variationen über Themen aus der Oper seines Lehrers zu schreiben, nicht mehr verwirklichen konnte. - Ergänzend müßten noch folgende beiden Variationswerke genannt werden, die Weber nachweislich schon in Wien kannte, (die allerdings nicht für Tasteninstrument geschrieben sind): die Variationen des *Trichordium* (SchafhäutlV 165) und der 2. Satz der C-Dur-Sinfonie Voglers (SchafhäutlV 164) mit Variationen über ein Weihnachtslied.

[9] *Betrachtungen*, Bd. I, S. 110

[10] Forkel-Verbesserungen (D), S. 16

[11] Diese Forderung findet sich schon bei Rousseau und in Deutschland später vor allem bei Heinrich Christoph Koch, während Daube und Schulz noch primär die Harmonik als Konstante betrachten; vgl. dazu Kurt von Fischer: *Zur Theorie der Variation im 18. und beginnenden 19. Jahrhundert*, in: *Festschrift Joseph Schmidt-Görg zum 60. Geburtstag*, hg. v. Dagmar Weise, Bonn 1967, S. 123-127. Ebenfalls bei Koch findet sich Voglers Forderung nach Einfachheit des Themas: *Je einfacher ein Saz, desto fähiger ist er, Veränderungen anzunehmen* (*Betrachtungen* I, S. 47; vgl. auch Bd. II, S. 56).

der Feststellung, daß die Grenzen aller Veränderungen mit dem Thema vorgegeben seien, da es *nicht nur Cäsur, Rhythmus und Tonfolge, sondern auch Analogie der Harmonien und Melodien* genau vorzeichne[12]. Beim Wechsel etwa zu neuer Figuration bzw. deren Wiederaufgreifen solle man sich stets am Aufbau des Themas orientieren[13]. Da das Thema selbst in jeder Veränderung »durchscheinen« muß, erfordert die Variationskunst im weitesten Sinne »koloristische« Techniken, so daß Vogler als Synonym für »Variieren« auch die Vokabel *Einkleiden*[14] verwendet. Wichtigste Quelle neuer »Einkleidungen« sind für Vogler die Spieltechnik bzw. die Spielmöglichkeiten des Instrumentes[15]:

> *Um Variationen zu setzen, braucht der Kompositeur kein großer Melopoet zu seyn, aber desto mehr Phraseologie muß er inne haben. Sein Hauptverdienst ist, neue Spielarten erfinden, neue Formen, neue Figuren der Vorzeichnung anzupassen: er muß in der Analogie glücklich, d.i. im Stande seyn, dieselbige Analogie, die im Thema zwischen Harmonien und Harmonien, zwischen Melodien und Melodien herrscht, in den Veränderungen beizubehalten: kurz, jeden Karakter, den er dem ersten Takt anweist, durchaus fortzuführen. Dieser ausserordentlichen Geschmeidigkeit von Einlenkungen, wodurch er die Einheit erzielet, muß die schöpferische Formerzeugung, die uns die Mannichfaltigkeit gebiert, das Gleichgewicht halten.*

Also nicht auf *schönen Gesang*, sondern auf die *Kenntniß des Instruments* und den *Reichthum von Phrasen und Wendungen, die nur ein erfahrener Instrumentist auf seinem Lieblingsinstrument herausfindet*, kommt es an[16].

Vorbildhaft in dieser Hinsicht sind für Vogler in erster Linie Joseph Haydn und Wolfgang Amadeus Mozart. Während der erste in seinen Sinfonien die Variation *auf alle Instrumente verbreitet* habe[17], gilt Mozart für Vogler als der Meister der Klaviervariation; seine Kompositionen setzt er in den Forkel-Verbesserungen den Variationen des Göttinger Theoretikers entgegen[18]:

> *Dieser Kraftmann* [Mozart], *unerschöpflich in Wendungen, universel in Karakteren, pathetisch im Adagio, erschütternd im Allegro, der so viele Themen mit Veränderungen, fast darf ich sagen, verschwenderisch dotirt, zeigt in all diesen Geistesprodukten, wie man Einheit des aus- und fortzuführenden Stoffs mit der Mannichfaltigkeit in Phrasen verbinden könne; zeigt, wie abwechselnd im Karakter, wie eigenthümlich in der Spielart jede Veränderung seyn müsse, statt, daß H*[err] *F.*[orkel] *fast nie den ersten Takt strenge durchgeführt, keine einzige*

[12] Forkel-Verbesserungen, S. 6

[13] Kurt von Fischer bezieht diese Äußerung Voglers auf Sequenzierungen und weist darauf hin, daß nicht nur Forkel, sondern auch Beethoven in seinen Variationen über *God save the king* gegen diese Forderung verstoßen habe; vgl. Fischer, a.a.O. (1967), S. 127/128.

[14] Forkel-Verbesserungen, S. 6

[15] a.a.O., S. 6-7

[16] a.a.O., S. 7

[17] a.a.O., S. 8. Dort heißt es u.a.: [Haydn] *zeigte uns in Sinfonien, wie wir variieren sollen* [...] bzw. Haydn habe allen Instrumenten *ihren Standpunkt* angewiesen. *Sein Schüler: Pleyel ahmte diesem großen Geist im Kleinen, d.i. in Quartetten glücklich nach* [...]. Erwähnt werden auch Pleyels Klaviervariationen, doch *konnte er* [Pleyel] *keine solche Phraseologie aufstellen, wie der große Klavierspieler Mozart.*

[18] Forkel-Verbesserungen, S. 9/10

ungewöhnliche Spielart eingeführt und in manchen Veränderungen zu dreierlei, [oder] *auch noch mehr Figuren seine Zuflucht ängstlich genommen hat.*

Voglers Forderungen sind also durchaus konservativ[19], und es ist so kaum verwunderlich, daß in einer Rezension der Beethovenschen Variationen über *Ein Mädchen oder Weibchen* und *Mich brennt ein heißes Fieber* in der Leipziger *Allgemeinen Musikalischen Zeitung* diese Forkel-Verbesserungen Voglers als eine Art Traktat über die »richtige« Kunst des Variierens empfohlen werden[20]. Vogler beanstandet in seiner Forkel-Kritik vorwiegend Verstöße gegen satztechnische Regeln und stellt die zahlreichen Fehler unter den Rubriken *steife, gezwungene, verzerrte, holprichte* und *fehlerhafte Sätze* zusammen, während er den spezifischen Problemen der Variationstechnik weniger Raum widmet, sieht man einmal von der ausgiebigen Diskussion der kontrapunktischen Behandlung des Themas ab[21]. Als Fehler bezeichnet er u.a., daß, wie erwähnt, innerhalb einer Variation unterschiedlichste Prinzipien angewendet werden, daß andererseits in verschiedenen Variationen gleiche oder ähnliche Figuren wiederbegegnen, dafür aber teilweise innerhalb einer Variation wiederkehrende Takte nicht aufeinander bezogen sind, daß einige Figuren der Spielart des Instrumentes widersprechen[22] und daß in der *Polacca*-Variation 10 bzw. der *Marsch*-Variation 17 Verstöße gegen die rhythmischen Gesetze dieser Tanzformen vorlägen[23]. Insgesamt bemängelt Vogler vor allem die fehlende Mannigfaltigkeit innerhalb des Variationszyklus.

In seinen eigenen Variationen, z.B. jenen über das Thema der Ouvertüre zum *Kaufmann von Smyrna*, bemüht sich Vogler dagegen trotz enger Bindung an das

[19] Schon Rousseau fordert eine solche Verbindung von Deutlichkeit des Themas und Kontrast zwischen den einzelnen Veränderungen; vgl. Fischer, a.a.O. (1967), S. 123. Zum Kontrastprinzip vgl. auch die bei Fischer zitierten Äußerungen Daubes und die Bemerkungen zu den Variationen von Fasch (a.a.O., S. 124/125).

[20] vgl. *AMZ*, 1. Jg. (6. März 1799), Sp. 366-368. Nach einer Kritik an *Rückungen und Härten* in Beethovens Variationen und einem Lamento über den Mangel an guten Variationen wird zunächst empfohlen, sich ein Thema von Joseph Haydn zu wählen und dann hinsichtlich der Art der Bearbeitung des Themas Voglers *Verbesserungen* zu studieren. Beethovens Variationen werden mehrfach ungnädig rezensiert; so findet sich auch im 1. Jahrgang der *AMZ* anläßlich einer Besprechung der Variationen über *La stessa, la stessissima* (WoO 73) die Bemerkung: *Nein, es ist wahr, Hr. v. B.*[eethoven] *mag phantasieren können, aber gut zu variiren versteht er nicht.* (19. Juni 1799, Sp. 607)

[21] Voglers Forkel-Kritik muß als Reaktion auf die Polemik gegen seine Person in Forkels *Musikalischem Almanach für Deutschland auf das Jahr 1789*, Leipzig 1788 verstanden werden (vgl. dort besonders S. 130-144). Der teilweise sehr unsachlichen bzw. unbegründeten Kritik u.a. an seinem *Harmonie-System* setzt Vogler sein rein vom Musikalischen her argumentierendes »Sezieren« der Forkelschen Komposition entgegen, wobei Maßstäbe angelegt sind, die Vogler selbst oft in dieser strengen Form nicht erfüllt. In seinen Tabellen hat Vogler den zahllosen Forkelschen Fehlern jeweils seine eigene Verbesserung nachgestellt und einige der Variationen gänzlich umgearbeitet.

[22] In Variation 5, 2. Teil, T. 6 eine Passage *für Mandolin oder Gallichon*; in Variation 9, 2. Teil, T. 5 eine Passage *für das Psalterio*; T. 6 des 2. Teils der Variation 6 sei *musetteartig* und melodisch zudem vom Thema abweichend. Andererseits schreibt Vogler zum Abschluß seiner Variationen über einen *Danse Suèdoise* (*Quarndansen*) in den *Pièces de clavecin* selbst eine *Musette*, in der aber die melodische Gestalt des Themas unangetastet bleibt (vgl. I 5, Var. 12, Neuausgabe S. 55).

[23] In beiden Fällen finden sich »falsche«, d.h. für diese Tanzformen untypische Akzente (vgl. Var. 10, T. 4 u. Var. 17, T. 12/13). Notwendig ist nach Vogler die Übertragung der charakteristischen rhythmischen Gestalt dieser Tänze auf die entsprechende Variation, so daß der Bezug deutlich zu erkennen ist. Daher finden sich z.B. in Voglers *Polacca*-Variationen stets ähnliche, »typische« rhythmische Floskeln (ein Kennzeichen, das im übrigen auch für Weber gilt).

Thema und Durchführung eines jeweils einheitlichen Prinzips innerhalb der einzelnen Veränderungen um eine möglichst große Vielfalt an Formen, die sich in dieser Variationsreihe vornehmlich in der unterschiedlichen Spielart gründen: Übungen, *die Finger flüchtig auszustrecken* (A, Var. 2) stehen neben Übungen im Übersetzen der Finger (Var. 6), im Überkreuzen der Hände, verbunden mit Sprungtechnik (Var. 8), in *doppelten Bindungen* (Var. 7), *doppelter Geläufigkeit* beider Hände bei gleichzeitigen *Modificationen des Tones* (Var. 14), Oktavgängen (Var. 16) u.a.m.[24]

Kontrast zwischen den einzelnen Veränderungen entsteht darüber hinaus durch das Einfügen zweier Moll-Variationen (Var. 7 u. 15), sowie durch Verwendung fremder Instrumentalidiomatik oder programmatischer bzw. »charakteristischer« Elemente. So heißt es zur 11. Veränderung, sie sei *tändelnd, und ahmt dem Waldhornsatz nach. Der zweite Theil, worin die Töne kurz, punktirt, weggeworfen werden, gleicht einem Mittelstück von zwei Flöten*[25]. Die 13. Veränderung *stellt eine vierstimmige Harmonie vor, worin die Bratsche z.B. immer lauft*[26]. Das repetierte punktierte Oktavenmotiv der rechten Hand in Variation 10 wird in der Beschreibung mit dem Wachtelschlag in Verbindung gebracht, die Skalen der 9. Variation drücken *das Pfeifen des Windes sehr glücklich aus*, mit dem *doppelten Prasseln der beiden Finger* in Variation 12 assoziert Vogler einen *Wolkenbruch*[27]. Da sich der Variationszyklus aus derart heterogenen Elementen zusammensetzt, und jede einzelne Variation sich von den benachbarten abhebt, begegnet derselbe Variationstypus auch meist nur einmal innerhalb des Zyklus[28].

Das Bild erweitertet sich um einige weitere Möglichkeiten der »Einkleidung«, wenn man die ebenfalls relativ früh entstandenen Variationen über *Wilhelm von Nassau* (B) mit in die Betrachtung einschließt, da Vogler dort eine Reihe von »charakteristischen« Veränderungen schreibt, die das Thema teilweise auch metrisch verändern und es in die Form verschiedener Tanzcharaktere kleiden. Neben der kontrapunktischen Behandlung des Themas in Variation 4 (4händig!) finden sich so ein *Menuett* (Var. 3), eine *Gigue* (Var. 5) und ein *Marsch* (Var. 8). Ferner begegnet erneut klavierfremde Idiomatik in der *Fanfare* überschriebenen 6. Variation, und schließlich ist die letzte Variation zum *Capriccio* erweitert und wird mit einer *Cadenza* beschlossen.

* * *

Es dürfte schwer fallen, einzelne der genannten Variationssätze bzw. die erwähnten Forderungen als ausschließlich für Voglers Stil kennzeichnend oder von zeitüblichen Variationsformen abweichend herauszuheben, dennoch zeigen sich in der Betrachtung aller oben genannter Variationen einige wiederkehrende Züge, die man als »Stilmerkmale« der Voglerschen Variationen bezeichnen kann. Sieht man von der Themenauswahl und den Details der Harmonisierung zunächst einmal ab, lassen

[24] Zitate vgl. *Betrachtungen* II, S. 116-122, NB in Bd. IV, S. 174-179

[25] *Betrachtungen* II, S. 119

[26] a.a.O., S. 120

[27] vgl. a.a.O., S. 119 u. 120

[28] Dennoch lassen sich unter den eher spieltechnischen bzw. den eher gesanglich-ausdruckshaften Variationen verwandte Züge feststellen; vgl. etwa Var. 3 u. 5 oder Var. 6 u. 10. Konsequent wechseln aber beide Typen ab.

sich bei oberflächlicher Betrachtung folgende Konstanten der Variationskunst Voglers feststellen:
1. »Charakterisierende« Überschriften unterschiedlichster Form werden von Vogler häufig verwendet. Darunter finden sich einerseits auf Tanzformen zurückgehende Bezeichnungen[29] wie *Menuett*, *Gigue*, *Gavotte*, *Marsch*, *Polacca* oder *Musette*[30], andererseits eher programmatische Überschriften wie *La Carozza*, *La Caccia*, *Les Adieux*, *Fanfare*[31] oder charakterisierende Zusätze zu den Tempovorschriften, etwa in den *Marlborough*-Variationen (C): *Allegro marziale*, *scherzando*, *burlesco*, *affettivo e sensibile*, *Allegretto gentile con eleganza*, *Larghetto patetico*, *Larghetto mistico-ecclesiastico* usw., wie überhaupt oft wechselnde Tempoangaben bzw. Spielanweisungen begegnen.
2. In vielen Fällen sind einzelne Variationen oder Abschnitte mit klavierfremder Instrumentalidiomatik verbunden, wobei Pauken- und Blechbläseridiomatik neben typischem Hornsatz (zum Teil kombiniert mit Nachahmung anderer Instrumente) bevorzugt werden[32]. Tremoli der rechten Hand kombiniert mit dem Thema im Baß bezeichnet Vogler selbst als dem *Ouvertürenstil* verpflichtet[33], also ebenfalls einer klavierfremden Sphäre entstammend.
3. Der zur Verfügung stehende Klavierraum (*Kontra-F* bis f^3) wird nicht nur voll ausgenutzt, sondern es läßt sich eine Bevorzugung extremer, vor allem tiefer Lagen zu bestimmten Effekten feststellen[34]. Gerne kombiniert Vogler benachbarte Stimmlagen zu einem hohen oder tiefen Register bzw. wechselt abschnittsweise zwischen den Registern[35].

[29] Der Einfachheit halber werden für die folgenden Nachweise die im obigen Überblick über die Variationen Voglers vorangestellten Numerierungen durch Buchstabe bzw. Buchstabe und Zahl verwendet (vgl. dort auch den Nachweis bereits neu publizierter Werke).

[30] Ein *Menuett* findet sich in den Werken B und C, jeweils Var. 3; eine *Gigue* in B und G 4, jeweils Var. 5 (in Voglers Erläuterungen innerhalb der *Claver-Schola* als *Gigue* bezeichnet, vgl. a.a.O., S. 41) u. I 1, Var. 6; eine *Gavotte* in G 8, Var. 4; ein *Marsch* in B, Var. 8 u. I 1, Var. 5; eine *Polacca* in E, Var. 14 (5), F, Var. 16, I 5, Var. 2 (vgl. auch *Trichordium*, Nr. 6 u. 8); eine *Musette* in G 8, Var. 12. In diesem Falle ist sowohl die Nachahmung des Instrumentes (einer Sackpfeife) gemeint als die betreffende Tanzform, vgl. *Claver-Schola*, S. 53: [...] *en ny Variation i Caractere af Musette, under hvilket namn i Franska Språket förstås så väl Instrumentet (Säckpipa) som de dertil componerade Piecer.*

[31] vgl. C, Var. 8, 11, sowie die abschließende Variation bzw. B, Var. 6

[32] Pauken-/Blechbläseridiomatik vgl. F, Var. 11; G 2 (mehrfach); G 3, Var. 5; G 5, Var. 5 (ausdrücklich Trompeten + Pauken wechselnd mit Streichquartett; vgl. *Claver-Schola*, S. 43). Hornsatz, teilweise kombiniert mit anderen Instrumenten vgl. A, Var. 11 (Horn + Flöte, vgl. *Betrachtungen* II, S. 119); B, Var. 6 (Hörner + Trompeten); G 2, S. 3; G 4, Var. 4; G 5, Var. 3 (Horn + Flöte + Fagott, vgl. *Claver-Schola*, S. 43).

[33] A, Var. 16; G 5, Var. 4; zur Bezeichnung vgl. *Betrachtungen* II, S. 122

[34] Die oberen Töne bis zum f^3 werden bereits in den *Kaufmann*-Variationen (A) voll ausgenutzt (vgl. z.B. Var. 1 u. 4), die Kontratöne bis zum tiefen F^1 sind vor allem in den Variationen der *Pièces de clavecin*, im *Polymelos*, aber auch in den *Samori*-Variationen gezielt eingesetzt (vgl. u.a. G 3, Var. 2 - in der späteren Ausgabe im Münchener *Polymelos* ist in den Wiederholungen der Registerwechsel ausgenutzt; G 4, Var. 5, G 8; I 1, Var. 5; K 1, Var. 7 mit Coda; K 2, Var. 6; K 5, Var. 4). Die Häufigkeit und die Art der Verwendung der extremen Töne unterscheidet Vogler etwa von Mozart, bei dem sich die Randtöne des Instruments seit den Pariser Variationen ebenfalls regelmäßig, aber dennoch nur an wenigen Stellen finden.

[35] Koppelung vgl. z.B. K 4, Var. 4; Wechsel verbunden mit Koppelung vgl. etwa G 8, Var. 11, Phantasieteil; I 3, Thema; K 4, Var. 4; u.a.m. Besonders deutlich wird die bewußte Verwendung der Register in den Schlußtakten der *Ah, vous-dirais-je*-Variationen, wo das einfache Kadenzschrittmotiv

in drei Takten in schlichter Wiederholung auf d^3, d^2 und d^1 erscheint. Dieses simple Beispiel ist typisch für die Klanggestaltung Voglers.

4. Mollvariationen sind ein harmonisches Experimentierfeld und häufig im Verlauf der Einzelstimmen streng durchgeführt. Oft ist die Nähe zur Aura des Kirchenstils unüberhörbar. Die dritte der Variationen über das Volkslied *Ich bin ein Bayer* und die fünfte der *Samori*-Variationen K 4 können hier als Beispiel dienen (vgl. NB S. 124). Die Harmonisierung wirkt teilweise gewollt »unüblich« und geht in einigen Fällen über das Zeitübliche hinaus[36].
5. »Choralartige« oder betont »stimmig« gedachte Veränderungen begegnen zunehmend auch in den in Dur verbleibenden (bzw. im Falle eines Mollthemas nach Dur versetzten) Variationssätzen. Variation 3 der *Samori*-Variationen K 4 übertrifft z.B. die zitierte Moll-Variation 5 mit ihren harmonischen Eigenheiten und weist noch stärker choralartige Floskeln auf (vgl. NB S. 124).

Das Thema erscheint in solchen Sätzen häufig durch die Einführung bewegter, teils chromatischer Mittel- bzw. Begleitstimmen harmonisch neuartig eingekleidet. Die Skala reicht dabei von überwiegend diatonisch fortschreitenden Achtelketten, z.B. in Variation 4 der 11. *Polymelos*-Nummer (I 5, vgl. NB S. 126) bis zu vorwiegend chromatisch verlaufenden Begleitstimmen, wobei die Durchgangsnoten meist so gewählt sind, daß sich sinnvolle, d.h. funktionale Zwischenharmonien ergeben. Im dreistimmigen Satz findet sich dies z.B. in Variation 4 von I 1 (vgl. NB S. 126), im vierstimmigen Satz in der 4. *Marlborough*-Variation (C, vgl. NB S. 126). Die dabei spürbare Tendenz zu betont harmonischer Veränderung des Themas nimmt im Laufe der kompositorischen Entwicklung Voglers eher zu[37].
6. Während Vogler in der Regel in allen Variationssätzen das vorgegebene Gerüst des Themas beibehält[38], erweitert er dagegen oft die letzte (manchmal auch die vorletzte) Variation erheblich bzw. läßt sie in eine *Coda* oder ein *Capriccio*[39] münden. Diese Teile arbeiten meist mit kontrapunktischen oder modulatorischen

[36] vgl. auch G 3, Var. 3; G 4, Var. 3; I 5, Var. 3; K 1, Var. 3; K 2, Var. 4 ; in harmonisch besonders reichhaltiger Einkleidung: C, Var. 9; E, Var. 2; I 1, Var. 3; I 2, Var. 2; K 3, Var. 5 und K 5, Var. 3. Die Verbindung von Mollvariation und (im Verhältnis zu den übrigen Veränderungen) avancierter Harmonik ist in der Zeit durchaus üblich, z.B. in den Variationen von Mozart (s.u.), Carl Philipp Emanuel Bach (*Ich schlief, da träumte mir*, Var. 10, Ausgabe v. Franzpeter Goebels, Mainz 1986; *Arioso per il Cembalo e Violino*, Var. 3, Ausgabe in: *Das Musikwerk*, Bd. 11: Die Variation, hg. v. Kurt von Fischer, Köln 1956, S. 39-40) und Christian Gottlob Neefe (*Variationen über den Priestermarsch aus Mozarts Zauberflöte*, Var. 4 u. 7, in: *Das Musikwerk*, Bd. 11, S. 45 u. 47). Schon Eva-Dorothee von Rabenau wies aber in ihrer Dissertation, der die Kenntnis eines umfangreichen Repertoires an Variationen aus der zweiten Hälfte des 18. Jahrhunderts zu Grunde liegt, darauf hin, daß Vogler mit dieser Art von Variationssätzen eine Sonderstellung einnimmt; vgl. *Die Klaviervariation in Deutschland zwischen Bach und Beethoven* (Diss. Berlin 1941, S. 63-68). Dort heißt es außerdem: *Das Schwergewicht der Voglerschen Veränderungen liegt in den Mollsätzen, wo er gern harmonisch farbig und ausdrucksvoll gestaltet. Etwas bizarr und fremdartig, also fast romantisch wirken die mit Vorliebe angewendeten verminderten Akkorde, ferner überraschend eintretende neapolitanische Sexten und Trugschlüsse. Ausserordentlich nützlich und von einfacher Schönheit können Führungen wirken, die das unveränderte Thema choralmässig im vierstimmigen Satz, Note gegen Note, durch harmonische Färbung und Spannung, z.B. durch Einführung und Auflösung von Dissonanzen und Alterationen gestützt bringen.* (a.a.O., S. 67)

[37] vgl. dazu auch F, Var. 14; G 3, Var. 6; I 1, Var. 4; I 5, Var. 4; K 1, Var. 2 u. 5; K 2, Var. 1; K 5, Var. 4. Die genannten Merkmale sind dabei in unterschiedlicher Stärke ausgeprägt.

[38] Kürzere Erweiterungen reichen dabei von einfacher Wiederholung von Kadenztakten, und gedehnten Rückleitungen bis zu motivischen Fortspinnungen, vgl. G 1, Var. 2; G 5, Var. 3-6; G 6, Var. 12; I 4, Var. 2; I 5, Var. 15. Umfangreichere Binnenerweiterung begegnet etwa in G 4, Var. 5 ; K 3, Var. 6.

[39] *Coda* vgl. u.a. F, I 2, K 1 u. K 4, *Capriccio* vgl. B u. C

Techniken und es schließt sich gewöhnlich eine Kadenz an, zu deren Besonderheiten ein Doppeltriller (Terz oder Dezime) gehört, der mit Zitaten des Themas oder von Themenbruchstücken in den übrigen Stimmen (manchmal in hornähnlichem Satz) kombiniert wird[40]. Als schlichteres Beispiel ohne Kadenz sei hier die letzte der Variationen aus *Polymelos* Nr. 5 (I 2) wiedergegeben:

[40] Diese Technik findet sich im *Capriccio* bzw. der *Coda* von B und C, in der letzten Variation bzw. der *Coda* von F, G 8 (*Phantasie*-Teil der Var. 11), in K 5 und Var. 4 von G 4. Vereinzelt begegnet dieses Verfahren z.B. bei Beethoven, vgl. 3. Klavierkonzert, 1. Satz, T. 470-480. - Nach Rabenau handelt es sich hier aber um eine besondere Eigenheit Voglers, denn bei ihm werde das zur Regel, was bisher nur als Ausnahme zu beobachten war, nämlich *die Ausdehnung der Schlussvariation, die teils zu freien Paraphrasen über das Thema werden, teils in imitierender, motivzerstückelnder, harmonisch abwandelnder Durchführungstechnik das Thema wieder neu erstehen lassen* (a.a.O., S. 67).

7. Außer dieser Form des Doppeltrillers in der Kadenz verwendet Vogler eine Reihe weiterer Spielfiguren bzw. Formen der Veränderung des vorgegebenen Themas, die zu einer Art »Repertoire« seiner Variationskunst gehören:

- das *wolkenbruchartige Prasseln* in wellenförmigen Terz- (oder Sext)ketten, die wie von »Funken« durch im Sprung erreichte Melodietöne unterbrochen werden, begegnet bereits in den *Kaufmann*-Variationen (A, Nr. 12; in einer Rezension der Leipziger *AMZ* wird es als besonders brillant bezeichnet[41]), findet sich aber in ähnlicher Form auch in anderen Variationen Voglers[42];

[41] *AMZ* 3. Jg. (3. Juni 1801), Sp. 607. Diese Art der Figuration (von Riemann mit dem Begriff *Funken* verbunden) erinnert am ehesten an barocke Vorbilder, etwa an das Präludium c-Moll im ersten Teil des *Wohltemperierten Klaviers*.

[42] vgl. B, Var. 7 u. Finale; *Betrachtungen* IV, S. 143 (*Variationen über ein uraltes Bardengesang: L'Inno*); C, Var. 2 u. 10; E, Var. 8

- Mollvariationen werden gerne abschnittsweise oder durchgängig in Synkopen geführt[43];
- beliebt ist die Kombination eines durchlaufend repetierten Tons (oder eines durchlaufenden langsamen, ausnotierten Trillers) der Mittelstimme mit einem 3-4stimmigen Außenstimmensatz[44];
- daneben finden sich eine Reihe von Variationen mit rhythmisch oder melodisch ostinaten Figuren, die innerhalb der Mittelstimmen versetzt eine durchgehende Kette bilden[45];
- mehrfach erscheinen Umspielungsfiguren, die mit Haltetönen einer anderen Stimme kombiniert sind, anschließend im Stimmtausch[46];
- imitatorische Behandlung kleiner, oft nur halb- oder ganztaktiger Motive des Themas begegnet fast immer in einer der Variationen, vorwiegend in der letzten bzw. in der *Coda*[47].

Sicherlich kann die Mehrzahl der vorstehend beschriebenen Eigenheiten nicht als ausschließlich für Voglers Variationsstil typisch bezeichnet werden; eine Reihe dieser Merkmale finden sich etwa auch in Mozarts Variationswerken. Bezeichnenderweise begegnen sie dort gerade in den Kompositionen, die 1778 in Paris bzw. auf der Reise entstanden, und dem Mannheimer Instrumentalstil verpflichtet sind[48]. Zur Regel wird in dieser Zeit bei Mozart eine meist durch ihre Harmonik zusätzlich herausgehobene Moll-Variation[49]. Die in Mannheim offensichtlich beliebte Kombination von Trillern der rechten Hand mit Zitaten von Thementeilen in hornähnlichem Satz bzw. von Oktavtremolo auf einem liegenbleibenden Ton mit Themenzitaten in den anderen Stimmen findet sich ebenfalls häufig seit der Parisreise in Mozarts Werken[50]. Vereinzelt begegnet auch das von Vogler mit einem Wolkenbruch verglichene *Prasseln*[51], ferner finden sich imitatorische Ansätze, über längere Strecken durchgehaltene Synkopen[52] und Erweiterungen der Variationen durch Einschübe,

[43] vgl. A, Var. 15, *L'Inno* (s. vorangehende Anm.), Var. 2; E, Var. 4; F, Var. 2 u. 9

[44] vgl. A, Var. 13; C, Var. 11 (erster Teil); G 3, Var. 4 u. 6; G 7, Var. 3; K 3, Var. 4; K 5, Var. 2 (Oktavtremolo)

[45] vgl. unterschiedliche Formen bzw. unterschiedlich lange Abschnitte in A, Var. 6, 8 u. 10; C, Var. 5; G 6, Var. 5 u. 11; G 8, Var. 1; I 3, Var. 2; I 5, Var. 6; vgl. auch die Bewegung um *e*[1] bzw. *h*[1] in K 2, Var. 6

[46] A, Var. 7 (Sopran-Alt); C, *Capriccio*; E, Var. 3 (Stimmtausch nach 2 Takten); G 7, Var. 3, zweiter Teil; I 5, Var. 4.

[47] vgl. u.a. B, Var. 4 u. *Cadenza*; C, *Capriccio* (als *Fuga* überschrieben!); D, Tabelle VI-VIII; E, improvisierte Schlußfuge (vgl. auch imitatorische Ansätze in Var. 2 u. 9; F, Var. 7, 9 und *Coda*; G 8, Var. 11 (*Phantasie*-Teil); I 2, Var. 3, 4 und *Coda* (vgl. NB S. 127); I 3, Schlußteil (*Fuga. Presto*. Fugenbeginn vgl. NB S. 124); I 5, Var. 4 u. 6; K 1, *Coda*; K 1, Variation 6 (vgl. auch Thema T. 4/5 bzw. 12-14; K 3, Var. 6; K 4, *Coda*.

[48] Mannheimer und Pariser Instrumentalstil zeigen in der zweiten Hälfte des 18. Jahrhunderts zahlreiche gemeinsame Züge, was durch das Wirken vieler Mannheimer Musiker in Paris mitbedingt ist und sich in den zahlreichen Pariser Druckprivilegien für Mannheimer Kompositionen widerspiegelt.

[49] vgl. z.B. KV 264, Var. 5; KV 265, Var. 8; KV 331, 1. Satz, Var. 3; KV 353, Var. 9 u. KV 354, Var. 9

[50] vgl. KV 264, Var. 4; KV 352, Var. 4; KV 398, Var. 5 bzw. KV 264, Var. 9; KV 354, Var. 10; der Effekt findet sich auch in den Sonaten dieser Zeit.

[51] in unterschiedlichen Formen in KV 264, Var. 4, T. 9ff. bzw. 34ff.; Var. 9, T. 9ff.; KV 265, Var. 12, T. 9ff.

[52] vgl. dazu besonders Voglers und Mozarts Variationen über *Ah, vous dirais-je, Maman*.

besonders in den *Adagio*- oder in den Schlußvariationen sowie die Integration einer Kadenz in eine der Variationen[53].

Dennoch bleiben einige Eigenarten, die nur für Voglers Stil typisch zu sein scheinen. Dazu gehören die deutliche Bevorzugung der Möglichkeiten, ein Thema harmonisch neu und zum Teil gewollt »ungewöhnlich« einzukleiden bzw., oft damit verbunden, der choralähnliche oder betont »stimmige« Satz, teilweise mit in kleineren Notenwerten stufenweise durchlaufenden Mittel- oder Unterstimmen, ferner die Tendenz zu »charakteristischen« Variationen durch Einkleidung in Tanzcharaktere, charakterisierende Tempovorschriften, fremde Instrumentalidiomatik und das bewußte Ausnutzen der verfügbaren (besonders der tiefen) Register[54] sowie auf der technischen Seite vor allem die Anwendung des Doppeltrillers und die Verwendung ostinater Figuren bzw. durchlaufender Tonrepetitionen in den Mittel- bzw. Unterstimmen.

Webers Variationstechnik vor dem Hintergrund der festgestellten Charakteristika Voglerscher Variationen

Im folgenden sollen nun die unter Voglers Anleitung entstandenen Variationen op. 5 und 6 näher betrachtet und die weiterweisenden Züge dieser Werke durch einzelne Vergleiche mit späteren Variationszyklen Webers hervorgehoben werden[1].

Schon rein äußerlich verrät der Typus des harmonisch reichhaltigen, betont »stimmigen« Satzes der Variationen 2 und 5 von Webers op. 5 bzw. der Variationen 2 und 6 des op. 6 den Einfluß Voglers. Dabei sind es nicht nur die Mollvariationen beider Werke, die durch zwischendominantische Akkorde und stufenweise bzw. teils chromatisch geführte Nebenstimmen harmonisch »angereichert« werden, sondern in beiden Fällen findet sich auch eine Dur-Variation vergleichbaren Stils: Im vierstimmigen Satz der 2. *Castor-und-Pollux*-Variation sind Nebendreiklänge und dominantische Zwischenharmonien verwendet, und der Beginn des zweiten Teils erweckt den Anschein kontrapunktisch-polyphoner Stimmführung; ähnlich verhält es sich mit der *Adagio*-Variation des op. 6, bei der die Begleitstimmen sich zu einer durchlaufenden Achtelkette ergänzen. Neben der neuartigen harmonischen Einkleidung verstärken auch hier pseudoimitatorische Ansätze den Eindruck der »stimmigen« Konzeption des Satzes[2]. Eine solche »imitatorische« Behandlung des Themas, wie sie hier zu

[53] vgl. z.B. in KV 264, Var. 9 mit *Cadenza*; in KV 354, Var. 8 mit *Caprice*. Zu den Erweiterungen in Mozarts Variationen vgl. Paul Mies: *W. A. Mozarts Variationenwerke und ihre Formungen*, in: *AfMf* 2. Jg. (1937), S. 471ff. Improvisatorische Dehnungen finden sich in dieser Zeit u.a. bei C. Ph. E. Bach, Sterkel, Cannabich, Neefe und Fasch, vgl. dazu Kurt von Fischer: *C. Ph. E. Bachs Variationenwerke*, in: *Revue Belge de Musicologie*, 6. Jg. (1952), S. 215, sowie die dort angegebene Literatur.

[54] Zu den genannten Merkmalen vgl. Rabenau, a.a.O., S. 64/65 u. 67/68. Sie rechnet Vogler demnach zu jenen Musikern im Übergang zur Romantik, denen es darum ging, *die klangsinnliche Kraft des Themas noch stärker zur Geltung kommen zu lassen* (a.a.O., S. 350).

[1] Zu Grunde gelegt sind die Neuausgaben der Klavierwerke bei C. F. Peters.

[2] vgl. Var. 2, zweiter Teil, 4.-7. Takt

beoachten ist[3], findet sich später häufig und bleibt, wie bei Vogler, meist auf kurze Themenbruchstücke beschränkt[4].

Sowohl in den *Castor-und-Pollux-* als auch in den *Samori*-Variationen sind darüber hinaus weitere Variationen durch Abweichungen vom vorgegebenen harmonischen Schema des Themas gekennzeichnet, was meist Folge der Verlegung des Themas in eine der unteren Stimmen bzw. der Vorzeichenänderung bei einigen Melodietönen ist[5]. Weder die harmonischen Besonderheiten noch die strenge Stimmführung dieses Variationstypus haben in den früheren, in München entstandenen Variationen op. 2 ein Vorbild. Wechselnde Stimmenzahl kennzeichnet dort selbst die Moll-Variation, in der zwar zwischendominantische Akkorde eingeschoben sind (vgl. Var. 3, T. 3 bzw. 7), die harmonische Substanz des Themas aber, abgesehen von den Veränderungen durch den Wechsel des Tongeschlechts, unverändert belassen wird. Die zu Grunde liegende harmonische Einkleidung des Themas wird in den Variationen op. 2 lediglich durch chromatische Vorhaltsbildungen bzw. Zwischennoten aufgelockert, ohne daß diese funktional-harmonisch eingebunden werden.

Gleiches gilt für die vermutlich 1801 komponierten vierhändigen Variationen op. 3, Nr. 4, deren harmonische Eigenheiten im wesentlichen schon im Thema selbst vorgegeben sind[6], ebenso für die erste Fassung der Variationen für Alt-Viola JV 49, die wahrscheinlich vor dem Unterricht bei Vogler entstanden[7].

Dagegen dringt der neue Typus, dessen harmonische Detailstruktur und deren Abhängigkeit von Voglers Vorbildern noch untersucht werden sollen, seit der Wiener Zeit in alle Variationswerke Webers ein. Wie sehr sich mit der betont »stimmigen« Variante dieses Typus die Assoziation »Kirchenstil« verbindet, zeigen dabei vereinzelt Überschriften wie *A piacere, quasi corale* in Nr. 6 der *Vien'-quà-Dorina-bella*-Variationen oder *Tema canto fermo* in Variation 4 der *Variations sur un Air Russe*[8]. Allerdings wird in einigen Fällen, besonders bei Moll-Variationen, die harmonische

[3] vgl. op. 5, Var. 2, T. 9ff., Var. 5, T. 12ff., Var. 7, T. 1ff; op. 6, Var. 2, T. 11ff.

[4] vgl. op. 28, Var. 7, T. 50ff.; op. 40, Var. 4; op. 55, Var. 1, T. 5-8, Var. 4 (hier sogar in Form eines »strengen Kanons«, wie er sich ganz ähnlich in Voglers *Polymelos* I 2, Var. 4 findet, vgl. NB S. 127) u. Var. 7, T. 15-16

[5] So wird in den Variationen op. 5 mehrfach das b^2 in aufsteigender Linie in h^2 aufgelöst und in Variation 7 das f^2 des vorletzten Taktes zu *fis* erhöht; in op. 6, Var. 4 sind die Änderungen teilweise durch die Verlegung des Themas in die Unter- bzw. Mittelstimme bedingt.

[6] Der Vorhaltsakkord in Takt 10 der ersten Variation bezieht sich auf die Molltrübung des 11. Thementaktes; die Versetzung der Takte 5/6 des Themas nach Moll in Variation 2 zeigt Webers mangelnde Harmoniekenntnis; vgl. dazu w.u.

[7] Jähns hat das Werk nach dem Datum der Umarbeitung im Dezember 1806 in sein Verzeichnis unter Nr. 49 eingeordnet. Das Werk ist jedoch wahrscheinlich schon in der Münchener Zeit oder kurz später entstanden, worauf eine Aufführung durch den *kurpfalzbayerschen Kammermusikus Christoph Geitner* am 22. Februar 1804 in Salzburg deutet. Bei den in einer kurzen (vermutlich von Thaddäus Susan stammenden) Kritik des Konzertes in der *AMZ* 6. Jg. (4. April 1804), Sp. 449 erwähnten *sehr niedliche*[n] *Variationen von C. M. de Weber auf der Altviole* dürfte es sich um die ursprüngliche Fassung der Variationen JV 49 handeln (darauf deutet auch die »ältere« Namensform *Carlo Maria di Weber* im Autograph. Da das Werk in den Briefen an Susan bzw. in Webers *Autobiographischer Skizze* nicht erwähnt wird, kann es - auch nach dem stilistischen Befund - eigentlich nicht in der Wiener Zeit entstanden sein.). Vielleicht schrieb Weber das Werk wie das spätere *Andante und Rondo Ungarese für die Alt-Viola* JV 79 für seinen Bruder Fritz.

[8] vgl. auch op. 9, Var. 2 sowie in den vierhändigen Stücken op. 10, Nr. 3 die Var. 3 (bzw. auch 1)

Neueinkleidung auch mit Marschcharakteren verbunden[9], und selbst in vornehmlich vom Spieltechnischen her konzipierten Variationen machen sich diese Tendenzen zu komplizierterer Harmonik bemerkbar[10].

Inwieweit solche, von vielfältigem harmonischen Wechsel bestimmte Variationsverfahren neben rein technischen zunehmend an Bedeutung gewinnen, zeigt etwa ein Vergleich der Anfangstakte der einzelnen Veränderungen in den Variationen des op. 7 bzw. op. 40[11]:

Die zunächst als Folge von I. und V. Stufe harmonisierten beiden Anfangstakte der *Vien'-quà*-Variationen erscheinen in Variation 1 mit Zwischenharmonien, in Variation 2 entfällt der Vorhalt g^1 des zweiten Thementaktes, so daß dieser Takt subdominantisch gedeutet werden kann, in Variation 3 ist erneut eine Zwischenharmonie eingeschoben, so daß das f^2 im zweiten Takt nun als Terz von d-Moll harmonisiert erscheint, in Variation 4 wird das f^2 schließlich sogar in eine verminderte Sept umgedeutet (vgl. letztes Taktdrittel), während in der 6. Variation der Bezug auf d-Moll mit dem im Durchgang berührten *As* der Baßstimme nachträglich modifiziert wird.

Ähnliche Veränderungen finden sich in den Variationen über *Schöne Minka*, wo die Melodietöne c^2 und es^2 auf den Taktschwerpunkten der beiden Anfangstakte zunächst als Oktav bzw. Terz eines c-Moll-Akkordes erscheinen, dann in der 2. Variation als Quinte von f-Moll und As-Dur bzw. in Takt 13/14 als Oktave und verminderte Sept eines verkürzten Dominantseptakkordes auf *D*, in Takt 13/14 der 4. Variation als Quinte eines F-Dur-Septakkordes bzw. Sextvorhalt eines G-Dur-Akkordes und schließlich als Oktave bzw. Terz eines C-Dur-Akkordes in der 6. Variation[12].

Eine weitere Gemeinsamkeit mit Voglers Kompositionen besteht in der häufigen Verwendung »charakterisierender« Überschriften. Während in den frühen Variationen op. 2 und op. 3, 4 bzw. in den Viola-Variationen JV 49 kaum Modifikationen der

[9] vgl. op. 6, Var. 6; Sonate für Violine u. Klavier op. 10, 5, Var. 3; op. 28, Var. 6 u. op. 40, Var. 7

[10] vgl. op. 5, Variation 3, 4 u. 6: neben der melodischen Variante *b/h* und der eingeschobenen chromatischen Passage vor der Themenwiederholung in Var. 4 ereignet sich in diesen Variationen harmonisch nichts Neues; dies gilt, abgesehen von den überleitenden Einschüben auch für die Var. 5 des op. 6 bzw. für Var. 1 u. 3, wo trotz chromatischer Vorhaltsbildungen bzw. Durchgangsnoten am harmonischen Gerüst festgehalten wird. - Ursula Ismer und Hanna John weisen in ihren *Studien zur Entwicklung der Variation vom 19. Jahrhundert bis zur spätbürgerlichen Musik* (Diss. Halle, 1976, Kapitel über Weber von U. Ismer) darauf hin, daß sich Weber in diesem Punkt etwa von seinen Zeitgenossen Mendelssohn und Chopin deutlich unterscheide: *Trifft man bei allen drei Meistern auf viele Gemeinsamkeiten, so weicht dennoch Weber davon ab, indem er in einigen Sätzen die Harmonik völlig neu gestaltet. Dabei ist stets zu beobachten, daß in diesem Fall die Melodie wörtlich wiederkehrt. Somit wird das Thema in seiner Gesamtheit in eine neue Ausdruckssphäre gerückt, ohne es im eigentlichen Sinn zu bearbeiten oder gar neu zu formen. Weber setzt die Variierung der Harmonik zum Intensivieren des Ausdrucks ein* [...] *Eine solche Art der Harmoniegestaltung ist bei Beethoven nicht zu erkennen, bei Mendelssohn nur einmal (vgl. op. 54, Var. 14), häufig allerdings bei Schubert, Schumann und später in Brahms' op. 9.* (a.a.O., S. 158). Als Beispiele aus Webers Kompositionen werden aufgeführt: op. 5, Var. 2, op. 6, Var. 2, op. 7, Var. 6, op. 9, Var. 2 und op. 40, Var. 2/4.

[11] Da die Harmonik im anschließenden Kapitel noch genauer behandelt wird, beschränkt sich der Verf. hier auf die beiden kurzen Ausschnitte.

[12] Solche Formen der Harmonisation müssen allerdings in Zusammenhang mit Voglers Ideen über die harmonische Einkleidung seiner »nationalcharakteristischen« Themen betrachtet werden (vgl. w.u.) - an dieser Stelle soll zunächst nur auf diese Form der zunehmend von harmonischen Gesichtspunkten geprägten Themenbehandlung hingewiesen werden.

Tempovorschriften oder des Charakters angegeben sind[13], finden sich in den in Wien entstandenen Werken einerseits erweiterte Spiel- bzw. Tempovorschriften (in op. 5: *con grazia*, *mezza voce*, *leggiero e piano*; in op. 6: *con grazia*, *sempre piano legato*, *sempre staccato e con Brio*, *Forte e con Brio*, u. in Variation 2 bzw. 4 der Zusatz *Poco più adagio*), sowie andererseits die Verwendung einer *Mazurka* als Abschluß der *Castor-und-Pollux*-Variationen bzw. einer *Marcia Funebre* in op. 6.

Die hier spürbare Tendenz, die Variationen durch zusätzliche »Charakteristik« voneinander abzuheben, setzt sich in den späteren Variationswerken fort. So schließt Weber in fast alle Variationswerke zumindest eine von »Tanz«-Formen abgeleitete Variation ein, wobei solche mit polnischem oder spanischem Kolorit neben marsch- bzw. trauermarschähnlichen Sätzen bevorzugt erscheinen[14]. Vereinzelt dringt auch die Form des Rezitativs in die Variationszyklen ein[15].

Darüber hinaus sind fast alle späteren Variationssätze (und auch Webers übrige Klavierwerke) durch Vorschriften des Tempos oder der Spielweise näher bezeichnet, wobei mit diesen Anweisungen häufig der Charakter der Variation festgelegt wird[16]. Diese zum Teil expressiven Vorschriften entsprechen aber zu sehr den Tendenzen der Zeit (vgl. etwa Beethovens Variationen), als daß hier Vogler als alleiniges Vorbild betrachtet werden könnte. Sicherlich hat er aber solche Tendenzen in Webers Schaffen verstärkt.

Ein weiteres, in der Sekundärliteratur wiederholt genanntes, Charakteristikum des Weberschen Klavierstils sind die orchestralen Effekte in vielen Klavierkompositionen[17]. Sieht man einmal von den häufigen Registerwechseln ab, die in Verbindung mit dynamischen Kontrasten oder wechselnder Stimmendichte zu einem wesentlichen Teil den Eindruck des orchestralen Satzes mitbedingen, finden sich die erwähnten spezifisch orchestralen oder klavierfremden Effekte Voglers in Webers Variationen jedoch eher selten. Zu solchen Effekten gehört die Verwendung des Rezitativs, das z.B. in einer Ausprägung wie in der 6. Variation des op. 9 unwillkürlich mit der Vorstellung von Solo-Tutti-Gegensätzen verbunden ist. Mehrfach begegnet die bei Vogler beliebte Imitation der Pauke: Ein paukenartiges Motiv gliedert bereits den Trauermarsch der *Samori*-Variationen[18] und findet sich in ähnlicher

[13] In op. 2 lediglich die Bezeichnungen *sempre legato*, *sempre dolce* und *legato* in den Variationen 1, 5 u. 2 bzw. 6; im op. 3, 4 neben den Spielvorschriften in der letzten Variation die Angabe *Allegretto*. Die *Adagio*-Vorschrift der Viola-Variationen Nr. 4 stammt wahrscheinlich aus der späteren Bearbeitung, denn nur dort ergibt sie Sinn. In Jähns' Abschrift des Werkes wird nicht deutlich, ob dieser Zusatz aus der Bearbeitung übernommen wurde.

[14] *Polacca*-Variationen finden sich in op. 7, Var. 7; op. 22, Var. 9 und innerhalb der Variationen des *Horn-Concertino*; Elemente, die aus Webers übrigen *Polacca*-Kompositionen vertraut sind, klingen auch in Variation 2 von op. 7 und in Var. 4 von op. 28 an. Zur Verwendung »nationalcharakteristischer« Elemente in Webers übrigen Kompositionen vgl. w.u.; spanisches Kolorit vgl. op. 9, Var. 4 u. op. 40, Var. 9. »Italienischen« *Siciliano*-Charakter trägt die 4. Variation des op. 7; *Marsch*-Charaktere vgl. Sonate für Violine und Klavier op. 10, 5, Var. 3 (bzw. op. 33, Var. 6); op. 28, Var. 6; op. 40, Var. 7.

[15] vgl. op. 9, Var. 6: *Fantasia/Recit.*; *Silvana*-Variationen op. 33, Var. 6, T. 123-127; Rezitativ innerhalb des *Horn-Concertino*; vgl. auch die letzten Takte der Var. 6 des op. 22.

[16] vgl. etwa in op. 28: *Con passione*, *Vivace e brillante*, *Più moderato e molto grazioso*, *Presto con fuoco*, *Largo* und *Presto e leggiermente staccato* oder Vorschriften wie *lusingando* in op. 7, Var. 2 und op. 9, Var. 7; *con molto vivacità* in op. 55, Var. 7 und *risoluta assai e ben marcato* in op. 40, Var. 5

[17] vgl. z.B. Walter Georgii: *Karl Maria von Weber als Klavierkomponist*. Leipzig 1914, S. 6

[18] vgl. dazu z.B. Beethovens op. 34, Var. 5, wo das punktierte Motiv in gleicher Weise eingesetzt wird.

Funktion eingesetzt in Variation 6 der *Méhul*-Variationen op. 28; Paukeneffekte begegnen auch in 6. Variation des op. 22 (als »Paukenwirbel« in T. 8-12) und in der Einleitung des op. 40 (T. 22-24). Die Hornidiomatik der *Méhul*-Variationen ist vorgegeben in Méhuls *Romanze*; Voglers Art der Verwendung des Hornsatzes findet sich in Webers Variationen dagegen nicht[19].

Lassen sich also hinsichtlich der »musikalischen Gestaltung« durchaus Gemeinsamkeiten mit Voglers Variationswerken feststellen, gilt dies nicht in gleichem Maße für die eher »technische« Seite. Obwohl Weber Voglers Forderungen nach Einheit und Analogie innerhalb einer Veränderung sowie nach stets neuen, aus der Kenntnis des Instruments abgeleiteten Spielarten erfüllt, fehlen typische Figuren Voglerscher Variationen, wie etwa das *wolkenbruchartige Prasseln*, der beliebte Doppeltriller oder die festgehaltenen Floskeln der Mittelstimmen fast völlig[20].

Gemeinsamkeiten zeigen sich jedoch in der auffallend häufigen Verwendung »aufgelöster« Akkordformen, besonders der in gebrochene Akkordfolgen aufgelösten Septakkorde oder der Dreiklangsbrechungen mit dissonierenden Vorhalten bzw. Durchgängen, die die Grundform des Akkordes verändern[21]. Vor allem Umspielungsfiguren mit dissonanten Vorhalten oder Vorschlägen auf betonter Taktzeit (wie z.B. in Var. 1 des op. 6) werden in Webers Variationen (aber auch in den übrigen Klavierwerken) immer beliebter[22]. Im Gegensatz zu den frühen Variationen op. 2, wo in Variation 1 auf den Taktschwerpunkten dissonante Vorhalte und Konsonanzen noch unregelmäßig wechseln, werden schon in der 1. Veränderung der *Samori*-Variationen die dissonanten Vorhalte (meist in Form des unteren Halbtons) regelmäßig auf die Schwerpunkte verteilt und in dieser Weise bis zum Ende der ersten Phrase beibehalten. Wenn Weber später solche Vorhaltsbildungen in seinen Variationen aufgreift, geschieht dies meist in dieser durchgängig die Dissonanz betonenden Form[23].

Häufig überschreiten solche Akkordauflösungen bei beiden Komponisten den Oktav- bzw. Dezimraum[24], und vor allem bei Weber werden Terz- oder Sextketten, teilweise mit einem fortlaufend repetierten Zwischenton, der dann in immer größeren Sprüngen erreicht wird, oder zu immer größeren Sprüngen erweiterte Akkordbrechungen[25] immer beliebter.

Solche Spielfiguren gehören aber ohnehin zum musikalischen »Allgemeingut« virtuoser Variationen, und zudem geht Webers mit seiner Suche nach un-

19 Auf Überdruß an den in der Zeit offensichtlich häufig gebrauchten Hornsätzen deutet die Bemerkung in der Rezension von Voglers *Kaufmann-von-Smyrna*-Variationen, wo es bezüglich Var. 11 heißt: *Die Hornsätze* [...] *sind etwas verbraucht*; *AMZ* 3. Jg. (3. Juni 1801), Sp. 607.

20 Doppeltriller vgl. op. 40, Var. 9, T. 68, 76 u. 78 (lediglich als »technische Schwierigkeit«). Die typische Form Voglers findet sich in Webers erstem Klavierkonzert, T. 188-203; allerdings nimmt das Orchester dem Pianisten die Aufgabe ab, zu dem Doppeltriller Teile des Themas zu zitieren. Ostinate Mittelstimmenfloskeln vgl. z.B. im *Cantabile e ben tenuto* der *Polacca brillante* op. 72.

21 vgl. z.B. die Umspielungsfigur der ersten hss. *Dole-vise*-Variation (E) mit dem Vorhalt von der 3. zur 4. Note, bei Weber in gleicher Form in Var. 5 des op. 7, Takt 1 u. in Var. 2 des op. 22. Zu op. 22 vgl. auch w.u.

22 vgl., um nur einige Beispiele herauszugreifen: op. 7, Var. 2, Var. 5 (T. 2 usw.), Var. 7; op. 28, Var. 2 u. op. 40, Var. 5

23 vgl. etwa op. 7, Var. 2 u. op. 28, Var. 2; dazu bei Vogler z.B. K 1, Var. 6; in Sechzehntelgruppen à 4 bevorzugt er jedoch die Dissonanz auf der 3. Note.

24 vgl. bei Vogler A, Var. 2, Var. 10; oder E, Var. 10 u. G 8, Var. 7

25 bei Weber z.B. in op. 7, Var. 5, T. 7/8 bzw. Var. 7, T. 53-54

gewöhnlichen, brillanten Variationsformen deutlich über die Werke seines Lehrers hinaus. Der Wille zur Darstellung seiner pianistischen Fähigkeiten scheint bei ihm schon vor der Begegnung mit Vogler ausgeprägt und gibt sich etwa in op. 2 in den Oktavpassagen der Variationen 2 und 5, in den Dezimgriffen der Variation 5 sowie in den gewollt »ungewöhnlichen« Akkordbrechungen der linken Hand in der 4. Variation zu erkennen. In dieser Hinsicht wirken die Variationen der Wiener Zeit sehr viel kontrollierter. So sind etwa die ebenfalls den Raum von zwei Oktaven überschreitenden Akkordbrechungen der 3. Variation des op. 6 einheitlich in Achteltriolen gehalten und bewirken damit einen »geregelteren« Eindruck als die willkürlich rhythmisch wechselnden Akkordbrechungen der 4. Variation des op. 2, die zudem sogar den Raum von drei Oktaven überschreiten und in keinem sinnvollen Verhältnis zu dem schlichten Thema der rechten Hand stehen.

Eine auffallende Übereinstimmung mit Vogler zeigt sich dabei in der Tendenz zu einer effektvolleren Ausnutzung des Klavierumfangs und besonders in der spürbaren Vorliebe für die tiefen Register. Zwar verwendet Weber auch in früheren Werken vereinzelt Töne unterhalb des *Kontra-C* (etwa in der genannten Variation 4 des op. 2)[26]; wenn er die tiefsten Töne des Instruments jedoch in der *Marcia Funebre* des op. 6 und in der *Coda* dieses Werkes (vgl. T. 34) gezielt zur Steigerung des musikalischen Ausdrucks einsetzt, deutet dies auf den Einfluß Voglers, zumal die Ergänzung der tiefen Oktave im letzten Takt des Trauermarsches im Autograph von Voglers Hand stammt. Das Ausnutzen der extremen Lagen des Instrumentes und damit auch bestimmter Registereffekte gehört seit der Wiener Zeit zu den Hauptkennzeichen der Variationen Webers (vgl. etwa op. 7 und 9)[27].

Mit dem Unterricht bei Vogler scheinen sich auch eine Reihe weiterer Elemente des Satzes zu konsolidieren. Begleitfiguren mit übermäßigen Septsprüngen, wie in der erwähnten 3. Variation des op. 6 (vgl. T. 3), werden später oft verwendet[28]; ebenso gewinnen Formen virtuoser, melodieumspielender Akkordbrechungen (z.T. mit chromatischen Vorhalten, Durchgängen oder verbunden mit einer relativ schlichten Begleitung der linken Hand; vgl. op. 6, Var. 5 oder auch 1; op. 5, Var. 4), in späteren Variationen am Bedeutung, wenn sie auch in unterschiedlichsten Ausprägungen begegnen[29]. Immer wieder nehmen neue Spielfiguren ihren Ausgang von Akkordbrechungen oder -repetitionen sowie Vorhaltsbildungen bzw. kurzen Vorschlägen.

Schließlich verdient auch die Form der steigernden Erweiterungen der letzten (bzw. vorletzten) Variation Beachtung. Während Weber sein op. 5 mit einer ***Mazurka*** beendet, ohne dabei die Struktur des Themas zu verändern, schließt sich im op. 6 an die letzte Veränderung eine »freie Coda« an, die in ein Zitat des ersten Thementeils über einer Art Baß-Tremolo mündet. Verwandte Formen solcher abschließenden Themenzitate begegnen in op. 7 (Themenzitat mit harfenartigen Arpeggien), op. 28 (repetierter C-Dur-Akkord mit Zitat der ersten Halbzeile des Themas) und in der

26 vgl. op. 2, Var. 4, T. 9/11 oder Var. 2, T. 7; und *Douze Allemandes*, Nr. 9 u. 10 (Im op. 3 sind diese Töne durch den vierhändigen Satz bedingt).

27 Im op. 9 ist erstmals g^3 mit einbezogen (Var. 1, T. 5 u.ö.); später erweitert sich der Raum mit den jeweils verwendeten Instrumenten; in op. 28 etwa wird der gesamte verfügbare Raum von C^2 bis c^4 genutzt.

28 vgl. op. 40, Var. 2, ebenfalls in Triolen u. Var. 9, T. 79/81; op. 55, Var. 2, T. 1 u. 3

29 op. 7, Var. 5; op. 9, Var. 5, op. 22, Var. 2 u. 7; op. 28, Var. 2; op. 40, Var. 8 (Wechsel rechts-links); op. 60, 6, Var. 4. Oft finden sich dabei ähnliche Formen der Figuration.

Sonate für Violine und Klavier op. 10, 5 (im *calando*-Teil; vgl. op. 33, Var. 7). Ähnliche Erweiterungen der Schlußvariation finden sich in der *Polacca* des op. 7, in der 7. Variation der opera 9 und 28 sowie (mit Einschränkungen) im *Espagnole* des op. 40. In allen Fällen erscheint das Thema in einem rauschenden Klanggewand, eingebettet in Arpeggien bzw. gebrochene Akkordformen, wird als Ganzes oder in größeren Teilen sequenziert oder in entfernte Tonarten versetzt[30] und erklingt am Ende nochmals ganz oder teilweise in der Ausgangstonart (bzw. deren Durvariante)[31].

Auch Vogler bevorzugt in seinen erweiterten Schlußvariationen harmonische Verfremdungseffekte bzw. Sequenzierungen, bevor er nochmals (vielfach nach imitatorischen Einsprengseln) abschließend das Thema bzw. Elemente des Themas in der Ausgangstonart zitiert[32]. Wiederum kann auf Vergleichbares bei den Zeitgenossen verwiesen werden[33], etwa auf die erweiterten Abschlußvariationen der Beethovenschen Klaviervariationen, denen Webers Technik sicherlich ebenfalls einiges verdankt, wie überhaupt Anregungen durch das Repertoire, das die Grundlage der konzertierenden Tätigkeit Webers bildete, nicht unterschätzt werden dürfen. Forschungen auf diesem Gebiete fehlen jedoch (u.a. auf Grund der spärlichen Anzahl edierter Quellen) bisher völlig, so daß gerade im Hinblick auf die spieltechnische Seite dieser Werke ausreichend fundierte Aussagen über Abhängigkeiten noch nicht möglich sind.

Der Einfluß der Voglerschen Vorlagen auf die Gestaltung der opera 5 und 6

Zeigen sich offenkundige Abhängigkeiten von Voglers Stil also zunächst vorwiegend in der Ausnutzung der Möglichkeiten unterschiedlicher harmonischer Einkleidung des Themas in betont »stimmigen« Satz und in der Tendenz zu »charakteristischer« Variation[1], bringt ein Vergleich der beiden in Wien entstandenen Variationswerke mit den entsprechenden Vorlagen in Voglers Opern weitere Gemeinsamkeiten ans Licht.

In den Variationen op. 5 hat Weber das Thema des (ebenfalls variationsartigen) zweiten Teils des *Ballo patetico dell'ombre felici* aus Voglers Oper *Castor und*

[30] In op. 7 wird das Thema in die Mediante As-Dur versetzt; in op. 9 wird es in As-Dur zitiert, bevor über Des-Dur in die Ausgangstonart F-Dur zurückgekehrt wird; in op. 28 erscheint das C-Dur-Thema u.a. in e-Moll; in op. 40 wird ein Ausschnitt des Themas mehrfach auf verschiedenen Stufen zitiert.

[31] Mit vergleichbaren Mitteln ist auch die *Polacca* der Variation 9 des op. 22 gestaltet: nachdem das Thema vor Abschluß der Veränderung in fis-Moll erklungen ist, wird es noch einmal in der Ausgangstonart D-Dur zitiert.

[32] vgl. B, Finale; C, *Capriccio* (im Mittelteil dieses G-Dur-*Capriccio* erklingt das Thema in Fis-Dur!); F, *Coda*; K 3, Var. 6; K 5, *Coda*. Eine Webers Art verwandte Form besonders »prachtvoller« Themenzitate inmitten gebrochener Akkordformen findet sich z.B. in I 5, Var. 6.

[33] Vogler gehört jedoch zu den ersten, die regelmäßig die letzte Variation in dieser Form erweiterten; vgl. Rabenau, a.a.O., S. 67.

[1] Daß Webers Variationen auch von den Zeitgenossen als »charakteristisch« empfunden wurden, zeigt Adolph Bernhard Marx' Bezeichnung als *Charakterbilder pittoresker Art*, zitiert bei Kurt von Fischer, Artikel *Variation*, in: *MGG*, Bd. 13, Kassel 1966, Sp. 1298.

Vogler: *Ballo patetico dell'ombre felici*, 2. Teil

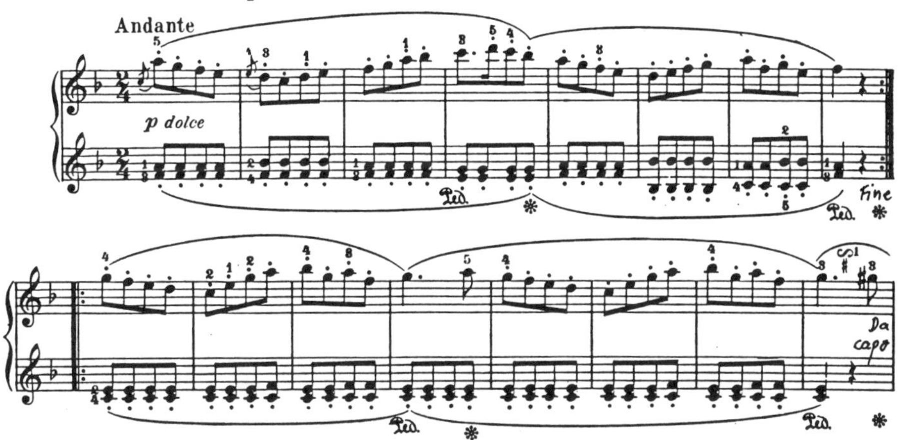

Pollux nahezu unverändert übernommen[2]. Der dreistimmige Streichersatz im ersten Vortrag des Themas bei Vogler ist (offensichtlich in Anlehnung an den Klavierauszug) auf das Klavier übertragen, lediglich die Töne e^2-g^2-a^2 in T. 10 (bzw. 14) sind nach der späteren Form in Voglers T. 34 (vgl. dagegen Voglers T. 10) ergänzt, und die Begleitstimme ist im letzten Achtel dieses Taktes von e^1 zu f^1 verändert. Neu im Vergleich zur Vorlage sind die Vorschläge in T. 1/2, und die Zwischennote a^2 in T. 12 ist frei ergänzt[3].

Die beiden Variationen, die in Voglers Oper dem eigentlichen »Vortrag« des Themas folgen, scheinen Weber bei der Wahl seiner eigenen Variationsverfahren inspiriert zu haben. So entspricht der Baßverlauf der Variationen 2 und 5 weitgehend der 1. Variation Voglers; die Oktavenführung des Themas in den beiden Violinen in dieser Variation könnte Weber zu den Oktavgängen in Nr. 3, 6 und 7 angeregt haben, und die Bläsereinwürfe in T. 4 und 8 der 2. Veränderung Voglers spiegeln sich in den entsprechenden einwurfartigen Floskeln der *Mazurka* in Webers Abschlußvariation.

2 NB S. 136-137 nach dem Klavierauszug Darmstadt LHB, Mus. ms. 1063f. Möglicherweise hat Vogler dieses Thema sogar übernommen. Johann Baptist Cramer variiert ein fast wörtlich übereinstimmendes Thema unter dem Titel *Air Hannovrien* (Leipzig: Peters; vgl. Wiedergabe bei Rabenau, a.a.O., S. 314). Da die in dieser Fassung auftretenden Vorschläge bzw. Verzierungen auch in den 1798 von Hummel in Wien veröffentlichten Variationen über Voglers Thema auftreten, muß man annehmen, daß Voglers frühere Fassung dieser Nummer die Verzierungen ebenfalls noch aufwies (vgl. Dieter Zimmerschied: *Thematisches Verzeichnis der Werke von Johann Nepomuk Hummel*, Hofheim 1972, S. 25). Voglers Thema begegnet zudem, mit Ausnahme des offensichtlich früh entstandenen Klavierauszugs der LHB Darmstadt, Mus. ms. 1063f in den in Darmstadt erhaltenen Partituren (Mus. ms. 1063a-e) durchgängig in den 4/4-Takt versetzt.

3 vgl. allerdings die Nebennote a^2 in Voglers T. 36. Vorschlagsfiguren finden sich in den entsprechenden Takten des Themas in den genannten Variationswerken Cramers und Hummels (vgl. vorige Anm.).

Während darin nur sehr oberflächliche Analogien erkennbar werden, zeigen sich in den *Samori*-Variationen, deren Vorlage hier vollständig wiedergegeben ist, sehr viel weitreichendere, wirkliche Abhängigkeiten. Schon das Thema selbst, das in seiner Gliederung (*A-B-A*; harmonisch *T-D-T*) dem des *Ballo* aus *Castor und Pollux* entspricht, ist nicht einfach aus der Oper Samori übernommen, sondern aus unterschiedlichen Bestandteilen der Arie der Naga zusammengesetzt[4] und erhält so erst die geschlossene Form aus 8 + 8 + 8 Takten. Die Takte 1-8 basieren auf den ersten beiden Halbsätzen der Singstimme, wobei die umrahmenden Teile des Solocellos (T. 1-2, 6-8 u. 12-16) entfallen; im übrigen ist der reine Streichersatz der Arie nach der Reduktion des Weberschen Klavierauszugs übernommen[5]. Im Mittelteil wird zunächst das Pulsschlagmotiv der Voglerschen Takte 17-20 aufgegriffen, wobei Weber im dritten Takt der Singstimme durch die Vorwegnahme des g^2 eine rhythmische Floskel anbringt, die auf eine Solofigur des Violoncells verweist, die sich dann in Takt 13/14 (wie in Voglers T. 26 bzw. 30) anschließt. Während Vogler nun in T. 31-33 die Kadenz durch einen wiederholten Einschub künstlich dehnt, vermeidet Weber diese Form des Einschubs, wiederholt aber den T. 30 entsprechenden Takt und zieht die zweite Hälfte von T. 31 und 33 zu einem Takt zusammen. Der Mittelteil enthält so im Sinne Voglers eine *schwankende Periode*, die zwischen Dominante und Doppeldominante wechselt, um schließlich in der Dominanttonart zu kadenzieren und zur Wiederholung des ersten Teils Anlaß zu geben. Webers Thema ist in dieser komplizierten Zusammensetzung eine Ausnahme unter den sonstigen Variationen über Themen der Oper; zwar sind auch Voglers Variationsthemen zum Teil durch Auswahl aus einzelnen Teilen der Vorlage entstanden, jedoch meist schlicht durch Weglassen instrumentaler Zwischenteile.

Zwei der Variationen Webers (Nr. 4 u. 6) haben ihr direktes Vorbild in Teilen der Voglerschen Arie: Die *poco-più-adagio*-Variation 4 läßt sich in der Art der Verwendung des Themas unmittelbar aus den Takten 36ff. der Arie ableiten: Der Klaviersatz dieser Takte wurde mit einigen Veränderungen übernommen, auch auf den zweiten Teil übertragen und mit einer neu erfundenen Oberstimme kombiniert. Im übrigen hat Vogler diese Oberstimme im 3. bzw. 19. Takt korrigiert: Weber hatte ursprünglich die zweite Umspielungsfloskel (um b^2) nicht notiert, sondern wie in T. 1 und 5 mit halber + Sechzehntelpause begonnen. Vogler notiert die gesamte Oberstimme dieser Takte im Autograph Webers neu und integriert dabei die in den Druck übernommene Floskel.

Ebenfalls unmittelbar an die Vorlage knüpft die *Marcia-Funebre*-Variation 6 an, die in ihrem harmonischen Verlauf dem b-Moll/Des-Dur Teil der Takte 48-56 folgt. Auch Einzelheiten, etwa die Form des Vorhaltakkordes bei dem Wort *Ach!* (T. 52) bzw. die Rückleitung in T. 54/55 sind übernommen[6]. Nahezu unverändert findet sich am Ende des Trauermarsches die Überleitung der Arientakte 58-63, die dann in den *Allegro*-Teil *Kein Blümchen, keine Spiele* führen.

[4] vgl. vollständige Wiedergabe der Arie S. 139-141 nach Webers Klavierauszug

[5] Weber glaubte offensichtlich, abweichend von Voglers Vorlage, in T. 3/4 des Themas die Alt-Stimme oktavieren zu müssen, worauf eine nachträgliche Rasur im Autograph und die Korrekturen von Voglers Hand deuten.

[6] Mehrfach hat Vogler in dieser Variation korrigierend eingegriffen, dynamische Zeichen, Vorzeichen und Phrasierungsbögen ergänzt, in T. 10 die Stimmverteilung an T. 11 angeglichen und in T. 24 die unteren Oktaven ergänzt.

Vogler: *Samori*, Nr. 5

klommen; es en-get mir die Brust es en — get, en — get mir die Brust. Mein
Aug' schwimt dann in Thrä-nen; der Brust ent-schlüpft ein — Ach! mich quält ein heisses Seh-nen, und weiss doch nicht, wor
Slargando poco a poco
Adagio.
Allo
nach. Wo — her, wor-nach, wo — her, wor-nach?
Slargando poco a poco
Allegro.
Kein Blümchen keine Spie-le. Nichts, gar nichts kann mich freun. Nichts gar nichts kann mich
freun. Kein Blümchen kei-ne Spie-le kein Blümchen kei-ne Spie-le.
pizz
Kein Blümchen gar — nichts kei-ne Spie-le gar — nichts, gar nichts gar-nichts kann mich
arco

freun, ich ar-mes Mädchen füh-le, ich ar-mes Mädchen füh-le, daſs ich recht krank muſs
seyn, recht krank muſs seyn, recht krank muſs seyn –, recht krank – – – recht krank muſs seyn
kein Blümchen, kei-ne Spie-le nichts kann mich freun nichts kann mich freun. Kein
Blümchen, kei-ne Spie-le, kein Blümchen, gar nichts nichts, Ich ar-mes Mädchen füh-le, ich ar-mes Mädchen
füh-le, daſs ich recht krank muſs seyn, recht krank muſs seyn recht krank muſs seyn recht krank
recht krank muſs seyn, recht krank, muſs seyn recht krank muſs seyn.
arco
slargando.
Adagio.
Allo
(si levano gli sordini)

Dieser Beschluß der Arie bildet die Vorlage für die *Coda*[7] der Variationen Webers, wobei wiederum mehrere Abschnitte aus unterschiedlichen Teilen des Arienfinale benutzt wurden. Die Takte 1-4, in denen noch Anklänge an das Anfangsthema der Arie zu erkennen sind, werden zunächst nach der Vorlage übernommen, der zweite viertaktige Abschnitt schließt sich dann aber in der Form der Voglerschen Takte 101 (mit Auftakt) bis 104 an[8]. Auch hierin zeigt sich Webers Vorliebe für Voglers chromatische bzw. in kleineren Notenwerten durchlaufende Mittelstimmen. Nach einem freien Passagenteil T. 8-19 folgt bei Weber dann erneut ein Abschnitt aus dem *Allegro*-Teil der Arie. Das an den Pulsschlag des ersten Arienteils erinnernde rhythmische Motiv des *Allegro* der Arie (T. 89ff)[9] erscheint bei Weber in T. 20/21 auf drei Oktaven aufgeteilt, dann folgen die der Arie entsprechenden Takte mit einigen Varianten: der repetierte Ton bleibt bei Weber durchgehend f^1, Webers Takte 22/23 werden in den Takten 24/25 wiederholt (wohl um der sukzessiven Verdichtung der Stimmen willen), und die Unterstimme hält in den Takten 26/27 am *f* fest (bei Vogler in T. 93/94 Wechsel *B-F*). Die Takte 28-33 sind wiederum fast unverändert von Vogler (T. 95-100) entlehnt.

Während sich bei Vogler nach einer erneuten Wiederholung des gesamten Abschnitts mit Kadenzierung nach B-Dur (T. 123ff.) im *piano* und *slargando* bruchstückhafte Zitate des pulsierenden Rhythmus bzw. der melodischen Substanz der Takte 122/123 anschließen, zitiert Weber in ähnlich kontrastierender Weise nochmals das Anfangsthema über dem in einen langsamen »Triller« aufgelösten Baßorgelpunkt. Offensichtlich sind die im letzten Takt des Autographs in Analogie zu Vogler gewählten abschließenden Akkorde nachträglich durch Rasur beseitigt; möglicherweise von Vogler selbst, der auch in dieser *Coda* eine Reihe von Korrekturen vorgenomen hat[10]. Diese Korrekturen bestätigen ebenso wie die von Vogler teilweise eingetragenen Fingersätze (in Var. 1 und 5), daß Webers kompositorische Versuche unter Voglers Aufsicht entstanden. Die Auswahl der Abschnitte, die Weber in diesen Variationen der Vorlage seines Lehrers entnimmt, zeigt zugleich sein besonderes Interesse an den Eigenheiten der Harmonik und des harmonisch-»stimmigen« Satzes, die bereits im vorigen Abschnitt als Kennzeichen des Voglerschen Stils herausgestellt wurden.

Auffallend ist, daß auch Vogler gerade in seinen eigenen *Samori*-Variationen diese Form der Variation in einem »stimmigen« bis choralartigen Satz bevorzugt, wobei die einzelnen Sätze sich in einigen Fällen mehr durch harmonische Varianten als in der

[7] Die Bezeichnung *Coda* ist im Autograph von Voglers Hand zugesetzt.

[8] Die Terzschritte d^2-f^2 zu Beginn der *Coda* bzw. es^2-(d^2)-c^2 in T. 65 können als Nachklang des Themenanfangs aufgefaßt werden. Der *Allegretto*-Beginn wird von Weber, abgesehen von kleinen rhythmischen Varianten bzw. der Oktavversetzung des Basses, unverändert übernommen. Den 7. Takt der *Coda* hat Vogler wiederum in Webers Autograph nachträglich geändert. Weber hatte in der zweiten Takthälfte die Oberstimme nach dem Klavierauszug einstimmig notiert und nur auf dem letzten Achtel den Alt zu es^1 abspringen lassen. Vogler änderte die Stelle in die gedruckte Fassung ab, fügte im Baß die Achtelpause ein und beseitigte im vorangehenden Akkord die Verdoppelung des g^2 durch ein g^1 der Mittelstimme.

[9] Verstärkt wird diese Assoziation durch den Text: *Ich armes Mädchen fühle,* [...] *daß ich recht krank muss seyn.*

[10] Die Eintragungen Voglers betreffen dynamische Zeichen und Phrasierung; in T. 29/30 waren die aufwärts strebenden Figuren der rechten Hand ursprünglich ausgeterzt, dies ist beseitigt; in T. 33 hat Vogler f^1 ergänzt.

äußeren Gestalt unterscheiden[11]. Die Veränderung der Harmonik hat in diesen Variationen eindeutig den Vorrang vor spieltechnischen Besonderheiten.

Voglers Verfahren der Themenbehandlung in den *Samori*-Variationen hängt eng zusammen mit der von ihm im Anschluß an seine Reisen und die Veröffentlichung des *Choral-Systems* propagierten Form einer *von der Harmonie unabhängigen Melodie* bzw. einer entsprechenden Harmonisierung solcher Melodien, die er in besonderer Weise im *Polymelos* zu verwirklichen suchte[12]. Diese Idee, von der Vogler nach seiner Rückkehr auf den Kontinent erfüllt war, wird auch in seinem Unterricht eine Rolle gespielt haben, wie ja überhaupt nach dem Zeugnis der Schüler das *Harmonie-System* Voglers dort breiten Raum einnahm. Um zu beurteilen, welchen Einfluß diese Ideen auf die Entwicklung der harmonischen Sprache Webers hatten, und um überhaupt feststellen zu können, inwiefern die Wiener Variationswerke Webers *nach dem Voglerischen System* geschrieben sind, ist ein Rekurs auf Voglers Harmonielehre-*System* nötig. Im Anschluß daran soll dann versucht werden, über die bereits angesprochenen Gemeinsamkeiten in der musikalischen Gestaltung der Variationen hinausgehend, die Veränderungen der harmonischen Sprache des jungen Weber nach seiner Begegnung mit Vogler herauszuarbeiten.

[11] vgl. z.B. K 1, Thema u. Var. 2, 3 u. 5; oder K 4, Thema u. Var. 3 u. 5 und die Reduktion des Themas in K 2, Var. 4

[12] vgl. Vorbericht zum *Polymelos* München

Grundzüge der Voglerschen Harmonielehre

Zu Voglers *Harmonie-System*

Den Aufbau des (trotz einiger Inkonsequenzen) sehr geschlossenen und übersichtlichen Voglerschen Harmonielehre-*Systems*, das sich in dieser klaren Form jedoch erst aus der Gesamtheit der Schriften Voglers extrahieren läßt, hat der Verfasser ausführlich in seiner Magisterarbeit erläutert, so daß im folgenden nur die Grundzüge dieses Systems angedeutet werden sollen[1]. Ergänzend sei auf einige Punkte besonders hingewiesen, die sich für die Betrachtung der Entwicklung der harmonischen Sprache Webers als aufschlußreich erweisen.

Es muß vor allem die hohe Praktikabilität dieses *Systems* betont werden, das als eine Folge »logischer Ableitungen« konzipiert ist, die alle auf »letzte Prinzipien« zurückzuführen sind. Der enge Zusammenhang der einzelnen Kapitel und die Herleitung aus einfachsten Grundprinzipien sind am deutlichsten in der unmittelbar vor der Wiener Begegnung mit Weber verfaßten *Prager Tonschule* Voglers zu erkennen, in der das *System* auf sieben Punkte reduziert erscheint, die sich wie folgt zusammenfassen lassen[2]:

1. *Die dreitönige Einheit oder der in jeder aufgespannten Saite enthaltene Dreiklang führt uns zur Schöpfung beider Leitern.* Das in allen Systemen Voglers grundlegende Phänomen des in einem erklingenden Ton immer mitschwingenden Dreiklangs (als Ausschnitt der Obertonreihe) bzw. des unterschiedlichen Verschmelzungsgrades der Obertöne mit dem Grundton bildet den Ausgangspunkt für die *Schöpfung* der Tonleiter, die aus den Tönen der nächstverwandten Akkorde der Ober- und Unterquinte zusammengesetzt werden. Neu auf *a* aufgebaut, wird dann die Molltonleiter nach denselben Prinzipien gebildet und aus den Verhältnissen der Einzeltöne untereinander werden die chromatischen Zwischentöne berechnet[3].
2. *In den drei, zur Schöpfung beider Leitern unentbehrlichen Dreiklängen sind die ursprünglichen Schlußfälle enthalten und die Regeln für die Tonfolge werden von der Schlußfallmäßigkeit hergeleitet.* (zu den kadenzschrittartigen Schlußfällen s. u.)
3. Die *beiden Leitern* und die *Schlußfälle* werden zum Ausgangspunkt der Ableitung der *18 Tonverbindungen*, d.h. simultaner »Intervalle«. Nach dem Prinzip der *Reduk-*

[1] Detaillierte Erläuterungen vgl. VeitM, Kapitel II, Abschnitt 1-5, S. 13-56. Eine kurzgefaßte Beschreibung wesentlicher Teile des *Systems* auf der Basis der Mannheimer Veröffentlichungen Voglers sowie der *Prager Tonschule* findet sich auch bei Floyd K. Grave: *Abbé Vogler's Theory of Reduction*, in: *Current Musicology* 29 (1980), S. 41-69, besonders S. 42-51. Die dort im Anschluß beschriebenen Beispiele sind allerdings nur nach genauerer Kenntnis der Stimmführungsregeln Voglers verständlich.

[2] vgl. *Handbuch zur Harmonielehre und für den Generalbaß, nach den Grundsätzen der Mannheimer Tonschule* [...], Prag: Karl Barth, 1802 (die sogenannte *Prager Tonschule*, nachfolgend zitiert als *PT*), S. 31-32, danach auch die folgenden Zitate. Diese Schrift ist unmittelbar aus den beiden schwedischen Werken Voglers, der *Inledning til Harmoniens Kännedom* (Stockholm 1794) und der *Claver-Schola* (Stockholm 1798) hervorgegangen.

[3] Vogler betont den Unterschied dieser Ableitung von der üblichen Herleitung vom Monochord bzw. dem Ausschnitt der Obertonreihe, bei der die Partialtöne 11, 13 und 14 der Korrektur bedürfen. Bei der Herleitung der Molltonleiter muß Vogler über die rein naturgegebenen akustischen Verhältnisse bereits hinausgehen, vgl. dazu VeitM, S. 32-34.

tion lassen sich dabei alle Tonverbindungen auf Terz, Quint oder Sept (bzw. deren Umkehrungen) der Schlußfall-Akkorde zurückführen, so daß sich nur »harmoniefähige« Intervalle ergeben. Alle übrigen Intervalle läßt Vogler höchstens als melodische oder *Erfindung eines müssigen Grüblers*[4] gelten.
4. Unter den *Tonverbindungen* müssen *Wohl- und Übelklänge* unterschieden werden; konsonant sind gemäß der ursprünglichen Ableitung Oktave, Terz und Quinte (inkonsequenterweise in allen von den Schlußfällen ableitbaren Formen, vgl. u.). Mit Hilfe des von Voglers Lehrer Vallotti übernommenen *Reduktionsprinzips*[5] werden alle Intervalle (bzw. Akkordformen), die sich durch Umkehrung nicht auf Terz - Quintverhältnisse reduzieren lassen, zu auflösungsbedürtigen Dissonanzen erklärt. Auch diese lassen sich durch Umkehrung als grundtonbezogene Sept, None, Undezime und Tredezime identifizieren. Eine besondere Rolle kommt dabei den unterschiedlichen Formen der *siebenerlei Siebenten* zu, die eine Mittelstellung zwischen Kon- und Dissonanzen einnehmen[6].
5. Die aus diesen *Tonverbindungen* zusammengesetzten Akkorde lassen sich unterschiedlichen Tonarten zuordnen. Dies führt Vogler zu der noch genauer zu erläuternden Lehre von den *sieben Gattungen von Mehrdeutigkeit*[7].
6. Die Lehre von der *Mehrdeutigkeit* führt wiederum zu den unterschiedlichen Modulations- bzw. *Ausweichungsmöglichkeiten*, die systematisch zusammengefaßt werden[8].
7. Als Voraussetzung (und Folge) der erläuterten *Ausweichungsmöglichkeiten* wird schließlich die *Stimmäßigung* betrachtet, die als Annäherung an die gleichschwebende Temperierung verstanden werden kann, ohne daß das »Charakteristische« der einzelnen Tonarten ganz aufgegeben ist[9].

Kernstück für das Verständnis des Systems ist die *Schlußfall*-Lehre mit den entsprechenden weiteren Ableitungen (NB S. 146). Die Schlußkraft zweier aufeinanderfolgender Akkorde wird dabei aus dem Verwandtschaftsgrad der Töne in der Obertonreihe bzw. dem Verwandtschaftsgrad der entsprechenden Akkorde abgeleitet[10].

Demnach wird das Zurücktreten aus dem nächstverwandten Ton (bzw. Akkord) der Oberquint in den Grundton als vollkommenster Schlußfall bzeichnet (1), während die Umkehrung dieses Verhältnisses einen sogenannten *Mittelschluß* oder *intermediären Tonschluß* bewirkt (2), der mit dem Schritt vom nächstverwandten Akkord der Unterquinte zum Grundakkord (3) zweideutig ist, so daß nur der Anfang eines Stückes entscheiden kann, ob der zweite Akkord auf der I. oder V. Stufe steht. Abgeleitet von der V. Stufe mit Sept wird der verminderte Akkord der VII. Stufe, den Vogler im Gegensatz zu seinem Kontrahenten Kirnberger als selbständigen Akkord

4 *PT*, S. 9; vgl. auch a.a.O., S. 72, *Betrachtungen* I, S. 215 u. Artikel *Intervall*, in: *Encyclopädie*, Bd. XVII, S. 776-778
5 vgl. *Choral-System*, S. 7 u. VeitM, S. 34, Anm. 30
6 Zu diesem sehr komplexen Problem, das in Voglers Schriften jeweils breiten Raum einnimmt, vgl. VeitM, S. 43, Anm. 60.
7 *PT*, S. 32, dort ausgeführt S. 101-110
8 vgl. *PT*, S. 111-115
9 vgl. *PT*, S. 116-124. Insofern sind Voglers Bemerkungen zur Tonartencharakteristik (vgl. u.a. Artikel *Ausdruck*, in: *Encyclopädie*, Bd. II, S. 386-387, *Betrachtungen* I, S. 51-53 bzw. die einzelnen Tonartenartikel der *Encyclopädie*) auch auf Tasteninstrumente anwendbar.
10 Einzelheiten bzw. Nachweise vgl. VeitM, S. 34ff. In der *PT* findet sich die *Schlußfall*-Lehre S. 44ff. In Bsp. 4-5 und 8-10 entspricht das obere Baß-System der in der Praxis meist vorkommenden Lage der Akkorde (NB S. 146 nach Voglers *Kuhrpfälzischer Tonschule*).

auffaßt[11], der einen Schlußfall in den Akkord der I. Stufe bewirken kann (4). Schließlich kann dieses Verhältnis der VII. zur VIII. Stufe auf die V. Stufe übertragen werden, wobei aber entsprechend der Grundton der IV. Stufe erhöht werden muß, um den Akkord *schlußfallmäßig* zu machen, so daß ein *intermediärer* Schluß der erhöhten IV. Stufe (wiederum mit vermindertem Akkord) zur V. entsteht (5).

In entsprechender Weise werden die Schlußfälle in Moll abgeleitet, deren Kennzeichen eine erhöhte *schlußfallmäßige* Terz ist[12]. Eine Ausnahme bildet lediglich der Schritt IV-I, da hier keine *schlußfallmäßige* Folge möglich sei, da die erhöhte Terz der IV. Stufe in Moll nicht leitereigen ist. Dagegen wird in Zusammenhang mit der erhöhten IV. Stufe[13] des neunten Schlußfalls in Moll ein weiterer *intermediärer* Schlußfall möglich, da die erhöhte IV. Stufe gleichzeitig *schlußfallmäßige* Terz der II. Stufe ist, so daß ein Schlußfall von der II. in die V. Stufe möglich wird (10). Die verminderte Quint des Akkordes der II. Stufe verhindert dabei die Identität des Schrittes mit einem Schritt von der Oberquinte der V. Stufe zur V. Stufe, wie sie in Dur durch die erhöhte Terz der II. Stufe bewirkt wird[14].

Ergänzt man diese Schlußfallakkorde noch um die Form des übermäßigen Akkordes, den Vogler als III. Stufe in Moll betrachtet, wobei die *schlußfallmäßige* Terz der Dominante *anhält*[15], sind damit alle möglichen Formen der Dreiklangsbildung (bzw. alle möglichen Terz- und Quintintervalle) erschöpft:

[11] vgl. Voglers Kritik an Kirnbergers Dreiklangsbegriff in: *Betrachtungen* III, S. 264/265 bzw. Johann Philipp Kirnberger: *Die Kunst des Reinen Satzes in der Musik*, Berlin-Königsberg 1776-1779, Reprint Hildesheim 1968, 1. Teil, S. 30 u. ds.: *Die wahren Grundsätze zum Gebrauch der Harmonie* [...], Berlin 1773, Reprint Hildesheim 1970, S. 5f; vgl. dazu die Erläuterungen zu Voglers Dreiklangsbegriff w. u.

[12] In Beispiel (9) erscheint auch der zweite Akkord in seiner *schlußfallmäßigen* Gestalt und im vorangehenden Akkord wird die Erhöhung des »Grundtones« der IV. Stufe nötig. Diese Erhöhung, die auch in den zehnten Schlußfall übernommen wird, begründet Vogler u.a. mit der Instabilität der Quarte der Naturtonreihe, die auch im fünften Schlußfall in Dur in alterierter Form erschien; vgl. VeitM, S. 36.

[13] zur Rechtfertigung dieser Erhöhung vgl. vorangehende Anmerkung

[14] vgl. *PT*, S. 48

[15] vgl. *PT*, S. 71/72 u. Artikel *Harmonie*, in: *Encyclopädie* Bd. XIV, S. 358. Der auf die Dominante (Bsp.: in a-Moll: *e-gis-h*) folgende Akkord (*c-e-gis*) kann selbst um die Sept ergänzt und dann nach F-Dur weitergeführt werden (vgl. a.a.O., S. 358). Für Kirnberger ist diese übermäßige Quinte kein zum Akkord gehörendes Intervall, sondern *eine blosse Verzierung, die dazu dient, den folgenden Ton, worin sie fortschreiten will, nothwendig und fühlbar zu machen*; vgl. Kirnberger: *Die wahren Grundsätze* [...], a.a.O., S. 30/31.

Andererseits müssen sich nach dem von Vallotti übernommenen *Reduktionsprinzip* auch alle Akkorde auf diese (um die Sept ergänzbaren) Formen der Terzenschichtung zurückführen lassen. Man erhält dabei einen »Grundton« und erkennt damit zugleich die tonartliche Bindung des Akkordes.

Ermöglicht werden dieses Prinzip der Reduktion und die Tonartenzuordnung der entstehenden »Grundakkorde« erst durch den erweiterten Dreiklangsbegriff Voglers, durch den er sich von anderen Theoretikern der Zeit unterscheidet. Lediglich der Aufbau eines Akkordes aus Terz und Quint (bzw. mehreren Terzen) ist für den Dreiklangscharakter entscheidend, die Größe dieser Intervalle beeinträchtigt diesen Charakter bzw. die Bestimmung des Basistones als *Hauptklang* nicht[16]. Damit verläßt Vogler seine ursprüngliche Herleitung des Dreiklang- bzw. *Hauptklang*-Begriffes von den Stufen I - V - IV, zugleich erschließt er aber durch die Ergänzungsmöglichkeiten dieser Akkorde mit Sept, None, Undezime und Tredezime einen Akkordvorrat, der auch im 19. Jahrhundert lange nicht ausgeweitet wurde[17].

Darüber hinaus erlaubt die Methode der Reduktion der Akkorde ein sehr einfaches Erkennen der Dissonanzen bzw. die Bestimmung der akkordeigenen *wesentlichen Wohl- und Uebelklänge*, so daß auch die Stimmführungsregeln bezüglich Vorbereitung und Auflösung von Dissonanzen eindeutig angewendet werden können[18]. Da die verminderten Akkorde als *Hauptklänge* angesehen werden, erscheint deren verminderte Quint wirklich als Quinte und nicht im Sinne eines verkürzten Akkordes als Septime, muß also nicht aufgelöst werden.

Neben diese für die Praxis sehr taugliche, da sehr einprägsame Möglichkeit der Bestimmung von Akkorden tritt die ähnlich systematisch zusammengefaßte und vereinfachte Lehre von der *Mehrdeutigkeit*, die in dieser ausführlichen, klaren und leicht faßlichen Form bei keinem der Zeitgenossen Voglers zu finden sein dürfte[19].

Vogler unterscheidet *sieben Gattungen von Mehrdeutigkeit; drei, wo dieselbigen Töne verschiedene zu sein scheinen, vier, wo verschiedene Töne dieselbigen zu sein*

16 *Man verstehet aber vermischt unter Dreyklang jede Harmonie von 3 und 5, so oft man die Dritte und Fünfte hat, die den Hauptklang bestimmet* [...] (Artikel *Dreyklang*, in: *Encyclopädie*, Bd. VII, S. 660). Zu den Abweichungen von Kirnbergers Satzlehre vgl. a.a.O., S. 660 u. *Betrachtungen* III, S. 264/265, 269/270 sowie Kirnberger: *Die wahren Grundsätze* [...], a.a.O., S. 19f. Im *Choral-System* erwähnt Vogler, daß er sich in diesem Punkte auch von Rameau unterscheide, vgl. a.a.O., S. 9. Vgl. auch Floyd K. Grave: *Abbé Vogler's Theory of Reduction*, a.a.O., S. 48 u. 59.

17 Gerade in diesem, innerhalb der *logischen Ableitungen* durchaus inkonsequenten Punkt werden die Neuerungen Voglers deutlich. - Die Schwierigkeiten der Durchsetzung seiner Lehre, die eine neue Kon- und Dissonanzlehre in sich einschließt, hat Vogler selbst deutlich erkannt, wenn er im Artikel *Begleitungskunst* (*Encyclopädie* Bd. III, S. 203) zunächst sämtliche Möglichkeiten der Akkordbildung aus 3, 5 und 7 auflistet und auch eine Verbindung dieser *drei Wohlklänge* mit den Dissonanzen 9, 11 und 13 erlaubt und anmerkt: *Diese Lehre der Möglichkeit ist neu, und deswegen anstößig; sie läßt sich aber in der Thätigkeit deutlicher einsehen* [...]. Vgl. dazu auch Justin Heinrich Knechts *Versuch einer neuen Theorie der Wohl- und Uebeklänge*, in: *AMZ* 2. Jg. (1800), Sp. 470.

18 Gesonderte Regeln gelten lediglich für die verschiedenen Formen der Sept, s. u. Die übliche ausführliche Lehre von der Auflösung der Dissonanzen wird hier in wenige Punkte zusammengedrängt.

19 Kirnberger etwa behandelt neben den gängigen Formen, die Vogler in seiner ersten Gruppe erwähnt (s.u.) nur die enharmonische Umdeutung des verminderten Septakkordes (D^v); vgl. Kirnberger: *Die Kunst des reinen Satzes* [...], a.a.O., S. 129ff.

scheinen[20]. In der ersten Gruppe werden die in beiden Tonleitern vorkommenden Dreiklangsformen (Dur, Moll, vermindert) in ihrer Zugehörigkeit zu verschiedenen Tonarten bestimmt, so daß zunächst alle Dreiklangsformen in nicht alterierten Tonleitern erfaßt sind. Der Übergang in die neue Tonart erfolgt dabei durch einen Wechsel in der Zuordnung des Akkordes[21].

Die zweite Gruppe umfaßt die Möglichkeiten enharmonischer Umdeutungen der alterierten Akkordformen der Voglerschen Schlußfälle in Moll (jeweils um die Sept ergänzt). Hier sind zu unterscheiden[22]:

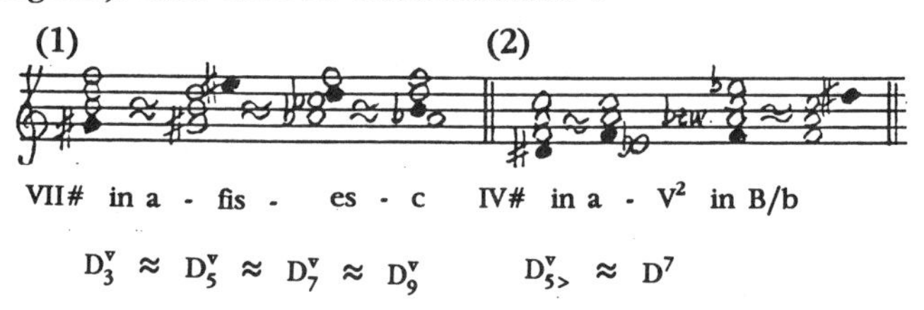

(1) die Mehrdeutigkeit der erhöhten VII. Stufe (d.h. im Sinne der Mahlerschen Funktionstheorie die Umdeutung des verkürzten Dominantseptnonakkordes);

(2) die Umdeutung des Septakkordes der erhöhten IV. Stufe, der *schlußfallmäßiger* Septakkord der V. Stufe werden kann bzw. umgekehrt (vgl. in der Funktionstheorie die Umdeutung des D^v mit tiefalterierter Quinte in einen Septakkord);

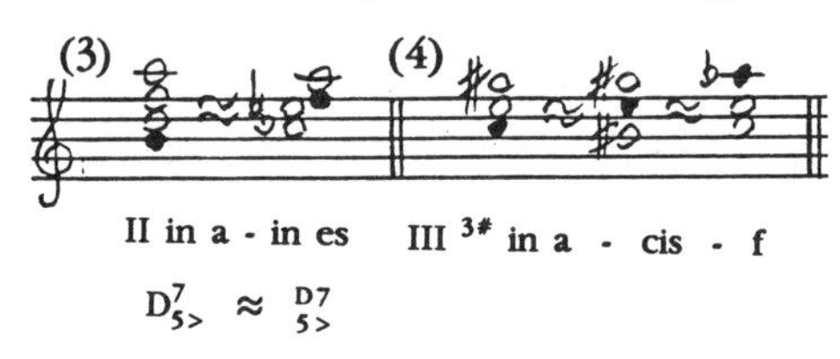

(3) die Umdeutung der *schlußfallmäßigen* II. Stufe in die gleiche Stufe einer im Tritonusabstand benachbarten Tonart (Funktionstheorie: Septakkord mit verminderter Quinte in einer Ober- oder in der Baßstimme);

(4) die doppelte Umdeutungsmöglichkeit des übermäßigen Akkordes der III. Stufe in Moll in die entsprechenden Stufen der im Großterzabstand benachbarten Tonarten (Funktionstheorie: nicht erfaßt).

Diese Möglichkeiten der Mehrdeutigkeit werden nun in der Lehre von den *Ausweichungen* angewendet. Da man von jedem Ton der chromatischen Skala in elf andere ausweichen und dabei das Tongeschlecht entweder beibehalten oder wechseln kann, ergeben sich grundsätzlich 4 x 11 = 44 Ausweichungsmöglichkeiten. Das Verdienst Voglers besteht neben der Systematisierung vor allem darin, unterschiedlichste Modelle für diese 44 Möglichkeiten entwickelt zu haben und alle anderen Ausweichungen zwischen zwei beliebigen Tonarten auf das ursprüngliche Schema der 44 Möglichkeiten zu »reduzieren«, d.h. die Modulationslehre einerseits erweitert aber andererseits auch wesentlich vereinfacht zu haben. So erläutert Vogler beispielsweise in seiner *Tonsezkunst* mögliche Übergänge in andere Tonarten an Hand der Ausgangstonart C-Dur und bezieht in einer Tabelle am Ende des Werkes alle weite-

[20] *PT*, S. 32; ausführlichere Erläuterungen S. 101-110; vgl. VeitM, S. 44-47

[21] So kann der Durakkord *c-e-g sechserlei Stellen einnehmen*: I in C-Dur, III in a-Moll, IV in G-Dur, V in F-Dur oder f-Moll, VI in e-Moll und VII in d-Moll. Analog kann der Mollakkord sechs verschiedenen Stufen zugeordnet werden. Der verminderte Akkord *h-d-f* kann auftreten als VII in C-Dur, II in a-Moll und erhöhte IV in F-Dur (die einzige alterierte Akkordform in dieser Zusammenstellung); vgl. *PT*, S. 105 bzw. VeitM, S. 44-45.

[22] vgl. *PT*, S. 106-110

ren Modulationen auf diese Grundformen. Nach der Größe des Abstandes zwischen zwei Tonarten wird das entsprechende Modulationsmodell ausgewählt[23].

Voraussetzung für diese Art der Ausweichung ist jedoch eine genaue Kenntnis der Tonleitern und Schlußfälle im Sinne des Voglerschen Systems[24]:

> *Ein Harmonist muß jede Harmonie, ihren Ursprung, ihre Anwendbarkeit und Tendenz kennen, d. i. 1) wissen, was für eine Harmonie sie ist, 2) wie sie erzeugt worden ist, 3) wozu sie gebraucht werden, und 4) wohin sie zielen kann* [...]. *Also die Kenntniß der Tonleiter und der Schlußfälle ist einzig und allein im Stande, richtige Bestimmungen von der Ausweichung zu treffen.*

Vogler hat in seinen Schriften die unterschiedlichsten Möglichkeiten der Vermittlung zwischen zwei Tonarten immer wieder in ausführlichen Beispieltabellen dargestellt und dabei besonders *schleichende Uebergänge* in Form allmählicher, meist chromatischer Veränderungen des Ausgangsakkordes und *überraschende* Übergänge durch enharmonische Umdeutung (teilweise ohne weitere *Zwischenharmonie*) in den Vordergrund gestellt, sowie eine Vielzahl von Mischformen entwickelt. Teilweise wurden diese Tabellen auch in Form von Zirkeln gefaßt, die einen Ein- und Ausstieg an beliebiger Stelle erlauben[25].

KT, Tabelle XXX, fig. 1:

[23] vgl. *Tonwissenschaft und Tonsezkunst* (*TT*), S. 73-86, Tabelle S. 86

[24] *PT*, S. 111 u. Artikel *Ausweichen*, in: *Encyclopädie*, Bd. II, S. 571

[25] vgl. u.a. Artikel *Circuli*, in: *Encyclopädie*, Bd. V, S. 651 und die Bemerkung Voglers in den *Betrachtungen* III, S. 171-174. Zur Illustration sind zwei der Modulationszirkel aus den *Gründen zur KT* (Tabelle XXX, fig. 1 u. 2) im obigen NB in aufgelöster Form wiedergegeben.

Die Akribie in der Zusammenstellung solcher Modulationstabellen, etwa in der *Summe der Harmonik* im dritten Band der *Betrachtungen*[26] und die Leitlinien des Voglerschen Unterrichts[27] zeigen, wie wichtig Vogler die Vermittlung dieser Modulationskunst war. Das Verstehen und »Durchexerzieren« entsprechender Übungen scheint in seinem Unterricht eine große Rolle gespielt zu haben. So heißt es etwa zu den Modulationstabellen der *Prager Tonschule*[28]:

> *Wer sich die Mühe nehmen will, jede hier vorkommende Ausweichung in die übrigen 11 Töne zu transponiren, erhält die Zahl von 1452. Diese Mühe wird dadurch wohl belohnt, daß man sich eine Fertigkeit* [zu] *eigen macht, die frappantesten Uibergänge hervor zu bringen.*

Durch solche »verstandenen« Übungen konnten die beschriebenen Möglichkeiten der Modulation so weit internalisiert werden, daß der Schüler möglichst frei darüber verfügte. Andererseits ermutigt solche freie Verfügbarkeit aber auch zum Experimentieren, und Vogler will seinen Schülern in dieser Hinsicht ausdrücklich Erfindungstrieb *einäzen*[29]:

> *Diese Sammlung von Ausweichungen ist auch nicht allein deswegen mit so vieler Mühe hergesezt, daß man nur gleichsam von dem Besize eines Hapttones zum anderen mit Extrapost fahren lerne, und dabei alles nachläßig übergucke, was auf dem Wege vorgekommen; nein: hundert Arten von Gängen, von Folgen, von Harmonien, von Zusammenstimmungen, von Lagen etc. können dem Organisten oder Liebhaber vom Accompagniren oder Tonsezer eine copia verborum, einen reichhaltigen Erfindungsgeist einäzen, ihn mit lebendiger Praktik zu allen Vorfällen geschickt machen, und unvermerkt wird sein Geist mit harmonischen Wendungen angefüllt sein.*

Bei aller Freiheit bleibt der Schüler aber an die Regeln des *Systems* gebunden, d.h. besonders Verstöße gegen die Regeln der Dissonanzbehandlung werden streng geahndet[30]. Auch darin weicht Vogler z.T. von zeitgenössischen Theoretikern ab,

[26] *Betrachtungen* III, S. 1-108, Notentabellen in Bd. IV, S. 318-332

[27] vgl. dazu *Betrachtungen* III, S. 111-117, S. 163-171 und die Ausführungen über die Lehrtätigkeit Voglers in VeitM, S. 13-19

[28] *PT*, S. 113

[29] *Betrachtungen* III, S. 55. In dieser Ermutigung zum harmonischen Experimentieren erkennt auch Floyd K. Grave einen der wichtigsten Züge der Voglerschen Harmonielehre; vgl. *Abbé Vogler's Revision of Pergolesi's Stabat Mater*, in: *JAMS* 30. Jg. (1977), S. 65.

[30] Beispiele dafür finden sich etwa in der erwähnten Forkel-Verbesserung, aber auch sonst in allen Zergliederungen Voglers.

allerdings modifiziert er diese Regeln auch in seinen verschiedenen Schriften[31]. Für die Zeit von Webers erster Begegnung mit Vogler sind im wesentlichen die Regeln in der Fassung der *Prager Tonschule* maßgebend. Dabei bedürfen besonders folgende Punkte der Erwähnung:

1. Voglers Regeln zu den Stimmführungs-Parallelen nehmen ihren Ausgang von dem Gebot, daß alle Akkorde aufeinander folgen können mit Ausnahme zweier stufenmäßig benachbarter Akkorde mit gleicher Terz und Quinte (es sei denn, der zweite Akkord erweist sich als Dominante), da eine solche Folge gegen das Verbot der Abwechslung verstoße. Aus dem gleichen Grunde sind *gleiche Terzen- und Sextengänge* verboten, besonders aber Folgen von großen Terzen oder Sexten, da sie dem Ohre *eckelhaft* seien, indem sie die *Tonfolge* zerstören[32].

Während also direkte Quintparallelen verboten bleiben, erlaubt Vogler jedoch die Folge zweier verminderter Quinten und die Folge von reiner Quint und verminderter Quint; sogar die umgekehrte Folge wird nicht verboten, wenn auch, besonders zwischen Außenstimmen, als schlecht bezeichnet[33]. Zu den verdeckten Parallelen gibt Vogler in der *Prager Tonschule* die Anweisung, sie *in einfachen, wenig ausgefüllten Säzen* zu vermeiden, ansonsten aber das viele *Aufhebens*, das die alten Theoretiker um diese Regel gemacht hätten, zu vergessen[34].

2. Genaue Anweisungen finden sich zur Vorbereitung und Auflösung der Dissonanzen. Die Regeln zur Vorbereitung verallgemeinert Vogler zu der Bemerkung[35]:

> *Ein Uibelklang muß entweder durch einen Wohlklang oder einen andern weniger entfernten Uibelklang vorbereitet werden. Da die Dreizehnte der allerentfernteste Uibelklang ist, so kann sie stufenweise* [...] *von der Achten, Dritten, Fünften,* [kleinen] *Siebenten, Neunten und Eilften d. i. von drei Wohlklängen und drei Uibelklängen vorbereitet werden.*

Mit dieser Formulierung widerspricht Vogler zeitgenössischen Anweisungen ebenso wie mit den entsprechenden Hinweisen zur Auflösung der Dissonanzen, die zwar im Normalfalle immer abwärts erfolgen muß, aber nicht notwendigerweise in eine Konsonanz im alten Sinne[36].

Ausnahmen von der Auflösungsregel sind möglich durch Stimmtausch (indem eine andere Stimme die Dissonanz übernimmt)[37] und durch Auflösung nach oben im Falle jener Dissonanzen, die ohne Vorbereitung eintreten können. Dazu zählen die sogenannte *Unterhaltungssiebente* (als Sept der Durdominante), die *verminderte*

31 Eine genauere Beschreibung dieser Unterschiede sowie der Modifikation einiger Regeln (etwa zur Aufwärtsauflösung der Septe) muß einer späteren Arbeit vorbehalten bleiben.

32 vgl. *TT*, S. 59/60 u. *PT*, S. 60-64

33 vgl. *PT*, S. 65-66; siehe auch *CS*, S. 100-101

34 *PT*, S. 66-69

35 *PT*, S. 88

36 vgl. *PT*, S. 88: *Es zeugt von nicht geringer Eingeschränktheit der Begriffe,* [...] *daß die alten Theoretiker den Wohlklang bestimmen wollten, wovon der Uibelklang unvermeidlich vorbereitet, worinn er aufgelöst werden müsse. Sie sagten z.B. daß die Neunte sich in die Achte, die Siebente in die Sechste auflösen müsse, u.s.w. So wie der Ton, der bei der zweiten Instanz* [d.h. beim Anschlag] *als ein Uibelklang erscheint, bei der ersten ein Wohlklang gewesen ist, so muß er bei der dritten Instanz wieder ein Wohlklang werden, aber welcher? - darüber entscheidet die Tonleitung, nicht aber die Wesenheit des dissonirenden Klanges.* »Wohlklang« heißt also hier so viel als »minder dissonanter« Klang.

37 *PT*, S. 92

Siebente in Moll (die der erhöhten VII. Stufe in Moll) und die kleine Sept der VII. Stufe in Dur. Während diese sich nach unten auflösen muß, kann die verminderte Mollsept sich ausnahmsweise auch nach oben auflösen[38]. Wie bei der Abwärtsauflösung darf die Sept auch aufwärts in eine *andere Siebente sich auflösen, aber in eine Siebente von verschiedener Gattung*[39]. Verboten ist die Auflösung einer Dissonanz (z.B. der None) in den *Hauptklang* (d.h. den Grundton) des folgenden Akkordes[40].
3. Ausdrücklich verboten wird auch der *alltägliche und grobe Fehler*, besonders in Orgelpunkten über dem Tonika-Grundton einen Dominantseptakkord anzubringen und diesen in die Tonika aufzulösen. In solchen Fällen bleibe der Basiston liegen und werde Achte des Hauptklanges, wohingegen er durch den darüberliegenden Akkord der Dominante eigentlich zur Elften (bzw. zum Quartvorhalt) werde, der sich nach unten auflösen müsse[41]. *Auch müssen wir dreist gestehen, daß der sogenannte Orgelpunkt eine wahre Verwirrung sei*, heißt es dazu in den *Betrachtungen*[42].
4. Selbstverständlich ist für Vogler auch die Auflösung des Vorhaltsquartsextakkordes, obwohl er in einer seiner zirkelförmigen Modulationen, bei der die chromatische Leiter zu Grunde liegt, diesen Akkord nicht auflöst, sondern jeweils direkt den nächsten Modulationsschritt anschließt. Er rechtfertigt dieses Beispiel allerdings ausdrücklich als Übung im ununterbrochenen »Fortschreiten«, und beim Verlassen des Zirkels an einer bestimmten Stelle bleibt die Auflösung der Vorhaltstöne unverzichtbar[43]. Der Akkord wird also nicht als ein verselbständigter Grundakkord mit Quinte im Baß aufgefaßt.

In allen Fragen der Dissonanzregeln gilt für Vogler der Satz: *Der schärfste und richtigste Probierstein für die Auflösung und für die Uebelklänge ist die Reduction aller möglichen mannigfaltigsten Harmonien zu ihren einfachsten Wurzelzahlen, zu den reinsten Grundtönen* [...][44]. Diese *Reduktion* hilft auch bei der Bestimmung der *Zwischenklänge*, die *gewöhnlich nur melodische Zierathen sind*, aber auch *über die Harmonie entscheiden* können, *wenn durch sie die Tonleiter bestimmt wird*[45]. So unterscheidet Vogler z.B. rein »melodische« Molltonleitern mit Zwischenklängen, die immer mit gemeinsam erhöhter oder vorzeichenloser sechster und siebter Stufe gleichzeitig auftreten müssen von »harmonischen« Zwischenklängen, wobei die Molltonleiter auch mit vorzeichenloser sechster und erhöhter siebter Stufe

[38] *PT*, S. 2. bzw. S. 89
[39] *TT*, S. 41. Die Folge G^7 - F^7, bei der sich die Sept *f* ins *es* auflöst, ist also verboten.
[40] vgl. Artikel *Auflösung*, in: *Encyclopädie*, Bd. II, S. 229
[41] Artikel *Auflösung*, S. 229 und *PT*, S. 95. Vogler verläßt in solchen Fällen den Orgelpunkt durch einen Halbtonschritt nach unten in die Terz der Dominante.
[42] Bd. III, S. 275
[43] vgl. *KT*, S. 182/183 bzw. Notenbeispiele Tabelle XXX, fig. 2., vgl. o., S. 149/150. Zeitgenossen Voglers setzten sich über die Auflösungsnotwendigkeit dieses Akkordes hinweg, so daß er sich zu einer Art »Grundakkord« verselbständigte, obwohl damit der vorhergehende Schritt harmonisch »falsch« wurde, da eine Quinte in der Auflösung übersprungen scheint (vgl. die nachfolgenden Analysen der Frühwerke Webers bzw. Voglers eigene Behandlung in den besprochenen Kompositionen).
[44] Artikel *Auflösung*, in: *Encyclopädie*, Bd. II, S. 229
[45] *PT*, S. 98

auftreten kann (als Akkordbestandteil sind diese Töne Sept bzw. Grundton der erhöhten VII. Stufe)[46].

Die durch Voglers Ausweichungslehre angeregten »Experimente« zeigen sich auch in seinen eigenen Schriften, besonders in der *Prager Tonschule*, die eine Reihe von Ausnahmen von üblichen Auflösungsregeln enthält, die selbst Vogler nur um der Vollständigkeit eines »Schulbuchs« willen erwähnt[47].

Neben diesen Kennzeichen des Voglerschen Harmonie-*Systems* sind für die Betrachtung der Entwicklung der Harmonik des jungen Weber ergänzend einige Gedanken zur Harmonisierung kirchentonaler und *nazional-karakteristischer* Melodien wichtig, wie sie sich besonders aus dem 1800 veröffentlichten *Choral-System* ergeben, auch weil Weber selbst solche *National-Melodien* in seinen Kompositionen häufig verwendet und sich dabei, wie noch zu zeigen sein wird, ebenfalls um eine *charakteristische* harmonische Einkleidung bemüht.

Zur Harmonisierung »unabhängiger« Melodien

Mit den Problemen der Harmonisierung nicht dur-molltonaler, vozugsweise kirchentonaler Choral-Melodien beschäftigte sich Vogler schon in den 80er Jahren des 18. Jahrhunderts. Der *Choralgesang* sei vom Opernstil, aber auch vom *ächten Kirchenstyle* [...] *noch himmelweit unterschieden* schreibt Vogler bereits 1781 im Artikel *Choral* der *Deutschen Encyclopädie*: *Das eigentliche des Chorals bestehet in seinen Tonarten* [...]; dadurch bedingt seien Ausweichungen und Schlußfälle von jenen dur-molltonaler Melodien *ganz verschieden*[1].

Eine 1790 angekündigte *Lehre vom Choral* bzw. eine *Abhandlung über die griechischen Tonarten*[2] erschien aber erst im Anschluß an Voglers ausgedehnte Reisen in der schwedischen *Organist-Schola* 1798/1799 bzw. in dänischer Sprache 1799 und in überarbeiteter deutscher Übersetzung 1800[3]. Die Erfahrungen der Reisen nach Griechenland und Nordafrika, wo Vogler die Spuren des *einfachen ursprünglichen Gesangs*[4] wiedergefunden zu haben glaubte, prägen die Veröffentlichung dieses zweiten großen *Systems* Voglers. Die auf den Reisen gesammelten, meist unbegleiteten Melodien konnten nach Vogler ihren ursprünglichen *ächten*, *simplen* und *reinen* Charakter bewahren, da sie nicht durch die Einflüsse der dur-moll-

[46] *PT*, S. 99/100

[47] vgl. besonders *PT*, S. 90-92, § 16-20, wo Vogler erstmals einige Ausnahmen von seinen Regeln verzeichnet, die er in seinen früheren Schriften auch nicht um der »Schulbuchvollständigkeit« willen erwähnte. Diese Formen sind aber durch die Adjektive *ungewöhnlich* und *sehr bizarr* ausdrücklich als normalerweise nicht gebräuchlich gekennzeichnet.

[1] *Encyclopädie*, a.a.O., Bd. V, S. 544/545

[2] vgl. dazu die Auszüge aus Briefen Johann Friedrich Christmanns, Justin Heinrich Knechts und Voglers in der *Musikalischen Real-Zeitung*, Speyer: Boßler (Dezember 1789), Sp. 391, (26. Mai 1790), Sp. 166/167 u. *Musikalische Korrespondenz der teutschen Filarmonischen Gesellschaft*, Speyer: Boßler (21. Juni 1790), Sp. 20

[3] vgl. Anhang 2

[4] vgl. *CS*, S. 26ff.

tonalen Mehrstimmigkeit einem allmählichen Wandel unterworfen wurden[5]. Dies gilt sowohl für Choralmelodien als auch für *alte Volkslieder* bzw., wie Vogler sich später ausdrückt, für *nazional-karakteristische* Gesänge, wie aus einer Äußerung im *Choral-System* hervorgeht, in der einige der von Vogler im *Polymelos* wiederaufgegriffenen Melodien erwähnt sind[6].

Hauptkennzeichen solcher, ohne Kenntnis von Harmonie entstandener Melodien, ist gerade diese Unabhängigkeit von harmonischen Vorstellungen. Die Töne dieser Melodien sind einem Tonvorrat entnommen, der in den Skalen der *griechischen Tonarten* vorliegt, die nicht *Tonleitern* im Sinne dur-molltonaler Skalen, sondern *nur gewisse Stufenfolgen, einzelne Tonreihen* vorstellen[7]. Während Vogler in seiner Harmonielehre die Dur- und Mollskala aus den drei Akkorden der I., IV. und V. Stufe herleitet und somit jedem Ton gewissermaßen auch eine funktionale Qualität zuweist, gilt diese Ableitung für die *griechischen Tonarten* nicht, die lediglich als Skalenausschnitte betrachtet werden[8].

Dies hat unmittelbare Folgen für die Versuche der Harmonisierung solcher Melodien. Will man Voglers Ziel, in der Aussetzung den Charakter dieser Melodien möglichst zu bewahren, verwirklichen, muß sich die »Funktionslosigkeit« der einzelnen Melodietöne in der Art der Harmonisierung widerspiegeln. Im *Choral-System* geht es Vogler daher in erster Linie darum, neben der Wiederherstellung der *Simplizität des alten Choral-Gesanges* auf die *ganz eigene, dem Gesang entsprechende harmonische Begleitung vorzubereiten*[9]. Damit spricht Vogler in dieser Schrift die Idee einer (zumindest teilweise) »funktionslosen«, nicht primär am Kadenzgeschehen orientierten Harmonisierung an, die sowohl für seine Choralaussetzungen als auch für eine Reihe von *nazional-karakteristischen* Stücken Bedeutung gewinnt[10]:

> *Weder die Vorzeichnung von Kreuz oder b, noch die Harmonie, die die Griechen nicht kannten, bestimmte die Tonart, sondern die Lage der Töne in der Melodie und der ganze Umfang der Melodie. Der Ton, wovon die Melodie anfängt, oder, noch eigentlicher, der Ton, womit sie aufhört, wurde für den Hauptton angenommen. Deßwegen ist die augenfälligste Karakteristik des Chorals, die, daß die Melodie nicht von der Harmonie, und die Tonfolge der zu*[r] *Melodie passenden Hauptklänge keineswegs vom Hauptton abhängt. Diese zwiefache Unabhängigkeit trennt die Musikalische von der Choral Behandlung; denn in der Musik kann z.B. der Gesang mit e beginnen, ohne, daß E der Hauptklang, Grundton oder Hauptton werde, hingegen läßt die Vorzeichnung wieder nicht zu, daß ein anderer Ton zum Schlußfall gebraucht werde, der nicht mit dem Hapttone in Verbindung steht.*

[5] a.a.O., S. 26-28

[6] vgl. *CS*, S. 35; dort erwähnt Vogler u.a.: *eine Provencale*, [...] *Hönsgummans visa*, einen *Siebirischen Gesang*, *einen Kosakkischen Tanz* und *eine Lieblings-Arie der Finnländer*; vgl. dazu auch *Polymelos, ein nazional-karakteristisches Orgel-Konzert, in zwei Theilen* [...], München: Falter, 1806 (SchafhäutlV 185).

[7] vgl. *CS*, S. 33 u. 34

[8] vgl. *CS*, z.B. S. 42

[9] a.a.O., S. 37

[10] a.a.O., S. 38

Da die Melodiebewegung und die Stellung der Halbtöne die Tonart bestimmen, unterscheiden sich auch die *Schlußfälle* in Form und Funktion von jenen der »funktionalen« Harmonielehre[11]. Um die Priorität der Melodie gegen eine »Vereinnahmung« durch diese, ihr fremde Harmonik zu sichern, fordert Vogler[12]:

> 1. [...] *daß der lezte Ton einer Choralmeinung oder* [eines] *Vers*[es] *nur die Achte oder Fünfte, nie die Dritte zum Hauptklang werden darf, da kein anderer Umfang, als ein authentischer, (der Oktav) oder plagalischer (der Quint) im Choral Plaz findet, und diese Klassifikazion von der Herrschaft der Melodie herrührt*;
> 2. daß bei der Auswahl der Harmonien und der Zusatzdissonanzen auf den Tonvorrat der zugrundeliegenden Skala Rücksicht genommen wird und besonders *die Folge von entscheidenden Durtönen oder der Beitrit der Unterhaltungssiebente, die muthwilligen Ausweichungen und aufbrausenden Schlußfälle - kurz: alles, was den profanen Theaterstil karakterisirt*, vermieden werde und *hingegen weiche Tonarten*, [...] *Bindungen, (Ligaturen) Aufhaltungen*, [...] *Verkettungen von Uebelklängen u.s.w. eingeführt werden* [...].

Ein Beispiel für seine Vorstellungen gibt Vogler vorab mit der unterschiedlichen Harmonisierung der phrygischen Tonleiter in *musikalischer* und in *Choralbegleitung*[13]:

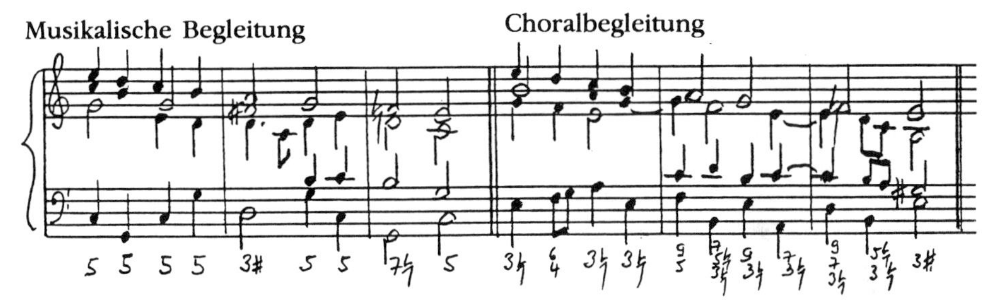

Zusätzlich eingeführte Akzidentien dienen in der Choralharmonisation stets nur dazu, Akkorde *schlußfallmäßig* zu machen, d.h. betreffen die Erhöhung von Tönen in der Begleitung, während die Melodiestimme selbst stets unverändert bleibt[14]. Dadurch unterscheiden sich die zur Begleitung ausgewählten Akkorde teilweise

[11] vgl. Notenbeispiele zum *CS*, Tabelle I u. *CS*, S. 43ff.

[12] *CS*, S. 42/43, Korrekturen nach dem Druckfehlerverzeichnis im Anhang des *CS*. Bei den *Uebelklängen* sind, abgesehen vom Dominantseptakkord der V. Stufe in Dur (mit der sogenannten *Unterhaltungssiebenten*), der trotz Voglers Verbot in einigen Aussetzungen zu finden ist, alle anderen Septakkordformen erlaubt.

[13] *CS*, S. 43, Anmerkung; Notenbeispiele vgl. *CS*, Tabelle I

[14] vgl. *CS*, S. 46 u. 54: *Für die erhöhten fremden Töne wird die Noth zum Gesez, hingegen für die erniedrigten gibt es weder Ursach noch Veranlaßung*. A.a.O., S. 45 erwähnt Vogler *schlußfallmäßige* Veränderungen auch im Diskant in Kompositionen des 16. Jahrhunderts, die er *in alten Städten an der Adriatischen See* kennengelernt habe und stellt diese in Zusammenhang mit dem Begriff des *modus chori*. Diese Praxis wird aber als Abweichung vom ursprünglichen Gesang abgelehnt.

deutlich von jenen, die bei einer dur-molltonalen Interpretation der Melodie zur Anwendung kämen[15]:

> *Man sieht hieraus, daß die Choralbegleitung, der äussersten Simplizität unbeschadet, sich nicht so genau an der Tonseinheit, wie die musikalische halten könne, sondern mit einem ihr eigenen edeln Schwung, um Entscheidung zu erzielen, fremde Töne einführe, die eine von aller gewöhnlichen Musik ganz ausgezeichnete Wirkung thun* [...]

Besondere Aufmerksamkeit widmet Vogler den *Zwischenklängen*, d.h. den Durchgangsnoten bzw. Durchgangsakkorden, die sich *nach der Leiter und nach dem Umfang der Tonart* richten müssen[16]. *In den Griechischen Tonarten hat die Leiter mehr Karakter, als in dem musikalischen Stil, und eben deßwegen sind die Zwischenklänge auch dort von mehr Bedeutung* [...][17]. Daher sollen im Choral auch in verstärkter Form Zwischenklänge angewendet werden, *besonders, wenn sie so angebracht sind, daß man sie zur Harmonie mitrechnen könnte* [...][18]. Mit dieser Forderung nach ausharmonisierten Zwischenklängen verstärkt sich eine Tendenz der Choralharmonisation, die sich bei Vogler schon früh ausgeprägt findet und die in der Umarbeitung (der allerdings im engeren Sinne nicht mehr dem *Choral-System* verpflichteten) Bach-Choräle aus dem Jahre 1810 einen Höhepunkt erreicht[19]. Während Vogler in den Chorälen des schwedischen Choralbuchs, aus dem die Beispiele des *Choral-Systems* genommen sind, noch leitereigene Zwischenklänge bevorzugt, rechtfertigt er indirekt bereits hier die ungewöhnlicheren Harmoniefolgen späterer Veröffentlichungen mit der »Unabhängigkeit« der Choralmelodie[20]:

> *Die musikalischen Regeln von fehlerhafter Tonfolge, sowohl 1) in Rücksicht auf Harmonie als 2) Melodie, können und dürfen im Choralgesange nicht so genau beobachtet werden; denn* [...es hängt] *mit der Karakteristik der alten Psalmodie untrennbar zusammen, daß eine ganz ungewöhnliche Stufenreihe von Harmonien vorkommen muß* [...].

Damit nimmt Vogler in seinem *Choral-System* einerseits Forderungen des späteren Cäcilianismus vorweg, andererseits wird aber auch durch die Loslösung von der strengen dur-molltonalen Ordnung, durch den verstärkten Gebrauch von Zwischenakkorden, (die die Logik der Aufeinanderfolge ursprünglich benachbarter Akkorde aufheben) und durch die damit verbundene Einführung *schlußfallmäßiger* Akzidentien die Harmonik seiner choralgebundenen Sätze zunehmend »komplizierter«.

Die Tendenz, »unabhängige« Melodien mit »unabhängigen« Harmonien auszusetzen, zeigt sich etwa in Voglers 1807 veröffentlichtem *Buss-Psalm*, in dem iden-

[15] *CS*, S. 44/45
[16] a.a.O., S. 47
[17] a.a.O.
[18] a.a.O., S. 48
[19] vgl. dazu Floyd K. Grave: *Abbé Vogler and the Bach Legacy*, in: *Eighteenth Century Studies*, Berkeley, Calif., XIII/2 (Winter 1979/1980), S. 119-141 u. Veit: *Abt Voglers »Verbesserungen« Bachscher Choräle*, a.a.O., S. 500-512
[20] *CS*, S. 48. Zur Gestalt der unterschiedlichen Choralaussetzungen Voglers vgl. die in der vorangehenden Anmerkung genannte Literatur.

tische Abschnitte in immer neuer Weise harmonisiert sind[21] oder in den bereits erwähnten Bach-Verbesserungen aus dem Jahre 1810 mit ihren größtenteils sehr »gesucht« wirkenden Akkordfolgen[22]. In beiden Fällen kommen die Ideen des *Choral-Systems* nur noch insofern zum Tragen, als sie der Rechtfertigung einer Harmonik dienen, die eine dur-molltonale Interpretation der Melodien nicht zulassen würde[23]. Durch die wechselnde Aussetzung der Zeilenschlüsse und die teilweise chromatische Führung der Begleitstimmen entsteht eine harmonische Sprache, deren Aufgabe eher »farbige Illustration« der Melodie als Befestigung der »Tonart« zu sein scheint.

* * *

Die Vorstellung einer angemessenen und den Charakter der *selbständigen Gesänge* bewahrenden Aussetzung der Choralmelodien, wie sie im *Choral-System* formuliert ist, findet bei Vogler aber auch Eingang in die Harmonisierung anderer, besonders *nazional-karakteristischer* Gesänge, ohne daß sich dies in einer eigenen theoretischen Abhandlung niedergeschlagen hätte. Lediglich in den begleitenden Texten zu einzelnen Veröffentlichungen entsprechender Kompositionen oder in Programm-Ankündigungen finden sich Hinweise auf eine Übertragung der neuentwickelten Ideen auf diese Melodien.

So schreibt Vogler beispielsweise zu der 1791 bei Boßler erschienenen ersten Sammlung *karakteristischer Nationalmusiken verschiedener Völkerschaften* im *Polymelos*[24]:

> [...] *ich hegte dabei die Absicht, in der Folge eine größere Sammlung ganz eigener, karakteristischer Volkslieder und solcher, von Harmonie unabhängigen, Melodien zu veranstalten, die das Gepräge der Selbstständigkeit an sich tragen, und uns einigen Geschmack von den seltenen Tonfrüchten der verschiedensten Himmelsstriche geben sollten. Meine Reisen in und außer Europa bothen mir die reichsten Anlässe dar, das eigenthümliche Melos der Nazionen zu studieren, ihre originelle Ideen treu niederzuschreiben, sie eben so kunstfrei und konvenzionlos, als lokalisirt und konsequent auszuarbeiten; und (wenn sich auch dem Melos von patriarchalischer Ingenuität die harmonische Begleitung nach europäischer Sitte aufdrang) bey dieser reichen Drapperie doch immer die emporstrebende Zeichnung durchschimmern zu lassen.*

Die verschiedenen *polymelodischen* Gesänge, die Vogler in unterschiedlichsten Zusammenstellungen veröffentlichte und die besonders nach den ausgedehnten

[21] *Utile Dulci. Voglers Belehrende Musikalische Herausgaben. Davids Buss-Psalm. Nach Moses Mendelsohns Uebersetzung im Choral-Styl zu vier wesentlichen und selbständigen Singstimmen doch willkührlichen Tenor*, München: Falter, 1807 (SchafhäutlV 198). Vgl. die Bemerkungen in der gedruckten Zergliederung des Werkes.

[22] *Zwölf Choräle von Sebastian Bach, umgearbeitet von Vogler, zergliedert von Carl Maria von Weber*, Leipzig: C. F. Peters, 1810 (SchafhäutlV 209)

[23] vgl. Veit: *Abt Voglers »Verbesserungen« Bachscher Choräle*, a.a.O., S. 512ff.

[24] vgl. die Ankündigung in der *Musikalischen Korrespondenz der teutschen Filarmonischen Gesellschaft*, Speyer: Boßler (1790), S. 183 bzw. das nachfolgende Zitat aus der Vorrede zum *Polymelos* München; dort bezeichnet Vogler die Melodien auch als *eine Sammlung von in- und ausländischen Pflanzen, gepflückt auf dem offenen Felde der Natursänger*.

Reisen, die ihm der schwedische Hof ermöglicht hatte, in seinen Konzerten neben musikalischen Malereien den Hauptbestandteil bildeten[25], sollen mit ihrer häufig sehr eigenartigen Einkleidung den ursprünglichen Charakter der Melodien bewahren oder bei mehrstimmigen Gesängen sogar die ursprüngliche Begleitung anklingen lassen.

Die Harmonik der marokkanischen Melodie des *Air barbaresque* beispielsweise versuchte Vogler auf seinem mitgeführten Reiseclavichord nachzuahmen und arbeitete sie später für die Veröffentlichung im *Polymelos* und in den *Pièces de clavecin* so aus, daß im Verlauf des Stückes die *barbaresken Eigenschaften* dieser *barocken* Melodie zunehmend hervortreten[26]. Fremd wirkt diese Harmonik nicht nur durch das häufig auftretende Motiv mit dem Rahmen einer großen Sept (T. 19ff.), das zusammen mit der durchlaufenden Achtelbewegung der Unterstimmen das »Kalkstampfen« der Marokkaner symbolisieren soll, sondern auch durch unterschiedliche Behandlung gleicher Motive (vgl. etwa T. 1/2 mit T. 40/41 u. T. 75/76), durch deren Versetzung scheinbar ohne Beachtung übergeordneter harmonischer Logik (vgl. etwa T. 40ff., wo das Eingangsmotiv bzw. dessen Varianten versetzt und stets grundtönig harmonisiert werden; vgl. auch T. 75ff. oder die Versetzungen des Septmotivs in T. 97ff.) und durch den Wechsel unterschiedlich langer Bausteine[27].

Auch in Stücken, deren Thema zunächst eindeutig und schlicht harmonisiert ist, wie etwa der *Chanson suédoise: Min Far*[28] (nur I. und V. Stufe sind verwendet), werden unterschiedliche Möglichkeiten der Einkleidung in späteren Variationen erprobt (vgl. Variation 1 u. 6), während sich besonders bei fantasieartiger Behandlung der Themen (erwartungsgemäß) häufig entfernte harmonische Verhältnisse finden (vgl. etwa *Polymelos* München, Nr. 6 u. 8). Daß die Unterscheidung von *musikalischer* und *Choralbegleitung* bei der Harmonisation dieser Melodien eine Rolle spielt, zeigt auch ein Hinweis in der Beschreibung des *Quarndansen* innerhalb der *Pièces de clavecin*[29]; in der fantasieartiger 11. Variation des *Quarndansen*

[25] vgl. Anhang 2

[26] vgl. *Pièces de clavecin* (Stockholm), S. 20-22, Neuausgabe von Grave, a.a.O., S. 30-34 u. *Clavér-Schola*, S. 44: *De tjugotvå första tacterne innefatta en Africansk Nationalmelodie, hvilken jag under mit vistände i Marocco dageligen hört och äfven ofta på et medfördt Clavèr spelat för Morerene i affigt at erfara huruvida, jag i det närmaste kunde träffa deras barbaresque Originalsmak. Jag har tillagt harmonien, hvilken de icke känna. Med den 23:dje tacten har jag börjat utarbetandet af denne baroque melodie och derunder soutenerat dess originale caracter så, at den Barabreque egenskapen beständigt tilväxer, och slutet blifver et summariskt begrep, eller kan anses som en flags målning af detta folkslagets vildhet.* Vogler hat dieses Thema in ähnlicher Weise auch im Mittelteil der *Kreuzfahrer*-Ouvertüre (SchafhäutlV 168) verwendet, die im ersten Teil auf den *Marche de Charles XII. auprès de Narva* (*Pièces de clavecin*, S. 25, Neuausgabe S. 40-41) zurückgreift.

[27] Auch die sonst vermiedene Folge von V. und IV. Stufe in T. 4 (bzw. V-II in T. 26) wirkt harmonisch *barbaresque*. In der *Kreuzfabrer*-Ouvertüre wird das Thema von A-Dur u.a. nach d-Moll bzw. F-Dur versetzt.

[28] *Pièces de clavecin*, S. 10-11, Neuausgabe S. 13-15

[29] a.a.O., S. 30-32 (Neuausgabe S. 49-55), Beschreibung in der *Clavér-Schola*, S. 50-53. Zur 3. Variation heißt es S. 50: *För bägge första tacterne af andra reprisen i Var. 3* [d.h. des zweiten Teils] *har jag utur Grekiska tonarter valt et accompagnement som efter traditionen kallas Phrygiskt och nyttjas i Choraler men skiljes från det vanliga Musikaliska accompagnement derigenom at til E. här i E Scalan f förekommer i stället för fis.* Die Beschreibung der Stelle in dieser Form mutet zwar überzogen an, zeigt aber dennoch die Verbindung mit den Ideen der *Choralbehandlung*. Anmerkungen zur Harmonik vgl. auch Nr. 4, S. 37; Nr. 12, S. 46 und Nr. 13, S. 47.

werden im übrigen ebenfalls enharmonische und chromatische Ausweichungen angewandt[30].

Besonders in den Versetzungen der Motive in fantasieartigen Teilen erlaubt sich Vogler auch die Modifikation der Intervallschritte der vorgegebenen Themen durch Einfügen von Zusatzakzidentien, so daß auf *Ursprünglichkeit* zugunsten der *Mannichfaltigkeit* verzichtet wird[31].

Gerade durch die Art der Harmonisation dieser *nazional-karakteristischen* Gesänge bzw. der alten Choralmelodien konnte Vogler die in seinem Harmonie-*System* angelegten Möglichkeiten von Akkorden unterschiedlichsten Aufbaus bzw. dadurch bedingter Ausweichungsmöglichkeiten ausnutzen, ohne sich durch Rücksichtnahme auf die dur-molltonale Ordnung der Melodietöne eingeschränkt zu sehen. Daher haben die *polymelodischen* Kompositionen einen wesentlichen Anteil an der »praktischen« Ausbreitung der in Voglers *System* theoretisch formulierten Möglichkeiten, indem sie nicht nur die zunehmende »Chromatisierung« der harmonischen Sprache zeigen, sondern den »Farbwert« der Harmonik bzw. deren »charakteristische« Eigenschaften zu einem wesentlichen Faktor der Komposition erheben[32].

Anmerkungen zu Webers Zergliederung der Bach-»Verbesserungen« Voglers

Webers enge Vertrautheit mit diesen Tendenzen der theoretischen und praktischen Werke Voglers wird deutlich in seiner Zergliederung der umgearbeiteten Bach-Choräle seines Lehrers [1]. Diese gegen die Berliner Musiktheorie Kirnbergers gerichteten »Verbesserungen« Voglers sollten seine umfaßende Harmoniekenntniß demonstrieren[2]. Voglers Aufforderung an Weber, dieses Werk für die Veröffentlichung zu kommentieren bzw. zu zergliedern, läßt darauf schließen, daß er bei Weber ausreichende Kenntnisse seines *Systems* voraussetzte.

Webers Text entstand unter Anleitung Voglers während des gemeinsamen »Unterrichts« mit Gänsbacher zwischen dem 21. und 27. Juni 1810 in Darmstadt[3]. Vogler

[30] vgl. *Clavér-Schola*, S. 51-53

[31] vgl. z.B. die Einführung von Halbtonschritten bei der Versetzung der ersten beiden Takte des *Cheu Teu* (*Pièces de clavecin*, S. 7-9, Neuausgabe, S. 8-12)

[32] Ein Licht auf die Bedeutung dieser Kompositionen und die Sammeltätigkeit Voglers wirft auch eine seiner Äußerungen in einem Brief an Kühnel vom 20. April 1808, wo es heißt: *Auf die nämliche Art, wie ich das Polymelos bei Falter in München herausgab, könnte ich noch sehr viele Volks-Melodien und Nationalgesänge liefern.* - Als *eigenartig und neu* bezeichnet Rabenau die Umgestaltung des Themas in Voglers 4. Variation über das Thema *Sanfte Hoffnung* (K 2), da Vogler hier *zwar die Tonart von A-Dur nach C-Dur versetzt, jedoch melodisch die absolute Tonhöhe soweit als möglich beibehält, sodass die Sopranlinie in ein neues relatives Verhältnis zur Harmonik tritt* (a.a.O., S. 266). Diese Angabe ist zwar irreführend, indem die genannte Variation sich im weiteren Verlauf als lediglich von A-Dur nach a-Moll versetzt erweist, dennoch wird in dem C-Dur-Anfang genau das deutlich, was Vogler in seinem *Choral-System* als die *Unabhängigkeit* der Melodie in bezug auf die Harmonie bezeichnet.

[1] vgl. S. 157, Anm. 22

[2] vgl. dazu den S. 156 unter Anm. 19 genannten Aufsatz des Verfassers

[3] vgl. o., S. 102/103

hat den Text seines Schülers an mehreren Stellen korrigiert oder ergänzt[4]; in Webers Konzept stammen außerdem die Bemerkungen zum 7. Choral von der Hand Gänsbachers[5], der offensichtlich unmittelbar nach Webers Niederschrift (vielleicht auch parallel dazu) eine Abschrift (bzw. Mitschrift) des Entwurfs anfertigte[6]. Beide Exemplare sind von Vogler in gleicher Weise korrigiert.

Die Einleitung zu den »Verbesserungen«, die im Konzept nur wenige (eigenhändige) Korrekturen aufweist, scheint Weber am 21. Juni 1810 in einem Zug niedergeschrieben zu haben[7]. Er rechtfertigt in dieser Einleitung das Unternehmen Voglers als eine Gegendarstellung zu Krinberger, der Bach *den grössten Harmonisten seiner Zeit und aller Zeiten* genannt habe[8]. Daß durch Bach *alle Harmoniekenntniss erschöpft seyn sollte*, sei aber *durch Vogler's Arbeiten hinlänglich widerlegt*, denn Vogler habe *der Harmonie ein ungleich grösseres Feld der Mannichfaltigkeit* erschlossen und sei dabei nicht ver- und gebietend (wie Kirnberger), sondern beweisend vorgegangen. Dies solle durch das vergleichende *Harmonie-Studium* in der Zergliederung der Choräle belegt werden[9].

Die knappe Zergliederung weist dann auf Webers Vertrautheit mit Voglers Vorstellungen über die Anlage eines Stückes hin (*Plan / Auswahl der Harmonie / Selbstständigkeit und Melodie der einzelnen Stimmen*)[10] und belegt ferner Webers Kenntnis der (in diesem Zusammenhang weniger bedeutenden) Regeln der *Choralbehandlung*[11] und der Voglerschen Harmonielehre[12], besonders aber die Kenntnis

[4] Insofern dürfte die Kürze des kommentierenden Textes durchaus den Intentionen Voglers entsprechen. Wenn auch eine Reihe von Korrekturen bzw. Ergänzungen so vorgenommen sind, daß sie den von Weber vorgesehenen Raum sprengen (also von ihm nicht erwartet wurden), so gehen diese Erweiterungen doch nie über zwei bis drei Manuskriptzeilen hinaus; andererseits finden sich in zwei Fällen auch Kürzungen. Diese Eingriffe belegen Voglers Aufsicht über die Entstehung der Zergliederung, die besonders deutlich auch in der Bemerkung zum Choral Nr. 10 wird, wo sich in Webers Konzept ein mit den Worten: *wegen der Eintönigkeit* [...] beginnender Satz findet, der dann abbricht, und nicht weitergeführt, sondern von Vogler durch die Bemerkung ersetzt wird: *Die 4 Schlußfälle in E klingen einförmig*. Weber hatte hier den Rest der Seite für weitere Bemerkungen frei gelassen, wahrscheinlich um nach Rücksprache mit Vogler den fehlenden Text einzufügen (vgl. Autograph Berlin DSB, WFN - Handschriftliches II, Bl. 21-23r).

[5] nicht, wie Jähns in seinem Werkverzeichnis im Nachtrag 23 (S. 454) angibt, von der Hand Gottfried Webers

[6] Darmstadt LHB, Hs. 4233/Weber, K. M. v.: 1. Gänsbacher hat die Korrekturen, die Weber selbst in seinem Konzept vornahm, übernommen und nur die Zergliederung, nicht Webers Einleitung abgeschrieben.

[7] Dies legt das saubere und geschlossene Schriftbild der Einleitung im Konzept Webers nahe. Die Datierung *d: 21t Juny 1810 in Darmstadt* zu Beginn des Konzeptes ist (von Vogler?) durchgestrichen (möglicherweise, weil sie sich nicht auf das ganze Manuskript bezieht und nicht in den Druck übernommen werden sollte), wird aber für den Text der Einleitung durch Webers Tagebuch bestätigt. Vogler hat auf dem ersten Blatt lediglich das lateinische Motto ergänzt, das auf dem Titelblatt des Drucks erscheint.

[8] vgl. Webers Einleitung, Leipzig: Peters PN 843, abgedruckt in: KaiserS, S. 230. Obwohl Weber Kirnberger nicht direkt erwähnt, wird aus Voglers Äußerungen im Rahmen seiner übrigen Bach-Verbesserungen deutlich, wer gemeint ist, vgl. Veit: *Abt Voglers »Verbesserungen«*, a.a.O., S. 505.

[9] Weber: Einleitung (KaiserS, S. 230)

[10] a.a.O. (KaiserS, S. 231/232). Zu Voglers Vorschlägen bei der Anlage eines Stückes vgl. w.u. in dieser Arbeit.

[11] So spricht Weber davon, daß Terzschlüsse *choralwidrig* seien (vgl. die Anmerkungen zu Choral 5 u. 6, KaiserS, S. 239; die entsprechende Bemerkung in Choral 7 stammt von Gänsbachers Hand).

der Grundsätze der Stimmführung, da in diesem Punkt Bach zahlreiche Vorwürfe treffen. An vielen Stellen wird das *unangenehme Zusammenstossen durchgehender Noten* bemängelt, durch die der Eindruck entstünde, [...] *dass Bach oft um den Gang einzelner Stimmen zu erhalten, die Harmonie opferte*[13]. *Es ist nicht genug, dass eine jede Stimme einzeln für sich singe; ihre Zusammenstellung mit den andern ist das Wesentliche* [...][14]. Immer wieder betont Weber, daß bei Vogler *jede Stimme allein, und mit den andern fliesst und singt*[15]. Die Hervorhebung der *zur Harmonie zu rechnenden* Durchgänge wird an einzelnen Stellen durch Voglers Korrekturen im Text noch verstärkt[16].

Da der *ungleich grössere Harmonie-Reichthum*[17] Voglers nicht nur mit der Auswahl wechselnder Schlußfälle, sondern vor allem mit dem ausgiebigen Gebrauch solcher eigenständiger, »ausharmonisierter« Zwischenklänge zusammenhängt, liegen mit diesen Chorälen »Musterbeispiele« für die praktische Anwendung der Möglichkeiten der Voglerschen Harmonik vor[18] - als solche waren diese Choräle auch gedacht[19]. Weber behandelt daher hier einen wesentlichen Punkt der Harmonik seines Lehrers, und zugleich zeigt sich in der Zergliederung, daß Weber spätestens in der Darmstädter Zeit mit den Besonderheiten der harmonischen Sprache Voglers genau vertraut war. Inwieweit aber bereits die Wiener Begegnung mit Vogler zur genauen Kenntnis des Voglerschen *Systems* geführt hatte, bzw. wie diese sich auf die Entwicklung der harmonischen Sprache des jungen Weber auswirkte, soll nun im folgenden untersucht werden.

[12] Deutlich wird dies z.B. in den Anmerkungen zu Choral 1, wo Vogler in T. 20 einen verminderten Akkord auf *b* anbringt, den Weber ausdrücklich als VII. Stufe von *c* bezeichnet, was Voglers Auffassung von der Selbständigkeit dieses Akkordes entspricht (KaiserS, S. 232). Vgl. auch die Anmerkungen zu Parallelführungen zweier Stimmen.

[13] Anmerkungen vor Choral 1 und zu Choral 4 (KaiserS, S. 232 u. 238; ähnliche Anmerkungen finden sich fast zu jedem Choral.

[14] Anmerkung vor Choral 1 (KaiserS, S. 232)

[15] Anmerkung zu Choral 2 (KaiserS, S. 233)

[16] vgl. z.B. in den Anmerkungen zu Choral 6, wo Vogler die Worte *ein paar Sechzehntheln* durch *unharmonische Nötchens* ersetzt hat (KaiserS, S. 239 oder zu Choral 5 die hier in Klammer eingefügte Anmerkung Voglers: *und V[ogler's reine harmonische] Bearbeitung* (KaiserS, S. 239).

[17] Anmerkung zu Choral 6 (KaiserS, S. 239)

[18] vgl. z.B. Choral 6 und 12 in Voglers Fassung; vgl. auch die beiden ersten bei KaiserS, S. 235 u. 237 abgedruckten Choräle

[19] Dieser Aspekt wird auch in Gottfried Webers Besprechungen der Veröffentlichung betont, vgl. *Privilegierte gemeinnützige Unterhaltungsblätter*, 6. Jg., Nr. 17 (17. April 1811), Sp. 136 u. *Allgemeiner Anzeiger der Deutschen*, Bd. 2, Num. 183 (12. Juli 1811), Sp. 2025-2027.

Zur harmonischen Sprache Webers vor seiner Begegnung mit Vogler

Wiederholt ist in der Weber-Literatur auf das durch die zahllosen Reisen der Familie bedingte *Plan- und Regellose* der frühesten Ausbildung des jungen Weber hingewiesen worden[1]. Längere Phasen einer einheitlichen Ausbildung sind erst mit dem Unterricht bei Johann Peter Heuschkel, Michael Haydn und Johann Nepomuk Kalcher erwähnt. Über die Rolle dieser drei Lehrer, besonders über den Einfluß Michael Haydns, finden sich in der Literatur unterschiedlichste Meinungen, die sich allerdings kaum auf sachliche Gründe stützen[2], zumal viele der frühesten Kompositionen Webers verloren sind[3].

Weber selbst bewertete die Verdienste seiner Lehrer (zu denen in München noch Johann Baptist Wallishauser zu rechnen ist, der den Knaben in Gesang unterrichtete) in durchaus unterschiedlicher Weise. In der *Autobiographischen Skizze* heißt es dazu[4]:

> *Den wahren, besten Grund zur kräftigen, deutlichen und charaktervollen Spielart auf dem Klavier und gleicher Ausbildung beider Hände habe ich dem braven, strengen und eifrigen Heuschkel* [...] *zu verdanken. Sowie mein Vater die allmähliche Entwickelung meines Talentes sah, sorgte er mit der liebevollsten Aufopferung für dessen Ausbildung. Er brachte mich nach Salzburg zu Michael Haydn. Der ernste Mann stand dem Kinde noch zu fern, ich lernte wenig bei ihm und mit großer Anstrengung* [...] *Ende 1798 kam ich nach München, erhielt Singunterricht bei Valesi, und in der Komposition bei* [...] *Kalcher. Dem klaren, stufenweise fortschreitenden, sorgfältigen Unterrichte des letzteren danke ich größtenteils die Herrschaft und Gewandheit im Gebrauch der Kunstmittel, vorzüglich in bezug auf den reinen vierstimmigen Satz* [...]

In Zusammenhang mit Heuschkel ist also von Unterricht in der Setzkunst nicht die Rede, und da zudem nur wenige seiner Kompositionen erhalten scheinen[5], läßt sich

[1] SchnoorW, S. 40, Reißmann, S. 4, Gehrmann, S. 4, Kapp, S. 25 u. Warrack, S. 29; dabei wird meist auch auf die erste Unterweisung durch den Vater und den Bruder Fritz hingewiesen.

[2] vgl. z.B. SchnoorW, S. 41: *Michael Haydn spielt in Webers Erziehung vergleichbar* [...] *die Rolle, die einem Neefe in Beethovens Jugend zukam* [...]. Da Weber unter Haydns Augen sein Erstlingswerk für Klavier und den *Peter Schmoll* geschaffen habe, sei der Einfluß Haydns höher zu werten als der anderer Lehrer. Im Gegensatz zu Webers eigener Wertung in der *Autobiographischen Skizze* messen u. a. Reißmann (S. 5), Kapp (S. 25/26) und LauxB (S. 17) dem Unterricht Haydns größere Bedeutung zu, möglicherweise angeregt durch die Darstellung Max Marias (MMW I, S. 35 u. 38).

[3] Nach der *AS* bzw. frühen Briefen an Verleger müssen als verloren gelten: *3 leichte Trio à Violino, Viola et Violoncello für Dilettanten*, *Variationen über das Lied lieber Augustin*, *3 Sonaten fürs forte piano*, Verschiedene *Variationen fürs Clavier*, *Lieder*, ein *Sextett von dem Mozartschen Requiem à 2 Violini, 2 Viole, 1 Fagott, 1 Violoncell*, die Opern *Die Macht der Liebe und des Weins* und Partitur und Klavierauszug des *Waldmädchens* (mit Ausnahme zweier Partiturfragmente) sowie möglicherweise ein *Klavierkonzert* (vgl. Konzertzettel Hamburg, 30. Oktober 1802).

[4] *AS* (KaiserS, S. 3/4)

[5] Von Heuschkel sind in den Katalogen von *RISM* Kassel und München keinerlei handschriftliche

ohnehin über Heuschkels Einfluß auf Webers Komponieren nichts feststellen. Man muß daher nach Webers Angaben annehmen, daß Heuschkel primär als Instrumentallehrer auf die musikalische Entwicklung des Knaben einwirkte.

Daß die Fähigkeiten des jungen Weber sich zunächst vor allem im Klavierspiel zeigten, wird deutlich in einem Brief des Vaters an Heuschkel, in dem er von Salzburg aus davon berichtet, daß er *durch vieles Bitten* Michael Haydn für den Kontrapunktunterricht seines Sohnes gewinnen konnte, nachdem Haydn *viele Freude gezeigt, als ich mit Carl bey ihm war, und* [er] *auf seinem Zimer den Knaben spielen gehört hat*[6]. (Carl Maria hatte Haydn *auf seinem Zimmer das Concert von Kozeluch, einige Variazionen, etwas von Rhigini li*[e]*dern, und ein Recitativ auß dem Tod Jesu* vorgespielt[7].) Auch die Tatsache, daß Webers früheste Kompositionen für Klavier geschrieben sind und sein frühes öffentliches Auftreten als Pianist lassen eher auf eine primär instrumentale Ausbildung schließen[8].

In die nachfolgende, zunächst etwa halbjährige, auf dem System von Fux beruhende kontrapunktische Ausbildung bei Michael Haydn[9] dürfte Weber jedenfalls keine großen theoretischen Vorkenntnisse mitgebracht haben. Sofern die im September 1798 veröffentlichten *Sechs Fughetten* Webers[10] als einzige erhaltene Werke dieser Zeit die Ergebnisse des Unterrichts dokumentieren, bestätigen sie - trotz der durch den Vater vermittelten positiven Erwähnung in der Leipziger *AMZ* - Webers eigenes Urteil über den Unterricht[11]. Sieht man einmal von einigen, möglicherweise auf das Versehen des Druckers zurückzuführenden Fehlern[12] ab, finden sich darüber hinaus zahlreiche Satzfehler bzw. andere Ungeschicklichkeiten.

Werke nachgewiesen. In der Jähnsschen Sammlung Weberiana, Mappe IA, Abteilung 3 sind unter Nr. 33 der autographe Anfang der *VIII Veränderungen über die Melodie des Liedes: »Auf der Liebe dunkeln Meere« für das Pianoforte op. 15* von Heuschkel sowie unter Nr. 34 ein *Marche sur deux motifs favoris »Les Souvenirs du Peuple« par Berton et »Vive l'ordre et la liberté ou Lafayette à Paris« par Carulli arrangé par J. P. Heuschkel* ebenfalls im Autograph vorhanden. Gedruckte Arrangements für Harmoniemusik haben sich aus Heuschkels späteren Jahren erhalten. Aufschlüsse über seinen Einfluß auf Weber erlauben diese Werke nicht.

6 Brief vom 28. Dezember 1797

7 a.a.O.

8 vgl. neben den erhaltenen die in Anm. 3 genannten verlorenen Kompositionen sowie den Programmzettel des Konzertes vom 30. Oktober 1802 in Hamburg

9 In einem Brief vom 22. September 1798 spricht Franz Anton davon, daß sein Sohn *ein halbjähriger Schüler des berühmten Michel Haydn* sei. Da er im gleichen Brief angibt, er werde *künftigen Monath* nach Wien reisen und er sich bereits im Juni einmal in Wien aufhielt (vgl. Brief vom 2. Juli 1798 an Kirms), wobei er seine Familie mitgenommen haben dürfte, kann von einem dauerhaften Unterricht bei Haydn kaum die Rede sein. - Zu Haydns Verwendung des Fuxschen *Gradus ad parnassum* vgl. Michael Haydn: Instrumentalwerke I, bearb. v. Lothar Herbert Perger, Graz 1959 (*DTÖ*, Jg. 14/2, Bd. 29), S. IX.

10 vollständiges Faksimile bei Günter Hausswald: *Carl Maria von Weber. Eine Gedenkschrift*, Dresden 1951, S. 56-60; Neuausgabe mit Korrekturen von Jähns bei J. Schubert, Leipzig u. New York, o.J.

11 In seinem Brief vom 22. September 1798 bittet Franz Anton [...] *beykommende 6 Klavier fugetten, welche aus der Feder eines grosen und talentvollen Jünglings von 11 Jahren geflossen, der ein halbjähriger Schüler des berühmten Michel Haydn ist, der musikalischen Welt bekannt zu machen* [...]. Die kurze Erwähnung des Werkes in der *AMZ* 1. Jg. (10. Oktober 1798), Sp. 32 beruht auf dieser Information. Zur Rolle des Vaters bei der Vermittlung mit Verlegern und Rezensenten vgl. Veit: *Quellen zur Biographie des jungen Weber (bis etwa 1815): Anmerkungen zum Forschungsstand*, in: *Beiträge zur Musikwissenschaft* 30. Jg. (1988), S. 68-72.

12 vgl. dazu die in Anm. 11 genannte kurze Besprechung in der *AMZ* sowie *JV* 1-6, S. 36, Anm. c.

In einem Streit über die musiktheoretischen Fähigkeiten des Knaben anläßlich der Freiberger Aufführung der Oper *Das Waldmädchen* wies seinerzeit schon der dortige Kantor Fischer auf Satzfehler in den *Fughetten* hin, so auf die Quintparallelen in Nr. 4, T. 8 (Baß-Tenor, anschließend weniger auffallend zwischen Tenor-Alt die Folge von verminderter und reiner Quinte) und in Nr. 5, T. 5/6 (Alt-Baß)[13]. Weitere Oktavparallelen finden sich in Nr. 2, T. 10/11 (Sopran-Tenor), verdeckte Parallelen z.B. in Nr. 4, T. 6/7 (Sopran-Tenor/Baß). Alle Themen mit Ausnahme von Nr. 1 beginnen mit der Quinte der zu Grunde liegenden Tonika; verbunden mit der unzureichenden Bestimmung der Tonart durch den Umriß der Themen selbst entsteht so oft der Eindruck, als werde eigentlich durch diesen Anfangston die Tonart bestimmt und die Umdeutung erfolge nur gewaltsam. Das Thema von Nr. 2 etwa klingt mehr nach G- als nach C-Dur (T. 1-5, Comes dann in C-Dur), Nr. 3 gäbe sich nach Auflösung des *b* in T. 1 als C-Dur zu erkennen, Nr. 4 wird durch Einfügen eines fis in T. 1 zum G-Dur-Thema und Nr. 5 läßt sich ebenso mühelos nach D-Dur umdeuten[14]. Mit wenigen Änderungen lassen sich einzelne *Fughetten* auch vollständig in die Tonart des Anfangstons übertragen: Im vorliegenden Notenbeispiel wurde z.B. nach der korrigierten Fassung von Jähns[15] die *Fughette* Nr. 4 durch einige kleine Eingriffe nach G-Dur umgedeutet (ohne daß diese Fassung satztechnisch korrekt wäre).

[13] vgl. *Gnädigst bewilligte Freyberger gemeinnützige Nachrichten für das chursächs. Erzgebirge* 1801, S. 50

[14] Als Weber das Thema der Nr. 1 in der *Osanna*-Fuge seiner großen Es-Dur-Messe (JV 224) wiederverwendete, fügte er ein *d* als Auftakt hinzu, um die G-Tonalität zu verdeutlichen. Die mangelhafte Festlegung der Tonart durch den Umriß des Themas in Webers *Fughetten* steht zu Michael Haydns eigenen Fugenthemen (etwa in den von Anton Maria Klafsky herausgegebenen Kirchenwerken in *DTÖ* 32. Jg., Bd. 62, Wien 1925) in deutlichem Gegensatz.

[15] Jähns hat hier die fehlerhafte Baßstimme in T. 3 in Analogie zu Nr. 3 korrigiert, die unsinnige Stimmverdoppelung in T. 6 im Baß beseitigt, aber auch stillschweigend in T. 8 die abspringende Sept *f* im Baß zu *e* verändert. Solche stillschweigenden Korrekturen finden sich bei Jähns häufig, so daß seine Ausgaben nur mit Vorsicht zu benutzen sind (vgl. z.B. auch Nr. 5, T. 5/6 und Nr. 6, T. 10).

Daß Weber hier offensichtlich die Rolle von *Dux* und *Comes* verwechselt hat, zeigt sich am deutlichsten in den beiden themengleichen Fughetten Nr. 3 und 4. Obwohl in ersterer der letzte Einsatz mit dem *Comes* und in Nr. 4 mit dem *Dux* erfolgt, schließen (bei entsprechender Transposition von Nr. 4) beide Expositionen in derselben Tonart. Die notwendige Veränderung des Themenkopfes im Comes hat Weber in den *Fughetten* zwar durchgehend beachtet, die tonale Ausrichtung seiner Themen aber offensichtlich nicht erkannt.

Ferner zeigt sich, daß die Stücke mehr vom harmonischen als vom kontrapunktischen Denken geprägt sind. Dreiklangsbrechungen sind ohne Rücksicht auf kontrapunktische Stimmführungsregeln angebracht. Im zweistimmigen Satz von Nr. 3 bzw. 4 springt die Oberstimme in T. 3 zunächst in eine Quarte, dann ohne Auflösung in der Unterstimme weiter in eine Sekunde, und der gleiche Vorgang wiederholt sich beim Übergang in den nächsten Takt mit übermäßiger Quarte und Sekunde. Auch die Auflösung von der zweiten zur dritten Zählzeit in T. 4 und die Führung der Stimmen in T. 6/7 von Nr. 3 entsprechen eher harmonischem Denken. In Nr. 3, T. 6 löst sich die Sept c^2 in das zum Alt dissonante h^1 auf, der verminderte Akkord wird dann sogar harmonisch falsch nach g-Moll weitergeführt (als Vorstufe zu einem weiteren verminderten Akkord).

Den Regeln des strengen Kontrapunktes widersprechen auch unmittelbare wiederholte Intervallfolgen in verschiedenen Stimmen[16], dissonante Durchgänge auf betonter Zeit[17] und die in einigen Fällen fehlenden Auflösungen von Dissonanzen[18]. Schließlich erinnert die Kritik des Kantors Fischer daran, daß diese Stücke alle im einfachsten kontrapunktischen Stil (Kontrapunkt der Oktave bzw. Quinte) geschrieben sind, also nur die allerersten Anfänge des Kontrapunktunterrichts widerspiegeln[19].

Die Fehler und Ungeschicklichkeiten in diesen *Fughetten* bestätigen also durchaus Webers eigenes Urteil über den Unterricht bei Michael Haydn. Ob Weber diesen Unterricht bei seinem zweiten Salzburger Aufenthalt (Ende 1801 bis Mitte 1802[20]) abermals besuchte, läßt sich durch Quellen nicht belegen, denn Weber spricht nur davon, daß er seine Oper *Peter Schmoll* in Salzburg schrieb und sie Michael Haydn zeigte; von weiterem Unterricht ist nicht die Rede[21]. Aus Haydns, in Gerbers *Tonkünstler-Lexikon* veröffentlichtem, Zeugnis über diese Oper geht lediglich hervor, daß Haydn das Werk in einer Probe gehört hat und anschließend das offensichtlich erbetene Zeugnis darüber ausstellte, dem sich in ähnlicher Weise der Salzburger Konzertmeister Joseph Otter anschloß[22]. Haydn spricht nicht davon, daß die Oper

[16] vgl. Nr. 3, T. 5: *c-a* in Sopran u. Tenor, T. 6: *e-a* in Baß u. Alt

[17] z.B. in Nr. 5, T. 2: g^1 im Alt, T. 4: *g* im Baß

[18] z.B. in Nr. 4, T. 7/8: *e* im Alt (T. 7) und d^1 im Tenor (T. 8) sind als dissonante Septen, die durch die Nebennote des Basses entstehen, nicht korrekt weitergeführt

[19] vgl. Anm. 13

[20] Eine ungefähre zeitliche Eingrenzung des Aufenthaltes ergibt sich durch den Brief Franz Antons aus Salzburg vom 25. November 1801 (im Sommer hielt sich die Familie u.a. in München auf, vgl. Franz Antons Brief vom 17. Mai 1801 aus Chemnitz) und die Eintragungen in Webers *Album amicorum* vom 8. Juli 1802 in Salzburg bzw. am 18. August 1802 bereits in Augsburg (vor der Reise nach Norddeutschland).

[21] vgl. *AS* (KaiserS, S. 5)

[22] vgl. Artikel *Weber*, in Gerber: *Neues LTK*, Teil 4, Leipzig 1813/1814, S. 526. Joseph Otter bezeichnet sich in einer nicht datierten Eintragung im *Album amicorum* als Webers *Freund*. Wahrscheinlich wurde das Zeugnis auf Drängen des ehrgeizigen Vaters ausgestellt, der den Namen Haydns

unter seiner Anleitung entstanden sei, vielmehr wirkt sein Zeugnis eher so, als sei er mit einem fertigen Produkt konfrontiert worden. Wenn keine weiteren Quellen für die Salzburger Zeit auftauchen, dürften sich demnach über den Unterricht bei Michael Haydn kaum gültige Feststellungen treffen lassen.

* * *

Bedeutender als der Unterricht Michael Haydns war nach Webers eigenen Worten der seines Münchener Lehrers Kalcher. *Unter den Augen* Kalchers schrieb Weber während des Münchener Aufenthaltes (Herbst/Ende 1798 bis August 1800, mit Unterbrechungen[23]) seine erste Oper *Die Macht der Liebe und des Weins*, ferner *eine große Messe, mehrere Klaviersonaten, Variationen, Violintrios, Lieder usw.*[24], und nur wenig später entstand in Freiberg die zweite Oper *Das Waldmädchen*, während *Peter Schmoll* erst Ende 1801 oder Anfang 1802 in Salzburg komponiert wurde[25]. Mit Ausnahme der *Fughetten* sind also alle erhaltenen frühen Werke im oder in Anschluß an den Unterricht bei dem späteren Hoforganisten Kalcher entstanden, über den sich Weber anerkennend auch in der Widmung seiner Variationen op. 2 äußert: *Ihnen und Ihrer grossen Kunst habe ich die Erweiterung meines kleinen Talents einzig und wahrhaft zu verdancken* [...][26].

Leider haben sich von den Werken, die unmittelbar unter der Anleitung Kalchers entstanden, nur die Variationen op. 2 erhalten[27]. Zu den spätestens im Jahr nach dem Weggang von München komponierten Werken gehören die *Douze Allemandes* JV 15-26, die erhaltenen beiden Bruchstücke aus dem *Waldmädchen* und nach Webers eigenhändigem späteren Werkverzeichnis die Klavierstücke op. 3, JV 9-14[28].

gern zu Reklamezwecken verwendete und von Gerber, für den Weber eine Reihe biographischer Artikel (darunter wohl auch seine eigene Biographie) lieferte, im Lexikon übernommen. Im übrigen ist in diesem Artikel ebenfalls nicht von weiterem Unterricht bei Michael Haydn die Rede.

23 vgl. biographischer Teil, S. 35-37

24 *AS* (KaiserS, S. 4)

25 Die Erstaufführung des *Waldmädchens* fand am 24. November 1800 in Freiberg statt, der zweite Akt der Oper wurde nach Webers eigenen Angaben innerhalb von vier Tagen unmittelbar vor der Aufführung geschrieben (vgl. *Gnädigst bewilligte Freyberger gemeinnützige Nachrichten für das chursächsiche Erzgebirge* 1801, S. 70). Die Oper *Peter Schmoll* hat Weber in sein eigenhändiges Werkverzeichnis unter 1801 eingetragen (HellS III, S. 158, vgl. auch Datierung 1801 in der *AS*). Das Zeugnis Michael Haydns über das Werk ist mit 2. Juni 1802 datiert und einen Tag nach der Aufführung im privaten Zirkel ausgestellt. Da der geschäftstüchtige Vater die Oper in seinen Briefen an Simrock vom 25. November 1801 und 2. Januar 1802 nicht erwähnt, obwohl er von den Opernkompositionen des Knaben spricht, dürfte als Entstehungsjahr des Werkes 1802 wahrscheinlicher sein.

26 vgl. Teilwiedergabe im Faksimile in: Hausswald: *Gedenkschrift*, a.a.O., S. 100-102 bzw. *JV* 7, S. 37

27 Nach Webers eigener Darstellung wurden alle oben erwähnten Werke *ein Raub der Flammen* (*AS*, KaiserS, S. 4). Während die Variationen in der gedruckten Fassung erhalten blieben, galten alle anderen Werke verloren, bis Constantin Schneider 1925 eine angeblich autographe Partitur der *Jugendmesse* im Salzburger Museum Carolino Augusteum entdeckte. Da nach den Untersuchungen des Verfassers Zweifel an der Echtheit des Werkes angebracht erscheinen, wird die Messe in den nachfolgenden Analysen nicht berücksichtigt, sondern erst im Rahmen der Anmerkungen zur kontrapunktischen Technik Webers, auch hinsichtlich der Echtheitsfrage, genauer behandelt.

28 Die zwölf *teutschen Tänze* bot Weber in (von der Hand des Vaters geschriebenen) Briefen am 25. November 1801 den Verlegern André und Simrock an. Im Vergleich mit einem Brief vom 9. Dezember 1800 an Artaria, in dem die in Anm. 3 genannten drei Streichtrios, zweimal 6 Variationen für Klavier, 3 Klaviersonaten und 6 Variationen über das Lied *Lieber Augustin* genannt sind,

Mit 1802 können datiert werden: die Oper *Peter Schmoll*, die Lieder *Die Kerze* JV 27 und *Umsonst* JV 28, die *Sechs Ecossaisen* JV 29-34 sowie der *Kanon* JV 35[29]. Vor die Begegnung mit Vogler fallen schließlich noch die Lieder JV 36-38 und vermutlich die Viola-Variationen JV 49[30].

Vor dem Hintergrund dieser größeren Zahl erhaltener Kompositionen kann erstmals sinnvoll die Frage nach Stileigentümlichkeiten gestellt werden, zumal Webers Bemerkungen in der *Autobiographischen Skizze* darauf schließen lassen, daß die Setzweise dieser Werke im wesentlichen durch den Unterricht Kalchers geprägt ist. Da über diesen Unterricht bisher keine weiteren Quellen verfügbar sind, können Rückschlüsse nur aus den Kompositionen Kalchers gezogen werden. Leider ist aber auch die Zahl der Werke Kalchers, die bisher durch die Katalogisierungsarbeiten von *RISM* erfaßt wurden, gering[31]. Dennoch kann man auf dieser Grundlage zumindest zu einigen vorläufigen Aussagen über Kalchers Kompositionsstil gelangen. Daher sollen im folgenden Weber frühe Kompositionen mit den erhaltenen Werken Kalchers in Beziehung gesetzt werden.

* * *

Deutlich zeigt sich in Webers frühesten Klavierkompositionen, daß diese aus seiner instrumentalen Praxis erwuchsen, denn die Stücke sind offensichtlich ohne genaue Kenntnis satztechnischer Regeln rein »klaviermäßig« gesetzt[32]. Nicht nur die oft von

tauchen hier an neuen Werken auf: ein Klavierauszug zum *Waldmädchen* (an André) und das *Sextett zum Mozartschen Requiem* (an Simrock). In beiden Briefen nicht erwähnt sind die vierhändigen Stücke des op. 3, die erst 1803 bei Gombart gedruckt und von Weber im Januar 1803 in der *AMZ* angekündigt wurden (5. Jg. 1802/1803, Intelligenzblatt 12 vom Januar 1803, Sp. 49/50), in Webers eigenhändigem Verzeichnis aber unter 1801 aufgenommen sind (vgl. HellS III, S. 159). Eine von Jähns für das Jahr 1801 vermutete Begegnung mit dem Widmungsträger des Werkes, Johann Paul Schulthesius, der Weber auch an Gombart empfohlen habe, läßt sich durch Quellen nicht belegen. Schulthesius verlegte seine Werke zwar zum Teil ebenfalls bei Gombart, hatte aber im übrigen eine Predigerstelle in Livorno inne; vgl. *AMZ*, 3. Jg. (1800/1801), Intelligenblatt 7, Sp. 26-28, a.a.O., (5. August 1801), Sp. 750 u. 18. Jg. (12. Juni 1816), Sp. 393-395. Der Eindruck größerer Reife in Webers op. 3 spricht eher dafür, die Datierung im eigenhändigen Verzeichnis als Erinnerungsschwäche zu werten und die Stücke erst auf 1803 zu datieren.

29 zu *Peter Schmoll* vgl. Anm. 25, übrige Daten nach Jähns: JV 27-34 im Oktober 1802 in Hamburg, JV 35 im Dezember in Augsburg

30 vgl. JV 36/38: Januar 1803 bzw. 19. Februar 1803. Zur Datierung von JV 49 vgl. o., S. 130, Anm. 7. Das Grablied JV 37 entstand zwar am 12. Februar 1803 in Augsburg, wurde aber erst nach der Begegnung mit Vogler am 19. November 1804 in Breslau instrumentiert, so daß nachträgliche Veränderungen nicht auszuschließen sind.

31 Von Kalcher lassen sich bisher laut freundlicher Auskunft von Frau Dr. Gertraut Haberkamp (*RISM* München) nachweisen: die gedruckten *XV Lieder mit Begleitung des Piano Forte. In Musik gesezt, und der Mademoiselle Colette Chamoz zugeeignet von J. N. Kalcher*, München: Falter, PN 43 (SB SPrK Berlin, DMSO. 70.232; Nr. 11-15 handschriftlich in BSB München, Mus. Mss. 7585, Nr. 45-49); handschriftlich: ein *Concerto in B pour le Clavecin ò Piano Forte* sowie ein *Concerto in Es per il Clavicembalo ò Piano Forte* (SPrK Berlin, Mus. ms. 11346/1.2.), eine *Missa Ex D* [...] *del Sig: Giovanni Kalcher 1791* (Fürstlich Fürstenbergische Hofbibliothek Donaueschingen, Mus. Ms. 838), eine *Missa in Es* (BSB München, Mus.Mss. 1642), einen *Hymnus Vexilla Regis* (Benediktbeuren, gegenwärtig BSB München, Mus. Mss. App 2022) und ein *Te Deum* (Aichach, gegenwärtig BSB München, AIC-Ms 91). Den genannten Bibliotheken sei für die Möglichkeit zur Einsichtnahme bzw. für Kopien der Werke gedankt.

32 Betrachtet werden im folgenden zunächst in erster Linie die *Douze Allemandes* op. 4 JV 15-26, die

Akkord zu Akkord wechselnde Stimmenzahl in linker oder/und rechter Hand verweist auf die Entstehung aus »klaviermäßigem« Denken, sondern vor allem die mit solchen »Akkordgriffen« verbundene Stimmführung, die satztechnisch ungewöhnliche oder sogar falsche Fortschreitungen bedingt. Zwar lassen sich eine Reihe paralleler Oktav- oder Quintfortschreitungen durch die besonders zu Abschnittszäsuren hin häufigen Verdoppelungen von Akkordtönen erklären, dennoch entstehen dabei - zum Teil sicherlich unbeabsichtigt - verbotene Parallelen[33]. Offene oder verdeckte Parallelen ergeben sich in dieser Art von Klaviersatz vor allem durch Sprünge oder Lagenwechsel[34] und durch den Wechsel von rein vierstimmigem zu offensichtlich freistimmig gedachtem Satz[35]. An anderen Stellen scheint die Gefahr von Parallelen durch ungewöhnliche Stimmführung oder Verzicht auf die Weiterführung einzelner Stimmen gebannt[36]. Weitere Beispiele für satztechnische Ungeschicklichkeiten ließen sich in diesen frühen Werken in großer Zahl aufzeigen[37].

Ohne genaue Kenntnis satztechnischer Regeln sind auch die Dissonanzen behandelt. Der freie Eintritt der Dissonanzen ist eher Regel als Ausnahme, und abgesehen von den fast stereotypen Schlußwendungen mit Septakkord erfolgt die Auflösung der Sept (bzw. nach der Funktionstheorie teilweise der None eines verkürzten Septnonakkordes) zum Teil aufwärts, sogar im Falle der Sept des Dominantakkordes der V. Stufe, die sich nach Vogler stets abwärts auflösen muß[38]. Vereinzelt begegnen im Sprung verlassene Dissonanzen[39], und auch die nach Vogler verbotene Überbindung der Dominantsept in den Grundton des folgenden Akkordes findet sich mehrfach[40], ferner sind die in diesen kurzen Stücken seltenen Vorhaltsquartsextakkorde vereinzelt nach oben aufgelöst[41].

Ohne Rücksicht auf satztechnische Regeln werden außerdem die durchgehenden Dissonanzen verwendet. Neben dem unregelmäßigen Wechsel von dissonanten und konsonanten Durchgängen bzw. deren unterschiedlicher Verteilung auf die Taktschwerpunkte fällt vor allem die unmittelbare Aufeinanderfolge mehrerer Dissonanzen ohne eingeschobene Auflösung ins Auge[42].

Auf mangelnde Kenntnis der Regeln deuten ferner harmonische Härten oder querstandähnlichen Wirkungen[43], unvollständige Akkorde, teilweise mit fehlender

Ecossaisen JV 29-34 und die Klavierstücke op. 3 JV 9-14, daneben auch die Variationen op. 2. Zu allen Werken liegen zugängliche Neuveröffentlichungen vor.

33 z.B. op. 4, Nr. 1, T. 14-16 u. Nr. 3, T. 4-8

34 op. 4: Nr. 5, T. 7 u. *Trio*, T. 12/13; Nr. 9, T. 7/8 u. 14/15; vgl. auch op. 2, Thema, T. 10/11

35 op. 4, Nr. 10, T. 5-8; vgl. dazu T. 13/14 oder op. 2, Var. 1, T. 2/3

36 op. 2, T. 2/3; op. 4, Nr. 3, T. 15; vgl. Nr. 9, T. 7/8: trotz Verzicht auf Weiterführung der Tenorstimme entstehen hier verdeckte Oktaven zwischen Sopran und Baß

37 Es sei ausdrücklich darauf verwiesen, daß es sich bei den angeführten Beispielen stets nur um ausgewählte Fälle und keineswegs um vollständige Angaben handelt.

38 vgl. op. 4, Nr. 5, T. 7/8; in derselben *Allemande* ebenso in T. 3/4. Die Verstöße gegen Auflösungsregeln verdienen insofern eine Hervorhebung, als sich in Webers weiterer Entwicklung ein deutlicher Wandel zeigt.

39 z.B. op. 3, Nr. 2, T. 40/41

40 vgl. op. 4, Nr. 10, T. 12 und im Lied *Die Kerze*, T. 6/7

41 vgl. op. 3, Nr. 1, T. 15; Nr. 5, Trio, T. 7 oder op. 4, Nr. 6, T. 14/15

42 vgl. op. 2, Var. 2, T. 4; op. 4, Nr. 4, T. 3; op. 3, Nr. 6, T. 3 u. Nr. 3, T. 7

43 *Ecossaise* Nr. 2, T. 3; Nr. 3, T. 14; op. 4, Nr. 1, *Trio* T. 11/12; Nr. 4, T. 5, *Trio*, T. 11/12; Nr. 5, *Trio*, T. 12/13; Nr. 12, *Trio*, T. 2; op. 3, Nr. 5, T. 10/11 u.a.

Terz[44], sowie übermäßige bzw. verminderte Sprünge, die besonders im vokalen Satz störend wirken[45]. Eine gewisse Freude an der Verwendung dissonanter Akkorde bzw. an plötzlichen, unerwarteten Härten ist in allen Stücken feststellbar und drückt sich auch in der dynamischen bzw. agogischen Akzentuierung dieser Akkorde aus: fast immer fallen dissonierende Akkordformen mit dynamischen Höhepunkten oder rhythmischen Dehnungen zusammen[46]. Daneben entstehen dissonante Wirkungen vor allem durch die häufige Verwendung von kurzen »Orgelpunkten« mit teilweise chromatisch durchlaufenden Oberstimmen[47]. Den dissonanten Charakter bestimmen ferner zahlreiche Sekundvorhalte, meist in Form der chromatischen unteren Nebennote und die zahlreichen chromatischen Vorhalts- und Wechselakkorde[48].

Im Zusammenhang mit den dissonanten Vorhalten muß eine charakteristische Bildung erwähnt werden, die nach Voglers *System* verboten ist, sich aber auch bei den Zeitgenossen in Schlußbildungen oder bei Orgelpunkten des öfteren findet: die Kombination des liegenden Baßtones mit Akkorden, in denen dieser Ton (selbst als Sept oder None) nicht vorkommt. Diese gewöhnlich mit Orgelpunktwirkungen verbundene Form begegnet in den frühen Klavierwerken und Liedern Webers häufig und kann (im Hinblick auf die späteren Werke) als eines der charakteristischen Merkmale der Vor-Voglerschen Kompositionen Webers insgesamt angesehen werden.

In den *Douze Allemandes* op. 4 entstehen solche Formen zum Teil im Durchgang auf unbetonter Zeit, aber auch in Form gedehnter betonter Vorhalte, die nicht nur an Abschnitts- oder Schlußbildungen geknüpft sind, sondern auch an anderen Positionen auftreten können[49].

Daß es sich hierbei nicht um zufällige Überlagerungen, sondern um eine bewußt gewählte Form handelt, beweisen die erhaltenen autographen Fragmente des *Waldmädchens*. Dort hat Weber in der Arie der Mathilde die ursprünglich zwischen Es-Dur und B-Dur-Septakkord wechselnden Takte 56-61 nachträglich so verändert, daß im Baß ein durchlaufender Orgelpunkt *es* entsteht, womit Weber bewußt die Überlagerung von Tonikagrundton und Dominantakkord herbeiführt[50].

Im *Peter Schmoll* begegnen solche Überlagerungen in fast jeder Nummer. Es handelt sich dabei um unterschiedlichste Formen von längeren oder kürzeren Vorhalts-, Durchgangs- oder Wechselakkorden, die in Verbindung mit liegenden Baßtönen nicht nur bei melodischen Zäsuren, sondern an unterschiedlichsten Positionen

[44] *Ecossaise* Nr. 2, T. 9; op. 4, Nr. 2, *Trio*, T. 3 u. 6; Nr. 4, T. 7 (wie in mehreren Fällen dabei im dritten Akkord nachträglich ergänzt); Nr. 5, T. 12, *Trio*, T. 3; Nr. 9, T. 6; op. 3, Nr. 1, T. 37; vgl. auch *Umsonst*, T. 7 und *Die Kerze*, Klavierfassung, T. 3

[45] vgl. *Die Kerze*, vierstimmige Fassung, T. 1, Tenor u. T. 6, Sopran; *Umsonst* JV 28, T. 6

[46] z.B. op. 4, Nr. 1, T. 14-16; Nr. 3, T. 3-8; Nr. 5, T. 7

[47] vgl. op. 4, Nr. 1, T. 9-12 u. Nr. 10, T. 9-12; Nr. 4, Nr. 5 u. *Trio* jeweils T. 9-12; Nr. 6, *Trio*, T. 1-5 u. 9-16; Nr. 7, T. 1-4; Nr. 9, T. 1-5; Nr. 11, T. 9-13; Nr. 12, T. 9-15; *Ecossaisen* Nr. 3, T. 9-12 u. Nr. 4, T. 1-4

[48] vgl. schon in op. 2, Thema, T. 13 u. Var. 1, 5 u. 6. Besonders markante Melodievorhalte dieser Art finden sich in op. 3, Nr. 3.

[49] unbetont vgl. Nr. 1, T. 9, 2. Viertel und Nr. 5, T. 9; gedehnt: Nr. 4, T. 11/12; am Abschnittsende: Nr. 6, *Trio* T. 15/16; vgl. auch op. 4, Nr. 5, *Trio*, T. 14; *Ecossaise* Nr. 4, T. 16; *Die Kerze*, Klavierfassung, T. 2

[50] NB S. 170 nach der Gesamtausgabe, hg. v. Hans Joachim Moser, Reihe 2, Bd. 1, Augsburg 1926, korrigiert nach dem Autograph DSB Berlin, Mus. ms. autogr. C. M. v. Weber WFN 5(3): in T. 58 u. 60 stand ursprünglich ein *B*, das von Weber jeweils zu *Es* verändert wurde.

im Satz auftreten und zu den auffallendsten Merkmalen der Harmonik dieser Oper gehören[51].

Auch die satztechnischen Mängel, die für die frühen Klavierkompositionen kennzeichnend waren, finden sich in den Opern des jugendlichen Weber wieder. In den beiden erhaltenen Nummern des *Waldmädchens* lassen sich ebenfalls Verstöße gegen das Verbot von Parallelen[52], falsche Dissonanzauflösungen[53], unvollständige Akkordformen[54], unübliche Akkordfolgen[55] und klangliche Härten[56] nachweisen. Deutlich treten dort die Schwierigkeiten im Umgang mit den Notwendigkeiten des Modulierens zu Tage. In der Aria der Mathilde (D-Dur) wird ruckartig in T. 26 nach

[51] Zunächst sei jeweils ein Beispiel für die drei Arten genannt: a: Nr. 3, T. 34; b: Nr. 14, T. 3; c: Nr. 10, T. 55. Zur Illustration der Häufigkeit folgt (ohne Anspruch auf Vollständigkeit) eine Liste dieser Formen im *Peter Schmoll*: Nr. 1, T. 48; Nr. 2, T. 35, 66, 92-94, 119/120, 123/124, 139/140, 146, 148, 162, 174/175; Nr. 3, T. 34; Nr. 4, T. 87; Nr. 8, T. 34; Nr. 9, T. 33, 105; Nr. 10, T. 55; Nr. 11, T. 44; Nr. 12, T. 37/38, 64, 69, 80-87; Nr. 13, T. 37; Nr. 14, T. 3, 20; Nr. 15, T. 15, 17, 20, 62, 76, 79, 81, 92, 94; Nr. 17, T. 4, 44, 47, 55, 75, 78; Nr. 18, T. 60; Nr. 19, T. 8, 24, 26, 40, 45; Nr. 20, T. 3, 24, 34, 68-70, 74, 98, 101, 131, 178, 198, 225, 235 u. 238.

[52] Arie, T. 12/13: in der Oboe löst sich die Sept nach oben auf, so daß verdeckte Parallelen zum Baß entstehen; T. 36/37: Baß und Violine in Oktaven; T. 55/56: das *d* in der Violine II und im Baß wird parallel zu *es* geführt; T. 78: Baß und Viola schreiten in Quinten weiter; Terzett: T. 42/43: Quintparallelen Baß-Viola; T. 68/69: Violine I u. Baß parallel; T. 74: Violine-Baß beim Übergang zur Mehrstimmigkeit parallel

[53] Arie, T. 23/24: die Sept *g* in der Viola springt ab (in vielen Fällen springt diese Stimme allerdings nur ab, wenn eine andere Stimme die Dissonanz richtig auflöst, vgl. T. 19/20, 36/37, 41/42, 115/116); T. 27/28: in der Violine II löst sich die Dominantsept nach oben auf; T. 45/46: Violine I u. II: Sprung aus der Dissonanz

[54] Arie, T. 49, 3. Akkord (wohl als Zwischendominante A über *d* zu verstehen, die Terz fehlt, die Sept g^1 wird nach oben aufgelöst)

[55] vgl. Arie, T. 51 u. 55: der verselbständigte Quartsextakkord entspricht nicht der geforderten Auflösung des vorangehenden Akkordes; Terzett, T. 25/26: Sextakkord der V. u. IV. Stufe aufeinanderfolgend

[56] vgl. Arie T. 11/14: die Singstimme setzt dissonant ein (auch in der Reprise; Weber hat im Autograph diese Stelle allerdings nachträglich mit Bleistift korrigiert); Terzett, T. 35: Bläser und Baß D-Dur, Streicher u. Sänger Vorhalt A^7; T. 39: ein dissonanter Vorhalt, der sich durch den Orgelpunkt nicht in eine Konsonanz auflöst

der Tonika die Doppeldominante eingefügt, ebenso überraschend tritt in T. 47 d-Moll auf, worauf in einer etwas ziellos wirkenden Weise nach Es-Dur »moduliert« wird[57]. Besondere Schwierigkeiten schien die Rückmodulation unter Ausnutzung enharmonischer Umdeutung zu bereiten. Weber hat an dieser Stelle in der Partitur offensichtlich Modulationsversuche notiert, die sich auf Es-Dur bzw. A-Dur beziehen, dann aber lediglich die Dominantsept *as* zu *gis* umgedeutet[58].

Im D-Dur-Terzett wird die Modulation zur Dominante in fast identischer Weise durch den Einschub der Doppeldominante in T. 47 eingeleitet; die Rückmodulation nach dem textbedingten Einschub der Molldominante (T. 65) erfolgt durch einfaches Hinzufügen der Sept (T. 77).

Sieht man von diesen Modulationen bzw. Ausweichungen (in der D-Dur-Arie nach A-Dur und, wohl durch den Text angeregt, nach Es-Dur; im D-Dur-Terzett nach A-Dur/a-Moll) einmal ab, beschränkt sich die Harmonik hauptsächlich auf Tonika-Dominantwechsel (bzw. Quint-/Quartschrittverhältnisse) oder kadenzierende, die Subdominante mit einbeziehende Verläufe. Dem entspricht auf der melodischen Ebene die einfache Addition meist ähnlicher, zweitaktiger, durch Pausen deutlich getrennter Phrasen.

Auch der harmonische Grundriß der Nummern wirkt willkürlich bzw. unproportioniert: In der Arie wird die Haupttonart D-Dur nach einer Kadenz in T. 26 sprungartig verlassen und die neue Tonart in T. 42 durch Kadenz befestigt; die erreichte Tonart des Mittelteils wird aber schon drei Takte später zurückgenommen wird und das in T. 56 eintretende Es-Dur leitet ohne Kadenzbestätigung zurück zur Dominante. Ähnlich knapp fällt der »Mittelteil« des Terzetts aus.

[57] Sowohl die nicht korrekte Auflösung des D-Dur-Nonenakkordes aus T. 50 u. 54, dessen Weiterführung als Vorhalt zum A-Dur-Septakkord in T. 52 und die Parallelführung *d-es* in T. 55/56 in Violine I und Baß zeigen Webers Unbeholfenheit.

[58] Die Wiedergabe dieser Stelle im Revisionsbericht der alten Gesamtausgabe durch Alfred Lorenz ist nicht ganz korrekt: die Notizen Webers verteilen sich auf vier Systeme: die ersten 6 Akkorde sind in den Systemen von Horn u. Violine I notiert (in zwei aufeinanderfolgenden Takten), die übrigen Akkorde darunter in Violine II u. Viola, d.h. die Akkorde sind nicht notwendig als aufeinanderfolgend gedacht (vgl. NB). Lorenz gibt an, die Notizen stammten von fremder Hand (a.a.O., S. XVII); darauf lassen jedoch weder Tinte noch Schrift schließen.

Die sich darin äußernde Unsicherheit bei der Tonartendisposition eines Stückes zeigt sich noch deutlicher in dem 1802 in Hamburg entstandenen Lied *Die Kerze*[59].

Die einzelnen Zweitaktabschnitte des B-Dur-Liedes schließen in c-Moll, F-Dur, C^7 und B-Dur. Der F-Dur-Schluß in T. 4 wirkt durch den Quartsextvorhalt dominantisch, und bis hierhin wird nicht das nur im Durchgang berührte B-Dur, sondern c-Moll als Tonika empfunden. Die Takte 5/6 wirken wie ein kurzer F-Dur-Mittelteil, die überraschende Weiterführung nach Es-Dur (in T. 7 statt des erwarteten g-Moll) wird ebenso unerwartet durch die Umdeutung dieses Akkordes in die Subdominante von B-Dur fortgesetzt. Die Tonart dieses kleinen Stückes bleibt also bis zum Ende ungewiß, (ohne daß sich dies durch den Textinhalt begründen ließe), und ist eigentlich durch die letzte Kadenz unzureichend befestigt. Auf die Unbeholfenheit Webers deuten auch in diesem Lied die bisweilen unvollständigen Akkorde, falsche Verdoppelungen von Akkordtönen und übermäßige Sprünge.

Deutliche Fortschritte in der Beherrschung der musikalischen Mittel zeigen sich in der Oper *Peter Schmoll*, obwohl sich auch dort gleiche oder ähnliche Mängel aufzeigen lassen, auf deren wiederholte Aufzählung daher hier verzichtet werden kann. Hingewiesen sei jedoch auf die häufige Verwendung des Vorhaltsquartsextakkordes, der vereinzelt nach oben aufgelöst oder als selbständiger Akkord betrachtet und weitergeführt wird, wobei in der Auflösung des vorangehenden dominantischen Akkordes eine Quinte übersprungen scheint[60]. Außerdem zeigt sich in dieser Oper an einigen Stellen in der Notation Webers mangelndes Verständnis von Modulationsvorgängen. Am Beispiel der später noch genauer zu betrachtenden Ouvertüre zum *Peter Schmoll* sei dies in zwei Fällen erläutert[61]: In T. 29-31 wird ein ver-

[59] Quelle: Leopold Hirschberg: *Reliquienschrein*, a.a.O., S. 15. Das Lied ist in dieser Gestalt sicherlich ohne Eingriffe durch den Vater geblieben, da es offensichtlich nicht zur Veröffentlichung bestimmt war, während bei anderen Kompositionen nicht ausgeschlossen werden kann, daß der Vater vor der Übersendung an die Verleger redigierend in die Werke eingriff.

[60] Aufwärtsauflösung vgl. Nr. 12, T. 92/93; Wechsel vgl. Nr. 10, T. 52-54; ohne Auflösung als Tonika-Ersatz weitergeführt vgl. Nr. 2, T. 62 oder Nr. 17, T. 59/60

[61] vgl. ältere Fassung der Gesamtausgabe, Reihe 2, Bd. 2

minderter Septakkordvorhalt zu dem bereits liegenden *b* der Baßstimme als D^v notiert, obwohl nach der Akkordfolge F^v zu notieren wäre, so daß die Umdeutung des bereits in T. 29 erklingenden *ges*^{2} zu *fis*^{2} überflüssig ist. In T. 74-78 wird der verminderte Septakkord, der nach c-Moll führt, als E^v notiert, obwohl die Umdeutung von *ces*^{2} und *as*^{1} in T. 75 unnötig erscheint, da die ursprüngliche Notation dem richtigeren G^v entspricht.

In vielen Fällen wird durch die falsche Notation die Aufwärts-Auflösung der Sept[62] in die Sext des Dominantquartsextvorhaltes verborgen, und andererseits entstehen dabei zum Teil im Sinne Voglers *papierne* Intervallfortschreitungen[63]. Bisweilen wird durch die Notation das tatsächliche Geschehen überzeichnet dargestellt. In Nr. 15, T. 59ff. etwa wirkt die Ausweichung von F-Dur nach Des-Dur durch den in T. 62 eingeschobenen A^v über liegendem *f* unnötig kompliziert, während durch die richtigere Notation als C^v das Bild vereinfacht würde. Ähnliches gilt in Nr. 8, T. 44ff., wo die Rückmodulation nach der vorübergehenden Ausweichung nach es-Moll u.a. durch Septakkorde über *ges*, *fis* (D^v) und *F* erfolgt, obwohl die einfachere Notation C^v-F^v-F^7 sinnvoller wäre.

Oft finden sich auch hier wieder liegende Baßtöne kombiniert mit durchgehenden Spannungsakkorden der anderen Stimmen, wobei die Stimmen teilweise einfach chromatisch parallel oder gegeneinander verschoben werden[64]. Diesem Phänomen entsprechen die zahlreichen chromatischen Wechsel- bzw. Durchgangsnoten oder -akkorde[65], die sich bereits in op. 2 andeuteten (vgl. Thema T. 13). Ebenso bleiben Melodievorhalte mit der chromatischen unteren Nebennote kennzeichnend für Webers Stil dieser Zeit[66]. In beiden Fällen ist die Auflösung der Zusatzakzidentien unmittelbar im Anschluß an den chromatisch umspielten Ton oder Akkord ein wiederkehrendes Merkmal[67].

Neben diesen Ungereimtheiten im musikalischen Satz zeigt sich in dieser Oper deutlich Webers Bestreben zu harmonischem Experimentieren, das zuweilen zu ungewöhnlichen Härten in der harmonischen Sprache führt[68], zumal die Spannungsakkorde auch hier in der Regel durch Taktgewicht, Dynamik und zeitliche Ausdehnung hervorgehoben werden. Zwar lassen sich die harmonischen Freiheiten in vielen Fällen als Textausdeutungen interpretieren und rechtfertigen (und in diesen übertriebenen Textdarstellungen liegt auch ein wesentlicher Reiz dieses naiv-verspielten Werkes), sie wirken aber andererseits oft in der ansonsten »einfachen« Umgebung sehr gewollt und nutzen sich durch die häufige Anwendung ab. Sein *rege*[r] *jugendliche*[r] *Geist, der alles Neue und Aufsehen Erregende mit Hast sich anzueignen suchte*, von dem Weber in der *Autobiographischen Skizze* in bezug auf

62 bzw. nach der Funktionstheorie: der None. Im folgenden sind die Nonen verkürzter Akkorde jeweils im Sinne des Voglerschen *Systems* als Septen bezeichnet.

63 Notationsmängel vgl. (ohne Vermerk eventuell verminderter Quinten in den Sept- bzw. Nonakkorden): Nr. 8, T. 148-150: E^v und G^v statt B^v, D^v statt F^v; Nr. 11, T. 44-47: D^v statt A^v; Nr. 13, T. 25: E^v statt G^v; Nr. 17, T. 67: B^7 statt E^v; Nr. 19, T. 60: D^v statt F^v; Nr. 20, T. 51: A^v statt C^v; T. 59: E^v statt G^v usw.

64 Nr. 15, T. 22-23 u. 33; in Nr. 2, Takt 151ff. werden sogar ganze Akkorde parallel chromatisch verschoben.

65 vgl. besonders Nr. 14, 15 u. 19

66 besonders markant etwa in Nr. 18, vgl. Anfang

67 Ein typisches Beispiel dafür findet sich in Nr. 17, T. 47/48; vgl. dazu op. 2, Thema T. 13/14 oder in melodischer Umspielung in Variation 6, T. 1

68 z.B. in Nr. 14, T. 3 oder Nr. 17, T. 33/37

seine Versuche im Steindruck spricht[69], scheint Weber zu solchem Experimentieren angeregt zu haben und dürfte ihn ohne die Beratung durch seine Lehrer auf die Irrwege geführt haben, die sich etwa in dem sicherlich »unkontrolliert« entstandenen Lied *Die Kerze* zeigen.

* * *

Angesichts der Tatsache, daß diese noch mit derart vielen Satzfehlern behaftete Oper im Anschluß an einen Unterricht entstand, von dem Weber in der *Autobiographischen Skizze* angibt, daß er dort vor allem *den reinen vierstimmigen Satz* gelernt habe, muß man Zweifel an der Qualität dieser Unterweisung äußern, wenn man die Ursache nicht in mangelnder Auffassungsgabe Webers suchen will. Da von den frühesten Werken Webers nur die *Fughetten* erhalten sind, läßt sich ein Fortschritt im Anschluß an den Unterricht Michael Haydns aus heutiger Sicht kaum feststellen. Zu fragen ist aber danach, ob die festgestellten Eigenheiten der Frühwerke Webers mit dem Unterricht bei Kalcher (oder Haydn) zusammenhängen.

Eine Antwort auf diese Frage wird durch die spärliche Quellenüberlieferung erschwert, dennoch zeigen sich in den wenigen, bisher wiederaufgefundenen Werken Kalchers auffallende Übereinstimmungen mit charakteristischen Merkmalen der Kompositionen des jungen Weber.

Ein besonderes Interesse unter den möglicherweise vorbildhaften Werken Kalchers dürften dessen gedruckte *XV Lieder mit Begleitung des Piano-Forte* (München: Falter, PN 43) beanspruchen, da sie wahrscheinlich während Webers Münchener Aufenthalt entstanden und in dieser Zeit auch veröffentlicht wurden[70], so daß Weber diese erste gedruckte Ausgabe von Kompositionen Kalchers sicherlich gekannt haben wird[71].

In diesen Liedern läßt sich nun aber feststellen, daß bei Kalchers Werken von einem Vorbild im strengen bzw. *reinen vierstimmigen Satz* im engeren Sinne nicht die Rede sein kann. Vielmehr finden sich eine ganze Reihe von Satzfehlern oder »Freiheiten«, die bezeichnenderweise den in Webers frühen Kompositionen festgestellten Besonderheiten sehr ähneln. Dies kann hier nur stellvertretend an einigen wenigen Beispielen, die auf S. 175-177 zusammengestellt sind, erläutert werden.
Ins Auge fällt zunächst die recht sorglose Behandlung der Begleitung im Hinblick auf Parallelführung von Stimmen: Schwerpunktparallelen wie in T. 16/17 oder T. 22-24 von Nr. 1 begegnen häufig und besonders zwischen Baß und Ober- oder Gesangstimme finden sich parallele Quinten oder Oktaven - wie im gleichen Beispiel in T. 5-7 - in großer Zahl[72]. Auch die Dissonanzbehandlung folgt keineswegs den

[69] *AS* (KaiserS, S. 4)

[70] Bei den *deutschen Liedern*, die Kalcher mit einem Schreiben vom 16. März 1800 der Münchener Zensurbehörde vorlegt (vgl. Bayerisches HSA München HR I, Fasz. 458, Nr. 42/2), dürfte es sich um die vorliegenden, wenig später gedruckten Lieder und Chorsätze handeln, die im Februar 1801 erstmals in der *AMZ* als erschienen angezeigt sind (3. Jg. 1800/1801, Intelligenzblatt 5, Februar 1801, Sp. 20).

[71] Aus diesem Grund sind die Lieder im folgenden genauer betrachtet, während die übrigen Kompositionen nur am Rande herangezogen werden. Eine Erinnerung an den Anfang der Nr. 7 bei Kalcher (*Der Savoiarden Knabe*) scheint in dem identischen Anfang von Webers *Romanza* Nr. 3 im *Peter Schmoll*: *Im Rheinland eine Dirne war* anzuklingen.

[72] vgl. Nr. 3, T. 15/16; Nr. 8, T. 24; auch Nr. 9, T. 9/10; Nr. 10, T. 25/26 oder Nr. 13, T. 20/21

Nr. 1

Das Täubchen.
No 1. Mittelmäßig mit Empfindung.
Auf mei-nen Tau-ben-schlag, auf mei-nen Tau-ben-schlag, hab ich ein wei-ßes Täub-chen,
das ist ein treu-es Weibchen, das sitzt den gan-zen Tag — auf mei-nen
Tau-ben-schlag, auf mei-nen Tau-ben-schlag.

Nr. 3

Chloe der Engel.
klagt ich mei-ne Liebe, die Göt-ter all' er-barmten sich, ein Engel kam und küßte mich

Nr. 4

Meine Einsamkeit.

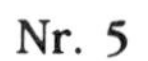
Nr. 5

Gelegenheit macht Diebe.
No 5. Mittelmäßig mit Empfindung.

Nr. 6

Stern der Liebe.

Nr. 8

Die Schäferin.
No 8. Empfindsam, nicht zu geschwind.
Frü-he geht die Schä-fe-rin, führt ihr Läm-chen auf die Wei-de
Wei-de, vol-ler Freu-de springt sie hin im leich-ten Klei-de,
ach! es folgt mein Herz ihr hin
43

Regeln des strengen Satzes. Wenn in T. 5/6 der Nr. 8 die Dominantsept *as* nach oben aufgelöst wird, so handelt es sich nicht um eine vereinzelte Erscheinung; auch die Sept verkürzter/verminderter Akkordformen wird des öfteren nicht als aufzulösende Dissonanz behandelt[73] und Vorhaltsquartsextakkorde werden ebenfalls nach oben weitergeführt[74]. Letztere erscheinen auch ohne einen nachfolgenden Auflösungsakkord im freien Wechsel mit doppeldominantischen Akkorden[75].

Nicht selten vergißt Kalcher auch die Terz eines Akkordes. In Fällen wie Nr. 8, T. 5 und T. 7 oder Nr. 10, T. 9/10 fehlt sie völlig, in anderen Beispielen ergänzt die Oberstimme in Umspielungsformen diesen Akkordton am Ende des Taktes (vgl. Nr. 10, T. 19). Die in Schlußfloskeln beliebte Ergänzung der Terz eines Dominantseptakkordes durch eine nachschlagende Klavieroberstimme (vgl. z. B. Nr. 4, T. 12) mit nachfolgendem unvollständigen Grundakkord gehört auch bei Kalcher zu den stereotypen Wendungen. Vom unachtsamen Umgang mit Satzregeln zeugen ferner zahlreiche querständige Wirkungen[76]. Besonders häufig finden sich aber die schon in Webers Werken festgestellten »falschen Orgelpunkte«, bevorzugt in Form von Vorhaltsbildungen am Abschnittsende[77], aber auch im übrigen Satzverlauf in Form von Akkorden, die zum Baßfundament in dissonierendem Verhältnis stehen[78]. Ähnlich wie bei Weber kommt es gerade bei den häufigen zwei- oder viertaktigen Orgelpunkt-Abschnitten zu freien Durchgangs- oder Nebennotenbildungen in den Oberstimmen. Die Form der unteren chromatischen Wechselnoten, die im folgenden Takt aufgelöst erscheinen - wie hier in Nr. 6, T. 9/10 - erinnert unmittelbar an die

[73] vgl. Nr. 4, T. 14/15 (Sept eines H^{v} bzw. Quinte eines Akkordes der erhöhten VII. Stufe); in T. 11 von Nr. 1 dürfte die Begleitung bei ordnungsgemäßer Auflösung der Sept g^1 nicht über fis^1 zum a^2 steigen; im Auftakt zu Nr. 11 wird die Dominantsept des Tenors ebenfalls nach oben weitergeführt, in T. 6/7 ist diese irreguläre Führung sogar mit verdeckten Parallelen zwischen Baß und Sopran verbunden.

[74] Nr. 4, T. 12 u. 24; Nr. 6, T. 12 (T. 6/7 im Tenor); Nr. 12, T. 31/32; Nr. 15, T. 17

[75] vgl. besonders die Chorsätze: Nr. 13, T. 19; Nr. 15, T. 9-12 u. 21-22

[76] vgl. Nr. 8, T. 18/19 oder Nr. 13, T. 19 u. Nr. 14, T. 13

[77] vgl. Nr. 6, T. 8 oder Nr. 7, T. 8 u. T. 20; Nr. 11, T. 4 u. 8

[78] vgl. Nr. 2, T. 32; Nr. 7, T. 1/2, 8 u. 20; Nr. 11, Auftakt, T. 4 u. 8

entsprechenden Takte in Webers op. 2, begegnet bei Kalcher aber weitaus häufiger, und auch als Melodievorhalte erfreuen sich solche chromatischen Nebennoten großer Beliebtheit[79].

Die hier beobachteten satztechnischen Mängel oder auffallenden Merkmale sind keineswegs auf die *XV Lieder* beschränkt, sondern finden sich in ähnlicher Weise auch in den übrigen erhaltenen Kompositionen des Müncheners. Deutlicher als in den Liedern sind etwa in den beiden handschriftlich erhaltenen Klavierkonzerten chromatische Vorhalts- und Wechselnoten bzw. -akkordbildungen ausgeprägt. Zwar gehören melodische Halbtonvorhalte auf betonter Zeit zum Standard-Repertoire besonders der Mannheim/Münchener Musiker, dennoch verdienen Wechselakkordbildungen wie im Thema des Es-Dur-Konzerts oder im Mittelteil der *Romanze* dieses Konzerts Beachtung.

Klavierkonzert Es-Dur, 1. Satz (Solo T. 43)

Eine Vorliebe für im Sprung erreichte untere Halbtonvorhalte kennzeichnet schließlich in besonderem Maße die Melodik der Messen Kalchers.

Klavierkonzert Es-Dur, *Romanze* (Mittelteil)

Diesen Besonderheiten wurde so viel Gewicht beigemessen, weil sich hier eine Reihe von Parallelen zum frühen Werk Webers zeigen, die auf der anderen Seite in den Werken Michael Haydns in dieser Form nicht zu finden sind.

Im Vergleich mit Kalchers Werken weisen die Kompositionen Michael Haydns einen deutlich »korrekteren« musikalischen Satz auf, der sich in einigen Einzelheiten von der Setzweise Kalchers abhebt. Haydn löst z.B. die auch bei ihm sehr häufigen Vorhaltsquartsextakkorde gern »verzögert« auf, indem die Vorhalte die Stimme tauschen oder einer der beiden Töne in einen anderen Akkordton weitergeführt wird, bevor die Auflösung (manchmal eines oder sogar beider Töne nach oben) erfolgt[80]. Septen lösen sich bei Haydn normalerweise korrekt nach unten auf. Ausnahmefälle wie etwa die Auflösung der verminderten Sept nach oben in die Sext eines Vor-

[79] vgl. Nr. 1, T. 28/29

[80] vgl. *Divertimento* G-Dur in: Michael Haydn: Instrumentalwerke, hg. v. Lothar Herbert Perger, *DTÖ* Jg. 14/2, Bd. 29, Graz 1959, Finale, S. 76, 3. Takt: Flöte: *4-5-3* u. gleichzeitig Violine: *6-7-5* (vgl. auch 1. Takt Violine u. Viola). Im *Menuett* dieses *Divertimentos*, S. 72, T. 7 schreiten Flöte u. Violine wie in dem genannten Beispiel aus dem Finale weiter, gleichzeitig findet sich in der Viola die Stimmführung: *6-4-7*; in T. 19 sind folgende Fortschreitungen kombiniert: Flöte und Violine: *4-6-5*, Viola: *6-4-7*.

haltsquartsextakkordes werden im Unterschied zu Kalcher harmonisch »korrekt« notiert[81].

Seltener findet sich bei Haydn die Kombination von liegendem Baßton mit dissonierendem Dominantakkord und wenn, dann überwiegend in zwei Formen: mit übergebundenem Vorhalt bei Schlußbildungen[82] oder als Wechselakkord zwischen zwei Tonikagrundakkorden[83].

Zumindest in diesen Punkten scheint Webers Frühwerk eher mit den Kompositionen Kalchers zusammenzuhängen. Eine gültige Antwort auf die Frage nach der Abhängigkeit könnte aber erst nach einer eingehenderen Untersuchung auf breiterer Quellenbasis gegeben werden. Immerhin muß man auf Grund der vorstehenden knappen Analysen bezweifeln, daß Weber dem Unterricht Kalchers die Beherrschung satztechnischer Regeln verdankte. Was Weber bei Kalcher lernte, darf man wohl eher allgemeiner als eine Art Anleitung zum »geschickteren Umgang« mit dem musikalischen Material bezeichnen. Kalcher hat dabei offensichtlich eine Reihe von Eigenheiten in den Kompositionen seines Zöglings verursacht bzw. verstärkt, die dann, unterstützt von jugendlicher Experimentierlust, zu einer oft dissonanzreichen und bisweilen wenig geordneten Sprache führten, die zum Teil in deutlichem Gegensatz zu dem steht, was Weber anschließend bei seinem Lehrer Vogler lernen sollte. Zu fragen ist daher nun, was sich mit der Kenntnis des Voglerschen *Harmonie-Systems* in der harmonischen Sprache des jungen Weber veränderte.

[81] z.B. *Graduale Nr. 8* in: Michael Haydn: *Kirchenwerke*, hg. v. Anton Maria Klafsky, *DTÖ* 32. Jg., Bd. 62, T. 23/24: im verminderten Septakkord *fis-a-c-es* löst sich die Sept nach oben ins *e* als Sextvorhalt von G-Dur auf; die Notation entspricht dabei der harmonischen Folge (Kalcher hätte wohl *dis* notiert). Auch im Finale der Symphonie C-Dur (vgl. *Instrumentalwerke*, *DTÖ*, Bd. 29), S. 28-29 werden die zum Teil nach oben aufgelösten Septimen nach der harmonischen Folge der Akkorde notiert; der Sprung vom ersten ins zweite System auf S. 29 ist in dieser Form allerdings nicht korrekt, da eine Quinte übersprungen wird (die sich anschließenden Takte müssen als Quartsextvorhalt zu G-Dur betrachtet werden).

[82] vgl. dazu etwa in der Ausgabe der Instrumentalwerke, *DTÖ*, Bd. 29, *Divertimento* G-Dur, Schlußtakte der beiden Teile der *Polonese*, S. 73/74, oder Symphonie Es-Dur, 2, Satz, S. 44, 10. Takt. Typisch für die Schlußbildungen bei Haydn ist dabei der Wechsel zum Dominantgrundton auf dem 2. Achtel. Abschnittsbildungen ohne diesen Wechsel vgl. a.a.O., S. 44, 12. Takt.

[83] vgl. *Divertimento* B-Dur, *DTÖ*, Bd. 29, S. 77, 5./6. Takt; S. 78, 10.-13. Takt, S. 82, 3.-6. Takt oder im Finale, S. 92, 1./2., 5./6., 13./14. Takt; S. 94, 8. u. 10. Takt und in der Symphonie Es-Dur, im gleichen Band, S. 35, 14.-17. u. 18.-21. Takt

Die Veränderung von Harmonik und Satzweise in den zwischen 1803 und 1810 entstandenen Werken Webers

Die Untersuchung der Frage, inwieweit sich mit dem Einfluß Voglers Webers Harmonik und Satzweise verändert hat, soll im folgenden, auch unter Berücksichtigung möglicher Einwirkungen Danzis, durch die Betrachtung unterschiedlicher Werkgruppen sowie durch den Vergleich mit einigen Werken Voglers und Danzis in mehreren Schritten geschehen:
1. Nachdem schon eine oberflächliche Betrachtung der Variationen op. 5 und 6 auf Einflüsse Voglers deutete, sollen nun am Beispiel der Harmonik dieser Werke weitere Anhaltspunkte für Voglers Einwirken beschrieben werden.
2. Die nachträglichen Umarbeitungen von Kompositionen, die vor der Begegnung mit Vogler entstanden waren, erlauben im besonderen Maße Rückschlüsse auf Veränderungen in der harmonischen Sprache und damit auf den Einfluß Voglers. Es handelt sich dabei um folgende Werke:
- die *Variationen für Alt-Viola* JV 49, die am 19. Dezember 1806 in Carlsruhe/-Schlesien umgearbeitet wurden,
- die Ouvertüre zum *Peter Schmoll*, umgearbeitet 1807,
- das Duett Nr. 9 aus *Peter Schmoll*, umgearbeitet als Einlage zum *Freybrief* JV 78 am 13. Oktober 1809 in Ludwigsburg,
- die *Romanza* Nr. 3 aus *Peter Schmoll*, umgearbeitet 1810 als Teil der Nr. 5 des *Abu Hassan* und
- außerhalb des hier betroffenen Zeitraums die Verwendung von Teilen des Finale aus *Peter Schmoll* im Schlußchor des *Oberon*.
3. Untersucht wird ferner die Harmonik der wichtigsten, im Anschluß an den Wiener Unterricht bei Vogler in Breslau, Carlsruhe bzw. zu Anfang der Stuttgarter Zeit entstandenen Werke, d.h.
- der beiden Lieder JV 41 u. 42,
- der Bruchstücke zur Oper *Rübezahl* JV 44-46,
- der beiden Sinfonien in C-Dur JV 50 u. 51 und des Klavierquartetts B-Dur JV 76.
4. Die Feststellung einiger Charakteristika in der Harmonik der 1810 in Stuttgart vollendeten Oper *Silvana* steht am Ende des zu betrachtenden Zeitraums, wobei zusätzlich das Verhältnis von Textausdeutung und Harmonik beleuchtet werden soll.
5. Eine kurze Betrachtung zur harmonischen Sprache der Kompositionen Voglers, besonders zu dessen Oper *Samori*, soll zeigen, ob die bei Weber festgestellten Eigenheiten auch auf »praktische Vorbilder« seines Lehrers zurückgeführt werden können.
6. In einem Vergleich mit Werken Danzis soll deutlich werden, inwiefern dessen Einfluß Veränderungen in Webers kompositorischer Sprache bewirkt haben könnte. Zu Grunde gelegt sind dabei Danzis Kammermusikwerke, seine Flöten- und Fagottkonzerte sowie die Weber vertraute Oper *Die Mitternachtsstunde*.
7. Abschließend soll die Harmonisierung *nazional-karakteristischer* Melodien als Sonderfall behandelt werden am Beispiel:
- der *Romanza Siciliana per il Flauto principale* JV 47
- der *Ouvertura Chinesa* JV 75,

- der *Variations sur un Air Norvégien* JV 61,
- sowie einiger *charakteristischer* Sätze aus Webers übrigen Werken der Zeit, darunter das *Andante und Rondo Ungarese für Alt-Viola* JV 79 und die Sonaten für Violine und Klavier op. 10, JV 100 und 101.

Einflüsse Voglers in Harmonik und Satz von op. 5 und 6

Wenn Weber über seine Variationen op. 5 an Thaddäus Susan schreibt: *Sie sind nach Vogler'schem Systeme geschrieben, und ich sage Dir es gleich im Voraus, ärgere Dich nicht über die etwa darin befindlichen Quinten*[1], so bezieht sich dieser Satz auf die freiere Behandlung des Parallelenverbots in Voglers *Harmonie-System*[2], und Weber weist damit zugleich ausdrücklich darauf hin, daß er dieses *Harmonie-System* in seinen Variationen angewendet hat. Da die Harmonisierung des Themas selbst unverändert aus der Voglerschen Vorlage übernommen wurde, kann sich die Bemerkung nur auf die primär mit Mitteln der Harmonik arbeitenden Variationen 2, 5 und 7 beziehen. In der Tat sind hier Spuren der Einwirkung Voglers über die bereits erläuterten Gemeinsamkeiten des Variationstypus hinaus festzustellen, und es finden sich u.a. jene »Quinten«, von denen Weber in dem zitierten Brief an Susan spricht.

Während im allgemeinen verdeckte Parallelen zwischen benachbarten oder zwischen Mittelstimmen (vgl. etwa Var. 2, T. 3 Sopran-Alt) auch von der zeitgenössischen Musiktheorie sanktioniert wurden, hatte Vogler für umstrittene Fälle direkter Parallelführungen eigene Regeln aufgestellt. So gilt ihm die Folge von verminderter und reiner Quinte in den Oberstimmen (vgl. Sopran-Alt in T. 11/12 von Var. 2) zwar als *merklicher* als das unproblematischere Auftreten zwischen Mittelstimmen, er verbietet diese Führung jedoch nicht[3]. Die verdeckte Parallele zwischen den Außenstimmen von T. 11/12 der 5. Variation gilt allerdings auch bei Vogler als *noch auffallender* und damit verboten - Weber hat sich hier udrch das Einfügen der Terz zu helfen gesucht und sah möglicherweise mit dem Wechsel zur (scheinbaren) Dreistimmigkeit die Parallele gerechtfertigt[4].

Auch in der Dissonanzbehandlung zeigen sich ansatzweise Veränderungen. So nutzt Weber die Freiheiten, die sich durch Voglers Interpretation des verminderten Akkordes als eigenständigem Akkord der VII. (bzw. der erhöhten IV. oder in Moll der II.) Stufe ergeben: Z.B. kann in op. 5, Var. 2, T. 11/12 und Var. 5, T. 15/16

[1] Weber an Susan, 2. u. 4. April 1804

[2] vgl. o., S. 70; die Bemerkung bezieht sich also nicht etwa auf die Form der Variationen

[3] Schon das Auftreten dieser Fortschreitung in Diskant und Tenor von Variation 4, T. 15/15 ist weniger *merklich*; vgl. hierzu o., S. 151 bzw. *PT*, S. 65/66. Im *CS*, S. 101 heißt es dazu: *Ausser dem strengen Stil* [...] *erlaubt man sich diese Folge* [von verminderter und reiner Quinte] *zwischen dem Diskant und eine*[r] *Mittelstimme*.

[4] vgl. dazu Voglers Angaben in: *PT*, S. 68/69. Oktavparallelen, wie etwa in op. 6, Var. 5, T. 8/9, gelten nach Vogler offensichtlich nur als Akkordtonverdopplungen. Übersehen hat Weber eine direkte Oktavparallele in Variation 8 des op. 5, T. 10: *g-a*.

das *f* als Quinte problemlos aufwärts weiterschreiten. Beide Auflösungsmöglichkeiten dieses häufig eingeschobenen Akkordes werden frei nebeneinander gebraucht[5].

Dagegen sind kleine und verminderte Septen (bzw. Nonen im Sinne der Funktionstheorie) nun ausnahmslos stufenweise abwärts aufgelöst[6]. Dies gilt im übrigen sogar in den freistimmigen Begleitungen der linken Hand in Variation 1 und 8, wo die Dissonanzen nach dem auf dem Taktschwerpunkt angeschlagenen Grundton korrekt aufgelöst erscheinen[7].

Streng beachtet ist ferner der regelmäßige Wechsel kon- und dissonanter Akkorde und deren Verteilung innerhalb der metrischen Ordnung. Zwischen den Taktschwerpunkten finden sich neben einfachen stufenmäßigen Durchgängen (op. 5, Var. 2, T. 1) oder Wechseldominanten (Var. 2, T. 2, 2. Achtel) vor allem eingeschobene Zwischendominanten, d.h. in der Terminologie Voglers vorwiegend verminderte Akkorde der VII. Stufe ohne oder mit hinzugefügter Sept (Var. 2, T. 2, 4 u. 6, jeweils 4. Achtel), Dominantseptakkorde der V. Stufe (Var. 2, T. 3, 5 u. 7) und verminderte Septakkorde der erhöhten VII. Stufe in Moll (T. 5 u. 6). Fast immer schreitet dabei die Baßstimme von der unbetonten zur betonten Zeit stufenweise (vorwiegend halbtonweise nach oben) weiter, so daß in Verbindung mit der meist stufenweisen Bewegung der übrigen Stimmen der charakteristische, ruhig-fließende Eindruck dieses Variationstypus entsteht.

Im Grunde genommen zeigt sich in diesen Variationsformen eine Verwandtschaft zu Voglers Modulationsübungen, besonders zu seinen ***fliessenden Übergängen***. Vogler fordert dabei einen ***schleichenden*** Übergang in die neue Tonart, d.h. möglichst in Stufenbewegung und zum Teil nur mit einem einzigen vermittelnden Akkord. Überträgt man diese Übung auf den Variationssatz Webers, so kann man die Akkordfolgen auf den Taktschwerpunkten (etwa in T. 2ff. die Folge: B-F, F-C, C-F, F-d / d-B, B-d + d-F) als »Modulationsaufgaben« auffassen. Dann lassen sich z.B. Muster für Terzfortschreitungen der zirkelförmigen Übung in Voglers Tabelle Nr. 30 der ***Kuhrpfälzischen Tonschule*** entnehmen, Quart- und Quintschritte entsprechend nach Tabelle 28 und 29 (auch wenn dort, da es sich nur um jeweils eine der möglichen Formen handelt, zum Teil andere Akkorde gewählt sind)[8]. Gerade weil Vogler in seinem Unterricht großen Wert auf die Beherrschung dieser Modulationsmodelle legte, kann man davon ausgehen, daß die Schüler solche Akkordverbindungen soweit internalisierten, daß in der Praxis die Verbindung der Akkorde problemlos, quasi »automatisch« geschah.

Auffallend ist, daß Weber im Gegensatz zu früher in diesen Variationen alle Akkorde im harmonischen Zusammenhang »richtig« notiert. Während dabei direkte, logisch zwingende Fortschreitungen meist nur von Akkord zu Akkord entstehen, kommt es vereinzelt auch zu enger zusammenhängenden harmonischen Folgen, die

[5] vgl. op. 5, Var. 7, T. 2, 5 u. 6/7. Weber hat allerdings auch in den früheren Werken von beiden Möglichkeiten Gebrauch gemacht, was jedoch in Zusammenhang mit der durchgängig »unkontrollierten« Auflösung der Dissonanzen in jenen Werken gesehen werden muß, so daß Veränderungen nur bei gleichzeitigem Wandel auch der übrigen Dissonanz-Behandlung deutlich werden.

[6] vgl. op. 5, Var. 7, T. 3/4 und die nachfolgenden Beispiele

[7] vgl. op. 5, Var. 1, T. 4/5 u. 7/8 oder op. 6, Var. 1, T. 2/3 u. *Coda*; im Gegensatz dazu op. 2, Thema u. Var. 1, T. 11/12 sowie Var. 5, T. 2

[8] vgl. die entsprechenden Modulationsbeispiele in den ***Betrachtungen***, Bd. IV, S. 318-332 bzw. die aufgelösten Modulationszirkel w.o., S. 149/150

mehrere aufeinanderfolgende Akkorde umfassen[9]. Die Harmoniefolge scheint also in diesen Variationen mehr an jeweils zwei aufeinanderfolgende Melodietöne gekoppelt als einem übergeordneten, harmonisch zielgerichteten Plan zu folgen, der jedoch durch die Beziehungen zwischen den Akkorden auf den Taktschwerpunkten erkennbar bleibt.

Mit solchen Veränderungen spezifischer Details der harmonischen Sprache geht teilweise eine Veränderung des Satzbildes insgesamt einher. So zeigt sich etwa (mitbedingt durch die Gestalt des Themas) im op. 5 eine Tendenz dazu, die Außenstimmen stufenweise in Parallel- oder vor allem in Gegenbewegung zu führen und die übrigen Stimmen einzeln oder gemeinsam an die beiden bzw. eine der Außenstimmen zu koppeln, wobei zunehmend chromatische Fortschreitungen in die Unter- und Mittelstimmen eindringen[10].

Eines der auffallendsten Beispiele für zwischendominantisch »angereicherte« Akkordfolgen mit gegenläufiger, vorwiegend stufenweiser Stimmführung, findet sich in der zweiten der *Samori*-Variationen (op. 6, Var. 2, T. 16/17). In diesem eingeschobenen Überleitungstakt wird der chromatisch aufsteigenden Oberstimme eine stufenweise (vorwiegend chromatisch) absteigende Baßlinie entgegengesetzt; die Harmonisierung mit den eingeschalteten verminderten Septakkorden entspricht in ihrer Art und in der Einhaltung des Wechsels von Kon- und Dissonanzen etwa Voglers Modulationszirkel unter Zugrundelegung der chromatischen Leiter[11]. Dieser Überleitungstakt ist in Webers frühen Kompositionen ohne Vorbild, eine vergleichbare Überleitung findet sich aber bspw. in der 5. Variation des *Vermählungsliedes* in Voglers *Polymelos*, T. 26-27:

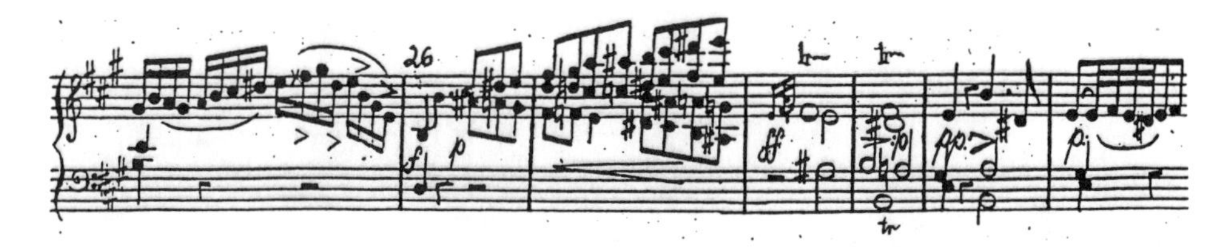

Auch dort sind die Außenstimmen in vorwiegend chromatischer Gegenbewegung geführt, der Satz ist mit Zwischendominanten durchsetzt, und die Stimmenzahl wächst; lediglich in der Verteilung der Kon- und Dissonanzen besteht ein Unterschied.

Webers Variation 2 im op. 6 ist im übrigen so angelegt, daß die in Vierteln weiterschreitenden Melodie- bzw. Baßtöne durch überwiegend in Sekundschritten, zum

[9] vgl. z.B. op. 5, Var. 2, T. 16/17: Ein *schleichender* Übergang von g-Moll mit Sept, über E^{V} und a-Moll-Sextakkord mit Sextvorhalt, der bei der Auflösung bereits Bestandteil eines nach d-Moll führenden A^{V} wird - die Stimmen bewegen sich fast ausschließlich stufenweise bzw. chromatisch. (Der erste Akkord in T. 17 kann auch als C-Dur mit Quartsextvorhalt interpretiert werden, die Notation legt jedoch nahe, den Melodieton a^2 als Grundton aufzufassen).

[10] vgl. etwa op. 5, Var. 2, T. 5/6 u. 17/18; Var. 5, T. 5; Var. 7, T. 2-4 oder op. 6, Var. 6, T. 7, 10/11 u.ö.

[11] vgl. *TT*, § 100 bzw. Zirkel Nr. 30, fig. 2. Auch das Überspringen der Auflösung eines Quartsextvorhaltes in dieser Akkordfolge bzw. die mit der Auflösung bereits verbundene Umdeutung des Akkordes (vgl. T. 16, 5./6. Achtel) entspricht dem Verfahren der Voglerschen Zirkelmodulation.

Teil auch chromatisch in Achteln durchlaufende Mittelstimmen verbunden werden[12], wobei, der 2. Variation des op. 5 vergleichbar, von unbetonter zu betonter Zeit meist aufwärts gerichtete Halb- bzw. Ganztonschritte entstehen und die Stimmen untereinander ebenfalls vorwiegend in Gegen- oder Parallelbewegung geführt sind.

Es ist Voglers stufenweise »fließende«, mit Zwischendominanten angereicherte Harmonik, die eine solche Satzweise ermöglicht bzw. fördert, und für die sich zahllose Beispiele auch außerhalb der erwähnten Variationszyklen Voglers nachweisen lassen. In unterschiedlichen Ausprägungen begegnet dieser Satztypus beispielsweise in der Oper *Samori*, in der C-Dur-Sinfonie oder in der d-Moll-Messe Voglers, also in Werken, die Weber während seines Wiener Unterrichts bei Vogler nachweislich kennen lernte. Auffallend ist in allen Beispielen die häufige Koppelung der Mittelstimmen an die gegeneinander geführten Außenstimmen. Die damit oft entstehenden gegenläufigen Terz-Sextketten entfalten nur im gemäßigteren Tempo ihre spezifische, harmonisch reichhaltige Wirkung, während in der Beschleunigung sozusagen der Eigenwert der Akkorde gegenüber dem Eindruck schlicht gegeneinander geführter »verdoppelter« Linien zurücktritt. Die Herkunft solcher Bildungen aus Voglers harmonischen Übungen, etwa aus der Lösung der Preisaufgabe, *wie und warum in sechszehn vierstimmigen Harmonien jeder Sänger, ohne Strich oben noch unte*[r] *den fünf Linien, eine gemächliche Tonleiter hinauf und herunter bekommen könne*[13], bleibt unverkennbar.

In der Ouvertüre zu *Samori* finden sich die unterschiedlichen Ausprägungen dieses Typus zum Teil nebeneinander. Das Satzbild des *Andante-con-moto*-Teils etwa (T. 106-114) sieht dem der Variation 2 bzw. 5 und 7 der *Castor-und-Pollux*-Variationen Webers zum Verwechseln ähnlich.

[12] Die hier z.T. verwendeten auftaktigen Viertonfloskeln (♫♪ | ♩), die bei häufigem Auftreten manchmal den Eindruck von Imitatorik (und damit Selbständigkeit der Stimmen) erwecken bzw. in direkter Aneinanderreihung eine durchlaufende Stimme suggerieren (vgl. T. 1-4), haben ihr Vorbild nicht nur, wie gezeigt, in der Arie des Naga (vgl. entsprechend Webers *Coda*, T. 4-8), sondern sie gehören, ähnlich wie die gegen- bzw. auseinanderstrebenden auftaktigen zweistimmigen Viertonfloskeln der Oberstimme in Variation 7 des Opus 5 (T. 2 u. 7), zu einer Art Formelvorrat Voglers. Besonders Einleitungs- oder Schlußfloskeln sind bei ihm oft mit dieser rhythmischen Formel und einer Folge sich erweiternder oder verengender Intervalle verbunden (vgl. z.B. *Samori*, KlavA, S. 38, letzte Zeile; S. 39, 1. Zeile; S. 54/55 u. 66).

[13] vgl. *Betrachtungen* I, S. 121. Die Lösung hat Vogler z.B. in seinem Werk *Die Scala oder personifizierte Stimmbildung und Singkunst* (einer Weber ebenfalls bekannten Komposition) angewendet; vgl. Partiturdruck: André, S. 7.

Wenige Takte später finden sich bei Vogler, im Satzbild vergleichbar, in Gegenbewegung geführte »ausharmonisierte« Terz-Sext-Ketten (T. 129/130), deren Einzelharmonien im *Allegro*-Tempo des Abschnittes aber kaum noch wahrgenommen werden können.

Wie bei den übrigen zahlreichen Terz- oder Sextketten dieser Ouvertüre überwiegt hier der Eindruck gegeneinander geführter, durch Parallelstimmen verstärkter Linien. Unmittelbar anschließend (T. 131-134) verlangsamt sich das Tempo zu Vierteln, die gegeneinander geführten Außenstimmen sind nun ganz im Sinne einer Voglerschen Übung zum Ausharmonisieren von Tonleitern behandelt, so daß wieder deutlicher die Einzelharmonien wahrgenommen werden. Das gleiche Prinzip wird gegen Ende der Ouvertüre in einer noch stärker die Harmoniefolge betonenden Form angewandt (T. 162-166):

durch Wiederholung der einzelnen Akkorde bzw. rhythmische Beschleunigung hin zum Harmoniewechsel auf dem nächsten Taktschwerpunkt wird in dem gesamten Abschnitt die Aufmerksamkeit mehr auf die harmonische Entwicklung als auf die Linienführung gelenkt[14].

Ähnliche Beispiele gegeneinandergeführter, ausharmonisierter Linien finden sich in allen vier Sätzen der C-Dur-Sinfonie, teilweise mit einfachen Durchgangsakkorden oder mit mehr oder minder komplizierten zwischendominantischen Harmonien, wobei wiederum je nach Tempo und zu Grunde liegenden Notenwerten der harmonische bzw. lineare Aspekt dominiert[15].

[14] Die Gegenbewegung der Außenstimmen setzt erst in T. 164 ein. Verwandte Beispiele meist bewußt gegeneinander geführter »ausharmonisierter« Außenstimmen mit Betonung der reichhaltigen, zwischendominantischen Harmonik finden sich auch in zahlreichen Gesangsnummern; vgl. z.B. Klavierauszug, S. 18, 1. u. letzte Zeile; S. 25, 3. System; S. 26, 2. System; S. 66, 1. System; S. 155, 2. System u.a.m.

[15] vgl. u.a. 1. Satz, T. 31ff.; 2. Satz, T. 15-19; 3. Satz, Nr. 3, T. 8-12; 4. Satz, 95-104, 237ff. u. 346 ff.

Im *Benedictus* der d-Moll-Messe Voglers, das Weber schon in Wien in einem eigenen Exemplar besaß, sind dieses stufenweise Gegeneinander der Außenstimmen und die taktweise wechselnde Parallelführung der teilweise chromatischen Mittelstimmen wesentliche, die Harmonievielfalt betonende Charakteristika (vgl. T. 22-32)[16].

In Voglers *Missa Pastoritia* finden sich neben zahllosen gegenläufigen Terz-Sext-Ketten noch stärker mit Chromatik durchsetzte Beispiele (vgl. *Dona nobis*, T. 67-73)[17]:

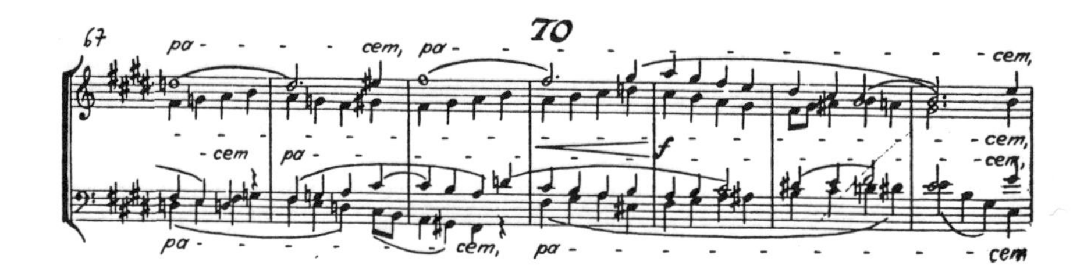

[16] Zu Webers Kenntnis der Messe vgl. o., S. 68; Wiedergabe nach dem Partiturdruck André. Ähnliche Passagen finden sich auch in Voglers *Missa de Quadragesima*, vgl. *Credo*, Partiturdruck André, S. 14.

[17] Wiedergabe nach der Neuedition v. Josef St. Winter, Karlsruhe: Süddeutscher Musikverlag Fritz Müller, o.J.; vgl. dort auch die wellenartig über mehrere Takte sich erstreckenden Terz-Sext-Ketten im *Credo*, T. 215ff.

Diese unterschiedlichen Formen der harmonisch ausgefüllten gegenläufigen Außenstimmen sind ein wichtiges Kennzeichen der Satzweise Voglers, zugleich aber auch ein wesentliches Element der Kompositionen Webers, das seinen Ausgang von den besprochenen frühen Variationssätzen nimmt.

Der Typus des harmonisch reichhaltigen, choralähnlichen Satzes, der sich keimhaft in den frühen Variationen Webers in Abhängigkeit von Voglers Vorbild zeigt, bleibt, wie schon erläutert[18], auch in späteren Variationswerken ein wiederkehrender Bestandteil, dringt darüber hinaus aber auch in modifizierter Form in andere Werke ein und wird zu einem der Kennzeichen von Webers Stil schlechthin. Zuweilen scheint diese Satzart sogar die Themenerfindung zu bestimmen. Das »2. Thema« im ersten Satz von Webers Klavierquartett B-Dur etwa könnte in dieser Form unmittelbar aus einem der besprochenen Variationssätze Webers (oder Voglers) übernommen sein (vgl. T. 56-63): gleichmäßig ruhige, weitgehend stufenweise Führung der Stimmen, teilweise in gegenläufigen Terzen oder Sexten, verbunden mit zwischendominantischen Akkorden und einer keineswegs zielgerichteten Harmoniefolge, kennzeichnen dieses Thema.

Vor allem die betont »gegenläufigen« Formen dieses Satztypus[19] verselbständigen sich bei Weber in schnelleren Tempi unter Vernachlässigung der Bedeutung der Einzelharmonien zu mehr oder minder virtuosen Terz- oder Sextketten, wie sie sich etwa in Voglers *Samori*-Ouvertüre zeigten. Während z.B. im *Andante* der 4. Klaviersonate das harmonische neben dem linearen Element noch durchaus spürbar bleibt (vgl. T. 86-89), wird im *Allegro feroce* des ersten Satzes der 3. Sonate ein ähnlicher Abschnitt vornehmlich in seiner Linearität wahrgenommen (vgl. T. 39-43: nur auf den Taktschwerpunkten sind die Harmoniewechsel akzentuiert).

Noch häufiger findet sich bei Weber die dritte Variante aus Voglers Ouvertüre in Form quasi ausharmonisierter Tonleitern, wobei im Klaviersatz der Baß in Oktaven gegen die akkordisch ausgefüllte rechte Hand gesetzt ist (vgl. Sonate Nr. 2, 1. Satz, T. 142-149; ab T. 146 dann Terz- und Sextketten)[20].

Alle drei, in der Wirkung durchaus sehr unterschiedlichen Formen können letzten Endes auf die Voglerschen Modulationsübungen zurückgeführt werden. Selbst in den Terz-Sext-Ketten deutet die Auswahl bzw. Verbindung stets harmonisch sinnvoller Folgen auf den Ursprung dieser Form in den harmonischen Übungen hin[21]. Was bei Weber in den Variationen op. 5 noch als sehr bewußt gewählte, die harmonische Reichhaltigkeit betonende Form erscheint, verselbständigt sich in der häufigen Verwendung, wird quasi zu einer satztechnischen »Figur«, die, in neuen Zusammenhängen eingesetzt, ihre eigentliche Wirkung verliert und fast zu einem rein technischen Mittel des Virtuosen werden kann. Die genannten unterschiedlichen Ausprägungen dieser Satzart sind ein fester Bestandteil in Webers späteren Klavierwerken. Sie können letzten Endes mit der »Denkart« in Verbindung gebracht werden, die Weber in Voglers harmonischer Schule vermittelt wurde.

Schon in diesen frühen, unter Vogler entstandenen Werken sind also in jenen Variationssätzen, die offensichtlich dem Muster Voglers nachgebildet sind, Züge

[18] vgl. o., S. 129ff.

[19] vgl. (in ruhigen Notenwerten) z.B. op. 7, Var. 6, T. 11, 13 u. 19

[20] vgl. auch Klavierquartett B-Dur, 4. Satz, T. 353-356; *Momento Capriccioso* JV 56, T. 39ff., 167ff. u.ö.; *Grande Polonaise* op. 21 JV 59, T. 50/51

[21] vgl. dazu die zahlreichen Bemerkungen Voglers zu Terz- und Sextketten, z.B. in der *PT*, S. 61-64

ausgeprägt, die sich in der Folgezeit noch verstärkten, die aber in der Literatur erstaunlicherweise zum Teil erst mit Webers späterer Entwicklung in Zusammenhang gebracht wurden: Die *reichere Harmonie*, die *chromatische Führung der Mittelstimmen* bzw. die Verwendung *einer gleitenden, stimmungssatten und im tiefsten Sinne des Wortes »farbigen« Chromatik*, von der etwa Max Herre erst im Zusammenhang mit Webers Kontakten zu Danzi spricht[22] - eine Beurteilung, die sich dann in der Weber-Literatur eingebürgert hat -, deuten sich als Charakteristika bereits in der Wiener Zeit als Folge des Unterrichts bei Vogler an.

Umarbeitungen eigener Werke nach dem Unterricht bei Vogler

Die Umarbeitungen von Kompositionen, die vor der Begegnung mit Vogler entstanden, geben, obwohl sie zum Teil erst einige Jahre nach dem Wiener Aufenthalt Webers vorgenommen wurden, im besonderen Maße Aufschluß über Veränderungen in der harmonischen Sprache des jungen Weber und können so die Nachwirkungen des Unterrichts bei Vogler belegen.

Die Viola-Variationen JV 49

Bei der Umarbeitung seiner Variationen über das in der Zeit sehr beliebte österreichische Volkslied *A Schüsserl und a Reinderl* im Jahre 1806[1] hat Weber, abgesehen von der Einfügung einer durchgehenden Bratschenstimme und einer Reihe von Instrumentations-Retuschen, in die zu Grunde liegende einfache Harmonik (mit schlichten Kadenzabläufen) lediglich in der 4. Variation merklich eingegriffen[2].

Das in dieser Variation in seiner ursprünglichen schlichten Gestalt in Terz- oder Sext-Doppelgriffen des Soloinstrumentes erklingende Thema ist in der Neufassung (*Adagio*) in rezitativartige Passagen aufgelöst[3] und nun im 5. Takt nach Moll gewendet. Die doppelte C-Dur-Kadenz der ersten acht Takte der älteren Fassung wird dabei in T. 5-8 ersetzt durch die Folge[4]: c-f[=As^{6}]-B^{7}-Es. Die Rückmodulation nach

[22] Herre, a.a.O., S. 171

[1] Den nachfolgenden Ausführungen liegt die Neuausgabe des Werkes von Ulrich Drüner, Zürich: Eulenburg, 1976 u. die Abschrift beider Fassungen von Jähns, Weberiana Cl. III, Bd. 1, Nr. 11 zu Grunde. Zur Verwendung des Themas vgl. auch Veit: *Jähns 88 - eine Komposition Franz Danzis*, in: *Beiträge zur Musikwissenschaft*, 26. Jg. (1984), S. 151-152. Zur Datierung der ursprünglichen Fassung vgl. o., S. 130, Anm. 7.

[2] Durch die neue Bratschenstimme werden die Begleitharmonien teilweise erst vervollständigt, vgl. z.B. Var. 1. Ersetzt sind außerdem die beiden Flöten der älteren Fassung durch zwei Oboen und eine Flöte.

[3] Doppelgriffe finden sich nur noch im 7.-9. und 16. Takt.

[4] Bei den nachfolgenden Kürzeln für die verwendeten Tonarten bezeichnen kleine Buchstaben Moll-, große Buchstaben Durakkorde; verkürzte Formen des Dominantseptakkordes oder alterierte Formen des Sept- bzw. verminderten Akkordes sind normalerweise in den Kürzeln nicht unterschieden.

C-Dur im zweiten Teil erfolgt durch einen eingeschobenen verminderten Septakkord (nach Vogler erhöhte VII. Stufe in c-Moll, aufgelöst jedoch nach C-Dur).

Zusammen mit der Dehnung des Dominantseptakkordes mit einem alle Stimmen (mit Ausnahme der Hörner) beteiligenden Triller in der kurzen *Coda* (T. 28 der 6. Variation) und den nachträglich bei einigen Instrumentations-Retuschen eingefügten Septen sind damit alle Änderungen der Harmonik erfaßt, so daß hier lediglich im Ansatz das Bemühen um eine Auflockerung der monotonen Begleitharmonik zu erkennen ist.

Die Umarbeitung der Ouvertüre zu *Peter Schmoll*

Vermutlich in den ersten Monaten seines Stuttgarter Aufenthalts hat Weber die Ouvertüre seiner Oper *Peter Schmoll* umgearbeitet[5], dabei die Orchesterbesetzung um zwei Klarinetten, eine Baßposaune und eine dritte Pauke erweitert, zahlreiche Instrumentations-Retuschen vorgenommen und sogar an wenigen Stellen in den formalen Ablauf eingegriffen. Die vielfältigen, meist durch die Instrumentation bedingten Änderungen in der Lage bzw. der Zusammensetzung von Akkorden[6] sollen erst in Zusammenhang mit Webers Instrumentationskunst genauer behandelt werden, während hier zunächst nur Eingriffe in die Harmonik selbst zu berücksichtigen sind.

Auffallendstes Kennzeichen der neuen Fassung ist die konsequente Beseitigung aller Kombinationen eines Baßtons bzw. Orgelpunktes mit »dissonanten« dominantischen Akkorden der Oberstimmen, d.h. der nach Vogler »falschen Orgelpunkte«. Die für Webers frühere Werke typische Form, bei der über einem durchgehaltenen Baßton zwischen identische Akkorde dominantische Klänge eingeschoben werden (A: T. 107-109: B-Dur mit Einschub von F^7 in T. 108) ist nun durch die Veränderung des Baßtones (N: T. 118)[7] oder in einigen Fällen auch durch Änderung der Harmoniefolge (A: T. 86-90: A^v - statt C^v - über *F*; N: T. 86ff. mit neuer Fortsetzung)[8] beseitigt. Auch bei weniger auffallenden Zwischenharmonien auf unbetonter Zeit[9]

[5] Die ursprüngliche Fassung der Ouvertüre ist in der alten Gesamtausgabe zugänglich, die Neufassung in der Ausgabe von Ernst Praetorius, London: Eulenburg, o.J.. Alle zweifelhaften Stellen in den nachfolgend besprochenen Umarbeitungen wurden an der teilweise autographen Partitur der Musikabteilung SPrK Berlin (Mus. ms. autogr. C. M. v. Weber Nachlaß Jähns I.1: Akt I stammt von der Hand des Vaters, Akt II ist von Carl Maria selbst geschrieben) überprüft. Bei den Taktangaben sind die beiden Ausgaben durch die Buchstaben A (Alt) und N (Neu) bezeichnet. Zur Datierung vgl. biographischer Teil, S. 39.

[6] Zur Veränderung der Lage vgl. z.B. T. 9/10 oder 45/46 in beiden Fassungen; Veränderung von Akkorden bedeutet vor allem Vervollständigung, vgl. z.B. Viola T. 13/14, 17/18 oder T. 23 in beiden Fassungen.

[7] Die Änderung des Baßtones in T. 56-58 hat andere Gründe: Im Kadenzvorgang über dem Orgelpunkt *es* war Weber offensichtlich die Subdominante nicht deutlich genug ausgeprägt, so daß er den Baßton zu *As* änderte.

[8] vgl. auch A: T. 162 mit N: T. 172

[9] vgl. A: T. 167: C mit E^v, N: T. 181, im Fagott II *H* eingeschoben

und selbst bei Vorhaltsbildungen in Schlußfloskeln[10] werden diese Zusammenklänge durch den Wechsel zum Dominantgrundton vermieden[11].

Obwohl dadurch eine Reihe von orgelpunktartigen Bildungen aufgehoben werden, ist Weber andererseits bemüht, zusätzlich »richtige« Orgelpunkte bzw. Pedalstimmen einzufügen. So ersetzt er z.B. in T. 13-18 die zwischen Dominante und Tonika wechselnde Baßstimme und weist den Hörnern den gemeinsamen Pedalton *f* zu[12].

Weiterhin sind zahlreiche, in der alten Fassung »falsch« notierte Spannungsakkorde dem tatsächlichen harmonischen Verlauf entsprechend korrigiert. In T. 30 hatte Weber den Baßton *B* als Pedalton mit einem darüberliegenden verminderten D-DurSeptakkord kombiniert, obwohl dieser auf das nachfolgende B-Dur bezogene Akkord richtiger als F^{v} zu notieren wäre. In der neuen Fassung ist sowohl der Baßton zu *A* verändert als auch die unnötige Umdeutung nach D-Dur (*ges* in *fis*) vermieden. In Takt 74ff. moduliert Weber nach c-Moll, wobei das ces^{2} der Violine zu b^{1} umgedeutet wird (T. 75). Während in der ursprünglichen Fassung zu diesem *b* ein *gis* der Violine II tritt, so daß ein E^{v} entsteht, notiert Weber in der Neufassung, der harmonischen Folge T. 77/78 entsprechend G^{v}, d.h. in der Mittelstimme *as*. In ähnlicher Weise wird der wenige Takte später (T. 85, 2. Hälfte) als A^{v} notierte Akkord in der Umarbeitung zum auf F-Dur bezogenen C^{v} (vgl. N: T. 85) oder die Folge Ges-A^{v}-F^{6}_{4} in T. 120/121 durch die harmonisch richtigere Folge Ges-C^{v}-F^{6}_{4} ersetzt (vgl. N: T. 131/132, entsprechend T. 137/138). Solche Korrekturen, die den Wandel in Webers Verständnis harmonischer Vorgängen belegen, finden sich in der Ouvertüre noch in einer Reihe von weiteren Takten[13].

An die bei Vogler beliebte Harmonisierung gegenläufiger Außenstimmen erinnert eine Veränderung, die Weber mit den bestätigenden *Tutti*-Takten 66-68 vornimmt: Der einfache Wechsel von Tonika- und Dominantakkorden wird durch harmoniereichere, in den Unterstimmen chromatisch absteigende Takte ersetzt, die die Wirkung der nachfolgenden Zäsur verstärken, denn erstmals wird hier der im übrigen monotone Akkordwechsel der *Tutti*-Passagen unterbrochen.

Umgestaltet ist ferner auch das Hauptthema selbst, wobei es Weber offensichtlich vor allem darum ging, die monotone Wiederholung gleicher Töne auf den Taktschwerpunkten (T. 35-44: 3x es^{2}, 3x f^{2}, 3x b^{2}) und die damit gekoppelten Harmoniewechsel zu vermeiden: In der neuen Fassung erklingen auf den Taktschwerpunkten zum Teil Oktave, Quint oder Terz der Begleitharmonien; die Linie wird zusätzlich durch Nonesprünge im 3. und 6. Takt aufgelockert, und in der Begleitung wechseln die Harmonien nun in unregelmäßigerem Abstand[14], so daß durch diese Veränderungen der Eindruck der Monotonie, der ohnehin durch die rhythmische Gestalt des Themas erhalten bleibt, wenigstens gemildert scheint.

[10] vgl. T. 12 in A: *f* mit C^{7} und N: Fagott II 1. Note *c*

[11] Bezeichnend für die neue Tendenz, funktionslose Härten zu vermeiden und harmonische Vielfalt anzustreben, ist auch die Änderung von T. 7: Der übermäßige Schritt *c-dis* im Baß wird beseitigt, die Durchgangsnote *b* mit einer Wechselnote *gis* kombiniert.

[12] Genutzt werden die Möglichkeiten zu »liegenden« Stimmen z.B. in der erwähnten Überleitung N: T. 96-101 oder in N: T. 152-156 (Trompeten), 159-166 (Hörner/Trompeten bzw. Flöten).

[13] vgl. A: T. 141 mit N: 151; A: 155/156 mit N: 165/166; A: 175-178 mit N: 190-193 (die enharmonische Umdeutung ist dabei bewußt notiert); A: 188/189 (fehlerhaft) mit N: 204/205

[14] Die Bratsche verdoppelt zunächst den Grundton des Es-Dur-Akkordes in T. 35/36, wechselt dann bei der Wiederholung des Melodietons b^{1} zur Terz *g*, der Schritt zum B^{7} wird durch eine Vorhaltsbildung in T. 40 um einen Takt vorgezogen (Violine: b^{1}, Baß dadurch als Quartvorhalt).

Im Hinblick auf eine ausgeglichenere harmonische Anlage dürfte auch die Neufassung des Überleitungsteils zum »2. Thema« entstanden sein. Die Anfangstonart wird in der älteren Fassung erst in T. 75 verlassen, und der anschließende kurze Modulationsabschnitt mit einem gegen die Regeln Voglers verstoßenden »falschen« Orgelpunkt in den Takten 86-90 (A^v bzw. C^v über *f*) sowie einer kurzen einstimmigen Überleitungsfigur in der Flöte (T. 90/91) schien Weber offensichtlich ungenügend: Die ursprünglichen 6 Takte 86-91 sind durch 16 Takte ersetzt. In einer *schwankenden Periode* wechselt jetzt über mehrere Takte F-Dur mit einem (den C^v vertretenden) Mollquartsextvorhalt (N: T. 86-95), dann schließt mit dem Pedalton *f* der Hörner ein auskomponiertes kurzes *Decrescendo* an (N: T. 96-101). Nach der zusätzlich durch eine Fermate verdeutlichten Zäsur beginnt dann der neue Gedanke in den Bläsern. Eigenartigerweise hat Weber das alte überleitende Triolenmotiv aus T. 86ff. dann zu Beginn der »Durchführung« in der neuen Fassung wieder aufgegriffen, so daß es dort wie ein vollkommen neues Motiv wirkt (vgl. A: T. 142-148, N: T. 152-158), während die ursprünglichen Takte 161ff. wiederum durch die neue Überleitung (vgl. N: T. 171ff.) ersetzt sind, da dort offensichtlich die Zäsur vor dem *Adagio*-Teil verstärkt werden sollte[15].

Erwähnenswert im Zusammenhang mit den Veränderungen in der Harmonik ist schließlich noch die neue Gegenstimme, die Weber in der Reprise des »zweiten« (aus der Arie des Karl, Nr. 8, stammenden) Themas im Fagott bzw. Cello einfügt. Diese eigenständige Mittelstimme (vgl. N: Fagott T. 231-238, Cello T. 239-246) komplettiert den Satz und entspricht zugleich einer Art von Themenvariierung durch Hinzufügen neuer Gegenstimmen, wie sie schon im op. 5 und 6 (Var. 7 bzw. 4) zu erkennen war und in Webers weiteren Werken häufig begegnet[16].

Das Duett *Dich an dies Herz zu drücken* JV 78

Umfangreiche Änderungen hat Weber im Oktober 1809 bei der Umarbeitung des Duetts Nr. 9 aus dem *Peter Schmoll* zur Einlage in Haydns bzw. Fridolin Webers Oper *Der Freybrief* vorgenommen[17]. Die äußere Gestalt ist dabei allerdings mit Ausnahme einer Kürzung der Einleitung unverändert geblieben, neu sind lediglich die Notation im 6/8 statt im 3/8 Takt und die Erweiterung des Orchesters um zwei Klarinetten. Erheblich verändert wurde der Satz durch Eingriffe in die Instrumen-

[15] Durch wiederholte Kadenzbildungen erweitert sind auch die Takte 268-286 der neuen Fassung, die die alten Takte 256-261 ersetzen und damit die Schlußkraft wesentlich verstärken.

[16] Wiederum findet sich hier im übrigen die typische Form viertöniger, in zwei bzw. drei Stimmen gegenläufiger Überleitungsfloskeln (♪♫ | ♩ vgl. T. 234/235 Flöte - Oboe + Fagott; T. 242/243 Klarinette/Fagott - Cello).

[17] Die ursprüngliche Gestalt des Duetts ist in der alten Gesamtausgabe (Reihe 2, Bd. 1), S. 63-66 veröffentlicht, die Umarbeitung als Einlage zur Oper *Der Freybrief* (JV 78) in einer handschriftlichen Partitur von Jähns in der Slg. Weberiana, Cl. IV A, 14 erhalten. (Die Taktangaben sind im folgenden nach der Partitur des *Peter Schmoll* in den 6/8-Takt übertragen, um den Vergleich zu erleichtern.) In seiner Ausgabe des Duetts im Klavierauszug bei Schlesinger (PN S. 2322) hat Jähns wiederum eine Reihe von Änderungen vorgenommen, so daß auch diese Ausgabe als für wissenschaftliche Zwecke unzuverlässig angesehen werden muß. Zu Webers Umarbeitung vgl. o., S. 45-46 sowie den dort genannten Aufsatz von Jähns.

tierung; so sind z.B. die Stimmen von zweiter Violine und Viola häufig ausgetauscht, und Bläser und Streicher sind deutlicher unterschieden[18].

Im Hinblick auf die Harmonik läßt sich wiederum feststellen, daß die »falschen« Orgelpunkt- oder Vorhaltsformen beseitigt[19], die »falsche« Notation von Spannungsakkorden korrigiert[20] und unvollständige Akkorde komplettiert wurden[21]. Spürbar ist ferner Webers Bemühen, unbetonte Durchgangsnoten »auszuharmonisieren« oder statt bloßer Tonwiederholungen stufenweise bzw. die Haupttöne verbindende Durchgänge einzufügen. Im Auftakt zu T. 13 entsteht z.B. durch die Alteration von *c* zu *cis* und *es* zu *e* sowie durch das hinzutretende *g* (der vorher fehlenden Akkordquinte) und *b* in den Klarinetten ein A^v als Zwischendominante; in T. 14/15 wird dann die Fagottstimme durch Einfügen der Sept *es* im Fagott I und durch den gleichzeitigen Oktavsprung der zweiten Stimme belebt und zugleich der Satz stimmführungsmäßig korrekter[22]. In der Baßstimme von T. 17/18 fügt Weber auf unbetontem Achtel die Durchgänge *d* bzw. *fis*, in T. 21 wiederum *d* ein, so daß aus der bloßen Akkordstütze eine melodische Linie und die harmonische Verbindung der Akkorde fließender wird (T. 18/19: D^v-g; T. 21/22: G-c). Mehrfach sind neue, melodisch eigenständige Mittelstimmen eingefügt, so in T. 32-39 eine neue Cellostimme und in T. 89ff. eine Kantilene der Bratsche.

Peter Schmoll, *Romanza* Nr. 3 als Nr. 5 im *Abu Hassan*

Die erste Strophe der *Romanza* der Minette (Nr. 3) aus *Peter Schmoll* hat Weber zu Beginn der Arie der Fatime *Wird Philomele trauern* (Nr. 5) wieder aufgegriffen und dabei Tonart, Taktvorzeichnung und Besetzung (mit Ausnahme der fehlenden Soloflöte) des verwendeten Abschnitts übernommen[23]. In den wenigen Takten lassen sich erneut die bereits festgestellten Tendenzen beobachten: In T. 2/3 hat Weber wiederum durch das Ändern der Baßstimme von *c* nach *G* einen »falschen« Orgelpunkt korrigiert (vgl. A: T. 3/4); in T. 19 verzichtet er auf den eingeschobenen Wechselquartsextakkord (A: T. 20: D^v-G^6_4), verwendet *g* nur als Durchgangston und

[18] zu Veränderungen in der Instrumentation vgl. w.u.

[19] vgl. T. 33/34: verkürzter F^7 über *B*; Neufassung: Baß zu *F* geändert; ebenso in T. 37/38, 105/106 u. 109/110. Nur in T. 130 bleibt die Überlagerung erhalten - allerdings bilden dabei *B* und *f* einen festen Rahmen und F^7 ist als Wechselakkord eingeschoben.

[20] vgl. T. 62-65: B-A^v-D^v-B statt B-C^v-F^v-B; in der neuen Fassung lautet die Folge B-A^v-D^v-g; in T. 83 notiert Weber $C^v_{5>}$ mit *cis* statt *des*, in der Umarbeitung ist der Akkord korrekt notiert (es folgt *F*); ebenso in T. 86/87.

[21] Die fehlende Terz in T. 7/8 fällt durch die Kürzung der Einleitung weg; in T. 46 wird die Quinte des Septakkordes ergänzt, in T. 115 die Sept zur fehlenden Quinte verändert und in T. 116 die Quinte ergänzt.

[22] In T. 14 ist der dissonante Charakter des ersten Akkordes ebenfalls gemildert, da dem es^1 der Violine II nun ein f^1 (als Oktave der zu Grunde liegenden Harmonie) vorausgeht.

[23] *Romanza* Nr. 3 vgl. alte Gesamtausgabe (Reihe 2, Bd. 1), S. 40-42; Umarbeitung als Nr. 5 im *Abu Hassan* vgl. Neuausgabe der Partitur v. Willy Werner Göttig, Offenbach: Dohany, 1925, S. 74-82. Herangezogen wurden ferner die beiden bei Jähns genannten Autographe; Nr. 1 aus Privatbesitz, Nr. 2 Darmstadt LHB, Mus. ms. 1164. Zu der eigenartigen zweiten Vertonung dieser Nummer, die der Partitur Nr. 1 beiliegt, vgl. w.u. - Die vorgeschriebenen Oboen sind erst im nachfolgenden *Allegro* verwendet.

vermeidet den doppelten Akzidentien-Wechsel (*es-e-es* bzw. *as-a-as*). Beseitigt hat er auch die Verdoppelung eingeschobener dissonanter Durchgangsnoten in verschiedenen Oktaven[24] und die gleichzeitig in unterschiedlichen Stimmen erklingenden Vorhalts- und Auflösungstöne[25].

Durch die Änderungen deutlicher geworden ist ferner die harmonische Disposition. In der Neufassung fügt Weber dem vorausgehenden G-Dur-Akkord (*pizzicato*) die Sept zu, um ihn als Dominante zu kennzeichnen; umgekehrt läßt er in T. 5 die in der alten Fassung im letzten Achtel (vgl. A: T. 6) ohnehin zurückgenommene Septe weg und führt dann die zweite Hälfte des achttaktigen Themas weiter zur Dominante (vgl. A: T. 9/10 mit N: T. 8/9). Der neu eingefügte Pedalton *g* der Hörner (N: T. 10-15) kündigt danach die Rückkehr zur Ausgangstonart an, und die Fermate in T. 19 hebt diesen Schritt zusätzlich hervor.

An einigen wenigen Stellen hat sich Weber auch hier darum bemüht, mit Durchgangstönen oder -akkorden Übergänge fließender zu gestalten[26]. Insgesamt gesehen ist der wiederverwendete Abschnitt in der neuen Fassung dünner und »beweglicher« instrumentiert, Akkordtonverdoppelungen sind weitgehend vermieden[27] und die Bläser nur gezielt eingesetzt (die Hörner gliedernd, die Fagotte als Zusatzfarbe zur Begleitung des Cellos), so daß das Stück an Klarheit und Leichtigkeit gewinnt.

Zum Finale des *Oberon*

Nachzutragen bleibt eine Übernahme aus dem *Peter Schmoll* aus Webers letzten Jahren: Die Takte 5-32 des Schlußchors im *Oberon* sind nach den Takten 195-214 im Finale des *Peter Schmoll* übernommen[28]. Den sechsstimmigen Vokalsatz des *Schmoll* hat Weber dabei auf vier Stimmen reduziert und das Stück von Es-Dur nach D–Dur transponiert sowie in T. 13-20 eine Wiederholung eingefügt, ansonsten aber den übernommenen Abschnitt in der Substanz unverändert belassen. Hinsichtlich der Harmonik ist lediglich bemerkenswert, daß Weber auf die dissonante Vorhaltsnote g^2 in T. 196 des *Schmoll* (Minette), die zu doppelten Sekundreibungen führt (*f-g*, *b-as*) und den Vorhaltsakkord B^7 in T. 198, der mit dem *es* im Baß kollidiert, verzichtet (vgl. N: T. 6 bzw. 8) und in T. 31/32 des *Oberon*-Chors richtig E^v statt, der Transposition von T. 213/214 entsprechend, Cis^v notiert. Ebenso hat er die Folge *B-ces-c* im Baß in T. 212/213 in der Transposition in T. 30/31 durch die chromatische Folge *a-ais-h* ersetzt. Geblieben ist allerdings die »falsche« Notation

24 vgl. A: T. 7: *gis* in Fagott u. Viola; in N: T. 6 fehlen die Bläser. Auch die Verdoppelung von Septen innerhalb verschiedener Oktaven wird in dem geringstimmigen Satz vermieden; vgl. A: T. 17/23: *f* in Fagott u. Viola; N: T. 16/22: Fagott fehlt; ebenso A: T. 13/21/25 u. N: T. 12/20/24

25 vgl. A: T. 12: Fagott-Vorhalt *c* mit Viola *b*, N: T. 11: erst mit der Auflösung des Vorhaltes fügt das Solocello die fehlende Terz des Akkordes ein; ebenso T. 16 bzw. 15

26 vgl. Singstimme A: T. 5/9 mit N: T. 4/8; Begleitung A: T. 9/19 mit N: T. 8/18

27 Unvollständige Akkorde wurden aber ergänzt, vgl. A: T. 4 mit N: T. 3. Da es sich um einen Phrasenschluß handelt, ergänzt die Bratsche die Quinte des Akkords. In N: T. 5 wechselt die Bratsche mit dem *g* des Cello zur Akkordterz, die hier in der alten Fassung T. 6 fehlt.

28 vgl. *Peter Schmoll*, Alte Gesamtausgabe (Reihe 2, Bd. 1), S. 144-147 und *Oberon*, Klavierauszug von Kogel, Leipzig: Peters, S. 129-131 bzw. Partiturdruck Berlin: Schlesinger, PN 6823, S. 222-227

von T. 29 - wahrscheinlich wollte Weber hier die chromatische Stimmführung verdeutlichen und notierte daher das *f* als *eis*.

In allen genannten Beispielen für die Umarbeitung früher Kompositionen offenbart sich Webers geschärfter Sinn für harmonische Vorgänge und damit verbunden auch für die harmonische Disposition kleinerer oder größerer Abschnitte. Fehler im Akkordaufbau, in der Akkordfolge oder in der Notation werden beseitigt, »falsche« Bildungen im Sinne Voglers (»falsche Orgelpunkte«) konsequent korrigiert, dagegen passende, den Ablauf gliedernde Orgelpunkte eingefügt, und durch Zwischentöne bzw. Durchgangsakkorde wird der Ablauf fließender gestaltet, vereinzelt auch durch neue, eigenständige Mittelstimmen der Satz verdichtet.

Da einige dieser Umarbeitungen in Webers Stuttgarter Zeit entstanden, könnte man in Anlehnung an die Äußerungen Herres versucht sein, diese Veränderungen mit dem Einfluß Danzis in Verbindung zu bringen. Erst die Analyse weiterer Werke, die noch vor Webers Stuttgarter Aufenthalt bzw. unmittelbar im Anschluß an den Unterricht bei Vogler entstanden, kann hier weiteren Aufschluß geben.

Zur Harmonik neugeschaffener Werke der Jahre 1804-1810

Während Weber in seinen Variationen op. 5 und 6 von einem vorgegebenen Modell ausgehen und dieses lediglich in unterschiedlicher Weise »ausführen« konnte, stellt sich bei den nachfolgenden »freien« Kompositionen auch die Frage nach der Organisation des »Materials« bzw. nach Veränderungen auf der »formalen« Ebene der Komposition. Daher seien der Analyse dieser Werke einige Anmerkungen zu Voglers Formvorstellungen (zunächst nur im Hinblick auf die harmonische Anlage eines Stückes) vorangestellt.

Zu den Kenntnissen, die Vogler seinen Schülern zu vermitteln suchte, gehörte neben dem Wissen über den Aufbau und die Fortschreitungsmöglichkeiten aller in seinem *System* erfaßten Akkorde vor allem die Fähigkeit, formbildende Tendenzen der Harmonik zu erkennen. Im Mittelpunkt der zahlreichen Zergliederungen in Voglers *Betrachtungen*, in seinen *belehrenden musikalischen Herausgaben*[1] oder in anderen Veröffentlichungen und offensichtlich auch seines Unterrichts stand immer wieder der Versuch, harmonische Strukturen aufzudecken oder harmonische Besonderheiten eines Werkes zu erkennen. Ausführliche Schemata des harmonischen Aufbaus der zergliederten Kompositionen in Voglers Veröffentlichungen bezeugen ebenso wie etwa Webers Bemerkung, er habe unter Voglers Anleitung die Werke verschiedenster Meister zergliedert, um sich *Bau, Ideenführung und Mittel-*

[1] In diesem Zusammenhang muß daran erinnert werden, daß Vogler bei der im Herbst 1806 in München projektierten lithographischen Anstalt (vgl. Anhang 2) seine Teilhabe in Form von regelmäßig zu liefernden Kompositionen samt Zergliederung plante. In dem Vertragsentwurf heißt es u.a., [...] *weil alle Vogler'sche Werke als raisonnirte theoretisch-praktische Herausgaben, was in der Musik noch nie der Fall war, ans Licht treten* (vgl. BSB München, Nachlaß Schafhäutl 4.3.1-1, Kontraktentwurf vom 1. Oktober 1806).

benutzung [...] ***klar zu machen***[2], die zentrale Rolle der harmonischen und formalen Analyse in Voglers Unterricht.

Das eigentliche der Musik ist die Harmonie, wie die Grundveste und Architektur eines Gebäudes [...] schreibt Vogler in den ***Betrachtungen***[3], und entsprechend erweist sich in seinen Zergliederungen die Harmonik als die zentrale formerzeugende Kategorie[4]. In Übereinstimmung mit anderen, meist dem Modell der Rhetorik verpflichteten theoretischen Äußerungen aus der zweiten Hälfte des 18. Jahrhunderts über die Anlage eines Stückes werden die Bausteine des musikalischen Satzes, d.h. in Voglers Terminologie ***Periode***, ***Saz*** oder ***Sinn***, im wesentlichen als harmonische Interpunktionsformen bestimmt. ***Die Schlußfälle bestimmen die Perioden***, heißt es im Artikel ***Ausführen*** der ***Encyclopädie***[5], und in den ***Betrachtungen*** schreibt Vogler entsprechend[6]:

> ***Der Aufsaz musikalischer Gedanken, oder Sinne heißt Composition. Ein musikalischer Sinn ist diejenige Fortschreitung, worin mehr als eine Harmonie, oder mehr als eine Lage derselbigen Harmonie vorkömt. Ein musikalischer Period muß schon mehr sagen, und eigentlich söndert man sie nur durch Schlußfälle, wozu 3 Harmonien erfordert werden, es sei denn, daß die erste Harmonie vom vorigen noch rückerinnerlich andaure.***

Die Notwendigkeit, musikalischen Sinn durch mindestens drei Harmonien - den Ausgangsakkord, den vermittelnden und den der Zieltonart - darzustellen, leitet Vogler von der ***Aristotelischen Schlußkunst, die zu jedem Sinne subjectum, copulam und praedicatum erfordert***[7] ab. Soll aus diesen musikalischen Einzelbausteinen ein größeres sinnvolles Ganzes zusammengesetzt werden, bedarf der Komponierende, wie ein Redner oder Architekt, eines Entwurfs[8]:

> ***Dies ist die Kenntniß von einem musikalischen Gebäude, daß man, wie ein groser Baumeister zu erst den Riß verfertige, dann die Grundveste, hernach die Mauern aufführe, eh man an die innere Auszierungen denkt.*** [...]
> ***Ehe man noch an Töne denkt, muß der Plan eines Stückes schon vollständig überdacht seyn.***

Dieser ***Plan*** eines Stückes besteht für Vogler immer in einer vor allem Komponieren notwendigen tonartlichen Disposition des Geplanten und der anschließenden Bestimmung der ***Schlußfälle*** bzw. ***Perioden***, d.h. im konkreten Ausfüllen des gewählten

[2] ***AS*** (KaiserS, S. 6); vgl. auch Gänsbachers Berichte über den Unterricht. o.S. 64ff. bzw. VeitM, S. 15-18

[3] Bd. II, S. 330

[4] vgl. zum folgenden: VeitM, Kapitel 6: ***Voglers Äußerungen zur Form*** bzw. die kurze Zusammenfassung in: Veit: ***Zum Formproblem in den Kopfsätzen der Sinfonien Carl Maria von Webers, Festschrift Arno Forchert***, hg. v. Gerhard Allroggen u. Detlef Altenburg, Kassel 1986, S. 187/188 (nachfolgend als ***VeitS***)

[5] Bd. II (1779), S. 409

[6] ***Betrachtungen*** II, S. 254/255

[7] a.a.O., Bd. I, S. 370

[8] ***KT*** II, S. 203 bzw. Artikel ***Ausführen***, in: ***Encyclopädie***, Bd. II, S. 409; vgl. damit Sulzers Begriff der ***Anlage*** bzw. Matthesons ***Dispositio***

Tonartenplans. Erst dann kann eigentlich die inhaltliche Ausfüllung, d.h. die *Ausführung* beginnen.[9]

Wichtigstes Kriterium bei der Bestimmung der harmonischen Großabschnitte eines Satzes ist für Vogler die *Tonseinheit*, d.h. der stete Bezug auf die Haupttonart[10]. Dieser Bezug wird gewahrt, wenn die *Ausweichungen* (= Modulationen, die mit einer vollständigen Kadenz befestigt werden) innerhalb eines Satzes nur in die im Rahmen der Haupttonart leitereigenen Tonarten erfolgen (mit Ausnahme der VII. Stufe in Dur bzw. der II. in Moll)[11]. Die *Ausweichungsmöglichkeiten* werden wiederum im Sinne des Voglerschen *Harmonie-Systems* nach ihrem Verwandtschaftsgrad zur Haupttonart gewichtet. Eine besondere Bedeutung kommt der Tonart der Quinte zu, da nach Voglers Schlußfall-Lehre die unterschiedliche Wirkung der aufsteigenden Quinte als Zunahme von Spannung und der absteigenden Quinte als Beruhigung oder Bekräftigung in der Disposition eines Satzes berücksichtigt werden muß, so daß mit der Folge I-V-I die Grundform jeglichen harmonischen Ablaufs festgelegt ist. Daneben finden mit abnehmendem Verwandtschaftsgrad die Stufen VI, IV, III und II Verwendung[12].

Ausgehend von diesen Ausweichungsmöglichkeiten (in die die nicht kadenzierenden Ausweichungen nicht einbezogen sind!) entwirft Vogler zwei Grunddispositionen eines Satzes, eine zweiteilige Form I-V|V-I sowie eine dreiteilige I-V-VI-I, läßt aber ausdrücklich auch andere Möglichkeiten gelten.[13]

Ist ein solches Grundschema festgelegt, können die *Schlußfälle* und damit die *Perioden* näher bestimmt werden. Beispielhaft beschreibt Vogler diesen Vorgang im Artikel *Ausführen*[14]:

> *Z. B. der erste Ton* [C] ***kann den Vortrag gleich wieder endigen. Dann darf ein Schlußfall in*** [den] ***fünften, noch bündiger in den fünften vom fünften Tone, vom G ins D folgen. Eine schwankende Bewegung vom fünften Tone D und dermalig ersten Tone G wird schicklich zur Unterhaltung gewählet werden, dann fällt der Beschluß vom fünften D in den ersten Ton G sehr natürlich. Der zweyte Theil kann das G ins weiche A leiten, wenn das G die Unterhaltungssibente bekömmt, und durch die Vorzeichnung eines Kreutzes, zum schlußfallmäßigen siebenten Tone vom weichen A wird. Auch ist das harte F sehr nah, und bedarf nur seinen fünften schlußfallmäßigen Ton C mit der Unterhaltungssiebente b. Dann heißt es, wie der erste Theil vom C ins G gieng: so wandert, vermittelst der leichtesten Versetzung, das Tonstück vom F ins C. Dies ist nun ein verständlicher Plan. Man darf nur die Hauptklänge hinschreiben,***

[9] vgl. Artikel *Ausführen*, a.a.O., S. 408

[10] vgl. *Betrachtungen* II, S. 180: *Das Wort Tonseinheit wird sich schwerlich in anderen Sprachen finden lassen. Wir verstehen hiedurch jene eigene Tugend, wenn sich im Tonstücke alles auf den Hauptton beziehet* [...] oder Artikel *Ausführen*, a.a.O., S. 408: *Der Hauptton ist derjenige Ton, auf den sich das ganze Stück beziehet* [...] *Wenn die Ausweichungen jetziger Zeit solche Ausschweifung der unrichtigen Tonsetzern sind, daß man darüber gar die Tonseinheit vergesse; so liegt es nicht am Tone, sondern an dem Mangel der Kenntniß eines musikalischen Redners, der irrig glaubet, eine Rede von einer halben Stunde und ein eben so langes widersinniges Geschwätz seye einerley.*

[11] vgl. Artikel *Ausweichen*, in: *Encyclopädie*, Bd. II, S. 573; dazu ausführlicher VeitM, S. 69, Anm. 73

[12] vgl. Voglers Tabelle im Artikel *Ausweichen*, a.a.O., S. 574

[13] Artikel *Ausführen*, a.a.O., S. 409

[14] a.a.O., S. 409

und diesen zufolge einen Baß schreiben, die Umwendungen beziefern, und hieraus ein[en] ***Gesang ziehen.***

Die ***Auswahl der Schlußfälle*** und damit der ***Perioden*** und deren Ordnung ergibt so eine jeweils dem einzelnen Werk eigene Form. Mit dem Freilegen der harmonischen Struktur eines Stückes in der Zergliederung wird also ein wesentliches Element der Komposition erfaßt. Zugleich erlaubt die Kenntnis der harmonischen Struktur und der Funktion der einzelnen Perioden eine bessere Beurteilung bzw. Bewertung der »Ordnung« eines Werkes.

Durch solche Analysen, die in Voglers Schriften und in seinem Unterricht wesentlicher Bestandteil waren[15], mußte bei den Schülern auch der Sinn für die Ordnung eigenen Komponierens geschärft werden. Mit dem Verständnis für die Funktion der einzelnen Bausteine und durch den Zwang, die Gesamtdisposition eines Stückes vor bzw. beim Komponieren zu bedenken, ließen sich die harmonischen Mittel plan- und wirkungsvoller einsetzen, und der Komponist lernte zugleich, Rechenschaft über die einzelnen Abschnitte abzulegen. Harmonische »Fehlplanungen«, wie etwa in Webers frühem Lied *Die Kerze*[16], müßten sich auf diese Weise vermeiden lassen.

Zu fragen ist also im Falle der Kompositionen aus Webers Breslauer und Carlsruher Zeit nicht nur nach den angewandten harmonischen Mitteln, sondern auch nach Veränderungen im Verhältnis von Harmonik und Form in diesen Kompositionen.

Die Lieder JV 41 und JV 42

Schon das unmittelbar im Anschluß an Webers Wiener Aufenthalt am 4. Juni 1804 in Salzburg komponierte Lied ***Wiedersehn*** JV 42 vermittelt den Eindruck einer planvolleren Anwendung harmonischer Mittel[17]. Weber hat dieses Lied in Anlehnung an den Text in sechs fast gleichlange Abschnitte aufgeteilt, den beiden Personen (der »Klagende« und seine Geliebte Marie) unterschiedliche Tonartbereiche (im wesentlichen As-Dur und C-Dur) zugeordnet und modulierende Übergänge textausdeutend eingesetzt (vgl. NB S. 198-199)

Der erste und dritte Abschnitt beginnen in der Haupttonart As-Dur und wenden sich zur Dominante (mit ausdrücklicher Bestätigung durch Kadenz in T. 9-11) bzw. Subdominante (T. 26ff.); der letzte Abschnitt führt über die Subdominante (T. 65) und Dominante (T. 67/69) zurück zur Haupttonart. In diesen Abschnitten spiegelt sich gewissermaßen das »äußere Geschehen« wider.

Mit der fiktiven Anrede der Geliebten wendet sich der zweite Abschnitt von c-Moll nach C-Dur. Marie selbst äußert sich im dritten Abschnitt in C-Dur (ebenfalls mit vollständiger Kadenz in T. 45-49), und mit dem Entschwinden der Erscheinung

[15] So heißt es z.B. in den ***Betrachtungen*** I, S. 182: ***Die Haupteintheilung eines Stückes*** [d.h. die zergliedernde Analyse] ***muß immer die Perioden und Hauptklänge bemerken.*** Wie sehr Vogler mit diesen Analysen entsprechendes Denken seiner Schüler fördern wollte oder konnte, wird erst bei einer umfangreicheren Lektüre seiner Zergliederungen offenbar, da erst dann die fast penetrant wiederkehrenden Züge deutlich werden.

[16] vgl. o., S. 172

[17] Abdruck des Liedes S. 198-199 nach der Ausgabe Berlin: Schlesinger (als op. 30 Nr. 1)

Wiedersehn.
JV 41
Andante con moto.
Parlando e semplice
GESANG.
PIANO.
Jüngst sass ich am Gra-be der Trauten al-lein, es schwirr-ten die Sai-ten im Kla-ge-ton
drein, in Thränen verstumm-ten die Lieder. Ma-ri-e! Ma-ri-e! auf e-wig da-hin, was ist oh-ne
con affetto
dich so ein Le-ben Ge-winn, wann seh ich dich ein-stens wohl wie-der? Ein lei-ses Ge-
pp legato
lis-pel stört' bald mei-ne Ruh; ver-klärt trat ein weib-li-cher Schatten her-zu, durch beb-te mit
Angst mei-ne Glieder. „Was fürchtest du Trauter? Kennst du mich nicht mehr? Lass ab von dem Kla-geton.
ritardando
crescendo
a tempo, con anima.
pp ritardando
cresc.

erweist sich dieses C-Dur als Dominante von F-Dur, wodurch dann die Rückkehr zur Haupttonart eingeleitet wird.

Verwendet sind also die Stufen I, III, IV, V und VI, d.h. tonleitereigene Stufen, sofern man die Varianten mitrechnet. Der Übergang zwischen den einzelnen, durch Fermaten oder Pausen getrennten Abschnitten erfolgt durch Terzschritte (T. 12/13: Es-c; 23/24: C-As) oder Veränderung des Schlußakkordes (T. 49/50: C-C^7; 61/62: F-f), so daß der Wechsel der inhaltlichen Sphären mit harmonischen »Schaltstellen« zusammenfällt.

Darüber hinaus hat Weber den eigentlichen Höhepunkt des Liedes sehr markant durch eine enharmonische Modulation, die durch Pausen, Fermate, Dynamik und Tempovorschrift zusätzlich hervorgehoben ist, ausgedeutet: Bei der Textzeile: *Was fürchtest du Trauter?* wird in T. 38 der Akkord zunächst noch rückbezogen als As^7 wahrgenommen, die Notation als $D^{v}_{5>}$ bezeichnet aber als enharmonische Umdeutung bereits die Weiterführung nach G-Dur[18]. Auf den Text *Kennst du mich nicht mehr?* wird dieser Schritt dann in der Folge D^7-G^7 wiederholt (T. 40/41) und durch die hinzugefügte Sept im zweiten Akkord nach C-Dur geleitet. Die beiden aufwärts aufgelösten Septen in T. 40/41 und 42 (*c-d* bzw. *f-g*) intensivieren dabei als (nach Voglers *System* legitimierte) Ausnahmen innerhalb sonst normaler Auflösungen zusätzlich die Spannung dieser Takte.

Die harmonische Disposition des Liedes unterstützt also wirkungsvoll die Ausdeutung des Textes, wie im übrigen die Harmonik auch zur Hervorhebung von Einzelheiten des Textes genutzt wird.[19]

Ebenso deutlich ist die Gliederung des Liedes *Ich sah sie hingesunken* JV 41, das Jähns nach dem verschollenen Autograph auf den 5. Mai 1804 in Wien datierte, obwohl er eine frühere Entstehung für möglich hielt[20]. Die drei etwa gleichlangen Abschnitte des Liedes sind harmonisch auf die I. und VI. Stufe bezogen (T. 1-8 B-Dur, 9-18 g-Moll, 23-31 B-Dur), wiederum ist die Rückmodulation hervorgehoben und entspricht dem Typus der *schleichenden Übergänge* Voglers. In einem rezitativartigen Einschub T. 19-22 wird dabei in dem auf g-Moll bezogenen doppeldominantischen A^v *cis* zu *c* erniedrigt, und der so entstandene C-Dur-Septakkord löst sich nach F-Dur auf, das als Dominante (T. 22) zurück in die Ausgangstonart B-Dur leitet. Die hervorgehobene Rückmodulation bezeichnet gleichzeitig die inhaltliche Wende in dem zunächst scheinbar ernsthaften Text[21].

Das Quintett B-Dur aus dem *Rübezahl*-Fragment

Das klare Disponieren der Form und das von inhaltlichen Gesichtspunkten bestimmte Hervorheben harmonischer Angelpunkte, welches sich im Kleinen in den Liedern zeigte, läßt sich nun auch in größeren Kompositionen beobachten, so z.B.

[18] Im Sinne der Voglerschen Harmonielehre wäre der übermäßige Sextakkord als erhöhte IV. Stufe in c-Moll zu interpretieren, die zur V. Stufe weitergeführt wird, so daß die spätere Auflösung des G-Dur Akkords nach C-Dur bereits vorweggenommen ist.

[19] vgl. die Verwendung von Mollvarianten bzw. der in Moll leitereigenen verminderten Septakkorde in Verbindung mit dem Wort *Klage* bzw. bei klagendem Tonfall (T. 5-7, 13, 16-22, 43 u. 66), oder die durch die orgelpunktähnlichen Takte 50-56 bewirkte Beruhigung (vgl. Tempovorschrift *Con tranquillità*; im Sinne Voglers ist der beiden Akkorden gemeinsame Ton als Baßton gewählt). - Die in Stufenbewegung verknüpften Spannungsakkorde in den Takten 40-43 oder 68-72 erinnern wiederum an entsprechende »Verkettungen« bei Vogler.

[20] vgl. JV 41, S. 56; Neudruck bei Leopold Hirschberg: *Reliquienschrein*, a.a.O., S. 18-19

[21] Über dem Orgelpunkt *F* in T. 27-29 werden erneut nur Akkorde verwendet, in denen der Baßton Akkordbestandteil ist. - Vgl. auch das Lied *Ich denke dein* JV 48 (November 1806), wo die Ebenen B, F, d, B klar getrennt und textgliedernd eingesetzt sind; im Übergang zum letzten Abschnitt findet sich dort die mediantische Folge D-B (T. 21), die die emphatische letzte Strophe einleitet.

in dem B-Dur-Quintett aus ***Rübezahl***, das sich als einzige umfangreiche Nummer der Oper erhalten hat[22].

Zwei große B-Dur-Teile (T. 14-104 u. 190-224) umrahmen in diesem Quintett einen Mittelteil in Ges-Dur (T. 128-165)[23]. Die Übergänge sind als modulierende Zwischenteile wiederum bewußt ausgestaltet, wobei erneut stufenweise oder chromatische Veränderungen als Modulationsmittel bevorzugt werden.

In mehreren Schritten erfolgt beispielsweise in den Takten 104-128 der Übergang von B-Dur nach Ges-Dur: Der B-Dur-Akkord wird in T. 110 durch chromatische Weiterführung der Terz und Quinte (nur die verdoppelte Terz springt ins *g*) zum A^v, die Auflösung nach d-Moll (T. 111) erweist sich in der nachfolgenden F-Dur-Kadenz (T. 112-115) aber als trugschlüssig (T. 113)[24]. Auch im folgenden Abschnitt alternieren d-Moll und F-Dur (T. 116-121 bzw. 122-125), bevor dann durch stufenweise Veränderungen der Übergang nach Ges-Dur erfolgt (T. 126-128: es-$F^v_{5>}$-B^v [mit Vorhalt ges]-Des^7-Ges), das durch Kadenzen befestigt wird und offensichtlich als ungewöhnliche, entfernte b-Tonart die Irrealität der Gemeinschaft der Prinzessin und ihrer drei Gefährtinnen charakterisiert[25].

Erfolgt hier ein allmählicher »fließender« Übergang in die neue Tonart, so wird am Ende des Ges-Dur-Abschnitts diese Tonart überraschender, aber ebenfalls textausdeutend wieder verlassen. Die Feststellung der drei Gefährtinnen: ***So trennt uns nur der Tod von dir*** (T. 168-173) ist mit einer neapolitanischen Wendung Des-C verbunden; C-Dur wird dann als Doppeldominante über F-Dur nach B-Dur zurückführt. Die »Trennung« ist in T. 170 zusätzlich durch den Oktavvorschlag in der Melodiestimme hervorgehoben; die Wiederholung der harmonischen Wendung[26] verstärkt die Wirkung dieser Stelle. Die aus dem bisherigen Verlauf der Nummer bekannte Überleitungsfigur der Flöte in T. 176ff. (vgl. T. 1ff.) charakterisiert F-Dur bereits in T. 176 als Dominante, die gleiche Figur wird dann im Cello (T. 183) und

[22] vgl. alte Gesamtausgabe (Reihe 2, Bd. 2), S. 8-24. Zeichen einer klareren Disposition und bewußteren Gestaltung harmonischer Übergänge lassen sich auch in den Fragmenten des Rezitativs und der Arie des Kurt (a.a.O., S. 5-7) erkennen (vgl. z.B. die stufenweise Veränderung der ursprünglich nach G-Dur zielenden Takte bei den Worten ***Blei in den Füßen***. In T. 63 u. 65 findet sich erstmals wieder ein Beispiel für »falsche« Orgelpunktbildung). In dem kurzen ***Geisterchor*** (a.a.O., S. 2-4) bemüht sich Weber trotz Beachtung der ***Tonseinheit*** um harmonische Varianten. In den Zeilenschlüssen wird neben der I., V. und VI. Stufe auch die Mediante H-Dur, jedoch »unselbständig« als Dominante der Tonikaparallele, verwendet (T. 20 bzw. 28). Mediantisch schließt sich ein rückleitender G-Dur-Septakkord an (T. 21/29). Stufenweise chromatische Schritte sind in der Harmonisierung bevorzugt, und bei Tonwiederholungen werden teilweise Durchgänge eingefügt, die sich zu harmonisch sinnvollen Spannungsakkorden ergänzen (vgl. T. 3, 5/6, 11 u. 19), so daß der Eindruck einer fließenden »chromatischen« Harmonik entsteht. Innerhalb weniger Takte sind dabei Septakkorde unterschiedlichster Zusammensetzung verwendet, die stets den Regeln Voglers gemäß aufgelöst werden (einzige Ausnahme in T. 6: im Quartsextvorhalt springt die Sext in die Terz des folgenden Akkordes ab und die Quart wird nach oben in die Quinte weitergeführt).

[23] Die mediantische Tonart widerspricht zwar im strengen Sinne der ***Tonseinheit***, in textgebundenen Werken kann aber offensichtlich zur Textausdeutung ein Überschreiten der engen Grenzen notwendig werden, wie es sich auch in Voglers Opern zeigt.

[24] vgl. Text-Unterlegung, s. folgende Anmerkung

[25] vgl. T. 109ff., Rübezahl: ***Die süße Täuschung macht sie trunken, und ein Phantom umschließt ihr Arm.***

[26] Harmonisch »korrekt« wird die Folge durch das eingeschobene ***b*** im letzten Achtel des Des-Dur-Akkords in T. 169, wodurch dieser eigentlich zum $G^v_{5>}$ wird; entsprechend tritt C-Dur in T. 170 zunächst mit Quartsextvorhalt *f-as* auf.

schließlich im Fagott (T. 185) aufgegriffen, und nach einer deutlichen Zäsur schließt sich der B-Dur-Teil an, der als eine Art moralische Sentenz das Quintett abschließt.

Scheint so bereits die harmonische Disposition der Form im Großen deutlich textinterpretierend gewählt, zeigt sich auch in den Binnenteilen des Quintetts eine logisch aufgebaute und zugleich textgliedernde und -interpretierende harmonische Anlage.

Zu Beginn des Quintetts etwa wird die Haupttonart erst mit dem Erscheinen der drei »herbeigezauberten« Gefährtinnen der Prinzessin in T. 14 erreicht[27]. Die Bestätigung der neuen Tonart durch eine vollständige Kadenz wird dann bis zum endgültigen Wiedererkennen aufgespart: die beiden ersten melodischen Phrasen enden halbschlüssig (T. 19/23)[28], ein erster deutlicher, durch die übermäßige Quinte als Vorhalt der Tonikaterz zudem betonter Schlußfall V-I findet sich in T. 27, und erst mit dem wirklichen Erkennen (*Ihr seid es selbst*) setzen ausführlichere, wiederholte Bestätigungsformeln ein (T. 32-43). Anschließend leitet der vom Anfang her bekannte dominantische Überleitungsteil zur Subdominante, die nach dem *Tutti*-Einsatz in T. 47ff. zunächst als neue Tonika empfunden wird (vgl. Kadenzformel T. 49-53); die Rückkehr nach bzw. die Bestätigung von B-Dur wird durch den eingeschobenen verminderten C-Dur-Septakkord mehrfach verzögert (vgl. T. 55/57 u. 66/68). Umso ausführlicher fällt dann aber die Tonartbestätigung im *Tutti* aus[29], so daß dieser Abschnitt in seiner harmonischen Entwicklung die im Text ausgedrückte, sich steigernde Wiedersehensfreude unterstreicht.

Satztechnisch fallen wiederum die zahlreichen eingeschobenen zwischendominantischen Akkorde auf, ferner die häufig stufenweise oder chromatisch in Gegenbewegung geführten Außenstimmen (z.T. mit entsprechenden Mittelstimmen kombiniert)[30], außerdem mehrfach unmittelbar aufeinanderfolgende Dur- und Mollvarianten im Durchgang[31] und schließlich die aparte Wirkung der mediantischen Folge in der *Coda* des Quintetts[32].

In der harmonischen Disposition (aber auch in der Verwendung motivischer Bausteine[33]) zeigt sich also in dieser Nummer deutlich ein »konstruierendes« Denken. Obwohl das Stück in seiner Zusammensetzung oft noch sehr kurzatmig und zu »gedacht« wirkt, unterstützt die bewußte Ordnung nachdrücklich die Interpretation des Textes.

[27] Zunächst muß F-Dur als Tonika empfunden werden, erst der Orgelpunkt der Hörner und die Verwendung der Sept in T. 10 künden die neue Tonart an.

[28] Zwar findet sich ein vollständiger Kadenzablauf mit $S\text{-}D^6_4\text{-}D^5_3\text{-}T$ z.B. in T. 18-21, die Abschnittsbildung im harmonischen und melodischen Ablauf widersprechen sich aber noch, während in T. 32-43 melodische und harmonische Abschnitte korrespondieren.

[29] vgl. ausführliche Kadenzformeln unter Einbezug der Tonikaparallele T. 86-89, 100-102 u. 102-104; die Wendung zur Parallele erinnert an T. 17

[30] z.B. T. 16-18, 36-43, 61-64 (hier hat Weber den letzten Akkord in T. 63 als A^v statt nach dem harmonischen Zusammenhang als C^v notiert), 72-75 u.ö.

[31] z.B. T. 40 u. 199 (Es-es) u. T. 200 (B-b)

[32] In durch Pausen getrennten Blöcken folgen B-D und A^v-F (T. 212-221), wodurch die Textstelle *Freundschaft und Liebe* in besonderer Weise hervorgehoben wird.

[33] So wird das Einleitungsmotiv (T. 1/2) in Überleitungsteilen (T. 43ff., 76ff., 104ff., 176ff.) oder in anderen Zusammenhängen mehrfach wieder aufgegriffen (z.B. T. 32/33 im Fagott als illustrierende Begleitfigur; T. 78ff. als Grundierung des *Tutti*; T. 222/223 als Reminiszenz).

Harmonische Ordnung in größeren Instrumentalwerken: die beiden Sinfonien und das Klavierquartett

Daß auch die beiden Kopfsätze der in Schloß Carlsruhe/Schlesien entstandenen Sinfonien Webers eine klare, auf bewußter harmonischer Ordnung beruhende Disposition aufweisen, hat der Verfasser an anderer Stelle in einem Beitrag über die Formprobleme dieser Werke dargestellt[34]. Bezieht man die übrigen Sätze und das wohl noch zum größten Teil in Carlsruhe entstandene B-Dur-Klavierquartett[35] mit in die Betrachtung ein, erscheinen in Zusammenhang mit den bisherigen Beobachtungen bzw. mit der Frage nach dem möglichen Einfluß Voglers folgende Punkte beachtenswert[36]:

1. Voglers Vorstellung von Form als Ergebnis eines individuellen Auswahl- und Ordnungsprozesses scheint in diesen Werken berücksichtigt (sofern die geringe Zahl der Beispiele als aussagekräftig gelten kann). Sowohl in der Tonartenwahl der Mittelsätze[37] als auch in der Wahl der Anfangstonart des zweiten Teils in den Einzelsätzen zeigt sich ein Bemühen um Mannigfaltigkeit[38]. Ebenso ist etwa der »Zwischenraum« zwischen Tonika- und Dominantthema in den Expositionen der Ecksätze trotz des meist kurzen eigentlichen Modulationsvorganges sehr unterschiedlich gestaltet, und es zeigen sich deutliche Differenzen im Umfang und im Verhältnis von Tonikabestätigung und modulierenden Teilen[39].
2. Die Tonartebenen in den einzelnen Sätzen sind stets deutlich, meist mit Generalpausen, gegeneinander abgesetzt. Teilweise wird die Zäsurwirkung vor dem Eintritt einer neuen Tonartenebene durch zusätzliche Mittel verstärkt: Fermaten, Orgel-

[34] vgl. VeitS, S. 193ff.

[35] Franz Anton erwähnt in seinem Brief an Kühnel vom 7. Februar 1807 ein *Quartett a Cembalo. Violino. Viola e Violoncello* seines Sohnes. Im Autograph findet sich nach dem 2. Satz die Bemerkung: *Vollendet den 15t 8br 1806 in Carlsruhe in Schlesien*, der 4. Satz ist auf den 25. September 1809 in Ludwigsburg datiert. Unklar bleibt also, ob der 3. Satz noch in Carlsruhe entstand; Franz Antons Angebot an Kühnel läßt darauf schließen, daß dieser Satz möglicherweise ursprünglich Schlußsatz war.

[36] Nachfolgend bedeuten die Abkürzungen A: 1. Sinfonie; B: 2. Sinfonie, C: B-Dur-Klavierquartett. Zu Grunde gelegt wurden die Editionen der Sinfonien bei Eulenburg (A: Fritz Oeser; B: Hans-Hubert Schönzeler) und die Edition des Klavierquartetts bei Peters (Nr. 2177). In Zweifelsfällen wurden die Autographe beider Sinfonien mit herangezogen, da sich die Editionen als unzuverlässig erwiesen. Hinsichtlich des formalen Aufbaus ist z.B. darauf hinzuweisen, daß der 1. Satz der 1. Sinfonie vor T. 25 und 119 Doppelstriche mit Wiederholungszeichen aufweist, also klar eine Einleitung von der eigentlichen Exposition abgetrennt ist, wie dies auch André im Druck (PN 3162) übernommen hat.

[37] 2. Satz: A: t bzw. B, C: S; *Menuett / Trio*: A: T/T, B: t/T, C: Tp/T

[38] VI. Stufe in B, 4. Satz, T. 100ff. u. C, 1. Satz; III. Stufe in B, 1. Satz, C, 2. u. 4. Satz; III. Stufe der Moll-Tonika in A, 1. Satz; V. Stufe in der Mollvariante in A, 4. Satz

[39] A, 1. Satz: schon nach wenigen Expositionstakten (nach Autograph und Stimmendruck beginnt die Exposition in T. 25, vgl. Anm. 36) in T. 37-59 stark modulierend; der Eintritt der V. Stufe wird durch den Einschub T. 60-69 erneut verzögert; 4. Satz: die Ausgangstonart wird sehr lange beibehalten, erst durch den Einschub der Doppeldominante in einer Sequenzkette (T. 55) vollzieht sich dann sehr knapp der Übergang zur V. Stufe, wobei die Zäsur vor allem durch Pausen und die überleitende Figur der Soloflöte erreicht wird (T. 66-72). Ähnlich kurz vgl. B, 1. Satz (Doppeldominante in T. 43). In C, 1. Satz ist die Dominantebene sehr früh erreicht (Doppeldominante in T. 25, Kadenz T. 35) und muß sozusagen nochmals zurückgenommen werden, bis sie in T. 56 erneut erreicht wird. Im 4. Satz kündigt ebenfalls die Doppeldominante in T. 50 eine relativ kurze Modulation an.

punkte oder orgelpunktähnliche Bildungen, agogische und rhythmische *Ritardandi* finden sich gehäuft an diesen Nahtstellen des Satzes[40].

Fermaten oder Generalpausen werden auch als Mittel zur Verdeutlichung der harmonischen Binnen-Struktur des Satzes eingesetzt und sind geradezu ein Stilcharakteristikum dieser Werke[41]. Wo solche Pausen oder Fermaten als Gliederungsmittel fehlen, treten andere musikalische Mittel zur Unterstützung der Gliederung mit ein (Wechsel von Lage, Instrumentation, Bewegung, Satzart, Dynamik, Phrasierung o.ä.). Beliebt ist bei formalen Einschnitten auch die Überbrückung von Generalpausen durch die melodische Linie eines solistischen Instrumentes (meist Bläser)[42]. Eine solche deutliche Gliederung der Phrasen findet sich in ähnlicher Form etwa in Voglers Sinfonien[43].

3. Auffallend ist die häufige Verwendung mediantischer Tonarten als Modulationsziel oder innerhalb von Ausweichungen in den Mittelteilen der Einzelsätze. Dabei scheint Weber die entfernten b–Tonarten zu bevorzugen. Ließ sich im *Rübezahl*-Quintett der Ges-Dur-Mittelteil noch textinterpretierend rechtfertigen, so finden sich in den Instrumentalwerken autonom musikalisch zu verstehende »mediantische« Abschnitte des entfernteren Bereichs der b–Tonarten[44], oder auch Durvarianten der Paralleltonarten[45].

Gerne stellt Weber auch innerhalb einzelner Abschnitte mediantisch aufeinander bezogene Akkorde nebeneinander und hebt die Wirkung solcher Folgen durch eingeschobene Generalpausen oder durch das betont reihende Nebeneinander identischer Teile hervor. Wie am Ende des Quintetts aus *Rübezahl* die Textzeile *Freundschaft und Liebe* durch die von B-Dur nach D-Dur und vom dominantischen A nach F wechselnden Akkordblöcke in aparter Weise »interpretiert« wird[46], stellt Weber auch in seinen Instrumentalwerken oft nah oder entfernt terzverwandte Tonarten in dieser Weise einander gegenüber[47].

4. Gezielt eingesetzt an den Nahtstellen des Satzes sind ferner die Möglichkeiten enharmonischer Umdeutung und die *schleichenden Übergänge* Voglers. So leitet z.B. der als Umdeutung eines Es^7 eingeschobene $A^{v}_{5>}$ im 1. Satz der 1. Sinfonie (T. 54) das Ende des Überleitungsteils in T. 59 ein. Zu Beginn der Durchführung

[40] vgl. etwa den Übergang zur Dominantebene in A, 1. Satz, T. 59 (Gp. + Fermate), B, 1. Satz, T. 50 (Gp. + Fermate + Orgelpunkt T. 47-50); C, 1. Satz, T. 55 (Orgelpunkt ab T. 51 u. Überleitungsfigur des Klaviers *ritardando*), 4. Satz: Orgelpunkt u. Zäsur vor der Fermate in T. 67 durch Auffächerung des C-Dur-Klangs

[41] vgl. u.a. A, 1. Satz, T. 4, 59, 65, 69, 118, 122, 128, 134 usw.; 2. Satz, T. 8, 56; 3. Satz, T. 14, *Trio*, T. 8, 16, 24; 4. Satz, T. 197, 200

[42] A, 4. Satz, T. 66-72: Soloflöte; B, 4. Satz, T. 98-101: Solohorn; vgl. auch Quintett B-Dur aus *Rübezahl*, T. 185-189: Solofagott

[43] vgl. dazu VeitM, S. 107ff. Die Tendenz zur Hervorhebung der Gliederung im musikalischen Satz ist auch in anderen Mannheimer Sinfonien stark ausgeprägt.

[44] Ges-Dur in: C, *Trio* (B-Dur), T. 25-32; Des-Dur oder -Moll: B, 2. Satz (F-Dur), T. 35-39, C, 1. Satz (B-Dur), T. 129-144; 145ff. mit Modulation; es-Moll: A, 1. Satz (C-Dur), T. 129-134

[45] vgl. A, 1. Satz (C-Dur), T. 147-157: E-Dur; 4. Satz (C-Dur), T. 148-163: A-Dur

[46] vgl. o., S. 202, Anm. 32

[47] vgl. A, 3. Satz, T. 43/46: H-G$^{(7)}$, durch Trillerfigur verbunden; *Trio*, T. 24/25: E-C unmittelbar benachbart, durch Fermate hervorgehoben; B, 4. Satz: mehrfach E-C nebeneinander, durch Generalpause u. Fermate getrennt, vgl. T. 23/24, 37/38, 161/162; T. 129/130: E-G (als Dominante zu C); vgl. auch *Geisterchor* im *Rübezahl*, T. 20/21 u. 28/29 oder *Wiedersehn* JV 42, T. 23/24. Terzverwandte Folgen an Nahtstellen des Satzes vgl. A, 1. Satz, T. 59/60: D-h, T. 65/66: Fis-A^7; 2. Satz, T. 56/57: g-Es; C: 2. Satz, T. 33/34 B-g bzw. 60/61: g-Es

bewirkt die Umdeutung bzw. Weiterführung des G^v (T. 119-122) nach B^7 (T. 123) eine vorübergehende Ausweichung nach es-Moll, das ebenso überraschend durch enharmonische Umdeutung in T. 135 wieder verlassen wird.

Im 2. Satz der 2. Sinfonie scheint nach der F-Dur-Zäsur in T. 31 zunächst b-Moll zu folgen, die allmählich ergänzten und stufenweise weiterschreitenden Akkordtöne zielen dann aber auf Des-Dur (T. 35). Im 4. Satz wird an einem formalen Einschnitt durch Erniedrigung des Tones *gis* ein E^7 in einen G^7 weitergeführt, das Intervall *g-d* aber erst in den nachfolgenden Takten ausgefüllt, so daß der Modulationsvorgang erst allmählich bewußt wird (T. 130ff.).

Besonders der häufig verwendete verminderte Septakkord (vor allem in der tiefalterierten Form als übermäßiger Sextakkord) ist als Mittel zur Zäsur- oder Abschnittsbildung eingesetzt[48].

5. Neben der Verwendung der Spannungsakkorde zur Gliederung des musikalischen Ablaufs finden sich in allen Mittel- oder Durchführungsteilen oder in anderen überleitenden Partien der Sätze Folgen von kettenartig aneinandergereihten Spannungsakkorden (meist alternierend mit den Auflösungsakkorden), die durch das stetige Weiterschreiten zu neuen Harmonien (zum Teil in der blockhaften Versetzung unveränderter motivischer Gestalten) direkt an Voglersche »Zirkelübungen« erinnern.

So wird im Mittelteil des 1. Satzes der 2. Sinfonie ein zweitaktiges Motiv in nahezu identischer Gestalt und Instrumentation in unterschiedliche Tonarten versetzt (T. 122ff.)[49]:

h-Fis^7-h-D^v[$=F^7$]-b-B^7-$^{Es}_{5}$-G^7-c-G

Die kettenartige Fortschreitung endet in einem G^v (T. 146ff.) und führt nach einer Zäsur unmittelbar zur Reprise. In ähnlicher Weise wird im 2. Satz zur Haupttonart zurückgeleitet (T. 39ff.):

Des-C^v-f-$D^v_{5>}$-g^6_4-D^v-g^6[bzw. $^{Es}_{3}$]-G^v-B^7-D-G^v-C-F

In der Durchführung des 1. Satzes im B-Dur-Klavierquartett finden sich folgende kettenartigen Bildungen (T. 102ff.)[50]:

D^v-g-G^7-c-C^7-A^v-des- [Kadenz nach Des (T. 129)];

Rückleitung 141ff.: Des-Es^7-As^7-des-C^v-F^7-C^v-D^7-g-C^7-A^7-G^v-F^v-B

Dabei läßt sich des öfteren beobachten, daß bei der Auflösung eines dissonanten Akkordes in einen Vorhaltsquartsextakkord die Auflösung der Vorhaltstöne übersprungen wird, indem teilweise der Spannungsakkord nochmals wiederholt wird, so daß der Eindruck eines Wechsels zum Quartsextvorhalt entsteht, oder ein neuer Spannungsakkord folgt, wie dies in den chromatischen Zirkelmodulationen Voglers der Fall war[51].

[48] vgl. z.B. in der 2. Sinfonie, 1. Satz, T. 21/25, 57/58, 72/75, 146ff.; 2. Satz, T. 27-29; 4. Satz, T. 82/83; Klavierquartett, 1. Satz, T. 160-164, 250; 2. Satz T. 50-53; 3. Satz, T. 21, 23, 33; 4. Satz, T. 50. Die Notation der Spannungsakkorde entspricht hier vereinzelt nicht mehr dem harmonischen Zusammenhang.

[49] Wiedergabe der Akkorde im folgenden in vereinfachter Form, Baßtöne oder Alterationen sind nur ausnahmsweise angegeben.

[50] vgl. auch 2. Satz, T. 20ff.: B-G^v-C^7-D^v-F^7-B oder 4. Satz, T. 195ff. As-F^v-b^7-Es^v-Ces-E^v-A-D^v-G-C^v-F-G^v-Es-F^v-B

[51] vgl. A, 1. Satz, T. 77/78, 164-167, 194-198; C, 1. Satz, T. 235-238. Oft schließt Weber nach der Wiederholung die korrekt aufgelöste Form des Akkordes an; vgl. das bewußte, hinauszögernde Spiel mit dieser Form in A, 1. Satz, T. 17-24

6. Die gängige Auflösung des Quartsextvorhaltes in kadenzierenden Abschnitten verbindet sich in diesen Werken auffallend häufig mit der gleichen, etwa auch bei Mozart begegnenden melodisch-rhythmischen Umspielungsformel der Oberstimme[52] (ausgezierter Sprung von der Quart in die Sexte, danach Auflösung; rhythmisch: 𝅗𝅥∾ ♩. ♪). Ebenso manieristisch wirkt schon hier Webers häufiger ♬ -Vorschlag vor langen Abschlußnoten einer melodischen Linie [53], der allerdings vorzugsweise in vokal-instrumentalen Werken auftritt.
7. Ausgiebig genutzt ist die Möglichkeit zu Orgelpunktbildungen, sowohl zur Unterstützung formaler Einschnitte als auch in kürzeren Bildungen innerhalb des Satzverlaufs. Mit wenigen Ausnahmen folgt Weber dabei, den Korrekturen seiner Umarbeitungen entsprechend, der Anweisung Voglers, als Orgelpunkt- oder Pedalton nur einen Ton zu wählen, der den Begleitharmonien gemeinsamen ist[54]. Eigenartigerweise finden sich »falsche« Orgelpunktbildungen im Sinne Voglers gehäuft im Finale des Klavierquartetts, das die Datierung 25. September 1809 trägt, also zwei Jahre nach der Anstellung Webers in Stuttgarter entstand. Über dem Orgelpunkt *c* erklingt in der Überleitung zur Dominantebene zweimal ganztaktig ein G^v (T. 58/62), in der Reprise vier Takte lang über dem Baßton *f* ein C^v (T. 238ff.), und außerdem begegnen solche Formen als Vorhaltsbildungen auch im unbetonten Durchgang[55]. Durch die Entstehungszeit des Satzes und die darin wieder gehäuft und unvermittelt auftretenden »falschen« Formen liegt es hier nahe, einen Zusammenhang mit dem Einfluß Danzis auf Weber zu vermuten, zumal die übrigen Sätze solche Bildungen nicht aufweisen. Diese Frage soll am Ende dieses Kapitels erläutert werden.
8. In allen besprochenen, nach dem Wiener Aufenthalt entstandenen Kompositionen läßt sich eine stärkere Berücksichtigung der Funktion der Subdominante wahrnehmen. Im Lied JV 42 wird die Subdominante im dritten und vorletzten Teil und im *Rübezahl*-Quintett im ersten Teil (T. 47ff.) als Modulationsziel hervorgehoben; im Kopfsatz der 1. Sinfonie täuschen Subdominante und -parallele den Reprisenbeginn vor (T. 171 u. 187: C^7-F, T. 193: f), im Finale der 2. Sinfonie setzen einige Abschnitte betont in der Subdominanttonart an (T. 28, 42), und hier wie im Klavierquartett erscheinen auch die langsamen Sätze in dieser Tonart. Vielfach erhält die Subdominante durch vorgeschaltete Zwischendominanten besonderes Gewicht[56], und

[52] vgl. A, 1. Satz T. 101 Flöte, T. 106 Flöte u. Violine I; entsprechend T. 233 u. 238 (eine verkürzte Form im 2/4-Takt im 4. Satz, T. 122); B, 1. Satz, T. 71 Flöte, T. 204 Fagott; C, 1. Satz, T. 19 u. 97 Violine (Variante in T. 161), T. 167 Violine; 2. Satz, T. 25 u. 79 Violine; 4. Satz, T. 75 u. 91 Klavier; entsprechend T. 99 u. 115 Violine; *Coda*, T. 258. Vgl. dazu auch *Geisterchor* aus *Rübezahl*, T. 23 u. Quintett, T. 42 (Violine), T. 88 u. 101 Flöte, Violine; T. 133 Violine, T. 145 Rübezahl usw. Der vergleichbaren Figur im *Peter Schmoll*, Nr. 14, T. 76: Corno di B. oder Nr. 15, T. 3: Flöte fehlt die charakteristische Betonung und Verzierung des Schrittes 4-6.

[53] Meist tritt diese Verzierung vor einem V-I-Schritt auf; vgl. etwa *Rübezahl*-Quintett, T. 31 Singstimme, T. 189 Fagott; *Geisterchor*, T. 4; Lied JV 41, T. 22

[54] z.B. A: 1. Satz, T. 16-21 *c* als Septe bzw. Quarte; T. 33-41: *e* als Grundton bzw. Sept (None); B: 3. Satz *Trio* T. 17-24: *g* als Quinte bzw. Grundton; 4. Satz, T. 50-57: *c* als Grundton, Quinte u. Sept (in T. 53 ist nur im Durchgang das dissonierende *b* eingeschoben), T. 84-98: *e* Grundton u. Quinte; C: Menuett T. 18-22: *des* als Terz, verminderte oder kleine Septe

[55] vgl. T. 31 letztes Viertel; Vorhaltsbildungen in T. 24-28 (24/26: letztes Viertel; 27/28: *B* mit F^7) oder T. 139-157

[56] z.B. C: 1. Satz, T. 16/17 oder 94/95

in Modulationsvorgängen wird der durch die Sext ergänzte Akkord bevorzugt als Ausgangspunkt der Befestigung einer neuen Tonart benutzt[57].

Zwei Beobachtungen scheinen in Zusammenhang mit der Rolle der Subdominante erwähnenswert. Subdominantische Akkorde gehören neben dominantischen Formen zu jenen Akkorden die Weber vorzugsweise auf unbetonter Zeit durch Akzente hervorhebt. Während diese Art der Akzentuierung einzelner Akkorde schon in den frühesten Kompositionen festgestellt werden konnte, scheint diese spezifische Form der Subdominantbetonung mit den Neuerungen der Wiener Zeit zusammenzuhängen, da sie ausgehend von den hier besprochenen Werken häufiger begegnet[58]. Zum anderen tritt in einigen Fällen statt des erwarteten Dur-Subdominantquintsextakkordes überraschend die Mollvariante ein, ohne daß die nachfolgende Kadenz in eine Molltonart führt[59].

9. Zur endgültigen Befestigung neuer Tonarten verwendet Weber meist standardisierte Akkordfolgen, darunter vor allem die Folgen $S^{6}_{(5)}$-${}^{D}D^{7/v}$-D^{6}_{4}-D^{5}_{3}-^{7}-T; $S^{(6)}$-Sp-D^{6}_{4}-^{7}-T; (D^{7})-S-D-[...]-T oder auch (D)-Tp-S-Sp-D-[...]-T. Im Unterschied zu den Frühwerken findet sich häufiger die vollständige Form des Subdominantquintsextakkordes, der auch durch die Baßführung deutlicher als Subdominante gekennzeichnet wird. Zudem werden diese Kadenzformen häufiger benutzt und neue Tonartebenen nun fast ausnahmslos mit einer dieser Formeln bestätigt.

Vor einer abschließenden Einordnung dieser Beobachtungen auch in bezug auf die Kompositionen Voglers und Danzis, soll zunächst noch nach der weiteren Verfestigung dieser Merkmale in Webers Oper *Silvana* gefragt werden.

Einige charakteristische Züge der Harmonik in Webers *Silvana*

Die auffallende Rückkehr zu »falschen« Orgelpunktformen, die sich im Finale des B-Dur-Quartetts zeigt, wird durch die Analyse der von Danzi geförderten *Silvana* bestätigt. Doppeldominantische Vorhaltsbildungen über liegendem dominantischen Grundton finden sich nicht nur im unbetonten Durchgang[1], sondern im Wechsel mit Dominantakkorden auf ganze Takte gedehnt, besonders bei mehrtaktigen Orgelpunkten[2].

[57] vgl. C: 1. Satz, T. 125ff. (*a* müßte als *bes* notiert werden, damit der Akkord deutlicher als ges-Moll-Subdominantquintsextakkord zu erkennen wäre); 2. Satz, T. 27ff.; u.ö. Diese Form muß unterschieden werden von einer allmählichen Verfestigung einer neuen Tonart im Modulationsverlauf, etwa durch häufigen Wechsel von einfacher und doppelter Dominante.

[58] Meist ist die Betonung mit einem Melodiesprung aufwärts verbunden; vgl. A: 1. Satz T. 191, 193; C: 2. Satz, T. 11, 54, 58; *Rübezahl*-Quintett T. 209.

[59] vgl. A: 1. Satz, T. 193; deutlicher in B: 2. Satz, T. 19; C, 2. Satz, T. 27, 81 (vgl. auch T. 89)

[1] z.B. Nr. 4 (Frankfurter Fassung), T. 29, 47; Nr. 10 (Frankfurter Fassung), T. 97 oder Nr. 13, T. 15, 90 u. 92

[2] als ganztaktiger Vorhalt oder als Wechselakkord über Orgelpunkt vgl. Nr. 1, T. 173; Nr. 4 (Frankfurter Fassung), T. 138 (über *g*: G-D^{v}-G), Nr. 5, T. 108-110; Nr. 13, T. 73, 118, 122, 138; Nr. 15, T. 214, 218, 286

Außerhalb tonartbestätigender oder einfacher Kadenz-Abläufe, die selbstverständlich den breitesten Raum innerhalb der Einzelnummern einnehmen, bleibt die Vorliebe für zwischendominantische Einschübe, für die unterschiedlichen Formen des verminderten Septakkords, für chromatisch-enharmonische Modulationen und für eine trotz der meist von Akkord zu Akkord wechselnden Harmonik stufenweise oder chromatische Führung der Einzelstimmen, d.h. besonders für *schleichende Übergänge* und eine »fließende« Harmonik, deutlich ausgeprägt, wie sich dies bereits in den Breslauer und Carlsruher Werken Webers als Folge der Unterweisung im Voglerschen *Harmonie-System* zeigte.

Die in jenen Werken beobachteten kettenartig aneinandergereihten Einheiten von Spannungsakkord plus Auflösung zeigen sich in unterschiedlichster Form auch in vielen modulierenden Abschnitten der *Silvana*, wobei die Zahl der unmittelbar ohne eingeschobene Auflösung aneinandergereihten Dominantformen eher zunimmt und die Stimmen vornehmlich in Halb- und Ganztonschritten fortschreiten.

Der *schleichende* Charakter solcher Übergänge wird z.B. deutlich im *Largo*-Abschnitt der Nr. 4 (Frankfurter Fassung), wo nach der doppelten Es-Dur-Kadenz in T. 58 eine Akkordfolge einsetzt, in der jeweils einer oder mehrere Akkordtöne chromatisch weiterschreiten, so daß die (von Weber nicht immer »richtig« notierte) Folge: G^7-A^v-Fis^7-D^v-es-F^v-B entsteht[3]. Solche Formen allmählicher, schrittweiser Veränderungen der Akkordbestandteile sind in allen Modulationsteilen und vielfach an formalen Nahtstellen (dort zum Teil mit enharmonischen Umdeutungen verbunden) bevorzugt[4].

Bedingt durch die in solchen Folgen häufigen, abwärts gerichteten Quintschrittsequenzen kommt den entfernten b-Tonarten im harmonischen Ablauf besonderes Gewicht zu[5]. Andererseits wirken dieser Tendenz aber die vielen trugschlüssigen Wendungen oder enharmonische Umdeutungen entgegen[6].

Die in den vorhergehenden Werken spürbare deutlichere Berücksichtigung der Subdominante im harmonischen Ablauf zeigt sich in der *Silvana* sowohl innerhalb der Kadenzen[7] als auch in der großformalen Anlage[8]. Darüber hinaus behält der

[3] Alterationen u. Baßtöne nicht angegeben. Mit dieser Akkordfolge ist der Text verbunden: *Woher dies nahmenlose Sehnen? Was preßt die Brust, füllt dieses Aug mit Thränen, und treibt dich in den düstern Hayn?*

[4] vgl. ähnliche Formen solcher kettenartiger Bildungen (ohne Angabe von Alterationen), u.a. in Nr. 4 (Frankfurter Fassung), T. 68-78: B—D^7-g-C^9-f-f^7-B^9-Es^7-As-as-Es-B^7-Es (auswegloses Fragen Rudolphs); Nr. 9, T. 1-12: Es-D^v-G^v-c-F^v-B_4^{6}-^{7}-F-G^v-c (nachfolgender Text: *Wag es, mir zu widerstreben*); T. 87-103: C^7-f-A^v-F^v-b_4^6-F^v-Des-G^v-C_4^6-^{7}-G^v-C_4^6-^{7}-f-F^v-Des ([...] *und das Herz der Tochter bricht*); vgl. auch T. 122-135; Nr. 15, T. 219-225, 226-234 u. 293-300: c-Es^7-As-F^v-B-G^v-c-B^7-Es-C^v-f-F^v-B (*Auf! schleppet den Verräther, der sich in die Hände mir gab, ins Burgverließ hinab*); Nr. 15, Anhang E, T. 88-97; Nr. 15 T. 400-410; Nr. 17, T. 96-103: F^7-B-G^7-c-G^7-D^v-C^v-F-D^v-G-E^v-A-C^7-F (*Wer mir mein Liebstes raubt, muß als ein Opfer sterben*). Vgl. dazu auch die Kettenbildungen in der Einleitung zum *Ersten Ton*.

[5] vgl. etwa Nr. 15, Anhang E, T. 38: Ces-Dur oder das häufig auftretende Des-Dur

[6] vgl. die in Anm. 4 aufgeführten Modulationsketten

[7] Abgesehen davon, daß die Subdominante im Kadenzvorgang stets, z.T. mit eigener Zwischendominante, verwendet wird, erscheint sie in einigen Fällen durch Akzente, Dynamik oder durch rhythmische Bildungen hervorgehoben, vgl. etwa Nr. 2, T. 22, Nr. 4 (Frankfurter Fassung), T. 18 (neap. Wendung), T. 163/164, 216; Nr. 5, T. 93/94 (mit anschließender neap. Wendung), T. 120; Nr. 9, T. 19; Nr. 11, T. 21; am Satzanfang in Nr. 12, T. 1-7; vgl. auch T. 22, 28, 41.

Subdominantquintsextakkord in modulierenden Abschnitten seine Zäsurfunktion, indem er den Wendepunkt zu neuer kadenzierender Verfestigung einer Tonart markiert. Bisweilen unterbricht dieser Akkord sehr überraschend den modulierenden Ablauf, so in der genannten Nr. 4 (Frankfurter Fassung), T. 21-24, wo in T. 22 noch C–Dur als Tonika erwartet, jedoch durch den kadenzeinleitenden Subdominantquintsextakkord ersetzt wird[9]. Vereinzelt findet sich auch wieder die aus dem harmonischen Zusammenhang heraus willkürlich wirkende Erniedrigung der Terz des Subdominant(quintsext)akkordes[10].

Auf Grund der größeren Zahl von Kompositionen in der Stuttgarter Zeit tritt auch ein Merkmal deutlicher in Erscheinung, das sich in den gängigen Kadenzformen, aber auch in anderen Abschnitten der Kompositionen feststellen läßt: die stärkere Berücksichtigung der Paralleltonarten. Vor allem die Tonika- und Subdominantparallele (d.h. VI. und II. Stufe in Dur) werden fester Bestandteil in Kadenzformeln; sie sind zum Teil durch eingeschobene zwischendominantische Akkorde hervorgehoben, und vor allem die Tonikaparallele wird meist schon in den ersten Takten berücksichtigt[11]. In einigen wenigen Fällen ist die Paralleltonart am Satzanfang sogar so stark ausgeprägt, daß die Anfangstakte als harmonisch ambivalent empfunden werden und erst der Fortgang über die Tonart eines Stückes entscheidet[12].

Durch die Verwendung der Nebentonarten werden die Kadenzabläufe noch fließender, da sich in den oft verwendeten Formen (T-Tp-S^{6}_{5}-${}^{D}_{D}{}^{v}$-D^{6}_{4}-${}^{5}_{3}$-T; vgl. z.B. Nr. 2, T. 47-55) die Oberstimmen vornehmlich stufenweise bewegen und der Baß (besonders bei Einschub weiterer Zwischendominanten) z.T. chromatisch geführt wird.

Als Mittel zur Textinterpretation setzt Weber neben Spannungsakkorden bevorzugt Molltrübungen (bzw. Dur-Aufhellungen) ein, wobei nicht nur einzelne Akkorde, sondern oft ganze Abschnitte nach Moll versetzt werden[13]; Varianten werden dabei nicht nur von den Hauptfunktionen, sondern vereinzelt sogar von den Paralleltonarten gebildet[14], so daß, verstärkt durch die vielen trugschlüssigen Wendungen, eine Harmonik entsteht, in der Klein- und Großterzbeziehungen eine wichtige Rolle spielen.

Durch die Verwendung der Varianten, der Paralleltonarten und der jeweiligen Zwischendominanten lassen sich damit z.B. der Tonart C-Dur/c-Moll die terz-

[8] vgl. Nr. 11 in B-Dur, Abschnitt T. 76ff. bzw. 84-88 in Es; Nr. 15 in D-Dur, T. 62-67 in G (die identischen Teile T. 1-44 sind jeweils nur in eine andere Tonart versetzt, wobei sich ein kadenzierender Ablauf ergibt: T-Tp-S-D) u. Nr. 19 Finale in D-Dur: Chor und Tänze in der Folge: D-D-G-D

[9] vgl. auch Nr. 10 (Frankfurter Fassung), T. 72-78: in der Modulation von A nach F über C erweist sich das *B* der Baßstimme in T. 74/75 als Subdominantgrundton, in der Oberstimme wird der Sept-Vorhalt zur Sexte aufgelöst.

[10] vgl. Nr. 8, T. 236-238; Nr. 15, T. 359; Nr. 10 (Frankfurter Fassung), T. 49 u. 174 oder die neap. Wendung in Nr. 4 (Frankfurter Fassung), T. 18

[11] z.B. in Nr. 2, T. 5/6 (Tp); Nr. 6, T. 6 (Sp); Nr. 13, T. 6 (Tp); a.a.O., *Allegro*-Teil, T. 31 (Tp) u. 33 (Sp) oder in Nr. 5, T. 86-92 bzw. Nr. 15, Anhang C, T. 11-20

[12] vgl. etwa ***Introduction***: Beginn in d, anschließend unbestimmt zwischen F und C, bis sich schließlich F als Tonika erweist (T. 1-22) oder Nr. 9, T. 1-13, wo die Tonikaparallele c-Moll in den ersten Takten fast gleichberechtigt vertreten ist.

[13] Einzelne Wendungen oder wenige Takte nach Moll versetzt vgl. Nr. 4 (Frankfurter Fassung), T. 18 (T. 16 Dur-Aufhellung); Nr. 5, T. 95 (neap.), Nr. 9, T. 62/63; Nr. 11, T. 73; Nr. 14, T. 33-37. Ganze Abschnitte, gewöhnlich textinterpretierend nach Moll versetzt, vgl. Nr. 2, T. 9-14; Nr. 5, T. 68-78; Nr. 7, T. 22-28; Nr. 9, T. 76ff.

[14] vgl. Nr. 15, T. 44/45: T-TP (***Triumph!***), T. 364/365: T-TP (***Fort, greifet ihn / Nein*** [...])

verwandten Akkorde e (Tg bzw. Sp), a (Tp), As (tG), A (TP bzw. Dominante der Sp), E (Dominante der Tp) und Es (Dominante des tG) zuordnen. Diese Terzbeziehungen sind im harmonischen Ablauf auch ausgiebig genutzt, und Weber hat das betonte Nebeneinander terzverwandter oder mediantisch aufeinander bezogener Tonarten an formalen Einschnitten und/oder als Mittel der Textinterpretation (wie schon am Ende des *Rübezahl*-Quintetts) auch in kleineren Zusammenhängen häufig verwendet.

In Nr. 4 der älteren Frankfurter Fassung stehen mehrfach einzelne Abschnitte oder einzelne Takte in Terzabständen nebeneinander. So endet in T. 49 der *Allegro*-Teil in G, der folgende Abschnitt setzt in Es ein; durch den gemeinsamen Ton *g* vermittelt, erfolgt später die Rückkehr nach C über G^7 (T. 81: *Nicht hier, hier kann ich's nicht erstreben*); der Abschnitt wird dann weitergeführt nach E (T. 94 *der Paläste todter Pracht*) und schließlich über a (T. 100) wieder zurück nach C (T. 103). In T. 141/142 erfolgt eine Umdeutung $G^v = E^v$ (*Es treibt mich fort / Hier kann ich's nicht erstreben*) und es wird zunächst a-Moll, dann e-Moll angesteuert; in T. 156-158 findet sich die Folge H^7-C-D^7-e (*Es treibt mich fort*), in T. 160/161 folgen Septakkorde von A-Dur und C-Dur unmittelbar aufeinander (*Fort / Laßt der Trommete Ruf erschallen*), und die Auflösung des zweiten Septakkords erfolgt zunächst nach F (T. 163), dann zur Variante f (T. 167); schließlich wird über As nach Des moduliert (T. 173ff.: *Mich stürzen in die wilde Schlacht; und sollt ich in dem Kampfe fallen*), die Dominante von Des aber umgedeutet und nach C-Dur weitergeführt (T. 184-188, wieder wird mit einem S^6 die Bewegung plötzlich abgebrochen: *Ja fall ich in der Schlacht, so ist der Lauf mit Ruhm vollbracht*). Auf den unvollständigen C-Dur-Akkord folgen in T. 189/190 noch A-Dur und d-Moll, bevor in die C-Dur-Coda übergeleitet wird.

In dem C-Dur-Stück finden sich also neben Varianten und trugschlüssigen Bildungen verschiedene terzverwandte oder mediantische Formen (a, A, E, e, Es, As) nebeneinander, und meist ist die Terzbeziehung in der Aufeinanderfolge deutlich hervorgehoben[15].

Deutliche mediantische Schritte, z.T. durch Pausen getrennt und offensichtlich zur Hervorhebung des Textinhalts eingesetzt, begegnen in vielen Nummern der Oper. Im Quartett Nr. 11 etwa wird Mechthildes Ruf *Weh mir* mit der Folge B^7-G^7 verbunden (T. 100/101); in Nr. 13 illustriert die mediantische Folge A-F den Übergang von der Textzeile: *nichts soll uns trennen* zu Rudolphs Beteuerung: *Ich liebe dich* (T. 136/137) und in Nr. 17 wird Adelharts Entschluß: *Nein, ich trotze dem Geschick* (T. 23/24) durch die unerwartete Folge A-C ausgedrückt[16]. Auch in der Abfolge der Einzelnummern[17] oder in der Aufeinanderfolge der Binnenabschnitte kommt nah oder entfernt terzverwandten Beziehungen eine wichtige Rolle zu[18].

In diesem kurzen Versuch, einige charakteristische Züge der Harmonik von Webers *Silvana* zusammenzufassen, treten sicherlich die harmonischen Besonderheiten deutlicher hervor, als dies dem Gesamtablauf, der in weiten Teilen einer

[15] ähnlich in Nr. 10 (Frankfurter Fassung), T. 216-221: E/e-C-A^7-Fis^v

[16] vgl. auch Nr. 15, T. 174/175: D-B; Nr. 17, T. 27/28: C-A; T.115/116: F-Des; Nr. 18, T. 78/79: E-C

[17] vgl. Nr. 1-2: F-D; Nr. 5-9: B-G-E-C-Es; Nr. 11-13: B-D-F

[18] z.B. Nr. 8, T. 1: C, T. 41: a, T. 48: C, T. 151: Es, T. 172: C; ähnlich an Nahtstellen des formalen Ablaufs in Nr. 13, T. 114-117: C-a; Nr. 17, T. 29/30: d-B, T. 35/36: a-F; Finale, Tanz der Edelknaben, T. 8/9: G-H^7; T. 16/17: e-G

schlichteren Kadenz-Struktur verpflichtet bleibt, entspricht. Webers Harmonik in dieser Oper lebt gerade von dem Kontrast solcher »einfacher« mit harmonisch »hervorgehobenen« Partien, der für die Interpretation des Textes nutzbar gemacht wird. Dennoch gelten die grundsätzlichen Bemerkungen zu harmonischen Besonderheiten auch in anderen Werken, wo sie zum Teil infolge der konzentrierteren Sprache noch deutlicher zu spüren sind. So spielen etwa die Terzbeziehungen in der Verknüpfung der einzelnen Akkorde auch in der Einleitung zu Webers *Erstem Ton* eine große Rolle. Diese weitgehend auf der Verwendung verminderter Septakkorde beruhende Einleitung reiht ebenfalls kettenartige Folgen von dissonanten Akkorden (mit oder ohne Auflösung) aneinander, und in den achtelweise wechselnden, stufenweise (zum Teil in den Außenstimmen in Gegenbewegung) geführten Akkordketten mit ihren *schleichenden Übergängen* und enharmonischen Umdeutungen[19] zeigen sich Ähnlichkeiten zu den frühen, harmonisch »besonderen« Variationssätzen Webers, aber auch zu entsprechenden Sätzen Voglers.

Für einige der Charakteristika, die sich in der Harmonik der besprochenen Werke zeigen, konnte bereits ein Zusammenhang mit Voglers »Harmonie-Lehre« festgestellt werden. Es geht nun im folgenden darum, auch die Zusammenhänge mit Voglers praktischen Werken aufzuzeigen.

Ergänzende Bemerkungen zur Harmonik der Kompositionen Voglers, besonders zur Oper *Samori*

Im Rahmen der Analyse der Sinfonien Voglers konnte der Verfasser feststellen, daß die harmonische Palette in diesen Werken durch das Einbeziehen leitereigener Nebenstufen als Modulationsziel, durch die ohne Einschränkung möglichen Ausweichungen (d.h. nicht durch Kadenz befestigte »Modulationen«) sowie durch die häufige Verwendung der Mollvarianten bereichert wird, und daß die Rückkehr zur jeweiligen Ausgangstonart meist über Formen des verminderten Septakkords bzw. enharmonische Umdeutungen an entscheidenden Stellen im Satzverlauf in deutlich herausgehobener Form erfolgt[1]. Terzverwandte oder mediantische Verbindungen sind dabei nicht selten. So stehen z.B. in der C-Dur-Sinfonie Voglers in den ersten Takten zunächst viertaktige Abschnitte in C-Dur und d-Moll nebeneinander, T. 8 schließt dominantisch mit A-Dur und nach einer Fermate folgt im Großterzabstand F-Dur als Subdominante der Ausgangstonart[2] (vgl. NB S. 212).

Ähnliche Beziehungen spielen auch im weiteren Verlauf des ersten und im vierten Satz eine große Rolle. Gleichzeitig wird an diesem Beginn die Betonung der Subdominantregion deutlich, ein Merkmal, das auch Voglers Werke kennzeichnet.

[19] vgl. besonders T. 30-43 u. 48-65 im Klavierauszug Bonn: Simrock, PN 779

[1] vgl. VeitM, Zusammenfassung S. 181

[2] SchafhäutlV 164, Stimmendruck Offenbach: André, PN 3472

Im folgenden sollen nun am Beispiel der Oper *Samori*[3], die Weber durch die Anfertigung des Klavierauszugs bis ins Detail bekannt war, einige spezifische Merkmale der Harmonik Voglers im Vergleich zu den bei Weber herausgestellten Charakteristika aufgezeigt werden. (Ergänzend wurden zur Korrektur oder Bestätigung in Einzelfällen Voglers 6 Sonaten für Klavier und Violine aus den ***Betrachtungen*** herangezogen[4]).

Die bei Weber in Ansätzen beobachtete Betonung der subdominantischen Region findet sich bei Vogler sowohl im eigentlichen Kadenzverlauf als auch in der Disposition größerer Teile wieder. So stehen einige Binnenteile größerer Nummern in der Subdominanttonart[5], und diese erscheint im musikalischen Ablauf oft betont. Bei-

[3] Seiten- und Taktangaben im folgenden nach dem von Weber verfaßten, in Wien bei J. Mollo & Comp. gedruckten Klavierauszug. Da in dieser Ausgabe die Takte nicht durchgezählt sind, wurden die Takte im folgenden meist einfachheitshalber system- oder seitenweise neu gezählt. Auf die Wiedergabe längerer Passagen wurde verzichtet, da der Klavierauszug relativ gut zugänglich ist.

[4] vgl. *Betrachtungen* IV, S. 190-207 u. 222-237

[5] vgl. Nr. 13, Mittelteil S. 108, 3. System bis S. 110, 1. System; Betonung der Subdominantregion auch in Nr. 15, S. 129, 3. System, dann S. 130, 1. System: Sp; S. 131, 3.-8. Takt: S, entsprechend im

spielsweise wird in T. 4 des Rezitativs 3b (KlA, S. 25) mit der Fermate auf der Subdominante (Text: ***mit dem mein Herz dich Theure liebt***) der Kadenzvorgang bewußt gedehnt, und im weiteren Verlauf erscheint die Subdominante wiederholt mit eigener Zwischendominante (S. 26, 4.-10. Takt), so daß sie vorübergehend sogar als Ausweichungsziel empfunden wird. Selbst die Subdominante dieser neuen Tonart erscheint dann durch zwischendominantische Akkorde betont (Übergang S. 26/27), bis durch den Einschub des verminderten Septakkords im 5. Takt von S. 27 die Rückkehr zur Ausgangstonart angekündigt wird. Die dabei angewendete Form des $D^{v}_{5>}$ erfreut sich als Mittel zur harmonischen »Weichenstellung« sowohl bei Vogler als auch bei Weber größter Beliebtheit.

Eine wichtige Rolle spielt die Subdominante auch in der Differenzierung der Schlußkraft der Kadenzen[6]. So wird sie im Chor Nr. 3 (S. 23/24) zu einem deutlichen Indikator der zunehmenden Schlußkraft der einzelnen melodischen Phrasen. Während in den ersten drei Phrasen nur I. und V. Stufe verwendet werden, findet sich im vierten Abschnitt (***Liebe*** [...], ***die Tamburan fühlt***) eine erste vollständige, Sub- und Doppeldominante einbeziehende Kadenz, in den nachfolgenden verkürzten Abschnitten tritt dann die Subdominantparallele dazu, bis schließlich die Subdominante sowohl durch die zeitliche Dehnung als auch durch eine eigene Zwischendominante betont die abschließende Kadenz herbeiführt (S. 24). Andererseits wird zum Teil die Subdominante bewußt ausgenommen, um den harmonischen Fluß nicht zu unterbrechen. Im Duett Nr. 2 z.B. entspricht dem ***Anwachsen der Rede*** eine quintenweise steigende modulatorische Folge, die Erregung hält auch nach der Rückkehr zur Ausgangstonart durch ausschließliche Verwendung dominantischer Akkordformen an, bis dann mit der ganztaktigen Verwendung der Subdominante und der Subdominantparallele endgültig die Tonart befestigt wird (vgl. S. 19/20).

In solchen Folgen wird auch deutlich, daß die Subdominante als kadenzeinleitende Funktion in modulatorischen Abläufen eine entscheidende Rolle übernimmt[7]. Die oft überraschende Wendung zum Subdominant(quintsext)akkord oder die nachträgliche Interpretation eines Sextakkordes als subdominantischem ***Sixte-ajouté***-Akkord[8] erinnert an die bereits bei Weber bemerkten Verfahren der Unterbrechung des modulatorischen Ablaufs[9].

3. System; vgl. auch Sonate II, 2. Satz, 2. Teil, S. 200 u. Sonate V, 1. Satz, T. 85/6 (S. 228): Betonung der Subdominante in der Reprise

[6] vgl. dazu Voglers Bemerkung im Artikel *Ausdruck*, in: *Encyclopädie*, Bd. II, S. 385: *So wie der fünfte* [Ton] *die Leidenschaft und den Affect erhöhet, die Rede durch ihn wächst: so mäßiget der vierte Ton die Hitze; die Rede weicht zurück und malet den Schatten, der das Licht desto glänzender vorstellen muß.*

[7] vgl. Nr. 1, S. 10, 3. System; Nr. 4, S. 43, 1./2. System; Nr. 7, S. 60, 3. System; S. 62, 1. System; Nr. 10, S. 81, T. 1-4; Nr. 13, S. 109, 3. System u. besonders Nr. 15, S. 129-132

[8] Sextakkordumdeutung vgl. Nr. 1, S. 12, 5./6. Takt; Nr. 3, S. 29, 1./2. Takt; vgl. auch Sonate I, 1. Satz, T. 92/93 (S. 192); Umdeutung eines Sextakkords der Mollsubdominante mit zugefügter Sext in einen Sextakkord der Dursubdominante vgl. Sonate I, 2. Satz, S. 195, 5. System, 12.-14. Takt; Sonate IV, 1. Satz, S. 222, 3./4. System, ebenso S. 223, 3. System

[9] Auch bei Vogler erfolgt dabei teilweise eine unerwartete Auflösung eines dominantisch empfundenen Akkords direkt in die typisch subdominantische Form (mit zugefügter Sext); vgl. *Samori* Nr. 4, S. 38, 3. System, 2.-4. Takt: die G-Dur-Kadenz wird nach D umgedeutet; Ouvertüre, S. 5, 4. System, 4. Takt: statt Des tritt die subdominantische Form Des^{6} ein und leitet weiter nach As.

Berücksichtigt man die Voglersche Interpretation des ebenfalls an »Wendepunkten« oft eingesetzten übermäßigen Sextakkords als erhöhter IV. Stufe in Moll, so wird deutlich, daß den unterschiedlichen Formen der IV. Stufe in der »Weichenstellung« bzw. als tonartbefestigenden Akkorden eine wichtige Funktion zukommt[10]. Diese Hervorhebung der IV. Stufe kann durchaus als ein spezifisches Merkmal der Werke Voglers gelten.

Auch Webers Korrekturen »falscher« Orgelpunktbildungen erweisen sich nicht bloß als Folge des Verbots in Voglers theoretischen Werken, sondern ebenso als Spiegelung der praktischen Beispiele Voglers. Vogler verwendet im allgemeinen bei solchen Bildungen nur Akkorde, die den Baßton als Bestandteil enthalten[11]. Dadurch erscheint sehr oft der Dominantgrundton als Orgelpunkt[12], und die entstehenden Beziehungen entsprechen eher einer Überlagerung von Tonika und Subdominante als einer betont dominantischen Folge[13]. In einigen Fällen wird der Baßton in orgelpunktartigen Abschnitten offensichtlich kurzzeitig nur verlassen, um »falsche« Zusammenklänge zu vermeiden[14]. Nur sehr wenige Beispiele für »falsche« Überlagerungen finden sich auch bei Vogler in unbetonten Durchgängen oder in Schlußformeln[15].

Dagegen entspricht die Auflösung des Vorhaltsquartsextakkordes in der Praxis oft nicht den Forderungen der eigenen Theorie. Die Weiterführung der Sext in die Sept bei gleichzeitiger Auflösung der Quart in die Terz trifft man allerdings wesentlich häufiger an als eine parallele Weiterführung beider Töne nach oben. Obwohl die Behandlung des Akkordes in der Praxis damit der Webers im wesentlichen entspricht, handelt es sich dabei um so allgemein verbreitete Formen der Auflösung, daß daraus ebensowenig Rückschlüsse gezogen werden können wie aus dem auch bei Vogler des öfteren zu findenden »Überspringen« der Auflösung dieses Akkordes in Modulationsketten bzw. gewöhnlicher in der Form eines erneuten Wechsels zu einem dominantischen Akkord[16]. Dabei sei darauf hingewiesen, daß auch Voglers

[10] vgl. z.B. die enharmonische Umdeutung eines Septakkords in die erhöhte IV. Stufe mit anschließender Kadenz in Nr. 14, S. 113, 2. System, 6.-8. Takt

[11] Daß trotz unterschiedlicher Orgelpunktformen dieser Grundsatz beachtet wird, zeigt sich besonders deutlich in den häufigen Orgelpunkten der Sonate I, 1. Satz, S. 190-193.

[12] vgl. Ouvertüre T. 99-106; Nr. 4, S. 44, 4.-10. Takt; Nr. 5, S. 49/50 (Seitenwechsel); Nr. 10, S. 85, 17.-20. Takt; S. 86 *Andante*, 1.-6. Takt; S. 100/101; Nr. 14, S. 127 u.ö.

[13] Vor allem an Satz- oder Abschnittsanfängen findet sich auch die direkte Überlagerung von Tonika und Subdominante, wobei der Tonikagrundton Pedalton wird; vgl. etwa Sonate VI, 1. Satz, S. 232, T. 1-4; Sonate I, 1. Satz, S. 190, 4. System (die Dominanttonart ist hier eigentlich bereits erreicht, so daß sich in dem Abschnitt eher ein Verhältnis I-IV spiegelt); *Samori*-Ouvertüre, T. 85-87, u. 89-91.

[14] vgl. Sonate I, 1. Satz, S. 190, 2. System (Orgelpunkt *g* jeweils unterbrochen, wenn der Wechsel nach D-Dur erfolgt); Sonate VI, S. 234 (im 7. Takt *b* als Orgelpunkt für die Länge eines Taktes unterbrochen); Sonate V, 1. Satz, S. 227, 2. System (Orgelpunkt in T. 5/6 aufgegeben, obwohl die eigentliche Auflösung der Dominante erst mit dem Bewegungswechsel im letzten Takt des Systems markiert ist).

[15] Eines der auffallendsten Beispiele findet sich im Klavierauszug des *Hermann von Unna* (Leipzig: Breitkopf u. Härtel) in der *Pantomime*, S. 9, jeweils an den Abschnittsenden. Die Form der Überlagerung, wie sie sich in Voglers *Samori*, Nr. 10, S. 88, im 2.-5. Takt findet, kann im Sinne Voglers noch als II. Stufe mit Sept (bzw. als subdominantischer Akkord) interpretiert werden, da die große Sept *b* vermieden und bei deren Eintreten im 6. Takt der Orgelpunkt *c* aufgegeben wird.

[16] Solche Stellen in Webers Kompositionen stehen aber immerhin nicht im Widerspruch zu Voglers theoretischen und praktischen Werken; vgl. etwa in Voglers *Samori*-Ouvertüre die Takte 154-157 oder 162-164.

Notation nicht in allen Fällen dem eigentlichen harmonischen Vorgang entspricht, sondern vereinzelt der Führung der Einzelstimmen zu folgen scheint[17], obwohl Vogler im allgemeinen sehr konsequent notiert.

Dies gilt auch für die zahlreichen kettenartigen Sequenzen von Septakkorden (mit oder ohne eingeschalteter Auflösung). Diese Folgen von aneinandergereihten Spannungsakkorden spielen nicht nur in Voglers Theorie, sondern auch in der Praxis eine wichtige Rolle und sind als Mittel der Steigerung häufig textinterpretierend eingesetzt[18].

Der Textinterpretation dienen daneben die zahllosen takt- oder abschnittsweisen Wechsel des Tongeschlechtes und die oft deutlich nebeneinandergestellten terzverwandten oder mediantisch bezogenen Takte bzw. Abschnitte. Hierzu nur einige Beispiele:

Während in Nr. 1 (B-Dur) der Übergang zum mediantischen Des-Dur des kurzen Mittelteils über die Molltonika vermittelt wird (vgl. S. 10), erfolgt die Rückkehr in ähnlicher Form stufenweise, allerdings mit einigen überraschenden Wendungen: So erweist sich der As-Dur-Sextakkord im vorletzten Takt S. 12 als neapolitanische Subdominante des folgenden g-Moll, das dann direkt in die Reprise im terzverwandten B-Dur führt.

[17] In Nr. 7, S. 64 notiert Vogler z.B. über dem Orgelpunkt *f* einen Wechsel vom F^7 zu G^v, obwohl im harmonischen Zusammenhang B^v »richtiger« wäre. Wahrscheinlich sollte damit der wiederholte Wechsel *c-ces* in der Oberstimme vermieden werden.

[18] vgl. etwa (ohne Angabe von Alterationen oder unvollständige Akkordformen), Nr. 2, S. 17, 6.-13. Takt: h-Cis^7-D-Cis^7-Gis^v-Cis^7-Fis^v-H-Dis^v-gis-H-E^6-Cis^v-Fis-Dis^7-Gis-H-E-H^7-E (*gleich Schlangen will ich ihn vergiften* [...]); S. 17, letzter Takt u. S. 18 oben: Ais^7-Dis-Gis^v-Cis-Fis^v-H-Dis^v-gis-Cis^7-Fis-Gis^v-Cis--Fis^v-H-E-Cis^7-Fis^7-H-Gis^7-cis-Ais^7-Dis^v usw. (*dann trifft ihn schnell das Schwert der Rache, wenn die Gefahr entfernt ihm däucht*); vgl. auch Nr. 9, S. 76, 2. System; Nr. 10, S. 99-100!; Nr. 14, S. 116/117; Nr. 16, S. 133-134, S. 138 Mitte, S. 140; Nr. 18, S. 155 u.a.m.

In anderen Fällen stehen mediantisch bezogene Akkorde deutlich (z.T. wie bei Weber durch Pausen getrennt und damit hervorgehoben) nebeneinander. In Nr. 4 etwa folgen E-Dur und C-Dur unmittelbar aufeinander (S. 35/36: [...] *ich kehre zurüke als / Fremdling in mein Land*):

Erst nachträglich erweist sich dieser C-Dur-Klang als Bestandteil eines $\text{Fis}^{v}_{5>}$. In Nr. 8 folgt auf den ersten Abschnitt in E-Dur ein Einschub in C-Dur (S. 66)[19]. Terzschritte als Mittel der Textinterpretation begegnen z.B. auch in Nr. 16 (S. 133/134: F-Des: [...] *von böser Vorbedeutung seyn / Wie? Maha noch nicht hier?*) und Nr. 18 (S. 145: e-C mit Trompeteneinsatz: *Triumph!*; der Stimmungswechsel S. 145/146 ist mit dem Schritt C-Es verbunden).

Darüber hinaus werden auch andere ungewöhnliche harmonische Formen textinterpretierend eingesetzt. So findet sich in Nr. 7 bei der Textstelle *Aber mit Gewalt erzwingen* [...] (S. 61, letzte Zeile) ein eigentlich verbotener Schritt vom gerade bestätigten F-Dur nach es-Moll mit Parallelführung der Stimmen (gemildert, aber auch hervorgehoben durch die eingefügte Pause):

[19] An der Nahtstelle steht auf S. 66 ein Schritt von H nach C (*mein Blut erstarrt* bzw. *die Erde wanket unter mir* zu: *Verstelle dich und sey gelassen* bzw.: *der Hölle Qual und Pein*), der Schritt *h-c* erfolgt dabei zunächst unisono; bei der Rückkehr stehen C und E unmittelbar nebeneinander (S. 66 unten: *Was ist so plötzlich dir geschehen*). C-Dur wird nochmals am Ende der Nummer berührt, dabei aber durch die Mollvariante der Tonika E vermittelt (vgl. S. 69: *es engt die Brust mir, ich ersticke*). - Mediantische Beziehungen finden sich auch in der Aufeinanderfolge der Nummern; so z.B. zunächst nur angedeutet zwischen dem ersten und zweiten Teil im *Marsch* der Nr. 10 (vgl. S. 84: der erste Teil endet in E, der zweite beginnt mit *h-d* ohne Quinte und wird zu G–Dur ergänzt), dann auskomponiert im Übergang zum nachfolgenden *Andantino* (S. 84/85: A-F); auch das Rezitativ des Tamburan schließt mediantisch an (S. 85/86: F-D).

In Nr. 8 ist die Textstelle *du zitterst auch, dein Auge schweifet so wild so fürchterlich umher* (S. 67) mit unerwartet eingeschobenen zwischendominantischen Akkorden verbunden, wobei in der Folge Gis^{v}-Fis^{7} (ohne Grundton) die Sept *a* aufwärts nach *ais* fortschreitet. Wenige Takte später sind die mit der Aufwärtsauflösung der Sept verbundenen ungewöhnlichen Akkordfolgen erneut zur Interpretation des Textes eingesetzt: *jezt wo Gefahr des Todes dräuet, ists möglich dass dein Muth erschlafft / allmächtige Götter, ach verleihet dem Herzen zur Verstellung Kraft* (S. 68): *d* wird zu *dis* weitergeführt und *f* darf sich als verminderte Quinte nach Vogler ohnehin aufwärts auflösen:

Erwähnenswert erscheint in diesem Zusammenhang die unterschiedliche Notation der Solisten und der beiden Chöre in Nr. 10. Während die beiden Chöre den Text: *o weh, die Kähne sinken / die Erde zittert, des Himmels Feste kracht* wie anfangs mit der Vorzeichnung c-Moll deklamieren (vgl. KlA, S. 93ff. bzw. NB S. 218), ist gleichzeitig der deutliche, schlichte G-Dur-Satz der Solisten (*des Donners Wüthen stillet den Sturm in meiner Brust / und neue Hofnung füllet mein Herz mit sel'ger Lust*) mit Vorzeichnung eines Kreuzes notiert. Der mit der unterschiedlichen Stimmung der Agierenden verbundene Gegensatz drückt sich somit für den Partiturleser bereits im Notenbild aus.

Daß nicht nur im Gebrauch der harmonischen Mittel zur Interpretation des Textes, sondern auch in der Wahl der dabei verwendeten Tonarten Voglers Vorstellungen zur Tonartencharakteristik wirksam sind, zeigt sich besonders an der bevorzugten Verbindung der entfernten b-Tonarten mit düster-nächtlichen Situationen oder Stimmungen. Im *Samori* begegnen z.B. die Tonarten Des- und Ges-Dur, aber auch es-Moll und Ces-Dur im Zusammenhang mit folgenden Textstellen:

> S. 10: *drohen mir nun Qual und Schmerz / Lass nicht deinen Muth entsinken* [...]; S. 50: *Ach! mich quält ein heisses Sehnen*; S. 59/60: *Tamburan kann nicht ertragen den Gedanken feig zu sein*; S. 61/62: *Aber mit Gewalt erzwingen soll es Brahma selber nicht*; S. 73: *Ach mein Himmel trübte sich sehr bald /* [der holde Sonnenschein] *verbarg sich hinter schwarze Wolken aus denen mir der Tod nun blizt*; S. 76: *nun zerreist mit tiefen Wunden die Erinnerung mein Herz, sanfte Hoffnung einst umstrahlte mich dein Zauberlicht so mild, doch mein Glück war nur ein Traum*; S. 99: (*wir sind alle verlohren, o weh*) / *gehemt ist der Lauf der Natur*; S. 140: *deiner Brüder blut'ge Schatten fordern dich zur Rache auf.*

Die Konnotationen sind also ähnlich, und die Wahl der Tonarten entspricht der Ausdrucksskala, die Vogler den einander polar entgegengesetzten Kreuz- und b-Tonarten zuweist[20].

In der Einteilung der Tonarten geht Vogler von seinem ursprünglichen Modell aus, wonach im quintenweisen Anstieg *die Rede wächst*, während umgekehrt die Unterquint *die Hitze* [...] *mäßiget*[21]. Entsprechend werden die Tonarten eingeteilt: ***Steigen wir Fünftenweise G, D, A, E: so wächst immer die Stärke, der Eindruck, das schneidende und durchdringende. Fallen wir Fünftenweis F, B, Es, As: so sinkt alle Kraft, der Eindruck wird matter und dunkler***[22]. Demnach kann die Tonart E-Dur *das Feuer am allervorzüglichsten schildern*, während andererseits Es-Dur zur Darstellung der *Nacht* und As-Dur *zum plutonischen Reiche* taugt[23].

[20] Zur Begründung der Tonartencharakteristik Voglers in spezifischen Eigenschaften besonders des Geigentons, vgl. *Betrachtungen* I, S. 51-53.

[21] vgl. Artikel *Ausdruck*, in: *Encyclopädie*, Bd. II, S. 385

[22] a.a.O., S. 386

[23] a.a.O., S. 386. In der Analyse seiner Ouvertüre zu *Hamlet* in den *Betrachtungen* I, S. 315 schreibt Vogler: *Das harte Es ist zwar Nachtmäßig, dunkel, das harte As aber viel schwärzer, wozu die leere Saite g die herrlichste*[n] *Windungen eines erstehenden Geistes herlehnet*. Die Ankündigung des gewaltsamen Todes wird in dieser Ouvertüre ebenfalls in den entfernteren b-Tonarten ausgedrückt, vgl. S. 327/328: *Auch die Verhältniß der Töne spricht für die furchtbare Ahndung*. Neben *as* ist an dieser Stelle auch *des* und *ges* einbezogen, vgl. NB, *Betrachtungen* IV, S. 98.

In dieser Polarität werden die Tonarten auch in Voglers Opern eingesetzt. In As-Dur bewegt sich beispielsweise die Unterweltszene mit dem seinerzeit berühmten *Coro dei Mostri* im dritten Akt der Oper *Castor und Pollux*[24]; umgekehrt wird etwa im Duett Nr. 2 des *Samori* die zunehmende Leidenschaft, die sich in den Rachegelüsten Ramas und Mahas ausdrückt, durch entfernte Kreuz-Tonarten (bis zu Dis- u. Ais-Dur, vgl. S. 17-19) bezeichnet. Deutlich spiegelt sich die Differenzierung »hoher« und »tiefer« Bereiche im Anfang der Nr. 9 in *Samori*, wo die Textgegensätze durch entsprechende Tonartkontraste ausgedrückt werden (KlA, S. 73): ***ach mein Himmel trübte sich sehr bald, der holde Sonne***[n]***schein verbarg sich hinter schwarze Wolken aus denen mir der Tod nun blizt***; die Tonartenfolge lautet: es-Ges / H / B-es-B / Ces-es-B. Obwohl die Stelle sich durch enharmonische Umdeutung einfacher notieren ließe (Ces statt H), werden H-Dur und Ces-Dur als ausdrucksmäßig unterschiedene Tonarten nebeneinander verwendet:

Ansätze zu einer vergleichbaren Differenzierung der Tonarten, besonders zu ähnlichem Gebrauch der b-Tonarten, ließen sich bei Weber schon im Quintett der Oper *Rübezahl* und in einigen erwähnten Beispielen aus *Silvana* erkennen. Deutlich läßt sich eine ähnliche Polarisierung von Kreuz- und b-Tonarten und deren Verbindung

[24] vgl. Klavierauszug des *Coro dei Mostri* im Druck von M. Goetz, Mannheim (PN 194)

mit vergleichbaren Konnotationen am Duett Nr. 9 der *Silvana* ablesen. Der drohenden Gebärde des Vaters entsprechen zu Beginn die »nächtlichen« Regionen von Es-Dur und c-Moll, der Widerstand der Tochter ist verknüpft mit einem Wechsel in die Kreuz-Tonarten (T. 46-58), und mit der erneuten Drohung des Vaters wird nach c-Moll bzw. Es-Dur zurückgeleitet (T. 65 bzw. 69), worauf dann die Klage der Tochter in f-Moll folgt (T. 76ff.). Mit der Wende zur Parallele Des-Dur in T. 103 und der Mahnung des Vaters: *Sey ein gutes Kind* setzt ein sich allmählich steigernder Dialog ein, der zum Höhepunkt hin erneut in höhere Kreuztonarten vordringt (T. 120-134) und anschließend mit der Wendung in die bis dahin tiefsten Regionen von as-Moll die begrabenen Hoffnungen ausdrückt: *Es empöret meine Seele, mir erstarrt das Blut im Herzen* (T. 137-142). Webers Umgang mit den Tonarten ähnelt also sehr den Vorbildern in der Oper seines Lehrers[25].

Die hier in gebotener Kürze zusammengefaßten Charakteristika der Werke Voglers spiegeln einen sehr bewußten Umgang mit den Mitteln der Harmonik wider, wie er auch in Voglers analytischen Schriften in den manchmal überzogen wirkenden Interpretationen deutlich wird. Da sich die erwähnten Eigentümlichkeiten der Harmonik Voglers meist auch in den Werken Webers beobachten ließen, die im Anschluß an den Wiener Aufenthalt in Breslau, Schloß Carlsruhe und Stuttgart entstanden, wobei andererseits ein merklicher Unterschied zu den in Stuttgart komponierten Werken lediglich hinsichtlich der erneut auftretenden »falschen Orgelpunktformen« festzustellen war, ergibt sich die Frage, inwiefern sich in diesem Punkt möglicherweise ein Einfluß Danzis zeigen könnte bzw. inwieweit sich Danzis Werke überhaupt in ihrer Harmonik von dem unterscheiden, was Weber bei Vogler kennenlernte.

Vergleich mit der harmonischen Sprache Danzis

In jüngster Zeit hat Peter M. Alexander mit seiner Dissertation über die Kammermusik Danzis erstmals detailliertere Studien zu dessen Harmonik vorgelegt[1]. Alexander versucht in seinen Analysen, die sich auf die Elemente Form, Klang (*Sound: timbre, dynamics, texture*), Harmonik, Melodik und Rhythmik konzentrieren, eine konservative stilistische Grundhaltung Danzis nachzuweisen[2]. Diese Absicht, sowie die Untersuchungsmethoden, scheinen in einigen Fällen die Auswertung der Analyse-

[25] vgl. auch *Silvana*, Nr. 5, T. 95/96: *vor den rebellischen Geistern der Nacht*, Ces-Dur (Neap.); Nr. 7, T. 78/79: *doch dies Geheimniß zu enthüllen*: Gis^7; oder Nr. 8, T. 150ff.: Kontrast G-Dur / Es-Dur bei Übergang zur Textstelle: *Sie schläft, nun fort aus diesem Haine, aus dieses Waldes düstrer Nacht* u.a.

[1] Peter M. Alexander: *The Chamber Music of Franz Danzi: Sources, Chronology and Style*. Phil. Diss. Indiana University, 1986. Herrn Prof. Dr. Manfred Hermann Schmid, der die Arbeit während Alexanders Aufenthalt in Deutschland betreute, sei für die Möglichkeit gedankt, die Dissertation noch während der Niederschrift der Analysekapitel dieser Arbeit in einem Vorab-Exemplar einzusehen.

[2] Alexander, a.a.O., S. 388: [...] *although he stood on the threshold of the Romantic period, there is no evidence that he contributed through his compositions to the development of the new style; indeed it has been a theme of this study that he was in many ways a very conservative composer.*

daten beeinflußt zu haben[3]. Die deutliche Einbindung Danzis in die Mannheimer Tradition, die Alexander durch seine Analysen belegt[4], ist für ihn zugleich ein Zeichen der Rückwärtsgewandtheit des Komponisten, der den Hauptströmungen seiner Zeit (besonders der Wiener Klassik) nicht zu folgen wußte[5]. Die Mannheimer Tradition wird in diesen Untersuchungen (ebenso etwa wie im Detail z.B. die Verwendung der zweiteiligen Sonatensatzform) von vornherein als »konservativ« eingestuft, wobei dieser Begriff bisweilen in eigenartiger Weise verwendet ist[6]. Obwohl sich folglich zum Teil über die Interpretation der Ergebnisse Alexanders streiten läßt[7], scheinen eine Reihe von Beobachtungen im Zusammenhang mit der Fragestellung dieser Arbeit von Interesse.

Die Harmonik Danzis weicht auf der Ebene der Satzstruktur, d.h. in der Wahl der Tonarten für die Einzelsätze und deren Binnenabschnitte[8], kaum von der traditionellen »Norm« ab[9]. Dagegen lassen sich innerhalb der Binnenabschnitte, d.h. also auf einer eher »ornamentalen« Ebene, häufig Abweichungen vom »Üblichen« finden[10].

So zeigt sich z.B. schon in Danzis frühesten Kompositionen, die hinsichtlich ihrer Harmonik bereits sehr klar disponiert erscheinen[11], - also möglicherweise den Einfluß des Voglerschen Unterrichts widerspiegeln - in Überleitungspassagen eine Tendenz zur Ausweichung in entferntere Tonarten, die sich dann in den Werken der mittleren Periode (nach Alexander 1804-1814) noch verstärkt[12]. Vor allem in diesen,

[3] Wichtigstes Kriterium für ein Stilmerkmal wird in vereinfachender positivistischer Vorgehensweise die Quantität. Dabei kann im Hinblick auf die Harmonik sicherlich festgestellt werden, daß auch Mozart oder Beethoven überwiegend schlichte Kadenzzusammenhänge verwenden. Dennoch wird man dies nicht als Kriterium für Stilmerkmale, in die doch immer auch das Besondere eingehen soll, heranziehen. Der Zwang zur Verallgemeinerung führt zur Abwertung des Besonderen oder zur Subsumierung unter allgemeine Normen. So heißt es z.B. im Zusammenhang mit der Formanalyse der Werke: *Materials of mixed or ambiguous functions can be problematic*, und gleichzeitig wird festgestellt: *In Danzi's case, certain types of mixed functions recur with some regularity* [...] (beides S. 183), dennoch werden diese Teile dann mit bestimmten Formbuchstaben versehen, so daß die Mehrdeutigkeit verloren geht.

[4] vgl. Alexander, a.a.O., S. 199/200, 353, 405 u. 406

[5] vgl. a.a.O., u.a. S. 406: *And although he identified Mozart and Haydn as the highest authorities in stylistic matters, his own style followed the Mannheim tradition more closely than it did the mainstream of Viennese Classicism.*

[6] vgl. a.a.O., S. 199/200. In seiner Zusammenfassung S. 405 hebt Alexander Danzis vielfältigen und farbigen Bläsersatz hervor, weist aber zugleich darauf hin, daß dies ein Erbe der Mannheimer Tradition, also ein konservativer Zug sei. Die Feststellung ist zwar richtig, der Schluß greift zu kurz.

[7] Es sei daran erinnert, daß mit dem Versuch dieser Arbeit, den Einfluß Voglers und Danzis auf Weber nachzuweisen, zugleich die weiterwirkenden Tendenzen der Mannheimer Tradition, also gerade deren progressive Züge (abseits von der klassischen »Norm«) beschrieben werden sollen.

[8] d.h. nach Alexander besonders für die Großteile *Exposition - Development - Recapitulation* und im ersten Teil für die Ebenen des *primary and secondary key*; Alexander verwendet das Formbeschreibungsmodell und die Symbole von Jan La Rue: *Guidelines for Style Analysis*, New York, 1970. Die wichtigsten Begriffe und ihre Abkürzungen lauten: *P = Primary key/material*; *T = Transition(al)*; *S = Secondary key*; *K = closing material*; vgl. Alexander. a.a.O., S. 182.

[9] Alexander, a.a.O., S. 199, 317, 324 u. 403

[10] a.a.O., S. 300, 324 u. 403

[11] a.a.O., S. 389

[12] a.a.O., S. 216, 265, 300 u. 393. Alexander teilt die Kammermusikwerke Danzis in drei Gruppen ein: die frühen Werke bis 1804, die genannte mittlere Gruppe und die späten Werke von 1817-1825 (a.a.O., S. 181).

vorwiegend in München und Stuttgart entstandenen Werken läßt sich in einigen Abschnitten oder in ganzen Sätzen (besonders in den Streichquartetten op. 29) eine »Chromatisierung des Satzes« feststellen, wobei besonders die Mittelstimmen in diese chromatische Führung einbezogen sind und im Zusammenklang oft alterierte Akkordformen entstehen[13]. Die harmonischen Besonderheiten, die Alexander im Zusammenhang mit diesen mittleren Werken Danzis hervorhebt, identifiziert er im Einzelfall meist als typisch romantische Merkmale[14].

Die wesentlichsten Beobachtungen lassen sich wie folgt zusammenfassen:

1. Die vorwiegend »ornamentalen« Modulationen unterhalb der strukturellen Ebene führen meist in den Bereich der b-Tonarten; bevorzugte Ziele sind dabei die mediantische III. und VI. Stufe (in C-Dur: Es und As)[15]. Als »strukturell« läßt sich die häufige Verwendung dieser Tonarten nur zu Beginn der Durchführungsteile bezeichnen[16], im übrigen sind sie (in der Terminologie des benutzten Modells von La Rue) den Teilen *T* bzw. dem Ende von *S* bzw. *Sk*, d.h. überleitenden Abschnitten zugewiesen[17].

2. Modulationen erfolgen entweder in der üblichen Form, indem ein beiden Tonarten gemeinsamer Akkord durch die Dominante der Zieltonart umgedeutet wird oder durch plötzliche Übergänge ohne Berücksichtigung gemeinsamer Akkorde. Während die letztere Form vor allem an strukturell wichtigen Stellen begegnet - so werden z.B. die genannten mediantischen Tonarten vielfach durch abrupten Wechsel eingeführt[18] -, sind die »ornamentalen« Modulationen meist »fließender«: [...] ***the remote keys that sometimes figure in his transitions are usually approached more smoothly there than in other contexts, ordinarily by means of a circle of fifths***[19]. Das Einschieben modulierender Abschnitte in die Überleitungen zur Dominantebene mag damit zusammenhängen, daß Danzi die neue Tonart oft »zu früh« erreicht; er achtet dabei aber offensichtlich darauf, daß die Ausweichungstonarten nicht durch Kadenzen befestigt werden[20].

3. Die Rückkehr von entfernten Tonarten, vorzugsweise aus dem Bereich der b-Tonarten[21], erfolgt häufig mit Hilfe des übermäßigen Quintsextakkordes (d.h. der tief-

[13] a.a.O., S. 317/318, 324 u. 399/400

[14] a.a.O., S. 403/404 u. 406. Da (verständlicherweise) solche Elemente »Besonderheiten« innerhalb eines Satzes bleiben, avancierte harmonische Abschnitte also prozentual nur einen geringen Teil des Satzes ausmachen und andererseits nicht jedes Werk in gleichem Maße diese Mittel verwendet, Danzi darüber hinaus auch in seinen späten Werken weitgehend auf Experimente verzichtet, muß in einer Bewertung, die stets nur das »Allgemeine« im Gesichtsfeld hat, der prozentual geringe Anteil solcher Stellen natürlich zur Vernachlässigung in der Bewertung führen.

[15] a.a.O., S. 300/301: ***Danzi's fondness for them as ornamental modulations may represent a Romantic trait that was lacking at the structural level.*** Zur Unterscheidung »ornamentaler« und »struktureller« Modulationen, die oft nur mit der jeweiligen Länge eines Abschnitts zusammenhängt, vgl. a.a.O., S. 300.

[16] a.a.O., S. 221/222

[17] a.a.O., S. 300/301, vgl. hier Anm. 8; *Sk* = Schlußgruppe mit Motiven aus *S*

[18] a.a.O., S. 305-308

[19] a.a.O., S. 308

[20] a.a.O., S. 214-216, vgl. S. 216: [...] ***Danzi is usually careful to avoid full closure in the remote key, which always remains clearly subsidiary to the principal keys of the exposition.*** Dies entspricht Voglers Forderung nach *Toneinheit* in Instrumentalwerken; vgl. auch S. 403/404.

[21] Daß Danzi in den Ausweichungen ebenso wie generell in der Wahl der Tonarten die b-Tonarten bevorzugt, unterscheidet ihn nach Alexander von der Mannheimer Tradition und rückt ihn in diesem Punkt eher in die Nähe der Romantiker; vgl. a.a.O., S. 216/217 u. 293.

alterierten Form des verminderten Septakkords)[22]. Dagegen ergibt sich die Rückkehr zur Ausgangstonart zu Reprisenbeginn oft überraschend *with a sudden change of tonal direction at the last moment* [...] *or by means of an undifferentiated circle of fifths that simply stops in the tonic without any special preparation*[23].

4. Das deutlichste vorausweisende Element in Danzis Harmonik ist sein Gebrauch des verminderten Septakkordes: *The one genuinely Romantic feature of Danzi's harmonic style is his fondness for diminished chords. / Danzi flavored his music liberally with the diminished sonority, from his earliest works to his last*[24]. Dieser Akkord dringt schon in den frühesten Werken, zum Teil als Ersatz für die häufigen zwischendominantischen Einschübe, in ansonsten harmonisch stabile Abschnitte ein[25], so daß Alexander verallgemeinernd feststellen kann: *Secondary dominants and diminished chords are by far the most prominent secondary chords in Danzi's style*[26].

5. Zu den Besonderheiten gehört nach Alexander ferner die Beliebtheit des Schrittes (V^7)-IV[27] bzw. die Vorliebe für subdominantische Abschnitte. Die oft als typisch romantisch bezeichnete Form der »subdominantischen Reprise« (genauer: das Auftreten des Hauptgedankens in der Tonart der IV. Stufe) begegnet immerhin in 15 Sätzen der Kammermusikwerke[28]. Eine auffallende Betonung der Subdominante findet sich nach Alexander etwa im Sextett Es-Dur op. 10: schon in T. 7 deutet der verminderte Septakkord auf die Subdominante, die auch im Hauptgedanken und in der Überleitung überrepräsentiert ist, bis dann sogar der »zweite Gedanke« in dieser Tonart beginnt[29].

6. Unvorbereitete untere chromatische Nebennoten als eine Art Vorhalt zur Hauptnote gehören zu Danzis Repertoire, wie zu dem der meisten Mannheimer Komponisten. Häufig verursachen solche Vorhalte dissonante Zusammenklänge auf betonter Zeit[30]. Beliebt sind ferner chromatisch aufsteigende Durchgangsnoten[31].

7. Einen markanten Unterschied zu klassischen Vorbildern sieht Alexander in Danzis Gebrauch von Orgelpunkt- und Pedaltönen[32]: *Pedals are often the source of the most pungent dissonances* [...] / [the pedal] *is often held against strong clashes in the upper parts, including other non-chord tones*[33]. Als Baßton ist dabei normalerweise der Tonikagrundton gewählt, der oft mit dominantischen Harmonien oder auch deren chromatischen Nebennoten kombiniert wird, so daß große Septen oder

[22] a.a.O., S. 309: *Danzi particularly likes to return from ornamental modulations on the flat side through the augmented sixth chord, which may also precede the dominant in retransitional passages.*

[23] a.a.O., S. 223

[24] a.a.O., S. 404 bzw. 314

[25] a.a.O., S. 315: *More significantly, Danzi is as likely to use them* [the diminished sonorities] *within a relatively stable thematic statement as he is in transitions or harmonic excursions, where the destabilizing effect of the diminished sonority had long been useful.*

[26] a.a.O., S. 317

[27] a.a.O., S. 314

[28] a.a.O., S. 199 bzw. 225/226

[29] a.a.O., S. 397

[30] a.a.O., S. 320 bzw. 322

[31] a.a.O., S. 322

[32] a.a.O., S. 404: [...] *Danzi made somewhat freer use of dissonance than most Classic composers, particularly in the combination of pedals with other non-chord tones.*

[33] a.a.O., S. 322 bzw. 320

verminderte Sekunden im Zusammenklang nicht selten sind[34]. Hier wird also als ein wichtiges Kennzeichen des Danzischen Stils jene Form des Orgelpunkts herausgestellt, die nach Voglers Vorschrift verboten war.

Die Bedeutung der hier beschriebenen Phänomene relativiert Alexander in seiner Zusammenfassung vor dem Hintergrund des überwiegend »einfachen« Stils Danzis[35]:

In summary, Danzi's harmonic style may be considered exceedingly conservative at the largest dimension, but less so at the middle dimension. At the smallest dimension, where we might expect the developments of the Romantic style first to take hold, we find a relatively limited harmonic vocabulary, except for the many diminished triads and seventh chords that often replace secondary dominants. The Romantic trend is most evident in the increased chromaticism of the second group (1804-14), and particularly in the inner voices of the String Quartets op. 29 and in the keyboard figuration of the works with piano. Finally, Danzi makes ample use of several types of non-chord tones, mostly in conventional ways but sometimes creating exceptionally harsh dissonances through the interplay of one ore more decorative patterns with the conventional harmonies and a pedal in the bass.

Konfrontiert man diese Ergebnisse zunächst mit den Untersuchungen des Verf. zur Harmonik der Sinfonien Danzis[36], bestätigen sich im wesentlichen die Ergebnisse Alexanders, wenn auch das harmonische Experimentieren in den Werken der mittleren Periode (1804-1814) in den Sinfonien noch sehr viel deutlicher ausgeprägt erscheint. In den 1804 veröffentlichten Sinfonien in d-Moll und C-Dur wird durch ein nahezu unbekümmertes Einbeziehen der Varianten ein weites Feld terzverwandter und mediantischer Beziehungen erschlossen. Formen des verminderten Akkords begegnen sowohl als eingeschobene zwischendominantische Akkorde als auch an exponierter Stelle im Formablauf, und Modulationsketten in Quint- und Terzschritten bleiben nicht bloß auf Überleitungsteile beschränkt[37]. Besonders in der C-Dur-Sinfonie scheint die *Tonseinheit* im Sinne Voglers aufgehoben. Obwohl hier der 1. Satz in seinen formalen Umrissen und in der Gegenüberstellung der beiden Tonartebenen der Exposition keinerlei Besonderheiten aufweist, ist die Harmonik der Binnenteile so beschaffen, daß vor allem durch zahlreiche mediantische Beziehungen und ausweichende harmonische Ketten die klare Disposition verschleiert wird[38].

Im letzten Satz wird dieses Schwanken zwischen nah oder entfernt terzverwandten Tonarten abgelöst durch die Unbestimmtheit im Hinblick auf das Tongeschlecht: in weiten Teilen des Satzes bleibt offen, ob C-Dur oder c-Moll die eigentliche Haupttonart des Satzes ist[39]. Unerwartete harmonische Folgen begegnen auch hier in Fülle, so daß ein deutliches Mißverhältnis zwischen der einfachen formalen Struktur und der komplexen Harmonik besteht[40]. Dieses Mißverhältnis kann man hier mit Recht als ein »Stilmerkmal« der beiden Sätze bezeichnen.

[34] a.a.O., S. 322, vgl. Bsp. S. 325
[35] a.a.O., S. 324/325
[36] vgl. VeitM, Kapitel VI
[37] a.a.O., S. 158-163 u. 173-182; vgl. auch S. 183/184
[38] a.a.O., S. 173-177
[39] a.a.O., S. 177-180
[40] a.a.O., S. 180

Die festgestellten harmonischen Eigenheiten lassen sich z.B. auch in den im Neudruck vorliegenden Flöten- und Fagottkonzerten Danzis beobachten, die überwiegend in der Münchener und Stuttgarter Zeit entstanden sein dürften und sollen hier wenigstens kurz zusammengefaßt werden, um Alexanders Urteil zu relativieren, das auf der Kenntnis der Kammermusikwerke beruht[41].

Besonders häufig sind in diesen Konzerten die »falschen Orgelpunkte«, d.i. die Verbindung von liegendem Baßton mit dissonanten Oberstimmen, zu finden[42]. Ebenso häufig begegnen eingeschobene zwischendominantische Akkorde, chromatische Vorhaltsnoten oder -akkorde mit unteren Nebennoten[43], dissonanzreiche Modulationsketten[44] - zum Teil schon in den allerersten Takten, so daß die Tonart unzureichend bzw. bewußt nicht befestigt erscheint[45] - sowie (teilweise durch die zahlreichen eingeschobenen Zwischendominantformen bedingt) mediantisch nebeneinandergestellte Akkorde[46]. Sowohl Groß- als auch Kleinterzbeziehungen sind in diesen Werken stark ausgeprägt[47], Dur- und Mollvarianten werden frei nebeneinander gebraucht, und der übermäßige Quintsextakkord gehört in Modulationen zu den bevorzugten Mitteln[48].

Auffallend ist ferner die Behandlung der Subdominante. Wie schon in den Werken Voglers und Webers beobachtet, wird die Subdominante einerseits in Sequenzketten (teils überraschend) Ausgangspunkt einer neuen Tonartbefestigung[49], andererseits verwendet Danzi verstärkt die neapolitanische Form[50] und stellt die subdominantische Region mitunter so deutlich heraus, daß die Kraft der Tonika geschwächt wird. So ist etwa in den Anfangstakten des 2. Flötenkonzertes in d-Moll die Subdominante in schlichter Form (T. 6, 8, 10 usw.), in der neapolitanischen Variante (T. 6, 8, 9, 21) und im Durchgang sogar mit der Dur-Variante (T. 18) vertreten und dabei teilweise durch Zwischendominanten hervorgehoben (T. 7/8). Im Anfang des

[41] Abkürzend sind im folgenden stellvertretende Buchstaben gewählt: A: Flötenkonzert Nr. 1 G-Dur, op. 30; B: Flötenkonzert Nr. 2 d-Moll, op. 31; C: Flötenkonzert Nr. 3 d-Moll, op. 42; D: Flötenkonzert Nr. 4 D-Dur, op. 43; E: Fagottkonzert F-Dur (BSB München); F: Fagottkonzert F-Dur (Donaueschingen); G: Fagottkonzert C-Dur (SPrK Berlin); Verzeichnis der Neuausgaben vgl. Werkbibliographie.

[42] besonders markant etwa B: 1. Satz, T. 2, 12, 25/26, 157/158 oder 235; C: 1. Satz, T. 138/140, 2. Satz, T. 43, 3. Satz, T. 162; D: 1. Satz, T. 61, 222/223; E: 2. Satz, T. 3; F: 1. Satz, T. 37/38, 119/123; G: 1. Satz, T. 29, 36, 90, 104, 175/176

[43] vgl. z.B. die Anfangstakte der Kopfsätze in B und D

[44] vgl. in den Kopfsätzen von B: T. 32-38, 230-246; C: T. 142-160; D: T. 54-72; E: T. 37-45; F: T. 127-132

[45] vgl. etwa A: 1. Satz, T. 2-6; B: 1. Satz, T. 5-10 u. 16-22; D: 1. Satz, Einleitung

[46] vgl. A: 1. Satz, T. 2; B: 1. Satz, T. 16/17, 32, 35/36 (als enharmonische Umdeutung), 164/165; C: 2. Satz, T. 34/35; 3. Satz, T. 5/6, 112/113, 128/129; E: 1. Satz, T. 28/29, 2. Satz, T. 32/33; F: 1. Satz, T. 129/131, 2. Satz, T. 48/49

[47] vgl. A: 3. Satz, T. 120 (G-e), T. 136 (e-C), T. 149-152 (e-C[Fis^{v}]-H-e) u. 169-173 (H-[...]-G); C: 2. Satz, T. 34/35 (B-D), 38/39 (d-B); 3. Satz, T. 108/109 (g-B), 112/113 (B-D)

[48] vgl. A: 1. Satz, T. 159; B: 1. Satz, T. 178, 182; 3. Satz, T. 31, 97, 157, 171; C: 1. Satz, T. 50, 77, 104, 114, 154, 157, 191 usw. Als Subdominant-Ersatz tritt dieser Akkord auf z.B. in A: 2. Satz, T. 19 oder B: 1. Satz, T. 141

[49] vgl. etwa in F: 1. Satz, T. 15/16, 87-90, 132-133; 2. Satz, T. 14-16; 3. Satz, T. 136-138. Dabei begegnet auch die Auflösung eines Dominantseptakkordes direkt in den Subdominantquintsextakkord; vgl. A: 1. Satz, T. 109/110 oder ähnlich überraschend durch Umdeutung eines Mollsextakkordes in C: 2. Satz, T. 32.

[50] Danzi ersetzt auch in der Kadenzformel $S\text{-}{}^{D}{}_{D}\text{-}D^{6\text{-}5}_{4\text{-}3}\text{-}T$ die Subdominante gern durch ihre neapolitanische Variante; vgl. etwa C, 1. Satz, T. 268.

2. Satzes im 3. Flötenkonzert wird die Subdominante vom übermäßigen Akkord in T. 1 aus erreicht und zusätzlich durch eine eingefügte Pause auf zwei Takte gedehnt[51].

Eine Fülle von ungewöhnlichen harmonischen Bildungen bzw. ungewohnten Stimmführungen finden sich in den kettenartig modulierenden Passagen. Dabei wird nicht nur die Sept oft nach oben weitergeführt[52] oder die Auflösung des Quartsextvorhaltes übergangen[53], sondern vereinzelt weicht die Auflösung der Spannungsakkorde sogar von der (normalen) quinten- bzw. der trugschlüssigen Terzenfolge ab[54]. Solche Bildungen hängen aber zumeist mit der stufenweisen oder chromatischen Führung der Einzelstimmen in diesen kettenartigen Modulationen zusammen. Dabei scheinen sich z.T. die chromatischen Linien zu verselbständigen, und es entstehen Gebilde, die sich zwar aus der Stimmführung im einzelnen, nicht aber unbedingt als harmonisch logischer Zusammenhang erklären lassen. Entsprechend sind solche Stellen oft auch nicht harmonisch »richtig«, sondern nach der Stimmführungslogik notiert[55].

* * *

Vor dem Hintergrund der Beobachtungen in Webers *Silvana* und Voglers *Samori* ist schließlich auch im Falle Danzis ein Blick auf die Harmonik als textaustdeutendem Mittel nötig. Dies soll am Beispiel der Weber vertrauten Oper *Die Mitternachtsstunde* geschehen, die als einzige der Opern Danzis auch im gedruckten Klavierauszug erschien[56].

Trotz der Einfachheit und Klarheit der Formen und der reichen Verwendung einfacher Kadenzmodelle widerlegt dieses in München (zudem noch deutlich vor der Jahrhundertwende) entstandene Werk[57] die generelle Gültigkeit der »konservativen« Züge der Kompositionen Danzis, die Alexander in den Kammermusikwerken festzustellen glaubt. Wenn das *Münchener Theater-Journal* noch 1815 über Danzis *Mitternachtstunde* schreibt: *Von Seite der Harmonie ist neben der entschiedensten Neuheit eine seltene Klarheit überall auffallend* [...][58], zeigt dies, daß selbst noch nach der Jahrhundertwende die Harmonik dieser Oper als neuartig (und klar

[51] ebenso E: 2. Satz, T. 1/2; hervorgehoben wird die Subdominante auch im formalen Ablauf; vgl. A: 3. Satz: neben einem Abschnitt in der Tp findet sich auch ein eigener Abschnitt in der Subdominante (T. 136-143); in C: 1. Satz, T. 160-175 begegnet ein subdominantischer G-Dur-Teil innerhalb des d-Moll-Satzes (vgl. auch T. 263-268: S - s - s^N).

[52] z.B. A: 1. Satz, T. 112-115: *es-e*; *b-h*; *f-fis*

[53] vgl. B: 3. Satz, T. 79/80 (im Wechsel mit der Dominante), G: 1. Satz, T. 8/9 oder A: 1. Satz, T. 112/113: D^v-G^6_4-A^v; C: 1. Satz T. 154/155: B^v-Es^6_4-Des/des. Dagegen wird der Quartsextvorhalt in Kadenzvorgängen meist künstlich gedehnt.

[54] vgl. E^v-D^7 (A: 3. Satz, T. 170/171); G^7(verkürzt)-F^7 (F: 2. Satz, T. 35: deutlich als Nebennotenwechsel ausgeprägt).

[55] z.B. in B: 1. Satz, T. 19/20 oder F: 1. Satz, T. 47/48

[56] Klavierauszug Bonn: Simrock, PN 114 (ca. 1801). Die Seitenangaben beziehen sich im folgenden, wenn nicht anders angegeben, auf diesen Klavierauszug.

[57] Nach Paul Legband: *Münchener Bühne und Literatur im 18. Jahrhundert*, München 1904, S. 457 fand die Uraufführung im April 1788 statt. Alexander kommt auf Grund eines Theaterzettels im Deutschen Theatermuseum München, der die Bemerkung *zum erstenmal aufgeführt* enthält, zu der Annahme, das Werk sei erst am 16. Februar 1798 uraufgeführt worden (vgl. Alexander, a.a.O., S. 55) bzw. Anhang 1 dieser Arbeit.

[58] *Münchener Theater-Journal*, 2. Jg. (Juli 1815), S. 253/254; zitiert nach Alexander, a.a.O., S. 108

zugleich) empfunden wurde. Dieses Urteil gründet sich sicherlich nicht nur auf die zahlreich anzutreffenden zwischendominantischen Akkorde, den reichen Gebrauch der Dur- oder Mollvarianten, die zahllosen »falschen« Orgelpunkte, übermäßigen Quintsextakkorde oder kettenartigen Modulationen, sondern wohl auch auf die Verbindung von Textstruktur und Harmonik, indem die Harmonik hier wesentlich dazu beiträgt, die Textinterpretation zu stützen.

Dabei werden durch das freie Einbeziehen der Paralleltonarten und Varianten und durch die häufigen trugschlüssigen Wendungen in vielen Fällen die auf Quintfallschritten beruhenden Harmoniefolgen durch Terzschritte ersetzt, wobei sowohl nah als auch entfernt terzverwandte Beziehungen entstehen. Diese Beziehungen äußern sich nicht nur in den Binnenteilen, sondern auch auf der formalen Ebene. Am deutlichsten zeigt sich dies im Aufbau des dritten Finales, in dem vorwiegend mediantisch bezogene Abschnitte an den Nahtstellen meist unvermittelt nebeneinander treten:

> S. 154/155: A-F (der erste Teil steht insgesamt in D); [S. 156: (G^7)-c; S. 157/158: D-d]; 159/160: D-B; 160-161: B-G; 162/163: G-Es (vermittelt durch g); [164/165: B-Es]; 166/167: Es-C; 167/168: C-(E^7)-a; 170/171: d-F; 173/174: F-D

Vor allem durch die starke Dehnung eingeschobener, auf die Paralleltonarten bezogener Zwischendominanten entstehen darüber hinaus auch in den Binnenteilen, meist beim Wechsel geschlossener Abschnitte bzw. bei Personenwechsel oder neuem Satzbeginn bevorzugt terzverwandte oder mediantische Beziehungen. In dieser Verbindung finden sich sowohl dominantische Akkorde (vgl. S. 157: C^7-A^v: *ich fleh' um Gnade, auf den Knieen! / Du Unthier!*) als auch dissonanzfreie Akkorde (vgl. S. 153: D-Fis: *meine Zither ist verstimmt, meine Finger sind verkrümt. / Wenn ich will, so sollt ich meinen* [...]). Obwohl sich die neuen Harmonien meist dominantisch auf eine der Paralleltonarten beziehen, wirken die Übergänge doch durch die gedehnte und betonte Form dieser Akkorde (oft verbunden mit einem Terzwechsel in orgelpunktartigen Baßstimmen) mediantisch[59].

Wie Danzi mit diesen harmonischen Mitteln textgliedernd und interpretierend arbeitet, sei kurz an einigen wenigen Beispielen veranschaulicht:

In der Arie Nr. 6[60] werden die wichtigsten Textworte in einfacher, aber dennoch wirkungsvoller Weise harmonisch hervorgehoben. Der Eintritt der Subdominante und Subdominantparallele über dem Tonika-Orgelpunkt bei dem Wort *Bangigkeit* (T. 6), das Verlassen des Orgelpunkts und die von der Tonikaparallele ausgehende Bewegung bei den Worten: *ich seh mich* [...] (T. 9), die doppeldominantische Form mit Septsprung bei *Seligkeit* (T. 10), die scheinbar mediantische, aber sich als subdominantisch erweisende Fortschreitung bei den Worten *von seinem Arm umschlungen* (T. 11)[61], die neapolitanische Wendung, die die Worte *Doch schnell schreckt etwas mich zurück* illustriert (T. 23), die kreisende Bewegung in den b-Tonarten T. 28-32: *ein wilder, rauher, finstrer Mann*, die Spiegelung der Trennung der Bereiche im Übergang von b-Moll über $G^v_{5>}$ nach C^7 bzw. F (T. 32-35), die Dehnung

[59] vgl. z.B. hier S. 155, 4. System: F^7 mit Orgelpunkt *F*; A^7 mit Orgelpunkt *A*

[60] Klavierauszug S. 43ff.; vgl. Abdruck der Arie bei Ernst Bücken: *Die Musik des 19. Jahrhunderts bis zur Moderne*. Wiesbaden: Athenaion, 1929, S. 59-61

[61] In T. 11 scheint zunächst die Folge F-A^v vorzuliegen, das *B* im Baß erweist sich aber als Subdominantgrundton und *cis* wird im Abgang zu *c*.

des Septakkordes (T. 33-35), die betonte Zwischendominante A^7 nach C^7 mit Sextsprung der Melodie zu den Worten *ich kann ihn nicht wieder lieben* (T. 36), die nochmalige Betonung des subdominantischen Bereichs (T. 43) und die abspringende Schlußformel (T. 47) - all dies zeigt, wie bewußt Danzi die harmonischen Mittel zur Gliederung und zur Interpretation auch in einer derart kurzen Nummer zu verwenden weiß.

In der Arie der Julie Nr. 10 (S. 67ff.): *Sonst war mir ihre Liebe das höchste, größte Gut* werden mediantische Beziehungen zunächst eher unbetont zur Textausdeutung benutzt[62], dann wird die Textstelle *Ich sehne mich, ich schmachte* durch eine neapolitanische Wendung über dem Orgelpunkt *d* (T. 74/75) und die sich anschließende Akkordkette über der chromatisch auf- und wieder absteigenden Baßlinie (T. 74-89) ausgedrückt.

Ungewöhnliche Terzbeziehungen erscheinen im *Polacca*-Teil in Verbindung mit dem Wort *Herzensdrang*: die Wendung G^7-E bzw. F^7-D (der Septakkord jeweils ohne Grundton) mit ihren dissonanten Vorhaltsformen (T. 118/119 bzw. 120/121) und der akzentuierte Wechsel zur Paralleltonart (T. 122/123) heben die Bedeutung des Wortes hervor. »Gezwungen« wirkt auch die Akkordfolge bei dem Text *ich hielte sie zu gut für jeden Zwang*: der gedehnte subdominantische Akkord der Takte 132-135 wird über eine alterierte Zwischendominante (Fis$^{v}_{5>}$) in eine Dominante geführt, die sich trugschlüssig auflöst (H-C) und in der Wiederholung des Schrittes mediantisch weiterschreitet (H-G; vgl. T. 138/139: *So verändert sich das Leben*)[63].

[62] vgl. S. 67, T. 6/7: D-H-e-C; T. 21-23: G-E-a-fis[vermindert]-G über Orgelpunkt *d*

[63] Im Finale des zweiten Aktes sind Kreuz- und b-Tonarten in der schon bei Vogler beobachteten Weise einander gegenübergestellt. Die Aufregung über den scheinbaren Verrat der Laura wird in mehreren wellenförmigen Bewegungen durch den Quintenzirkel ausgedrückt (S. 111-115). Don Gusmanns erste Aufforderung an die Anwesenden, sich zu beruhigen: *Mässsigen sie ihre Hitze, stecken sie den Degen ein* führt in einer neapolitanischen Wendung (S. 111, 2. System, 3. Takt) nach Es-Dur, ein D^v illustriert die erneut ausbrechende Wut der offensichtlich Gefoppten (S. 112, 5. Takt); Don Gusmanns endgültiges Gebot, einzuhalten (S. 115) wird mit der Wendung g-G-c-F-B,

Ein Beispiel für Danzis geschickte Verwendung der Subdominante findet sich im Finale des ersten Aktes. Die Wut der Cecilie (S. 39: *Ich schäume, ich rase, ich berste vor Wuth!*), die mit dem Wechsel von G-Dur zum wiederholten $D^{v}_{5>}$ (mit Tritonussprung *c-fis*) illustriert wird, kontrastiert mit der nachfolgenden subdominantischen Wendung des gelassenen Bastian: *Ich dächte, Herr Hauptmann, jezt könnten wir lachen* (verstärkt durch den liegenden Baßton), die Antwort des Hauptmanns: *Jezt blühet mein Weizen, jezt wachset mein Muth* kadenziert sogar zur Subdominante, bevor die aufgebrachte Cecilie die ursprüngliche G-Dur-Kadenz - nach Moll gewendet - zu Ende führt.

In der schlichten C-Dur-Arie der Julie (Nr. 15, S. 127-130) ist sowohl der mediantischen als auch der terzverwandten VI. Stufe ein eigener Abschnitt zugewiesen, wodurch die drohende *Melankolei* (die schon in T. 12 durch einen verminderten Septakkord angedeutet ist), die Julie zu verscheuchen versucht, ausgedrückt wird. Der As-Dur-Abschnitt, der dem ersten C-Dur-Teil unmittelbar folgt (S. 127, T. 21ff.) ist mit dem Text: *Doch ich fühl ein heimlich Beben* verbunden (Rückkehr über $D^{v}_{5>}$ zur Dominante G), der terzverwandte Abschnitt in a-Moll (S. 128, T. 68ff.) mit dem Text: *und doch zage ich und schwanke*.

also einer durch die eingeschobene Dur-Variante G betont quintenweise absteigende Form, verbunden (S. 115: *Friede! Sey das End vom Liede!*); dabei erweist sich der c-Moll-Sextakkord im Nachhinein als subdominantisches Es-Dur.

Wiederum unterstützt die Harmonik auch in Binnenteilen die Textausdeutung, z.B. im letztgenannten Abschnitt: T. 74/75: *und schwanke*: E^7-F; an die Rückkehr von F nach E (T. 84-87: *und dann ist die Eh' mein Grab*: F-$H^{v}_{5>}$-E) schließt sich ein Sprung von E-Dur in einen G-Dur-Septakkord an (T. 87: *Schwinde Grille*).

Schließlich sei noch der Anfang der Arie des Bastian (Nr. 16, S. 137) erwähnt, die die typische Doppeldeutigkeit einiger Danzischer Anfänge zeigt.

Die Folge g-F^7 (verkürzt) in T. 1-3 deutet auf eine Weiterführung nach B-Dur, statt dessen tritt D-Dur ein. In T. 5 folgt auf g-Moll der Sextakkord der Subdominante, es schließt sich ein F-Dur-Akkord an, und der eingeschobene verkürzte Septakkord in T. 7 löst sich dann überraschend nach A-Dur auf, so daß auf den Schwerpunkten der Takte 4, 6 und 8 die mediantisch bezogenen Tonarten D-F-A stehen; die Weiterführung erfolgt zuerst nach d-Moll (T. 8), dann in einem neuen Anlauf nach D-Dur, das sich in den folgenden Takten als Dominante von g-Moll erweist. Erwartet wird also die Auflösung des Taktes 14 nach g-Moll; statt dessen tritt das terzverwandte B-Dur ein, das dann durch Orgelpunkt und bestätigende Kadenzen befestigt wird. (Das scheinbar ziellose Hin und Her ist mit dem Text verbunden: *Doch Laura hat*

nicht Eile, das bin ich schon gewohnt, vor lauter langer Weile steh' ich, begaff' den Mond).

Die Beispiele für die textinterpretierende Verwendung terzverwandter und mediantischer Folgen, die die harmonische Sprache Danzis in vielen Abschnitten prägen und damit die auf quintbezogenen Akkorden beruhende Harmonik »zersetzen«, ließen sich nahezu beliebig vermehren[64]. Auch orgelpunktartige Bildungen, kombiniert mit dissonanten Oberstimmen, finden sich in dieser Oper in einer so großen Zahl, daß dieses Mittel fast zu einer Manier wird[65]. Zum Teil ist dabei die dissonante Wirkung durch die Dynamik noch zusätzlich betont[66].

Durch die freie Verwendung von Parallelen, Varianten, Trugschlußwendungen und durch die oft chromatische Stimmführung bzw. die manchmal nicht aus dem harmonischen Ablauf, sondern aus der Stimmführung resultierenden Akkordformen, erscheint die Harmonik Danzis in dieser Oper also durchaus von der »Norm« einer auf Quintbeziehungen aufgebauten Kadenz-Harmonik abzuweichen und weitgehend der Interpretation des komischen Sujets dienstbar gemacht. Insofern kann das zitierte zeitgenössische Urteil nicht überraschen. Da Danzi bei allem »Aufweichen« der Tonart in den Binnenteilen doch im Großen die Deutlichkeit des formalen Ablaufs und eine klare Disposition der Tonarten wahrt, konnten die Zeitgenossen von einer Verbindung von *Neuheit* und *seltener Klarheit* sprechen. Gleichzeitig sind damit Züge seiner Harmonik betont, die deutlich in die Romantik vorausweisen, so daß man in dieser Hinsicht zwar von einer konservativen Haltung Danzis selbst, kaum aber von einer konservativen Harmonik sprechen kann.

Von der harmonischen Sprache seines früheren Lehrers Vogler unterscheidet sich Danzi im Grunde nur durch die spezifische Form seiner »dissonanten Orgelpunkte« und den noch freieren Umgang mit Varianten und terzverwandten Formen. Die im Voglerschen System angelegte »Aufweichung« des quintenbezogenen Kadenzablaufs im Sinne einer eher »farbigen« Harmonik setzt sich in Danzis Werken fort, wobei für die Wertung einer solchen Harmonik als primär »ornamentaler« die Verwendung in ansonsten stabilen Abschnitten (ohne Schwächung der Gesamtform oder der Struktur) spricht.

Im Hinblick auf Danzis möglichen Einfluß auf Weber kann also nur davon ausgegangen werden, daß durch Webers Bekanntschaft mit Danzis Kompositionen bzw. unter dessen Anleitung die Tendenzen verstärkt wurden, die durch die Kenntnis

[64] Um die Häufigkeit wenigstens anzudeuten, seien einige markante Beispiele aus dem 1. und 2. Aufzug genannt (wiederum ist oft der zweite Akkord lediglich Zwischendominante, die Folge wirkt aber durch die betonte und gedehnte Form dieser Akkorde vielfach mediantisch): S. 20, 3./4. Takt: E-F (*ach wie schön*); S. 25, 3. System: Fis-A; S. 30, 3. System F-D (Druckfehler im KlavA); S. 31, 3. System: B-Ges; Seitenwechsel 33/34: B-D; S. 45, 4. System: F-A; A-C^7; S. 51 Mitte: D-B; S. 73 Mitte: B-G; S. 74 oben: C^7-A, unten: F^7-D^7; S. 75 unten: F-D^7, F-A; Seitenwechsel 77/78: D-B; 85/86: B-G; 91/92: B-G; S. 93: G-H^7; 96: C-E; 97: C-A; 103: F-A^7; 105: D-B usw. Erwähnenswert in diesem Zusammenhang ist auch der Beginn des zweiten Finale (S. 81/82), wo Danzi in humoristischer Weise die Worte *bald gieng es grad, bald gieng es schief* durch eine Reihe übermäßiger Akkorde innerhalb einer chromatischen Folge hervorhebt (T. 17-21: $D^{ü}$-Es-$Es^{ü}$-C-$E^{ü}$-F-$F^{ü}$-D) und sich so von quintbezogenen Folgen löst, obwohl die Führung der Einzelstimmen noch »Strenge« suggeriert.

[65] vgl. kon- und dissonante Formen im 3. Aufzug: S. 127, 3. System: *as*, 4. System: *g*; 129, 1. System *f*; 130, 1./2. System: *g*; 135, 2. System: *d*; 136, 2./3. System: *f*; 137, 2.-4. System: *b* bzw. *f*; 138, 1. System: *c*, 2. System: *f* usw.; 141, 2. System: *c*; 143, 1. System: *f*; 3. System: *g*; 144, 1. System: *f*; 3. System: *c*; usw., vgl. S. 145-148, 153, 155, 157, 158 usw.

[66] vgl. etwa S. 15, vorletzter Takt; S. 26, 11.-15. Takt; S. 111, 3. u. 5. Takt oder S. 120, 7. Takt

der Harmonik Voglers ohnehin ausgebildet waren, keineswegs aber die Entwicklung seiner harmonischen Sprache in andere Bahnen gelenkt wurde. Lediglich die Rückkehr zu der »dissonanten Orgelpunktform« und die spürbare Erweiterung des harmonischen Spektrums durch stärkeres Einbeziehen der Nebentonarten, dazu die weitere Aufwertung der Subdominante und der mediantischen bzw. terzverwandten Beziehungen (z.T. wie bei Danzi bei Abschnittsbildungen oder als Mittel der Interpretation), dürften zumindest teilweise eine Folge des Umgangs mit Danzi sein. Die Harmonik als wichtiges Mittel zur Interpretation eines Textes einzusetzen, lernte Weber aber somit sowohl im Umgang mit Vogler als auch mit Danzi. Bis auf die wenigen genannten Punkte dürfte sich der Einfluß beider in Webers Werken also kaum genauer unterscheiden lassen.

Webers Harmonisierung *nazional-karakteristischer* Melodien

Sieht man einmal von den zahllosen *Polacca*-Sätzen in Webers Oeuvre ab, läßt die verstärkte Zuwendung zu *nazional-karakteristischen* Themen in der Zeit nach der Wiener Begegnung mit Vogler schon rein äußerlich auf den Einfluß der *polymelodischen* Kunst des Lehrers schließen.

Noch in Breslau schrieb Weber eine *Romanza Carakteristica Siciliana* für Flöte und Orchester (JV 47, datiert 24. Dezember 1805) und eine *Overtura Chinesa* (JV Anh. 28, datiert 1. Juni 1806)[1]. Wenn man Rückschlüsse aus den übrigen, hier zum Teil bereits betrachteten Umarbeitungen Webers ziehen darf, die immer die ältere Fassung deutlich durchscheinen lassen, dürfte auch bei der Umarbeitung und Erweiterung des Werkes zur Schauspielmusik zu Schillers *Turandot* JV 75 im September 1809 in Stuttgart die ursprüngliche Gestalt der Ouvertüre als Variationenfolge kaum verändert worden sein, so daß das Werk als Beleg für die Behandlung fremdländischer Themen unmittelbar im Anschluß an den Wiener Unterricht bei Vogler gelten kann.

Vielleicht schon zu Beginn der Stuttgarter Zeit entstanden die *Variations sur un Air Norvégien* op. 22 (JV 61, im eigenhändigen Werkverzeichnis unter 1808), ferner in Ludwigsburg im Oktober 1809 das *Andante und Rondo Ungarese für die Alt-Viola* (JV 79). Erinnert sei außerdem an die *Masurik* in den vierhändigen Klavierstücken op. 10 (JV 84, November 1809) und an die *nazional-karakteristischen* Elemente der Violinsonaten op. 10: neben zwei *Polaccen* und einem *Siciliano* finden sich hier ein *Carattere Espagnuolo* und ein *Air Russe* überschriebener Satz (JV 99-104, Herbst 1810 in Darmstadt). Von hier aus setzt sich die Reihe der Werke, die *nazional-karakteristische* Elemente aufgreifen, in Webers Schaffen fort.

[1] In einem Brief vom 7. Februar 1807 bietet Franz Anton beide Werke dem Verleger Kühnel an. Das Beiwort *Carakteristica* stammt aus diesem Brief, in dem die Ouvertüre aufgeführt ist als *ouvertüre chinesisch Militärisch, nach einem ächt chinesischen Thema*, so daß man davon ausgehen kann, daß die Erweiterung des Schlagwerks in dieser Ouvertüre schon ein Kennzeichen der ersten Fassung war.

All diesen Kompositionen gemeinsam ist der variierende bzw. fantasieartig-variierende Charakter, so daß schon darin der Bezug zu Voglers Behandlung charakteristischer Themen gewahrt scheint[2].

Die kurze Flöten-*Romanze*, in deren Thema Max Maria von Weber *sarazenisch-sicilianische Original-Motive* verwendet glaubt[3], zeichnet sich durch eine eigenartig vage bzw. schwankende Bestimmung der Tonart aus. Das *d* des ersten Taktes wird durch den Flöteneinsatz als Auftakt zu einem zunächst in g-Moll erscheinenden Themenanfang empfunden, die Bestätigung der Tonart bleibt aber aus, da in T. 5 *d* nicht als Oktave der Dur-Dominante, sondern des d-Moll-Klanges erscheint, der in einer anschließenden, ausführlichen Kadenzformel (T. 7/8) als Tonika bestätigt, dann aber wieder durch die Erhöhung der Terz in T. 9 dominantisch umgedeutet wird. In T. 10 erscheint in der Wiederholung des Anfangsmotivs (in Gestalt von T. 4f.) g-Moll in der »instabilen« zweiten Umkehrung, erneut tritt dann d-Moll ein, und erst mit dem betont als Wendepunkt in der Melodie auftretenden es^2 erfolgt durch einen zwischendominantischen Einschub (T. 11: F^7-D^v) die Bestätigung von g-Moll (T. 12/13, ohne Subdominante!).

Bei der Wiederholung des Themas im Schlußabschnitt wird diese Instabilität der g-Moll-Tonalität durch die wiederholte Wahl der zweiten Umkehrung des Akkordes noch verstärkt. Nach dem ausgebreiteten dominantischen D-Dur (T. 41-43) erscheint das Anfangsmotiv in T. 44 in g-Moll mit *d* als Baßton (Kb., Posaune), in der variierten Wiederholung T. 46 ebenso (hier ist zusätzlich in der Viola das *d* durchgehalten, so daß es deutlich wahrgenommen wird) und nochmals in T. 52, bis dann g-Moll durch die Dur-Dominante, jedoch wiederum ohne Einbeziehen der Subdominante, bestätigt wird.

Bleibt so d-Moll die einzige, durch eine vollständige Kadenz bestätigte Tonart und daher die Melodie in ihrer Harmonisierung latent auf g-Moll und d–Moll bezogen, wird im Mittelteil mit variierten Bestandteilen des Themas harmonisch ähnlich mehrdeutig verfahren. Das erste Orchesterzwischenspiel in T. 14-21 beginnt und endet zwar in g-Moll, dazwischen werden aber c, Es, B und A (mit eingeschobener Zwischendominante in T. 17) berührt. Auffallend ist die Harmonisierung des Motivs von T. 18/19: Der Quartsextvorhalt in T. 18 löst sich eigentlich erst in T. 19 auf; eingeschoben ist ein g–Moll-Akkord, so daß diesem Motiv, das Weber auch nur mit einem A–Dur-Akkord hätte harmonisieren können, drei verschiedene Harmonien zugewiesen werden.

Nach einer scheinbaren Bestätigung von g-Moll (T. 22-24) wendet sich Weber über c-Moll nach B-Dur (Kadenz T. 27-29). Durch die Weiterführung des B^7 in einen G^v in T. 30 moduliert er dann »schleichend« wieder nach c-Moll, das in der bestätigenden Kadenz überraschend nach C-Dur gewendet (T. 33) und trotz erneuter Moll-Subdominante ein zweites Mal in der Auflösung nach Dur bestätigt wird (T. 34-37). In einer mediantisch wirkenden Wendung wird dann ein A^v eingeschoben, der sich in gedehnter Form als Zwischendominante zur eigentlichen Dominante D-Dur erweist, die zurück zur Wiederholung des Themas führt.

In diesen wenigen Takten erscheinen die kurzen Motive also in unterschiedlichsten Tonarten und verstärken den Eindruck eines harmonischen Reichtums, der

[2] vgl. dazu o., S. 153ff.

[3] vgl. MMW I, S. 105. Den nachfolgenden Ausführungen liegt die Neuausgabe des Werkes, Berlin: Lienau (S. 2321) zu Grunde.

durch die Doppeldeutigkeit in den Rahmenteilen bereits angedeutet wurde. Trotz der einfachen und klaren Großform (Thema T. 1-13, Mittelteil mit deutlicher Rückmodulation T. 14-43, Wiederholung des Themas T. 44-59) scheint die harmonische Einkleidung und Entwicklung der Motive also eher an möglichst großer Buntheit als an Eindeutigkeit und Zielgerichtetheit orientiert (vgl. Titel *Romanza*). Bezeichnenderweise ist in einer späteren Anzeige nach dem Erscheinen des erst postum veröffentlichten Werkes davon die Rede, daß die Begleitung die Melodie *durch sinnige und schöne Harmonieen und durch kräftige Zwischenschläge in den Zwischenspielen* [...] *hebt*[4]. Die Begleitung erscheint also nicht als zwingend notwendige harmonische Einkleidung, sondern sie bleibt mehrdeutig oder wirkt zufällig, so daß Voglers Forderung im *Polymelos*, von der Harmonie *unabhängige Melodien* auch als solche zu harmonisieren und damit den Charakter der Melodien zu wahren, erfüllt ist.

Noch deutlicher zeigt sich die Nachbarschaft zu Voglers *polymelodischen* Kompositionen in Webers *Overtura Chinesa*[5].

In dieser Ouvertüre, einer Folge von Thema und 6 Variationen mit kurzen Zwischenspielen, erscheint das aus Rousseaus *Dictionnaire* übernommene Thema[6] nicht nur in verschiedenen harmonischen Zusammenhängen oder versetzt auf andere Stufen, sondern auch in seiner Tonfolge durch freies Einfügen von Akzidentien verändert, so daß die Behandlung z.B. der in Voglers *Cheu Teu*, im *Air Barbaresque* oder im *Quarndansen* entspricht[7]. Episodische Einschübe oder kurze Zwischenspiele gehören darüber hinaus ebenfalls zu den Bestandteilen vieler variierender Formen des *Polymelos*. Besonders mit dem *Air Chinois: Cheu Teu* gibt es trotz der phantasieartigeren Behandlung bei Vogler einige Gemeinsamkeiten[8]. Beide Melodien werden zunächst einstimmig (bei Weber mit rhythmischer Grundierung durch die Militärtrommel) vorgetragen und erweisen sich als tonal zweideutig. Voglers *Air Chinois* deutet zunächst auf G-Dur, wird aber in C fortgesetzt; dem Thema aus Rousseaus *Dictionnaire* fehlt trotz des nur einmal überschrittenen Oktavrahmens g^1-g^2 die Eindeutigkeit wegen der fehlenden 7. Stufe (die nur einmal im 3. Takt, dann aber als kleine Sept auftritt) und durch die häufige Verwendung der 6. Stufe, so daß abwechselnd e und G als tonale Zentren möglich scheinen[9].

Vogler harmonisiert sein Thema zunächst über dem Orgelpunkt *g* auf G-Dur bzw. C-Dur bezogen aus. Weber beschränkt sich in seiner 1. Variation fast ausschließlich auf die Baßtöne *g* und *d*, harmonisiert wird die Melodie also eigentlich in G-Dur. Sogar das *f*, das im 3. Takt des Themas auftritt, scheint hier als Bestandteil von G-Dur zu *fis* erhöht; zugleich findet sich in diesem Takt mit *fis* der einzige abweichende Baßton[10]. Geschwächt wird die Tonart durch die häufige Interpretation

[4] vgl. *AMZ* 41. Jg. (25. Dezember 1839), Sp. 1042/1043, zitiert bei Jähns: *JV* 47, S. 60

[5] Autograph DSB Berlin, Weberiana, Mus. ms. autogr. C. M. v. Weber WFN 4 (1); Neuausgabe von Hans-Hubert Schönzeler, Zürich: Eulenburg, 1976

[6] vgl. dazu *JV* 75, S. 88/89

[7] vgl. Vogler: *Pièces de clavecin*, a.a.O., S. 7-9, 20-22 u. 30-32 bzw. Neuausgabe von Grave, a.a.O., S. 8-12, 30-34 u. 49-55; zu dem *barbaresken* Thema vgl. auch Voglers *Kreuzfahrer*-Ouvertüre SchafhäutlV 168

[8] vgl. Ausgabe von Grave, a.a.O., S. 8-12

[9] Der Reiz dieses exotischen Themas besteht daneben auch in der metrischen Verschiebung bei der Addition der Einzelpartikel.

[10] In der Neuausgabe erscheint im Thema *f* (T. 21); der Baß müßte dann entsprechend zu *f* geändert

des *e* in der Melodie als Terz einer Wechsel-Subdominante und durch das zweimalige Auftreten der Dominante ohne deren Terz *fis*[11].

In der 2. Variation (T. 32-44) bleibt das Thema melodisch noch unverändert, während Vogler in seiner ***Phantasie*** nach einer kurzen Erweiterung bereits die Anfangstakte des Themas auf unterschiedliche Stufen versetzt und dabei teilweise frei Ganz- und Halbtonschritte austauscht. Weber versetzt das Thema in dieser Variation deutlich in den C-Dur-Bereich; die G-Dur-Akkorde treten überwiegend mit kleiner Sept auf (T. 32, 34, 36), und die Kadenzformel des 3. Taktes löst sich nun auch nach C-Dur auf. Erst im 7. Takt des Themas wird durch die Doppeldominante D-Dur und den eingeschobenen H^{v} überraschend nach e-Moll geleitet, das, verbunden mit einem Wechsel der Instrumentation, zwei Takte lang beibehalten wird, bevor die Rückkehr nach C-Dur erfolgt.

Ein kurzer, um d-Moll bzw. g-Moll kreisender Zwischenteil führt zur 3. Variation, in der das Thema nun frei mit Zusatzakzidentien versehen und mit einer neuen, aus Motiven der Überleitung abgeleiteten Unterstimme kontrapunktiert wird. Das Thema beginnt harmonisch in g-Moll und wird nach mehreren Zwischenstufen (Es-g-e[vermindert]-C^{v}-A^{v}-D^{7}-H^{7}-e-C) nach e-Moll gewendet (T. 60ff.), das im zweiten Teil bestimmend bleibt.

Wiederum führen einige modulierende Takte (T. 69-73: G^{7}-C/C^{7}-f/F^{7}-b/E^{v}; mit enharmonischer Umdeutung in T. 73: E^{v} statt des erwarteten B^{v}) zur 4. Variation, in der das Thema nun um einen Ganzton nach unter versetzt erscheint und in der Harmonisierung zwischen d-Moll und F-Dur schwankt (T. 74-86). Trugschlüssig schließt sich die 5. Variation an (T. 87ff.), die das im Baß um eine kleine Terz höher transponierte Thema zunächst nach g-Moll wendet[12] und dann abbricht, um in T. 91 noch einmal auf orginaler Tonhöhe mit Takt 1ff. (versetzt in die Violinen) zu beginnen, diesmal ausschließlich mit erniedrigenden Akzidentien versehen in c-Moll bzw. Es-Dur harmonisiert (T. 91-99). Noch einmal bricht das Thema nach einer neapolitanischen Wendung in T. 98 im 9. Takt ab und wird nun ab dem 5. Takt wieder aufgegriffen und in melodisch unveränderter Gestalt nach G-Dur gewendet zu Ende geführt (T. 100-108, Kadenz T. 101-103). So beginnt auch die letzte Variation (T. 113), die schon im 2. Takt in einer überraschenden mediantischen Wendung nach E-Dur versetzt und ebenso unerwartet durch die dominantische Interpretation des 3. Thementaktes nach C-Dur weitergeführt wird (T. 113-115). Im zweiten Teil des Themas sind dann noch einmal die unterschiedlichen Möglichkeiten der harmonischen Ausdeutung auf engstem Raum zusammengefaßt (T. 120-125: G-D-H^{7}-e-G^{v}-C-G-A^{v}-D^{6}_{4}-D^{7}-G), bevor das Werk mit einer kurzen Coda in G-Dur abschließt.

Weber nutzt hier also bewußt die unterschiedlichen Deutungsmöglichkeiten der Melodietöne aus und verhindert dadurch eine eindeutige harmonische Festlegung

werden, so daß eine Kadenzwendung nach C-Dur entsteht, die zwar nach dem Thema, nicht aber nach der Begleitung möglich ist. Ob Weber eine solche Verunsicherung der Tonart beabsichtigte, scheint nach dem Autograph aber zweifelhaft, denn ein Auflösungszeichen fehlt in diesem Takt. Die häufige Verwendung der zweiten Umkehrung der Subdominante C-Dur in dieser Variation läßt aber diese Interpretation durchaus möglich erscheinen.

[11] vgl. T. 25 bzw. 31; die Achtelnoten können auch als Vorhalte bzw. Nachläge zu den Akkordbestandteilen der zweiten Umkehrung der Tonika G-Dur interpretiert werden.

[12] Wie schon in T. 58 ist in T. 89 um der harmonischen Eindeutigkeit willen das 7. Achtel des Themas verändert.

des Themas. Er entspricht damit sowohl den bereits erörterten theoretischen Forderungen Voglers im Zusammenhang mit den ***unabhängigen Melodien*** als auch den entsprechenden praktischen Vorbildern in dessen ***polymelodischen*** Kompositionen. Die fehlende harmonische Eindeutigkeit des Themas wird, wie etwa in einigen Stücken in Voglers *Pièces de clavecin*, zu einer möglichst bunten harmonischen Einkleidung genutzt. Wie Vogler z.B. im *Quarndansen*[13] die ersten beiden Thementakte nicht nur in der Versetzung nach Moll, sondern auch mit verschiedenen, vor allem terzverwandten Begleitharmonien verwendet[14], so bemüht sich Weber in entsprechender Weise um harmonische Vielfalt. Auch die zusätzlichen Akzidentien im Thema und die Versetzung auf andere Stufen als weitere Mittel der Steigerung des Eindrucks haben ihr Vorbild in den Werken Voglers.

Dieses Bestreben, die ***nazional-karakteristischen*** Melodien in besonderer Weise harmonisch reichhaltig einzukleiden, zeigt sich auch in den übrigen genannten Werken aus der Schaffenszeit bis 1810/1811.

Das *Andante*-Thema des *Ungarese* JV 79 (c-Moll)[15] wendet sich im Mittelteil nach g-Moll und führt in einer neapolitanischen Wendung zurück nach c (T. 10-17), in der 2. Variation erscheint es um eine Terz versetzt in As-Dur (T. 40ff.). Das C-Dur-Thema des *Rondo* schließt im Nachsatz in e-Moll; Terzverwandtschaft herrscht dann auch in den weiteren Abschnitten vor (vgl. T. 24: e; 25-32: C; 33-40: a; 41ff.: C; 76/77: G-E usw.). Auffallend ist ferner die Verwendung eigener Abschnitte in der Subdominanttonart (T. 113ff.), in der Mollvariante der Subdominante (T. 150ff.) und in der Mediante As-Dur (T. 162ff.). In einer Rückleitung zum Hauptthema tritt dessen Variante zunächst in Es-Dur ein (T. 174/175), bevor dann in T. 184 die Orginalgestalt in C-Dur folgt. Schließlich erscheint das Thema in einer harmonisch besonders reichhaltigen Form (T. 196-203), dann wird der Themenkopf pseudoimitatorisch durch die Tonarten C-A-d-D^7 versetzt (T. 211-218), und mit der Akkordfolge g-Es-Es^7-D^v-G^6_4/C-A-d-E^7-a-C^7-F (T. 220-230) in die abschließende C-Dur-Kadenz geleitet. Trotz der abweichenden Form dieses Werkes wird also auch hier großer Wert auf harmonische Reichhaltigkeit gelegt.

In ähnlicher Weise sind in dem *Carattere Espagnuolo* der 2. Sonate des op. 10 betont die Paralleltonarten mit einbezogen[16]; im Mittelteil dieses G-Dur-Satzes sind e, a und C die bevorzugten Tonarten (vgl. T. 35-54), und kleine überraschende Wendungen, wie etwa in T. 75 von G über H nach C und zurück über A zur Dominante D-Dur, beleben den harmonischen Ablauf. Das *Air Russe* der 3. Sonate ist wieder deutlich in variationsähnlicher Form ausgearbeitet, wobei dem schlichten Wechsel zwischen d und A in T. 1-11 (bzw. mit figurierter Begleitung T. 12-22) in der Wiederholung des Themas zunächst ein Wechsel E^v-A-d-E^v-A (T. 41-46) gegenübergestellt ist. Es folgen eine nach D-Dur gedeutete bzw. im zweiten Teil fis–Moll und Fis-Dur einbeziehende Fassung mit melodischen Varianten (T. 47-57) sowie nach mehreren Sequenzen eine achtelweise besonders reichhaltig ausharmonisierte

[13] *Pièces de clavecin*, a.a.O., S. 30-32 bzw. Neuausgabe, a.a.O., S. 49-55

[14] vgl. besonders Variation 3, 4 u. 12 bzw. 5 u. 11 mit dem Phantasieteil

[15] Partiturautograph SB Berlin SPrK, Mus. ms. autogr. C. M. v. Weber, Nachlaß Jähns I. 5; Neuausgabe von Georg Schünemann, Mainz: Schott's Söhne, 1938. ***Charakteristisch*** wirken in diesem Werk sowohl das *siziliano*-hafte *Andante*-Thema als auch das Thema des *Rondo Ungarese*.

[16] Autograph der Violinsonaten op. 10, JV 99-104 Darmstadt LHB, Mus. ms. 1166; Neuausgaben Leipzig: Peters, Nr. 9382 bzw. München: Henle, HN 182

Wiederholung in T. 70-80. Erneut weiten die Zwischenteile das Tonartenspektrum zusätzlich aus[17].

Schließlich sei noch auf die Variationen op. 22 hingewiesen[18], da sie wiederum in besonderer Weise die Abhängigkeit von Vogler belegen. Es ist bisher unbemerkt geblieben, daß das Thema dieser Variationen mit jenem der *Dole-vise*-Variationen Voglers, die Weber offensichtlich sowohl in der ausführlichen Form als auch in der kürzeren des *Polymelos* kannte, identisch ist[19]. Wiederum handelt es sich dabei um ein Thema, das einer harmonisch mehrdeutigen Interpretation offensteht.

Zwar ließen sich alle Teile des aus zwei- bzw. eintaktigen Einheiten zusammengesetzten 12taktigen Themas mit d-Moll bzw. der Dominante A-Dur harmonisieren, doch läßt der wiederholte Beginn der Melodie auf der Quinte *a* die Interpretation nach d-Moll nicht zwingend notwendig erscheinen. Entsprechend begegnet das häufig wiederholte *a* bei Vogler sowohl als Grundton, als Quinte und als Terz eines Akkordes. Der mediantische Wechsel von A-Dur nach F-Dur wird von beiden Komponisten bereits in der Vorstellung des Themas ausgenutzt. Vogler spart ihn für die Wiederholung des 9. Taktes auf, die wesentlich zur Eigenart des Themas beiträgt. »Avancierte« harmonische Formen begegnen dagegen bei ihm schon in den ersten Takten. Der in dieser Form bei Vogler seltene »falsche« Vorhalt der Dominante über dem Tonikagrundton in T. 4, die trugschlüssige Wendung von A-Dur nach B-Dur in T. 5/6 und die Doppeldominante in T. 8 bereichern die Harmonik schon im ersten Erklingen des Themas. Die Möglichkeit, auch den ersten Ton bereits nach F-Dur zu deuten, nutzt Vogler erst in der 1. bzw. deutlicher in der 4. (Druck: 2.) Variation aus.

Vogler: *Dole vise*, Thema

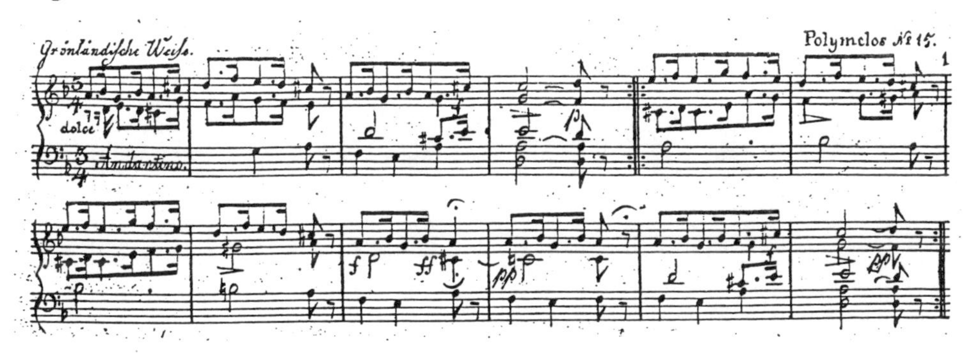

[17] vgl. Verwendung der Molldominante in T. 27-30, der Parallele F-Dur in T. 31-40 oder die Sequenzkette in T. 61-69: D-H^7-e-C-e-A^7-D

[18] Neuausgabe Berlin: Schlesinger, S. 5586

[19] Gedruckte Fassung mit 6 Variationen vgl. *Polymelos* (München) Nr. 15; handschriftliche Fassung mit 16 Variationen vgl. Darmstadt LHB, Mus .ms. 1071. In Darmstadt sind außer der Fassung für Klavier mit Orchesterbegleitung Fragmente einer Umarbeitung für Violine und Orchester (1071a) erhalten. Vogler bezeichnet das Thema in einem Brief vom 24. Juli 1806 als *ein seltenes nordisches Lied*. Zu Webers Kenntnis des Werkes vgl. biographischer Teil, S. 69.

Weber dagegen beginnt scheinbar in F-Dur, wendet sich in T. 2 zur Parallele, wiederholt diese Folge und beläßt den Mittelteil über einem Orgelpunkt *a* zwischen d-Moll und A-Dur »schwankend«, setzt beide Eintakter (T. 9/10) nach F-Dur und schließt dann in d-Moll ab. Seine Harmonisierung ist also schlichter, stellt aber gleichzeitig die Doppeldeutigkeit des Themas deutlicher heraus. Erst in der 1. Variation greift Weber die Doppeldominante (T. 2/8) auf und wendet sich trotz des F-Dur-Beginns dann deutlich nach d-Moll (vgl. vollst. Kadenzformel T. 9-12), den trugschlüssigen Schritt A-B spart er für die 6. Variation auf, wo er ihn allerdings sehr wirkungsvoll einsetzt (vgl. T. 7/8).

Auffallende Übereinstimmungen bestehen zwischen dem ersten (bzw. dem identischen letzten) Teil der 1. (handschriftlichen) Variation Voglers und den entsprechenden Takten in Webers Variation 2:

In T. 1 und 3 stimmen die Spielfiguren der rechten Hand (in beiden Fällen mit *legato*-Vorschrift) vollkommen, in T. 2 und 4 weitgehend überein, nahezu identisch ist entsprechend die Baßführung. Gemeinsam ist beiden Werken außerdem eine Dur-Variation in Form einer *Polacca*, bei Vogler als 14. (im Druck: Nr. 5); bei

Weber als letzter Variation mit *coda*-artiger Erweiterung. Eine zweite Dur-Variation ist bei Vogler als breit ausgesponnenes *Cantabile grazioso* (Var. 9, Druck Nr. 4: *Cantabile. Adagio*) angelegt; bei Weber findet sich eine schlichtere zweite Dur-Variation in Nr. 4. Auffallend ist dabei die Interpretation des wiederholten 9. Taktes mit der Folge D-fis, wobei a^2 als Terz des fis-Moll-Akkordes, *gis* als Quint eines Cis-Dur-Septakkordes auftritt, eine Möglichkeit, die über Voglers Fassung hinausgeht. Während Vogler vor allem in Variation 4 (2) und 15 (6) zum Teil chromatische Mittelstimmen eingefügt hat, bevorzugt Weber besonders in seiner *Polacca* chromatische Vorhaltsbildungen in Form kompletter chromatischer Vorhaltsakkorde oder Wechselklänge.

Ein Vergleich identischer Thementakte zeigt also auch hier das Bemühen um harmonische »Buntheit« bzw. ein Vermeiden eindeutiger Festlegung. Die unterschiedliche Interpretation der Melodietöne zieht dabei notwendigerweise eine verstärkte Ausnutzung nah oder entfernt terzverwandter Akkorde nach sich. Der zusätzliche Impuls, den Webers harmonische Sprache durch diese Art von Harmonisierung erhielt, hat sich auch auf andere Werke ausgewirkt. So wurde bereits erläutert, daß das Prinzip unterschiedlicher Deutung der Melodietöne in den Variationswerken op. 7 (*Vien quà, Dorina bella*) und op. 40 (*Air Russe*) ebenfalls angewendet ist, bzw. die späteren Variationswerke generell neben der virtuosen auch eine harmonisch reiche Ausgestaltung aufweisen[20].

Weber wurde durch die Darmstädter Kontakte zu Vogler erneut auf Werke aufmerksam, in denen Vogler die Vielfalt seiner Harmonik trotz einschränkender Vorgaben zu demonstrieren suchte. Auf die in diesem Zusammenhang enstandenen Bach-Verbesserungen wurde schon hingewiesen[21]. Ferner hatte Weber in Wien Voglers *Trichordium* (SchafhäutlV 165) kennen gelernt, das auf einem dreitönigen Thema Rousseaus (textiert von Meissner) basiert und als Werk für Soli, Chor und Orchester konzipiert ist[22]. Die einzelnen Strophen dieses Themas hat Vogler in Form von Variationen behandelt und variierende instrumentale Zwischenspiele eingeschaltet. Neben der harmonischen Veränderung ist dabei besonders die unterschiedliche orchestrale Einkleidung von Interesse.

Um ein ähnliches Werk handelt es sich bei der *Die Scala7 oder personifizierte Stimmbildung und Singkunst* betitelten Komposition, die Vogler seinen Schülern erstmals am 15. Juli 1810 anläßlich seiner Geburtstagsfeier vorspielte und die er im Druck auf dem 25. August 1810 datierte[23]. Solosopran, Chor und Orchester variieren in ständiger Steigerung der Mittel die *Scala*, wobei die zunehmende *Singkunst* bzw. die *Stimmbildung* der Solistin sozusagen programmatisch gedeutet ist. In einer kurzen, den Partiturdruck begleitenden Zergliederung gibt Vogler an, er habe in dieser Komposition die Lösung der schon im Jahre 1777 öffentlich gestellten Aufgabe, nämlich das *Geheimniss, wie 4 Stimmen in 16 Harmonien, jede eine Scale*

[20] vgl. o. S. 131f.

[21] vgl. o., S. 159ff.

[22] Im Klavierauszug gedruckt bei André, Offenbach, PN 3469; vgl. o., S. 68 und die Besprechung durch Gottfried Weber, *AMZ* 17. Jg. (2. August 1815), S. 513-518. Weber hat dieses Werk in seiner Breslauer Zeit zweimal aufgeführt, vgl. Maria Zduniak: *Webers Wirken am* [...] *Brelauischen Theater*, a.a.O., S. 251.

[23] vgl. Partiturdruck Offenbach: André, PN 3477 u.o., S. 104

hinauf und herunter singen können angewandt[24]. Die Mannigfaltigkeit und harmonische Dichte seiner Komposition äußere sich besonders gegen Ende des Werkes: *Die Schlußrede wimmelt von Tonleitern, sogar die Paucke liefert die alte griechische Scala zu 4 Tönen Tetrachordon oder Tongevierte genannt. Mit dieser mannigfaltigen und engen (lo stretto) Zusamenstellung von der einfachen Scala endigt eine kleine Phantasie des Wünschevollen Herzens* [...][25].

In diesem Zusammenhang muß auch die neue Ouvertüre zur Oper *Samori* genannt werden, die allerdings erst Anfang 1813 entstand[26]. In einem Brief an den Darmstädter Großherzog Ludewig I., dem Vogler am 13. Februar 1813 die Partitur des Werkes übersandte, heißt es zum ersten Satz:

> *Das erste Allegro gründet sich auf den Marsch zum Einzug des Nabobs. Da bei den indischen und abyssinischen Regenten die Paucken eine Stufenreihe von Rang schildern,* [...] *so spricht die Paucke den Stof zum ersten Allegro kurz aus, der alsdann weit ausgedehnt und durchgeführt wird.*

Vogler hat hier aus einem *Schlußfall*-Modell als thematischer Keimzelle einen ganzen Satz entwickelt und in variierender Form durchgeführt[27].

[24] vgl. o., S. 184 bzw. NB aus dem Partiturdruck, S. 7 (es handelt sich um eine der bei Vogler häufigen gegenläufigen Terzketten)

[25] vgl. auch den Bericht über eine Frankfurter Aufführung am 19. Dezember 1814, *AMZ* 17. Jg. (8. Februar 1815), Sp. 93: *Es folgte: die Scala* [...] *Es ist dies ein etwas sonderbares, und allerdings sehr zweckmässiges Stück zur Bildung der Stimme und des Vortrags, für die Chöre sowol, als auch, und ganz besonders, für die Solostimme, welche hauptsächlich gezwungen wird, ihren Ton in der Scala rein zu halten, ihm genau die vorgeschriebene Dauer und Modification zu geben, während Chor und Orchester in anderer Bewegung begleiten. Doch ist es nicht blos ein originelles Schulstudium, sondern macht auch viele und angenehme Wirkung.*

[26] Da Weber nach seinem Wiener Zusammentreffen mit Vogler im April 1813 noch im Sommer des Jahres die Partitur des *Samori* für Prag bestellte (vgl. o., S. 112), kann davon ausgegangen werden, daß er dabei auch die neue Ouvertüre erhielt, die zudem durch die Drucklegung (Offenbach: André, PN 3689, ca. 1817) weitere Verbreitung erfuhr.

[27] vgl. dazu die kurze Beschreibung des Verfassers in: VeitM, S. 121-124

Immer wieder steht in Voglers Arbeiten dieses Problem der unterschiedlichen »Einkleidung« bzw. Verwendung eines nahezu unveränderten motivischen Materials im Mittelpunkt. Die entwickelten Verfahren haben ornamentalen oder koloristischen Charakter, eine »Verarbeitung« im klassischen Sinne, d.h. eine Metamorphose der thematischen Gestalten, findet dabei nicht statt. Daher nehmen die variierenden Verfahren in seinem Werk eine viel größere Rolle als entwickelnde Formen ein.

Weber ist diesem vorgegebenen Muster weitgehend gefolgt. Besonders die harmonische Behandlung der Themen, wie sie sich etwa noch im *Zigeunermarsch* der *Preciosa*-Ouvertüre zeigt[28], d.h. eine harmonisch reichhaltige Einkleidung, die terzverwandte oder mediantische Akkordbeziehungen ausnutzt, damit von der quintbezogenen streng funktional-harmonischen Ordnung abweicht und die Harmonik eher als Farbwirkung einsetzt - dies alles ist bereits im Frühwerk im Anschluß an den Unterricht bei Vogler voll entwickelt und später nur noch modifiziert, nicht aber grundsätzlich verändert worden. Die koloristische Funktion der Harmonik (oft durch den Kontrast zu rein funktionalen Abschnitten umso deutlicher empfunden), die Webers Werke auch später kennzeichnet, hat ihren Ursprung in den Anregungen, die Weber durch die theoretischen und praktischen Werke seines Lehrers Vogler empfing. Daß diese Art der Harmonik in den Werken der späten Mannheimer (speziell der Schüler Voglers) bereits vorgeprägt ist, zeigt sich auch am Beispiel Danzis[29]. Er hat die Bahnen, in die Weber durch das Vorbild Voglers gelenkt worden war, eher vertieft, als ihn in andere Richtungen gelenkt.

[28] vgl. die Kontrastierung von C und A und die Verwendung der Nebenstufen, die den »fremdländischen Charakter« wesentlich mitbedingt; ähnliches gilt im ersten *Allegro*-Teil.

[29] vgl. auch die Anmerkungen zur Harmonik in den Sinfonien des Vogler-Schülers Peter von Winter in: VeitM, S. 181/182

Beobachtungen zur Instrumentation Webers

Die Veränderungen in Webers Instrumentation

Vergleicht man im Hinblick auf die Instrumentation den 1802 vollendeten *Peter Schmoll* mit den nur wenige Jahre später entstandenen Werken der Breslau/Carlsruher Zeit oder gar mit der 1810 vollendeten *Silvana*, so zeigen sich schon nach oberflächlicher Betrachtung tiefgreifende Unterschiede in der Orchesterbehandlung. Die differenzierte Verwendung von Bläsern und Streichern, die zielsicher zu bestimmten Effekten eingesetzt werden, verrät eine genauere Kenntnis vor allem der Wirkung der Blasinstrumente und der tiefen Streicher. In der Weber-Literatur hat es sich seit Max Herre und Paul Listl eingebürgert, diese Veränderungen in der Instrumentation (besonders der *Silvana*) mit dem Einfluß Danzis in Verbindung zu bringen[1]. Erwin Kroll warnte 1934 davor, in diesem Punkt Danzis Einfluß zu überschätzen[2]:

> *Gewiß verdankt Weber dem Freunde, daß* [...] *er seine harmonischen und instrumentalen Mittel bereicherte, daß er sanglicher für Stimmen sowohl wie für Instrumente schrieb, daß er einzelne Instrumente wie Celli und Holzbläser in ungewöhnlichen Lagen charakteristisch verwendete* [...], *aber die Keime zu einer solchen Entwicklung lagen* [...] *doch schon in dem Knaben Weber.*

Um den Einfluß Danzis in dieser Hinsicht genauer beurteilen und von dem Voglers unterscheiden zu können, sollen im folgenden zunächst die wichtigsten Veränderungen in der Verwendung der einzelnen Instrumente in Webers Werken beschrieben werden, um anschließend in einem Vergleich mit der Orchesterbehandlung bei Danzi und Vogler Gemeinsamkeiten bzw. Unterschiede aufzuzeigen. Da Weber unmittelbar unter Voglers Anleitung in Wien keine Orchesterwerke schrieb, können zur Beurteilung dieser Frage nur jene Kompositionen herangezogen werden, die im Anschluß an die Wiener Zeit bis zum Darmstädter Aufenthalt 1810 entstanden, wobei eine Reihe von Werken (darunter die beiden Sinfonien, die *Romanza Siciliana* und die *Rübezahl*-Fragmente) noch vor die Begegnung mit Danzi fallen, so daß eine Unterscheidung möglich wird. Der Wandel in der Verwendung von Bläsern und Streichern kann dabei nur durch einige ausgewählte Beispiele aus Webers Werken illustriert werden.

Betrachtet man unter den Holzbläsern zunächst die Flöten, kann man feststellen, daß in den Werken Webers, die vor der Begegnung mit Vogler entstanden, der Tonumfang auf d^1 bis e^3 (im *Waldmädchen*) bzw. g^3 (im *Peter Schmoll*) beschränkt bleibt und außerdem der höchste Ton noch relativ selten zu finden ist. Im Satz mit den Oboen oktaviert die Flöte I oft die zweite Oboe, während die Flöte II vielfach den Akkordton zwischen beiden Oboen ausfüllt. Dies bleibt ein Charakteristikum des akkordischen Oberstimmensatzes auch in späteren Werken, allerdings fällt auf, daß Weber den bis a^3 erweiterten Tonraum besonders im oberen Bereich nach 1803

[1] vgl. biographischer Teil, S. 20-22

[2] Kroll, a.a.O., S. 129

stärker ausnutzt und auch die Flöte II oft höher als g^2 notiert wird. Deutlich davon unterschieden wird nun das tiefere Register, das nach unten bis c^1 ausgeweitet[3] und im Orchesterklang (z.T. an die Bratsche gekoppelt) lediglich als »Klangfarbe« eingesetzt wird[4]. Darin scheint sich Voglers wiederholter Hinweis auf den unterhalb g^2 nicht mehr deutlich durchdringenden Klang der Flöte widerzuspiegeln[5]. So hat Weber bei der Umarbeitung der *Schmoll*-Ouvertüre die Flöten zwar mehrfach nach oben verlegt, damit die Oberstimme deutlicher durchdringt[6], andererseits aber die tiefere Lage als nicht überdeckende Klangfarbe eingesetzt: In der Ouvertüre fügt er in T. 110-117 eine Flötenstimme ein, die g^2 nicht überschreitet und damit das Thema von Klarinette und Fagott nicht beeinträchtigt. In der Umarbeitung der Nr. 9 des *Schmoll* als Einlage zum *Freybrief* oktaviert er die Flöte bewußt, um die Linie des Soloinstrumentes nicht zu überdecken[7]. Dennoch bevorzugt Weber auch weiterhin die hohe Lage, und die Bindung an die ersten Violinen bzw. die obere Singstimme (*unisono* oder in der Oktave) wird nur zum Teil abgeschwächt. Im Zusammenklang werden neben Terzen und Sexten nun auch Oktaven häufiger.

Im *Peter Schmoll* fallen die als Ersatz für die Traversflöten verwendeten Piccoli auf[8]: Sie bewegen sich stets mit einer charakteristischen Figuration zwischen d^2 und c^4 (klingend)[9], und da sie meist zusammen mit tieferen Bläsern eingesetzt sind[10], bleiben sie als Oberstimme deutlich vom übrigen Satz getrennt. Den entstehenden großen Zwischenraum hat Weber in späteren Werken vermieden, indem Piccoloflöten nur gemeinsam mit Traversflöten (bzw. eine Piccolo mit einer Traversflöte) erklingen und auf besondere Effekte beschränkt bleiben[11].

3 in der *Romanza Siciliana* notiert Weber in T. 36 sogar einmal *b*

4 z.B. in der nur mit einer Flöte besetzten 2. Sinfonie, 1. Satz, T. 200-205 (dagegen hohe Lage in T. 211ff.) oder 2. Satz, T. 11-14 u. 16-20

5 vgl. *Betrachtungen* I, S. 325 oder: *Über die Musik der Oper Rosamunde*, in: *Rheinische Beiträge zur Gelehrsamkeit* 1780, Heft 6, S. 507: [...] *wer wird jemals die zweite Flöte, wenn sie tief geht, und noch dazu ein*[en] *Hauptgesang vorträgt, in einer mit dem Baß fast wesentlich fünfstimmigen Harmonie hören?*

6 vgl. *Schmoll*-Ouvertüre A/N: T. 44-48, 54-62; A: T. 111 / N: T. 121; A: T. 127-132 / N: T. 137-142; A: T. 149-158 / N: T. 159-168 u.ö.

7 vgl. A: T. 97ff. mit den entsprechenden Takten der Umarbeitung: die Flöte bewegt sich nun zwischen d^1 und g^2 statt zwischen d^2 und d^3. Gerne setzt Weber auch tiefe Terzen als Klangfarbe ein; vgl. *Silvana* Nr. 4 (Anhang), T. 58-64 (mit Sekunden wechselnd), Nr. 11, T. 75/76, als besonderer Effekt zu Streichern in Nr. 17, T. 30/31. Vgl. auch Nr. 9, T. 22-26, 30-32 u. 139-142; Nr. 15, T. 212-246; Nr. 16, T. 2-10 u. Nr. 17, T. 3-5 u. 12/13. Andererseits erschien Weber die melodieführende Flötenstimme in der *Schmoll*-Ouvertüre T. 11/12 offensichtlich zu tief, so daß er sie in der Neufassung der Klarinette anvertraute. - Die Verwendung in der Ouvertüre zum *Freischütz* oder zu *Euryanthe* unterscheidet sich nicht wesentlich von den schon hier feststellbaren Charakteristika.

8 vgl. Nr. 7, 15 u. 18; in Nr. 14 sind dagegen als Ersatz *Flauti dolci* im Umfang g^1-as^2 eingesetzt

9 Nr. 7: Terz-Sext-Ketten, Nr. 15 im *unisono* und wellenförmigen Skalen, in Nr. 18 im Solo mit Dreiklangsbrechungen

10 in allen Nummern mit Hörnern, in Nr. 15 zusätzlich Posaunen, in Nr. 18 Fagotte

11 In der *Silvana* jeweils eine Piccoloflöte in Nr. 3 (T. 13-20 mit Oboe), Nr. 8 und Nr. 16 (Gewittermusik); eine *Flauto ordinaire* und eine Piccolo in der *Turandot*-Musik, im *Abu Hassan* (dort im Schlußchor mit tiefen Klarinetten kombiniert!) und in der Ouvertüre zum *Beherrscher der Geister*. Oft ist die Piccoloflöte eine Oktave unter der gewöhnlichen Flöte notiert, klingt mit dieser also *unisono*.

Die Oboen sind in den beiden frühen Opern (abgesehen von solistischen Passagen) meist noch paarweise an die Hörner gekoppelt und treten offensichtlich wahlweise mit den Flöten auf[12]. Der Umfang erstreckt sich in diesen Werken vom c^1 bis zum d^3 bzw. vereinzelt auch e^3, wobei die höchsten Töne nur angewendet werden, wenn die Flöten fehlen und die Oboen die Oberstimme des Satzes bilden; ansonsten findet sich die beschriebene »Verzahnung« mit den Flöten, und die Oboen bewegen sich vorwiegend in der Oktave a^1-a^2 (*fis*^{1} wird selten unterschritten) in Terz- und Sextintervallen[13].

Der Umfang wird in den Werken der Breslau/Carlsruher Zeit lediglich zum f^3 erweitert[14]. Die beiden Stimmen verselbständigen sich nun aber gelegentlich, so daß die zweite Oboe sich etwa bei einer solistischen Linie der ersten an den Begleitfiguren der übrigen Instrumente beteiligt[15], und die extremen Lagen, sowohl in der Tiefe als auch besonders die hohe Oktave a^2-a^3, werden intensiver genutzt, so daß die Lagen z.T. deutlicher einander gegenübergestellt scheinen[16]. Im Zusammenklang erhalten Einklang und Oktave größere Bedeutung, und der Abstand beider Stimmen wächst teilweise über die Oktave hinaus[17]. Auffallend oft durchmißt die Oboe in diesen Werken innerhalb weniger Takte beinahe den gesamten ihr zur Verfügung stehenden Tonraum, teils stufenweise oder in Akkordbrechungen[18], bevorzugt aber in ausdrucksvollen, großen, gebundenen Sprüngen[19]. Es wurde bereits erwähnt, daß z.B. in der Umarbeitung der *Schmoll*-Ouvertüre das Solothema der Oboe weiter »ausgreift«. Wiederum werden dort im Tutti zur Klangverstärkung die Oboen oft nach oben verlegt oder im Zusammenklang enge Intervalle durch weite ersetzt, während umgekehrt gelegentlich auch das tiefere Register bevorzugt wird, um andere Stimmen nicht zu überdecken[20].

Klarinetten werden im Frühwerk nur in wenigen Fällen benutzt[21]. In der Nr. 8 des *Schmoll* sind sie im Zusammenklang überwiegend in Terzen und Sexten mit den Oboen und Hörnern in mittlerer Lage verwendet (f^1-f^2), solistisch werden sie bis zum b^2, abwärts vereinzelt schon bis *f* geführt (T. 55). Im Solo finden sich auch die

[12] vgl. *Schmoll*: Oboen u. Hörner in Nr. 1, 4, 6, 16 u. 19; Flöten und Hörner in Nr. 2, 3 u. 7; Piccoli mit Hörnern in Nr. 15 u. 18; *Flauti dolci* mit Bassetthörnern in Nr. 14

[13] In T. 109 der Ouvertüre zu *Peter Schmoll* notiert Weber einmal, wohl versehentlich, *b*; in der Umarbeitung ist der Fehler beseitigt, indem die Oboe II um eine Oktave nach oben verlegt wurde. Zum Gebrauch der hohen Töne vgl. etwa *Schmoll* Nr. 4, T. 1, 73, 76 u. 101 oder Nr. 8, T. 185/186.

[14] In der *Silvana* ist der Ton meist an markanten Textstellen verwendet, vgl. Nr. 13, T. 159 oder Nr. 15, Anhang E, T. 51.

[15] z.B. Sinfonie Nr. 1, Scherzo T. 19-23, 4. Satz, T. 18-20 oder Sinfonie Nr. 2, 1. Satz, T. 59/60 u. 2. Satz, T. 11-20; zum Wechselspiel beider Oboen vgl. Sinfonie Nr. 1, 1. Satz, T. 88ff.

[16] tiefe Lage vgl. *Romanza*, T. 1-13; vollständiger Umfang vgl. Sinfonie Nr. 1, 1. Satz, T. 1-4

[17] vgl. Sinfonie Nr. 2, 4. Satz, T. 147-149, 165ff.; *Silvana*, Nr. 15, T. 428; Nr. 18, T. 2; Nr. 10 Anhang, T. 109 (f^1-d^3) oder Tanz der Edelknaben, T. 40 (e^1-c^3)

[18] stufenweise vgl. Sinfonie Nr. 1, 1. Satz, T. 84-87; Akkordbrechungen: T. 264-272

[19] z.B. Sinfonie Nr. 1, 2. Satz, T. 27/28, 31/32; Nr. 2, 1. Satz, T. 11, 4. Satz, T. 82/83 oder *Silvana* Nr. 13, T. 25-28 (d^3-c^1), 158/159 (d^1-f^3); Nr. 4 Anhang, T. 27/28 u. 64ff.

[20] Erweiterung nach oben vgl. A: T. 120/121 mit N: T. 130/131 oder A 149-158 mit N 159-168; nach unten vgl. A 100ff. mit N 110ff.; Erweiterung enger Intervalle vgl. A/N: T. 44-48

[21] Weber bevorzugt B- und C-Klarinetten, in der *Silvana* auch A-Klarinetten; vgl. dazu Wolfgang Sandner: *Die Klarinette bei Carl Maria von Weber*, Wiesbaden 1971, S. 52-59.

später typischen Begleitfiguren mit Dreiklangsbrechungen in Sextolen oder Triolen, jedoch noch auf die mittlere Lage (*d*^{1}-*f*^{2}) beschränkt[22].

Bedingt durch die Zusammensetzung des Carlsruher Orchesters fehlen die Klarinetten weitgehend in den Werken dieser Zeit[23]. Im *Rübezahl*-Quintett zeigen sich noch keine auffallenden Veränderungen (Umfang *a*-*b*^{2}), in der *Romanza Siciliana* jedoch sind die Klarinetten in völlig neuer Weise eingesetzt. Als höchster Ton wird zwar *b*^{2} ebenfalls nicht überschritten, die tiefste Region aber bis hin zum mehrfach auftretenden *d* (vgl. T. 10, 52, 55-57) ausgenutzt. Diese Erweiterung zum unteren Register kennzeichnet auch die folgenden Werke: der Umfang wird bis zum *cis*, dem tiefsten Ton der A-Klarinetten erweitert (vgl. *Silvana* Nr. 10 Anhang, T. 68), andererseits nach oben bis zum *d*^{3} (*Silvana* Nr. 15, T. 15), und die tiefen und mittleren Register werden bevorzugt. Besonders die typischen Triolen-/Sextolen-Begleitfiguren in Akkordbrechungen begegnen nun vorwiegend in tiefer Lage[24] unterhalb *f*^{1}. Als melodieführendem Soloinstrument oder zur Tuttiverstärkung bleibt der Klarinette aber weiterhin das hohe Register zugewiesen.

Da die Klarinetten in den frühesten Werken meist ausgespart bleiben, fallen die Veränderungen hier weniger ins Auge als bei den Fagotten, die unter den Holzbläsern den tiefgreifendsten Wandel zeigen. Obwohl im *Waldmädchen* Fagotte nicht notiert und auch im *Schmoll* nur in den Nummern 3, 9, 11, 12, 14 und 18-20 sowie in der Ouvertüre vorgeschrieben sind, kann man doch von einer *col- basso*-Praxis ausgehen. Im *Schmoll* zeigt sich aber auch schon, daß das Fagott neben der Oboe zum bevorzugten Soloinstrument wird und sich von der Bindung an die Baßstimme zu lösen beginnt, wobei das zweite Fagott noch meist *colla parte* mitläuft. Bevorzugter Zusammenklang ist die Oktave[25]; solistisch wird meist die Tenorlage ausgenutzt; der Ambitus geht kaum über zwei Oktaven hinaus (*F*–*g*^{1}), und nur in Einzelfällen finden sich die Töne *Es* (Ouvertüre T. 131, Nr. 20, T. 236) oder *D* (Ouvertüre T. 131) bzw. *a*^{1} (Nr. 19, T. 54).

Mit den Werken der Breslauer Zeit ändert sich dieses Bild radikal. Die tiefen Töne des Fagotts bis zum *Kontra-B* werden nicht nur neu »entdeckt«, sondern in allen Werken intensiv genutzt[26]. Gleichzeitig wird die Höhe bis *b*^{1} erweitert (vgl. *Romanza* T. 57) und auch das hohe Register (*d*^{1}-*a*^{1}) viel häufiger herangezogen. Die voluminösen tiefen Töne des zweiten Fagotts bilden oft das Fundament des Satzes, während sich das erste Fagott (z.T. gleichzeitig) in hoher Lage am thematischen

[22] vgl. Nr. 8, T. 111-118 oder Nr. 10, T. 8-44. Mit ähnlichen Figuren wird in Nr. 14 auch das Bassetthorn verwendet, im Umfang allerdings zwischen *a* und *c*^{2} (solistisch bis *g*^{2}).

[23] Der Flötist Redlich und der Bratschist Schwarz spielten die Klarinette nur als Nebeninstrument; vgl. Fritz Müller-Prem: *Das Musikleben am Hofe der Herzöge von Württemberg*, a.a.O., S. 153.

[24] vgl. *Schmoll*-Ouvertüre N: T. 102-109: *f*-*g*^{1}, Reprise T. 231-238: *d*-*a*^{1}, vgl. auch tiefe Oktaven T. 272; *Silvana* Nr. 9, T. 22-26 (Akkordbrechungen in Achteln): *d*-*f*^{1}; Nr. 10 Anhang T. 65-68 (Triolen): *cis*-*d*^{2}. Des öfteren finden sich Oktavengänge, die in der Klarinette II bis zu den tiefsten Tönen reichen, vgl. *Silvana*, Nr. 8, T. 66-73, Nr. 13, T. 175-176, Nr. 4 Anhang, T. 106-108 (vgl. auch *Turandot*, T. 53-55 oder *Abu Hassan* Nr. 10). Daneben werden tiefe Klarinettenakkorde (Terzen, Sexten) gerne zu Streicher-Klängen verwendet, vgl. *Silvana* Nr. 8, T. 139-144; Nr. 4 Anhang, T. 50-64.

[25] Nur vereinzelt finden sich größere Abstände, etwa in Nr. 9, T. 35/ 39: *B*-*f*^{1}.

[26] Markant wird das *Kontra-B* z.B. eingesetzt in der 1. Sinfonie, 1. Satz, T. 123 u. 247/248 oder in der 2. Sinfonie, 1. Satz, T. 58, 2. Satz, T. 46.

Geschehen beteiligt[27]. Vor allem am Satzende bevorzugt Weber für beide Instrumente die tiefe Oktave[28]. Der Umfang des Instruments wird durch weite Sprünge vom hohen ins tiefe Register (oder umgekehrt) verdeutlicht[29].

In der *Silvana* setzt Weber die zerbrechlicheren hohen Töne meist »text-interpretierend« ein; so erklingt in Nr. 8 bei den Worten *doch traget mir die zarte Kleine nur sachte* [...] mehrfach b^1 (T. 183-186, 205-208, 221); dem Seufzer *Arme Mathilde* in Nr. 4 (Frankfurter Fassung T. 5/6) geht ein Solo des Fagotts (mit Flöte) voraus, das bis zum as^1 steigt.

Deutlich zeigt sich der Wandel in der Behandlung des Fagotts auch in Webers Umarbeitungen, z.B. in der *Schmoll*-Ouvertüre. Schon im 1. Takt oktaviert er die Fagottstimme, so daß der tiefste Ton des Instruments ausgenutzt wird, der in der Einleitung gleich mehrfach auftritt (vgl. T. 27, 32 u. 34). Andererseits ist der Umfang auch nach oben ausgedehnt (vgl. T. 28-30) und teilweise der Abstand zwischen beiden Stimmen erweitert (vgl. etwa Einleitung T. 12 u. 25-27)[30]; an einigen Stellen sind aber auch beide Stimmen zum *unisono* zusammengefaßt, um thematische Baßlinien zu verstärken (vgl. T. 53ff. bzw. 59ff.; dagegen wurden die gehaltenen Töne T. 56-58 klangfüllend »aufgespalten«).

Vollkommen umgestaltet wurde die Instrumentierung des »zweiten Themas« (vgl. A: T. 92ff., N: T. 102ff.). Die Begleitfigur des ersten Fagotts ist in die Klarinette, in deren unauffälligere tiefe Lage versetzt, das Fagott I fügt nun in hoher Lage eine »dünne« neue Gegenstimme hinzu, die das Oboenthema nicht überdeckt. Gleichzeitig markiert das Fagott II zusammen mit den nach unten verlegten Hörnern und der (w.u. beschriebenen) Paukenstimme die Kadenzschritte. In der Umarbeitung der Ouvertüre ist die zweite Fagottstimme zum Teil so tief verlegt, daß sie nicht mit dem Cello, sondern mit dem Kontrabaß *unisono* fortschreitet[31]. Fagottsoli in hoher Lage und die Ausnutzung des voluminösen tiefen Fagottklangs bleiben ein Kennzeichen der Instrumentation Webers auch in späteren Werken.

Einem noch weiter reichendem Wandel unterliegen die Hörner. Im *Waldmädchen* und im *Peter Schmoll* sowie in der Erstfassung der Viola-Variationen notiert Weber fast durchgängig zwei Hörner im Umfang c^1 bis g^2/a^2, den der nur in wenigen Fällen überschreitet[32]. So findet sich ein *g* im *Schmoll* nur in Ausnahmefällen[33], und nur zweimal notiert Weber *Contra-C*[34]. Die oberen Grenztöne, besonders das

[27] vgl. *Romanza*, T. 55-59: Abstand bis *D*-b^1 (das erste Fagott bildet hier die Oberstimme des Begleitsatzes); Sinfonie Nr. 1, 1. Satz, T. 54-56; 4. Satz, T. 80-84 oder 2. Sinfonie, 1. Satz, T. 69-73. Häufig finden sich auch bei Haltetönen große Abstände zwischen beiden Instrumenten, vgl. Sinfonie Nr. 1, 1. Satz, T. 33-35: *C-g*, T. 195-198: *G*-es^1; 3. Satz, T. 36-42 oder Sinfonie Nr. 2, 1. Satz, T. 51/52.

[28] vgl. *Rübezahl* Nr. 6, T. 62-68: *C-G*; 1. Sinfonie, 1. Satz, T. 271-273: *C-c*; 4. Satz, T. 326/327 oder 2. Sinfonie, 1. Satz, T. 237

[29] vgl. in der 2. Sinfonie, 1. Satz, T. 13 u. 15; 2. Satz, T. 21

[30] ähnlich in A/N: T. 52/53 (bis *Kontra-B*-f^1); N: T. 125-138 (vgl. A 115-128) mit Abständen bis *Kontra-B*-d^1 (T. 128/129)

[31] vgl. auch N: T. 78-88, 128-129, 139-141, 171-173 und im »zweiten Thema« T. 239-246; zur Umgestaltung der Fagottstimmen vgl. auch die Neufassung der Variation 4 der Viola-Variationen oder die Umarbeitung der Nr. 9 des *Schmoll* (alte Fassung T. 89ff.)

[32] Im folgenden sind die Töne der Hörner stets ohne Rücksicht auf die Stimmung wie notiert angegeben, so daß auf der Basis der Naturtöne leichter verglichen werden kann.

[33] in Nr. 2 (T. 34-38, 46-48 u.ö.), Nr. 8 (Solo T. 103), Nr. 13 (T. 13) und Nr. 20 (T. 142, 158, 162)

[34] vgl. Nr. 19, T. 12/13 (auch *e-c-G*); Nr. 20, T. 144 u. T. 143: *G*

instabile a^2 (13. Naturton), begegnen häufiger[35], und unter den Zusammenklängen sind die Quinte g-d^1, die Sexte e^1-c^2, die Terz c^2-e^2 sowie Einklänge und Oktaven (besonders e^1-e^2 u. c^1-c^2) bevorzugt. Verwendet sind mit Ausnahme von *fis*^{2} und *es*^{2}/*dis*^{2} ausschließlich Naturtöne; die gestopften Töne treten äußerst selten, dazu vornehmlich im Solo oder bei liegender zweiter Stimme und stets stufenweise eingebunden auf[36]. Von wenigen kleinen Soli abgesehen bleibt das Horn reine »Füllstimme«.

Wiederum zeigt sich schon in den Kompositionen der Breslauer und Carlsruher Zeit ein deutlicher Wandel. Bereits in den *Rübezahl*-Fragmenten fällt die Verlagerung des Klangschwerpunktes hin zu den tieferen Tönen auf, die Oktave g-g^1 wird neben der Oktave c^1-c^2 und der Duodezime g-d^2 zu dem am häufigsten verwendeten Zusammenklang; hinzu kommt die tiefe Oktave *C*-*c*[37]. Auf den zu tiefen 13. Naturton verzichtet Weber, dagegen verwendet er weitere gestopfte Töne, vorwiegend noch im Solo, aber nun nicht mehr nur stufenweise eingebunden: in Nr. 6, T. 19/21 und in Nr. 10, T. 50: b^1 (im zweiten Fall in der Zweistimmigkeit), in Nr. 10, T. 124/125 im Solo: a^1 (a.a.O. auch *fis*^{1}; u.a. in T. 168: *es*^{2}). Gestopfte Töne begegnen auch in der *Romanza* und finden sich häufiger in den beiden Sinfonien[38], vor allem - auch unterhalb von c^1 - als chromatische Nebennoten[39]. Des öfteren wird hier die tiefe Oktave *C*-*c* verwendet[40], und *g* gehört zu den am meisten benutzten Tönen überhaupt, z.T. durch die Oktave g^1 ergänzt, oft aber auch mit weiter entfernten Intervallen (besonders mit d^2) kombiniert[41]. Weitere Kennzeichen sind große Abstände zwischen beiden Hornstimmen und, vor allem bei verklingenden Satzenden, tiefe Kontratöne[42].

In die gleiche Richtung zielen die Veränderungen, die Weber bei seinen Umarbeitungen an den Hornstimmen vorgenommen hat[43]. Mit der *Silvana* übernimmt Weber dann die vierfache Besetzung der Hörner, meist in sich ergänzenden Stimmungen, die sein Lehrer Vogler in allen größeren Werken anwendet. Nur in Nr. 1 sind vier Hörner in gleicher Stimmung zu finden, sonst vorwiegend im Ganzton-,

[35] z.B. *Schmoll* Nr. 1, Solohorn T. 13/15; Nr. 3, T. 20; Nr. 4, T. 2/91; Nr. 10, T. 3/6; Nr. 19, T. 2/80 usw. In Nr. 19 ist für das Horn in As sogar c^3 notiert (T. 113/118).

[36] vgl. Nr. 3, T. 72: *es*^{2}-e^2-*es*^{2}; Nr. 4, T. 4: d^2-*dis*^{2}-e^2; Nr. 10 mehrfach *fis*^{2} im Solo; Nr. 16, T. 9: *fis*^{2} u. Nr. 18, T. 55: *es*^{2}

[37] vgl. Nr. 6, T. 62-68; Nr. 10, T. 84/85, 97/98 u. 211; andererseits bleiben mit Ausnahme von f^2 in Nr. 10, T. 49/50 Töne über e^2 ausgespart.

[38] *Romanza* T. 18: *fis*^{1}; T. 19: *cis*^{2}; Sinfonie Nr. 1, 1. Satz, T. 111/112: *fis*^{1}, *as*^{1}, a^1 (im *Tutti*); Sinfonie Nr. 2., 4. Satz, T. 100-120: *dis*^{2}, b^1, a^1, *cis*^{2} (Solo)

[39] vgl. *b*, *fis* und *as* in der 1. Sinfonie, 1. Satz T. 29/30 bzw. 2. Satz, T. 70 ; im Solo des 2. Satzes der 2. Sinfonie, T. 50-51: *g-as-g-fis-g-c* oder im 4. Satz, T. 180-190. Dagegen hat Weber für das Hornthema im Finale der 1. Sinfonie nur Naturtöne gewählt.

[40] vgl. im 1. Satz der 1. Sinfonie, T. 202-205, 211 u. 273/274

[41] in T. 44-47 im Finale der 1. Sinfonie sogar mit f^2 kombiniert

[42] z.B. 2. Sinfonie, 2. Satz, T. 55-59

[43] In den Viola-Variationen sind die Hornstimmen durchgehend tiefer gelegt: Der Ton a^2 wird ganz, g^2 weitgehend beseitigt, tiefe Töne wie *g* und *c* sind neu aufgenommen, außerdem begegnen sogar gestopfte Töne in Variation 4 (f^1-*f* und *es*^{2}). Vorwiegend zum unteren Register hin sind die Hornstimmen auch in der neuen Ouvertüre zu *Peter Schmoll* erweitert; vgl. etwa T. 14-16: ersetzt durch Orgelpunkt g-g^1 oder T. 31-34: erweitert bis *c* und zur Kontra-Oktave; vgl. auch den gestopften Ton f^1 in N: T. 104.

Terz- oder Quintabstand benachbarte Stimmpaare, deren Stimmung darüber hinaus im Laufe des Stückes wechseln kann[44].

Vogler hatte die beiden Paare in unterschiedlicher Stimmung zunächst so eingesetzt, daß er einerseits zwischen c^1 und c^2 eine vollständige Skala mit Naturtönen und andererseits vollstimmige Zusammenklänge erhielt[45]. Weber verwendet die Paare ebenfalls ergänzend[46], verzichtet aber in beiden Stimmpaaren nicht auf gestopfte Töne[47], so daß er die für Vogler typischen hoquetusartigen Skalenbildungen (etwa im Finale von dessen C-Dur-Sinfonie) nicht einzusetzen braucht[48].

Die übrigen genannten Charakteristika, besonders die Bevorzugung der tiefen Lagen des Instrumentes, gelten auch in der *Silvana*[49], die hinsichtlich der Hörner sehr differenziert instrumentiert wirkt. Vor allem die Verwendung der beiden Hornpaare bleibt dann ein Kennzeichen der späteren größeren Werke Webers; gestopfte Töne werden weiterhin, allerdings vorsichtiger, eingesetzt[50].

Im Unterschied zu dem deutlichen Wandel im Einsatz der Hörner zeigt sich bei den Trompeten kaum eine Veränderung bzw. in der Anwendung eher eine Reduktion. *Die Trompeten und Pauken müssen wenig, aber mit Entscheidung sprechen* - diese Bemerkung Voglers[51] bezeichnet auch Webers Behandlung dieser Instrumente in der Zeit nach 1803. Im *Waldmädchen*-Terzett sind die Trompeten im *Tutti* noch durchgängig verwendet, sogar teilweise *colla parte* zur Singstimme geführt (T. 16-20 in Terzen) und zwischen notiert c^1 und a^2 eingesetzt, ebenso auch in der Ouvertüre und in den Ensembles Nr. 11, 17 und 20 des *Schmoll*, wobei sie wiederum im *Tutti* meist durchgängig undifferenziert mitnotiert werden[52].

[44] C-Es in Nr. 4 u. 15; G-Es in Nr. 16; A-C in Nr. 15; C-D in Nr. 19; A-G in Nr. 15; Es-B in Nr. 4; 3 Hörner in D, 1 Horn in A in Nr. 3

[45] vgl. seinen Hinweis in den *Betrachtungen* I, S. 63 bzw. im Artikel *Instrumentalsatz*, in: *Encyclopädie*, Bd. XVII, S. 658, wonach er bereits 1770 in einem Ballett und 1775 in seiner *Missa Pastoritia* SchafhäutlV 18 vier Hörner verwendete; vgl. dazu auch w.u.

[46] So ergänzt in Nr. 3 das vierte Horn meist die Quinte des D-Dur-Akkordes; bei terzbenachbarten Stimmungen wird jeweils ein vollständiger Akkord erreicht (vgl. Nr. 4, T. 101-107), bei benachbarten Lagen oft die Septime im Klang mit eingeschlossen (vgl. Nr. 19, T. 43-53) oder der gleiche Ton von beiden Hornpaaren vorgetragen (a.a.O., T. 54-60).

[47] vgl. etwa Nr. 15, T. 289ff.: Horn I mit f^1, fis^1 und gis^1; T. 293-295: Horn II: g^1-as^1-b^1-h^1-c^2. Bei Verwendung von nur zwei Hörnern sind gestopfte Töne in der Silvana ohnehin üblich, vgl. etwa Nr. 4 Anhang: a^1, f^1, *as*, as^1, fis^1, es^1 und es^2.

[48] Reste dieser Behandlung finden sich z.B. im Anhang E der Gesamtausgabe, T. 63-64: die Baßlinie *es-e-f-as* wird hier in den Hörnern nachgeahmt.

[49] vgl. etwa das häufige Pedal *C-c*, z.B. in Nr. 4 Anhang, T. 54/55, 57, 76, 161-168 u. 246; zur Verwendung weit auseinanderliegender Zusammenklänge vgl. a.a.O., T. 50-53 (C-g^1/a^1), 120/121 (g-d^2), 213 (g-e^2). Der häufig verwendete Ton *g* ist z.T. mit einem zweiten Ton des tiefen Registers kombiniert.

[50] vgl. *Beherrscher der Geister*: Hornpaare in F und D, später je 1 Horn in B und A mit 2 Hörnern in D (als gestopfte Töne finden sich in T. 188 as^1 u. f^1; um einen kraftvolleren Klang zu gewährleisten, scheint Weber hier auf die gestopften Töne weitgehend zu verzichten). Im 2. Satz des 1. Klarinettenkonzerts werden 3 Hörner in Es angewandt, später in der Kantate *Kampf und Sieg* 4 Hörner, in der Schauspielmusik zu *König Yngurd* JV 214 sogar bis zu 10 Hörner; in der *Jubel-Kantate* JV 244 4 Hörner; in der Jubel-Ouvertüre JV 245 4 Hörner (in E und C), außerdem findet sich die doppelte Besetzung in der *Missa sancta in G* (im *Sanctus* 2 A, 2 D), sowie in den großen Opern.

[51] *Betrachtungen* I, S. 277

[52] In der *Schmoll*-Ouvertüre sind die Trompeten in der Reprise T. 216ff. als Alternative zu den Hörnern der Exposition eingesetzt; »marschmäßig« begegnen sie in der Ouvertüre oder in Nr. 20 (vgl. dort T. 128ff. oder 244ff.), mit Signalen z.B. in Nr. 11 (T. 39/40 oder 49/50).

Bei der Umarbeitung der *Schmoll*-Ouvertüre hat Weber dann aber z.B. in der Einleitung die Trompeten ganz gestrichen (mit den Pauken), darüber hinaus als neuen Ton das tiefere *g* (und dieses nun bevorzugt) mitverwendet und an einigen Stellen auf hohe Töne (auf a^2 ganz) verzichtet, um den Klang nicht zu überdecken. Besonders auffallend ist die Veränderung in der Reprise des »zweiten Themas«, wo die Trompete die Hornstimme der Exposition übernimmt: In T. 232 verzichtet Weber auf f^2, in T. 234 auf g^2 und verwendet zusätzlich die tiefere Oktave *g*, überdeckt damit also nicht das Oboenthema (in der stärker instrumentierten Wiederholung T. 239ff. bleiben diese Töne dagegen stehen). Als hornähnliche Pedalstimme sind die Trompeten in T. 152-156 (mit e^1-c^2) neu eingefügt. Diese Funktion, besonders mit der liegenden Oktave g-g^1, d.h. also durchaus dem entsprechenden Einsatz der Hörner vergleichbar, begegnet erstmals in den Werken der Breslau/Carlsruher Zeit und wird schon dort zu einem der charakteristischen Kennzeichen der neuen Behandlung der Trompeten[53]. Mehrfach markieren sie auch im *piano* (mit den Pauken) den Schritt V-I in Kadenzverläufen[54].

In der *Silvana* sind ebenfalls die Verlagerung des Klangs in den unteren Bereich, eine Bevorzugung des *g*, klangverstärkende Haltetöne und der sehr sparsame Einsatz der Trompeten im *Tutti* bemerkenswert[55].

Im Gebrauch der Pauke finden sich bemerkenswerte Veränderungen in zweierlei Hinsicht. Zum einen löst sich die Pauke zeitweilig von ihrer engen Bindung an die Trompeten. Schon im Finale des *Schmoll* findet sich die Pauke *Solo* mit einem Wirbel zu reinem Streicherklang, um den Satz: *Sie* [die Vorsicht] *prüft oft der Sterblichen Zutraun durch Schmerzen, die Wege des Schiksals sind dunkel, doch gut* (Nr. 20, T. 221-230) zu untermalen. In der *Romanza Siciliana* sind dann Pauken verwendet, obwohl keine Trompeten (allerdings Hörner und Baßposaune) vorgeschrieben sind, und des öfteren finden sich Paukenwirbel zu reinem Streichersatz oder mit Holzbläsern in der *Silvana*[56]. Sehr gezielt werden oft einzelne Trompetentöne zur Gliederung des musikalischen Ablaufs eingesetzt[57].

Zum andern betrifft eine wesentliche Änderung die Verwendung einer dritten Pauke, die nach Voglers Vorbild das Hervorheben der drei Hauptfunktionen einer Kadenz erlaubt. Weber hat von dieser Möglichkeit in der umgearbeiteten *Schmoll*-Ouvertüre und in der *Turandot*-Musik Gebrauch gemacht. In der *Schmoll*-Ouvertüre werden zunächst jeweils Paare alternierend benutzt (B/Es bzw. B/F), und zur Beglei-

53 z.B. Sinfonie Nr. 1, 1. Satz, T. 52-55, 70-73, 115-117, 164-167, 195-197 oder 2. Sinfonie, 1. Satz, T. 99-102, 136-139, 181-183, 212-215. Hingewiesen sei auch auf die Verwendung der Trompeten in den letzten Takten des *Rübezahl*-Quintetts: Hier hat Weber für zwei Takte angemerkt *3 Trombe in D*. Der überraschende Wechsel der Instrumentation des dreistimmigen Akkords soll wohl die eigenartige Wirkung der mediantischen Wendung unterstützen (vgl. T. 218/219).

54 Typisch ist dabei das Hinzutreten dieser Instrumente erst beim letzten Kadenzschritt; vgl. die Formen in der 1. Sinfonie, 1. Satz, T. 232-234; Trio, T. 26/27, 35/36, 38-40; 4. Satz, T. 298/299 oder 2. Sinfonie, 3. Satz, Trio T. 33/34.

55 Nur selten begegnet g^2 als höchster Ton, und in der Ouvertüre zu *Turandot* notiert Weber eigenartigerweise sogar einmal b^1 - um ein Versehen dürfte es sich dabei nicht handeln, da sich dieser Ton vereinzelt auch bei Vogler findet.

56 vgl. Nr. 2, T. 73-76, Nr. 4 Anhang T. 171/172 u. 177/178; Nr. 16, T. 1ff. (als Grundierung der Gewitterszene); vgl. auch Sinfonie Nr. 1, Finale, T. 303ff.

57 vgl. *Silvana* Nr. 2, T. 8, 18/19 u.ö.; Nr. 12, T. 14/15, 49/50; Nr. 4 Anhang, T. 185; Nr. 15, T. 89 u.a.m. Feinsinnig markiert Weber im Finale der 1. Sinfonie das Ende der »Durchführung« mit einem einzigen *pp*-Ton der Pauke (zu Streichern, vgl. T. 199).

tung des »zweiten Themas« in den Holzbläsern markieren die drei Pauken dann *pianissimo* die Kadenzschritte des zweiten Fagotts und der Hörner (vgl. N: T. 102-117). In der Ouvertüre zu *Turandot* werden die drei Pauken in D, G und A vorwiegend paarweise alternierend eingesetzt, Kadenzformeln mit drei Pauken finden sich aber z.B. im *Marsch* Nr. 2 (T. 24ff.). Drei Pauken (in D, A, E) verwendet Weber auch in der Ouvertüre zum *Beherrscher der Geister*, während er später, z.B. in der *Freischütz*-Ouvertüre, nur zwei Pauken einsetzt, aber von der Möglichkeit des Umstimmens innerhalb eines Stückes Gebrauch macht[58].

Erwähnt sei schließlich noch die Verwendung der Baßposaune in den Werken, die in Breslau, Carlsruhe und Stuttgart entstanden. Als *Trombone basso* bleibt das Instrument, einer älteren Praxis folgend, auf reine Baßverstärkung (zwischen *C* und *f*; maximal bis d^1 in der *Silvana*-Ouvertüre) beschränkt, wird oft im System der Fagotte mitnotiert[59] und mit den Kontrabässen im (realen) *unisono* geführt. Noch in der *Abu-Hassan*-Ouvertüre wird die Baßposaune in dieser Weise verwendet. Chorisch besetzt Weber die Posaunen in dieser Zeit nur im *Ersten Ton* und in der Ouvertüre zum *Beherrscher der Geister* (jeweils Alt-, Tenor- und Baßposaune).

* * *

Wie bei den Bläsern, so sind auch bei den Streichern die spürbarsten Veränderungen in den tiefen Instrumenten, bei Bratsche, Cello und Kontrabaß zu finden, wogegen bei den Violinen lediglich eine Erweiterung des Umfangs nach oben, über das vorher noch selten anzutreffende f^3 hinaus bis zum a^3 und eine deutlichere Ausnutzung der durchdringenden hohen Töne festzustellen ist[60], zudem eine erhebliche Vermehrung zwei- und dreistimmiger Doppelgriffe (bei allen Streichern) und eine Häufung von Tremoli in Form von Sechzehntel- oder Zweiunddreißigstel-Repetitionen - dies sowohl in der Einstimmigkeit als auch bei zweistimmigen Doppelgriffen (insbesondere Terzen, Sexten, Septen), wobei Violine I und II sich oft (wie Flöte und Oboe) »verzahnt« zu vollständigen Akkorden ergänzen. In den älteren Werken blieb dagegen das Tremolo auf wenige, vorwiegend kadenzierende *Tutti*-Takte beschränkt.

Unter den Zusammenklängen fallen besonders die an Abschnittsenden im *Tutti* bevorzugten hohen Terzen auf[61], ferner begegnen oft große Sprünge (auch bei kurzen Vorschlägen), weit auseinanderliegende Doppelgriffe im *Tutti* und häufig gebrochene Akkorde mit Sechzehntelrepetitionen der Akkordtöne[62].

[58] vgl. *Freischütz*-Ouvertüre, T. 61: Wechsel von C-A zu C-G; Finale Nr. 16: C-A, C-H (T. 297), C-G (T. 357).

[59] vgl. autographe Partituren der *Silvana* und der *Turandot*-Musik. In der Ouvertüre zur *Silvana* sind die beiden Klarinetten und die Baßposaune auf einem gesonderten Blatt eingelegt (vgl. hierzu das Vorwort der alten Gesamtausgabe, S. XV).

[60] f^3 vgl. Schlußchor Nr. 20 im *Peter Schmoll* (T. 217 u.ö.); a^3 vgl. Kopfsatz der Sinfonie Nr. 1, T. 237 bzw. Nr. 2, T. 2

[61] Diese werden gerne mit einer Art langsamer Trillerbewegung verbunden; vgl. 1. Sinfonie, Finale, T. 310-316; 2. Sinfonie, 1. Satz, T. 182/183 oder im Satzverlauf des Finale, T. 142-145.

[62] Auseinandergezogene Doppelgriffe vgl. *Silvana*, Nr. 15, T. 425/426; Akkordbrechungen mit Repetitionen etwa Sinfonie Nr. 1, 1. Satz, T. 107-114. Erwähnenswert ist die Tonrepetion unter Ausnutzung unterschiedlicher Saiten im Finale dieser Sinfonie, T. 179-186.

Die Bratsche tritt bereits in Webers frühesten Werken zum Teil emanzipiert vom Baß auf und schließt sich meist homorhythmisch mit den beiden Violinen zu vollstimmigen Akkorden zusammen bzw. verbindet sich mit der Violine I, wenn die zweite typische Begleitfiguren hat[63], welche dann häufig unter der Violastimme liegen. Die höheren Töne des Instruments sind bis zum d^2 genutzt, in der Nr. 19 des *Schmoll* sogar einmal bis e^2 (T. 131); Doppelgriffe bleiben selten. Eine Besonderheit findet sich in der *Romanza* Nr. 3 des *Schmoll*, in der die geteilten Violen die Oberstimme der Streicher bilden (Violini fehlen) und mehrfach 3-4stimmige Doppelgriffe auftreten.

In den Werken, die nach Webers Wiener Aufenthalt entstanden, ist der Umfang nach oben bis zum f^2 (später in der Ouvertüre zum *Beherrscher der Geister* bis a^2, T. 234) erweitert; die Töne der Randbereiche, besonders die tieferen, sind wiederum häufig benutzt. Wie bei den Violinen nehmen Doppelgriffe und Tremolo-Figuren erheblich zu. Bemerkenswert oft wird nun der tiefste Ton verwendet und mehrfach das Klangspektrum durch Oktavierung auseinandergezogen[64]. Auffallend sind außerdem Terzführungen der Bratschen[65] oder selbständige Führungen beider Bratschenstimmen[66]. Gerne verwendet Weber langsame »Trillerfiguren« auf tieferen Tönen[67], und vereinzelt wird die Viola auch über die Violine I hinausgeführt und dadurch zur Oberstimme des Streichersatzes[68].

Violoncello und Kontrabaß sind in den *Waldmädchen*-Fragmenten in der Notation noch nicht unterschieden und bewegen sich zwischen *F* und e^1. *F* bleibt auch tiefster Ton im *Schmoll*, im Wechsel zwischen *Cello* und *Tutti Bassi* steigt das Solocello vereinzelt bis a^1 oder sogar b^1 (vgl. Nr. 1, T. 58)[69]. Zweistimmige Führungen beider Stimmen bleiben noch selten und werden meist auf ein bis zwei Takte beschränkt[70].

Schon im *Rübezahl* behandelt Weber die beiden Unterstimmen sehr viel differenzierter und nutzt die unterschiedlichen Register des Cello bewußt aus. Zum einen erweitert er den Umfang beider Instrumente bis zum *C* bzw. *Kontra-C*, so daß man annehmen muß, daß Weber (wie auch in den nachfolgenden Werken) von einem fünfsaitigen oder von der Normalstimmung abweichenden Baß ausging[71]. Häufig wechselt er zwischen *Cello* und *Tutti Bassi* oder zwischen *arco* und *pizzicato*,

[63] vgl. *Waldmädchen*, Nr. 16 u. 17

[64] vgl. etwa Sinfonie Nr. 1, 1. Satz, T. 1-4 oder 27-28

[65] Sinfonie Nr. 2, 1. Satz, T. 48-50, 181/182, *Silvana*, Nr. 17, T. 36-40 u. 50/51

[66] Sinfonie Nr. 2, 2. Satz, T. 2ff.; 3. Satz, T. 1-4; 4. Satz, T. 100-128; *Silvana*, Nr. 5, T. 50-58; Nr. 13, T. 1-4; Nr. 10 Anhang, T. 33-38; *Romanza Siciliana*, T. 22-36

[67] in der *Silvana* z.B. in Nr. 1, T. 241/242; Nr. 11, T. 13-17, 119-123, 131-135; Nr. 15, T. 34-38, 147-151, 378-381; Nr. 16, T. 14/16, 103/105; Nr. 18, T. 54-58

[68] vgl. *Romanza Siciliana*, T. 22-33 oder Klavierquartett B-Dur, 1. Satz, T. 129-143. Andererseits wird vereinzelt bei fehlendem Kontrabaß auch die Cellostimme unterschritten (vgl. Sinfonie Nr. 2, 1. Satz, T. 110/111 oder *Silvana*, Nr. 4, T. 1).

[69] Die Kontrabaßstimme hat in Nr. 20, T. 196 sogar einmal ein f^1. In späteren Werken findet sich dieser Ton öfter, und in Nr. 9 der *Silvana* wird sogar g^1 notiert (T. 172; in T. 1/2 spart Weber die Passage aus); vgl. auch Sinfonie Nr. 1, 1. Satz, T. 267/268.

[70] vgl. u.a. Nr. 2, T. 21-30: Cello in Achtelketten, Baß mit Viertel-Stütztönen; Nr. 3 (Violinen fehlen!), Nr. 8, T. 146-151; Nr. 13, T. 3/4; Nr. 18, T. 20-23, 75-78 oder Nr. 19, T. 16-17

[71] vgl. hierzu Alfred Planyavsky: *Geschichte des Kontrabasses*, Tutzing, 1970, S. 208 bzw. 268ff. Daß Weber wirklich zum Teil die Töne der Kontra-Oktave und nicht einen *unisono*-Klang mit den Celli meint, ergibt sich z.B. aus der von ihm betreuten Ausgabe der Stimmen zur 1. Sinfonie, wo im 1. Satz mehrfach ausdrücklich *Kontra-E* und *-D* gefordert sind.

zudem sind Cello und Baß oft getrennt geführt[72], und dem Cello werden zahlreiche, oft wenige Töne umfassende »Einwürfe« zugewiesen oder sogar längere Soli eingefügt[73].

Erst vereinzelt zeigt sich in den *Rübezahl*-Fragmenten die Notation des Cello eine Oktave unter der Baßstimme (d.h. real *unisono* mit dem Baß), die dann in den folgenden Werken vielfach begegnet, wobei das Cello sehr oft bis zum *C* geführt ist[74]. Mit dem Ambitus von *C* bis b^1 wird das Cello unter den tieferen Streichern zum beweglichsten und modulationsfähigsten Instrument, dessen unterschiedliche Register voll ausgenutzt werden. In einigen Fällen durchschreitet das Instrument dabei in wenigen Takten den gesamten zur Verfügung stehenden Tonraum, oder es finden sich große Sprünge quer durch die Register[75]. In solistischen Passagen bleibt die Tenorlage bevorzugt. Zu den Besonderheiten gehören die vielfach anzutreffenden Oktaven *C-c* (oft gleichzeitig im Kontrabaß notiert *c*)[76], harfenartige Begleitfiguren[77], in Oktaven aufgelöste Tremoli[78], bis zu vierstimmige Doppelgriffe[79] und die erwähnten großen Melodiesprünge.

Einige auffallende Gemeinsamkeiten kennzeichnen auch die »neue« Streicherbehandlung in Webers Umarbeitungen, die deutlich zeigen, worauf es ihm in den »Verbesserungen« ankam.

So wurden bei der Umarbeitung der Nr. 9 des *Peter Schmoll* fast durchgängig die Stimmen der Violine II und der Viola ausgetauscht, d.h. der Abstand zwischen Violine I und II vergrößert, so daß die Viola als Mittelstimme nun häufig den Raum zwischen beiden Violinen ausfüllt. Obwohl sich diese Form des Satzes auch im Frühwerk schon findet, bleibt dort die »Klangverteilung« noch vorwiegend »additiv«, d.h. der Akkord wird von oben nach unten ohne »Verzahnung« auf die Stimmen verteilt. Hier wird nun aber die »verzahnte« Zusammensetzung konsequent durchgeführt.

Ebenso verlegt Weber etwa im zweiten Teil der Viola-Variationen JV 49 Nr. 1 beide Violinen um eine Oktave tiefer, so daß wiederum die neu eingefügte Bratsche teilweise die Mitte zwischen beiden Violinen einnimmt. Auch in der Neufassung der *Schmoll*-Ouvertüre wurde die Violastimme oft deutlich nach oben verlegt[80]. Vor allem bei Doppelgriffen in einer der Violinen nimmt die Bratsche in der Regel den Akkordton zwischen den beiden Randtönen der Doppelgriffe ein. Cello- und Baßstimme hat Weber bei der Umarbeitung der Ouvertüre häufig getrennt; auf die dabei neu eingefügten Cello-Kantilenen wurde bereits hingewiesen. Die Kontrabaßstimme ist in einigen Fällen nach unten oktaviert worden, so daß besonders das tiefe *F* besser ausgenutzt wird[81]. Bemerkenswert in allen Umarbeitungen ist auch das

72 vgl. *Rübezahl*, Nr. 10, T. 32-42, 56, 61, 67, 72, 122-125 u. 201/202
73 vgl. Nr. 6, T. 36 u. 42/43 bzw. T. 62-68
74 vgl. Sinfonie Nr. 1, 1. Satz, T. 52-56, 264-267; 2. Sinfonie, 1. Satz, T. 177-178 oder die zahllosen Beispiele in der *Silvana*
75 z.B. Sinfonie Nr. 1, 1. Satz, besonders T. 102ff.
76 vgl. Sinfonie Nr. 1, 1. Satz, T. 3/4, 191/192, 272-274
77 *Silvana*, Nr. 7, T. 31-39; vgl. *Grand Potpourri* op. 20, T. 133ff.
78 z.B. Finale der Sinfonie Nr. 1, T. 8-14: *C-c*
79 a.a.O., 1. Satz, T. 73: *C-G-e-*c^1
80 vgl. N: T. 28-32, 66-68, 84-88, 90/91 u.ö.
81 vgl. etwa N: T. 111-120 u. 131 mit den entsprechenden Takten der älteren Fassung; vgl. auch das eingefügte tiefe *F* in der umgearbeiteten Nr. 9 des *Schmoll* in den Takten 33/34, 37/38, 105/106 u. 109/110 (alte Zählung)

»Tieferlegen« der Streicherbegleitung in Fällen, in denen ein solistisches Instrument offensichtlich deutlicher durchdringen sollte[82].

Vergleich mit Danzis Instrumentation

Nach der vorstehenden Beschreibung einiger Veränderungen in der Instrumentation Webers scheint sich die Warnung Krolls vor einer Überschätzung des Einflusses Danzis zu bestätigen. Vor allem die Ausnutzung ungewöhnlicher Lagen, besonders der tiefen Register einiger Instrumente, setzt nicht erst mit der *Silvana*, sondern bereits mit den Werken ein, die unmittelbar nach dem Wiener Aufenthalt Webers entstanden. Außerdem zeigt eine Analyse der Werke Danzis, daß Weber in dieser Richtung kaum Anregungen von Danzi empfangen haben kann, denn er geht in der Ausnutzung der extremen Lagen weit über das hinaus, was sich in Danzis Werken findet. Ein kursorischer Überblick über einige instrumentatorische Details in den Werken des Mannheimers mag daher an dieser Stelle zur Begründung des Urteils genügen.

Danzi äußerte noch 1823 anläßlich der Übersendung einiger Bläserquintette an den Verleger André in Offenbach mit einer gewissen Selbstzufriedenheit: [Sie werden sehen,] *daß, wenn sie gleich melodiös sind, sie nicht ganz kunstlos gearbeitet sind, und daß ich jedem dieser Instrumente seine wahre Lage, mithin den rechten Wirkungskreiß angewiesen habe* [...][1]. *Wahre Lage* heißt aber bei Danzi schon in den früheren Werken: Mittellage bzw. Vermeiden jeglicher Extreme. Untersucht man in dieser Hinsicht jene Werke Danzis, die bis zu seiner Stuttgarter Begegnung mit Weber entstanden, zeigt sich zwar eine vielfältige und wirkungsvolle Verwendung vor allem der Bläser, es fehlen jedoch vollkommen die genannten Besonderheiten der Instrumentation Webers[2].

Von den Holzbläsern verwendet Danzi Flöten und Oboen im oberen Bereich ähnlich wie Weber[3], die Flöten vorwiegend über f^2, die Oboen meist über g^1/a^1, und die tieferen Töne werden kaum genutzt. Ein deutlicher Unterschied besteht bei den Klarinetten: Mit Ausnahme zweier Nummern in *Abraham auf Moria*, der späteren Klarinettensonate und der späten Opern scheint Danzi das tiefe Register des Instrumentes noch nicht entdeckt zu haben[4]. Es ist in der Höhe bis b^2 (c^3 im Bläser-

82 vgl. *Schmoll*, Nr. 9, T. 31ff. oder Viola-Variationen JV 49, Var. 1

1 Brief an Johann André vom 23. Januar 1823

2 Der Beschreibung der Instrumentenverwendung bei Danzi liegen vor allem folgende, vor oder in Stuttgart entstandenen Werke zu Grunde: die Oper *Die Mitternachtsstunde*, das Oratorium *Abraham auf Moria*, die Sinfonien in C-Dur und d-Moll (erschienen 1804), die *Sinfonia Concertante* für Flöte, Oboe, Horn, Fagott und Orchester in Es-Dur (vor 1800), die Flötenkonzerte Nr. 2 in d-Moll und Nr. 4 in D-Dur (1805 bzw. ca. 1812), die Fagottkonzerte in F-Dur und C-Dur, das Bläsersextett Es-Dur und das Hornkonzert in Es-Dur bzw. die Hornsonate in Es-Dur (1804).

3 Die Flöten sind zwischen d^1 und g^3, in den Konzerten gelegentlich bis a^3, die Oboen zwischen d^1 und d^3 eingesetzt.

4 In Abrahams Gesang *Anbetung Dir* im zweiten Teil des Oratoriums *Abraham auf Moria* wird die Klarinette erstmals bis zum *e* geführt, und beide Stimmen sind für wenige Takte in tiefen Terzen gesetzt. Im Chor *Unerforschter schau hernieder* ist der tiefste Ton *f*, ebenso im Bläsersextett

sextett), nach unten bis *a* und solistisch nur in der hohen Lage verwendet; z.T. sind beide Klarinetten auch noch *unisono* mit den Oboen geführt[5]. Ähnliches gilt für das Fagott, das für Danzi eher Tenor- als Baßinstrument ist. Im *Tutti* wird es nie höher als g^1 oder as^1, in den Solokonzerten vereinzelt bis a^1 geführt, in der Tiefe nur vereinzelt bis *Es* oder *D* (im *Abraham auf Moria* auch *Des*), die tiefsten Töne fehlen ganz. Nicht nur das Solofagott bewegt sich überwiegend im höchsten Register, sondern auch das Fagott II bevorzugt die Tenorlage, sofern es seine Bindung an die Baßstimme aufgibt.

Auch doppelte Hörner- oder dreifache Paukenbesetzung finden sich in diesen Werken Danzis nicht. In den Orchesterwerken und in der Oper *Die Mitternachtsstunde* bzw. im Oratorium *Abraham auf Moria* werden außerdem keine gestopften Töne angewendet und die Kontratöne des Instruments nicht genutzt. Der Umfang bleibt auf g-g^2 beschränkt, die Oktave g-g^1 gehört auch bei Danzi zu den bevorzugten Zusammenklängen, und der Klang g-d^2 begegnet seltener als bei Weber. Nur in konzertierenden Werken verwendet Danzi gestopfte Töne sowie das untere Register: In der Bläser-*Concertante* Es-Dur bewegt sich das Horn z.B. zwischen *g* und g^2, nur vereinzelt treten a^2 und in T. 348 des 1. Satzes sogar einmal c^3 auf, im übrigen werden die Töne fis^2, e^2, cis^2, b^1, h^1, a^1 und fis^1 einbezogen. Im Hornkonzert und in den beiden Hornsonaten werden die gestopften Töne (ab *f* diatonisch, ab c^1 chromatisch) frei benutzt[6]. In den beiden Hornsonaten findet sich zudem häufig das tiefe *C*. Ebenfalls durchgängig angewendet sind die gestopften Töne später in den Bläserquintetten der Karlsruher Zeit. Verwandte Züge zeigen sich in der zurückhaltenden Verwendung der Trompeten, die auch bei Danzi vorwiegend zwischen *g* und g^1 eingesetzt sind und häufig nur Kadenzschritte markieren[7].

Bei den Streichern lassen sich signifikante Unterschiede nur im tieferen Bereich feststellen. Die Bratsche bleibt in Danzis Kompositionen vor 1810 noch oft an die Baßstimme gebunden und auf die Mittellage beschränkt. Eine »Verzahnung« dieser Stimme mit der zweiten Violine (besonders bei Doppelgriffen in der Violine II) ist in diesen Werken keineswegs die Regel, vielmehr bleiben »additive« Klangformen noch deutlich neben solchen »verzahnten« Klängen bestehen. Gerade in den Konzerten fällt auf, daß Danzi die Bratschenstimme oft pausieren läßt[8]. Andererseits sind ihr des öfteren kleine melodische Floskeln zugewiesen. Trotz vielfacher Doppelgriffe findet sich aber fast nie eine selbständige Führung der beiden Bratschenstimmen,

Es-Dur. In der 1817 publizierten Klarinettensonate beträgt der Umfang d-f^3, das tiefe Register wird dort mehrfach genutzt (vgl. auch die Bemerkungen zu Danzis *Rübezahl* im Opernkapitel w.u.).

5 Häufig solistisch verwendet wird die Klarinette in Danzis Oratorium (vgl. die in der vorstehenden Anmerkung genannten Nummern bzw. *Andante* des Abraham: *Ach, welche Ruh hat dies Gebet*: Umfang c^2-c^3; dabei beteiligt sich die zweite Klarinette gleichzeitig an den Begleitfiguren der übrigen Stimmen).

6 In der Hornsonate in Es-Dur (1804) finden sich die Töne *f, g, a, b* und c^1, ab e^1 sind alle chromatischen Zwischentöne mitverwendet. Im 3. Satz finden sich sogar Töne unterhalb des tiefen *C* (vgl. T. 62ff.). Ähnliches gilt für die 1813 publizierte Hornsonate in e-Moll, in der allerdings nur *C* als tiefster Ton angewendet wird.

7 Die gewöhnlich mit den Trompeten gemeinsam auftretenden Pauken begegnen im *Larghetto* des Isaak *Sey mir nicht schrecklich* im *Abraham auf Moria* mit kurzen Tremoli zu reiner Streicherbegleitung.

8 z.B. Flötenkonzert d-Moll Nr. 2, 3. Satz

dagegen öfter eine Koppelung an die Violine II, so daß Violine I und Baß als Außenstimmen des Satzes korrespondieren[9].

In der Trennung von Cello- und Baßstimme im Orchestersatz scheint Weber ebenfalls Danzi eher »voraus«. Zwar wechselt Danzi oft zwischen *Celli* und *Tutti Bassi*, beschränkt sich aber ansonsten auf einfache Formen der Zweistimmigkeit, d.h. vorwiegend auf Stimmen, die sich auf den Taktschwerpunkten vereinigen, wobei die beweglichere Cellostimme stärker figuriert wird[10]. Webers typische Cello-Doppelklänge *C-c* oder seine Notation des Cellos eine Oktave unter dem Kontrabaß gehören nicht zu Danzis Repertoire. Auch das *Kontra-C* der Bässe wird bei ihm kaum verwendet (dagegen häufig *D*), und in der Höhe steigen die Bässe nur bis e^1. Große Beweglichkeit zeigt das Cello als Danzis eigenes Soloinstrument dagegen in kammermusikalischen Werken oder in den Solowerken, wobei der Tonraum aber ebenfalls vornehmlich nach oben erweitert wird.

Vor allem hinsichtlich der Verwendung extremer Lagen bzw. spezifischer Instrumentalregister dürfte Danzi auf Weber also eher mäßigend denn anregend gewirkt haben. Wenn Danzi Webers Instrumentation beeinflußt hat, dann vornehmlich im Sinne eines klareren, durchsichtigen und beweglichen Instrumentalsatzes, wie er sich etwa in Danzis *Mitternachtsstunde* und bei Weber dann im *Abu Hassan* zeigt. Kennzeichnend für Danzis Opernwerke ist die charakterisierende Verwendung solistischer Instrumente. Die Vorliebe für das solistisch eingesetzte Fagott und Violoncello teilen beide Musiker, bei Weber ist sie aber bereits vor der Stuttgarter Zeit im Ansatz zu erkennen.

Besonderheiten der Instrumentationskunst Voglers

Zeigen sich hinsichtlich einiger Besonderheiten der Instrumentation Webers kaum Gemeinsamkeiten mit den Kompositionen Danzis, so finden sich dagegen fast alle genannten Charakteristika in Voglers Werken wieder.

Viele Kompositionen Voglers sind geradezu Musterbeispiele ungewöhnlicher Instrumentationseffekte, so daß hier, um den Rahmen der Arbeit nicht zu sprengen, nur wenige Charakteristika herausgegriffen werden können, um die Experimentierfreude Voglers auf diesem Gebiet zu belegen. Schafhäutl und James Simon haben in ihren Monographien eine Reihe von Besonderheiten erwähnt[1], allerdings wurde bisher nie der Versuch einer eingehenderen und genaueren Beschreibung der Eigenheiten der Voglerschen Instrumentationskunst unternommen. Wie die wenigen nachfolgenden Beispiele aus einigen ausgewählten größeren Werken Voglers, die Weber überwiegend bereits in Wien bekannt waren[2], zeigen, sind von einem solchen Ver-

[9] z.B. Flötenkonzert D-Dur Nr. 4, 1. Satz, T. 31-42

[10] vgl. z.B. das genannte *Andante* des Abraham: *Anbetung Dir*

[1] vgl. Schafhäutl, a.a.O., S. 213-240, besonders die Bemerkungen S. 213/214 u. Simon, a.a.O., S. 17-61

[2] Der Verfasser beschränkt sich nachfolgend im wesentlichen auf die beiden Opern *Samori* (1803) und *Castor und Pollux* (1785), die Schauspielmusik zu *Herrmann von Unna* (1795) und die Sinfonie C-Dur (1799). Da die in der LHB Darmstadt erhaltenen Partituren zu beiden Opern

such bessere Kenntnisse über die Quellen der Instrumentation Webers zu erwarten, die in der Literatur als ein wichtiges Kriterium für romantische Züge in seinem Schaffen gilt.

Verallgemeinernd kann als Hauptcharakteristikum der Instrumentation Voglers die intensive Nutzung tiefer Instrumente oder Register in teils sehr differenzierter Form bezeichnet werden - ein Merkmal, das auch den Wandel in Webers Instrumentation in den Werken nach 1803 kennzeichnet.

Schon an der Besetzung ist meist diese Tendenz zum tieferen Klangbereich ablesbar. So sind etwa im *Castor und Pollux* teilweise vier Hörner, vier Fagotte, drei Posaunen und drei Klarinetten besetzt, zudem Violoncello und Baßstimme oft getrennt und die Bratschen zweistimmig geführt, während andererseits oft die Flöten, in einigen Fällen auch die Violinen, fehlen. Außerdem wird z.B. die Flöte nicht ausschließlich zur Verstärkung einzelner melodischer Linien im höchsten Register zwischen a^2 und a^3 eingesetzt[3], sondern gelegentlich auch als Klangfarbe unterhalb g^2. Im Duett Delaira/Castor: *Lasciami in pace* wird der hohen Lage der Flöte vereinzelt das mittlere Register gegenübergestellt. Im Trauermarsch der Spartaner zu Beginn des zweiten Aktes werden die Flöten in tiefer Lage gemeinsam mit tiefen Klarinetten und Fagotten verwendet[4] (vgl. NB S. 257 oben).

Dieser Anfang des Trauermarsches kennzeichnet zugleich Voglers Einsatz der Klarinetten. Die dritte Klarinette in A ist hier (nach dem Autograph) bis zu ihrem tiefsten Ton *cis* ausgenutzt, und auch die übrigen beiden Klarinetten bleiben auf die mittlere bis tiefe Lage beschränkt. In allen genannten Werken werden die Klarinetten (vorwiegend in den Stimmungen A, B und C) bis zu den tiefsten Tönen geführt, andererseits tritt die Klarinette aber auch als Soloinstrument gleichberechtigt neben Fagott und Oboe und wird dann in der Höhe bis e^3 verwendet. Typische Beispiele für die solistische Verwendung der Klarinette finden sich etwa im Mittelteil der *Castor-und-Pollux*-Ouvertüre (mit dreistimmigem Klarinettensatz, s. NB S. 257 unten), in der *Aria concertante* der Telaira im Castor und Pollux: *Non è la mia speranza dolce* (mit Dreiklangsbrechungen, die den Tonraum von *e* bis es^3 ausfüllen), im Chor der Spartaner: *Alla vendetta* (dritte Klarinette in A bis *cis*, vgl. NB S. 258)[5], im Terzett Nr. 4 im *Samori* (hier ist die obligate Klarinette vowiegend im *Chalumeau*-Register benutzt, dazu tritt die Flöte mit einzelnen kurzen Trillern) oder in der Arie der Maha (Nr. 9, Umfang *e*-b^2).

z.T. stark differieren, wurde für *Samori* die Nummernzählung nach dem Weberschen Klavierauszug übernommen, *Castor und Pollux* nach dem Autograph Voglers Mus. ms. 1063c, der Reinschrift 1063d und dem vermutlich älteren Klavierauszug 1063f (nach Datierung der Bibliothek ca. 1790). Auch die Besetzung der genannten Werke unterscheidet sich in diesen Partituren z.T. erheblich. Für die Notenbeispiele wurden meist die Fassungen gewählt, die die Besonderheiten der Voglerschen Instrumentation am deutlichsten erkennen lassen. Im Falle des *Castor und Pollux* ist es dabei möglich, daß Weber in Wien eine in Einzelheiten differierende Fassung kennenlernte.

[3] so z.B. vorwiegend in der Sinfonie C-Dur

[4] An diesem Beispiel seien kurz einige Abweichungen zwischen den Partituren erläutert: Das Notenbeispiel gibt die Fassung Mus. ms. 1063c wieder; die Abschrift 1063 (mit ital. Text) hat in dieser Nummer lediglich doppelte Bläserbesetzung, die Violen verdoppeln hier in hoher Lage die Flöten, so daß sich ebenfalls ein sehr charakteristisches Klangbild ergibt; in der nach Voglers Autograph angefertigten Abschrift 1063d (mit deutschem Text) hat Vogler selbst eine vierte Klarinette eingefügt; in der Abschrift 1063e sind diese vier Klarinetten übernommen und zusätzlich die Flöten in T. 2ff. durch Oboen ersetzt.

[5] Dieser Chor entspricht mit wenigen Abweichungen dem Beginn der Ouvertüre.

Castor und Pollux, II. Akt, Nr. 1

Castor und Pollux, Ouvertüre, Mittelteil

Castor und Pollux, I. Akt, Chor der Spartaner

Vornehmlich die tiefen Register des Instruments benutzt Vogler auch in seiner Schauspielmusik zu *Herrmann von Unna*. Dort sind in der Ouvertüre wiederum vier Hörner, vier Fagotte und drei Klarinetten eingesetzt. Dabei oktaviert die im Autograph nachgetragene dritte Klarinette z.T. die ohnehin in mittlerer bis tiefer Lage geführte erste Klarinette nach unten[6].

Im reinen Orchestersatz der C-Dur-Sinfonie treten die Klarinetten klangfüllend ebenfalls vorzugsweise im mittleren und tiefen Register auf und sind nicht mehr *cogl' Oboi* gesetzt. Vogler kombiniert die Klarinetten hier (wie überhaupt) gerne mit den Fagotten und setzt sie zwischen *e* und c^3 (vgl. 1. Satz T. 102-111), bevorzugt zwischen c^1 (bzw. abwärts bis *g*) und f^2 ein. Im 3. und 4. Satz werden die Klarinetten mehrfach (teils chromatisch) in Oktaven oder *unisono* abwärts bis *g* oder *fis* ge-

[6] Die dritte Klarinette bleibt in allen Nummern, in denen sie verwendet wird, an die tiefsten Töne gebunden. Offensichtlich hat Vogler auch in anderen Werken die dritte Klarinette oft lediglich mit der Bemerkung *8va col Cl. 1* nachgetragen.

führt[7]. Zu sehr aparten Klangwirkungen vereint Vogler in der Schauspielmusik zu Kotzebues ***Kreuzfahrern*** zwei Sopranstimmen und drei A-Klarinetten, wobei die dritte wiederum die tiefsten Töne ausnutzt[8].

Noch offensichtlicher sind die Gemeinsamkeiten in der Verwendung der Fagotte, deren tiefste Töne *C* und *Kontra-B* geradezu »Lieblingstöne« Voglers zu sein scheinen. So setzt er z.B. zu Beginn der C-Dur-Sinfonie die Fagotte im ***unisono*** mit dem tiefen *C* und *G* ein (vgl. NB S. 212, T. 1-4, später ähnlich T. 9-17, 22-31). Diesem tiefen ***unisono*** wird im Satzverlauf die Tenorlage gegenübergestellt, in der entweder nur das erste Fagott oder beide Instrumente, vornehmlich in Terz-Sext-Intervallen, auftreten, ohne daß g^1 in der Höhe überschritten wird. Die Behandlung ist in allen Sätzen dieser Sinfonie ähnlich, lediglich in den beiden letzten begegnet gelegentlich eine Aufspaltung beider Stimmen, so daß das zweite Fagott in der tiefen Lage bleibt,

[7] vgl. 3. Satz, T. 39-42, Finale T. 94 oder T. 153

[8] Es handelt sich um die 3. Szene im 3. Akt (Chor der Nonnen).

während das erste sich in in größerem Abstand als Tenorinstrument am thematischen Geschehen beteiligt[9].

Dieser große Abstand zwischen beiden Fagott-Stimmen ist eines der wesentlichsten Charakteristika der übrigen genannten Werke. Besonders bei Verwendung von zwei Fagottpaaren wird meist das zweite Paar im untersten Klangraum *unisono* (oft mit dem Kontrabaß) geführt, während Fagott I und II sich in der Tenorlage bewegen[10]. Abstände von über zwei Oktaven zwischen den Außenstimmen sind dabei keine Seltenheit. An einigen Stellen, so zu Beginn der seinerzeit berühmten Unterweltszene im *Castor und Pollux*, schreibt Vogler auch vierstimmige Fagottakkorde vor, die das gesamte Klangspektrum des Instruments ausnutzen[11].

Im *Samori* verwendet Vogler zwar nur zwei Fagotte, nutzt aber ebenfalls vornehmlich das tiefe Register bis zum *Kontra-B*; im Solo bleibt dagegen das hohe Register (bis *as*^{1}) bevorzugt. So werden etwa zu Beginn der Arie Nr. 9 (Maha: *Wie traurig ist mein Los*) im Solofagott, das mit der Klarinette konzertiert, in wenigen Takten mehrfach die Spitzentöne *g*^{1} und *as*^{1} erreicht (vgl. im KlA S. 73, mittlere Stimme) und auch im späteren Verlauf bleibt *as*^{1} ein oft verwendeter und durch die Stellung im Taktgefüge bzw. durch zeitliche Dehnung akzentuierter Ton. Im *Allegro*-Teil der Arie (*Nun zerreist mit tiefen Wunden*) wird dann das zweite Fagott bis zu zwei Oktaven unter dem ersten im tiefsten Register eingesetzt und tritt abschnittsweise auch in der Tenorlage zum ersten hinzu[12]. Häufig werden beide Fagotte auch in Oktaven und dabei zum Teil eine Oktave unter dem Kontrabaß geführt[13].

Gemeinsamkeiten mit Webers Werken bestehen, wie angedeutet, auch hinsichtlich der Behandlung der Hörner. Dies gilt schon rein äußerlich für die Art der doppelten Besetzung mit zwei Hornpaaren, die sich in allen genannten Werken Voglers in einer Vielfalt unterschiedlicher Zusammenstellungen findet. Neben je zwei im Ganzton-, Terz- oder Quintabstand benachbarten Paaren stellt Vogler oft einem einheitlich gestimmten Hornpaar zwei weitere Hörner in jeweils unterschiedlicher Stimmung gegenüber[14]. In der Schauspielmusik zu *Herrmann von Unna* begegnen

[9] vgl. 3. Satz, Nr. 1, T. 39-42 (Abstand bis zu zwei Oktaven) oder 4. Satz, T. 146-162 (Abstand bis zu zwei Oktaven + Terz)

[10] vgl. Ouvertüre zu *Castor und Pollux*; ferner: Chor der Spartaner: *Alla vendetta*, vgl. NB S. 258; Arie des Mercurio: *Scende dall' alto trono*; u. Schlußchor: *Il mar, la terra*. Ähnlich gesetzt sind die vier Fagotte z.B. in Lesueurs *Ossian* (1804) und in Salieris *Tarare*. Im *Choeur funèbre des Esclaves* in *Tarare* sind die beiden oberen Fagotte ebenfalls zweistimmig geführt, die unteren *unisono*, jedoch nie in der tiefsten Lage (vgl. die Ausgabe von Rudolph Angermüller, München 1978, Bd. 2, S.433-438).

[11] vgl. NB S. 262-263 (nach Mus. ms. 1063a). Dabei finden sich Zusammenklänge wie *Kontra-B-f-b-d*^{1}, *C-es-bes-es*^{1} o.ä., die unterbrochen sind von *unisoni* der vier Fagotte in tiefster Lage. In der Ouvertüre ist der Fagottsatz teilweise dreistimmig (wie in den vorstehend genannten Beispielen), z.T. auch vierstimmig mit ähnlich weiten Akkorden (*D-d-a-fis*^{1}, *G-d-h-g*^{1} u.a.). Der Fagottsatz im *Herrmann von Unna* unterscheidet sich nicht wesentlich von den hier genannten Beispielen. Auch dort finden sich vielfach große Abstände zwischen den Außenstimmen.

[12] Hierbei finden sich Abstände zwischen beiden Fagottstimmen bis zu *Kontra-B-f* ^{1}.

[13] vgl. KlA, Nr. 10, S. 85: *Der Homan brennt*: die Baßstimme entspricht den Fagotten, die in Oktaven im unteren Klangbereich geführt sind) oder Nr. 18, Finale II. Akt: *Nun fort*, KlA S. 146: die Fagottstimme ist real *unisono* mit den Kontrabässen notiert). Eine solche Verwendung des zweiten Fagotts begegnet auch in der Schauspielmusik zu *Herrmann von Unna* des öfteren.

[14] In der C-Dur-Sinfonie verwendet Vogler je zwei Hornpaare in den Stimmungen G-F bzw. G-C. Im *Castor und Pollux* finden sich folgende Zusammenstellungen: 2A-1G-1E; 2A-1G-1Es; 2A-2D; 2F-2B;

Castor und Pollux, III. Akt, Ballo dei Mostri

2Es-2B *basso* und 2A-2E; im *Samort*: 2A-2D; 1A-1E; 2F-1Es; 3E (3. Horn im Baßschlüssel; vgl. Nr. 8); 2A-1G-1E, 2G-2Es, 2Es-2B *basso*; 2Es-2B.

10
15
p
loco
I+III
II+IV

neben diesen Stimmungen ferner vier einzelne Hörner in vier verschiedenen Stimmungen (im *Choral* Nr. 1: F, Es, C und B *basso*, vgl. nebenstehendes NB) sowie vier gleich gestimmte Hörner, von denen zwei zunächst im Baßschlüssel notiert sind und lediglich die beiden tiefen Oktaven *C-c* und *G-g* erklingen lassen[15].

Vogler hat diese Art der Mehrfach-Besetzung der Hörner, die sich um die Jahrhundertwende ähnlich in den französischen Opern der Zeit, etwa bei Méhul, Boieldieu, Catel, Lesueur und Cherubini findet[16], schon in den siebziger Jahren in Mannheim angewendet. So schreibt er 1793 im Artikel *Instrumentalsatz* der *Encyclopädie*[17]:

> ***Da Vogler 1770 in seinem serieusen Ballet: La forêt enchantée, das erstemal zwey Paar Waldhörner setzte, wurde er mit seiner Erfindung anstößig; es dauerte einige Jahre, bis die Waldhornisten sich daran gewöhnen, und die***

15 vgl. Chor Nr. 2: *Erhöret ist der Erde Flehn*. Außerdem finden sich in dieser Schauspielmusik, die ohnehin eine Fundgrube für ungewöhnliche Instrumentationseffekte ist (vgl. u.a. die Verwendung von drei Bassetthörnern im *Dance de la Cour* oder von Triangel, Tambourins und Piccoli im *Zigeuner Tanz*), folgende Hornbesetzungen: 2F-2D; 2G-2C; 2G-2D, 2C-1G-1F; 2F-2C und 2B-1F-1Es.

16 vgl. etwa Méhul: *Ariodant* (1799): u.a. 2G-2B; 4E; 2G-2C; 2B-2F; 2C-2A; 2A-2D; 2D-2F; 2C-2F; (vgl. auch *Uthal* 1806); Boieldieu: Ouvertüre zu *Zoraime et Zulnar* (ca. 1798); Catel: Ouvertüre zu *Sémiramis* (ca. 1801/1802); Lesueur: *Ossian ou Les Bardes* (1804) und Cherubini: *Lodoiska* (1791). Nach Ottmar Schreiber verwendete Méhul auch Kombinationen von 2:1:1, so in seiner *Stratonice* (1792) mit der Besetzung: 2B-1A-1F (vgl. Schreiber: *Orchester und Orchesterpraxis in Deutschland zwischen 1780 und 1850*, Berlin 1938, S. 185). Auch Berlioz führt in seiner *Instrumentationslehre* ein Beispiel aus Méhuls *Phrosine et Méliodore* (1794) mit drei verschiedenen, gleichzeitig benutzten Stimmungen (2D, 1G, 1F) an (*Instrumentationslehre*, erg. u. rev. v. Richard Strauss, Reprint Leipzig 1955, S. 273).

17 Bd. XVII, S. 658; vgl. dazu auch *Betrachtungen* I, S. 63, wo Vogler eine seiner Messen erwähnt, *wo zwei Chöre von Trompeten und Paucken aus verschiedenen Tönen und drei Chöre von Waldhorn ebenfalls aus verschiedenen Tönen zum gemeinschaftlichen Zwecke mit einem unerhörten Pracht wirken musten*. Doppelte Besetzung von Hörnern in unterschiedlicher Stimmung findet sich in dieser Zeit u.a. im Melodram *Lampedo* (1778: 2A-2D) und in der *Pariser Sinfonie* (1782: 2A-2F).

Componisten sich daran wagen wollten; seit der Zeit aber haben verschiedene Meister angefangen, diese Erfindung zu benutzen, und durch die Combination verschiedener Waldhörner und Trompeten, z.B. 2 Corni Tono G sol re ut, 2 Corni Tono A la mi re, 2 Trombe Tono D la sol re eine solche Mannigfaltigkeit zu erzwingen, die niemand vor dreyßig Jahren hätte ahnden können.

Seit dieser Zeit fehlt das zweite Hornpaar in fast keinem der größeren Werke Voglers[18].

Die verschiedenen Stimmungen erlaubten einerseits eine stärkere Beteiligung der Hörner am melodischen Geschehen, andererseits aber vollstimmige, wirkungsvolle Hornsätze. So hat Vogler im Finale seiner C-Dur-Sinfonie die beiden Hornpaare (in G und F) hoquetusartig das Hauptthema des Satzes, ein einfaches Skalenmotiv, mitspielen lassen (nur der Ton *e* wird von den Trompeten übernommen; vgl. T. 5-7 und T. 366-372), während sich z.B. zu Beginn der Ouvertüre zu *Castor und Pollux* die beiden Hörner in A mit jeweils einem Horn in G und E zu einem vierstimmigen akkordischen Satz ergänzen, der mit den verstärkenden drei Klarinetten, vier Fagotten und drei Posaunen dem ohnehin klangprächtigen Anfang zusätzliche Kraft gibt.

In Bezug auf die Hornstimmen forderte Vogler schon früh den Verzicht auf *jagdhornmäßigen* Satz, da er die hohen Töne des Instruments im Orchestersatz für untauglich hielt[19] und die Töne der mittleren (und tiefen) Lage bevorzugte, die *bisweilen und ganz von ohngefähr einen gewissen Wohl- oder auch Uebelklang vor andern erheben* könnten[20]. Diesem Ideal entsprechend gelten *aushaltende, aber dem Instrumente eigene Töne* und Soli des zweiten Horns in tiefer Lage als besonders vorteilhaft[21].

18 vgl. dazu (soweit dort angegeben) Schafhäutls Werkverzeichnis

19 vgl. *Betrachtungen* I, S. 61: *Manche würden vielleicht sich die herrlichste Wirkung von den hohen Tönen und abstossenden Bewegungen der Waldhorne* [...] *versprochen haben, und, wenn es zum Werke kömt, so klingt es eben, wie die Kinder mit einem Kamm am Munde und Papier die Posthörner nachahmen; kein majestätischer Klang wird jemal hievon ertönen.* Vogler verwendet die Hörner normalerweise nur bis zum g^2, lediglich in einigen wenigen Fällen begegnet auch a^2 (so im Kopfsatz der C-Dur-Sinfonie, wenn das Horn das *Bayer*-Motiv übernimmt; vgl. T. 81 u. 85).

20 *Betrachtungen* I, S. 323

21 a.a.O., S. 136/137; vgl. auch Artikel *Blasinstrumente* in der *Encyclopädie*, Bd. III, S. 940: *Die Waldhorne sollten sich vorzüglich auf ein nachdrucksames Accompagnement verlegen, um den Zuhörer durch ihr langes Wachsen und verhältnißmäßiges Zu- und Abnehmen zu erschüttern und schmachten zu lassen. Die Solo besonders für das Primwaldhorn könnten wir leicht missen. Doch leidet jede Regel ihre Ausnahme. Das Secundwaldhorn hat mehr vortheilhaftes zum Solo, als das Prim. Einen solchen singenden Ton hierauf zu hören, ist eine ganz besondere Erscheinung im Tonreiche.*

Eigenartigerweise verwendet Vogler trotz seiner ansonsten oft gewagten Instrumentationseffekte fast nie getriebene oder gestopfte Töne, obwohl er in seinen Zergliederungen stets auf solche Stellen hinweist[22]. Offensichtlich entsprachen nur die kraftvolleren Naturtöne seinen Intentionen. Hierin besteht auch der einzige deutliche Unterschied in der Behandlung der Hörner zu Weber. Ob Weber den freien Gebrauch gestopfter Töne aus französischen Opern oder Sinfonien[23] kennen lernte, oder eher durch die Freundschaft mit dem Hornisten des Carlsruher Orchesters, Joseph Dautrevaux[24], zu einem intensiveren Gebrauch dieser Töne angeregt wurde, läßt sich kaum entscheiden - wahrscheinlich kommen beide Faktoren zusammen. Einerseits hatte Weber während seines Wiener Aufenthalts 1803/1804 Gelegenheit, durch die Aufführungen im Theater an der Wien zahlreiche französische Opern, darunter vor allem die Werke Méhuls, kennenzulernen[25], andererseits bezeugt das *Horn-Concertino*, das er im November 1806 für den Freund Dautrevaux schrieb und das zu den schwierigsten Werken für Naturhorn überhaupt zählt, seine genaueste Vertrautheit mit allen Möglichkeiten des Instrumentes[26]. Die intensive Verwendung der gestopften Töne in den beiden Sinfonien Webers dürfte unmittelbar mit Dautrevaux's Einfluß zusammenhängen, zumal diese Werke zunächst für das Carlsruher Orchester konzipiert waren.

Unterschiede zur französischen Tradition zeigen sich bei Vogler besonders in der auffallend häufigen Verwendung der tiefsten Hornregister im Orchestersatz. Vogler nutzt sowohl im vierstimmigen als auch im zweistimmigen Satz sehr intensiv die untersten Töne bis zum tiefen *C*. Die Oktaven *C-c* (besonders als »Hornpedal« am Ende eines Satzes oder Abschnittes), *G-g* und die Quinte *C-G* gehören neben Inter-

[22] Im Terzett Hassan/Dornal/Kaled im *Kaufmann von Smyrna* (1771) verwendet Vogler mehrfach notiert *b* und schreibt dazu in den *Betrachtungen* III, S. 193: ***Zu merken ist, daß auf den Waldhornen durch die Kunst den natürlichen Tönen noch verschiedene beigesezt werden, die sonsten in ihren harmonischen Steigzahlen nicht begriffen wären. Der Secundarius z.B. bringt durch die Mäßigung des Athems unter dem C noch das H ziemlich deutlich heraus, ebenfalls das tiefe F*** [...]. Im *Castor und Pollux* verwendet er neben dem instabilen Naturton b^1 gelegentlich fis^2. In den *Betrachtungen* äußert sich Vogler an anderer Stelle ablehnend über diese Töne (Bd. I, S. 276): ***Die Waldhorne erzielen durch ihr angenehmes Mitheulen eine Vollständigkeit, besonders, wenn man nur die guten und geläufigen Töne anzubringen sucht und alle gefährliche wie das f, a, b sorgfältig vermeidet.***

[23] vgl. etwa die in Anm. 16 genannten Opern Méhuls oder seine in der Garland-Reihe veröffentlichten Sinfonien (Serie D, Vol. VIII, New York, 1982).

[24] Dautrevaux war in Carlsruhe als *Aktuarius und Geheimsekretär* angestellt (vgl. Müller-Prem, a.a.O., S. 39). Webers Freundschaft zu ihm bestand auch über die Zeit seines Carlsruher Aufenthaltes hinaus, vgl. dazu u.a. ein Schreiben Dautrevaux's an Weber vom 17. August 1808 (HSA Stuttgart: Prozeßakten Weber).

[25] Nach Anton Bauer: *Opern und Operetten in Wien*, Graz-Köln 1955 erlebten 1803 bzw. 1804 (bis zu Webers Abreise Anfang Juni) folgende französische Opern ihre Erstaufführung in Schikaneders Theater an der Wien (meist in Übersetzungen Seyfrieds): Von Méhul: *Die beiden Füchse* (24. 5. 1803), *Hélène* (25. 8. 1803), *Der Schatzgräber* (7. 8. 1803), *Die Temperamente* (9. 7. 1803), *Ariodant* (5. 3. 1804); von Boieldieu: *Tante Aurora* (10. 4. 1804); von Dalayrac: *Der Turm von Gothenburg* (31. 3. 1803), *Wasser und Feuer* (29. 9. 1803) von Isouard: *Der türkische Arzt* (24. 4. 1804) von Le Sueur: *Die Höhle bei Kosire* (22. 6. 1803) und von Cherubini: *Der Gefangene* (31. 12. 1803).

[26] vgl. *Concertino für Horn und Orchester e-Moll* op. 45, JV 188. Inwieweit sich der Schwierigkeitsgrad der Hornpartie in der ursprünglichen Fassung von der 1815 für den Münchener Hornisten Rauch vorgenommenen Umarbeitung unterscheidet, läßt sich nicht mehr feststellen; nach Webers sonstiger Umarbeitungspraxis dürften sich wesentliche Unterschiede aber kaum finden.

vallkombinationen mit dem kleinen *g* (wie bei Weber vor allem mit d^2) zu den häufig gebrauchten Zusammenklängen. Die Unterstimme wird dabei oft so tief geführt, daß der Abstand zwischen den Außenstimmen über zwei Oktaven hinauswächst[27].

Die baßverstärkende Posaune, die Weber seit der Breslau/Carlsruher Zeit gelegentlich in seinen Werken verwendet, gehört auch bei Vogler zur Besetzung größerer Kompositionen. Als ***Trombone basso*** wird das zur Stütze des Basses eingesetzte Instrument sowohl im ***Herrmann von Unna*** als auch in den beiden Opern gewöhnlich im System der Fagotte mitnotiert[28]. Die Trompeten setzt Vogler entsprechend seiner Bemerkung in den ***Betrachtungen*** eher zurückhaltend und vornehmlich im Bereich g-c^2 ein[29]. Pauken in dreifacher Besetzung werden u.a. im Finale des ersten Aktes der Oper ***Samori*** verwendet: Die Stimmung in den Tonarten der I., IV. und V. Stufe erlaubt eine durchgängige Paukenbegleitung im ***Marsch*** (Stimmung A, D, E) sowie eine ausgiebigere Verwendung im schnellen Schlußteil (Stimmung G, C, E). Der Hauptgedanke der späteren neuen ***Samori***-Ouvertüre mit dem bereits erwähnten Kadenzmotiv der drei, zu Anfang solistisch eingesetzten Pauken (vgl. Partiturbeispiel),

wurde dem zweiten Finale der Oper entnommen, wo Pauken in der Stimmung D, E, und A auftreten (vgl. KlA S. 149/150). In diesem Finale verwendet Vogler zur Untermalung der ***Marcia Funèbre*** auch eine gedämpfte kleine Trommel (vgl. KlA S. 85). Ähnliche Schlagzeugeffekte mit umwickelten Schlägeln oder gedämpften Instrumenten finden sich bereits im Frühwerk Voglers[30].

[27] Zum Gebrauch der Hörner in Verbindung mit dem tiefen Register, mit Pedaltönen oder großen Intervallen vgl. z.B. ***Castor und Pollux***: ***Superba del mio fato*** oder ***Herrmann von Unna***, z.B. Chor Nr. 2 und Schlußchor. Im Chor der Hirtinnen ***An dem Tag, der dich verlieben*** im ***Herrmann von Unna*** ist z.B. anfangs dem jeweils zweiten Horn der Ton *g* bzw. *C* (in den Stimmungen G und D) zugewiesen, während im ersten Horn d^2/e^2 bzw. e^2/f^2 erklingen.

[28] Im ***Samori*** wird das Instrument alternativ mit dem Kontrafagott benutzt (vgl. Kontrafagott in Nr. 1 u. 2; Baßposaune in Nr. 7, im ***Marsch*** Nr. 10, in Nr. 11 und im Finale der Oper).

[29] vgl. Bd. I, S. 277. Im Finale des ersten Aktes der Oper ***Samori*** hat Vogler die Praxis unterschiedlicher Stimmungen von den Hörnern auch auf die Trompeten übertragen: Die erste Trompete ist in C, die zweite in B notiert. Ohnehin fällt auf, daß Vogler selten Hörner und Trompeten in gleicher Stimmung verwendet, ein Merkmal, das sich vereinzelt auch bei Weber findet (vgl. ***Turandot***, ***Silvana*** Nr. 1 u. 15, ***Abu Hassan***, Ouvertüre oder ***Grand Potpourri*** für Cello und Orchester op. 20).

[30] So verwendet Vogler die ***gedeckte Trommel*** in ähnlicher Weise im Trauermarsch des Melodrams ***Lampedo***. Im ***Larghetto***-Teil der ***Castor und Pollux***-Ouvertüre findet sich die Anweisung für die Pauke: ***Die Schlägel mit Leder umwunden*** (am Ende des vorherigen Teils für die Trommel: ***Il tamburo allontanandosi***). Im ***Zigeunermarsch*** des ***Herrmann von Unna*** verwendet Vogler Triangel und Tambourins; Schlagwerk für türkische Musik findet sich u.a. im ***Kaufmann von Smyrna***.

Neben den Bläsern, die in vielen Nummern auch solistisch-konzertierend eingesetzt sind, schenkt Vogler in seinen Anweisungen zum Gebrauch der unterschiedlichen Instrumente (in den *Betrachtungen* oder der *Encyclopädie*) vor allem den tiefen Streichern, d.h. Bratsche, Cello und Kontrabaß, besondere Beachtung. In seiner Kritik des *Stabat Mater* von Pergolesi, die sich auf die drei Bände der *Betrachtungen* verteilt, verbessert Vogler immer wieder die Bratschenstimme, von der er schreibt, sie gehe manchmal *mit der Grundstimme im Einklange, statt, daß sie besondere und natürliche Gesänge* [...] *hervor bringen könnte*[31]. Forderungen nach einer *singenden* Bratsche, die nicht in bloßer Verdoppelung oder Parallelbewegung mit anderen Instrumenten mitläuft, sondern der eine eigene, selbständige Stimme zugewiesen ist, finden sich an zahlreichen Stellen in Voglers Zergliederungen[32]. Als eine Besonderheit, die *den Alten noch unbekannt* geblieben sei, bezeichnet er *das Anhalten zweier Bratschen in* [...] *angenehmen Dritten-Verhältnisse*[n][33] und schreibt die *Auszierungen der zwei Bratschen* vor allem dem Verdienst Jommellis zu[34].

Die Aufmerksamkeit, die Vogler dieser Mittelstimme in seinen Schriften zumißt, spiegelt sich in seinen Kompositionen wider. Häufige Doppelgriffe, Zweistimmigkeit nicht nur in einfachen parallelen Terz-Sext-Intervallen, sondern mit (zumindest angedeuteter) selbständiger Führung der Stimmen[35], die Ausnutzung des gesamten Umfangs bis zur hohen Lage und die vielfache »Verzahnung« des Bratschenklangs mit den zweiten Geigen kennzeichnen Voglers Verwendung der Bratsche.

In der C-Dur-Sinfonie wird sie z.B. an vielen Stellen über die zweite Violine hinaus bis zum e^2 geführt, wobei oft die Violine II in parallelen Terzen unterhalb der Viola verläuft[36]. Im *Castor und Pollux* wechselt die Bratsche oft zwischen hohem und tiefem Register, wobei in der Tiefe sehr oft die C-Saite ausgenutzt wird[37]. In der Ouvertüre zum *Herrmann von Unna* finden sich zu Anfang tiefe Bratschenterzen (vgl. NB S. 259), später oft Terz- oder Sexten-Tremoli, während die Bratschen in den quasi imitatorischen Passagen vorwiegend in hoher Lage bis zum f^2 eingesetzt werden. Eine Besonderheit stellt der Mittelteil dieser Ouvertüre dar, wo über 15 Takte Bratschen und Celli ohne weitere Begleitung vierstimmig gesetzt sind (die beiden Bratschen zwischen c^1 und e^2, vgl. NB):

31 *Betrachtungen* I, S. 23

32 vgl. u.a. *Betrachtungen* I, S. 36, 38, 106-109, 362, Bd. II, S. 64, Bd. III, S. 184. Im übrigen fordert Vogler, die Bratsche so zu setzen, daß sie Geige und Violoncell vermittele, die *sonsten um 2 Abtheilungen von einander entfernt blieben, daß sie sich mehr vereinigen, und eine engere Harmonie* [...] *herausbringen können* (Bd. III, S. 289).

33 *Betrachtungen* I, S. 72

34 a.a.O., S. 162; zu Jommellis Verdiensten vgl. auch Artikel *Instrumentalsatz*, in: *Encyclopädie*, Bd. XVII, S. 658

35 vgl. z.B. *Samori*, Terzett Nr. 4, wo die Bratschen zum Teil durch das *pizzicato* der Violinen deutlich als selbständige Stimmen durchdringen oder, weitgehend parallel geführt, *Pollux*: *Ombra magnanima*

36 vgl. 1. Satz, T. 112-119; vgl. auch die Stimmkreuzungen in T. 228ff. oder im 2. Satz, T. 17ff., im 3. Satz, T. 2-3 u. im 4. Satz, T. 18/19 u.ö. In T. 115ff. bewegt sich die Bratsche eine Terz unter der Violine I. Das *Anhalten zweier Bratschen in* [...] *Dritten-Verhältnissen* findet sich hier nur im 1. Satz, T. 181-189 (Terzen u. Quinten); Doppelgriffe begegnen ansonsten vor allem in Begleitsätzen.

37 vgl. etwa *Ballo dei mostri*

Vielfach werden der Bratsche auch kleine melodische Floskeln zugewiesen[38]. Im Finale des *Castor und Pollux* vereinen sich Viola und Cello in hoher Lage in Oktaven und verstärken das Thema der Mittelstimme, wobei wiederum die auf reine Begleitung reduzierte zweite Violine an einigen Stellen nach oben überschritten wird.

Auffallend sind einige Begleitungen, die nur tiefe Streicher verwenden. Neben dem erwähnten Mittelteil der Ouvertüre zum *Herrmann von Unna* mit dem reinen Cello/Bratschensatz finden sich weitere Beispiele im *Castor und Pollux*[39], und im *Samori* hat Vogler diese Begleitung äußerst wirkungsvoll in dem humorvollen Terzett Nr. 6 eingesetzt (Pando, Mahadowa, Baradra: *Ein Mann bin ich* [...]):

[38] vgl. z.B. die zweistimmigen Endfloskeln in der *Pantomime* in *Herrmann von Unna* oder die Behandlung der Viola im Duett *Lascia mi in pace* im *Castor und Pollux*

[39] vgl. den Chor *Castore ohime infelice* im ersten Aufzug, der von geteilten Violen, Celli und Kontrabaß begleitet wird.

Die ungewöhnliche Begleitung der Männerstimmen nur mit geteilten Violen, mit Cello und Baß stieß in der Kritik der *Allgemeinen Musikalischen Zeitung* auf Unverständnis, während das Wiener Publikum nach Webers Zeugnis das *fein komische* Stück *mit Enthusiasmus* aufnahm[40]. Beide Bratschen sind hier überwiegend in tiefer Lage geführt, was ähnlich für die Streicher in der vorangehenden Nr. 5 gilt. Dort finden sich im *Allegro*-Teil auch jene chromatischen Floskeln der Mittelstimmen, die für Voglers Werke ebenfalls typisch sind, und die Weber demnach also nicht erst bei Danzi kennenlernte.

In dem genannten Terzett Nr. 6 zeigt sich zugleich ein Charakteristikum der beiden Unterstimmen in vielen Werken Voglers: das Violoncello wird teilweise eine Oktave unter dem Kontrabaß notiert und steigt häufig bis zum tiefsten Ton *C* hinab[41]. Ebenso charakteristisch für die vielfach getrennten beiden Baßstimmen ist die Verwendung von zwei- bis dreistimmigen Doppelgriffen im Violoncello, wobei der Oktave *C-c* eine bevorzugte Stellung zukommt, daneben finden sich oft die Oktave *G-g* oder die Quinte *G-C*, d.h. durch die Verwendung der leeren Saiten besonders kraftvolle Zusammenklänge[42]. Zu den Eigenheiten Voglers gehört auch die Kombination gehaltener Noten im Violoncello mit Viertel- oder Achtelrepetitionen des Kontrabasses[43].

Obwohl Vogler nach seinen Äußerungen in den *Betrachtungen* den beweglicheren dreisaitigen Kontrabaß (in der Stimmung A-D-G) bevorzugt[44], verwendet er in seinen Kompositionen auch das viersaitige Instrument und schreibt Töne von *fis*^{1} bis zum tiefen *C* vor[45]. Besonders bei melodischen Phrasen oder Skalen in den Bässen soll nach Vogler das Cello hinzutreten *um das tiefe Brummen des Contrebaß zu erklären*[46], d.h. die Linien zu verdeutlichen. Entsprechend werden vor allem Skalenausschnitte kaum getrennt notiert. Zu den reizvollen Kombinationen beider Instrumente mit teilweise unterschiedlichen Spielvorschriften gehört die Instrumentation des Abschnitts *Sanfte Hoffnung, die mir winket* im Terzett Nr. 4 des *Samori*. Dort sind die Bässe im *pizzicato* in Viertelnoten zwischen *c* und *c*^{1} notiert, gleichzeitig erklingen diese Töne im Cello eine Oktave tiefer (d.h. real *unisono*) *coll'arco*. Ähnliche Stellen begegnen häufig.

Das beweglichere Cello wird bei selbständiger Führung oder solistisch vorwiegend in der Tenorlage bis zum *g*^{1} eingesetzt, so daß manchmal zwischen Baß

40 vgl. o., biographischer Teil, S. 67

41 vgl. auch: 4. Satz der Sinfonie C-Dur, T. 111-118, 128-133, 202-204 u. 240ff. oder neue *Samori*-Ouvertüre, S. 28 u. 30-32. Im Terzett Nr. 6 (NB S. 269) verwendet Vogler am Anfang die sogenannte *Ottava alla reversa* (vgl. Artikel *Baß*, in: *Encyclopädie* Bd. III, S. 18).

42 vgl. etwa Anfang der C-Dur-Sinfonie, T. 1-4 (NB S. 212), Finale Nr. 10 im *Samori* oder Anfang der Ouvertüre zum *Eremiten* SchafhäutlV 134

43 vgl. Sinfonie C-Dur, 1. Satz, T. 52-100 (Notation z.T. *unisono* mit dem Kontrabaß), 4. Satz, T. 176-189 oder Ouvertüre zu *Castor und Pollux*. Im *Andantino* der Tebe: *Ai regni della morte* erreicht Vogler auf diese Weise einen *tremulando*-Effekt: die Akkordtöne in den geteilten Violinen und Bratschen sind einerseits als Achtelrepetitionen und gleichzeitig in der verdoppelten Stimme als gehaltene Töne notiert.

44 vgl. *Betrachtungen* II, S. 384/385

45 Im Finale der C-Dur-Sinfonie kommt z.B. häufig *D*, in einigen Fällen auch *C* vor.

46 Artikel *Baß*, in: *Encyclopädie* Bd. III, S. 18

und Cellostimme mehr als zwei Oktaven Abstand entstehen[47]. Auffallend sind in einigen Fällen springende Doppelgriffbegleitungen[48].

Zu den Hauptkennzeichen gehören aber die häufige Notation unter dem Kontrabaß sowie die für alle Streicher geltenden häufigen Repetitionen bzw. Tremoli und darüber hinaus oft zusätzliche Spielvorschriften wie *pizzicato*, *coll'arco*, *con sordini*, *vicino al ponticello*, *glissando* o.ä.[49]

In der Behandlung der tiefen Streicher bestehen wiederum am ehesten Ähnlichkeiten mit Werken französischer Komponisten. Doppelgriffoktaven, die Verwendung des tiefen *C* oder reale *unisoni* von Cello und Kontrabaß finden sich z.B. in den Opern Méhuls an vielen Stellen[50]. Die Frage nach der Verbindung der Instrumentationsweise Voglers bzw. der Instrumentation anderer Mannheimer Kompositionen mit Werken französischer Provenienz bedürfte einer eingehenderen Untersuchung[51]. Aus der Beschreibung dieser wenigen Details wird aber deutlich, daß Weber in Wien bei seinem Lehrer eine Reihe von Instrumentationseffekten kennenlernen konnte, die für dessen eigene Werke und teilweise auch für die französische Oper der Jahrhundertwende typisch sind, und die dann in Webers späteren Werken wieder begegnen. Die ersten Anregungen zu der neuartigen Verwendung einiger Instrumentengruppen dürfte Weber durch die Zergliederungen in Voglers Unterricht bzw. durch die Kenntnis der Kompositionen Voglers sowie der in Wien aufgeführten französischen Opern erhalten haben. Möglicherweise hat auch die Aufnahme französischer Werke in Webers eigenes Breslauer Repertoire[52] dann zu weiteren Veränderungen beigetragen, denn einige Details, wie z.B. die Erweiterung des Fagottklangs nach oben bis zum b^1, die Verwendung gestopfter Horn- oder hoher Bratschen- und Cellotöne, gehören weniger zu den Kennzeichen Voglerscher Werke als vielmehr etwa der Opern Méhuls, während Vogler hier die beschriebenen Grenzen kaum überschreitet.

Die Eigenarten und die Kunst der Voglerschen Instrumentation konnte Weber später in Darmstadt an einem Werk nochmals in besonderer (und auch in künstlerisch anspruchsvoller) Weise studieren: an Voglers *göttlichem Requiem*, von dem in Webers Aufzeichnungen mehrfach die Rede ist[53]. Die Besonderheiten dieses Werkes, das Rochlitz in einer fast hymnischen Rezension als das *herrlichste von allen, die*

[47] vgl. Schlußchor des *Castor und Pollux*. Zu Voglers Verwendung der Cellogruppe vgl. besonders die Ouvertüre zu *Herrmann von Unna*

[48] vgl. Pollux: *Che felice presagio*; ähnliche Figuren im *tremolo* in Violine II und Bratsche im Chor: *Alla vendetta* oder zu Anfang der *Kreuzfahrer*-Ouvertüre und in der Ouvertüre zu *Herrmann von Unna*

[49] *glissando*-Vorschrift vgl. Violastimme in der *Pantomime* des *Dance de la Cour* im *Herrmann von Unna*; in der Ouvertüre für die Celli: *dolce e vicino al ponticello* (vgl. auch *Zigeuner-Tanz*) oder alle Streicher *con sordini* in der *Romanze der Ida* sowie im *Entreacte* zwischen viertem und fünftem Akt, vgl. dort auch die häufigen *Tremoli*.

[50] vgl. die in Anm. 16 genannten Werke oder z.B. im Partiturdruck der Oper *Ariodant* S. 41 (Oktaven *C-c* im Cello), S. 43 (Cello gehalten *C*, Baß Viertel *c*) oder S. 72 (Cello bis a^1)

[51] dazu beispielsweise Alfred Sandt, a.a.O., S. 19-21, 26 u. 42/43

[52] Leider ist über das Breslauer Repertoire Webers mit Ausnahme der Angaben bei MMW I, S. 101 und Maximilian Schlesinger in seiner Breslauer Theatergeschichte (a.a.O., S. 107) nichts bekannt. Auch Maria Zduniak konnte 1986 in Dresden in ihrem Referat über Webers Wirken in Breslau lediglich acht erhaltene Theaterzettel hinzufügen (vgl. Konferenzbericht, hg. v. Günther Stpehan und Hans John, a.a.O., S. 245-256).

[53] *Missa pro defunctis / Requiem*, Partitur Mainz: Schott, PN 1647, vgl. NB S. 272-274

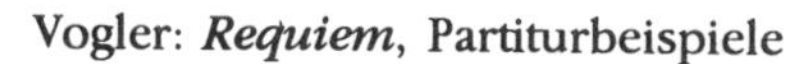
Vogler: *Requiem*, Partiturbeispiele

Andantino
Nº 5 (:B:)
Solo
Soprano.
Alto.
Tenore.
Basso.
Violino 1mo
Violino 2do
Viola.
Basso.
In ge mis co tanquam re _ us cul _ pa ru _ bet vul _ tus me _ us, sup _ pli _ can _ ti par_ce
In ge mis_co re_us
In ge mis_co tanquam re_us
pp
Vcllo.
1647

AGNUS DEI. Nº 1 (:E:)
103
Soprano.
Alto.
Tenore.
Basso.
Fagotti.
Violoncelli.
Contra basso.
Ag _ nus De _ i qui tol _ lis
Ag _ nus Agnus De _ i qui tol _
pec _ ca _ ta pec _ ca _ ta pec _ ca _ ta mun _ di do _ na e _ is da re _ qui _
lis pec _ ca _ ta pec
do _ na e _ is re _ qui _
pizz:
1647

Vogler hervorgebracht, bezeichnet und dem Mozartschen an die Seite stellt[54], liegen wesentlich auch in der sehr durchdachten Instrumentationskunst. Während die Wahl der Instrumente und Besetzung des Orchesters *ziemlich die gewöhnliche* sei, heißt es zu deren Gebrauch: [...] *die Art nun aber, wie er diese Instrumente vertheilt, oder gemischt, und überhaupt benutzt hat - diese ist es ganz und gar nicht; sie hat vielmehr vieles ganz Eigene und zeigt von eben so viel Sorgsamkeit als Erfahrung über besondere Effekte*[55].

Schon die Anfangstakte des Werkes (vgl. NB S. 272) mit der im tiefsten Register einsetzenden Klarinette, den Kontratönen der Hörner, dem sordinierten Streicherklang mit tief geführter Bratsche und dem Registerwechsel in den Fagotten zeigen die besondere Klangwelt dieses Werkes, von dem Weber so begeistert war. Das von Vogler bevorzugte Ausloten düsterer Klangfarben zeigt sich auch in der Verwendung der tiefsten Fagott-Töne und der in der tiefen Oktave notierten Celli zu Beginn des 2. und 3. Satzes (Beginn 2. Satz vgl. NB S. 272), in dem dreistimmigen Satz aus geteilten Violen und Cello in Tenorlage in Nr. 5 (vgl. NB S. 273), im wiederholten Verzicht auf Violinen, etwa im *Offertorium* mit vierstimmigem Streichersatz aus zwei Violen, Cello und Baß oder in der Begleitung des ersten *Agnus* nur mit Celli, Baß und Fagott (NB S. 273). Auch die Klarinette wird oft in ihren tiefsten Tönen aus-

[54] Besprechung in: *AMZ* 25. Jg. (15. Oktober 1823), Sp. 682 bzw. 685 u. 696
[55] a.a.O., Sp. 686

genutzt (vgl. Beginn des *Lux aeterna*, NB S. 274), ebenso der dumpfe Klang tiefer Hörner. Es würde zu weit führen, alle Besonderheiten dieses Werkes aufzulisten, das eine wahre Fundgrube genau berechneter Instrumentalwirkungen ist.

Aber auch andere Neukompositionen der Darmstädter Zeit konnten anregend auf Webers Kompositionsstil, vor allem auf sein Opernschaffen wirken[56].

Wurde in den letzten Jahren mehrfach auf die Nähe einiger der bisher für Weber als besonders typisch geltenden Charakteristika der Instrumentation zu Werken französischer Provenienz hingewiesen[57], so muß an dieser Stelle betont werden, daß Weber zahlreiche Besonderheiten seiner Instrumentationskunst (etwa die neue Nutzung des Hornklangs, die »Entdeckung« des tiefen Klarinettenregisters, der neuartige Bläserklang, die konzertierende, charakterisierende Verwendung von Soloinstrumenten oder die vielfachen Tremolo-Effekte u.a.m.[58]) schon im Umgang mit Vogler erlernen konnte und und sich diese Kenntnisse auch unmittelbar in den Kompositionen der Breslau/Carlsruher Zeit niedergeschlagen haben. Beide Quellen schließen sich jedoch keineswegs gegenseitig aus, vielmehr ist sogar denkbar, daß Vogler selbst als Vermittler der französischen Tradition auftrat oder diese seinem eigenen Schaffen verwandten Tendenzen in Webers Werk verstärkte. Erst eine eingehendere Untersuchung der Rezeption französischer Opern im Deutschland der Jahrhundertwende kann hier Klarheit bringen - daß die Veränderungen in Webers Instrumentation aber wesentlich auch mit Voglers Einfluß und Vorbild zusammenhängen, scheint nach den vorliegenden Untersuchungen naheliegend.

[56] So verwendet Vogler in dem Singspiel *Der Admiral*, dessen Klavierauszug Weber im Januar 1811 korrigierte, u.a. Tamburin, Strohfiedel und Harfe. Eine Harfe ist solistisch auch in der *Romanze der Ida* im *Herrmann von Unna* eingesetzt.

[57] vgl. u.a. Carl Dahlhaus: *Die Musik des 19. Jahrhunderts*, Wiesbaden, 1980, S. 56-58. Auf der Internationalen Konferenz: Carl Maria von Weber vom 3.-5. Juni 1986 in Dresden referierte John Warrack über *Französische Elemente in Webers Opern*. Das inzwischen im Konferenzbericht vorliegende Referat behandelt vornehmlich die Vorbilder für Erinnerungsmotivik in Werken von Grétry, Dalayrac und Méhul (vgl. a.a.O., S. 277-290).

[58] vgl. zu den genannten Merkmalen etwa Siegfried Köhler: *Die Instrumentation als Mittel musikalischer Ausdrucksgestaltung. Instrumentationsgeschichtliche und ästhetische Untersuchungen an Opernwerken deutscher Komponisten zwischen 1750 und 1850*. Diss. Leipzig, 1955, S. 212-226 bzw. die genannte Arbeit von A. Sandt. Eine genauere Untersuchung der Abhängigkeit von Instrumentenverwendung und musikalischer Form bzw. Melodiebildung bei Weber steht noch aus.

Zur Entwicklung der kontrapunktischen Satzweise
(mit einem Exkurs zur Frage der Echtheit der sogenannten *Jugendmesse* Webers)

Zu den Kompositionen Webers, die unmittelbar unter dem Einfluß Voglers entstanden, gehört die Neufassung der Schlußfuge zu der melodramatischen Kantate *Der Erste Ton* JV 58. Die im März 1808 entstandene Erstfassung dieser Fuge hat Weber Anfang September 1810 in Darmstadt umgearbeitet und Vogler zur Begutachtung vorgelegt, der damit, wie Weber an Gänsbacher schreibt, *so zufrieden war, daß ich es Ihnen gar nicht wieder sagen mag*[1]. Da es in einem Brief vom 23. September 1810 an Gottfried Weber heißt: *Gestern und Vorgestern habe ich Voglers Fugen-System durchgegangen, in dem unendlich viel vortreffliches und neues ist. Die Fuge vom ersten Ton habe ich umgearbeitet, und das ist jezt ein ganz anderer Bißen geworden als vorher*, läge nahe, diese Umarbeitung als direkte Folge der Lektüre des Voglerschen Manuskriptes zu betrachten[2]. Die Revision ist jedoch bereits etliche Tage früher erfolgt, denn im Autograph war nach Jähns der 1. September als Datum der Fertigstellung eingetragen; im Tagebuch sind am 11. September unter der Rubrik *Fuge zu schreiben* Kopierkosten vermerkt, und in einem Brief an Gänsbacher vom 24. September 1810 wird ebenfalls Anfang September als Termin bestätigt[3]. Dennoch darf man annehmen, daß Weber schon zum Zeitpunkt der Umarbeitung mit den wesentlichsten Elementen des Voglerschen *Fugen-Systems* vertraut war, zumal diese bereits in früheren Arbeiten Voglers angesprochen sind[4]. Außerdem ist Hauptgegenstand der neueren Abhandlung eine sicherlich im gemeinsamen Unterricht besprochene Schülerarbeit Meyerbeers, des dritten Mitgliedes der Darmstädter *Trias harmonica*[5]. Weber konnte darüber hinaus in dieser Zeit seine Kenntnis der kontrapunktischen Kunst Voglers vertiefen durch dessen Orgelimprovisationen, durch die Korrektur von Unterrichtsaufgaben, sowie durch die

[1] Brief vom 24. September 1810, vgl. dazu auch o., S. 106

[2] *System für den Fugenbau als Einleitung zur harmonischen Gesang-Verbindungs-Lehre vom Abt Vogler* [nachfolgend abgekürzt: *FS*]; nach dem Tode Voglers veröffentlicht von André in Offenbach, der das Manuskript bei der Versteigerung des Voglerschen Nachlasses erworben hatte.

[3] vgl. *JV* 58, S. 74, Tagebuch 11. September 1810 u. Brief an Gänsbacher vom 24. September 1810, wo es heißt: *Den 27.* [August] *ging ich nach Frankfurt* [..] *und reiste wieder zurück. Componirte das erste Allegro zu meinem Concert, womit der Papa sehr zufrieden ist, und arbeitete die Fuge vom ersten Ton um* [...] *So verging die Zeit, und den 6. September endlich nahm ich Abschied* [...]

[4] vgl. u.a. *Betrachtungen* II, S. 302-310, Bd. III, S. 131-134, 138-144, 258-281, 294-343; Artikel *Contrapunct*, in: *Encyclopädie*, Bd. VI, S. 313/314; Artikel *Fuga*, a.a.O., Bd. X, S. 628-631; *Hrn. Abt Voglers Aesthetisch-kritische Zergliederung des wesentlich vierstimmigen Singsazes des von Hrn. Musikdirektor Knecht in Musik gesezten ersten Psalms*, Teil über die Fuge, in: *Musikalische Korrespondenz der teutschen Filarmonischen Gesellschaft*, Speyer 1792, Sp. 317-319 u. 356-359 [nachfolgend abgekürzt: *Knecht-Psalm*] sowie *32 Präludien für die Orgel und für das Forteplano. Nebst einer Zergliederung in ästhetischer, rhetorischer und harmonischer Rücksicht* [...] München: Falter, 1806 [nachfolgend abgekürzt: *32 Präludien*, Neuausgabe des Notenteils von Grave a.a.O.].

[5] vgl. dazu *FS*, S. 5-7, 32-44 u. Abdruck der Fuge: *Gott des Weltalls König* im Notenanhang; sowie dazu Becker I, S. 50-53

Zergliederung geistlicher Kompositionen Voglers, besonders des Requiems, das nach Weber alles übertraf, was er bisher ***von kontrapunktischen Künsten, die zugleich Herz und Gefühl ansprechen*** kannte[6]. Auch ohne einen direkten Zusammenhang mit der Lektüre des ***Fugen-Systems*** lassen also die äußeren Umstände durchaus erkennen, daß Webers Umarbeitung unter dem Eindruck Voglerscher Vorbilder entstand, die dem erfahreneren Schüler die ursprüngliche Form seiner Fuge als ungenügend erscheinen ließen.

Fragt man nach den Prinzipien, die Weber bei dieser Umarbeitung leiteten, ist einerseits ein kurzer Blick auf Voglers Vorstellungen von kontrapunktischer Kompositionsweise nötig, zum anderen muß aber auch an Webers »Vorkenntnisse« auf diesem Gebiet erinnert werden.

Bei der Besprechung jener Kompositionen, die vor der Wiener Begegnung mit Vogler entstanden, wurde bereits erläutert, daß die 1789 veröffentlichten sechs ***Fughetten*** deutlich Webers anfängliche Schwierigkeiten mit kontrapunktischen Techniken zeigen[7]. Auf seinen keineswegs selbstverständlichen Umgang mit dieser Satzweise deutet auch die Tatsache, daß er für eine kurze kontrapunktische Episode im Quartett Nr. 17 des ***Peter Schmoll*** eines dieser ***Fughetten***-Themen wiederverwendete, wobei er aber immerhin die Reihenfolge der Stimmeneinsätze veränderte[8]. Noch vor dem ***Peter Schmoll*** war aber in München unter der Anleitung seines Lehrers Kalcher (nach Webers eigenhändigem Verzeichnis im Jahre 1799) ***eine große Messe*** entstanden[9], in der wahrscheinlich ebenfalls, zumindest abschnittsweise, kontrapunktische Satztechniken angewendet wurden.

* * *

Diese Messe wurde nach Webers eigenen Angaben zusammen mit anderen bei Kalcher entstandenen Kompositionen ***ein Raub der Flammen***[10] - ob nun bei einem Zimmerbrand in Kalchers Wohnung oder durch absichtliche Vernichtung allzu unvollkommener früher Kompositions-Zeugnisse, mag dahingestellt bleiben[11]. 1925 entdeckte dann Constantin Schneider bei Vorarbeiten zu einer Ausstellung im Salzburger Museum Carolino Augusteum die Partitur einer bisher unbekannten Messe unter dem Namen Carl Maria von Webers, die nach einer beiliegenden ***Dedication*** aus dem Jahre 1802 stammen soll[12]. Da Schneider das Manuskript für höchstwahrscheinlich autograph hielt und außerdem eine Übereinstimmung des Anfangs mit

[6] Brief an Gottfried Weber, 10. April 1810, vgl. o., S. 104

[7] vgl. o., S. 163ff.

[8] vgl. *Peter Schmoll*, Nr. 17, T. 25-32, Reihenfolge der Einsätze: B-A-T-S-B; vgl. *Fughette* Nr. 1: S-A-T-B-S

[9] vgl. *AS* (KaiserS, S. 4) bzw. Hell-S, Bd. III, S. 158

[10] *AS* (KaiserS, S. 4)

[11] Zur Auseinandersetzung über diese Frage vgl. *JV* Anhang II, Nr. 6-10, S. 427 u. Robert Musiol: *Weberiana. Ein verbrannter Schrank*, in: *Neue Berliner Musikzeitung*, 33. Jg. (1879), S. 2-3, 10-11, 19-20, 26-27 u. 43. Danach hatte Weber gegenüber Friedrich Ludwig Carl Freiherr von Biedenfeld geäußert, er habe u.a. seine frühe Oper *Die Macht der Liebe und des Weines* selbst verbrannt, ***um nicht die Welt mit solchen Kindereien zu belästigen*** (a.a.O., S. 3).

[12] Constantin Schneider: *Carl Maria von Webers große Jugendmesse in Es-Dur*, in: *Musica Divina*, 14. Jg. (1926), S. 33-40 u. 53-56, hier besonders S. 33. [nachfolgend zitiert als *SchneiderA*].

Webers späterer Es-Dur-Messe feststellte[13], glaubte er ein Exemplar der verschollenen *Jugendmesse* wiedergefunden zu haben und veröffentlichte daraufhin das Werk, das in dieser Form in die alte Gesamtausgabe übernommen werden sollte[14].

Nach einer Überprüfung der Handschrift aus dem Besitz des Salzburger Museums Carolino Augusteum (Hs 558)[15] muß es nun aber rätselhaft erscheinen, wie Schneider nach einem *Vergleich mit anderen als echt beglaubigten Handschriften aus seiner* [Webers] *Jugendzeit* zu dem Schluß kommen konnte, daß die Messe *mit größter Wahrscheinlichkeit von Weber selbst geschrieben worden ist*[16], und dann in der Ausgabe sowie in späteren Veröffentlichungen stets von der *Originalhandschrift* Webers die Rede ist[17]. Nicht nur im Text, sondern auch in der (druchgängig von einer Hand stammenden) Notenschreibung zeigen sich keinerlei Ähnlichkeiten mit der »hageren«, unbeholfenen Notenschrift aus Webers Frühzeit noch mit dessen späteren Schriftzügen[18]. Papier und Handschrift lassen vielmehr auf eine Entstehung im zweiten Drittel des 19. Jahrhunderts schließen und deuten auf den Wiener Komponisten Ludwig Rotter (1810-1895) als Schreiber der Partitur, was im folgenden näher begründet werden soll.

Über die Anschaffung der Handschrift fand sich im *Jahresbericht des städtischen Museums Carolino Augusteum zu Salzburg für 1896* auf S. 11 der Hinweis, daß in diesem Jahr u.a. erworben wurden:

> *Von Herrn Dr. Ignaz Gruber*[19], *k.k. Oberfinanzrath: Manuskripte von Ludwig Rotter: 3 Graduale. Eine Messe von Carl Marie von Weber, mit der Dedication. Salzburg vom 3. Mai 1802 an den »Hochwürdigsten Reichsfürsten, gnädigsten Fürsten und Herrn!«*

[13] a.a.O., S. 36-38. T. 1-8 des *Kyrie* entsprechen (mit einigen Varianten und Besetzungsänderungen) dem Anfang des *Kyrie* der Es-Dur-Messe JV 224, das Sopransolo in T. 9-14 mit nachfolgendem Choreinsatz ist mit den Takten 10-15 nahezu identisch, auch die Violinstimme T. 15ff. ist T. 17ff. der Es-Dur-Messe eng verwandt.

[14] *Grosse Messe in Es-Dur für Soli, gemischten Chor, Orchester und Orgel von Carl Maria von Weber (Salzburg 1802). Nach der Originalpartitur im Städtischen Museum zu Salzburg erstmalig herausgegeben von Constantin Schneider*, Augsburg u. Cöln: B. Filser, 1926 (Das Werk sollte parallel als Bd. 1 der Reihe I der Gesamtausgabe erscheinen). Im gleichen Verlag erschien 1927 ein (äußerst fehlerhafter) Klavierauszug dieser Messe von Carl Blessinger.

[15] Für zahlreiche schriftliche Auskünfte sowie für die Möglichkeit, die Handschrift der Messe und weitere, z.T. im Text genannte Handschriften zum Vergleich einsehen zu können, sei der Bibliothek herzlich gedankt.

[16] SchneiderA, S. 36; es heißt dort auch: *Der kalligraphische Charakter dieser Schrift, der vielleicht anfangs bedenklich erscheinen konnte, ist eben einerseits daraus zu erklären, daß dieses Exemplar als Widmungsexemplar für den Landesfürsten bestimmt war, andererseits daraus, daß ja Weber als Lithograph ausgebildet war und dieser klare Duktus der Schrift das natürliche Ergebnis solcher Präzisionsarbeit war.*

[17] vgl. den Titel der Ausgabe Schneiders bzw. sein Vorwort und den Aufsatz von Karl August Rosenthal: *Kanon und Fuge in C. M. v. Webers Jugendmesse*, in: *ZfMw* 9. Jg. (1926-1927), S. 406 oder: Warrack, S. 37

[18] vgl. Faksimile; ein weiteres Faksimile der Handschrift ist veröffentlicht bei Josef Gassner: *Die Musikaliensammlung im Salzburger Museum Carolino Augusteum*, Salzburg 1962, Tafel 12 (Anfang des *Benedictus*); vgl. etwa Bratschenschlüssel, Halsung einzelner Achtelnoten, Viertelpausen u. dynamische Zeichen

[19] Nach Angaben des *Österreich. Biographischen Lexikons 1815-1950*, hg. v. Leo Santifeller u. Eva Obermayer-Marnach, Bd. II, Graz-Köln 1959, S. 84/85 war Ignaz Frhr. Gruber von Menninger (1842-1919) als Finanzpolitiker in Wien tätig und daneben Universitätsprofessor.

Zwei der drei hier erwähnten *Gradualien* des Wiener Komponisten Ludwig Rotter[20] sind auf dem gleichen, quer-oktavformatigen, ebenfalls 12zeilig vorrastrierten Papier skizziert, wie die acht Lagen der Messenpartitur[21]: Wasserzeichen, Initiale, Richtung und Abstand der Stege stimmen vollkommen überein[22]. Die beiden Kompositionsskizzen Rotters tragen die Daten *23. Okt.* [1]*837* (Hs 634) bzw. *27.-28. Okt.* [1]*837* (Hs 633). Daß es sich bei diesen beiden *Gradualien* Rotters um Autographe dieses Komponisten handelt, konnte durch weitere autographe Skizzen Rotterscher

[20] Hs 633: *Graduale: Liberasti nos*, 5 Bl. quer-Oktav u. Hs 634: *Graduale: Esto mihi*, 2 Bl. quer-Oktav. Das dritte *Graduale* (*Ego dixi*, Hs 635) ist auf 6 Blätter im hoch-Quart-Format geschrieben und mit 18. August 1837 datiert.

[21] Die jeweils durch Faden zusammengehefteten Lagen verteilen sich wie folgt: S. 1-24, 25-48, 49-72, 73-96, 97-120, 121-144, 145-168, 169-176.

[22] Hs 634: WZ: kleines Wappen mit *4*, vgl. etwa Messe S. 48/50 u. 83/84; Hs 633: gleiches Wappen sowie schlichte Krone, vgl. Messe S. 69/70 (in den angegebenen Blättern sind die Wasserzeichen ohne Hilfsmittel gut zu erkennen); Initiale: *CAKE*, Maße: 1,5 x 9,5 cm, diese Initale finden sich in nahezu allen Blättern der Messe, z.T. kombiniert mit den angegebenen Wappen- und Kronenformen, in einigen Fällen auch mit einer komplizierteren Krone; Stege: vertikal durch die Initale, Abstand 2,6-2,7 cm.

Kompositionen aus Wiener Bibliotheken bestätigt werden[23]. Da bislang als Vergleichsmaterial nur Skizzen bzw. vorwiegend aus der späteren Schaffenszeit Rotters stammende Reinschriften herangezogen werden konnten, ließ sich nicht mit letzter Sicherheit feststellen, ob es sich auch bei der Reinschrift der Messe tatsächlich um die Handschrift Rotters handelt; der Handschriftenbefund widerspricht dem aber nicht, und die Quellenlage legt diese Vermutung nahe[24].

Einige äußere Merkmale der Handschrift zeigen, daß der Notentext nicht frei, sondern offensichtlich nach einer (skizzierten) Vorlage ins Reine geschrieben wurde: beim Übergang von S. 14/15 sind alle Stimmen um eine Zeile nach oben verrutscht (dadurch entstehen unten zwei statt einer Leerzeile), S. 58 wurden die *Timpani* vergessen und nachträglich in die leere untere Zeile eingetragen; im *Sanctus* ist ein Takt (T. 25) beim Wechsel von S. 125r zu 125v (= 126) vergessen worden, auf S. 129r (*Pleni sunt*, T. 12-15) wurden Violine I und II vom Schreiber vertauscht und dies nachträglich durch die Zusätze *Violino 2do* bzw. *Violino 1mo* gekennzeichnet. Aber auch die Annahme, die Partitur sei zumindest unmittelbar von einer autographen Vorlage Webers abgeschrieben worden, muß auf Grund einiger rein äußerlicher Besonderheiten in Zweifel gezogen werden:

Auf dem Titelblatt der *Missa Solenne* ist zwischen die Bezeichnung *4 Voci* und *2 Oboi* nachträglich eingeschoben *2 Viole* und dies nochmals korrigiert in *2 Violini. Viola*. Nachgetragen (und in unüblicher Form durch ein Komma abgetrennt) ist auch in der letzten Instrumentenzeile (*Violone e Violoncello*) die Angabe *con Organo*[25]. Diese Korrekturen sprechen eher dafür, daß das Titelblatt nach der Besetzung in der Partitur »zusammengeschrieben« als von einer Vorlage abgeschrieben wurde.

Auch das beigelegte *Dedications*-Blatt[26] (in der gleichen Handschrift wie die Messenpartitur) zeigt einige Merkwürdigkeiten. Die Überschrift *Dedication* über einer Widmung ist unüblich; auch die Formulierung *in tiefer ver*[s]*chammender Ehrfurcht* klingt im Vergleich mit Webers sonstigem Wortschatz sehr ungewohnt. Zu fragen ist ferner, was Weber veranlaßt haben könnte, am 3. Mai 1802 (dem Datum des Dedicationsschreibens) dem Salzburger Erzbischof Hieronymus Colloredo, der im Dezember 1800 vor den Napoleonischen Truppen aus Salzburg geflohen war und zum Unwillen der Untertanen auch nach dem Frieden von Luneville noch in Wien blieb, von Salzburg aus eine Messe zu widmen[27]. Mit dem gleichen Datum hatte Weber in

[23] Für Kopien von Handschriftenproben Rotters und die Möglichkeit der Einsichtnahme in Skizzen und Reinschriften seiner Kompositionen sei der Musikabteilung der Österreichischen Nationalbibliothek Wien und der Wiener Stadt- und Landesbibliothek herzlich gedankt.

[24] vgl. dazu z.B. die Form des Altschlüssels in Hs 633, die Taktangaben, dynamische Zeichen und einzelne charakteristische Ziffern. Die festgestellten Wasserzeichen fanden sich in Wiener Handschriften Rotters wieder, vgl. z.B. Messe D-Dur, ÖNB Wien, Signatur: HK 1513.

[25] Die Abweichung von der gewöhnlichen Formel *Basso con Organo* durch die ausdrückliche Erwähnung des Cellos erklärt sich aus dem solistischen Gebrauch dieses Instruments im *Benedictus* und ist in dieser Weise durchaus üblich. Die Anordnung der Instrumente in dieser Form auf dem Titelblatt hat auch Rotter noch in seinen Messen vorgenommen, vgl. Katalogkarten der ÖNB Wien.

[26] vgl. Vorwort der Ausgabe. Bei dem Blatt handelt es sich um dünneres Schreibpapier, das Wasserzeichen ist ohne Hilfsmittel nur schwer zu erkennen (*ICTAU*??), Abstand der Stege 2,6 cm.

[27] vgl. dazu Hans Widmann: *Geschichte Salzburgs*, 3. Bd. (1519-1805), Gotha 1914, S. 529-537. Colloredo blieb bis zu seinem Rücktritt am 11. Februar 1803 (am 19. August 1802 hatte der Großherzog Ferdinand von Toskana das ihm im Frieden von Luneville versprochene Salzburg besetzt) in Wien, wo er sich trotz der prekären finanziellen Verhältnisse in Salzburg einen eigenen kleinen Hofstaat

Salzburg eine Aufführung seiner Oper *Das Waldmädchen* beantragt, diesen Antrag aber nicht an den in Wien weilenden Colloredo, sondern selbstverständlich an die Salzburger Statthalterschaft gerichtet[28].

Angesichts der Prahl- und Reklamesucht Franz Anton von Webers ist auch die äußerst schlichte Form von Titelblatt und *Dedication* verwunderlich, in der nicht einmal, wie es sonst Franz Antons Art war, das geringe Alter des Knaben erwähnt wird[29]. Die Tatsache, daß in den Briefen, die der Vater in dieser Zeit (oft im Namen seines Sohnes) u.a. an verschiedene Verleger schrieb, nirgends von der Messenkomposition die Rede ist, obwohl der Vater stets die besonderen kompositorischen Leistungen seines Knaben hervorhob[30], und daß selbst im Freiberger Streit um die Aufführung des *Waldmädchens*, in dem u.a. Webers kontrapunktische Künste kritisiert werden, an keiner Stelle auf die kontrapunktischen Leistungen hingewiesen wird, die sich in *Gloria*, *Sanctus* und *Agnus* dieser *Jugendmesse* finden[31], bestätigt eher, daß die Messe zu diesem Zeitpunkt bereits wirklich ein *Raub der Flammen* geworden war.

In dem genannten Aufsatz von Constantin Schneider gilt als der *schlagendste Beweis für die Echtheit des Jugendwerkes*, daß sich im Anfang des *Kyrie* eine *fast völlige Übereinstimmung mit dem Anfang der Messe in Es Dur von 1818* zeigt[32]. Schneider vermutet hier eine *erstaunliche Gedächtnisleistung* Webers, da diesem von der verschollenen Messe *keinerlei Behelfe, wie Aufzeichungen, Skizzen zur Verfügung* standen[33]. In der Tat würde man hier von einer ungewöhnlichen Gedächtnisleistung über 18 Jahr hinweg sprechen müssen. Zieht man aber nach den wenigen genannten äußeren Kriterien die Möglichkeit einer bewußten »Fälschung« in Betracht, würde ein solches Zitat zu Beginn der Messe als »authentischer Hinweis« auf Weber durchaus seinen besonderen Zweck erfüllen[34].

eingerichtet hatte. Das Verhältnis zu der von ihm eingesetzten Salzburger Statthalterschaft war nach Angaben Widmanns denkbar schlecht.

[28] vgl. Heinz-Wolfgang Hamann: *Eine Eingabe Karl Maria v. Webers an die Salzburger Theaterhofkommission*, in: *Mf* 15. Jg. (1962), S. 174. Die in diesem Beitrag wiedergegebenen Aktenstücke sind erstmals veröffentlicht von Ernst Pasqué: *Zu K. M. v. Weber's Familiengeschichte*, in: *Recensionen und Mittheilungen über Theater, Musik und bildende Kunst*, Wien, 8. Jg. (1862), S. 276-278.

[29] vgl. dagegen Titelblatt und Widmung der *6 Fughetten* bzw. der Variationen op. 2, faksimiliert bei Hausswald: *Gedenkschrift*, a.a.O., S. 56-57 u. 100-101

[30] vgl. z.B. Briefe vom 19. Januar 1799, 9. Dezember 1800, 25. November 1801 u. 2. Januar 1802

[31] vgl. Webers Anwort auf die Angriffe des Kantors Fischer, *Freyberger gemeinnützige Nachrichten für das chursächsische Erzgebirge 1801*, S. 69/70. Ausdrücklich weist Weber (bzw. der Vater) hier darauf hin, daß er *von den grösten Kapellmeistern der ersten Höfe und deren Hofkapellen als ein solcher anerkannt* [sei...], *der den Contrapunct richtig und gründlich studirt hat* [...] (a.a.O., S. 69), wobei die *Fughetten* als Beweis dienen sollen, während von einer Messe nirgends die Rede ist, obwohl Weber Fischer sogar anbietet, ihm seine *ganze Arbeit in Originali vorzulegen* (a.a.O., S. 70).

[32] SchneiderA, S. 37/38

[33] a.a.O., S. 38. Daß Weber eine solche Übernahme *mit seinem künstlerischen Gewissen nur dann vereinbaren* [konnte], *wenn er das erste Werk für unwiederbringlich verloren halten durfte* (a.a.O., S. 38), wird durch andere Übernahmen in Webers Werken widerlegt. Die *gewisse Ähnlichkeit* des *Osanna*-Themas mit dem ersten der *6 Fughetten* (a.a.O., S. 54) ist zu entfernt, um eine Abhängigkeit zu konstruieren.

[34] Eigenartig scheint auch, daß nur im *Kyrie* die Hörner über den Oboen als oberste Stimme notiert sind und nur hier sowie am Anfang des *Gloria* die schon erwähnte Bezeichnung *Organo* vorgesetzt ist. In diesem Zusammenhang sei darauf hingewiesen, daß die zeitgenössischen Drucke beide Messen Webers der Praxis der Zeit entsprechend mit Generalbaßbezifferung und Orgelbesetzung

Über die Gründe, die den Schreiber dieser Messe - vermutlich Ludwig Rotter - zu einer solchen Fälschung veranlaßt haben könnten, läßt sich bisher allerdings nur sehr vage spekulieren.

Rotter, der 1810 in Wien geboren wurde, zeigte laut Wurzbachs *Biographischem Lexikon* bereits sehr früh *entschiedene musikalische Begabung*[35], absolvierte *eindringliche Studien in der Harmonielehre und in der Wissenschaft des Contrapunctes*, wodurch er schon bald in der Lage war, Unterricht im Generalbaß zu erteilen. Seine pianistischen Fertigkeiten, besonders seine Gabe, *in mannigfaltigen Stylarten zu improvisiren, worin er sich schon frühzeitig ausgebildet hatte*, wurden gerühmt, und Rotter wurde bald als geschickter *Accompagnateur* in Wiener Adelshäuser geladen. Anfang der 1830er Jahre erhielt er dann die Organistenstellen *an der Pfarre Am Hof zu Wien und dann auch an der Universitätskirche, im Jahre 1843 wurde er Professor der Harmonielehre, des Generalbasses und Orgelspiels am Wiener Kirchenmusik-, nachherigen Cäcilien-Vereine, zwei Jahre später* [...] *Chordirector der vorerwähnten Kirchen*, schließlich 1867 als Nachfolger Simon Sechters Hoforganist. Rotter war also mit Kirchenmusik eng vertraut und schrieb selbst zahlreiche Messen und geistliche Werke. Die beiden Messen Webers, die in Wien in Abschriften vorhanden waren[36] und in den Jahren 1835 bzw. 1844 bei Haslinger im Druck erschienen[37], dürfte er gekannt haben. Rotter wurde auch Mitglied des 1844 gegründeten Josephstädter Kirchenmusikvereins, der sich die Aufführung kirchenmusikalischer Arbeiten zum Ziel gesetzt hatte, und er gehörte zu den Mitgliedern, die sich verpflichteten, die notwendigen Partiturabschriften und Aufführungsmaterialien herzustellen[38].

Die bisher bekannten Fakten könnten nun allenfalls zu dem Schluß verleiten, Rotter habe mit dieser Messe beabsichtigt, eine seiner frühen, zudem durch kontrapunktische Geschicklichkeit aufgewerteten Messen, durch das anfängliche Zitat mit dem Etikett »Weber« versehen, unter dessen Namen zu verbreiten. Für eine solche Vermutung gibt es allerdings bisher keinerlei Beweise. Es lassen sich lediglich gegen diese Vermutung bestehende Argumente, die etwa auf den verwendeten Daten im *Dedications*-Schreiben beruhen, entkräften, denn den Hinweis auf die verschollene frühe Messe Webers konnte Rotter ohne Schwierigkeiten aus der in Hells Schriften veröffentlichten *Autobiographischen Skizze* oder noch einfacher aus Gerbers *Tonkünstler-Lexikon* entnehmen; dort findet sich mit dem abgedruckten Zeugnis Michael Haydns für Weber vom 2. Juni 1802 auch ein Hinweis auf die Zeit des zweiten

verbreiteten, obwohl z.B. im Autograph der Es-Dur-Messe (SPrK Berlin, Musikabteilung, Mus. ms. autogr. Carl Maria von Weber, Nachlaß Jähns I.18) diese Angaben fehlen; auch die handschriftliche Partitur der Es-Dur-Messe in der ÖNB Wien ist um diese bezifferte Orgelstimme erweitert.

35 Alle nachfolgenden Angaben zu Rotter sind dem *Biographischen Lexikon des Kaiserthums Österreich* von Constant von Wurzbach, 27. Teil, Wien 1874, S. 166-168 entnommen.

36 vgl. etwa die Abschriften der beiden Messen in der ÖNB Wien

37 Messe Nr. 1 in G-Dur PN 6600 (nach Alexander Weinmann: *Vollständiges Verlagsverzeichnis Senefelder Steiner Haslinger*, Bd. 2 bzw. 3, angezeigt in der *Wiener Zeitung* vom 23. 4. 1835); Messe in Es-Dur PN 9485 (angezeigt am 14. 12. 1844)

38 vgl. dazu Karl Pfannhauser: *Aus Herbecks Leben, Wirken, Umwelt und Schriftenmappe*, in: *125 Jahre Wiener Männergesangsverein*. Festschrift hg. v. Karl Kretschek, Wien 1968, S. 39. In diesem Aufsatz ist auch eine Aufführung der G-Dur-Messe Webers durch Herbeck am 10. Oktober 1869 erwähnt (S. 45/46). Sollte das Messenmanuskript Rotters in zeitlicher Nähe der genannten *Gradualien* entstanden sein, kann allerdings kaum ein Zusammenhang mit den Aktivitäten dieses Vereins angenommen werden.

Salzburger Aufenthaltes[39]. Selbst die halb italianisierte Namensform *Carlo Marie di Weber* auf dem Titelblatt der Messe bzw. die Form *Carl Marie B: v: Weber* im Widmungsschreiben könnte durch Titelblätter zeitgenössischer Abschriften angeregt sein (eine Abschrift der Es-Dur-Messe in der Österreichischen Nationalbibliothek trägt den Titel: *Missa Auctore Carolo Maria Barone de Weber*).

Lassen sich zum gegenwärtigen Zeitpunkt quellenkritisch jedoch keinerlei wirklich schlüssige Beweise für die Vermutung einer Fälschung durch Rotter liefern, so verstärkt doch andererseits die musikalische Struktur der Messe die Bedenken, die sich durch die genannten äußeren Unstimmigkeiten gegen die Echtheit des Werkes erheben.

Schon Constantin Schneider und Karl August Rosenthal wiesen in ihren Bemerkungen zur sogenannten *Jugendmesse* auf einige Stellen hin, die überraschend *romantisch* anmuteten[40]. Abweichungen von den übrigen frühen Kompositionen Webers zeigen sich z.B. auch in der Art der Verwendung des Solocellos im *Benedictus*[41], in der hier üblichen Mitverwendung des Tones *g* in den Trompeten[42] und in der chromatischen Führung beider Hörner im *Agnus*[43]. Die in Webers frühen Opernfragmenten bzw. im *Peter Schmoll* häufige Form eines Streichersatzes, bei dem der Violine II Begleitfiguren (meist in Achtelbewegung) zugewiesen sind und Violine I und Viola korrespondieren[44], findet sich in der Messe kaum. Dort sind häufig Violine II und Viola oder beide Violinen gekoppelt, wobei die Viola oft mit der Violine II »verzahnt« eingesetzt ist[45]. Vielfach finden sich auch (an Mozarts Sonaten erinnernde) vorausgenommene Begleitfloskeln mit nachfolgendem Einsatz thematischer Motive[46], was Webers *Peter Schmoll* gleichfalls fremd ist.

In Verbindung mit der im Titelblatt nachgetragenen Angabe *con Organo* fällt auch auf, daß die Generalbaßbezifferung nur sehr unvollkommen und sporadisch durchgeführt ist[47]. Dies könnte darauf hindeuten, daß der Schreiber möglicherweise nachträglich eine Bezifferung durchführen wollte[48], diese aber nicht fertiggestellt hat, daß

39 Bezeichnenderweise entnimmt auch Constantin Schneider diesem Zeugniß den Hinweis auf die Zeit des Salzburger Aufenthaltes und sieht so in diesem Datum einen weiteren Beweis der Echtheit (vgl. SchneiderA, S. 34).

40 vgl. SchneiderA, S. 38: Terzschritt *B-Des* im *Christe*, T. 31/32; S. 39: Chorwirkung im *Quoniam*, T. 22-27; S. 40: *Credo*: Verwendung der Harmonik zu besonderer Wirkung und Tonmalereien; die *Credo*-Rufe seien *in echt romantischer Weise stets verändert* (S. 53), vgl. auch S. 56. Das *Agnus* ist nach Rosenthal (a.a.O., S. 408) *reich an romantischen Ausdrucksmitteln*.

41 Im *Peter Schmoll* wird das Cello stets nur für einige wenige Takte solistisch verwendet und im Baß- und Tenorschlüssel, nicht im Violinschlüssel notiert, vgl. etwa mit ähnlichen Akkordbrechungsfiguren in Nr. 1, T. 57-61.

42 z.B. *Gloria*, T. 30 u. 51

43 In T. 70 finden sich in beiden Hörnern stufenweise verbunden: *e-f-fis-g* bzw. *c-d-dis-e* (beides in der zweigestrichenen Oktave notiert) sowie in T. 71 der gestopfte Ton a^1. In der Nr. 3 des *Schmoll* verwendet Weber das Horn I mit den Tönen es^2-e^2-es^2, während das Horn II bei c^2 bleibt (T. 72).

44 vgl. bereits im *Waldmädchen* Nr. 16, Anfang oder *Schmoll* Nr. 1, T. 21-32

45 vgl. *Kyrie*, T. 15-23, 33-49, 56-64 (In T. 51-55 würde eine Vertauschung von Violine I und II dem bei Weber üblichen Bild entsprechen.)

46 vgl. *Gloria*, T. 32-34, 84 oder 112-114

47 vgl. dazu auch den Revisionsbericht der Ausgabe von Schneider, die allerdings in dieser Hinsicht sehr unzuverlässig ist.

48 Die Handschrift und die Art der Bezifferung entsprechen durchaus der Rotterschen; vgl. dazu auch dessen gedruckte *Harmonologie. Vollständige theoretisch-praktische Generalbass- und Harmonie-Lehre*, Wien: Diabelli PN 8844 (1849). Auffallend sind die bei Rotter ebenfalls übliche gele-

also das zugesetzte *con Organo*, das sich zudem nur im *Kyrie* und *Gloria* in der Baßstimme findet[49], den beabsichtigten Nachtrag bezeichnet.

Die deutlichsten Einwände gegen die Authentizität des Werkes ergeben sich aber aus der Betrachtung der Fugensätze:

Die beiden Fugen im *Gloria* und *Sanctus* nehmen mit einer Ausdehnung von etwa 120 Takten breiten Raum ein, sind im dreifachen Kontrapunkt gearbeitet und im Aufbau nahezu identisch[50]:

Cum sancto spiritu-Fuge:

a	b c - a	a a c -	- a	
a b	a b c -	- b b c	a c	freier Schlußteil
a b c	c - a b	c - a b	b -	über G-Orgelpunkt
a b c -	- a b c	b c - a	c b	

Pleni sunt/Osanna-Fuge:

c - a b	a b c -	- a b c	b -	
b c - a	b c - a	a b c -	- a	freier Schlußteil
- a b c	c - a b	b c - a	c -	über G-Orgelpunkt
a b c -	- a b c	c - a b	a b	

Lediglich die Exposition der *Gloria*-Fuge unterscheidet sich mit ihren sukzessiven Einsätzen von der des *Sanctus*-Satzes. Die Tonartenfolge und die Art der Themenbeantwortung (Exposition: C-G, 2. Durchführung: a-e/E, 3. Durchführung: F-C, 4. Durchführung: C-G) sind ebenfalls in beiden Fugen identisch. Kurze, meist zweistimmige Zwischenspiele verbinden die einzelnen, in sich geschlossenen Durchführungen. Schneider und Rosenthal bezeichnen die *Osanna*-Fuge als *Tripelfuge*[51] - als solche müßte man mit gleichem Recht die Fuge des *Gloria* bezeichnen, wenn man nicht in beiden Fällen nur von Fugen mit beibehaltenen Kontrapunkten reden will[52].

In seinem Aufsatz über *Kanon und Fuge in C. M. v. Webers Jugendmesse* versucht Rosenthal, die Abhängigkeit der kontrapunktischen Arbeit dieser Messe von dem Vorbild Michael Haydns aufzuzeigen. Dies könnte am ehesten noch für den Kanon des *Agnus Dei* gelten, der nach Rosenthal in Haydns Kanonkunst und beispielsweise in dessen *Offertorium: Domine Deus* sein Vorbild hat[53]. Während Haydn aber das Kanon-Thema mehrfach durchführt, wird die zudem mit 16 Takten unverhältnismäßig lange erste Kanonzeile im *Agnus* der *Jugendmesse* nur ein einziges Mal

gentliche Verwendung der *10* als Bezeichnung der Terz in der Oberstimme; vgl. *Osanna*-Fuge der Messe, T. 9 u. 49 (die Angaben *9-10* fehlen jeweils im Partiturdruck!) u. *Harmonologie*, S. 34, 39, 44, 48 u.ö.; vgl. auch die in seinen Messen-Reinschriften ebenfalls häufig anzutreffende versetzte Schreibweise einiger Ziffernkombinationen, besonders in Verbindung mit der Sept.

49 Im übrigen werden die Bezeichnungen *Fondamento*, *Violone* oder *Basso* verwendet.

50 Die Themen mit ihren Kontrapunkten sind bei Rosenthal, a.a.O., S. 411/412 zusammengestellt.

51 vgl. SchneiderA, S. 54 u. Rosenthal, a.a.O., S. 412

52 Wie das Schema zeigt, bleiben auch in der *Gloria*-Fuge die Kontrapunkte gleich und das Thema läßt sich als dreiteilig betrachten (vgl. Tenoreinsatz: T. 6-11, 11-16 u. 16-21). Nur die Zwischenspiele sind freier. Eine derart strenge Durchführung einer »Tripelfuge« ist zur Zeit der Klassik bereits selten; ein Beispiel findet sich etwa in Mozarts Messe KV 262 (246a); vgl. *Neue Mozartausgabe*, Serie I, 1, 1, Bd. 2, S. 232-241 (Fuge: *Cum sancto spiritu*).

53 vgl. Rosenthal, a.a.O., S. 408-410 bzw. *DTÖ* 32. Jg., Bd. 64, a.a.O., S. 9-21

durchgeführt. Will man überhaupt auf Grund der Kenntnis der recht schmalen Auswahl von Werken Michael Haydns in den Denkmälerausgaben von einer eigenständigen kontrapunktischen Kunst Haydns reden, zeigen sich mehr Unterschiede als Gemeinsamkeiten zu den Fugen der *Jugendmesse*. Ohne dies in seiner Bewertung zu berücksichtigen, spricht Rosenthal selbst in einigen Nebenbemerkungen solche von der Haydnschen *Faktur* abweichende Punkte an: Haydn arbeite nach der Exposition meist nur mit Themengliedern und modulierenden Durchführungen, in der Exposition finde sich gewöhnlich ein überzähliger Einsatz, und ausgedehnte Orgelpunkte mit Bläserbeteiligung fehlten[54].

Unterschiede zu Haydn dürften auch in dem teilweise freizügigen Dissonanzgebrauch bestehen. So hätte im 6. Takt des Themas der *Gloria*-Fuge der Vorhalt *fis* zu *g* als Quarte auf betonter Zeit in diesem zweistimmigen Satz leicht vermieden werden können, ist aber offensichtlich bewußt als betonte »Nebennote« eingefügt, denn diese Wendung erzeugt im Satzverlauf eine Reihe weiterer dissonanter Wirkungen, die als klangliche Reize eingeplant scheinen (vgl. T. 11: *c*/*h*-*c*; T. 16: *g*-*fis*^{1}). Quarten auf betonter Zeit (T. 7, 8, 9) und dissonante chromatische Durchgänge (T. 12, 15, 17) beleben ebenfalls den im polyphonen Verlauf der Einzelstimmen streng durchgeführten Satz. Diese Art der harmonischen Einkleidung verweist also eher auf die »romantische« Konzeption einer Fuge.

Nach den Ausführungen zur Entwicklung der harmonischen Sprache Webers w.o. dürfte es auch unwahrscheinlich sein, daß Weber eine derart komplizierte Fugentechnik bei Kalcher in München erlernte. Kalchers eigene Fugen, etwa die *Donanobis*-Fuge seiner D-Dur-Messe[55], folgen keineswegs den Regeln des strengen Satzes[56].

Im formalen Ablauf bemüht sich Kalcher zwar, wenigstens eine der Gegenstimmen als festen Kontrapunkt beizubehalten, doch da dieser Kontrapunkt, von zwei Ausnahmen abgesehen, immer unter dem Thema erscheint und auf dissonante Zusammenklänge ohnehin kaum Rücksicht genommen scheint, bereitet ihm dies keine besondere Mühe. Die übrigen Stimmen pausieren oder werden als harmonische

[54] Rosenthal, a.a.O., S. 413. Ungewöhnlich scheint zudem der Gebrauch der Subdominante in der dritten Durchführung.

[55] vgl. Wiedergabe des Chorparts S. 286-287. Die handschriftlichen Stimmen zu dieser *Missa Ex D à 4 Voci, 2 Violini, Alto Viola, 2 Oboe, 2 Corni, 2 Clarini, Timpano, Violone con Organo del Sig: Giovanni Kalcher 1791* wurden freundlicherweise in Kopie von der Fürstlich Fürstenbergischen Hofbibliothek Donaueschingen (Sign: Mus. Ms. 838) zur Verfügung gestellt. Über die *Missa in Es*, die die BSB München unter der Signatur Mus. Mss. 1642 besitzt und in der sich eine Fuge im *Gloria* findet, schreibt Schneider: *An gemeinsamen Zügen* [mit der *Jugendmesse*], *die sehr dürftig sind, seien erwähnt: der fehlende Kontrast zwischen Kyrie und Christe eleison, die häufige Wiederholung des Credo-Rufes* [zunächst vom Sopran *solo* vorgetragen], *das Solo im Benedictus; alles Merkmale dieser Zeit, die gar kein Charakteristikum eines bestimmten Komponisten bilden* [sic!]. *Dagegen steht die Satztechnik bei Kalcher, wie die Fuge zeigt, bedeutend höher* [?], *es ist eine real vierstimmige Fuge. Aber die Erfindung ist durchwegs sehr schwach, doch rein technisch genommen ist es das präzis konstruierte Werk eines routinierten Meisters* (SchneiderA, S. 37). Schneider konstatiert ferner: *Von vornherein sei bemerkt, daß bei dieser Vergleichsarbeit Webers Lehrer* [...] *Kalcher, infolge seines geringen Einflusses ausgeschaltet werden kann* (a.a.O., S. 37).

[56] vgl. die Dissonanzen auf betonter Zeit in T. 10: *gis*-*d*, *gis* springt zudem zur Sept *e* (diese Stelle wurde offensichtlich nach dem harmonischen Zusammenklang in T. 24 ausgeschrieben); vgl. auch den mangelnden rhythmischen Fluß der Stimmen, etwa in T. 22

Johann Nepomuk Kalcher: *Missa Ex D*

Füllstimmen behandelt, wobei aber melodische Anklänge vorkommen[57]. Das kontrapunktische Gewebe der Stimmen ist ganz aus harmonischen Vorstellungen abgeleitet und nur der hinzutretende Generalbaß kann stimmführungsmäßig verbotene Zusammenklänge, wie etwa in T. 22-24, rechtfertigen. In T. 24 findet sich wiederum die für Kalcher typische »falsche« Orgelpunktform (*H* über *E*) - hier also sogar im kontrapunktischen Satz. Die Fugen der *Jugendmesse* stehen deutlich über diesem, von zahllosen Freiheiten gekennzeichneten Satz.

Derart streng durchgearbeitete Fugen, wie sie sich in der *Jugendmesse* finden, hat Weber nie (wieder) geschrieben. Die erste Bearbeitung der Schlußfuge zum *Ersten Ton* aus dem Jahre 1808[58] zeigt vielmehr seine andauernden Schwierigkeiten mit dem kontrapunktischen Satz bzw., positiv formuliert, eine freizügige Verwendung kontrapunktischer Techniken.

[57] Lediglich blockhaft versetzt sind die Takte 43-49 in T. 50-56. Im harmonischen Ablauf werden I., V., III. und VI. Stufe als Ausgangstonarten verwendet.

[58] Erhalten in einer Abschrift von Jähns, Weberiana Cl. III, Bd. IV, Nr. 65. Die dort fehlenden letzten 10 Takte sind in einem autographen Entwurf in Cl. I, Nr. 25 überliefert.

In dieser Fuge konzentriert Weber sich auf die korrekte Imitation des eigentlichen Themas, während auf die Korrespondenz der kontrapunktischen Gegenstimmen keinerlei Rücksicht genommen wird:

In der Exposition ist dieses Thema in den ersten vier Takten stets real beantwortet, die Korrektur der harmonischen Richtung erfolgt erst in der Fortführung bei Eintritt der neuen Stimme, und diese Fortsetzungen unterscheiden sich dann in allen vier Stimmen deutlich, so daß man den Eindruck gewinnt, Weber habe jeweils nur auf den Themeneinsatz geachtet und die kontrapunktischen Nebenstimmen eher dem Zufall überlassen. Nach der eigentlichen Exposition (Einsatzfolge B-T-A-S im Wechsel Es-Dur/B-Dur) ist dem Baß ein überzähliger Einsatz zugewiesen, mit dem sich die Es-Dur-Fuge zu einem c-Moll-Zwischenteil (T. 39ff.) wendet. In den weiteren Einsätzen bleibt das Thema dann nur bis zum dritten Takt identisch. Die Fortsetzungen fallen wiederum unterschiedlich aus und die Einsätze erfolgen sukzessiv in den Tonarten g-d-f-c-f-As-es. Ausgehend von dem subdominantisch interpretierten es-Moll wird schließlich nach B-Dur moduliert, und in einer kurzen Engführung (T. 70-77) erklingt das Thema in Sopran, Alt und Tenor, bevor sich dann über einem ausgedehnten Orgelpunkt *B* der in mehreren Steigerungswellen angelegte Schluß anschließt, in dem das Thema nochmals in ausharmonisierter Gestalt im Tutti (in Es-Dur) erscheint.

Ein ähnliches Bild lediglich aneinandergereihter imitierender Themeneinsätze mit jeweils unterschiedlicher Weiterführung des eigentlichen Themenkerns bietet auch das *Fugato* im Finale des ebenfalls in Stuttgart entstandenen B-Dur-Klavierquartetts[59],

[59] vgl. T. 275ff. Zunächst finden sich 12 Themeneinsätze, wobei das Thema auf einen identischen Kern von vier Takten reduziert ist, während die Gegenstimmen wechseln; Einsatzfolge (jeweils nach dem ersten Ton angegeben): *d-a-d-a-d* / *b-f-b* / *es-g-b* und *fis*. Nach einem Zwischenspiel dann in T. 329ff.: *f-f-des-a-f-a-d-es-g* (vgl. Terzbeziehungen) mit Engführung und schließlich, nach einem weiteren Zwischenspiel, T. 360ff.: *a-d-d*. (Viertel, a.a.O., S. 396 interpretiert diese Fuge als eine Folge von regelmäßiger Exposition und drei Durchführungen.) Die Gestalt des Satzanfangs mit dem vorangestellten Thema (T. 1-8) und der kontrastierenden Fortsetzung T. 8ff. sowie der weitere Verlauf ähneln auffallend dem Finale der C-Dur-Sinfonie Danzis (Breitkopf & Härtel PN 226).

und selbst die Fugen in Webers späteren Messen unterscheiden sich kaum von dieser Struktur. Die *cum-sancto-spiritu*-Fuge der G-Dur-Messe Webers z.B. besteht aus vier Abschnitten mit Durchführungen eines eigentlich nur in seinen ersten beiden Takten festgehaltenen Themas (auf der I., VI., V. und I. Stufe)[60]; in der gleichnamigen Fuge der Es-Dur-Messe reduziert sich die zunächst zwischen Sopran und Tenor noch über fünf Takte bestehende Identität im weiteren Verlauf ebenfalls auf zwei Takte. Ähnliches gilt für die *Hosanna*-Fuge, bei der Weber sich wiederum des ersten Themas seiner frühen Fughetten bedient[61] und bei teilweise nur der Themenkopf als fester Bestandteil bleibt. Die dichte Folge von Einsätzen derart kurzer, frei weitergeführter thematischer Gestalten in ermüdender Häufigkeit veranlaßte Heinrich Allekotte in seiner Dissertation über die Messen Webers hier lediglich von *polyphonierenden* Chören zu reden[62].

Eine der *Jugendmesse* vergleichbare Durcharbeitung der kontrapunktischen Form fehlt auch in den beiden Fugen der weltlichen Kantatenwerke Webers, *Kampf und Sieg* JV 190 (1815) und der *Hymne* JV 154 (1812), auf die noch zurückzukommen sein wird.

Vom stilistischen Standpunkt bleiben also die Fugen der *Jugendmesse* ein merkwürdig isoliertes Phänomen: diese Fugen müßten auf eine überraschende Reife des Knaben schließen lassen, eine Reife, die sich aber in den späteren Werken nicht mehr zeigt. Auch von daher muß also die Echtheit des Jugendwerkes in Frage gestellt werden. Zu einer besseren Einschätzung oder Klärung des Problems bedarf es allerdings weiterer Untersuchungen und einer Durchsicht des umfangreichen Rotterschen Schaffens. Da die Zweifel an der Echtheit aber nicht von der Hand zu weisen sind, blieb das Werk in den Teilen der vorliegenden Arbeit, die sich mit Fragen der harmonischen und satztechnischen Entwicklung in den frühen Werken Webers beschäftigen, unberücksichtigt[63].

* * *

Die ursprüngliche Fassung der Schlußfuge des *Ersten Tons* entspricht also hinsichtlich der kontrapunktischen Technik den Verfahren, die Weber auch in anderen Fugen-Abschnitten anwendet: mit dem Eintritt einer neuen Stimme verliert die voran-

[60] In der Exposition korrespondieren Baß und Alt bzw. Tenor und Sopran immerhin noch über vier Takte, zudem hat der Baß wiederum einen überzähligen Einsatz; im weiteren Verlauf reduziert sich die Identität auf zwei Takte (vg. Partitur Haslinger, S. 24ff.)

[61] vgl. Partitur Paris: Richault PN 1947B, S. 72ff.; hier ist die *Fughette*, abgesehen von dem eingefügten Auftakt, lediglich nach C-Dur transponiert und mit verändertem Schlußtakt als Exposition übernommen. Vgl. auch die Verwandtschaft der Nr. 6 mit dem Fugato-Abschnitt *Et incarnatus est* (Partiturdruck, S. 54) und der Nr. 2 mit dem Beginn der *cum-sancto-spiritu*-Fuge (S. 34, hierzu *JV* 224, S. 243).

[62] *C. M. von Webers Messen*, Diss. Bonn 1913, S. 68; vgl. auch a.a.O., S. 42 zur *Gloria*-Fuge der Es-Dur-Messe: *Die Fuge ist keine im gewöhnlichen Sinne des Wortes. Webers eigentümlich melodischer Stil eignet sich wenig zur reinen Kontrapunktik. Von eigentlicher Polyphonie, Stimmenselbständigkeit kann hier wenig die Rede sein. Es ist immer ein rein melodisches Moment, nicht die eiserne Logik, wodurch der Stimmeneinsatz bedingt wird* [...]; *alle Stimmen beteiligen sich am Thema, aber sobald es von einer Stimme gebracht wird, verlieren die übrigen ihre Bedeutung und gehen in mehr oder weniger gleichgültigen Wendungen nebenher.*

[63] vgl. o., S. 162ff.

gehende ihre Bedeutung[64]. Sollte sich Weber bei der Komposition dieser Fuge in Stuttgart an Werken seines Freundes Danzi orientiert haben, fand er dort die gleiche kontrapunktische Behandlung. Danzi übernimmt die Weiterführung der ersten Stimme als Kontrapunkt zwar oft noch in die zweite Stimme, der Verlauf bleibt dann aber nur bis zum jeweils nächstfolgenden Einsatz identisch[65]. In einigen Fällen wird auch lediglich das Kopfmotiv des Themas als fester Bestandteil beibehalten und die kontrapunktischen Gegenstimmen sind vollkommen frei gestaltet[66]. Gerne modifiziert Danzi in den weiteren Durchführungen die Fortsetzungen des eigentlichen, meist nur 3-4taktigen Themenkerns[67], ferner findet sich bei ihm meist ein überzähliger Einsatz in der Exposition[68], und bei umfangreicheren Fugen fügt er homophone Abschnitte sowie kurze Engführungen als Schlußsteigerung ein.

Die der Exposition folgenden Durchführungen sind bei ihm selten in sich geschlossen, vielmehr reiht er die Einsätze oft paarweise in Quintbeantwortung aneinander oder schiebt Imitationen im Terzabstand ein, so daß modulierende Abschnitte entstehen, die dann teilweise in Orgelpunkte münden. Auch darin entspricht Webers Fuge Danzischen Vorbildern, die allerdings für die Zeit wenig spezifisch sein dürften[69]. Eine breit angelegte Schlußsteigerung, wie in Webers *Erstem Ton*, findet sich aber in den Werken Danzis in dieser Form nicht[70].

Während seines Aufenthalts in Darmstadt und durch die Kenntnis weiterer Werke Voglers veranlaßt, muß Weber die ursprüngliche Form seiner Fuge dann als unbefriedigend empfunden haben, so daß er sich zu einer Revision veranlaßt sah. Zu fragen ist zunächst nach den Eindrücken oder Vorstellungen, die ihn zu dieser Umarbeitung veranlaßt haben könnten, zum anderen nach deren Durchführung selbst.

Die strenge kontrapunktische Schreibweise scheint im Wiener Unterricht Voglers keine große Rolle gespielt zu haben. Webers Mitschüler Gänsbacher schreibt zwar, Vogler habe ihn dort *mit seiner eigenen Art, Fugen zu componiren* vertraut gemacht[71], äußert aber wenig später, er habe nach seiner Rückkehr nach Wien im Herbst 1805 begonnen *bey Albrechtsberger den Contrapunkt schulmäßig zu studiren; denn nachdem Vogler keine eigentlichen contrapunctischen Studien mit mir vorgenohmen und nur seine Hauptansicht über die Bildung einer Fuge mitgetheilt hatte, so waren meine Kenntnisse darüber sehr unvollkommen*[72]. Dagegen gewann in der Darmstädter Zeit der Kontrapunkt als Unterrichtsgegenstand an Bedeutung. Gänsbacher erwähnt in seinen Berichten über den gemeinsamen Unterricht Übungen mit vierstimmigen Psalmvertonungen[73] und hebt unter den Studiengegenständen

64 vgl. Allekotte, a.a.O., S. 42

65 vgl. *Abraham auf Moria*, 1. Handlung, Fuge: *Groß ist sein Name*; 2. Handlung, Fuge: *Bald ist auf blaßen Wangen* und Schlußfuge: *Den, der ihm glaubt, verläßt er nicht*; oder *Te Deum* München 1806, Fuge: *Pleni sunt coeli*; *Missa sancta Nr. 1* in Es-Dur, Fuge: *Cum sancto spiritu*.

66 vgl. besonders *Missa sancta Nr 1* Es-Dur, Fuge: *Hosanna in excelsis* I u. II und: *Te Deum* München 1806, Fuge: *Et rege eos*

67 z.B. in der Fuge: *Groß ist sein Name* im *Abraham auf Moria*

68 Dies gilt für alle in Anm. 65 genannten Fugen.

69 Die Fugen entsprechen dem Typus, den Vogler als *Fuga d'imitazione* bezeichnet, vgl. w.u.

70 Am ehesten erwarten würde man eine solche Schlußsteigerung in Danzis durch den Druck sehr verbreiteter weltlicher Kantate *Das Freudenfest* - dort verzichtet Danzi aber auf eine Fuge.

71 vgl. Gänsbacher: *Denkwürdigkeiten*, a.a.O., S. 19

72 a.a.O., S. 21

73 vgl. biographischer Teil, S. 99

neben Voglers *Requiem* vor allem die Werke Händels hervor[74], dessen Fugen Vogler als vorbildlich galten[75]. Ausdrücklich erwähnt er eine mündliche *Abhandlung über den Contrapunkt*[76], die Vogler seinen Schülern anläßlich seiner Geburtstagsfeier hielt. Die Schüler werden also mit Voglers Ansicht des Kontrapunkts als einer *harmonischen Gesang-Verbindungs-Lehre*[77] genügend vertraut gewesen sein, und Weber und Gänsbacher dürften zumindest die Grundlinien der Voglerschen Ideen, die schon in den *Betrachtungen* formuliert sind[78], aus der Zeit des Wiener Unterrichts gekannt haben.

Kennzeichnend für dieses *Fugen-System* Voglers ist die entschiedene Gegnerschaft zu allen älteren, auf der Grundlage der Fuxschen Lehre aufgebauten Systemen, da dort eine *einseitige Methode, die nicht Gesänge aus der Harmonie entlokken, sondern zu schon vorhandenen Chorälen andere Melodien zusammenstoppeln lehrte*[79], vermittelt werde. Schon in den *Betrachtungen* setzt Vogler dieser *schiefe*[n] *Ansicht des alten Kontrapunkts*[80] sein »neues« *System* entgegen, das, aus der Harmonik abgeleitet, zugleich eine eigenständigere, nicht von zahllosen, nur mühsam zu erlernenden Regeln eingeschränkte Stimmführung erlaube[81]:

> *Die gebundene Schreibart ist jene, wo man den Stil zu gewissen Nachahmungen einschränkt. Wenn man harmonisch zu Werk geht: so läßt sich mehr bestimmtes und natürliches hierin finden; will man aber nach den uralten einseitigen Contrapunktsregeln zu Werke gehen: so entsteht eine Augenmusik* [...] *Wer mit der verderblichen Grammatik nota contra notam sich leiten läßt, wird in* [der] *Zeit von einem Jahr nicht im Stande sein, einen ordentlichen Menuet zu sezen.*

Vogler empfiehlt, den Schüler zunächst *Gesänge* erfinden und auf der Grundlage der harmonischen Zusammenklänge miteinander verbinden zu lassen. In den *Betrachtungen* findet sich folgendes Unterrichtsbeispiel für einen Schüler, dem *Erfindung* schwer falle[82]:

> [...] *so seze man ihm einen Baß zu einem kleinen Menuet, und lasse ihn den Hauptklang zu jedem Tone suchen, und hievon den Baß beziferen, dann aus der Bezieferung ein nakendes Gesang herausziehen. Man bekleide das Gesang mit Vorschlägen und puze es mit Zwischenklängen aus; man stelle es scheinbarer vor, vermittels der Bewegung* [...] *Ist der Schüler einmal soweit gekommen, daß er ein einziges Gesang wohl erfunden, hiezu einen tauglichen Baß*

[74] *Denkwürdigkeiten*, a.a.O., S. 37
[75] vgl. *FS*, S. 24-27
[76] *Denkwürdigkeiten*, a.a.O., S. 38
[77] vgl. Titel des *Fugen-Systems*
[78] vgl. o., Anm. 4
[79] *FS*, S. 6
[80] a.a.O., S. 5
[81] *Betrachtungen* II, S. 309/310, vgl. dazu auch Bd. III, S. 294-296, wo Vogler diese *punctum contra punctum*-Methode als eine veraltete bezeichnet, die man anwandte, *eh man die jetzo weit übersehende Kenntniß von den Hauptklängen hatte. Wie blind es hiebei zugegangen*, zeigten *schwankende Lehrgebäude*, schlechte Fortschritte der Schüler und *ungeschmackte Schreibarten*. In Zusammenhang mit kontrapunktischen Besonderheiten, etwa Rätselkanons oder doppelten Kontrapunkten spricht Vogler gar von der notwendigen *Zernichtung des ganzen Aftergebäudes* (III, S. 306). Ähnlich wird im Artikel *Contrapunct* der *Encyclopädie* (Bd. VI, S. 313/314) diese Satzart als *die Tonschule der Alten* definiert, die er als *einseitig* ablehnt.
[82] *Betrachtungen* III, S. 297/298

gesezt, auch schon einen Vorgeschmack von der Ausführung sich erworben habe: so lasse man ihn zu dem Gesange eine andere Stimme beifügen. Er darf hier weder die Regeln der Tonsezkunst, noch das natürliche des Gesanges aus dem Gesichte verliehren. Geräth das zweite Gesang: so kann er auch das Dritte beifügen; dann folgt die Kenntniß der vierstimmigen Harmonien. Von der vierstimmigen Instrumental-Musik muß er erst zum Saze von vier Singstimmen schreiten. Hierbei werden sich neuerdings tausend Schwierigkeiten äussern [...] *Unser auf diese Art gebildete*[r] *Schüler weis nun die Kunst alle mögliche Harmonien auf ihre Hauptklänge zurükzuleiten, er weis auch vier Gesänge unter dem nämlichen Hauptklange miteinander zu verbinden, und dies sind schon alle erforderliche Eigenschaften zur Fuge* [...]

Im Rahmen seiner Rezension der Kirnbergerschen *Kunst des reinen Satzes* schreibt Vogler an anderer Stelle in den *Betrachtungen* zu dessen kontrapunktischen Kapiteln[83]:

Halte man lieber die fleisigen Tonschüler an, zu einem leichten, einfachen Gesange, wenn es auch nur eine Claviersonate wär, ein anderes zu erfinden, damit Umwendungen vorzunehmen - dann wieder ein drittes Gesang beizufügen. Diese Gesänge müssen an sich leicht und fliessend, aber mit dem untersezten Hauptklange harmoniren, und so führt man ihn zum galanten und sogenannten contrapunctischen Saze bündiger an, als wenn er des zweiten Theiles erste Abtheilung [in Kirnbergers Schrift] *ganz auswendig lernt.*

Kontrapunktische Verfahren werden also an die Regeln der harmonischen Satztechnik gebunden[84], und als kontrapunktisch in diesem Sinne gilt Vogler jeder vierstimmige Satz, wenn er mit vier *wesentlichen Stimmen*[85] dargestellt wird. Deren

[83] a.a.O., S. 280; vgl. dazu auch die Beschreibung des Verfahrens der Fugenkomposition in Voglers Zergliederung des Knechtschen Bußpsalms (Knecht-Psalm, a.a.O., S. 356/357): *1) Man wähle ein Thema. Dieses muß seine Hauptklänge bekommen* [...], *diesem Thema muß 2) eine Antwort gesucht werden, die, so viel möglich ist, in der Melodie dem Vortrage gleiche, aber auch den strengsten Bezug der Hauptklänge beachte* [...] [vgl. dazu die Ausführungen zur *Enucleatio Fugae* w.u.]. *Man setzt 3) zum ersten Gesange im Vortrage ein begleitendes zweytes Gesang, das nämliche versucht man mit der Antwort, dann ein drittes* [...] *zuletzt, so viel möglich ist, ein viertes* [...] *Dann 4) versucht man spielend gewisse Nachahmungen, schleichende Ausweichungen, überraschende Uebergänge aufs Papier zu schreiben, und ein Stretto zum ganzen Schlusse auszudenken. Wenn nun alle diese Materialien gesammelt sind, so thut 5) ein Tonsetzer, wenn er ein Organist ist, wohl, sich an das Klavier zu setzen, und in einer gewissen Begeisterung den Gang der Fuge ihren Stufengang wohl zu überlegen. Und wird endlich dieses Werk der Kunst auch als ein Werk des Geschmacks überdacht: so kann ihre Wirkung gewiß nicht fehlen.*

[84] Wie sehr das harmonische System Ausgangspunkt der Kontrapunktik Voglers ist, spiegelt sich auch in seiner Kritik an Fux: *Daß Fux in seinem Gradus ad Parnassum, den man wieder neu aufgelegt hat, mit dem Bicinium anfängt, und mit dem Quatrocinium aufhört - diese Eintheilung der Operazion des Verstandes, die alle Uebersicht der Harmonie ausschließt, dürfte durch die einzige, hier vor Augen liegende Thatsache widerlegt werden; weil es viel leichter ist, 4stimmig als 3stimmig zu setzen, und wieder noch weit schwerer ist, dreistimmig zu setzen, wenn der 3stimmige Satz an und vor sich schon selbständig sein, und doch die vierte, ebenfalls selbständige Stimme noch zulassen soll* (*Zergliederung der musikalischen Bearbeitung des Bußpsalmen im Choral-Styl* [...] München: Falter, 1807, S. 15).

[85] In diesem Sinne schreibt Vogler: *Was ist ein wohlgeordneter Chor anderst, als eine Verbindung mehrerer Gesänge?* (*FS*, S. 29, vgl. auch die Anmerkungen zu seinem Chor *Ecce panis angelorum* in den *Betrachtungen* I, S. 90ff.). Für Floyd K. Grave enthüllt daher gerade Voglers *Fugen-System*

Eigenschaften erläutert er in seiner Zergliederung des *Bußpsalmen im Choral-Styl, zu vier wesentlichen und selbständigen Singstimmen, doch willkührlichem Tenor*[86]:

> *Unter wesentlich (a quattro parti reali) verstanden die bisherigen Kontrapunktisten: 1) daß keine Stimme wegbleiben darf, ohne die Harmonie unvollständig zu lassen; 2) daß jede Stimme ihre eigene kontrapunktische Eintritte behaupte, wenn gleichwohl in der Folge öfters die vierte, nicht selten schon die dritte Stimme sich nur Ausfüllungsweise verhält. Unter selbstständig verstehe ich, daß eine jede Stimme ihr eigenes Gesang habe. Vom Sphären-System, wo jeder Planet sich um seine eigene Achse dreht, entlehne ich das Bild für jede Stimme, die sich von der andern durch ihre Gesangsschweifung auszeichnet, so zwar, daß ich so viele Gesänge als Stimmen fordre.*

In seinen Erläuterungen zu der spezifischeren kontrapunktischen Form der Fuge selbst unterscheidet Vogler dann zwischen der »eigentlichen« Fuge und einer *Fuga d'imitazione*, d.h. einem polyphonen Satz, bei dem (ähnlich wie in den genannten Fugen Danzis) *die Nachahmungen der wesentlichste Gegenstand* sind[87]. Vogler zieht diese Form als die *modernere* einer von Anfang bis Ende streng durchgeführten Fuge vor, wozu er 1806 in seinen Zergliederungen der *32 Präludien für die Orgel* schreibt[88]:

> *Man kann strenge kontrapunktische Sätze aneinander ketten, ohne eine eigentliche Fuge aufzustellen. Eben deßwegen, daß man den alten Schlendrian von gewöhnlichen Eintritten vermeidet, die öfters eckelhaft werden* [...] *wirkt man konzentrirter, man bleibt neuer, weil weniger Konvenzionelles erscheint* [...] *Wenn kontrapunktische Nachahmungen, abwechselnde Hinweisungen auf einen und denselbigen Satz, in beständiger, schlußkünstlicher Folgerung das Thema fort- durch- und ausführen, so entsteht eine Fuge, eine strenge Fuge, aber nicht* [eine strenge Fuge] *nach den gewöhnlichen Formen, und man nennt ein solches unnachahmliches Meisterstück, eine Nachahmung, Fuga d'imitazione. Daß man oft unter diesem modesten Mantel auch eine Stümpers-Arbeit eingehüllt hat, will ich nicht bestreiten* [...] *Ich dringe blos auf diese neue Wahrheit, daß, was in Rücksicht auf Formen und Schlendrian nicht strenge scheint, gerade in Rücksicht auf mechanische Behandlung zweckmäßiger, genievoller, auf Wirkung berechnet sein könne.*

[...] *some of the most original and provocative aspects of his system*; vgl. *Abbé Vogler and the Study of Fugue*, in: *Music Theory Spectrum*, Bloomington, 1. Jg. (1979), S. 45. Als kontrapunktisch gelten Vogler entsprechend Kombinationen vorher einzeln exponierter Gedanken, etwa im *Kehraus* seines *Herrmann von Unna*, wo die verschiedenen Tanzcharaktere abschließend in einer recht einfachen Weise kombiniert werden (vgl. den gedruckten Klavierauszug, S. 16-19; dazu Vogler im *FS*, S. 29). Solche *Gesang-Verbindungen* schien Vogler auch seinen Schülern zu vermitteln; vgl. dazu etwa C. M. v. Webers Rezension des Meyerbeerschen Oratoriums *Gott und die Natur*, das Meyerbeer unter Voglers Anleitung schrieb; zur Nr. 8 heißt es: *Chor der vier Elemente. Ein echt kontrapunktisches Meisterstück. Luft, Sopran; Feuer, Alt;* [Erde, Tenor; Wasser, Baß.] *Jedes trägt erst seinen eigenen Gesang mit dem, dasselbe charakterisierenden Akkompagnement vor; am Ende vereinigen sich alle vier Gesänge mit ihren* [4] *Akkompagnements - also acht Themata - sehr konsequent und von* [...] *hoher Wirkung* [...] (KaiserS, S. 243/244). Auf ähnliche Beispiele solcher »kontrapunktischer« Vereinigung von Gesängen wird noch im folgenden Kapitel hinzuweisen sein.

[86] a.a.O., S. 4

[87] Knecht-Psalm, a.a.O., S. 317

[88] a.a.O., S. 18/19

Streng bleibt eine solche Fuge für Vogler durch die Forderungen, daß sich alle Äußerungen in dieser *Konversazion zwischen einem Haufen von Sänger*[n] auf das Thema *beziehen* und Fragen und Antworten in einem richtigen Verhältnis stehen müssen[89].

Alle neuen und fremdartigen Gedanken verursachen in dieser Unterhaltung Zerstreuung, daher sollen möglichst nur solche Motive verwendet werden, die sich aus dem ersten Vortrag des Themas bzw. seiner Kontrapunkte ableiten lassen, oder die *Fortführung, Durchführung* bzw. *Ausführung* eines dieser Gedanken sind[90]. Dabei lassen sich die genannten Verfahren innerhalb der Fuge (auch nach Voglers eigenen Worten) nicht immer eindeutig unterscheiden[91]. Als *Fortführen* bezeichnet Vogler in diesem Zusammenhang, daß nicht *fremdartige Säzze* aneinandergereiht werden, sondern *eine homogene Folge der wesentlichen thematischen Ideen, die aus dem ersten Sazze entlehnt, doch eigentlicher fortgesezt als schon herumgeworfen, und ausgeführt sind*, unter *Durchführen* versteht er *das hartnäkige Durchsezzen der Hauptideen bei einer dem Schein nach, dieser Verbindung ganz ungünstigen Stelle*[92]. Im Zusammenhang mit seiner eigenen Verbesserung der Fugen in Pergolesis *Stabat Mater* schreibt Vogler zu dem ersten freieren Abschnitt nach der Exposition[93]:

> *Auch wir gehen in den galanten Stil über, aber anstatt fremde Gedanken einschleichen zu lassen; anstatt neue Hauptklänge mit Gewalt einzuzwingen, und anstatt mit trockener Einförmigkeit der Tonfolge dem Gehöre überlästig zu fallen: so lassen wir von zweien Stimmen* [...] *das zweite Gesang vortragen und gleich darauf* [...] *nachahmen. Diese Art der Unterhaltung, besonders wo zwei Schläge auch einmal leise wiederholet werden, nennen wir die Fuge fortführen; weil man dem Gehöre manchesmal Zeit gönnen muß sich vom scharfen Nachsinnen, sich von der starken Spannung etwas zu erholen, ein wenig abzustimmen: was bei den Malern Schatten und Licht heißt: dann folgt* [...] *im Tenor eine prächtige Ausführung der nämlichen Bewegung, die aus dem vierten Schlage des Vortrags entnommen ist.*

Auch wenn der Inhalt dieser Begriffe hier nicht immer scharf umrissen ist, bezeichnen sie doch übereinstimmend den gleichen Sachverhalt: die Fuge soll nach der eigentlichen Exposition möglichst in unterschiedlichsten, nicht mechanisch wiederholten Formen, in einem Wechsel zwischen *strengen* und *galanten* Partien weitergeführt werden, ohne den Bezug auf den ursprünglichen Stoff zu verlieren[94]. Zu einem solchen, auf Wirkung ausgerichteten Aufbau gehört auch ein *Resumé* des

[89] *FS*, S. 28. In den *Betrachtungen* III, S. 306 wird die Fuge als ein *musikalisches Gespräch* mit bezüglichen Antworten bezeichnet.

[90] vgl. *FS* S. 63 bzw. S. 61ff. In der Zergliederung der Meyerbeer-Fuge heißt es zu einem Abschnitt, in dem Meyerbeer zu oft neue Motive verwendet u.a.: *Alle Eintritte und besonders ein solcher Eintritt, wo der Sänger das Maul so gewaltig aufreist, und mit einer halben Note anhebt, müssen (ex visceribus causae,) aus dem Eingeweide des Hauptstoffs entnommen sein* [...] (a.a.O., S. 39).

[91] vgl. (mit Beispielen) *FS*, S. 68/69

[92] FS, S. 66 bzw. 67

[93] *Betrachtungen* III, S. 324/325

[94] vgl. a.a.O., S. 326: *Vermittels der Ausführung* [...] *sind wir vom strengen Stil ...in den galanten aber nicht ohne genauen Bezug auf die ersten Gesänge* [...] *übergegangen.*

Ganzen, etwa in Form einer Engführung des Themas am Ende der Fuge[95], wobei auch ein - allerdings »harmonischer« - Orgelpunkt verwendet werden kann[96].

Wesentlich ist für Vogler also die Verbindung von aufeinander bezogenen, aber kontrastierenden Teilen. In diesem Sinne ist auch seine Definition der Fuge zu verstehen: *Die Fuge ist nichts als eine feine abgemessene auf Einheit und Mannichfaltigkeit abzielende Folge von Nachahmungen*[97].

Entsprechend könnte man auch die Mehrzahl der Voglerschen Fugen als lediglich *polyphonierend* bezeichnen, da sie die kontrapunktischen Mittel selten in einen strengen Formablauf einbinden, sondern stets kontrastierende, und oft spielerisch frei gestaltete, aber motivisch abgeleitete Abschnitte einfügen (*Einheit und Mannichfaltigkeit*) und im Wechsel der Teile (auch harmonisch) dem Prinzip einer entwickelnden Steigerung, die Vogler als *rhetorische Konsequenz* der Anlage bezeichnet, verpflichet sind. Vogler stellt die vorhandenen Motivbeziehungen oder -kombinationen dabei vielfach in seinen Kompositionen deutlich heraus und erweckt dadurch beim Hörer bisweilen den Eindruck großer Kunstfertigkeit in der Verknüpfung oder Konsequenz der Weiterführung, was auch etwa in den zeitgenössischen Besprechungen seiner Orgel- oder Klavierimprovisationen immer wieder hervorgehoben wird[98]. Es ist bezeichnend, was Meyerber anläßlich einer Besprechung einer Fuge Gottfried Webers über diese Form der Voglerschen Fugen schreibt, deren Wirkung auf den Hörer wohlberechnet sei[99]:

> *Endweder Du betrachtest diese Fuge bloß als ein Geheise in dem Du alle Kontrapunktische Formen in lockerer verbindung brachtest bloß um Dich in Gebrauch der Formen zu üben - und dann wüßte ich nichst* [sic] *dagegen einzuwenden, den*[n] *du hast mit seltnen Scharfsinn nicht nur die v*[ogler]*schen Formen, Sondern auch seine Art sie zu Gebrauchen, die tours d'esprit die er damit hervorbringt, volkommen auf gefaßt und dies alles ohne Wesentliche inconvenisenzen gegen den reinen Satz (Gärten Kommen bei Meisterfuge eben nicht in betracht) aus geführt* [...]

[95] vgl. *FS*, S. 41; an Meyerbeers Fuge kritisiert Vogler, daß das Thema am Ende fehle: *Das Thema ist verschwunden und die Fuge nicht geschlossen* (a.a.O., S. 44); Vogler selbst bringt in seiner Fuge ein doppeltes *Stretto*, zunächst *per diminutionem zu anderthalb Täkte abgekürzt und* [...] *in zweistimmigen Kanons weiter ausgeführt* (S. 65/66), dann in vierstimmigem Kanon. Zur *rhetorischen Anlage* des Ganzen vgl. das Kapitel *Rhetorik, Logik, Aesthetik* im *FS*, S. 70ff.

[96] vgl. FS, S. 73. Als Mittel der Steigerung im Verlauf der Fuge erfreuen sich auch imitierende und paarweise parallel geführte Stimmen großer Beliebtheit; vgl. dazu *Betrachtungen* III, S. 143 u. 324 bzw. Voglers Umarbeitung der Meyerbeer-Fuge.

[97] Artikel *Fuga*, in: *Encyclopädie*, Bd. X, S. 629; vgl. auch den Kommentar Voglers zu seiner Verbesserung der Forkelschen Fuge über *God save the king* (Frankfurt: Varrentrapp & Wenner, 1792, S. 45): *Man sieht hier deutlich: wie alle Sätze, die einmal aufgenommen sind, benutzt werden müssen, wenn man streng kontrapunktisch zu Werke gehen will; wie mit wenigem so viel gesagt werden kann; wie sich die strengste Einheit mit der brillantesten Mannichfaltigkeit verbinden läßt: idem et varium.*

[98] Die im ersten Kapitel des Analyseteils genannten fugenartigen Schlußsätze einiger Variationswerke vermitteln nur ein ungefähres Bild der wirklichen Improvisationen, vgl. dazu o., S. 125ff., besonders die dort genannten Variationen B, C, D, E u. I 3. Zu den zeitgenöss. Berichten vgl. u.a. Gänsbacher: *Denkwürdigkeiten*, a.a.O., S. 19/20 u. 38 oder die im biographischen Teil dieser Arbeit genannten Berichte.

[99] Brief vom 10. März 1812 (Becker I, S. 149). Der Brief ist in diesem Zusammenhang insgesamt von Interesse, da sich darin Voglers Fugenverständnis widerspiegelt.

»Fuge« heißt für Vogler also nicht: ein streng durchlaufender, gebundener Satz, sondern eine Möglichkeit, kontrapunktische »Kunststücke« in wirksamer Form darzustellen, also ein »beeindruckendes Spiel« mit Formen und Beziehungen, das ganz »auf Wirkung berechnet« ist.

Neben diesen allgemeinen Grundsätzen zur formalen Gestalt der Fuge bildet den Kern des eigentlichen *Fugen-Systems* Voglers die Lehre von der Gestaltung der Fugenexposition mit dem korrekten Verhältnis von Frage und Antwort. Floyd K. Grave hat in seinem Aufsatz *Abbé Vogler and the Study of Fugue* die Ableitung der dabei geltenden Prinzipien von harmonischen Gesichtspunkten, die sich zwar schon in den *Betrachtungen*, noch deutlicher aber im eigentlichen *Fugen-System* zeigt, genauer dargestellt[100], so daß hier lediglich kurz an einem Beispiel Voglers Verfahren erläutert werden soll.

Einer ausführlichen Begründung des richtigen Verhältnisses von *Dux* und *Comes* entspricht in Voglers *System* ein vereinfachtes Verfahren für die Anwendung in der kompositorischen Praxis, das den *Konzipienten* [...] *schon bei der ersten Anlage gegen alles Straucheln* sichert[101]. In einer tabellarischen Zergliederung (*Enucleatio Fugae*) notiert Vogler zunächst *Dux* und *Comes*, bestimmt die zugrundeliegenden Harmonien und bezeichnet deren Funktion innerhalb der jeweils geltenden Tonart mit römischen Ziffern[102].

Stehen Frage und Antwort in einem richtigen Verhältnis, müssen diese Ziffern (jeweils in beiden Teilen von Frage und Antwort) identisch sein und die *Gränzscheidung*, d.h. die notwendige Modifikation eines Tonschrittes im *Comes*, der die Rückleitung zur Ausgangstonart ermöglicht[103], muß nur in der Melodieführung zu erkennen sein[104].

Ausgehend von diesem Thema und den dazu bestimmten Hauptklängen gilt es, sukzessiv weitere selbständige *Gesänge aus der Harmonie* [zu] *entlokken*, die in der Tabelle eingetragen und in den Antwortteil übertragen werden, wobei die notwendigen melodischen Modifikationen der kontrapunktischen Stimmen am Punkt der *Gränzscheidung* übereinander stehen und damit leicht überblickt werden können[105]. Aus dieser Tabelle läßt sich dann mühelos eine Fugenexposition herausschreiben, die in ihrer Zusammensetzung strengen kontrapunktischen Formen entspricht, da auch die kontrapunktischen Nebenstimmen in den Nachahmungen identisch bleiben[106].

[100] a.a.O., S. 43-66, besonders S. 46-58. In Voglers Erläuterungen spielt erneut das für seine verschiedenen Systeme grundlegende Verhältnis I-V-I eine große Rolle. Auf den Aufsatz Graves sei bezüglich der folgenden Ausführungen ausdrücklich verwiesen.

[101] *FS*, S. 19

[102] vgl. die Tabelle im *FS*, Anhang S. 3, Figur 1-4 bzw. das hier S. 297 abgedruckte autographe Beispiel einer Zergliederung seiner verbesserten Fuge zu C. Ph. E. Bachs *Heilig* (Darmstadt LHB, Mus. ms. 1079). Mit der Modulation innerhalb des Themas ändert sich auch die tonale Zuordnung der Akkorde bzw. damit die Bezifferung.

[103] *Ich nenne den Platz, wo die Antwort der Fuge vom Vortrag abweicht, die Gränzscheidung* (*32 Präludien*, S. 46).

[104] Am Beispiel der Meyerbeer-Fuge zeigt Vogler im *FS*, daß die abweichenden römischen Ziffern zugleich den Fehler in der Antwort markieren, vgl. a.a.O., S. 32.

[105] *FS*, S. 6; vgl. die vollständige Tabelle zu Voglers Umarbeitung der Meyerbeer-Fuge in dem Aufsatz von Grave, a.a.O., S. 55.

[106] zum Verfahren vgl. auch die Angaben in der Zergliederung des Knecht-Psalms, zitiert in Anm. 83

Vogler: Verbesserung der Fuge in C. Ph. E. Bachs *Heilig*

Aus einem solchen Schema, wie es Vogler etwa in der *Enucleatio* zu der umgearbeiteten Fuge ***Semper et in saecula*** aus Pergolesis ***Stabat Mater*** in den ***Betrachtungen*** veröffentlicht hat[107] oder wie es handschriftlich von der hier faksimilierten Umarbeitung der Fuge aus Carl Philipp Emanuel Bachs *Heilig* erhalten ist[108], lassen sich z.B. auch die Expositionen der ***Pleni-sunt***-Fuge der Weber vertrauten d-Moll-Messe Voglers oder der gleichnamigen Fuge des Voglerschen ***Requiems*** ableiten[109].

Nach diesem Vorbild scheint Weber auch die Exposition seiner Fuge zum ***Ersten Ton*** umgestaltet zu haben[110]. Die Fortsetzungen des Themas, die in der ursprünglichen Fassung sehr unterschiedlich ausfielen (vgl. NB, S. 288), sind nun vereinheitlicht, so daß sich die Exposition mühelos in einer Voglers Maßstäben gerechten ***Enucleatio Fugae*** darstellen läßt.

[107] *Betrachtungen* IV, S. 513

[108] vgl. Anm. 102; Erläuterungen zu dieser Umarbeitung sind handschriftlich in dem Nachlaß Schafhäutls, BSB München, Schafhäutliana 4.3.6, erhalten.

[109] SchafhäutlV 126 bzw. 202, vgl. Partiturdruck André, S. 58-69 bzw. Klavierauzug Schott, S. 58-63: In beiden Fällen bleibt aber nur die Exposition streng durchgeführt.

[110] Neufassung vgl. Klavierauszug Bonn: Simrock, PN 779. Die Partitur ist in einer Abschrift von Jähns, Weberiana Cl. IV A, Bd. 9, Nr. 9 erhalten.

Vereinheitlicht wurde dabei auch die *Gränzscheidung* im fünften Thementakt, die vorher drei unterschiedliche Ausprägungen zeigte. Verändert hat Weber ferner den ursprünglichen, überzähligen Baßeinsatz, bei dem die Singstimmen durch die Begleitung des kompletten Orchesterapparates ohnehin kaum durchdrangen. Die überleitenden Takte 32/33 sind dabei auf einen Takt zusammengezogen, dessen Kadenzcharakter durch den hinzutretenden Baß unterstrichen wird (vgl. Neu: T. 32); das Thema erklingt dann über vier Takte in der Oberstimme des vollstimmigen Orchestersatzes, bevor der eigentliche überzählige Baßeinsatz bei reduzierter Streicherbegleitung erfolgt.

In dem nun nachfolgenden Teil hat Weber am deutlichsten in die ursprüngliche Struktur der Fuge eingegriffen. Der gesamte Abschnitt, der mit der Modulation nach c-Moll in T. 39 begann und mit der Bestätigung von f-Moll in T. 58 endete und in dem Weber zunächst mit unterschiedlichsten Motiven, dann mit verkürzten und leicht veränderten Themenzitaten arbeitete, wurde ersetzt. An die Stelle des unbestimmt modulierenden tritt ein deutlich die Dominante (bzw. Doppeldominante) akzentuierender Teil, der keine weitere Durchführung des Themas bringt[111], sondern - ganz im Sinne Voglers - Motive der kontrapunktischen Gegenstimmen aufgreift und, zum Teil mit parallel geführten Stimmpaaren, in spielerisch-freier, meist sequenzierender Weise durchführt[112]. Nach einem Einschnitt in T. 50 erklingt dann in Sopran und Tenor eine Variante des Kopfmotivs, die in diminuierter Form aufgegriffen und im vierstimmig-homophonen Satz in mehreren Sequenzen zu einer den gesamten neuen Abschnitt beschließenden B-Dur-Kadenz geführt wird. Erst nach diesem Einschnitt, den die Bläser mit einer weiteren Variante des Kopfmotivs markieren, beginnt eine neue Durchführung des Hauptthemas, die harmonisch nach einigen Takten dem ursprünglichen Verlauf der Takte 56ff. entspricht[113].

In dieser neuen Gestalt erhält der erste Teil der Fuge nicht nur einen eindeutigeren harmonischen Verlauf, sondern entspricht mit der Form des Zwischensatzes T. 37-57 ganz Voglerschen Vorbildern, etwa in dessen Neubearbeitung der Meyerbeer-Fuge oder im ***Requiem***. In der Meyerbeer-Fuge führt Vogler nach dem überzähligen Baß-Einsatz ebenfalls mit imitierenden Stimmpaaren und aus dem Thema entlehnten Motiven in einem freieren Abschnitt in die neue Tonart[114] und in der ***Pleni-sunt***-Fuge des ***Requiems*** schließt sich an den überzähligen Alt-Einsatz ein ebenfalls frühere Motive aufgreifender und variierender kurzer Überleitungsteil an[115].

Deutlicher wird die Abhängigkeit von Voglerschen Vorbildern aber in der nachfolgenden, modulierenden Durchführung (vgl. Ausschnitt im NB S. 300). Auf diesen Teil bezieht sich auch Webers Bemerkung gegenüber Gänsbacher, er habe in der Umarbeitung das Baßmotiv T. 60/61 (alte Fassung T. 56/57) zum ***Contra Subjekt*** genommen[116].

Dieses Motiv, das in T. 57 markant die kleine None des C-Dur-Septakkordes als Nebennote akzentuiert und in dieser Gestalt in der ursprünglichen Fassung nur ein einziges Mal auftritt, wird nun als festes kontrapunktisches Nebenmotiv mit den Einsätzen des Themas verknüpft und verselbständigt sich soweit, daß es selbst Gegenstand von Imitationen wird[117]. Zugleich werden sämtliche auftaktigen Tonrepetitionen als eine Art verkürzte Variante dieses Nebenmotivs hervorgehoben und

[111] Der Baßeinsatz in T. 36 wird nach zwei Takten durch eine Sequenz unterbrochen und dann ohne Anlehnung an das Thema weitergeführt.

[112] Während der Tenor in T. 37ff. zunächst noch das Kopfmotiv des Themas imitiert, greifen Sopran und der anschließend parallelgeführte Alt ein Motiv aus T. 18/19 (Baß) auf; in T. 44ff. sind Baß- und Tenorstimme aus T. 22 (in umgekehrter Anordnung) aufgegriffen.

[113] Die Einsätze des Themas sind lediglich auf andere Stimmen verteilt, die Gegenstimmen aber neu gestaltet. Der Tenor in T. 58 der ursprünglichen Fassung entspricht dem Alt in T. 62 der neuen bzw. - nach einem neuen Einschub - T. 76 (Baß), danach stimmt die harmonische Folge überein; vgl. A 58/N 62 bzw. 76 (f), A 63/N 81 (As), A 66/N 84 (es), A 71/N 87 (B) u. A 74/N 90 (B); der engführende Einsatz im Alt T. 73 fehlt in der Umarbeitung.

[114] vgl. T. 27-34; die Oberstimmen in T. 28 entsprechen den Takten 2/3, die Unterstimmen dem 4. Thementakt

[115] vgl. T. 29-35 oder den ebenfalls frei mit Stimmpaaren arbeitenden, motivisch abgeleiteten Überleitungsteil in der umgearbeiteten Pergolesi-Fuge *Fac ut ardeat cor meum*, T. 29-40, ***Betrachtungen*** IV, S. 505-506

[116] vgl. Weber an Gänsbacher, 24. September 1810. Das Motiv läßt sich wiederum als »anspielende« ***Fortführung*** ableiten, mit der stufenweise absteigenden Folge von vier Achtel mit Viertel etwa aus T. 18 der Baßstimme.

[117] vgl. T. 68-75, 77-80 oder 100-103. Das Motiv setzt hier zunächst jeweils parallel mit dem dritten, dann mit dem zweiten Thementakt ein, in T. 79-80 tritt es dann ohne Bindung an das Thema auf.

57
63
stets dein Opfer glühn, Von Ga- - - ben die du selbst ver-liehn,
Al- - -tar glühn. Von Ga- - ben die du
stets dein Opfer glühn. Drum preis dir Ton, der du zu- - -erst em-pfinden halfst,
Al- - tar glühn. Drum Preis dir Ton, von Ga- - -
64
Von Ga- - ben die du selbst ver- - liehn, Preis dir o
selbst ver- - - liehn, soll stets dein Al- - - tar glühn. Von Ga- - ben die du selbst ver-
Drum Preis dir Ton, dir Ton, drum Preis dir Ton. Von
- - ben die du selbst ver-liehn, Preis dir o Ton. Von
70
Ton. Von Ga- - ben die du selbst ver-liehn,
liehn, Preis dir o Ton. Von Ga- - ben die du selbst ver- - liehn,
Ga- - ben die du selbst ver- - liehn, Preis dir o Ton, von Ga- - - ben
Ga- - ben die du selbst ver- - liehn, von Ga- - ben
77
80
Preis dir o Ton, o Ton. Von Ga- - ben die du selbst ver-
Preis dir o Ton, Von Ga- - ben
die du selbst ver- liehn, Preis dir o Ton. Von Ga- - ben die du selbst ver-
Von Ga- - ben

liegende Töne zum Teil in diese Form aufgelöst[118], so daß der Satz durch diese schlichten Veränderungen nun sehr viel dichter durchgearbeitet erscheint, da die kleinen Floskeln wiederum in imitierendem Wechsel auftreten[119]. Selbst der ursprünglich durchgängige Orgelpunkt in T. 93ff. wird in der Baßstimme in diese Floskeln aufgelöst. Mit Beginn des modulierenden Durchführungsteils tritt im Sopran in Achtelumspielungen ein weiteres Nebenmotiv auf (T. 58), das vorübergehend als fester Kontrapunkt beibehalten wird (vgl. T. 62 Baß, T. 67 Alt), so daß auch dadurch der Eindruck eines beherrschteren Umgangs mit der Form verstärkt wird.

Erneut begegnen auch in diesem Teil die bei Vogler beliebten imitierenden Stimmpaare[120], und in T. 81-87 sind (sieht man vom Auftakt ab) in vereinfachter Form im Sinne Voglers Thema und Umkehrung miteinander kombiniert[121]. Die neue Durchführung ist also deutlich steigernd angelegt; auf die genannte Kombination folgt dann in T. 87-92 noch einmal ein kurzer, kontrapunktisch »dicht gearbeiteter« Abschnitt, bevor in T. 93 der B-Dur-Orgelpunkt beginnt.

Die Veränderungen in der Instrumentation unterstützen diese Steigerungsanlage: In der Exposition hat Weber, abgesehen von der stützenden Baßstimme, die *colla parte* geführten Streicher ersatzlos gestrichen, und erst der ins Orchester verlegte überzählige Einsatz bedingt einen ersten Höhepunkt. Nach dem horngestützten Baßeinsatz in T. 36/37 wird die Besetzung dann wieder auf die begleitenden Streicher reduziert. Bläser treten in zweistimmiger Koppelung am Ende des dominantischen Teils dazu (T. 48ff. Oboen) bzw. sind als Ersatz für die Streicher eingesetzt (T. 50-55 Klarinetten und Fagotte), und erst in dem modulierenden Durchführungsteil (T. 57ff.) sind Streicher und Bläser in *colla parte*-Führungen verbunden, wobei der Satz aber insgesamt (z.T. durch eingefügte Pausen) bis zum Orgelpunkt sehr durchsichtig bleibt.

Die »Durchführungstechniken«, die in diesem kontrapunktischen Teil (T. 58 bis zum Einsatz des Orgelpunkts T. 93) verwendet werden, ähneln wiederum sehr deutlich den Verfahren Voglers. Besonders die Rolle der kontrapunktischen Nebenmotive und die Verbindung paarweiser Einsätze dürfte auch über das Schulbeispiel der Meyerbeer-Umarbeitung hinaus auf das Vorbild der Werke Voglers zurückgehen.

So greift Vogler z.B. in der *Pleni-sunt*-Fuge des *Requiems* ein kontrapunktisches Nebenmotiv auf (T. 7 im Alt), das im weiteren Verlauf fast die Rolle eines zweiten, selbständig durchgeführten Themas erhält, kombiniert ebenfalls zwei Stimmen in Parallelführung und setzt in ähnlich einfacher Form Thema und Umkehrung gegeneinander[122]. Eine eigenständige Bedeutung gewinnt auch das kontrapunktische Motiv aus T. 5/6 der *Pleni-sunt*-Fuge der d-Moll-Messe: es wird ebenfalls quasi als eigenes Thema durchgeführt und erneut begegnen imitierend eingesetzte Stimmpaare[123].

[118] vgl. die Auflösung des Baßmotivs A: T. 61/62 in das kontrapunktische Motiv der Mittelstimmen N: T. 79/80; vgl. auch A: T. 72-76 mit N: T. 88-92 oder A: T. 84-88 mit N: T. 100-104

[119] vgl. N: T. 88 Alt, 89 Baß, 90 Alt, 91 Baß, 92 Alt, 93 Baß

[120] vgl. T. 70-73 T-B, 73-76 S-A, 76-79 T-B, 79-80 A-T, 81-86 simultan S-A bzw. T-B

[121] vgl. dazu Voglers Erläuterung zu T.170-173 der umgearbeiteten Meyerbeer-Fuge (*FS*, S. 57/58)

[122] vgl. das verselbständigte kontrapunktische Motiv in T. 35-43; Parallelführung von Tenor und Baß in T. 49-51, dabei T. 49-51 Alt und Tenor mit Thema und Umkehrung gegeneinandergesetzt

[123] vgl. etwa Partiturdruck, S. 60 bzw. 66/67. Ähnlich parallel geführte Stimmpaare finden sich in dem »kontrapunktisch« gearbeiteten Finale der C-Dur-Sinfonie, in dem Werk *Die Scala oder personifizierte Stimmbildungskunst* bzw. besonders in nur »fugierten« Sätzen, wie sie etwa in der *Missa Pastoritia* oder der *Missa de Quadragesima* vorliegen. Die häufigen Stimmpaar-Bildungen,

Die »scheinbare« enge motivische Verknüpfung des Geschehens in Webers umgearbeiteter Fuge, wobei selbst so unbedeutende Motive, wie die Tonrepetition mit anschließendem Sekundschritt (z.B. T. 89 Baß) noch als motivisch abhängig gedeutet und behandelt werden, hat ihre Wurzeln in Voglers oft überzogen wirkenden Interpretationen motivischer Beziehungen. Als Musterbeispiel einer derartigen »Überinterpretation« eines motivisch bis in alle Einzelheiten zergliederten Satzes kann Voglers Verbesserung der Fuge in Forkels *God-save-the-king*-Variationen gelten[124]. Drastisch wird in einem solchen Beispiel aber Voglers »beziehendes« Denken deutlich, dessen Einfluß sich nicht nur in der Art der Ableitung sekundärer Motive in der Umarbeitung Webers zeigt, sondern das auch über die kontrapunktische Satzweise hinaus Webers eigenes kompositorisches Denken beeinflußt hat, wie noch zu zeigen sein wird.

Es bleibt noch auf einige weitere Veränderungen im Schlußteil der Fuge hinzuweisen. Weber hat mit dem Beginn des Orgelpunktes in T. 77 (Neu: T. 93) nicht mehr substantiell in den weiteren Verlauf eingegriffen, aber eine Reihe von Veränderungen in der Instrumentierung vorgenommen. So wurde die Pedalstimme T. 77-88 von den Fagotten in die Hörner verlegt, und die beiden mit *Soli* bezeichneten Sopranstimmen dieses Abschnittes wurden Alt und Tenor zugewiesen, so daß der vorher in hohe und tiefe Lage gespaltene Klang auf diese Weise vermittelt wird. Die Baßstimme ist durch die genannte rhythmisierte Auftaktformel aufgelockert[125] und in Cello und Fagott eine vollständige Variante des *Contra Subjekts* eingefügt. Die Wirkung der Steigerung T. 88-96 wurde ebenfalls geringfügig intensiviert, indem zunächst durch den Wegfall der Klarinetten (Alt: T. 87-91), dann durch die zusätzlich verschobenen Einsätze die Steigerung nun stufenweise erfolgt[126].

In den nachfolgenden Abschnitten fällt dann vor allem auf, daß die Fagottstimmen teilweise um eine Oktave nach unten versetzt sind, u.a. um das im *Tutti* im Baß erklingende Thema zu verstärken[127], daß die Streicher in einigen Fällen durch Doppelgriffe ein intensiveres Klangbild vermitteln und daß die abschließenden imitatorisch-engführenden Takte verändert wurden. Über dem Streichertremolo wurden dabei zunächst die Bläser gestrichen (A: T. 121ff., N: T. 137ff.), die dann aber nochmals eine Variante des von Weber aufgewerteten *Contra Subjekts* zitieren, während die Chorstimmen nun sukzessiv, statt vorher Sopran und Alt gemeinsam, mit Dreiklangsbrechungen (die als Variante des Themenkopfes gehört werden sollen) einsetzen[128].

Von diesen wenigen Eingriffen abgesehen, hat Weber die ausgedehnte Schlußsteigerung, die vornehmlich mit harmonischen Mitteln arbeitet, unverändert übernommen; lediglich das kurz vor Abschluß eingefügte *Contra Subjekt* verstärkt zusätz-

die sich in Voglers geistlichen Kompositionen (z.B. in den beiden Sammlungen von *Hymnen*) finden, dürften zum Teil mit seiner Verehrung »altklassischer« Meister zusammenhängen.

[124] Zergliederungstext a.a.O., § 5, S. 33ff.

[125] Die instrumentale Baßstimme pausiert und tritt erst in T. 84 dazu.

[126] vgl. A: T. 92-96 mit N: T. 108-112

[127] Dies gilt besonders für die Takte 112-117, die den älteren Takten 96-101 entsprechen (in N: T. 112 wurde die Hornstimme zur Unterstützung des Themeneinsatzes ebenfalls abgeändert); vgl. auch A: T. 107-110 mit N: T. 123-126.

[128] vgl. die autograph erhaltenen letzten 10 Takte, wo allerdings keine Bläser notiert sind (Weberiana Cl. I, Nr 25) bzw. die beiden letzten Takte der Jähnsschen Abschrift Cl. III, Bd. IV, Nr. 65

lich den »zusammenfassenden« Bezug auf den ursprünglichen Gegenstand der »kontrapunktischen Unterhaltung«.

Die Fuge erscheint in der neuen Fassung also ingesamt deutlicher gegliedert (Exposition - freier dominantischer Teil - von der Dominante ausgehende modulierende Durchführung mit neuem Kontrapunkt - Orgelpunkt mit zwei Steigerungswellen - »Zusammenfassung«), aber zugleich im Ablauf abwechslungsreicher, obwohl die Teile andererseits deutlicher miteinander verknüpft bzw. aufeinander bezogen sind, so daß der Voglerschen Forderung nach Einheit und Mannigfaltigkeit entsprochen ist. Geblieben ist die harmonisch unausgeglichene Gestalt des Themas selbst, das mit dem häufigen Wechsel zwischen erhöhten und erniedrigten Tönen[129], die immer wieder zu unerwarteten Wendungen Anlaß geben, an Danzis freizügigen Umgang mit Akzidentien erinnert.

Es ist auffallend, daß Weber zwei Jahre später (im Herbst 1812) bei der Komposition seiner *Hymne* JV 154 im Fugenteil auf dieses Modell zurückgriff und sich wiederum um eine korrekte Behandlung des Themas bemühte, was ihm offensichtlich erhebliche Mühe bereitete, denn er schreibt am 30. November 1812 an seinen Berliner Freund Ferdinand Flemming: [...] *es ist ein kleines Fugerl drinnen, die mir einige Schweißtropfen kostete*[130].

Das Thema dieser Fuge setzt sich aus zwei Teilen zu je vier Takten zusammen, und eine *Enucleatio Fugae*[131] zeigt, daß Weber bestrebt war, die kontrapunktischen Stimmen in der Exposition möglichst beizubehalten, während die eigentliche *Gränzscheidung* erst im vorletzten Thementakt erfolgt[132]. Bemerkenswert erscheint jedoch vor allem, daß Weber sich auch hier darum bemüht, das verwendete motivische Material der Fuge zu vereinheitlichen und soweit wie möglich die ursprünglichen Kontrapunkte oder deren Varianten zu übernehmen bzw. weitere Abschnitte aus

[129] vgl. etwa den Wechsel zwischen *a* und *as* in T. 15-21. Die dadurch fehlende tonale Eindeutigkeit des Themas (T. 13/14 bestimmen die Tonart nicht eindeutig: Es-Dur und c-Moll bleiben zunächst als tonale Zentren möglich) war schon für die älteren Fugenthemen Webers kennzeichnend. Die vorübergehende Rückkehr zu *as* in T. 16, nachdem in T. 15 schon B-Dur erreicht schien, wirkt willkürlich und verdeckt lediglich die zu früh vollzogene Modulation. In dieser Beziehung hat Weber bei der Umarbeitung keine Veränderungen vorgenommen. Auch die Dissonanzbehandlung entspricht in beiden Fällen harmonischen Gesichtspunkten, wobei die Auflösungsregeln der Voglerschen Harmonielehre beachtet sind; Einsätze sind (wie bei Vogler) auch mit Septakkorden möglich (vgl. T. 22).

[130] Von seiner Unsicherheit zeugt auch die Tatsache, daß er die Fuge am 25. September 1812 an den Thomaskantor Johann Gottfried Schicht sandte, nach dessen Gutachten offensichtlich umarbeitete und sie am 3. Januar 1813 gemeinsam mit ihm durchging (vgl. *JV* 154, S. 170, nach Webers Tagebuch). Vgl. dazu Viertel, a.a.O., S. 389-391. Von einer *intensive*[n] *Beschäftigung mit der Gattungstradition der Fuge* (a.a.O., S. 386) oder von einem *dezidierten Standpunkt* (S. 389) in diesen Fragen kann bei Weber kaum die Rede sein.

[131] Im Sinne einer *Enucleatio* könnten die Takte 18-25 bzw. 26-34 als »Frage« und »Antwort« einander gegenübergestellt werden. Viertel sieht das Hauptthema der *Hymne* bzw. den Kopf des Fugenthemas als Ableitung aus der Melodie des Chorals *Drum lerne still dich fassen* (Melodie: *O Haupt voll Blut und Wunden*), der im Zentrum des Werkes steht, vgl. a.a.O., S. 392.

[132] Zwar ist der Auftakt beim zweiten Themeneinsatz von der Quart zur Quinte verändert, jedoch nicht im Sinne von *Dux* und *Comes*; das quintversetzte Thema bleibt bis zum achten Thementakt identisch. Möglicherweise bezog sich darauf eine Kritik Gottfried Webers, denn Carl Maria antwortet diesem am 9. März 1813: *Wo ist denn da ein Contrathema zu finden? Ich habe wenigstens keins hineingemacht, und also wird auch die Antwort richtig sein, da weder gefragt, noch geantwortet wird.*

dem Thema und diesen Kontrapunkten abzuleiten. So führt schon die kurze Überleitung zur zweiten Durchführung (auf der VI. Stufe) ein Motiv aus dem fünften thematischen Takt durch alle Stimmen (vgl. T. 38-42), das gleiche Motiv tritt dann in T. 74-77 in imitierenden Stimmpaaren auf und wird später auch im solistischen Teil in Parallelführung benutzt (vgl. T. 115-117 Tenor-Sopran)[133].

Weber selbst schreibt zu dem Ablauf dieser Fuge an Gottfried Weber: *Alle Mittelsäze, Fortführungen pp sind* [...] *natürlich aus dem Thema genommen* [...][134], erinnert also daran, daß die Fuge in dieser Beziehung den Anweisungen Voglers entspreche. Im Aufbau wechseln wiederum kontrapunktisch gearbeitete mit stärker harmonisch konzipierten Teilen[135], und mit dem Orgelpunkt in T. 115 (bzw. 122) beginnt eine breit angelegte Schlußsteigerung, die sich kaum noch kontrapunktischer Mittel bedient[136] und schließlich in eine kleine abschließende Engführung mündet, die der des *Ersten Tons* eng verwandt ist[137].

Eine ähnlich gestaltete, breit angelegte Fuge schrieb Weber nochmals im Dezember 1815 für seine Kantate *Kampf und Sieg* JV 190. Dort wird die Fuge aufgelockert durch den eingeschobenen homophonen Satz: *Gieb und erhalte den Frieden der Welt*, der bereits vor Beginn der Fuge exponiert wurde und auf dem Höhepunkt des Ablaufs mit dem Fugenthema selbst (das den Choralanfang *Herr Gott, dich loben wir* aufgreift) kombiniert wird[138].

Während der Arbeit an dieser Fuge schrieb Weber an Gottfried Weber[139]:

> *da ich eine solide Fuge zum Schluße der Cantate schreibe, so studire ich der Neugierde halber Marpurgs Abhandlung von der Fuge durch. Mein Gott, wie einseitig, diktatorisch und nichts beweisend, oder auf wahrhaft aus der Natur der Sache gegriffene Gründe sich stüzzend - schreiben die Herren. Wer nur Zeit hätte einmal ein Ästhetisch Logisches Fugen System zu schreiben* [...]

Abgesehen davon, daß diese Bemerkung so auch aus Voglers Feder stammen könnte, zeigt sich darin, daß Weber selbst seine kontrapunktische Ausbildung als

[133] vgl. auch Ableitungen in Form von Sequenzen: in T. 96ff. wird der siebte Thementakt zu einer paarweise versetzten Fortspinnung benutzt.

[134] Brief an Gottfried Weber vom 9. März 1813

[135] vgl. dazu Viertel, a.a.O., S. 393: [...] *eine linear-kontinuierliche Enwicklung, wie man sie von der Fuge erwarten könnte, wird gar nicht erst angestrebt. Im Gegenteil reiht Weber auch in der Fuge einzelne Abschnitte, deren Charaktere mehr auf Kontrast und Konfrontation ausgerichtet sind als auf Kontinuität.*

[136] Viertel bezeichnet die Takte 122-129 als kontrastierenden Einschub, wobei *die Stimmen zwar fugiert einsetzen, aber eine chromatische Umdeutung des Themenkopfes für eine rein harmonisch-homophone Klangwirkung sorgt. Die Art harmonischer statt motivisch-thematischer Durchführung, wie sie aus den Sonatensätzen Webers hinlänglich bekannt ist, setzt sich damit auch im Bereich der Fuge durch* (a.a.O., S. 393/394).

[137] Vergleichbare Stellen finden sich auch im Orgelpunkt-Teil, vgl. T. 130-136 mit *Erstem Ton*, T. 108-112; danach Thema im Baß T. 136ff. mit T. 112ff.; vgl. auch T. 164-167 mit *Erstem Ton*, T. 123ff. Wie dort T. 140 das *Contra Subjekt*, wird in der *Hymne* in T. 184-187 das *Gelobt sei Gott* zitiert. Weber selbst hielt im übrigen diese Fuge für gelungener, denn er schreibt in dem Brief vom 9. März 1813 an Gottfried: *die Fuge vom 1t Ton ist mit dieser gar nicht zu vergleichen; wie holprich sind dort alle Stimmen pp.*

[138] vgl. Klavierauszug Berlin: Schlesinger, S. 59 bzw. Neuausgabe von Hanns Mießner, Schlesinger, 1915 (ohne eigentlichen Fugenteil), S. 55. Wiederum finden sich ähnliche Orgelpunktformen, vgl. Klavierauszug Mießner, S. 56.

[139] Brief an Gottfried Weber, 16. September 1815

mangelhaft empfand und bei entsprechenden Arbeiten Hilfe in theoretischen Werken suchte, da er offensichtlich sein bei Vogler erworbenes Wissen kaum erweitert hatte[140]. Bezeichnenderweise finden sich auch in der Liste der Theoretika, die Weber zur Zeit seines Aufenthalts in Stuttgart selbst besaß[141], zwar eine ganze Reihe von Generalbaß- bzw. Harmonielehren, jedoch keine einzige eigentliche Kontrapunktlehre der Zeit.

Angesichts der Mühe, die strenge kontrapunktische Arbeit für Weber offenbar bedeutete und bedingt durch die erdrückenden Arbeitsverhältnisse seiner Dresdener Stellung, scheint es kaum verwunderlich, daß die späteren beiden Messen Webers keine vergleichbaren ausgedehnten Fugensätze enthalten. In der Es-Dur-Messe greift Weber zudem auf Themen seiner frühen *Fughetten* zurück[142] und bestreitet die Fuge des *Cum sancto spiritu* dieser Messe durch zahllose aneinandergereihte, z.T. frei variierte, unterschiedlich weitergeführte oder paarweise verbundene Einsätze. Die Einheitlichkeit wird dabei zwar durch die häufige Anwendung des Kopfmotivs gewahrt, das sogar mit der Umkehrung kombiniert auftritt[143], hinsichtlich der Mannigfaltigkeit bleibt die Fuge aber unbefriedigend.

Die Stärke der kontrapunktischen Arbeit Webers zeigt sich dagegen - wie bei Vogler - dort, wo kontrapunktische mit freier harmonischer Arbeit verbunden wird (wie im »gebundenen Stil« etwa im *Benedictus* der G-Dur Messe JV 251, das Jähns als *die Perle des Ganzen u. nach allen Richtungen vollendet* bezeichnete und das deutlich Voglers Vorbild verrät[144]), besonders aber, wenn darüber hinaus beides in einen übergeordneten, »rhetorisch-steigernden« Verlauf eingebettet und scheinbar spielerisch ein (auch hörbares) Netz motivischer Beziehungen aufgebaut wird, wie dies später etwa im *Fugato*-Abschnitt der *Euryanthe*-Ouvertüre der Fall ist[145]. Hier sind imitatorische und pseudoimitatorische Mittel auf eine Art und Weise mit eher vom harmonischen Denken her konzipierten Stimmkombinationen verknüpft, wie sie

[140] vgl. dazu auch Anm. 130. Wie sehr Weber in Bezug auf Musiktheorie dem Voglerschen Denken verhaftet blieb, belegt auch eine Erzählung Hinrich Lichtensteins, der in seinen Aufzeichnungen (vgl. *Briefe von Carl Maria von Weber an Hinrich Lichtenstein*, hg. v. Ernst Rudorff, Braunschweig, 1900, S. 5) schreibt: [Musik war] *Gegenstand aller Gespräche, bald in launigen Erzählungen* [...] *bald in ernsthafter Erörterung des Kunstmechanismus, der Geheimnisse der Composition und der Geheimnißkrämerei vornehmer Componisten, die doch keine wahren Kunstwerke hervorzubringen wüßten, wie Kirnberger und Andere. Die ganze Theorie dieser Herren sei aus der Erfahrung abstrahirt, also keine wahre Theorie; die habe die Physik zu geben* [...]

[141] Anlage zum Brief an Gottfried Weber vom 21. Juli 1817 (unveröffentlicht)

[142] vgl. o., Anm. 61

[143] vgl. Partiturdruck Paris, a.a.O., S. 40: S-B, T. 2/3; zu der dichten Folge kurzer imitierender Motive vgl. z.B. Voglers d-Moll-Messe: *Pleni*-Fuge, S. 61, 63 u. 65

[144] *JV* 251, S. 274. Allekotte schreibt dazu in seiner Dissertation (a.a.O., S. 61): *Die Singstimmen bewegen sich das ganze Sätzchen hindurch in edler Polyphonie, modulieren häufig und sind in einer bei Weber im Vokalsatz verhältnismässig selten zu findenden ausdrucksvollen Melodik geführt.* Für Bertha Antonia Wallner (*Carl Maria von Webers Messen, Jähns 224 und 251*, in: *ZfMw* 8. Jg. 1925/1926, S. 548) ist dieser Satz sogar *einer der bestdurchgearbeitetsten Webers überhaupt*. Das Vorbild im Typus Voglerscher *Benedictus*- (oder auch *Agnus*-) Sätze, vor allem im *Benedictus* der d-Moll Messe Voglers, das Weber schon in seiner Wiener Zeit besaß und bewundernd erwähnte, ist unverkennbar (vgl. Ausschnitt aus Voglers *Benedictus* im NB S. 306).

[145] vgl. T. 143ff.; die Mittel zur Steigerung sind dabei durchaus den früheren Fugen vergleichbar: Paarbildungen, Kombination von Thema und Umkehrung, Motivverkürzung und Sequenzierung, Pseudoimitatorik usw.; vgl. die Bemerkungen in der detaillierten Analyse der Ouvertüre bei Viertel, a.a.O., S. 192/193.

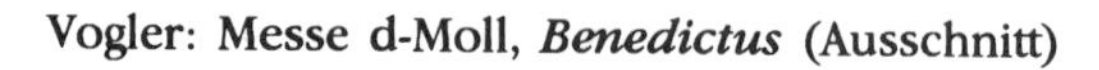

Vogler: Messe d-Moll, *Benedictus* (Ausschnitt)

sich im Keim auch in den oft primitiveren Vorbildern Voglers finden läßt. In diesem (Voglerschen) Sinne ist Kontrapunkt als *Gesang-Verbindungs-Lehre* für Weber fruchtbar geworden. Es wird noch zu zeigen sein, inwiefern dieses beziehende und kombinierende Denken, das Vogler auch in seinen Zergliederungen entsprechender Werke zu vermitteln suchte, auf andere Kompositionen Webers bzw. auf dessen formale Gestaltungsweise überhaupt eingewirkt hat.

Formale Gestaltungsprinzipien in Webers Instrumentalwerken

Im Zusammenhang mit einigen unmittelbar im Anschluß an die Wiener Begegnung mit Vogler entstandenen Werken Webers wurde bereits darauf hingewiesen, daß Voglers Zergliederungen des Periodenbaues einzelner Kompositionen und seine Forderung, vor jeglichem Komponieren einen detaillierten *Plan* zu entwerfen, das Bewußtsein der Schüler für eine durchdachte, logische Aufeinanderfolge der Teile schärfen mußten[1]. Die Form eines Stückes entsteht im Sinne dieser Zergliederungen als Folge der Tonartendisposition und der Anordnung zunächst primär harmonisch bestimmter Perioden[2]. Obwohl für Vogler die Folge I-V-I die Keimzelle jeglicher Formdisposition bleibt, und er zwei harmonische Grundschemata entwirft (I-V/V-I bzw. I-V-VI-I), ist er in seinem Denken doch weit von bestimmten »Formschemata« entfernt. Sowohl die harmonische Disposition im Großen als auch die konkrete »Ausfüllung« der Einzelabschnitte soll vielmehr variabel bleiben: Form als festgefügtes »Schema«, etwa im Sinne der standardisierten *Da-Capo*-Arie, gilt Vogler geradezu als Beispiel für *das Mechanische und Pedantische in der Musik*[3]. Immer wieder stellt er in seinen Zergliederungen positiv heraus, wenn der *Plan* eines Stückes *neu* ist[4] und bezeichnet die Fähigkeit, *neue Formen* [zu] *erfinden*, als eines der wesentlichsten Anzeichen für musikalisches *Genie*[5].

Diese Variabilität der Form auch unabhängig von deren inhaltlicher Ausfüllung ist eines der allgemeinen Kennzeichen der Mannheimer Instrumentalmusik, aber auch der Instrumentalwerke Webers. Sicherlich gehören im Sinne des klassisch-romantischen Kunstverständnisses zu jedem guten Werk Qualitäten, die es von anderen abheben - die Kunst der unterschiedlichen *Zusammensetzung* eines Werkes

[1] vgl. o., S. 194-197 und zum folgenden Kapitel die Ausführungen bei VeitM, Kapitel II-6, wo die Äußerungen Voglers zur Form im einzelnen nachgewiesen sind. Der Zusammenhang der im folgenden erläuterten Formprinzipien (auf Satzebene und bei der Gestaltung der Binnenteile) mit der Mannheimer Tradition ist in den Analysekapiteln der genannten Arbeit (Kap. IV-VI) eingehender dargestellt, so daß hier auf weitere Belege und Verweise verzichtet wurde. Es bleibt allerdings noch nachzuweisen, inwieweit einzelne Merkmale wirklich nur für den Mannheimer Umkreis spezifisch genannt werden können.

[2] Die Periodenordnung bleibt in den theoretischen Schriften des 18. Jahrhunderts allgemein der Ausgangspunkt einer Form, die *zunächst einmal nichts Vorgegebenes, sondern Ergebnis künstlerischer Tätigkeit* ist (Arno Forchert: *Studien zum Musikverständnis im frühen 19. Jahrhundert*, Habil-Schrift Berlin 1966, S. 25). Vgl. dazu auch die bei VeitM, Kapitel II-6a genannten Arbeiten von Leonard Ratner, Arnold Feil, Guido Kähler, Carl Dahlhaus, Wolfgang Budday u.a.

[3] Artikel *Form*, in: *Encyclopädie*, Bd. X, S. 359. Vgl. auch Artikel *Einförmigkeit*, a.a.O., Bd. VIII, S. 61: *Einförmigkeit in der Musik, ist die Einheit der Formen. Es ist unmöglich die Achtsamkeit der Zuhörer bey einerley Formen lang zu erhalten: das Ohr sucht Mannichfaltigkeit* [...]. In diesem Sinne behauptet Vogler auch von Haydn, dieser habe die Sinfonie *von Pedanterie, Form, Facon und Leistmäßigem* [...] *gereinigt*, vgl. Artikel *Genie*, a.a.O., Bd. XI, S. 726.

[4] vgl. z.B. *Betrachtungen* I, S. 173, 365/366 bzw. II, S. 33 u. 38

[5] Artikel *Kalt*, *Encyclopädie*, Bd. XVIII, 792

war aber im Gegensatz zur Vorstellung der unterschiedlichen *Ausfüllung* eines grob vorgegebenen Ablaufs gerade in Mannheim deutlich ausgeprägt[6].

Inwieweit es primär Voglers Forderungen nach Neuheit in der Form sind, die sich in den unterschiedlichsten Ausprägungen einzelner Satztypen bei Weber oder der Gesamtanlage spiegeln, läßt sich kaum bestimmen. Allerdings fällt auf, daß sich Weber z.B. in den 6 Violinsonaten op. 10, die er während seines Darmstädter Aufenthaltes im September und Oktober 1810 in Voglers Haus schrieb, deutlich um eine Vielfalt musikalischer Formen bzw. um unterschiedliche Gestaltung der einzelnen Satztypen bemühte.

Die Form der ersten Sätze dieser Sonaten (3 zwei- und 3 dreisätzig) unterscheidet sich sowohl oberflächlich als auch (bei prinzipiell ähnlicher Anlage) in der Binnenstruktur[7]. Ausdrücklich als Variationssatz bezeichnet ist der 1. Satz der 5. Sonate, vorwiegend variierend angelegt aber auch das *Air Russe* der 3. Sonate[8], während die übrigen Sonaten im Kopfsatz eine durch Doppelstriche getrennte zweiteilige, eher »sonatenmäßige« Form zeigen. Als Modulationsziel der Exposition dieser Sätze wird stets die V. Stufe angestrebt, mit Ausnahme der letzten Sonate, die sich überraschend nach dem Dominantschluß in T. 21 zur Mollparallele wendet, mit der die Exposition auch schließt[9]. Unterschiedlich ist in den verbleibenden Sonaten wiederum das Verhältnis von harmonischer Disposition und zeitlicher Ausdehnung. In der 1. Sonate in F-Dur wird schon im 12. Takt mit der Doppeldominante die Modulation in Gang gesetzt, und eine *schwankende Periode* im Sinne Voglers über dem Orgelpunkt *g* führt zu einem neuen thematischen Gedanken auf der Dominantebene (T. 20). In der 2. Sonate geht der eigentlichen Modulation bereits eine Versetzung des thematischen Gedankens in die Paralleltonart voraus (T. 15-18), die dann nochmals aufgegriffen (T. 23) und eher unerwartet zur Dominante geleitet wird (T. 26); die neue Tonart erfährt erst in den letzten beiden Takten der Exposition durch eine die Subdominante einbeziehende Kadenz wirkliche Bestätigung[10]. Umgekehrt wird in der 4. Sonate nach dem Erreichen der Dominantebene die neue Tonart durch vorübergehende Ausweichungen getrübt[11].

Ähnliche Differenzen in der harmonischen Disposition der Perioden finden sich auch im jeweils zweiten Teil; so z.B. oft schon zu Beginn dieses Abschnitts, der in der 1. Sonate in der Tonart der Molldominante steht, aber auch in der Tonart der V. Stufe (2. Sonate), der III. (4. Sonate) oder der verdurten VI. Stufe (6. Sonate) erscheint - Identität wird also offensichtlich vermieden.

6 vgl. dazu den Literaturbericht bei VeitM, S. 92-106 bzw. die Analysen der Werke von Danzi, Vogler und Peter von Winter

7 Das Autograph dieses Werkes (Darmstadt LHB, Mus. ms. 1166) zeigt, daß Weber nicht nur zahlreiche Korrekturen vorgenommen, sondern auch die Reihenfolge der 5. und 6. Sonate nachträglich durch entsprechende Numerierung vertauscht hat; offensichtlich sollte eine »vollständigere« dreisätzige Sonate den Zyklus beschließen.

8 vgl. dazu o., S. 236

9 Die beiden harmonischen Großabschnitte der Exposition sind dabei etwa gleichlang: auf T. 1-21 folgt nach einem viertaktigen Zwischenglied der a-Moll-Teil mit 23 Takten.

10 Wie in der 1. Sonate T. 13-17 über *g* ein Wechsel G^7/C, so findet sich hier mit dem Wechsel von A^7/D über *a* (T. 27-30) eine *schwankende Periode*, allerdings an formal anderer Stelle.

11 Mit dem Erreichen der Dominantebene setzt in T. 19ff. zunächst eine *schwankende Periode* (I-V-Baßschritte) ein, dann folgt die Ausweichung in T. 24-27; überraschend schließt in T. 28 statt der regulären Auflösung (vgl. T. 30) eine Wiederholung von T. 26/27 an.

Diese bewußt variierende Zusammensetzung der Form wird auch in den Finalrondi der Sonaten 1-4 sichtbar. Während das *Rondo* der 3. Sonate mit seiner zweiteiligen Form in die Nähe eines Sonatensatzes rückt und in der »rondomäßigeren« 1. Sonate das Thema zweimal vollständig wiederkehrt (T. 37 u. 64), bildet es in der 2. und 4. Sonate lediglich den Rahmen des Satzes. In der 4. Sonate wird das Thema beim zweiten Auftreten fortspinnungsartig erweitert (T. 76ff.) und am Ende bruchstückhaft zitiert (T. 92-94), in der 2. Sonate folgt nach einer kleineren Erweiterung die zweite Themenhälfte als Abschluß. Unterschiedlich sind auch die für die Zwischensätze dieser Rondosätze gewählten Tonarten[12].

In jüngster Zeit hat Matthias S. Viertel auf diese Vielfalt der Rondotypen auch in Webers Konzerten hingewiesen: Weber interpoliere fremde Satztypen in seine Rondi oder vermische rondo- und sonatenartige Züge und *speziell diese Möglichkeit changierender Gestaltung des Rondos als Mischform verschiedener Satztypen mag als Motiv für Webers Vorliebe zur Rondokomposition gelten*[13].

Über solche großformalen Dispositionen hinaus, deren Variabilität sich gegen den Versuch sperrt, Abhängigkeiten festzustellen, (es sei denn, man sieht in dem bloßen Faktum einen Hinweis auf den Einfluß Voglers), soll im folgenden die formale Binnenstruktur bzw. der inhaltliche Formprozeß im Mittelpunkt stehen. In dem bereits genannten Aufsatz über *Formprobleme in den Kopfsätzen der Sinfonien Webers* versuchte der Verfasser nachzuweisen, daß die Gestaltungsprinzipien in diesen Sätzen eine Reihe von Analogien zu den Sinfonien Voglers bzw. der späten Mannheimer Sinfonik allgemein aufweisen. Inwieweit solche Prinzipien auch in den übrigen frühen Instrumentalwerken zur Geltung kommen bzw. inwiefern auch diese Voglers Formkonzeption widerspiegeln, soll im folgenden unter Berücksichtigung neuerer analytischer Arbeiten bzw. durch einige exemplarische Analysen aufgezeigt werden.

Zunächst seien einige zusammenfassende Bemerkungen zu Voglers Formkonzept vorangestellt, das (wie andere zeitgenössische Beschreibungen) vom Modell der Rhetorik abgeleitet ist, wobei sich in Einzelheiten aber eine Reihe von Spezifika zeigen, die typisch für die Tradition der Mannheimer Instrumentalmusik zu sein scheinen[14].

* * *

Für Vogler beginnt erst nach dem *Entwurf* oder *Plan*, d.h. nach der tonartlichen Disposition des Ganzen und der Bestimmung der *Schlußfälle* und *Perioden* die inhaltliche Ausführung, in der das *Thema* der Rede nach den Regeln der musika-

[12] Sonate 1: T. 19ff.: I., V. Stufe, T. 49: VI, T. 57: IV; Sonate 2: T. 33ff.: I-V, T. 41ff.: Molltonika u. entsprechende III. Stufe; Sonate 3: T. 12: V, T. 24: V, T. 45: tG/s; Sonate 4: T. 33ff.: I-V-III, T. 45ff.: VI

[13] Viertel, a.a.O., S. 259 bzw. 271; vgl. auch S. 262-263. Das Rondo des 2. Klavierkonzerts zeige im Vergleich zum ersten *sowohl im Gesamtcharakter wie auch in der formalen Disposition deutliche Unterschiede* (S. 272). Ähnliche Tendenzen zu einer Vielfalt von »Formen« konstatiert Sandner im 1. Satz des 2. Klarinettenkonzerts: *Offensichtlich war Weber* [...] *bemüht, die innere formale Konzeption des ersten Satzes von Op. 73 nicht zu wiederholen* (a.a.O., S. 90).

[14] vgl. hierzu Anm. 1

lischen Rhetorik behandelt werden soll. Dabei ist darauf zu achten, daß man *das Thema* [selbst] *zur steten Vorschrift wählet*[15].

Bei der Behandlung dieses *Themas* unterscheidet Vogler dann zwischen zwei grundsätzlichen Möglichkeiten: das Thema kann einerseits *ausgeführt* (im engeren Sinne), andererseits *fortgeführt* werden. Unter *Ausführung* versteht Vogler hier nur den eigentlichen *Vortrag* des Themas, in dem der *Stoff zur Ausführung* bzw. der *Hauptstoff* oder das *Thema* vorgestellt werden, ferner die verschiedenen *Wendungen* des Themas und den *Schluß*[16]. Die Möglichkeiten der *Wendungen* des Themas, bei denen *der nemliche Sinn, derselbige Hauptstof* [...] *auf eine so mannigfaltige Weise versetzt* [wird], *daß immer neue Wendungen hievon entspringen*[17], sind im Prinzip unbegrenzt, Vogler unterscheidet in seinen Schriften aber einige oft wiederkehrende Formen[18]:

> *Wenn der nemliche Sinn scheint wiederholet zu werden, und dabey ein wesentlicher Unterschied in der Lage der Schlägen herrschet: so wird diese Versetzung eine Umkehrung genannt* [...] *Wenn der nemliche Sinn scheint wiederholet zu werden, und dabey ein wesentlicher Unterschied in der Lage der Töne herrschet: so wird diese Versetzung eine Umwendung genannt. Diese Umwendung fußt sich blos darauf, daß der Hauptklang nicht zum Grunde liegt* [...] *Wenn der nemliche Sinn scheint wiederholet zu werden, und dabey ein wesentlicher Unterschied in der Austheilung der Töne herrschet: so wird diese Versetzung eine Stürzung genannt* [...] *sie bestehet blos darinn, daß von den oberen Stimmen, einige bald höher, bald tiefer kommen, ohne daß der Bezieferung Eintracht geschehe.*

Die Bedeutung dieser Begriffe wird in den Zergliederungen selbst deutlicher: *Umkehrung* bedeutet die metrische Verschiebung des Themas, wobei sich besonders die Schwerpunkte der harmonischen Verhältnisse ändern (etwa I/V statt /I-V); *Umwendung* die Veränderung der Lage der Akkorde; *Stürzung* das Versetzen der Melodie in eine andere Stimme oder Stimmlage[19]. Daneben gehört zu diesen Möglichkeiten auch das *Versetzen* des Themas in neue harmonische Zusammenhänge[20]. Eine besondere Aufgabe kommt innerhalb der *Ausführung* dem Schlußteil zu[21]:

> *Der Schluß muß bündiger seyn, als alles vorhergehende. Er ist die Summe des Ausdruckes, der Ueberzeugung, die durch ein vorhabendes Stück zu erreichen war* [...] *Was den Beschluß der Ausführung noch eigentlicher betrift, so bestehet er in einer engen Einschränkung, und gedrängten Wiederholung alles desselben, was im ganzen Stücke bisher vorgekommen war* [...] *In einem gesetzten, soliden prächtigen Tonstücke* [...] *hat diese Anmerkung statt.*

[15] Artikel *Ausführen*, in: *Encylopädie* II, S. 408. In dieser Forderung stimmt Vogler mit anderen Theoretikern des 18. Jahrhunderts überein.

[16] Artikel *Ausführen*, a.a.O., S. 408

[17] a.a.O.

[18] a.a.O., S. 408/409. Einfache *Wiederholung* gehört als »Bekräftigung« dagegen nicht zur *Ausführung* im engeren Sinne.

[19] vgl. VeitM, S. 78/79

[20] vgl. *KT* II, S. 197; *Betrachtungen* II, S. 70 u. 392-393

[21] Artikel *Ausführen*, a.a.O., S. 409. Diese Bemerkung, die in ähnlicher Weise in Voglers *Fugen-System* wiederkehrt (vgl. *FS*, S. 41), gilt für alle, nicht bloß für kontrapunktische Musik. Zur konkreten Gestalt solcher Schlüsse vgl. VeitM, Kapitel IV-VI bzw. hier w.u.

Dieses abschließende »Zusammenfassen« der wesentlichsten Aussagen auf engem Raum gehört zu einem der typischen Kennzeichen der Sinfonien des Vogler-Umkreises.

Im Sinne der Forderung nach *Mannigfaltigkeit* tritt neben diese *Ausführung* des Themas im engeren Sinne die *Fortführung*. Vogler versteht hierunter die Einführung neuer Motive oder Gedanken, die deutlich von den zur *Ausführung* vorgegebenen abgehoben, aber dennoch *Anspielungen* auf das Vorherige sind[22]. Dieser Aspekt des Bezugs auf den eigentlichen *Hauptstoff* wird mehrfach besonders hervorgehoben[23]:

> *Die Perioden müssen sich zusammenschicken, sie müssen im nemlichen Gelaise bleiben, der Einheit nicht widersprechen, ein Ganzes vorstellen, so daß es scheinen sollte, als hörte man noch das erste Gesang und dieses heißt das Gesang fortführen.*

Erst durch diese Verbindung von stets themenbezogener *Ausführung* und auf das Thema »anspielender« *Fortführung* läßt sich die Forderung nach *Einheit und Mannigfaltigkeit* erfüllen[24].

Über diese inhaltlichen Vorschriften hinaus gehört zu den wichtigsten »formerzeugenden« Kategorien das Prinzip der Folge kontrastierender Teile. In den Zergliederungen und in dem dabei wiederkehrenden Vokabular wird sehr deutlich, welche wichtige Rolle Momenten wie *Überraschung*, *Täuschung*, *unvermuteter Eintritt* o.ä. in der Konzeption Voglerscher bzw. Mannheimer Werke überhaupt zukommt[25]. Dies gilt sowohl für die zeitliche Abfolge einzelner Teile in der Exposition bzw. für die auf diese Anordnung bezogenen Abweichungen im zweiten Teil[26] (d.h. in Voglers Vokabular für die Ebene der *harmonia successiva*) als auch für die gleichzeitige Verbindung von vorher melodisch eigenständigen Stimmen (d.h. für die Ebene der *harmonia simultanea*)[27]. »Überraschende« Verbindungen können auf diese Weise also sowohl in der zeitlichen Aufeinanderfolge als auch in der Gleichzeitigkeit entstehen[28].

Die hier zusammengestellten Forderungen gelten im Prinzip für alle Sätze; vor allem in Bezug auf die ersten Sätze des Zyklus zeigen sich dabei aber in diesem Formkonzept einige wesentliche Unterschiede zum späteren Sonatenhauptsatzmodell[29]:

22 vgl. *Betrachtungen* II, S. 392/393; Artikel *Ausführen*, a.a.O., S. 408 u. zum Vergleich *FS*, S. 66

23 Artikel *Ausführen*, a.a.O., S. 408

24 a.a.O. u. *Betrachtungen* II, S. 392; vgl. *FS*, S. 67

25 vgl., um nur einige wenige Stellen zu nennen, *Betrachtungen* I, S. 18, 60, 66, 79, 156, u. 173

26 *Der zweite Theil muß sich auf den ersten beziehen, doch ist es nicht allzeit hinlänglich, daß man den ersten Theil, so lang er im fünften Tone harret, nur in den ersten Ton überseze, und hieraus einen zweiten gestalte, sondern tausend Nebenwege, überraschende Einfälle, täuschende Ausweichungen* [müssen] *ex Visceribus Causae genommen werden* [...] - *diese sind es, was dem Zuhörer das nämliche immer neu macht* (*Betrachtungen* I, S. 18; vgl. hierzu die Erläuterung des Begriffs »Reprise«). Vgl. auch a.a.O., Bd. I, S. 60: *Obiger Saz, der beim dreizehnten Schlage ganz gleichgültig aufgenommen wurde, contrastiret hier, durch seinen unvermutheten Eintritt, und täuscht eben so* [...]

27 vgl. *Betrachtungen* II, S. 65/66 u. 68

28 Diese Form von »Verbindungen« ist typisch für die Sinfonie der späten Mannheimer, vgl. dazu VeitM, S. 199 bzw. Kapitel IV-VI.

29 vgl. hierzu mit entsprechenden Belegen: VeitM, S. 81-85 bzw. verkürzt VeitS, S. 190-192

1. Die *Ausführung* des Themas entspricht nicht dem späteren Begriff der *Durchführung*: *Ausführung* ist nicht an einen bestimmten Abschnitt der Komposition gebunden, und der zweite Teil eines Satzes gilt insgesamt als *Ausführung* des ersten.
2. In dem primär durch die harmonische Entwicklung abgesteckten Rahmen der Form bezeichnet zwar die Rückkehr zur Tonika einen Einschnitt, dieser ist aber nicht inhaltlich gebunden, muß also keineswegs mit dem Wiederauftreten des »ersten Themas« zusammenfallen.
3. Prägend für den inhaltlichen Verlauf ist der *Hauptsatz*, der - wie im Falle der beiden Sinfonien Webers - auch kontrastierend angelegt sein kann, so daß man von einem *doppelten Hauptsatz* bzw. von *zwei Hauptsätzen* sprechen kann. Einen Dualismus zwischen »männlichem« ersten und »weiblichem« zweiten Thema findet man in diesem Formmodell jedoch nicht. Alle weiteren Themen sind vielmehr als *Fortführung* auf den Hauptgedanken bezogen.
4. Eine Polarisierung des Satzgeschehens im Sinne einer Unterscheidung der »beiden« thematischen Gedanken auf der einen und überleitender Abschnitte auf der anderen Seite verkennt die Bedeutung der *Zwischenperioden*, die ebenso wie die *sanften Nebensätze* nicht nur harmonisch, sondern auch als kontrastierende Teile eine notwendige Funktion in der Behandlung des vorgegebenen Themas einnehmen.

Die Bedeutung dieser Formprinzipien zeigt sich nicht nur in den von Vogler zergliederten Werken, sondern auch allgemein innerhalb der Mannheimer Tradition der Instrumentalmusik[30]. Weber scheint in seinen Instrumentalwerken im wesentlichen an diese Tradition anzuknüpfen.

* * *

In dem in der Weberliteratur oft zitierten Brief an Nägeli vom 21. Mai 1810, in dem Weber die von Nägeli unterstellte Abhängigkeit seines Klavierquartetts op. 8 von Beethovenschen Vorbildern mit dem Hinweis auf die *verworrene* Anordnung der Ideen in Beethovens neueren Werken kategorisch von sich weist, heißt es u.a.[31]:

> *da ich mich nun natürlich nicht des großen Genius Beethov: erfreuen kann, so glaube ich wenigstens in Logischer und Rednerischer Hinsicht meine Musik vertheidigen zu können, und mit jedem einzelnen Stük einen bestimmten Eindruk zu bewirken. denn nur das scheint mir der Zwek einer KunstAusführung zu sein, aus einzelnen Gedanken das Ganze zu spinnen, daß in der grösten Mannichfaltigkeit immer die Einheit, durch das erste Prinzip oder Thema erzeugt - hervorleuchte.*

Erst in der analytischen Literatur aus neuerer Zeit wird deutlich, daß sich Weber mit dieser Bemerkung in die Tradition einer Formkonzeption stellt, die für die zweite Hälfte des 18. Jahrhunderts und in besonderer Ausprägung auch für Vogler gilt. Die oberflächlich zu beobachtende Reihungsform, in der *ziemlich heterogene Elemente* in *lockerer Folge*[32] aneinandergekettet scheinen, ohne daß es zu einer eigentlichen *motivischen Arbeit* oder gar zu *thematischer Entwicklung* komme, erweist sich bei näherem Hinsehen als bloßer Schein und die Werke entpuppen sich

[30] vgl. VeitM, Kap VIII
[31] zit. nach Autograph, vgl. Ludwig Nohl: Musiker-Briefe, a.a.O., S. 179
[32] vgl. VeitS, S. 184/185 oder beispielsweise Kroll, S. 79

in Wahrheit als »durchstrukturierte« Gebilde. Beispielhaft können dafür Wolfram Steinbecks Bemerkungen aus seiner Analyse des langsamen Satzes der 1. Sinfonie zitiert werden[33]:

> *Das Nebeneinander der Teile, das Webers Musik so leicht in die Nähe des Potpourri hat rücken lassen, beruht jedoch auf einer Ordnung, die gewissermaßen im Hintergrund wirkt, ja sogar im Doppelsinn des Wortes als »hintergründig« erscheint. Unterzieht man sich der Mühe, den Vordergrund des »schönen Scheins« zu durchschauen* [...], *so wird erst deutlich, auf welch erstaunlich vielfältige Verknüpfungsprinzipien und auf welch dichtes motivisches Netz man stößt, das den Satz gleichsam vor dem Absturz in die Beliebigkeit und willkürliche Formgebung bewahrt.*

Die Art dieser »Verknüpfungen«, die vor allem in den neueren Arbeiten von Sandner, Viertel und in den genannten Aufsätzen Steinbecks und des Verfassers beschrieben sind, entspricht genau dem, was Vogler in seinen Analysen als *Fortführung*, d.h. *Anspielung auf das Thema* bezeichnet. Das, oder im Falle eines kontrastierenden Satzbeginns, *die* Hauptthemen sind für den weiteren Satzablauf bestimmend, weitere Themen erweisen sich nicht als gleichberechtigte »zweite Themen«, sondern als auf das Hauptthema bezogene Nebensätze, und auch in »überleitende« Zwischensätze dringen »Anklänge« an diesen *Gegenstand der Unterhaltung* ein.

Viertel verkennt in seiner Analyse der Ecksätze der 2. Sinfonie zunächst die thematische Bedeutung der jeweiligen »Einleitungstakte«, stellt dann aber fest, daß sich in beiden Fällen diese »Einleitung« nachträglich als die eigentliche *thematische Vorgabe* erweise[34]. Der punktierte Rhythmus der Anfangstakte des Kopfsatzes wird *zu einer zentralen Angelegenheit des Satzverlaufs*[35], zudem zeigen sich sowohl im *Hauptthema* (nach Viertel T. 8ff.) als auch im *Seitensatz*[36] und in den *Ritornellen* motivische Reminiszenzen des Einleitungsgedankens, so daß Viertel sich zu der Feststellung veranlaßt sieht: *Die thematische Verknüpfung stellt die Themen als verschiedene Seiten eines einzigen Hauptgedankens dar, der bereits mit der Einleitung gegeben wird*[37].

In ähnlicher Weise erinnern auch im 2. Satz immer wieder Themenbruchstücke im Sinne der *Aus-* bzw. *Fortführung* an das vorgegebene Thema[38]; Zwischensätze

[33] Wolfram Steinbeck: *»Mehr Ouvertüren- als ächter Symphonie-Styl«. Kompositionsprinzipien in Webers I. Sinfonie*, Vortrag zum Eutiner Symposion 1986 *Weber - Jenseits des »Freischütz«*, inzwischen hg. v. Friedhelm Krummacher u. Heinrich W. Schwab, Kassel 1989, S. 84-103, hier S. 94. Für eine Vorab-Kopie der Druckfassung sei Herrn Prof. Dr. Steinbeck herzlich gedankt.

[34] vgl. Viertel, a.a.O., S. 137 mit S. 139, 141, 143 und 167: [...] *nicht das Hauptthema, sondern das Eingangsmotiv ist somit das eigentliche Subjekt des Satzes.*

[35] a.a.O., S. 137

[36] T. 51ff.; vgl. a.a.O., S. 139: *Motivische Reminiszenzen verbinden diese ersten acht Takte des Seitensatzes mit der Einleitung und dem Hauptsatz derart, daß einerseits der Eindruck entsteht, hier werde die Taktgruppe 16f. wieder aufgegriffen und weitergeführt, andererseits aber kaum der Charakter eines eigentlichen Seitenthemas erfüllt wird.*

[37] a.a.O., S. 141. Die Einleitung ist also keine *thematische Antizipation* (a.a.O.), sondern der eigentliche »Gegenstand der Rede«. Die Angabe Webers auf dem autographen Titelblatt der Sinfonien bestätigt diese Interpretation: Weber notiert unterhalb der Instrumente die ersten vier Takte des Satzes in Noten mit der Angabe: *Thema*. Vgl. dazu auch die Bezeichnungen Gottfried Webers in der Rezension des Drucks der 1. Sinfonie, zit. in VeitS, S. 194.

[38] Viertel, a.a.O., S. 147-149

verlieren sich *in kleinste Partikel, die auf das Thema zurückgehen* [...], und im Finale erweist sich das omnipräsente Anfangsmotiv als der eigentliche »Motor« des Satzes[39].

Verknüpfungen dieser Art stellt auch Steinbeck in seinem genannten Aufsatz fest. Im *Andante* der 1. Sinfonie zeigt sich demnach ebenfalls eine *Kontinuität in den Gegensätzen*, und die Teile sind *gewissermaßen durch Scharniere miteinander verbunden*[40], während im 1. Satz dem Anfangs-*Tutti* als *Bindemittel* eine tragende Funktion für die Form zukommt und der zweite Gedanke dieses Kontrastthemas sich als die eigentliche *sinfonische Triebfeder* erweist, die das Satzgeschehen in zahlreichen Abschnitten in Bewegung bringt[41]. Auch der Verfasser hat in seinem Beitrag über die Kopfsätze der beiden Sinfonien dargestellt, wie die Satzanfänge hier den eigentlichen *Stoff zur Ausführung* vorgeben und einen Prozeß der *Aus-* und *Fortführung* in Gang setzen[42]. Im folgenden soll nun an einem weiteren Beispiel, dem Kopfsatz des 1. Klavierkonzerts, mit dessen Anlage sich Vogler nach Webers eigenen Angaben sehr zufrieden zeigte, die Art der *Aus-* und *Fortführung* eines Themas in Webers Kompositionen genauer erläutert werden[43].

Weber exponiert am Satzanfang seines 1. Klavierkonzerts *pianissimo* ein harmonisch geschlossenes, aus Vorder- und Nachsatz bestehendes Thema, dessen Hauptkennzeichen die auftaktigen punktierten Achtelfloskeln sowie die durch Akzent auf unbetonter Zeit eingeschobenen Vorhalte bilden (T. 1-8, vgl. NB S. 315a). Den entgegengesetzten melodischen Bewegungsrichtungen des Vordersatzes (g^1-c^1; c^1-a^1; Quintfall a^1-d^1) folgt ein in der Bewegungsrichtung unbestimmter, zudem durch harmonische Ausweichungen bzw. Vorhaltsbildungen gekennzeichneter Nachsatz, der satzverschränkend mit dem nachfolgenden, kontrastierenden *fortissimo*-Abschnitt »endet«. Erste vage *Anspielungen* auf diesen Hauptsatz finden sich im weiteren Verlauf durch die auftaktige Verwendung des punktierten Motivs in Verbindung mit einem eingeschobenen Quart-/Sextumspielungs- bzw. Skalenmotiv in T. 15-17 bzw. 18-20 des *Tutti*-Abschnittes (b)[44]. Der in T. 27 folgende »Seitensatz« (c) kann im Sinne einer *Fortführung* verstanden werden: er ist zugleich neu und dennoch als *Anspielung* auf den Hauptsatz bezogen. Die mehrfach auftretende auftaktige Floskel und die durch den aufwärts gerichteten Melodiesprung hervorgehobene unbetonte Taktzeit stellen eine unterschwellige Verbindung zum Anfang des Hauptsatzes her. Deutlicher Bezug auf den Hauptsatz nimmt dann der zweite kadenzierende *Tutti*-Abschnitt T. 43ff. (d). Was dabei in den sequenzierten und variierten Figuren noch unbestimmt erscheint, nimmt mit Eintritt des Soloinstruments in T. 56 eine geschlossenere Gestalt an, wobei die vorher nur angedeutete Beziehung auf den Hauptsatz durch die zweite Vordersatzhälfte eindeutig bekräftigt wird (e). Nur eine sehr vage assoziative Verbindung zum Hauptsatz findet sich dann in der passagenartigen Episode T. 121ff. (f). Lediglich die Umspielungsformel, die stufenweise abwärts erreichte, betonte Zählzeit und der anschließende Melodie-

[39] a.a.O., S. 152 bzw. S. 165-167
[40] Steinbeck, a.a.O., S. 96/97
[41] a.a.O., S. 101
[42] vgl. VeitS, S. 194ff.
[43] Ein gängigen Kategorien folgendes Formschema dieses Satzes findet sich bei Viertel, a.a.O., S. 252.
[44] In der Bewegungsrichtung von T. 8-12 kann man ebenfalls bereits eine, allerdings sehr grobe Analogie zum Vordersatz feststellen; auffallender ist dagegen in T. 10-12 die Betonung der II. Stufe - vgl. dazu T. 5.

Weber: Klavierkonzert Nr. 1 C-Dur, 1. Satz

sprung deuten zunächst eine entfernte Verwandtschaft an. Deutlicher wird die Beziehung erst in der »Reprise«, wo die Themen zunächst dichter aneinanderrücken (T. 205-230), bis dann dieses Passagenmotiv mit dem »Seitensatz« (T. 231ff.) und anschließend mit einer Variante des Hauptsatzes (T. 238ff.) verknüpft wird. Schließlich ist auch der neue thematische Gedanke, der in Es-Dur in T. 157ff. erscheint, durch die punktierte Auftaktfloskel und die dem Hauptsatz T. 1-4 entsprechenden Bewegungszüge an das »Thema des Satzes« gebunden (g)[45].

Die wesentlichen thematischen Gedanken sind also in einem assoziativ-variierenden Verfahren aus dem Hauptsatz entwickelt, so daß die einzelnen Abschnitte auf das »Thema« des Satzes bezogen bleiben.

Aber auch darüber hinaus wird der Satz durch ein Netz motivischer Beziehungen bzw. ***Anspielungen*** zusammengehalten. So finden sich etwa die akzentuierten, abwärts gerichteten Sechzehntelgruppen von T. 14 in unterschiedlichen Ausprägungen

[45] Weitere Bezüge, die zeigen, daß dieses Thema nicht gänzlich »neu« ist: vgl. T. 161 mit 120, T. 165 mit 91 und den Skalenaufgang mit anschließendem Absprung T. 168/169 mit T. 72/73 u.ö. Die Fortsetzung in T. 174ff. entspricht der ersten Episode T. 63ff.

im Passagenwerk des Soloinstruments[46], ebenso die Folge von aufwärts gerichteter Skala mit anschließendem unerwarteten Sprung abwärts[47], die Quartumspielungsfigur aus T. 15[48] oder die rhythmisch bestimmte Skalenbrechungsfigur aus T. 120[49]. Im Sinne einer *Anspielung* können z.B. auch die Takte 38/39 bzw. 40/41 verstanden werden, die in den Oberstimmen an die beiden ersten Takte des harmonisch überraschenden Zwischensatzes T. 23ff. erinnern.

Es entspricht dem Charakter der *Anspielung*, daß sich eine Abhängigkeit in vielen Fällen nicht eindeutig »beweisen« läßt. Die Nähe zum eigentlichen motivischen Kern ist in den instrumentalen Werken Webers nur zum Teil deutlich zu erkennen. Dabei begegnen Verfahren der motivischen Anknüpfung durch ein Wiederaufgreifen des Themenanfangs (so z.B. im *Adagio* des 1. Klarinettenkonzerts)[50], aber häufig auch Formen, in denen das Thema sich erst in der Fortsetzung oder nach einer variierenden Umgestaltung als abgeleitet erweist. So tritt beispielsweise in der Ouvertüre zum *Beherrscher der Geister* in der Cellopassage T. 26ff. erst nach einigen Takten die Drehfigur des Anfangsmotivs T. 2ff. auf, so daß ein Bezug auf das »Hauptthema« erkennbar wird, der im Schlußabschnitt (T. 206-214 bzw. 223-230) deutlicher formuliert ist. Dagegen zeigt das Klarinettenthema der Takte 124ff. schon in der veränderten Gestalt, mit der es in T. 132ff. in der Flöte wiederholt wird, daß es tatsächlich aus dem Flötenthema der Takte 15ff. abgeleitet ist[51].

Die durchgängige Anwendung solcher Ableitungsverfahren in Webers Instrumentalwerken wird in der genannten neueren Literatur nicht nur für die zahlreichen instrumentalen Kompositionen der Jahre 1810-1812 bestätigt[52], sondern auch für die Kompositionen der späteren Zeit. So hat Viertel am Beispiel der Ouvertüre zur *Euryanthe* gezeigt, daß dort aus den Motiven der Einleitung und des *Hauptthemas* [...] *immer neue Themenvarianten* abgeleitet bzw. neue Themen entwickelt und *in schrittweisem Fortgang die Ausgangsthemen modifiziert und zu neuen Konstellationen fort*[ge]*führt* werden[53].

Indem sich so die Form durch *Aus-* und *Fortführung* eines Kerngedankens entfaltet, unterscheidet sie sich in einigen Zügen von dem späteren Konzept der Sonaten-

46 vgl. T. 63/64 (davon abgeleitet die mehrfach isoliert auftretende Figur T. 74) oder T. 174/175 sowie jeweils die Parallelstellen

47 T. 10-12; vgl. T. 72/73, 75/76, 168/169, 180/181

48 vgl. T. 81, 94 und die Variante im Seitensatz T. 110

49 ihrerseits eine Variante von T. 37; vgl. T. 162-164 u. 182/183

50 vgl. Sandner, a.a.O., S. 84: *Die rhythmische Auftaktformel gibt* [...] *den Anstoß für neue Melodien, die sich immer weiter von der motivischen Ausgangsbasis entfernen*. Vgl. auch Sandners Bemerkungen zu den Abhängigkeiten im 1. Satz, a.a.O., S. 80-83. Solche Verfahren der unterschiedlichen Fortspinnung eines übernommenen Anfangsmotivs zeigen sich auch in Webers Violinsonaten op. 10. So wird z.B. in T. 10-12 von Nr. 2 ein Motiv aus T. 5/6 variierend aufgegriffen, das dort bereits eine modifizierte Wiederholung der Takte 1/2 darstellte. Im 1. Satz der 6. Sonate verbindet der punktierte Auftakt den Hauptsatz mit dem neuen Gedanken T. 26ff.

51 vgl. auch die nachträgliche Bestätigung der Ableitung des »Seitensatzes« im 1. Satz der w. u. erwähnten Klaviersonate e-Moll

52 vgl. Viertel, a.a.O., S. 271 zum Finale des 1. Klavierkonzerts: *Aus der Zusammenstellung der Themen wird deutlich, inwieweit die einzelnen Themen lediglich aus Variationen der grundlegenden Drehfigur entwickelt sind*; vgl. auch Sandner, a.a.O., S. 82-84, 90, 94/95 u. Walter Werbeck: *E. T. A. Hoffmanns und C. M. v. Webers Kammermusik*, in: *Mitteilungen der E. T. A. Hoffmann-Gesellschaft* Heft 24 (1978), S. 16 (Auch Werbeck spricht Webers *Bemühen um Verknüpfung* im 1. Satz des Klavierquartetts an).

53 vgl. Viertel, a.a.O., S. 186 bzw. 193

satzform. Dies zeigt sich besonders deutlich am Beispiel des »Durchführungsteils«, den Viertel beispielsweise im Kopfsatz des Klavierkonzerts Nr. 1 im Sinne der Sonatenhauptsatzform in den Takten 156-204 annimmt[54]. Was sich in diesem Teil ereignet, ist jedoch keine »Durchführung« vorher exponierten Materials, sondern die Vorstellung eines weiteren (abgeleiteten) Themas mit einer sich anschließenden Episode (T. 174ff.), die wie in T. 63ff. der Exposition an den *Vortrag* des Themas unmittelbar anschließt und im späteren Verlauf die Rückleitung zur Ausgangstonart herbeiführt[55]. Die Folge von Solothema und passagenartiger Episode wiederholt sich wellenartig im ganzen Satzverlauf, und die Takte 156ff. unterscheiden sich somit nicht von dieser Grundstruktur. Mit Beginn der Soloexposition könnte man daher den Satzverlauf auch wie folgt beschreiben:

[*Tutti*]	
T. 56: Thema (a)	I
T. 63: Episode (x)	I
T. 80: Modulationsteil	I-V
T. 105: Thema (b)	V
T. 121: Episode (y)	V
T. 143: *Tutti*	V-bIII
T. 156: Thema (c)	bIII
T. 174: Episode (x')	bIII
T. 188: Triller-»Kadenz«	$\approx V^7$
T. 205: *Tutti* (a)	I
T. 215: Thema (b)/Episode	I
T. 231: Episode y +b, +a'	I
T. 265: Triller-»Kadenz«	V^7
T. 270: *Tutti*: VS Thema (a)	I

Deutlich lassen sich also (abgesehen von der *Tutti*-Exposition) drei thematische »Blöcke« unterscheiden, wobei die harmonische Folge I-V-bIII (C-G-Es) diese Gliederung unterstützt. Die Rückkehr zur Ausgangstonart wird in T. 188ff. (mit einer überraschenden harmonischen Wendung) durch eine Art von »Kadenz« mit Klaviertriller und Zitaten von Themenbruchstücken eingeleitet, wie sich dies als Charakteristikum in Voglers Werken zeigte[56]. In einer durch Pseudoimitationen »gesteigerten« Variante tritt dieser Abschnitt nochmals in T. 265ff. vor dem abschließenden Zitat des Anfangsthemas (T. 272ff.) auf.

Die »Reprise« selbst besteht aus einer *gedrängten Wiederholung* bereits bekannten Materials, lediglich die früher nur dreitaktige Passage aus T. 139-141 wird in sequen-

[54] a.a.O., S. 251/252, vgl. Formschema S. 252

[55] vgl. dazu Viertel, a.a.O., S. 251: Weber beginne *die Durchführung scheinbar mit einem neuen Thema in Es-Dur, das aber schon nach wenigen Takten in eine weitere Soloepisode einmündet* [...] *Im Prinzip erinnert die Durchführung an die beiden Jugendsinfonien* [...] *und kann als typisch für Webers »Durchführungstechnik« in den Jahren bis 1812 angesehen werden.*

[56] vgl. dazu o., S. 128

zierend-fortspinnender Weise erheblich gedehnt wiederaufgenommen (244-264). ***Überraschend*** und ***täuschend*** wirkt dabei aber die Art der Verknüpfung der Gedanken. Das Klavier greift in T. 213 zunächst den metrisch siebten Takt des Hauptsatzes auf, löst den Septakkord aber auch in der Wiederholung noch nicht auf; vielmehr wird die Auflösung dann mit dem Eintritt des Themas (b) verbunden (T. 215/216). Dieses Thema wird ebenso überraschend mit der Nachsatzvariante aus T. 37 der Exposition in die Spielfiguren der Episode überführt (T. 222/223). Der überraschenden Verknüpfung der Gedanken auf der Ebene der ***harmonia successiva*** folgt nach wenigen Takten die ***simultane*** Verbindung vorher selbständiger Gedanken: In T. 231ff. wird über den Spielfiguren der Episode das Thema (b) zitiert (insofern tritt die fehlende Wiederholung dieses Themas doch noch ein), in T. 238ff. dann auch eine Variante des Hauptsatzes, die schließlich die Klavierpassagen verdrängt (T. 241ff.). Unerwartet setzt in T. 244 die erwähnte, hier erweiterte Episode ein (vgl. Einbindung in der Exposition T. 138ff.), die in einem neuen Anlauf wiederum zurück zum Hauptthema führt, das damit seine satzbestimmende Funktion auch am Ende bestätigt.

In solchen unerwarteten Anschlüssen zeigt sich die Funktion des *Kontrasts* im Formganzen, der als »formerzeugende Kategorie« aber auch in der Exposition eine wesentliche Rolle spielt. Schon der satzverschränkende Beginn des *fortissimo*-Abschnitts in T. 8 überrascht den Hörer, ebenso der unerwartete Sprung zum Dominantvorhalt in T. 12 und in besonderer Weise die Umdeutung der None der Dominante zur Sept in T. 22/23, die zu einer unerwarteten Ausweichung vor Beginn des neuen Themas führt (T. 23-27), das dann in der Mollvariante einsetzt und erst in T. 33 wieder nach Dur gewendet wird[57]. In ähnlicher Weise wird der erste Soloeinsatz »vermittelt«: Statt des erwarteten C-Dur-Akkordes in T. 50 tritt ein akzentuierter übermäßiger Akkord auf, der dann in eine dynamisch und instrumentatorisch zurückgenommene neue Kadenz führt (T. 52-55)[58]. Der Satz entfaltet sich also auch wesentlich aus dem Kontrast benachbarter Teile oder aufeinander bezogener Abschnitte, ohne daß jedoch, wie im Sonatenhauptsatzmodell, ein Gegensatz von Haupt- und Seitensatz formtragend würde.

Fällt hier die Rückkehr zur Haupttonart inhaltlich mit der Wiederholung des Hauptsatzes zusammen[59], so zeigen andere Werke Webers, daß diese Bindung keine notwendige Voraussetzung für die Reprisenwirkung ist. Im Kopfsatz der 1. Sinfonie z.B. beginnt die harmonische Reprise nach einer trennenden Generalpause mit dem »Dominantgedanken«[60], ebenso setzt die Reprise in der *Rübezahl*-Ouvertüre mit dem »Seitensatz« ein[61]. In Webers 1. Klaviersonate kann die »Reprise« inhaltlich in T. 98, harmonisch in T. 114 angesetzt werden[62]. Auch in anderen Fällen vermeidet Weber

57 Dieser Vorgang der Umdeutung der None wiederholt sich in der Soloexposition, der ausweichende Einschub löst sich dann aber in die Durvariante auf (vgl. T. 100-106).

58 vgl. auch die überraschend eintretenden »auskomponierten« verminderten Septakkorde in T. 80 u. T. 94

59 Der Themeneinsatz ist lediglich um einen Takt gegenüber dem Eintritt der Ausgangstonart verschoben, vgl. T. 206.

60 vgl. T. 201ff. Der Hauptsatz tritt zwar in T. 187 auf, ist dort aber noch dominantisch ausharmonisiert.

61 T. 166ff. in der Durvariante, ebenfalls nach einer deutlichen Zäsur

62 Die Takte 98ff. entsprechen der Entwicklung in der Exposition T. 5ff., harmonisch beginnt die Reprise dann mit dem Gedanken aus T. 20ff., die endgültige Bestätigung dieser Tonart erfolgt nach

auffallend häufig eine einfache Identität von Wiederkehr des Hauptsatzes und Rückkehr zur Ausgangstonart. Im Kopfsatz der 1. Violinsonate op. 10 setzt die thematische Reprise beispielsweise mit einem Vorhaltsquartsextakkord in T. 46 ein, die Ausgangstonart wird erst im folgenden Takt bestätigt. Im entsprechenden Satz der 4. Sonate kehrt der Hauptsatz in T. 46 wieder, beginnt jedoch in der Mollvariante und wendet sich erst im Nachsatz zur Ausgangstonart (T. 53); ein ähnlicher Vorgang wiederholt sich im Kopfsatz der 6. Sonate (T. 66–73)[63].

Man könnte in solchen Vorgängen eine »Auflösung« strenger Formmodelle erblicken, wie dies in der Weberliteratur häufig geschehen ist[64], muß dabei aber bedenken, daß Weber keineswegs von dem erst später (bei Adolph Bernhard Marx) formulierten Modell der Sonatenhauptsatzform ausging, sondern daß die Möglichkeiten der variablen Disposition der Form, die sich, von wenigen Konstanten abgesehen, in seinen Werken zeigen, Folge einer noch »offenen« Formkonzeption sind, die sowohl in der zeitgenössischen Theorie als auch besonders in den Mannheimer Instrumentalkompositionen ausgeprägt ist. Dieser (mit Einschränkung) »offenen« Großform steht die vielfach identische Gestaltung von Binnenabschnitten gegenüber, die sich als *crescendo*-artig konzipierte Blöcke erweisen, wobei jeweils von einem »ruhigen« tonartbestätigenden »Thema« ausgehend in den folgenden Abschnitten eine verschiedene Parameter einbeziehende »Steigerung« erfolgt, die mit einer deutlichen (oft durch Generalpausen gekennzeichneten) Zäsur endet, worauf dann der gleiche Ablauf sich wiederholt[65].

Wie wenig in dieser Formkonzeption der Gegensatz von Haupt- und Seitensatz formtragend wirkt, zeigt sich noch am 1. Satz der 1822 entstandenen Klaviersonate e-Moll JV 287. Der zunächst wie eine »Überleitung« wirkende Abschnitt T. 21ff. führt zu einem »Seitensatz« in G-Dur (T. 39ff.), der im Charakter dem Hauptsatz vollkommen entspricht und spätestens in der Weiterführung die enge Verwandtschaft mit dem Satzbeginn verrät: nachsatzartig schließt sich in T. 48 an den Septakkord der eigentliche Hauptsatz an. Die parallele Anlage der beiden Haupt- und Seitensatzabschnitte wird aber auch durch das Wiederaufgreifen des »Überleitungsteils« T. 68ff. verdeutlicht. Der zweite Teil der Exposition ist also zunächst *Fortführung* (T. 39-48), dann *Ausführung* des Themas (T. 48-67). Dieses Thema erscheint in den Takten 48ff. nicht nur in die neue Tonart versetzt, sondern wird zugleich mit neuen Gegenstimmen versehen; ebenso wird das in die Baßstimme verlegte Thema mit einer neuen Oberstimme kombiniert (T. 61ff., vgl. T. 12ff.).

Die in dieser Exposition angewendeten Verfahren sind also einerseits variierender, andererseits aber auch kontrastierender Natur, wie sich dies in den *con agitazione*

dem bereits früher abschnittsbildend eingesetzten chromatischen Skalenmotiv (T. 40/41, 96/97) mit dem »Seitensatz« in T. 127, der allerdings lediglich eine Variante des Motivs aus T. 20ff. darstellt.

63 vgl. auch im *Rondo* der 2. Sonate die melodisch getreue Wiederkehr des Themas mit neuer Harmonisation in T. 64ff.; ähnlich im 3. Satz der 3. Sonate, T. 61ff.

64 vgl. dazu z.B. die Angaben bei VeitS, S. 184/185

65 vgl. z.B. in der Ouvertüre zum *Beherrscher der Geister*: T. 15-65, 66-123, 124-165 u. 166ff. Daß Weber die deutliche Zäsurbildung wichtig war, zeigt sich am Beispiel der Umarbeitung der Ouvertüre zur Oper *Peter Schmoll*, wo der (abgesehen vom Schlußteil) einzige größere Eingriff in den formalen Ablauf eine Neugestaltung des »Überleitungsteils« vor dem »Dominantthema« mit sich brachte (vgl. A: T. 86-91 mit N: T. 86-101). Dagegen war im Mittelteil bereits eine Zäsur vorhanden, so daß Weber hier - eigentlich inkonsequent - die alten »Überleitungstakte« übernahm (vgl. A: 138ff. mit N: T. 148ff.).

bezeichneten Takten 21ff. bzw. 68ff. zeigt. Die Eigenbedeutung und die Funktion dieser »Überleitung« für das Satzganze wird erst im »Durchführungsteil« deutlich[66]. Der Kontrast von Hauptsatz und (im eigentlichen Wortsinne) »Gegensatz«[67] trägt wesentlich zur weiteren Entfaltung des Satzgeschehens bei, nicht aber ein Kontrast zwischen »erstem« und »zweitem Thema«. Die beiden kontrastierenden Gedanken werden von Weber stets nacheinander ***ausgeführt*** - erst am Satzende wird eine Verbindung der Gegensätze angedeutet, indem der Hauptsatz mit einer Variante dieses »murmelnden« Gegensatz-Motivs verbunden auftritt[68].

Zu den bemerkenswerten Elementen der Voglerschen Formkonzeption gehört die Art der Schlußgestaltung. Der geforderten »Zusammenfassung« der wesentlichsten Aussagen am Satzende[69] entspricht in den sinfonischen Werken des Vogler-Umkreises nicht nur das Wiederaufgreifen des Hauptsatzes am Satzende, sondern vielfach eine als Mittel der Steigerung eingesetzte »polyphone« Schreibweise im Sinne Voglers, d.h. sowohl die Verwendung imitatorisch-fugierter Passagen als auch die Kombination mehrerer an sich selbständiger Stimmen (***parti reali***) im Sinne der ***harmonia simultanea***[70]. Die angedeutete Verbindung der Gegensätze am Ende der e-Moll-Sonate Webers oder die erwähnte Verbindung der wiederkehrenden passagenartigen Episode mit dem Hauptsatz und dem wichtigsten Nebensatz im 1. Satz des Klavierkonzerts op. 11 (T. 231ff. bzw. 238ff.) bleiben in dieser Hinsicht nicht die einzigen Parallelerscheinungen in Webers Instrumentalwerken. Auch im Finale des Klavierkonzerts wird gegen Ende ein Nebensatz (vgl. T. 263: Fl, Ob) mit dem Rondothema kombiniert (T. 480ff. bzw. 495ff.)[71]. In den letzten Takten des Kopfsatzes der 1. Sinfonie erklingt nach einer pseudoimitatorischen Durchführung des Hauptsatzkerns eine »gedrängte Zusammenfassung«, bei der das aufsteigende Skalenmotiv des Hauptsatzes mit dem ersten Nebensatz verbunden und dann nochmals das Hauptthema zitiert wird (vgl. T. 264-274)[72]. Im Finale des Klavierquartetts op. 8 kombiniert Weber in der zweiten Satzhälfte zunächst den Themenkern T. 1-4 mit einer Variante seiner Fortsetzung T. 8ff. (vgl. T. 217-221), im fugierten Abschnitt T. 275ff. findet sich dann auch die Umkehrung dieser Fortsetzung mit dem Thema verbunden (T. 291-295); schließlich erscheinen in T. 363ff. Thema (Viola), Fortsetzung (Violoncello) und der

[66] Auf die Selbständigkeit dieses Abschnitts deutet beim ersten Auftreten seine harmonische Geschlossenheit: der Abschnitt bleibt auf H-Dur und e-Moll bezogen; die eigentliche Modulation nach G-Dur erfolgt erst in T. 34-38.

[67] Einen »Gegensatz« stellt dieser Abschnitt nicht nur in Charakter und Tempo, sondern auch in der Bewegungsrichtung dar: wie sich im Thema wiederholte abwärts gerichtete Skalen finden, so hier wiederholte aufwärts gerichtete Figuren. Dadurch bleibt dieses Thema auf den Hauptsatz bezogen und kann insofern als ***Fortführung*** bezeichnet werden.

[68] vgl. T. 186ff; diese Verbindung wird deutlich empfunden, da der »Gegensatz« unmittelbar vorher präsent ist (vgl. T. 173ff.)

[69] Wie subtil bei diesem einfachen Wiederaufgreifen des Anfangs zum Teil Beziehungen gestaltet sind, zeigt sich im 1. Satz der Klaviersonate op. 24. Der eigenartige Beginn mit dem verminderten Septakkord von d-Moll, dessen Sextakkord sich nachträglich als Subdominante erweist (vgl. T. 2-4), spiegelt sich in den beiden Schlußtakten des Satzes wider, wo Weber nicht die Dominante, sondern die Subdominante als vorletzten Akkord zu einer plagalen Schlußformel verwendet (vgl. auch das Ende der Exposition T. 66-68). Gleichzeitig ist damit eine Verbindung zum nachfolgenden ***Adagio*** angedeutet, das in der Subdominanttonart steht (abschließende Zitate der Hauptmotive finden sich schon in T. 152ff.).

[70] vgl. o., S. 292ff.

[71] vgl. dazu Viertel, a.a.O., S. 267

[72] vgl. VeitS, S. 198

in T. 127 erstmals in der Violine auftretende, den Themenkopf synkopisch variierende Kontrapunkt (Violine) gleichzeitig. Auch innerhalb des übrigen Satzverlaufes werden solche Kombinationen als Mittel der Steigerung eingesetzt. So verbindet Weber in der Ouvertüre zum *Beherrscher der Geister* in den Takten 132ff. eine Variante des Nebensatzes aus T. 15ff. mit einer Variante des eigentlichen Hauptsatzes (vgl. T. 132/133 Violine), wobei beide Motive in einer pseudokontrapunktischen Weise durchgeführt werden. Voraussetzung für diese Kombinationen ist in allen Fällen eine einfache, oft verwandte Struktur der zu Grunde liegenden Motive.

Die Verfahren, die Weber in seinen Instrumentalwerken anwendet, lassen sich im wesentlichen auf diese beiden genannten Möglichkeiten einer im weitesten Sinne variierenden bzw. andererseits einer addierend-kontrastierenden Technik, die quasi räumlich mit melodischen Bausteinen operiert, die in oft unerwarteter Weise sukzessiv oder simultan verbunden sind, reduzieren. Es ist bezeichnend für diese zweite Art, wenn Viertel z.B. die »Durchführung« des 1. Satzes in Webers Klavierquartett op. 8 als eine *ausdrucksvolle Neuzusammenstellung der Motive*[73] bezeichnet. Dieses räumliche Operieren mit weitgehend intakten Motiven, das bei oberflächlicher Betrachtung den Eindruck *disparater Reihung*[74] hervorruft, weicht deutlich von dem aus Beethovens Instrumentalwerken abgeleiteten Konzept »motivisch-thematischer Arbeit« bzw. eines sich aus polaren Themengegensätzen entwickelnden Satzgeschehens ab, entspricht aber gleichzeitig der Tradition der Mannheimer Instrumentalmusik ebenso, wie die schon ihrer Intention nach variierenden Verfahren der *Aus-* und *Fortführung* eines Themas. Erst diese Techniken gewährleisten den Zusammenhalt der Form - die *strukturelle Ableitung thematischer Gestalten aus einem Kerngedanken*, die Viertel in dem genannten Quartettsatz ebenfalls konstatiert[75], verknüpft die *aneinandergereihten Abschnitte* durch ein Netz motivischer Bezüge und verweist damit immer wieder auf den *Gegenstand der Unterhaltung*.

Die Vorstellung, daß ein Thema in der *Ausführung* bei melodisch weitgehend intakter Gestalt in unterschiedlichen harmonischen, dynamischen, instrumentatorischen und satztechnischen Zusammenhängen oder Kombinationen in immer »neuem Lichte« erscheint und in dieser unterschiedlichen Farbgebung seine Reize offenbart, verweist gemeinsam mit der Idee einer mehr oder weniger konkret faßbaren, oft bloß assoziativen »Fortspinnung« (*Fortführung*) thematischer Gedanken deutlich auf Formvorstellungen romantischer Musik voraus. Gerade dort, wo diese eher assoziativen Techniken eine Verbindung mit ungewöhnlichen, an Voglers Beispiel geschulten Instrumentationseffekten eingehen, enthüllen sich diese weiterweisenden Tendenzen am eindruckvollsten. Dies gilt in besonderem Maße für die langsamen Sätze der Instrumentalwerke Webers, die in der Weberliteratur schon immer mit typisch romantischen Epitheta beschrieben wurden[76]. Verstärkt kommen in diesen Sätzen frei variierende Verfahren zur Geltung, und viele langsame Sätze geben sich bei näherem Hinsehen trotz ihres rhapsodischen Charakters als eigentliche Variations- oder variationsähnliche Sätze zu erkennen[77].

[73] Viertel, a.a.O., S. 370

[74] a.a.O., S. 136; vgl. auch die bei VeitS, S. 184/185 erwähnte Kritik an Webers Instrumentalmusik

[75] Viertel, a.a.O., S. 380

[76] vgl. Steinbeck, a.a.O., S. 88 oder Viertel, a.a.O., S. 278ff.: *Poetisierende Deutungen der Konzerte Webers beziehen sich fast ausschließlich auf die langsamen Mittelsätze*.

[77] Es sei daran erinnert, daß Weber nach 1803/1804 zunächst vornehmlich Variations- oder variationsähnliche Werke (*Romanza Siciliana*, *Overtura Chinesa*, *Momento Capriccioso*) schrieb.

Als ***Musterbeispiel dessen, was man später als das Romantische an Weber rühmte***[78], gilt u.a. das ***Andante*** der 1. Sinfonie, dessen Struktur Steinbeck in dem oben genannten Aufsatz genauer durchleuchtet und dabei nachgewiesen hat, daß das scheinbar lockere Gefüge auf einem Netz unterschwelliger Bezüge ruht. Die ungewöhnliche, thematisch oft auf weniger bedeutende Partikel des Themas sich stützende Variationsform des entsprechenden Satzes der 2. Sinfonie hat Viertel in seiner Arbeit erläutert[79], wo er auch die besondere Bedeutung des Phänomens »Klang« in den langsamen Sätzen der Klavier-, Klarinetten- und des Fagottkonzerts Webers beschreibt[80].

Auffallend oft erreicht Weber in diesen Sätzen mit ähnlichen Mitteln der Diskontinuität eine Form, die in ihren Widersprüchen und zahlreichen Brüchen über sich hinauszuweisen scheint. Typisch dafür ist etwa der Beginn des schon 1806 entstandenen ***Adagio*** des Klavierquartetts[81]. Die Schlußfloskel des kontrastierend eintretenden Septakkords am Satzanfang in T. 4 (Klavier) bricht unaufgelöst mit der Generalpause von T. 5 ab; erst im folgenden Takt ergänzen die Streicher ***pizziccato*** und ***piano*** die ***Schlußfall***-Floskel. Dieser Anfang wirkt so eher wie ein Abschluß des Satzes (was sich in der »Reprise« bestätigt) und weist damit eigentlich auf etwas hin, was sich ***vor*** dem Satzbeginn ereignet hat, aber gewissermaßen dem Ohr des Hörers verborgen bleibt. In T. 30 wird fast unbemerkt durch das Cello bestätigt, daß es sich bei dem Klaviermotiv aus T. 4 um eine Schlußfloskel handelte - nach einem Abgesang des Cellos kommt der Satz hier zur Ruhe (T. 33). Wie schon in der »Exposition« in kleinsten Abschnitten, wird nun aber gewaltsam ***con fuoco*** diese Ruhe aufgebrochen, bis der Mittelteil erneut in die Schlußfloskel und die Wiederaufnahme des ***Tempo primo*** mündet. Erst mit der Reprise der Cellofiguration aus T. 30 in T. 84 der Violine reguliert sich die wechselhafte Dynamik und der Satz bleibt auch harmonisch stabil. In T. 87 tritt dann der Satzanfang zusammen mit dem ins Klavier verlegten Abgesang des Cellos auf, bevor nochmals die durch Pausen getrennten Takte 4-6 aufgegriffen werden. Die mehrfache Wiederholung des Schlußmotivs im Satzverlauf läßt dabei nun auch den Schluß offen: nachdem sich in T. 6 bzw. 66 diese Schlußwirkung als trügerisch erwies, kann hier erst die Dauer der nachfolgenden Pause das tatsächliche Ende des Satzes bestätigen. So weist dieser Satz also zu Anfang und Ende quasi »über sich hinaus«.

Angesichts der zunehmenden Beachtung, die diesen Phänomenen in Webers Werken in jüngster Zeit gewidmet wird, mögen diese knappen Andeutungen genügen, um zu belegen, daß auch auf formaler Ebene eine Verbindung der auf die Romantik vorausweisenden Züge Weberscher Instrumentalwerke mit Formprinzipien des 18. Jahrhunderts besteht - diese, vor allem in der Mannheimer Instrumentalmusik zu beobachtenden Gestaltungsprinzipien haben abseits direkter Einflüsse Beethovens direkt ins 19. Jahrhundert weitergewirkt.

[78] Steinbeck, a.a.O., S. 88
[79] Viertel, a.a.O., S. 145-154
[80] a.a.O., S. 278-286 u. 286-297
[81] vgl. auch die Beschreibung des Satzes bei Viertel, a.a.O., S. 371-378

Vogler - Danzi - Weber: Aspekte des Opernschaffens

Grundzüge einer Opern-Ästhetik Voglers

Die Frage nach den möglichen Vorbildern, die Weber in seinem frühen Opernschaffen leiteten, ist zu komplex, und die Verbindungen der verschiedenen Operngattungen oder Nationalstile untereinander sind bisher zu wenig untersucht, als daß gegenwärtig eine Zuordnung des Weberschen Oeuvres zu dieser oder jener Richtung bzw. eine genauere Bestimmung des jeweiligen Anteils einzelner Richtungen möglich wäre. Im nachfolgenden Kapitel soll daher nicht der Versuch unternommen werden, die Frage nach dem Einfluß Voglers (und Danzis) auf Webers Opernschaffen definitiv zu beantworten, es sollen vielmehr zunächst nur Gemeinsamkeiten und Unterschiede aufgezeigt werden.

Neben den Kompositionen selbst erweisen sich dabei die zahlreichen Äußerungen Voglers als aufschlußreiche Quelle für dessen »Opernästhetik«, die sicherlich in vielen Punkten unspezifisch ist, in deren Zusammenstellung aber dennoch eine Richtung erkennbar wird. Nachfolgend soll daher zunächst eine Skizze dieser »Opernästhetik« entworfen werden, um anschließend einige Übereinstimmungen mit Webers Anschauungen hervorzuheben, wie sie sich vor allem in den *dramatisch-musikalischen Notizen* und im Romanfragment *Tonkünstlers Leben* zeigen.

Die Tätigkeit am Hof des Kurfürsten Carl Theodor, der sich als eifriger Förderer für eine eigenständige deutsche Kunst sowohl während seines Mannheimer als auch während seines Münchener Wirkens einsetzte[1], hat deutliche Spuren in den Anschauungen des Abbé hinterlassen. Bezeichnend für die deutschen Strömungen am Mannheimer Hof sind etwa Voglers Versuch, die musikalischen *Kunstwörter* ins Deutsche zu übertragen[2], seine Komposition des deutschen Messentextes von Kohlbrenner oder der *deutschen Operette »Der Kaufmann von Smyrna«*[3]. Den oftmals übertriebenen patriotischen Eifer dieser Jahre vor der Verlegung des Hofes nach München (1778) hat Vogler später mit kritischer Distanz beurteilt, wenn er 1790 rückblickend schreibt, keine Oper habe damals solches *Lärmen* erregt, [...] *als 1776 die deutsche Oper, die zur Zeit der Revolution der Deutschheit* [...] *wo wir alle von einem Deutschen Bigotißme angestekt waren, wo wir uns einer Sünde fürchteten, ein fremdes* [...] *Wort einzumischen, statt Tabatiere, Nasenkrautstaubschachtel einführen wollten*, aufgeführt wurde[4].

[1] vgl. hierzu Felix Joseph Lipowsky: *Karl Theodor, wie er war, und wie es wahr ist, oder dessen Leben und Thaten* [...], Sulzbach 1828 oder Stephan Pflicht: *Kurfürst Carl Theodor von der Pfalz und seine Bedeutung für die Entwicklung des deutschen Theaters*, Reichling 1976 bzw. die o.g. Arbeiten von Friedrich Walter.

[2] *Was ist Hauptklang, Hauptton, Grundton?* bzw. *Ob man sich in der Musik auch mit deutschen Kunstwörtern ausdrücken könne?*, in: *Betrachtungen* II, S. 164-170 u. 170-182

[3] vgl. *Betrachtungen* II, S. 192-246 bzw. die Zergliederungen der *Operette* in Bd. II u. III der *Betrachtungen*

[4] Vogler: *Ueber Holzbauers Lebensbegrif*, in: *Musikalische Korrespondenz der teutschen Filarmonischen Gesellschaft*, Speyer (15. Dezember 1790), S. 186. Gemeint ist hier die Mannheimer Aufführung der Holzbauerschen *Alceste* am 5. November 1776 (vgl. Walter 1898, S. 281).

Trotz dieser nachträglichen Selbstkritik finden sich aber die Forderungen nach einer eigenständigen deutschen Opernkunst durchgängig in Voglers Schriften. Deutlich sieht er dabei das Problem der mangelnden institutionellen Absicherung der neuen Gattung, die nach den für die »offizielle« Hofoper geschriebenen Werken Schweitzers und Holzbauers wiederum auf Nebenbühnen verdrängt wurde. (Die Gründung der Mannheimer Nationalbühne brachte insofern keine wirkliche Abhilfe, als diese zunächst durch die Schauspieltruppen Marchands und Seylers bespielt wurde und sich erst unter Dalberg eine feste Truppe zu etablieren begann[5]). In Italien dagegen gebe es, schreibt Vogler, *mehrere Operntheater, wo ein musikalisches Genie von seiner Fähigkeit Proben zeigen, und prakticiren kann. Hingegen sind bei uns mehr Schauspieler-Gesellschaften, die musikalische Stücke aufführen* [...][6]. Eine Förderung der »deutschen Oper« mußte für Vogler daher immer auch deren institutionelle Verankerung im Auge haben.

Um nun diese »deutsche Oper« näher zu charakterisieren, bediente sich Vogler des Vergleichs mit Werken des Auslandes. Dabei zeichnen sich seine immer wieder unternommenen Beschreibungen durch eine Reihe von Gemeinsamkeiten aus, die ein pointiertes Bild der jeweiligen Opernformen erkennen lassen.

Die *italienische Oper* erscheint als eine Gattung, die *weder Concert noch Dram*[7] sei, d.h. dazu tendiere, zu einem *Concert auf dem Theater*[8] zu werden und dabei sowohl Text als auch Darstellung vernachlässige. *In Italien singen sie zum Bezaubern, können aber öfters nicht lesen, und wissen weniger vom Gedicht als der Schüler, der seine auswendig gelernte Lection abplaudert*[9]. Dekorationen und *vernünftige und analoge Tänze* fehlen,

> [...] *ohne gebundene Sprache unkarakteristisch gekleidet stehen paar Frauenzimmer und paar Castraten kalt da, singen wechselweis, nach dem ihnen das Orchester seinen Zutritt gestattet, ihre Passaggen ab, und zeigen die Geläufigkeit ihrer Kehle. Das Publikum nimmt nicht den mindesten Antheil daran, was sie vielleicht sagen wollten, bei den Recitativen gähnt man, die gemeine Arien werden verplaudert, niemand horchet, in den Logen spielt man, trinkt Caffee, speist zu Nacht, oder schlieset manchesmal aus Eckel gar das Fenster zu, das aufs Theater führet, bis das Hauptstük vom Concert, vielleicht auf 5 Minuten, die Leute zum Stillschweigen beweget, und die zerstreuten beilocket, um jenem Rondo zu applaudiren, auf dem der Castrat wie auf seinem Steckenpferde alle Tage herumkallopirt, der von mehrern Kapellmeistern an verschiedenen Orten wie eine Puppe jede andere Jahrszeit ein anderes flitterhaftes Gewand hat angemessen bekommen*[10].

[5] vgl. Max Martersteig: *Die Protokolle des Mannheimer Nationaltheaters unter Dalberg aus den Jahren 1781 bis 1789*, Mannheim 1890, S. 400ff.

[6] *Betrachtungen* II, S. 289

[7] Artikel *Ergötzen*, in: *Encyclopädie*, Bd. VIII, S. 741

[8] Artikel *Einheit*, in: *Encyclopädie*, Bd. VIII, S. 76; vgl. auch *Betrachtungen* I, S. 286 u. III, S. 419/420

[9] Artikel *Declamation*, in: *Encyclopädie*, Bd. VI, S. 826/827

[10] *Betrachtungen* III, S. 416/417

Auch die Opernsinfonien stünden meist nicht in Zusammenhang mit dem Drama, sondern seien *unbedeutende Geräusche*[11], die Arien fielen oft zu *tändelnd* aus, Inhalt und Musik paßten nicht zusammen, und die Form sei *abgezirkelt* mit einem *pedantischen Masstabe von gewisser Anzahl Takten*[12], jede Arie *über dem nemlichen Laiste angemessen*[13], die Zwischenspiele *stumm* und *unbedeutend*, und man verlasse das Theater *die Ohren voll von Melodien, das Herz kalt, der Kopf unbeschäftiget* [...][14]. Auf der anderen Seite benennt Vogler aber auch die Vorzüge der italienischen Oper, in der *das Gesang* am reinsten ausgeprägt sei. Schon die italienische Sprache selbst habe im Vergleich zum Französischen, Englischen oder Deutschen *das meiste Gesang*[15] und könne auch schon *in kleinen abgestuzten Worten und Sinnen* bedeutend werden[16]. Die *edle italiänische Singkunst* gilt Vogler gar als so hochstehend, daß er sie den Deutschen dringend zur Nachahmung empfiehlt und vor einer blinden Ablehnung der vielfach unbekannten italienischen Meisterwerke des Gesanges warnt[17].

Die *französische Oper* zeichnet sich dagegen dadurch aus, daß in ihr *das Dram keinen Augenblik vergessen* werde[18]. Die Betonung des schauspielerischen Elementes (Opernsängerinnen werden als *Aktrices im musikalischen Schauspiel* bezeichnet[19]) führt aber andererseits dazu, daß in dem Bemühen um adäquate Darstellung die Stimme oft überfordert wird, und daß wirklich große Sänger in Frankreich fehlen[20]. Die »Epoche« der französischen Oper beginnt für Vogler mit dem Auftreten Lullys und Rameaus[21]. Als Begründer einer *neuen Epoche* der Oper in Frankreich, die durch die königliche Stiftung wesentliche Förderung erfahren hatte und in der Ausstattung mit *Tänzen, Dekorationen, Kleidungen von Costüme geziert* bis zum Anfang der 70er Jahre des 18. Jahrhunderts *in tiefem Schlummer* lag[22], galt Vogler Gluck. Dieser habe das Operntheater *zu einer wahrscheinlichen Tragödie umgeschaffen*[23] und

> [...] *das schlafe Recitativ erhoben, das feile modernde Ritornelle ausgemerzt, alle und besonders die blasende Instrumenten beschäftiget, Bilder, musikalische*

[11] *Über die Musik der Oper Rosamunde*, in: *Rheinische Beiträge zur Gelehrsamkeit* 3. Jg. (1780), Heft 6, S. 499 [nachfolgend zit. als *Rosamunde*].

[12] *Betrachtungen* I, S. 140/141, 285 u. III, S. 419

[13] Artikel *Einförmigkeit*, in: *Encyclopädie* Bd. VIII, S. 62

[14] *Betrachtungen* III, S. 419

[15] Artikel *Gesang*, in: *Encyclopädie*, Bd. XII, S. 22. In den *Betrachtungen* I, S. 79 schreibt Vogler: *Auch wir verstehen die italiänische Sprache und kennen ihre Vorzüge. Wir bewundern des großen Metastas fliesenden Stil* [...]

[16] *Betrachtungen* I, S. 138. Vogler spricht hier das Phänomen der *versi spezzati* an.

[17] vgl. *Betrachtungen* I, S. 113; II, S. 16; ferner I, S. 300; II, S. 293-296 u. III, S. 277

[18] *Betrachtungen* III, S. 420

[19] a.a.O., S. 424; vgl. S. 420: *O welche Verschiedenheit von Eindruk zwischen Sänger*[n], *die agiren sollen, und zwischen wahren Akteurs, die singen!*

[20] *Betrachtungen* III, S. 424/425

[21] a.a.O., S. 412. Einschränkend heißt es S. 412/413 zur Oper des Letzteren: *Freilich glich sein Gesang keinem einzigen feinen italienischen oder auch reinen deutschen Gesange seiner gleichlebenden Amtsgenoss<en>en. Eine alte Steifigkeit, ein Choralmäsiger Hang zur weichen Tonart klebte dem schönsten, nettesten, präcisen Vortrage der Worte noch immer an, nur seine Chöre waren von wesentlicher Schönheit* [...]. An mehreren Stellen erwähnt Vogler diese Vorliebe der Franzosen für die *weiche Tonart*; vgl. a.a.O., Bd. I, S. 66 u. 113.

[22] *Betrachtungen* III, S. 413

[23] Artikel *Erfinden*, in: *Encyclopädie*, Bd. VIII, S. 732

Gemälde aufgestellt, nur das wahrscheinliche, den reisendem Strom der Leidenschaften, statt der frostigen alletags Zwischenspielen, drei Stunde fortgesezt, und gezeigt, was die Musik vermag, wenn sie dramatisiret wird[24].

Mit Gluck seien die alten Opern vom Theater verbannt und ein *Enthusiasmus für das musikalische Dram* geweckt worden, der der französischen Nation fast alle Konzerte verleide, da man *gewöhnt an Ausdruk, an sprechender Harmonik, an bedeutenden Gesang, voll von Theaterkenntniß* [...] *mit empfinden, nicht mehr bewundern* wolle. *Jederman lauft zur Oper, dahin drängt sich der herrschende, der einzige Geschmak der Musikliebhaber*[25].

Die Begeisterung für die Kunst Glucks, die in Voglers Schriften immer wieder zur Sprache kommt[26], hängt vor allem damit zusammen, daß Gluck das *unendliche Chaos von* [sich] *durchkreuzenden Schönheiten* in der Oper zu einem *wahrscheinlichen* Ganzen umgeformt und damit die Einzelheiten in den Dienst des dramaturgischen Ablaufs gestellt habe[27]. In diesem Sinne darf es in einem solchen musikalischen Schauspiele keine *vereinzelte Schönheiten* geben, sondern jedes einzelne Element wird bezogen auf die Idee des Ganzen gerechtfertigt[28]: *Man begnügt sich mit keiner Arie, die schön ist, wenn sie auch den Worten aufs beste, nur dem Charakter nicht anpasset*[29]. Die Betonung des Wortinhaltes bedingt auch eine deutlichere Deklamation: *An dieser Kunst fehlt es in den französischen Opern nicht. Ihre Acteurs tragen ihren Sinn kernhaft vor, declamiren meisterlich, aber kennen manchesmal keine Noten* [...][30].

Als Hauptrepräsentant der neuen *deutschen Richtung* gilt Vogler Ende der siebziger Jahre der Mannheimer Hof: *Nur unserm gnädigsten Herrn* [...] *Carl Theodor müssen wir einige Umbildung unserer halsstärrigen Landesleute verdanken, daß wir vom höchsten Beispiele aufgemuntert uns endlich gewöhnen musten, am Deutschen Geschmack zu finden*[31]. Die Deutschen, so Vogler, hätten erst seit etwa fünfzig Jahren angefangen *sich der Harmonie zu bemeistern, das grose erhabene complicirte zu erlernen, und dann endlich auch ihren Schwung zu mäsigen, ihr Feuer, das in Gothische Wilde ausbrechen wollte, zu dämpfen, ihr starkes Gewürz zu versüssen, und* [...] *alles zu leisten*[32].

Als einen Hauptfehler des bisherigen deutschen Stils bezeichnet Vogler dessen gesuchte Gelehrtheit[33]:

24 *Betrachtungen* III, S. 414; S. 416 heißt es auch: *Alle Balleten werden mit ins Drama eingeflochten* [...]

25 a.a.O., S. 421-422

26 *Unsere Landesleute* würden das wahre Verdienst Glucks noch viel zu wenig erkennen, schreibt Vogler 1783 im Artikel *Erfinden* in der *Encyclopädie*, Bd. VIII, S. 732.

27 *Betrachtungen* III, S. 162

28 vgl. *Betrachtungen* I, S. 142/143 u. 293 oder Artikel *Illusion und Täuschung*, in: *Encyclopädie*, Bd. XVII, S. 185-187

29 Artikel *Einheit*, in: *Encyclopädie*, Bd. VIII, S. 76

30 Artikel *Declamation*, in: *Encyclopädie*, Bd. VI, S. 826/827. - Voglers Bemerkungen zur *englischen Oper* beschränken sich auf den Hinweis, daß der englische Geschmack *bisweilen ganz kalte, abkühlende Gesänge* hervorbringe (*Betrachtungen* I, S. 66), *naiv* und *sehr unbestimmt* sei (Artikel *Gesang*, in: *Encyclopädie*, Bd. XII, S. 22) und daß die Londoner Nationalbühne einem Vergleich etwa mit Mannheim nicht standhalte (*Betrachtungen* I, S. 118/119).

31 *Betrachtungen* II, S. 195

32 a.a.O., Bd. III, S. 411; vgl. auch Bd. II, S. 287-289

33 a.a.O., Bd. I, S. 302

> [...] *unsinnige Abweichung vom natürlichen, verzerrte Uebergänge, mit Haaren beigezogene Ausdrücke - Schilderungen, die von einem äussersten Grade des Tragischen gleichsam in die Komik überschnappten - die fortrollten und dem betäubten Zuhörer nicht das mindeste frohe Andenken einer einzigen sprechenden Melodie zurückliesen* [...] - dies seien die [...] *Früchte eines allgemein verdorbenen Geschmaks.*

Wenn der Deutsche aber zu einem *glücklichen Nachahmer* der »positiven« Züge in den Werken des Auslandes werde, *deutschen Ernst, italienische Reinheit, französische Feinheit und englische Naivität* miteinander verbände[34], seinen Geschmack verfeinere und seine Sprache *harmonischer* gestalte[35], sei eine Blüte dieser Kunst zu erwarten: *Sobald unsere deutsche Bemühungen im Tonreiche mehr Richtung erhalten; sobald auch die Beurtheiler* [...] *einen geläuterten Geschmack erhalten - dann können wir auch auf große Produkten rechnen*[36].

Der Vorteil der Verwendung der Muttersprache besteht nach Vogler vor allem darin, daß ihr *sprechendes Gefühl*, ihre *erbauliche Empfindung* eine Verbindung mit einer *sprechenden, malenden* Instrumentalmusik eingehen könne, so daß *etwas mit Tönen auf den höchsten Grad der Sichtbarkeit* gebracht würde[37].

Ebenso wie die Betonung von *Empfindung* und *Gefühl* weisen dabei die Kategorien der *Überraschung* und *Täuschung*, die auch in der Opernästhetik Voglers eine große Rolle spielen[38], auf eine Orientierung am Hörer. Im Artikel *Ergötzen* der *Deutschen Encyclopädie* schreibt Vogler dazu[39]:

> *Die Opernmusik muß den äussersten Grad der Empfindung erreichen, sie muß die Herzen zu menschenfreundlichen Theilnehmungen stimmen, den Geist gegen alles Unrecht in Harnisch bringen, dazu dienen die leidenschaftliche Scenen, die das Unglück bedrängter Seelen schildern, die Chöre die überraschen, und die Vorstellungskraft bestürmen, und im ganzen muß doch viel Gesang, viel leichtfliessendes herrschen um die Ohren zu ergötzen.*

Die *Empfindsamkeit* gilt dabei ebenfalls als ein Kennzeichen des deutschen Stils[40]:

> *Das deutsche Publicum ist folgsamer und empfindet leichter dem Melopoeten nach, schluckt seine Farben gierig ein und läßt sich vom Tonsetzer den Geschmack vorbestimmen, den Maaßstab angeben, nach dem es empfinden soll; denn aufnehmlicher der ästhetischen und dazu contrastirenden Eindrücke ist keine Nation als die Deutsche, aber daher ist sie auch weniger bestimmbar als ihre Nachbaren.*

[34] Artikel *Gesang*, in: *Encyclopädie*, Bd. XII, S. 22

[35] *Betrachtungen* II, S. 288 bzw. I, S. 303

[36] a.a.O., Bd. I, S. 301-302

[37] a.a.O., Bd. II, S. 197 bzw. Artikel *Empfindung*, in: *Encyclopädie*, Bd. VIII, S. 348

[38] Zur Funktion des Kontrasts in Voglers Instrumentalmusik vgl. VeitM, S. 75ff.

[39] *Encyclopädie*, Bd. VIII, S. 741

[40] vgl. *Betrachtungen* I, S. 285: *Schreibe man nur eine empfindsame Scene in Wälschland - da wird jedermann gähnen und auf einen tändelnden Rondo passen, hingegen bei uns wird eine solche weibische Galanterie nicht von dieser Wirkung sein* [...]; nachfolgendes Zitat aus dem Artikel *Illusion und Täuschung*, in: *Encyclopädie*, Bd. XVII, S. 186 - schon die Aufnahme dieses Artikels unter die musikalischen Kunstwörter ist bezeichnend für Voglers Ästhetik.

Textdichter und Komponist müssen diese Empfindsamkeit im Auge haben; sie müssen die Leidenschaften der Figuren zum Ausdruck bringen - *Ausdruck* ist daher *die Seele der Musik, wenn sie spricht, wenn sie entscheidet, rührt, das Herz erweicht und es sich zueignet - dann hat der Orpheus seinem Zwecke gemäß gehandelt*[41]. Ziel muß eine *hinreissende Täuschung* des Zuhörers und Zuschauers sein, die *Zauberkraft* der Musik soll *täuschen, überraschen* und zum *Mitempfinden* verführen[42]. Hierzu aber gehört die Fähigkeit des Komponisten, die im Text und auf der Bühne ausgedrückten *Bilder* auch musikalisch darstellen zu können. Gerade darin aber äußert sich ein Vorzug der besonders in Deutschland entwickelten Instrumentalmusik, die nach Vogler *sprechend* bzw. *malend* werden kann[43]. Anregungen habe die Instrumentalmusik vor allem durch die Musik zu pantomimischen Darstellungen erhalten: *Vielleicht hat unsere getreue Balletenmusik, weil wir doch im instrumentalischen Saze und Vortrage das äusserste unternommen, uns vom pantomimischen Ausdruk hieher zur sprechenden Musik noch handvester gemacht*[44].

Diese *sprechende* oder *malende* Musik hat die Kraft, *Gegenstände, auch die contrastirendsten, zu schildern; Vorstellungen von Schrecken und Beruhigung, Furcht und Hoffen, Liebe und Zärtlichkeit mit den deutlichsten Farben zu mahlen*[45]. In diesem Sinne soll die instrumentale Begleitung einer Arie den Text illustrieren und kommentieren, und in den instrumentalen Vor- und Zwischenspielen soll die Musik so stark *pantomimisch* sein, daß im Idealfalle die Worte *schon erwartet* werden, da *der Ausdruck* [...] *pantomimisch vorgespielt* wurde[46]. In seinen Analysen der einzelnen Nummern der Operette *Der Kaufmann von Smyrna* betont Vogler immer wieder, daß er hier *pantomimische Eingänge* gesetzt habe[47], während er andererseits *stumme unbedeutende Zwischenspiele* der italienischen Oper kritisiert und den Deutschen genug *Schöpfungskraft* zutraut, *einen sprechenden Eingang* bzw. *sprechende* Zwischensätze zu erfinden[48].

Die eigentliche Kunst zeigt sich aber erst in der Wahl eines passenden Accompagnements. Obwohl auch Vogler sich gelegentlich *gemeiner* Mittel bedient, um etwa ein klopfendes Herz auszudrücken[49], fordert er doch an anderer Stelle: *Schön schreiben ist leicht; Ausdrücken nicht so schwer; aber zu jedem Bilde angenehme und natürliche Farben, die ihm nur eigen, und ausserhalb Nichts wären, wählen zu wissen, ist nur ein Genie* [...] *fähig*[50]. Dabei ist sich Vogler durchaus bewußt, daß

[41] *Betrachtungen* I, S. 287

[42] a.a.O., Bd. I, S. 288 bzw. 290

[43] vgl. *Betrachtungen* I, S. 289: *Das ist auch jener Vorzug, den uns Deutschen die Italiäner nicht streitig machen, worin sie weit unter uns erniedriget sind: die musikalische Malerei*; bzw. Bd. III, S. 428: *Um schön singen zu hören muß man nach Italien reisen, ein musikalisches Dram sieht man nur in Paris, und nur* [die] *Deutschen sind fähig, mit Tönen zu malen, und alle Leidenschaften auf der Bühne stark durchdringend, aber immer von den Lippen der Grazien ertönen zu lassen.*

[44] *Betrachtungen* I, S. 289

[45] a.a.O., Bd. I, S. 64

[46] vgl. a.a.O., Bd. I, S. 113, Bd. II, S. 72 u. S. 185 zur Illustration der Zergliederungen der Nummern aus dem *Kaufmann von Smyrna*.

[47] vgl. u.a. *Betrachtungen* II, S. 72/74, 185; Bd. III, S. 176 u. 180

[48] a.a.O., Bd. III, S. 419 bzw. *Rosamunde*, a.a.O., S. 499

[49] *Betrachtungen* III, S. 186

[50] a.a.O., Bd. III, S. 178

die musikalischen *Gemälde* erst in Verbindung mit dem Wort *bedeutend* bzw. eindeutig werden, und daß das gleiche Motiv in unterschiedlichen Zusammenhängen Unterschiedliches ausdrücken kann[51], daß also die *Deutung vom Stof abhängt*[52]. Für den Theaterbesucher sollen diese *Malereien* aber so sein, daß er die *Gegenstände die der Tonmaler schildert, zu sehen glaubt, von unwiderstehlicher Sympathie zu bestimmten Leidenschaft*[en] *hingerissen wird*[53]:

> *Eine Illusion muß also dem Denker keine Zeit lassen sich zu besinnen. Durch die wohl geknätete Masse muß kein Instrument einzeln durchschimmern, daß Parterre soll keine Pauke vibriren, sondern den Donner rollen hören, keine Hoboe, sondern eine klagende Menschenstimme vernehmen; keine Flöte vermuthen sondern den Blitz sehen u.s.w. Das Gemälde muß herausgetrieben, und (Dank der starken Imagination des Tonmalers!) der Zuhörer entfernt werden, daß er die mechanische Vorbereitung und die Veranstaltungen der Kunst gar nicht wittere; (artis est celare artem) denn wer zwischen den Coulissen den Taglöhnern zusieht, die mit den Maschinen umgehen - auf den können freylich die Decorationen nicht wirken - da fällt alle Täuschung weg. So wie ein Sänger ohne Gebärdensprache, ohne Costume unmöglich täuschen kann: so ist keine Musik die Nichts Malerisches enthält, die nicht in einem ganz andern Gewande erscheint, als die gewöhnlichen Compositionen, hinreichend Illusion hervorzubringen.*

Um diese Wirkung zu erreichen, muß der Tondichter aber seine Mittel genau berechnen. Obwohl Vogler fordert, um die Empfindungen *rege zu machen*, müsse man *gewisse Ursachen in der Natur* erforschen und zum Teil in rationalistischer Übertreibung bestimmte Mittel für bestimmte Effekte angibt[54] bzw. *zusammengesetzte Ideen* zergliedert[55], erschöpft sich dieses *Sprechen* und *Schildern* der Instrumente nicht in bloßen Tonmalereien[56]. Wesentlich werden Harmonik und Instrumentation als *sprechende* Elemente in diese ausdrückende Begleitung mit einbezogen.

[51] vgl. a.a.O., Bd. III, S. 180, wo auseinanderstrebende Figuren der Violinen in der Einleitung des Duetts Dornal/Amalie beschrieben werden: [...] *so sieht man hier eine Trennung auf dem Papiere, die nicht minder lebhaft in der Ertönung gegenwärtigen Satzes vernommen wird* [...] *Bis hieher der pantomimische Ausdruck! Dann wiederholt der Sänger beim Vortrage der Leidenschaft und Aufklärung der bisherigen Bedeutung das nämliche.* Die Kenntnis des Textes (*So führt das Schicksal uns hieher, um uns vielleicht noch grausamer zu trennen*) ist daher für das Verständnis der Musik entscheidend. In diesem Sinne ist auch der Satz zu verstehen: *Die pantomimische Balletmusik wird durch die Gebehrden das, was die Opernmusik durch den Gesang wird* (Artikel *Ergötzen*, in: *Encyclopädie*, Bd. VIII, S. 740). Vgl. auch *Betrachtungen* II, S. 185, wo es heißt: [...] *die stumme Sprache wird nun* [d.h. bei Eintritt der Singstimme mit dem Text] *beseelt* [...].

[52] Artikel *Illusion und Täuschung*, in: *Encyclopädie*, Bd. XVII, S. 185

[53] a.a.O., S. 185 (mit nachfolgendem Zitat)

[54] Artikel *Ausdruck*, in: *Encyclopädie*, Bd. II, S. 385-388: *abgestutzte, flüchtig hingeworfene Bogenstriche* werden z.B. für *glitzernde Sonnenstrahlen* verwendet, viele Noten, *die auf den nemlichen Tönen fortrieseln* für das *Sprudelnde des Wassers*, eine *sich allmählig schwächende Harmonie* für das Abschwächen eines Donnerwetters u.a.m.

[55] vgl. die Beispiele im Artikel *Ausdruck*, a.a.O., S. 387 oder die Zergliederung des Gewitters im *Lampedo*, *Betrachtungen* II, S. 281ff.

[56] Außerdem heißt es auch an anderer Stelle: *Man muß sich niemal an grammatikalischen Ausdruck halten oder zum Gesetz wählen, Wörter auszudrücken, sondern nur den Sinn* (*Betrachtungen* III, S. 191).

Neben der bereits angesprochenen Tonartencharakteristik werden etwa rasche Harmoniewechsel mit einem Anstieg der Leidenschaft[57] oder Dur/Moll-Gegensätze mit Stimmungswechsel in Verbindung gebracht, Chromatik zum Ausdrucke eines empfindsamen Herzens herangezogen, *schwankende Harmonien* für Infragestellen, ungewohnte Harmonieverbindungen bzw. Ausweichungen für Textausdeutungen genutzt u.d.m.[58], so daß Vogler von einer *ausdrucksvollen Harmonie* sprechen kann[59].

Die Blasinstrumente sind nach Vogler *zu aufbrausenden Schilderungen sehr fähig. Ein ödes Hoboensolo, ein banges verlassenes Solo von der Flöte und der traurig heulende Fagott vermögen manchesmal einen zauberischen Eindruck auf das Herz*[60]. Dieses *karacterisirende der Instrumenten, das malerische der unendlichen Bewegungen, das bunte der blasenden und Bogeninstrumente* [...] seien Merkmale, die in der Musik der »Alten« noch fehlten[61]. Erst mit Jommelli sei dieses *Sprechende* der Instrumente zu einem Mittel der Opernmusik geworden[62]:

> *Jomelli täuscht uns selbst mit Kleinigkeiten, überrascht mit unerwarteten Kunstgewebe* [...] *Zuweilen flog er kühn über seinen Dichter hinweg und begnügte sich nicht blos mit dessen Vorschrift - auch kleine äussere Umstände intereßirten ihn, und* [er] *wuste sie zu benuzen. Er sprach ohne Wörter, und ließ die Instrumenten fort declamiren, wenn der Dichter schwieg.*

Um die Begleitung auf diese Weise zum *Sprechen* zu bringen, bedarf es einer Textvorlage, die der Bildlichkeit breiten Raum läßt. Es fällt auf, daß Vogler bei der Beschreibung einzelner Nummern stets bestrebt ist, den vorherrschenden Affekt und die verwendeten Bilder anzugeben, und daß er die Zahl der Bilder offensichtlich möglichst groß sehen möchte.

In der Beschreibung der beiden nachkomponierten Nummern zu seinem *Kaufmann von Smyrna* heißt es z.B.[63]:

> *Beide Arien enthalten Bilder. Die erste Arie der Zayde schildert sehr glücklich die Liebe und sezt zum Contraste der sanften Liebe, die Meereswellen* [...] *Die Arie der Amalie enthält sehr viele Schilderungen* [...], *worinn* [im ersten Theil] *sie schon ihre künstliche Läufe beim sehr schicklichen Bilde durchströmet auszukramen Platz findet. Der zweite Theil läßt die Hoboe unter den düstern Gewitterwolken, wie ein heiterer Blick der Sonne durchstrahlen: Im dritten Theil wird eine sanfte zum Einschlummern einwiegende Ruh gemalt, die die Amalie im Arme ihres geliebten Dornal zu finden glaubt, und auf diese tritt unversehens die entzückende Wonne ein.*

57 vgl. Artikel *Ausdruck*, a.a.O., S. 385/386. Steigende Quintschrittsequenzen gelten stets als Anstieg der Leidenschaft, fallende als Abnahme.

58 vgl., um nur einige Belege anzugeben, *Betrachtungen* I, S. 12, 14, 71/72, 74, 114, 131 u. 134

59 a.a.O., Bd. III, S. 178; vgl. dazu auch Bd. I, S. 294: *Wir verbinden das Aesthetische, mit der Psychologie der Musik, und bringen die Harmonienkenntniß mit der Fühlbarkeit des menschlichen Herzens in die strengste Eintracht.*

60 Artikel *Ballet*, in: *Encyclopädie*, Bd. II, S. 735; vgl. dort auch die Bemerkungen zu den Violinen.

61 Artikel *Ausdruck*, in: *Encyclopädie*, Bd. II, S. 385

62 *Betrachtungen* I, S. 160

63 a.a.O., Bd. III, S. 199-200; man beachte die unterschiedliche Qualität bzw. Art des hier beschriebenen »Malens«.

Von den Bildern, die im zweiten Teil des Duetts Dornal/Amalie herangezogen werden, verdienen nach Vogler besondere Anmerkung *der verschlingende Abgrund, das saure Meerwasser, die Entschlossenheit in Widerwärtigkeit wozu eine unerwartete Ausweichung beitritt; das wankende Schiksal und die Heftigkeit der Empfindung, die sich durch eine verzweiflende Frage erst äussert*[64].

Diese Suche nach *Bildern* überträgt sich sogar auf das Liedschaffen, wie eine Besprechung Voglers im dritten Band der *Betrachtungen* zeigt[65]:

> *Unser Geschmack der nur Lieder sucht, die eine leidenschaftliche oder Gemäldenschilderung enthalten, soll den Liebhabern von abstrakten Melodien nicht aufgedrungen werden, die in der Oper sich vergnügen können, ohne das Buch zu lesen, oder die Worte zu verstehen: wir meinen nur, daß Lieder ohne Bedeutung einer Tapete in einem Baurenhause gleichen, die ein Tüncher gezeichnet, und lediglich die Absicht hat, den Plaz einzunehmen, aber dabei nicht wenig beiträgt, das Zimmer zu verdunkeln.*

Neben dieser Forderung nach Bildlichkeit und einer sprechenden Begleitung ist für Voglers Opernästhetik auch der Umgang des Komponisten mit der Dichtung charakteristisch[66]:

> *Wenn er* [der Operncompositeur] *das Gedichte bekommt, so ließ er es öfters durch, bis er's auswendig weis; dann fängt er an die Caraktern jeder Personen zu untersuchen, jede Person muß ein eigenes Gepräg in ihren Arien und Recitativen haben, zwey Personen müssen in ihrem Carackter die gröste Mannigfaltigkeit, jede Person aber in ihren verschiedenen Tonstücken, die höchst mögliche Einheit erhalten, und hiebey muß wieder vorzüglich darauf gesehen werden, das der allmälige Stufengang immer befördert werde, das die stärksten Stücke immer auf die lezt aufgespart bleiben, und daß der Zuhörer nie Ursach finde zu gähnen.*

Wie bei einem Instrumentalstück, so muß der Komponist auch bei einer Oper zunächst einen *Plan* des Ganzen entwerfen, bevor er an die Ausführung der Einzelheiten denken kann, denn erst *in der Uebereinstimmung der verhältnißmäsigen Bestandtheilen* kann das *wahre Gute* entstehen: Nur wenn man *streng zergliedernd* [...] *die Verrichtung aller einzeln Theilen übersehe*, könne man auf die *Wirkung des Ganzen schließen*[67]. In diesem Sinne kann auch kein einzelner Teil als *schön* bezeichnet werden, wenn er nicht im *Bezug auf das Ganze* so zu werten ist: das Ganze muß *von allen seinen Theilen, und alle Theile vom Ganzen die Bestimmung erhalten*[68].

[64] *Betrachtungen* III, S. 181
[65] a.a.O., Bd. III, S. 293
[66] Artikel *Entwurf*, in: *Encyclopädie*, Bd. VIII, S. 482
[67] *Betrachtungen* I, S. 143 bzw. S. 289
[68] a.a.O., Bd. I, S. 293 bzw. S. 305; vgl. auch S. 187: *Man denkt nicht an Ausdrücke, an die Wahrscheinlichkeit, an die Lage der Arie oder der ganzen Scene, an die künstliche Versezung und Mischung der Wörter, die einen ganz neuen Sinn vorstellen können, ohne dem alten zu widersprechen. Wir hoffen durch diese Beleuchtung bei den jüngsten Tonschülern* [...] *sie für diese und deren ähnliche Fehler zu warnen.*

So bemängelt Vogler in seiner Kritik der Wieland-Schweitzerschen *Rosamunde* vor allem, daß es beiden *am guten Plane*[69] gefehlt habe[70]:

> *Die erste Arie ist schon so heftig, daß sie den folgenden drei andern nichts mehr übrig läßt. Sonst sucht ein Dichter und Tonsezer einen Stuffengang der Leidenschaften und ihre allmälige Verstärkung zu erhalten* [...] *Der Tonsezer muß bei Verfertigung eines Singspiels, ehe er die erste Arie ganz ausmalt, von allen schon die Skize überdacht haben, alles verhältnismäsig einrichten, damit keine Stimme zu sehr ermüdet und zu sehr geschonet werde: die Sängerin muß mit drei Racharien nicht erst rauh werden, ehe die Läufe und Kunstkrämereien Plaz finden, die Blasinstrumenten muß man nicht misbrauchen, sonst macht ihr Eintritt keine Wirkung mehr, sie betäuben zulezt gar das Gehör u.d.m.*

Schließlich müsse, so Vogler in anderem Zusammenhang, die *Summe der Leidenschaft* [...] *beim Schlusse erst geltend und eindringend werden*[71].

In der Zusammensetzung des Ganzen muß wiederum auf Einheit und Mannigfaltigkeit geachtet werden. Einheit gilt u.a. in Bezug auf die harmonische Anlage der einzelnen Nummern und auf die Zeichnung der Charaktere[72], Mannigfaltigkeit wird vor allem durch das Mittel des Kontrastes erreicht. Positiv vermerkt Vogler z.B. in der *Rosamunde* die kontrastierende Folge von *Freudenchor*, *lieblicher Arie* und *Trauerscene* und kritisiert andererseits, daß alle vier Arien der Königin *von nämlichem Inhalte* seien[73]. In seinem *Kaufmann von Smyrna* heißt es zu der *kriegerisch, wilden, unbarmherzigen* Arie des Kaled: sie *contrastirt sehr nach einem romantischen Satze*[74]. Auch innerhalb einer Nummer sind solche Gegensätze erlaubt, *nur muß der Zusammenhang nicht ganz vergessen sein*[75]. So ist z.B. das Duett Rosamunde/Königin bei Schweitzer *voller Ausdruck; das Klägliche der erstern und Grausame der leztern könte nicht pünktlicher getroffen sein*[76]. Diesem Kontrastprinzip entspricht auch die Forderung nach Formvielfalt der einzelnen Nummern, die aus dem Vorwurf der *Einförmigkeit* italienischer Arien resultiert[77].

Wie auf dem Gebiet der Instrumentalmusik, so lassen sich also auch für die Oper eine Reihe von ästhetischen »Leitvorstellungen« aus Voglers Schriften destillieren, die sein Bild der jeweiligen Gattung genauer umreißen und damit Hinweise auf jene

[69] *Rosamunde*, a.a.O., S. 497. Im Artikel *Genie* in der *Encyclopädie*, Bd. XI, S. 725 heißt es über Schweitzers Opern: *Ein Gemengsel von herrlichen Ideen, die aber nicht durchgedacht, geläutert, mit Maas und Ziel angebracht sind* [...]

[70] *Rosamunde*, a.a.O., S. 500 bzw. 510/511

[71] *Betrachtungen* III, S. 184

[72] *Rosamunde*, a.a.O., S. 506 bzw. Artikel *Einheit*, in: *Encyclopädie*, Bd. VIII, S. 76 u. Artikel *Charakter*, Bd. V, S. 450: *Ein König muß mit Anstand zürnen, und kein Held etwas niedriges unternehmen. Dazu gehört viel Wahl, um jede Person, sie mag aus irgend einem Stande seyn, in ihrem eigenen Dialect, und der Lage, der Situation, der Leidenschaft angemessener Declamation erscheinen zu lassen.*

[73] *Rosamunde*, a.a.O., S. 507 bzw. S. 499

[74] *Betrachtungen* II, S. 189

[75] *Rosamunde*, a.a.O., S. 508

[76] a.a.O., S. 505; vgl. dagegen die Kritik an der Bellmont-Arie: hier sei *ein geschwülstiger Haufen von Bildern, in der Tonsezung weder Schlußfall noch bestimte Tonfolge, weder Gesang noch Tonseinheit* [...] *Der Plan und die Anlage ist doppelt vom Dichter und Tonsezer überspant, zu schwärmerisch und zu deutsch ihre Ausführung. Hier wäre es nun kein Wunder, wenn uns die Römer noch jezt Barbaren schelten* (a.a.O., S. 506).

[77] vgl. Artikel *Einförmigkeit*, in: *Encyclopädie*, Bd. VII, S. 61-62

Merkmale seiner Werke geben, die er in seinem Unterricht bevorzugt vermittelt haben dürfte und die seine spezifische Wirkung ausmachen. Allerdings sind diese Hinweise auf dem Gebiet der Oper meist sehr viel allgemeiner gehalten als etwa in seinen Analysen von Instrumentalmusik, zudem scheint er hier zeitgenössischen Theorien näher stehend[78]. In dem sicherlich auch umfassender geltenden Satz *Ausdruk ist die Seele der Musik*[79] läßt sich Voglers Opernästhetik zusammenfassen; in der Ausführung dieses Gedankens zeigen sich aber erst die Besonderheiten seiner Kompositionen.

Parallelen in Webers Schriften

Einige wenige Bemerkungen zu Webers Opernästhetik mögen belegen, daß sich bei ihm zahlreiche Gemeinsamkeiten mit den Anschauungen Voglers finden. Selbst wenn man davon ausgeht, daß Weber viele dieser Gedanken bei anderen Zeitgenossen finden konnte, unterstreichen diese Gemeinsamkeiten doch ein grundsätzliches Einverständnis mit der »Voglerschen Schule«, die entsprechendes Denken förderte und keinesfalls in Widerspruch zu Webers Vorstellungen trat.

So gleicht z.B. Webers Unterscheidung der Nationalstile der Voglerschen; beide unterscheiden sich aber hinsichtlich der Charakteristik der italienischen und französischen Oper nicht wesentlich von Äußerungen E. T. A. Hoffmanns, Iganz Edler von Mosels oder etwa von Rochlitz's *Gedanken über die Oper*[1]. Auch Weber sieht in der italienischen Oper eine primär von *Melodie* und hoher Gesangskultur geprägte Kunst, die *feststehende Figuren* entwickelt hat[2], und der damit oft eine eigene Charakteristik fehlt und bei der teilweise die Schönheiten von Melodie und Gesangskunst so in den Vordergrund treten, daß auf den Handlungszusammenhang wenig Rücksicht genommen wird oder einzelne Nummern austauschbar werden: *Wenn's*

78 Nicht unterschätzen sollte man aber die zahlreichen Hinweise auf eine sehr bewußte Gestaltung seiner Opern bzw. die wachen Analysen fremder Opern - über alle Einzelheiten hinaus schulte ein solcher Unterricht vor allem den »denkenden« Umgang mit Musik.

79 *Betrachtungen* I, S. 287

1 vgl. dazu Gerhard Allroggen: *Die Opern-Ästhetik E. T. A. Hoffmanns*, in: *Beiträge zur Geschichte der Oper*, hg. v. Heinz Becker, Regensburg 1969, S. 25-34; Iganz Edler von Mosel: *Versuch einer Ästhetik des Dramatischen Tonsatzes*, Wien 1813, hg. v. Eugen Schmitz, München 1910 u. *AMZ* 1. Jg. (3. u. 17. Okt. 1798), Sp. 1-9 u. 33-38, besonders 36ff. Vgl. aber auch etwa den bei Reipschläger, a.a.O., S. 16-25 besprochenen Aufsatz Joachim Schubauers *Ueber die Singspiele* oder die dort S. 81-84 bzw. 85-92 abgedruckten Beiträge *Ueber die Oper* (aus der *Pfalz-bayrischen Muse* 1786) bzw. *Welche sind die Regeln und Grundsätze, nach denen man die theatralischen Musiken in ästhetischer Hinsicht beurteilen kann und muss?* (*Dramatischer Briefwechsel, das Münchener Theater betreffend* von Reischel, München 1797), *Was ist das eigentlich-Charakteristische, das wahrhaft-Originale der deutschen Opernmusik?*, in: *AMZ* 4. Jg. (4. Aug. 1802), Sp. 722-726; *Ueber den Charakter, den die italienische und deutsche Musik haben, und die französische haben sollte* (von Cambini), in: *AMZ* 7. Jg. (5. Dez. 1804), Sp. 149ff. u.a.m.

2 vgl. u.a. KaiserS, 39, 44 u. 481 (Im folgenden sind der Kürze halber nicht die einzelnen Beiträge Webers, sondern nur die Seitenzahlen der Schriftenausgabe Kaisers vermerkt.)

singt! nur recht ins Ohr, / Das ist das wahre Herzenstor![3] Wie Vogler, bezeichnet Weber in seiner Opernfarce die Orchestervorspiele dieser Werke als *ein Geräusch, das in Italien Ouverture genannt wird*[4].

Die französische Oper kennzeichnen dagegen *Leidenschaft, Worte-Sturm, Deklamation*[5]. Das Bemühen um Ausdruck der Leidenschaften führt hier oft dazu, daß die Mittel derart übersteigert werden, daß die Singstimme überfordert und der Orchesterapparat in undifferenzierter Massierung eingesetzt wird[6]. Einen entscheidenden Vorteil erhält diese Oper aber durch den *Witz* und die Leichtigkeit der französischen Sprache[7].

Der noch in Geburtswehen liegenden deutschen Oper fehlt nach Weber die nötige *Aufmunterung* und die Einheitlichkeit der Bestrebungen. Während in Frankreich und Italien das Erscheinen einer neuen Oper eine *Nationalangelegenheit* sei, werde den Komponisten in Deutschland nur *geringe Aufmunterung* zuteil[8]. Andererseits seien die Erwartungen derart überspannt, daß man das Gefühl habe, *als wollt' die Kunst noch eine Kunst gebären*; notwendig sei vielmehr *Erkenntnis und Anstoß aus Fremden zu ziehen*[9]. Man verlange *das Gute aller Länder,* [...] *also den Gesang des Italieners, das Spiel der Franzosen in der leichteren Gattung und den Ernst des Ausdruckes und korrekten Gesanges der deutschen Musik in einem Individuum vereint* [zu] *sehen und* [zu] *hören* [...][10]. Die *deutsche Nationaloper* soll aber nicht bloß aus Fremdem lernen, sondern *es in Wahrheit und Eigentümlichkeit gestaltet* wiedergeben[11]. In seiner Rezension von Hoffmanns *Undine* (bzw. in identischen Formulierungen im 5. Kapitel des Romanfragments *Tonkünstlers Leben*) beschreibt Weber die Oper, *die der Deutsche* [und Franzose] *will: ein in sich abgeschlossenes Kunstwerk, wo alle Teile und Beiträge der verwandten und benutzten Künste ineinanderschmelzend verschwinden und auf gewisse Weise untergehend - eine neue Welt bilden*[12]. Der Gedanke, daß die Natur und das innere Wesen der Oper mit der Formel *aus Ganzen im Ganzen* bezeichnet werden könne, durchzieht Webers Äußerungen zur Oper insgesamt[13].

[3] KaiserS, S. 482. Weber geißelt in diesem Zusammenhang besonders die rücksichtslose Transposition von Musiknummern.

[4] a.a.O., S. 480

[5] a.a.O., S. 483

[6] a.a.O., S. 483/484. An anderer Stelle schreibt Weber polemisch über einige Arien in Cherubinis *Lodoiska*, sie seien *für französische Sänger, sive Schreier* geschrieben, *die den Ausdruck des Affektes mehr in der durch die Orchesterbelebung höher potenzierten Deklamation suchen* (a.a.O., S. 298).

[7] vgl. a.a.O., S. 287 u. 300

[8] a.a.O., S. 312

[9] a.a.O., S. 489. Auffallend ist in Webers, unterschiedlichste Elemente vereinender Parodie der deutschen Oper (vgl. Ende des ersten Akts: *Natürlich alles zugleich*, S. 487), daß zahlreiche der genannten Details in Webers eigenen Werken anzutreffen sind, vgl. S. 486-489.

[10] a.a.O., S. 313, vgl. o. Vogler

[11] a.a.O., S. 309

[12] a.a.O., S. 129 bzw. S. 469; vgl. hierzu auch Martin Wehnert: *Die Romanfragmente zu »Tonkünstlers Leben« als Quelle ästhetischer Anschauungen Carl Maria von Webers*, in: *Beiträge zur Musikwissenschaft* 29 (1987), S. 227-239

[13] a.a.O., S. 129, vgl. S. 44, 131, 297/298, 450ff. u.ö.

Dieses Ganze *muß ganz gedacht sein*, damit die Oper nicht zu einem *Blütenstrauß* oder einer bloßen *Szenenreihe* verkommt[14]. In diesem Sinne ist auch das »Gleichnis« der in der Bewegung wahrgenommenen Landschaft, bei der man das Ganze fühlt, ohne sich *bei den es hervorbringenden Einzelheiten aufzuhalten*, zu verstehen[15]. Der Komponist, der mit seinem *inneren Ohr* [...] *ganze Perioden, ja ganze Stücke auf einmal* hört, muß daher zunächst einen *Plan des Ganzen* entwerfen und die Wirkung der Einzelheiten *berechnen*, um den beabsichtigten *Totaleffekt* zu erzielen[16]. Nur aus der Art der *Auf- und Zusammenstellung* der Details, die für sich betrachtet oft bedeutungslos sind, läßt sich die Schönheit beurteilen[17]. Entsprechend lobt Weber z.B. Cherubinis *Wasserträger*: *Alles ist aufs effektvollste berechnet, alle Musikstücke sind an ihrer Stelle* [...]; Hoffmanns *Undine* bezeichnet er als das Resultat *der vollkommensten Vertrautheit und Erfassung des Gegenstandes, vollbracht durch tief überlegten Ideengang und Berechnung der Wirkungen alles Kunstmaterials* [...]; in Méhuls *Joseph* zeigt sich ihm *die weiseste Berechnung der Instrumentierung*, und an anderer Stelle wird die Modulation als *etwas sehr Heiliges und nur dann an ihrem Platze, wenn sie den Ausdruck befördert und erhebt* bezeichnet[18].

Wie Vogler, fordert auch Weber im Ablauf des Ganzen eine *stufenweise Entwickelung der Leidenschaft*, eine *geistreich herbeigeführte Steigerung aller Interessen*, damit aus dem Werk *ein Guß* werde und mit seinem *magischen Bilderkreis* den Zuhörer bzw. Zuschauer gefangenzunehme[19]. Es ist bezeichnend für Webers eigenes Vorgehen, daß er z.B. bei der Komposition der Kantate *Kampf und Sieg* vor der Ausführung zunächst *den großen Plan des Tongemäldes* entwarf und die *Hauptfarben*, die Tonarten und die Instrumentation festlegte[20], oder nach Erhalt des Textes zur Kantate *L'Accoglienza* JV 221 an Caroline schreibt, er habe *also gedacht, gesungen, gesprochen pp bis* [er] *nicht mehr konnte* und danach das Ganze *vollendet skizzirt*[21]. Vor diesem Hintergrund muß auch eine Äußerung gegenüber Lichtenstein über die Komposition des *Oberon* verstanden werden, wo Weber schreibt[22]:

> *Den 30ten December habe ich endlich von London den ersten Akt des Oberon erhalten, der mir sehr wohl gefällt. Die Verse sind musikalisch und fließend,*

[14] a.a.O., S. 298, 284 u. 130

[15] a.a.O., S. 452. Im Kontrast zu dieser Vorstellung ist im nachfolgenden Kapitel eine vom Stadtmusikus nur mühsam zusammengehaltene *russische Hörnermusik* beschrieben, *wo immer ein Horn einen Ton hat* (a.a.O., S. 454). In diesem Zusammenhang kann daran erinnert werden, daß Vogler eine solche Hörnermusik im Speyerer *Polymelos* veröffentlicht hatte, vgl. o., S. 118, Anm. 6.

[16] vgl. KaiserS, S. 450, 242 u. 298; die Vokabel *Berechnen* begegnet bei Weber an zahlreichen Stellen.

[17] a.a.O., S. 128

[18] Zitate a.a.O., S. 107, 133, 110 (vgl. auch 115, 121, 245, 270) u. 176

[19] alle Zitate a.a.O., S. 131. Um diese *Berechnung* der Mittel richtig zu erkennen, empfiehlt Weber (wie sein Lehrer Vogler) das Studium der Werke großer Meister: [...] *schlagen Sie künftig den Weg ein, die Partituren klassischer Meister ihrem Plan und ihren Anlagen nach zu studieren. Beobachten Sie den Gang, den Fluß der Rede. Sehen Sie, wie die Hauptgedanken entwickelt, nicht hereingeführt sind. Vor allem aber suchen Sie sich gründliche Harmoniekenntnisse zu erwerben. Wenn man nicht Herr über die Mittel sich auszusprechen ist, wie soll da nicht der Ideenfluß jeden Augenblick gehemmt werden?* schreibt Weber an Pastenaci (a.a.O., S. 184).

[20] vgl. a.a.O., S. 200ff.

[21] Brief an Caroline vom 21. September 1817, vgl. *Muks*, a.a.O., S. 491 bzw. 495

[22] Weber an Lichtenstein, 13. Januar 1825, in: Rudorff, a.a.O., S. 223

das Ganze auf Pracht berechnet [...] *Was hilft mir aber ein Akt, da man mir nicht einmal den Plan des Ganzen mitgeschikt hat.*

Am 6. Januar 1825 schreibt Weber an Kemble[23]:

Ehe ich nicht bekannt bin mit der Ausdehnung und dem Character aller musikalischen Nummern kann ich weder die Steigerung des Effektes noch die eigenthümliche Färbung jedes einzelnen Stückes berechnen. Ohne die sichere Uebersicht des Ganzen kann sich meine Fantasie unmöglich entfalten oder an Einzelheiten gebunden werden.

Die planvolle Anordnung des Ganzen spielt also bei Weber (wie bei Vogler) eine große Rolle.

Auch der bei Vogler betonte Aspekt einer im weitesten Sinne *malenden* Musik bzw. Begleitung klingt in Webers Texten an. So fordert er ebenfalls eine mit dem nachfolgenden Werk eng zusammenhängende *bedeutende* Ouvertüre[24] und hebt *bedeutende* musikalische Elemente hervor. In Isouards *Aschenbrödel* lobt er z.B. eine Stelle, wo beide Schwestern *im wonnigen Übermute und trunken von dem Glücke, das ihrer harret* [...] *sich in durchkreuzenden Läufern und Passagen* bewegen[25], bei Cherubinis *Wasserträger* spricht er davon, daß Marzelline nach dem Streit mit dem Wasserträger anfange zu weinen, worauf erst *eine Klarinette ganz allein*, dann *der Fagott und dann das Violoncell dazutritt und der Bruder, seine Schwester tröstend und bittend, zu singen anfängt. Diese Stelle ist überall von der höchsten Wirkung*[26]. In der Szene *Colma* von Louis Berger findet sich eine Passage, wo eine *ungemein reizende Begleitung* [...] *die auflebende Natur bezeichnet*, und im *Eisenhammer* von Bernhard Anselm Weber *malt* die Musik *ununterbrochen fort, und die Worte liefern die Deutung* [...][27] usw.

Bildlichkeit als Ausdruck des durch die Worte Bezeichneten (selten als programmatisch-realistische Tonmalerei!) gehört für Weber zum Wesen dramatischer Musik, wobei die Musik eine der *Farben* darstellt, mit deren überlegtem und nuanciertem Einsatz ein *vollendetes Bild* geschaffen wird[28]. Dabei geht es nicht um eine bloße Analogie von Musik und Sprache, sondern um eine sich erst zum vollständigen Bild ergänzende Spiegelung der Leidenschaften im Element der Musik. Die Musik ist weder Wiederholung des in den Worten Ausgedrückten, noch wirklich eigenständig, sondern im Ganzen »aufgehoben«[29].

Andererseits muß aber auch die Sprache durch ihre Bildlichkeit und durch den Rhythmus die Phantasie des Tonsetzers wecken. 1822 forderte Weber beispielsweise von seiner Librettistin Helmina von Chezy: *Thürmen Sie Schwierigkeit auf Schwierigkeit, sinnen Sie auf Sylbenmaße über die man verzweifeln könnte, das wird*

[23] vgl. *JV* 306, S. 398
[24] vgl. die Äußerungen in KaiserS, S. 121, 133, 201, 275 bzw. 480
[25] a.a.O., S. 103
[26] a.a.O., S. 108
[27] a.a.O., S. 167 bzw. 247
[28] vgl. a.a.O., S. 506/507
[29] Zur Rolle der Musik im Verhältnis zu den anderen Elementen der Oper vgl. Eckart Kröplin: *Opernästhetische Fragestellungen bei Weber*, Referat zur Carl-Maria-von-Weber-Tagung der DDR, Dresden, November 1986, veröff. in: *Beiträge zur Musikwissenschaft* 30 (1988), S. 28-32

mich befeuern, mich beflügeln [...][30]. Der Komponist selbst darf aber dabei nicht der Gefahr erliegen, jedes Wort *mit Harmoniengold und Instrumentalkraft* zu überfrachten, wie Spontini dies zuweilen tue, oder im *kleinlichen, der Kunst unwürdigen Geiste des Malens und Auspünktelns einzelner Momente zum großen Nachteil des Ganzen* verhaftet bleiben, wie dies Jommelli manchmal unterlaufen sei[31]. Gefordert ist vielmehr die planvolle Verwendung aller Mittel, dazu richtige Deklamation und Ausdruck, *dramatische Wahrheit*, effektvolle, oft in überraschenden Zusammenstellungen gedachte Instrumentation, reiche, neue Harmoniewendungen, Abwechslung und Kontrast, Kenntnis der Szene und rege Phantasie[32].

Als vorbildlich gelten Weber in diesem Zusammenhang immer wieder die Werke Glucks[33], ferner Cherubini, Méhul und vor allem Mozart, der den *unerschütterlichen Grund* für den Rang der deutschen Oper unter den *Kunstnationen* gelegt habe[34]. In besonderer Weise hebt Weber Neuerscheinungen auf dem Gebiet der *deutschen Originalwerke* hervor, als die er u.a. Ritters *Zitherschläger*, Winters *Opferfest*, Meyerbeers *Alimelek*, Hoffmanns *Undine*, Poissls *Athalia* und *Wettkampf zu Olympia*, Spohrs *Faust*, Weigls *Waisenhaus*, Hellwigs *Bergknappen* und Marschners *Heinrich der Vierte* bezeichnet[35].

In seinem Bestreben, eine eigenständige Nationaloper zu fördern, traf sich Weber auch mit Danzi, den er mehrfach aufforderte, durch das Bekanntmachen seiner Kompositionen *dem Mangel an deutschen Originalopern abzuhelfen*[36]. Danzi hat (mit Ausnahme des französischen Einakters *Deucalion et Pirrha* und einiger Einlagen) nur deutsche Operntexte komponiert und besonders durch die Annahme seiner *Iphigenie* als Festoper zur Namensfeier der bayerischen Königin 1807 Anerkennung gefunden. Sein Eintreten für eine deutsche Oper wird darüber hinaus auch in dem möglicherweise aus seiner Feder stammenden *Vorschlag zur eben so leichten, als zuverlässigen Emporbringung der deutschen Oper, in Absicht auf neue Kompositionen unsrer grössten Meister*[37] deutlich. Wie Weber, bemüht er sich den Boden für die neue Kunst durch die Gründung feststehender Chöre und Ensembles

[30] Helmina von Chezy: *Carl Maria von Weber's Euryanthe*, in: *NZfM* 13. Bd. (1840), S. 13. Webers Eingriffe in den Text beziehen sich sehr oft auf die Bildlichkeit, den Sprachklang oder den Rhythmus der Sprache.

[31] KaiserS, S. 472 bzw. 164. Weber wählt hier als Beispiel das Rezitativ, das der Arie *Se cerca, se dice* aus Jommellis *Olympia* vorausgeht, die Vogler in seinen *Betrachtungen* in mehreren Vertonungen besprochen hat. Die von Vogler geplante Zergliederung der Vertonung Jommellis im dritten Jahrgang erschien jedoch nicht; vgl. aber seine Äußerungen über die *Malereien* bei Jommelli, w. o., S. 330 (vgl. dazu die Ausgabe des Stuttgarter Partiturdruckes der Oper v. Howard Mayer Brown, New York: Garland, 1978, 2. Akt S. 60 bzw. 64ff.)

[32] vgl. zu dieser Zusammenstellung KaiserS, S. 101, 110, 115, 124/125, 132/133, 176, 243-245, 270, 273, 292 usw.

[33] Glucks *Iphigenie* bezeichnet Weber als ein *ewig klassisch bleibendes Meisterwerk* (KaiserS, S. 189), an anderer Stelle erwähnt er *die musikalische Revolution des riesenhaften Gluck, der der großen Oper eine neue Welt eröffnete* [...] (a.a.O., S. 293).

[34] vgl. KaiserS, S. 107, 297 bzw. S. 110, 279 u. S. 310

[35] vgl. a.a.O., S. 101, 118, 123, 129, 269, 310/311, 273, 294, 314 u. 316

[36] a.a.O., S. 142, vgl. biographischer Teil, S. 54f.

[37] *AMZ* 6. Jg. (7. März 1804), Sp. 365-377. Nach Martha Bruckner-Bigenwald: *Die Anfänge der Leipziger Allgemeinen Musikalischen Zeitung*, Diss. Freiburg 1938, Reprint Hilversum 1965, S. 94 stammt dieser Artikel von Danzi. Eine Mitarbeit an der *AMZ* als Rezensent hatte Danzi in einem Brief vom 7. September 1803 wegen Arbeitsüberlastung abgelehnt, seinem Schreiben jedoch *einige Gedanken über Mozart's theatralische Werke* zur Veröffentlichung beigelegt.

zu bereiten, die die Voraussetzung für das reibungslose Zusammenwirken aller Elemente, (aber auch für künstlerischen Nachwuchs) sind[38].

Weber fand in seinen Bestrebungen also sowohl in Vogler als auch in Danzi gleichgesinnte Förderer einer deutschsprachigen Opernkunst, die im Verschmelzen unterschiedlicher Anregungen von außen zu einer eigenständigen Position finden sollte. Inwieweit beide dabei Weber spezifische Züge ihres Opernschaffens vermittelten, kann im folgenden nur angedeutet werden, da die Frage nach der Stellung Voglers und Danzis im Hinblick auf stilistische Besonderheiten der »neuen« Opernrichtung (wenn davon - vor allem vor dem Hintergrund französischer Einflüsse - überhaupt geredet werden kann) bisher kaum untersucht worden ist; zudem hat Weber zeitlebens sehr wachsam die Entwicklung der deutschen und ausländischen Opernkunst verfolgt und sicherlich zahlreiche weitere Anregungen empfangen. Es kann hier auch keineswegs darum gehen, Webers Opernschaffen monokausal zu erklären; dennoch wird man ein gewissen Anteil Voglers und Danzis an Webers Entwicklung auf dem Gebiet der Opernkomposition kaum abstreiten können - eine genaue Bestimmung dieses Anteils ist aber auf Grund der genannten Bedingungen hier nicht zu erreichen.

Anmerkungen zu Voglers Bühnenwerken[1]

Unter den Opern, die Vogler für den Hof Carl Theodors schrieb, hatte nach den deutschsprachigen Singspielen *Der Kaufmann von Smyrna*[2] und *Albert der Dritte* (bzw. *Agnes Bernauer*)[3] die italienische *Opera seria Castore e Polluce* als Karnevalsoper für das Jahr 1787 einen ersten nachhaltigen Erfolg[4]. Noch im Jahre 1806

[38] vgl. dazu Danzis Wirken in Stuttgart und Karlsruhe bzw. Webers Äußerungen in KaiserS, S. 42, 44 u. 277

[1] Im folgenden soll lediglich versucht werden, an Hand einiger weniger Beispiele typische Züge bzw. Eigenheiten der Voglerschen Bühnenwerke aufzuzeigen. Meist handelt es sich dabei um Werke, die Weber nachweislich oder doch wahrscheinlich bekannt waren. Eine Beurteilung der »praktischen Umsetzung« der Voglerschen »Opernästhetik« wird in diesem Zusammenhang nicht angestrebt, es geht lediglich um eine grobe Einordnung seines Opernschaffens im Hinblick auf mögliche Einwirkungen auf seine Schüler.

[2] Mannheim, 1771; vgl. Notenbeispiele und Besprechung in Voglers *Betrachtungen*. Ein Singspiel *Erwin und Elmire* (1781) schrieb Vogler für den Darmstädter Hof (vgl. Partitur Darmstadt LHB, Mus. ms. 1070 u. 1070a). Musik zu den in Paris entstandenen Werken *Die Dorfkirmes* und *Le Patriotisme* (SchafhäutlV 131; vgl. Lipowsky, a.a.O., S. 363) scheint nicht erhalten.

[3] Die Musik dieser Oper gilt als verschollen. Ein Textbuch hat sich im Theatermuseum München erhalten: *Albert der Dritte von Bayern. Im Originale. Ein Singspiel in fünf Aufzügen. Mit Musik von Georg Vogler. Sr. Kuhrfürstl. Durchlaucht zu Pfalz-Bayern Kapellmeister und öffentlicher Tonlehrer in Mannheim. 1781* (Nr. 18605). Erwähnenswert im Zusammenhang mit Voglers charakteristischer bzw. pantomimischer Musik sind die Bemerkungen zu Akt II, Szene 2 (*Man hört eine ländliche Musik, und siehet Hirten mit Hirtinnen den Hügel herab ins Thal ziehen*) und Akt III, Szene 8 (*Die Musik wimmert in den fürchterlichsten Tönen der Schwermuth - in der tieffsten dunkelsten Ferne sieht man Bernauern wild herumwandern*). Laut Grandaur: *Chronik*, a.a.O., S. 26 wurde das Werk 1781 in München aufgeführt.

[4] vgl. Fr. M. Rudhart: *Geschichte der Oper am Hofe zu München*. Erster Teil, Freising 1865, S. 173. Eine Abschrift des Librettos von 1787 findet sich im Nachlaß Schafhäutls, Schafhäutliana 4.3.1-2,

wählte man in München dieses Werk in deutscher Übersetzung und umgearbeiteter Form als Festoper für die Vermählungsfeierlichkeiten der Augusta von Baiern mit Prinz Eugen von Beauharnais[5]. *Castor und Pollux* war neben *Samori* und der Schauspielmusik zu *Hermann von Unna* Voglers erfolgreichstes Werk, das zudem eine besondere Nachwirkung durch die Verwendung des *Coro dei mostri* aus dem dritten Akt als Abschluß von Mozarts *Don Giovanni* errang[6]. Von einer Münchener Aufführung dieses Finales schrieb Weber am 22. März 1811 an Gottfried Weber über den *Furienchor*: *Mordelement was hat der Kraft, es packt mich so wenn ich daran denke daß ich vor Ungeduld die Feder wegwerfen möchte*. Schon diese Bemerkung Webers weist auf das Besondere der Musik hin: Die dramatischen bzw. »charakteristischen« Elemente des Textbuchs, das auf Rameau und Pierre-Joseph Bernard (1710-1775) zurückgeht[7], hat Vogler in eine ungeheuer wirkungsvolle, mitreißende Tonsprache umgesetzt.

Obwohl die Gattungsnormen der *Seria* vor allem durch die Besetzung der Titelrollen mit den beiden »koloraturbedürftigen« Münchener Kastraten Vincenzo dal Prato und Michele Bologna sowie der späteren Frau Danzis, Margarethe Marchand, in der Rolle der Telaira berücksichtigt sind[8], folgt die Oper in ihrer gesamten Anlage doch eher französischen Vorbildern. Dabei steht das Werk einerseits deutlich unter dem Eindruck der durch Gluck vertretenen Richtung, die Vogler während seiner Parisreise offensichtlich genauer kennenlernte und mit Begeisterung aufnahm[9], andererseits zeigt sich in der Anlage eine Abhängigkeit von der (den Intentionen Glucks durchaus nahestehenden) Vorlage Rameaus, dessen Castor Vogler ebenfalls während seines Parisaufenthaltes gehört haben dürfte[10]. Im Hinblick auf die Struktur des

eine 1788 gedruckte zweisprachige Ausgabe im Theatermuseum München (Nr. 18174). Dort ist das Werk als *lirisches Trauerspiel* bezeichnet.

5 vgl. gedrucktes deutsches Textbuch München: Franz Seraph Hübschmann, 1806 (= Schafhäutliana 4.3.1-2). In dieser Aufführung am 16. Januar 1806 sang der von Danzi ausgebildete Reiner den Jupiter. Den deutschen Text hatte Vogler der Oper z.T. selbst unterlegt, z.T. die Arbeit durch den Dichter Bürde verrichten lassen, vgl. Brief an Ludewig vom 22. Mai 1813.

6 vgl. dazu w.u.

7 vgl. Vorwort im gedruckten Textbuch von 1787, auszugsweise wiedergegeben bei Rudhart, a.a.O., S. 173. Zu Grunde liegt dabei die Fassung der Rameau-Oper von 1754; vgl. Jean-Philippe Rameau: *Castor et Pollux*, *Oeuvres complètes*, Tome VIII, Paris 1903, S. XXVII-XXX. Vogler hat Akt II/III sowie IV/V zusammengezogen, bleibt aber im Ablauf, von den erwähnten Änderungen abgesehen, dicht an der Vorlage von 1754 (in der ursprünglichen Fassung von 1737 begann die Oper mit der Totenklage nach dem Tod Castors).

8 So schreibt Vogler für die beiden Protagonisten jeweils eine als *Rondo* bezeichnete Nummer (Pollux: *Si rivedrai serena* in Akt II mit ausgiebigen Koloraturen; Castor: *Verdi piante*, eine kürzere, schlichtere Nummer in Akt III; vgl. hier die zweistimmige Führung der Bratschen). Die anspruchsvollsten Koloraturen begegnen in der großen Szene der Telaira im ersten Akt (*Come parte animoso*) innerhalb der *Aria concertante*: *Non è la mia speranza*, wo die Sopranstimme mit Soloinstrumenten (besonders Klarinette und Violine I) konzertiert.

9 vgl. u.a. seinen Bericht in den *Betrachtungen* III, S. 411-428 und die Resonanz in den Beiträgen zur *Encyclopädie*, die z.T. im vorangehenden Kapitel zitiert sind.

10 Vogler hatte wahrscheinlich während seiner Parisreise Gelegenheit, Rameaus Oper (wieder) zu hören, denn zwischen Januar 1781 und November 1782 wurde sie dort 19 mal gegeben (vgl. Vorwort zur Ausgabe der Rameauschen Oper, a.a.O., S. LXXXVIII). Zur engen Anlehnung an Rameau/Bernard vgl. etwa das Ende des Abschiedsduetts Castor/Telaira mit dem Einbruch des Donners (KlA Bl. 100v.ff.) mit der entsprechenden Stelle bei Rameau, a.a.O., S. 289ff. Text und Textgliederung stimmen fast vollkommen überein; das *Ferma, vindice Dio!* / *Arrête, Dieu vengeur*

Werkes fällt auf, daß Vogler vielfach geschlossene Solonummern zugunsten von Chören oder Ensembles zurückgedrängt hat[11] und außerdem die verschiedenartigster Formen (orchesterbegleitetes Rezitativ, *Arioso*, Ensemble, Chor, Ballett) frei miteinander verknüpft.

Offensichtlich hat Vogler den Bernardschen Text selbst bearbeitet und von fünf auf drei Akte zusammengedrängt, wobei er Eingriffe in den Ablauf im Sinne des Strebens nach *dramatischer Wahrheit* zu rechtfertigen sucht. So hat er z.B. im ersten Akt nach der Warnung vor dem Überfall des Linceus durch Cleona (mit dem Aufruf *All'armi*) die große Szene der Telaira *Come parte animoso* eingeschoben und begründet dies im Vorwort wie folgt: *In der Handlung gaben wir dem Linzeus Zeit zum Überfall, da wir die Zwischenzeit, welche während der Nachricht von dem Feinde, und der Schlacht nöthig war, mit einem langen Selbstgespräche der Ilaira schicklich ausfüllten*[12]. Eine ähnliche Änderung betrifft den zweiten Akt: *Im zweiten Akte ließen wir die Glückwunschfeier für den Ueberwinder Pollux weg, die wir unwahrscheinlich und für die Entschließung in die Hölle hinunter zu steigen, um seinen Bruder zurück zu bringen, nicht passend fanden*[13].

Der erste Akt enthält neben der erwähnten eingeschobenen Szene, die Vogler zu einer großen Arie im konzertierenden Stil mit vorausgehendem Rezitativ umgestaltet hat, ein großes, ebenfalls dem italienischen Ideal verpflichtetes Terzett kontemplativen Inhalts[14] und eine gleichfalls betrachtende Arie des Castor *Parto, tu resta*. Die mit der anfänglichen Verschwörungsszene des Werkes anhebende »Bewegung«[15] kommt erst mit der Warnung Cleones vor dem Überfall des Linceus in Gang, die das vorangehende Terzett abrupt beendet. Im Wechsel der einander gegenüberstehenden Chöre hinter der Bühne und dem Kommentar der Personen auf der Bühne kommt dann erstmals das dramatische Element zur vollen Entfaltung und beherrscht (nur unterbrochen von der Szene der reflektierenden Telaira) den weiteren Verlauf des Aktes. In kraftvoller Instrumentierung drückt die Musik hier den Kampf, den Tod des Castor, das Entsetzen der Spartaner und den Aufruf zur Rache aus, mit dem der erste Akt endet.

wird in beiden Fällen gemeinsam deklamiert (KlA 101 bzw. GA, S. 292). Während Rameau dann *Les Destins sont contents* (S. 298) als Rezitativ setzt, hat Vogler es als kurze Arienform vertont (KlA, S. 103: *Sono i destin placati*) und nimmt erst bei *Ciel! il mio germano!* (S. 104) das Rezitativ wieder auf (vgl. Rameau S. 298: *Mon frère, o ciel!*) usw. Vogler hat sich also eng an die Textvorlage gehalten und dadurch z.T. auch die musikalische Gliederung analog übernommen (vgl. auch die Anweisung S. 104a *Il ciel s'apre* mit Rameau, S. 301).

11 Neben den beiden o.g. Rondi finden sich folgende abgeschlossene Einzelnummern: Castor: *Parto, tu resta* (Akt I, der Schluß der Arie wird unmittelbar ins Rezitativ überführt); Mercurio: *Scende dall'alto trono* (II), Jupiter: *Conservati immortale* (II), Telaira: *Ombra cara* (II) und Phoebe (Teresa Buschietti bzw. Franziska Lebrun): *Terribil Dea!* (I, mündet in Rezitativ), *Serbami fede e spera* (II) u. *Furie d'un cor geloso* (III). Meist handelt es sich dabei um *Da-capo*-Formen, häufig mit einem Mittelteil in der Varianttonart.

12 abgedruckt bei Rudhart, a.a.O., S. 173

13 a.a.O., S. 173. Die folgende Beschreibung berücksichtigt die Oper im wesentlichen nach der Fassung, wie sie der vermutlich älteste Klavierauszug im Darmstädter Material (Mus. ms. 1063f) wiedergibt, der zumindest in der Reihenfolge der Nummern weitgehend mit der (in großen Teilen) autographen Partitur Mus. ms. 1063c übereinstimmt. Zu dem Problem unterschiedlicher Fassungen vgl. o., S. 255/256, Anm. 2 u. 4; zur Handlung der Oper vgl. Schafhäutl, S. 31 u. 224-226.

14 Telaira, Castor, Pollux: *Parli del vostro affetto*, wiederum mit konzertierenden Instrumenten

15 vgl. u.a. die zahlreichen Tempowechsel in dem streicherbegleiteten Rezitativ

Im Handlungsverlauf weiterweisend schließt auch der zweite Akt mit dem Plan des Pollux, Telairas geliebten Bruder aus dem Orkus zurückzuholen. Hier erhalten die Chöre der Spartaner und am Ende der *Coro di Piaceri* eine das Geschehen gliedernde und verbindende Funktion. Der im Kapitel über die Instrumentation bereits erwähnte Trauermarsch-Chor (vgl. NB S. 257) bestimmt mit wenigen Takten den Charakter des Aktbeginns, der die trauernde Telaira zeigt. Sie verspricht der hinterhältigen Phöbe, ihr Castor als Geliebten zu überlassen, wenn es ihr gelänge, ihn aus dem Schattenreich zurückbringen (Rezitativ und Arie der Phoebe). Ein *Marsch* von Ferne verkündet den Sieg des Pollux; in einer Chorfassung umrahmt dieser Marsch (*Fiere trombe risonate*) dann das zwischen *Arioso*, Rezitativ und Arie wechselnde Gespräch zwischen Pollux und Telaira, in dem Pollux Phöbes Hilfe ablehnt und beschließt, seinen Vater, den Donnergott Jupiter, anzurufen.

Mit einem Szenenwechsel zu einem *Sacro Boschetto* beginnt die abschließende große Szene des zweiten Aktes, in der Pollux zunächst seinen Vater um das Öffnen der Pforten des Orkus bittet. Nach dem vorherigen Triumphchor kontrastiert hier die zunächst rein instrumental in Holzbläsern und Hörnern vorgetragene *Hymne* des Pollux[16], die nach einem Rezitativ mit Gesang wiederholt wird.

Blitze künden das Erhören der Bitte an, und in der Arie des Götterboten Mercurio findet Vogler Gelegenheit, Blitz und Donner als Ausdruck der Macht Jupiters zu malen[17]. Durch ein Bläsermotiv wird dann Jupiters Erscheinen eingeleitet. In dem nachfolgenden »Handlungsduett« versucht Jupiter, seinen Sohn von dessen Plänen abzuhalten und ruft schließlich die *Freudengötter* zu Hilfe, die Pollux durch Umschmeicheln von seinem Vorhaben abbringen sollen. Schon in Jupiters Rufen (*Venite*

[16] vgl. NB; zu dem Instrumentalsatz bemerkt Vogler in der Partitur 1063c: *Dieser instrumentalische Hymne wird auf dem Theater gerade hinter dem Vorhang wo Pollux zu stehen kömmt, gespielt.*

[17] vgl. Textstelle *Del fulmine*, wo Vogler Piccoli, Trompeten und Pauken sowie vier Fagotte verwendet.

lusinghieri, il suo dolor calmate, amabili piaceri, volate a trionfar) wird die Aufgabe der Freudengötter musikalisch ausgemalt. Es folgt ein *Ballo di Piaceri* und schließlich ein *Coro di Piaceri*: *Il passo arresta*, der durch Gesang und Instrumentation die Sinne des Pollux betören soll[18]. Pollux bittet dennoch, ihn seinen Plan ausführen zu lassen, und mit diesem unterschiedlichen Ausdruck der Empfindungen schließt der zweite Akt.

Der letzte Akt, der in der Unterwelt spielt, beginnt wiederum kontrastierend (vgl. Tonart: E-Dur/f-Moll bzw. Besetzung). Tiefe Streicher leiten eine Szene ein, die Vogler ausgiebig Gelegenheit zu deskriptiver Musik gibt. Phoebe ruft zunächst ihre Geister (*Coro sotteraneo*: *Dei mostri inferni*), die aber vor den Pforten der Unterwelt versagen. Pollux steigt dagegen in Begleitung Mercurios hinab, und beiden stellen sich die Höllengeister entgegen (*Ballo pantomimico di mostri*, später Chor und Ballett: *Usciam dal reo servaggio*). Die Wirkung des *Coro dei mostri* in dieser Unterweltszene, der noch nach Voglers Tod durch Einzelveröffentlichung im Klavierauszug und in Abschriften verbreitet wurde[19], läßt sich aus dem Klavierauzug (vgl. Ausschnitt im nachfolgenden NB) kaum erahnen, einen fragmentarischen Eindruck des Klangbilds mag das Partiturbeispiel S. 262-263 (aus der instrumentalen Einleitung) geben.

[18] Dabei erklingen Sechzehntelketten der *unisono* geführten hohen Celli und Violen, die z.T. von den Flöten unterstützt werden.

[19] *Coro de' Mostri estratto dall' Opera Castore e Polluce* [...] v. A. Streicher. Mannheim: Götz, PN 194. Dem Archiv der Abtei Metten sei für eine Kopie dieses Auszugs gedankt. Noch Ende der zwanziger Jahre des 19. Jahrhunderts bot Zulehner dieses Werk direkt unter dem Titel *Geisterchor zu Don Juan* an; vgl. z.B. GLA Karlsruhe 47/1106-1107.

Coro de' Mostri.
Dei che tut_to può ten_ _ _ _ _ tar
Allegro.
Dei che tut_ _ _ _to può ten_tar Us_ciam dal reo fer_vag_gio questo fatal pas=
Dei che tut_to può ten_ _ _ _ _ tar Us_ciam dal
FF
FF
Allegro.
Sempre FFF
= sag _ gio si tenti a lui vie_tar si tenti a lui vie_tar. Usciam dal reo fer=
FFF
194
= va _ gio questo fa_tal pas_sag _ gio si tenti a_lui vie_tar _ _ si ten_ti a lui vie _ tar.
tremulando
Tempo Imo
con espres.
con espres.

In steter musikalischer Steigerung ringen beide Sphären miteinander, bis der Durchbruch gelingt; Phoebe verbündet sich daraufhin wutentbrannt mit den Geistern der Hölle (*Furie d'un cor geloso*).

Erneut ist es das Mittel des Kontrasts, mit dem Vogler nach dieser nur an der Handlung orientierten Folge von rezitativartigen, chorischen, ballettartigen und ariosen Passagen und dem abschließenden Racheausbruch Phoebes eine neue Szene anschließt.

Der Zuschauer und Zuhörer wird versetzt in die *Campi Elisi* und nach der Auftürmung aller instrumentalen Mittel in der vorausgehenden Szene (2 Piccoli, 2 Flöten, 2 Oboen, 4 Klarinetten, 4 Fagotte, 2 Trompeten, 4 Hörner, 3 Posaunen, Pauken, z.T. mit umwickelten Schlägeln und Streicher) erklingt der *Ballo patetico dell'ombre felici* in reiner Streicherbesetzung *con sordini*.

An dieser Stelle ist die Anknüpfung an Glucks *Orphée et Euridice* unüberhörbar[20]. Auch bei ihm schließt das in der Besetzung auf Flöte und Streicher reduzierte *Ballet des Ombres heureuses* mit einer Verwandlung der Szene an den Höllensturz der Furien an, die Tonart ist ebenfalls F-Dur, Taktart, dynamische Bezeichnung (*p dolce*) und Charakter stimmen vollkommen überein[21]. Selbst das nachfolgende *Rondo* Castors (*Verdi piante*) ähnelt im Charakter dem pastoralen *Quel nouveau ciel* des Orpheus (II, 3) bzw. dem vorhergehenden *Cet asile aimable* der Euridike. Dem Chor *Viens dans ce séjour paisible* (F-Dur, 3/8, *Andantino*) entspricht bei Vogler der *Coro dell'ombre felici*: *Vivi felici* (ebenfalls F-Dur, 3/4, *Allegretto*, Streicher *con sordini*), der die kurze Arie des Schattens *Vieni, o dolce oblio* umrahmt. Das Wiedersehen der beiden Brüder wird anschließend wiederum im orchester-

[20] vgl. Christoph Willibald Gluck: *Orphée et Euridice. Tragédie-Opéra* (*Drame Héroique*), Pariser Fassung von 1774, hg. v. Ludwig Finscher, *Sämtliche Werke*, Abteilung I, Band 6, Kassel 1967

[21] Auffallend ist auch die Ähnlichkeit der nachfolgenden Nummer Glucks *Cet asile aimable* mit dem ab- und wiederaufsteigenden Skalenmotiv, das an den Mittelteil von Voglers Ballett erinnert (vgl. Gluck, T. 140-148). Da Vogler dabei jedoch auf eine Liedvorlage zurückgegriffen hat, dürfte diese Übereinstimmung rein zufällig sein.

begleiteten Rezitativ geschildert. Im Terzett (Castor, Pollux, Mercurio: *Ti seguo, o bel desio*) bekräftigt Castor seinen Entschluß, nur bis zur Morgenröte das Wiedersehen mit Telaira zu genießen, um dann zu Pollux ins Totenreich zurückzukehren. Damit endet die Unterweltszene.

Inzwischen bangt Telaira um die Wiederkehr Castors - ihr Schwanken zwischen Hoffnung und Zweifel drückt Volger mit einem vielfältigen Wechsel zwischen kontrastierenden ariosen und rezitativischen Abschnitten aus. Die Wiedersehensfreude wird Telaira dann aber durch Castors Entschluß, zu seinem Bruder in die Unterwelt zurückzukehren, geraubt. In das Abschiedsduett der beiden verzweifelten Geliebten (*Lasciami in pace* - auf weite Strecken ein Zugeständnis an die Kehlfertigkeit der Sänger) brechen Donner und Erdbeben herein (*Ciel! che fragor!*), doch vor dem drohenden Untergang erscheint Jupiter und verkündet die Versöhung des Schicksals (*Sono i destin placati*), am Horizont wird Jupiters Reich mit dem Sitz der Götter sichtbar, ein *Coro di Deità Celesti*: *Il mar, la terra* und ein allgemeiner Dankeschor (*Tenero amor!*) beenden das Werk[22].

Wie geeignet dieser Opernstoff für »charakteristische« Musik und kontrastierende »Malereien« war, und wie sehr Vogler diese Gelegenheit zu nutzen wußte, zeigen z.B. die Ausführungen Lipowskys in seinem *Baierischen Musik-Lexikon*[23]:

> *Es seye hier erlaubt, als Episode, um einiges über Vogler's Oper, Castore e Polluce, zu bemerken, indem diese Musik ein Meisterstück seiner Tonsetzkunst ist und bleibt. Die Ouvertüre, eine kriegerische Simphonie, ist ganz Gemälde der Schlacht mit einem Feuer, einem Pathos, einer Lebhaftigkeit entworfen, die dahinreißt. Die Märsche der Griechen sind ganz dem Ideale dieser Nation ähnlich, voll großer schöner Harmonien. Das schwebende der Schatten, ihre Seeligkeit, ihre Seelenruhe, malt die Musik natürlich und schön, und man darf behaupten, daß Vogler in dieser Art Musik, so wie in seinem Furien-Chor einzig seye und bleibe. Ihm war es vorbehalten, hierinn ganz neu und originäl zu seyn, und das Wahre zuerst ergriffen, und mit Wirkung dargestellt zu haben. Was man seither von Musiken dieser Art hörte, sind nur Nachahmungen, und schwerlich dürfte hierinn ein Tonsetzer dem Vogler gleichkommen, noch weniger an Kraft, Fülle, Ausdruck und Originalität erreichen. Man muß diese ausnehmend schöne Opern-Musik gehört haben, oder noch hören, um sich von ihrer Vortrefflichkeit eine Idee zu machen. Keine Note ist hierinn ohne gründliche Ueberlegung geschrieben, und jeder Laut eines Instrumentes verräth, daß der große Vogler desselben momentanen Effekt überdacht, und sicher berechnet habe.*

Der klaren Gliederung des Handlungsablaufs der Oper entspricht eine harmonische Disposition, die zumindest teilweise diesen Ablauf stützt, wobei D-Dur und F-Dur als Tonarten deutlich bevorzugt erscheinen. Ouvertüre und Schlußchor in D-Dur umrahmen das Werk, dessen erster Akt mit einem dominantischen A-Dur-Akkord schließt, der sich zu Beginn des zweiten Aufzugs, wo die Trauer über den Tod Castors zum Ausdruck gebracht wird, nach d-Moll auflöst. Die folgende (über g-Moll vermittelte) Es-Dur-Arie der Telaira bringt mit ihrem es-Moll-Mittelteil erstmals eine

[22] Der Ballettschluß mit einer *Chaconne* in der Partitur Mus. ms. 1063a ist wahrscheinlich mit der Münchener Aufführung 1787 bzw. 1788 in Verbindung zu bringen.

[23] Lipowsky, a.a.O., Artikel *Vogler*, S. 362-363

entfernte b-Tonart als selbständigen Formteil. Für die Sphäre Jupiters sowie für die *Campi Elisi* wird dann F-Dur die vorherrschende Tonart. Dessen Variante f-Moll bzw. die Tonart As-Dur charakterisieren die *Ombra*-Szenen. Bezeichnend für Voglers Tonartencharakteristik ist wiederum der Übergang vom zweiten zum dritten Akt: Mit dem *Ballo di Piaceri* beginnt im zweiten Akt ein weitgehend auf E-Dur bezogener Abschnitt, in dem die Freudengeister Pollux von seinem Vorhaben abzubringen suchen. Zu dieser sozusagen »himmlischen« Tonart kontrastiert die polar entgegengesetzte Tonart der Unterweltszene (As-Dur bzw. f-Moll) zu Beginn des dritten Aktes.

Auffallend in Voglers Komposition ist die Gestaltung der Ouvertüre, die als *Potpourri*-Ouvertüre zugleich eine Art Zusammenfassung wesentlicher Teile des Ablaufs gibt. Pollux' Aufruf zur Rache und Motive der Kampfszene des ersten Aktes bestimmen den ersten Teil (D-Dur)[24], den Mittelteil bildet der Trauermarsch vom Beginn des zweiten Aktes (d-Moll)[25], und das abschließende *Presto* (D-Dur) setzt sich aus Motiven des dritten Finales zusammen, die mit dem Erscheinen Jupiters und der Götterwelt bzw. dem Schlußchor verknüpft sind[26]. An die Stelle einer sonatensatzähnlichen tritt hier also eine inhaltlich bestimmte Form, die nur noch in ihrer harmonischen Struktur eine Dreiteiligkeit zeigt und nicht »motivisch«, sondern inhaltlich begründet schließt.

* * *

Die (trotz vieler konservativer Züge) im *Castor und Pollux* erkennbare Tendenz zu einer Gestaltung der Form rein nach dramatischen Gesichtspunkten ist in Voglers schwedischer Oper *Gustav Adolf och Ebba Brahe* (UA 24. Januar 1788 in Stockholm) in einer Weise ausgeprägt, die den musikalischen Ablauf in eine Vielzahl kürzerer und längerer Abschnitte aufspaltet und in der umfangreichere, in sich geschlossene Arien oder Ensemble-Nummern gänzlich fehlen[27]. Im Sinne der *gustavianischen Oper*[28], die in wesentlichen Teilen von der frühzeitigen und intensiven Pflege des Gluckschen Oeuvres in Stockholm geprägt ist, wird der gesamte Dialog vom Orchester begleitet, und die Handlung selbst bestimmt weitgehend die Gestalt der Musik[29]. Dies führt zu einer

> [...] *ungewöhnlichen Reichhaltigkeit der musikalischen Formgebung, was sich rein äußerlich schon in der großen Anzahl der Nummern in der Partitur zu erkennen gibt, auch wenn diese vor allem der Angabe von Änderungen in der Besetzung dienen sollen. Es sind (ohne die Ouvertüre) 86; zählt man einen*

[24] verwendete Motive auf Bl. 1 des KlA: *Vendetta, il mio furore* (KlA, S. 33), *in dietro traditori* (KlA, S. 32) sowie auf Bl. 3 der Ouvertüre *vedrem, chi più potrà!* (KlA, S. 32)

[25] KlA, S. 3, vgl. *Eccelso monumento* (KlA, S. 34)

[26] KlA, S. 3, vgl. *Il ciel s'apre el lascia vedere la reggia di Giove con una parte dello zodiaco: in fonde è il palazzo del olimpio* (KlA, S. 104a u. 105); KlA, S. 4 vgl. *Sente pietà dei nostri affanni il fato, e questi bei concenti dolci forieri son d'un Dio placato* (KlA, S. 102 u. 102a); KlA, S. 5 (Ende 3. Zeile ff.) vgl. *O come son dolci le tue catene* (KlA, S. 110a-111)

[27] vgl. Neudruck des Klavierauszuges hg. v. Martin Tegen, Stockholm 1976 (= *Monumenta Musicae Svevicae*, Bd. 7) bzw. hs. Partitur Darmstadt LHB, Mus. ms. 1077

[28] zu Begriff u. Inhalt vgl. Richard Engländer: *Joseph Martin Kraus und die gustavianische Oper*, Uppsala u. Leipzig 1943

[29] vgl. Vorwort zum KlA von Tegen, a.a.O., S. VIII

neuen Abschnitt, sobald Motivmaterial und Formtyp wechseln, kommt man auf ungefähr 170![30]

Dabei stehen orchesterbegleitete Rezitative neben *Ariosi*, Liedern, Arien, Duetten und an der Handlung teilhabenden Chören bzw. Ensembles. Beliebt sind wiederum von Ferne erklingende (dabei z.T. auf der Bühne wiederholte) Chöre und die Verwendung volkstümlicher Elemente, die u.a. in Cathrinas Lied Nr. 29 zum Ausdruck kommen, dem die von Vogler auch im *Polymelos* variierte Weise *Hönsgummans visa* zu Grunde liegt. Bei den Arien überwiegen kurze, strophische oder *Fortsetzungsformen*, bei denen *sich das motivische Material fortlaufend verändert*, bzw. aus unterschiedlichen Abschnitten zusammengesetzte Nummern[31]. Die Ouvertüre stützt sich auch hier auf unterschiedliche Motive der Oper. Über die Instrumentation des Werkes schreibt Martin Tegen[32]:

> *Ein näheres Studium der Partitur macht verständlich, weshalb Vogler als Meister des Klangkolorits galt. Im Hinblick auf die effektbetonten programmatischen Klanggemälde in seinen Orgelkonzerten läge es nahe, mit Schwulst und Übertreibungen auch in der Partitur von GA-EB* [*Gustav Adolph - Ebba Brahe*] *zu rechnen, aber hier findet sich nichts dergleichen. Alle speziellen Klangeffekte sind mit leichter Hand angebracht und aus Text und Handlung entwickelt. In dieser Hinsicht ist Vogler ein echter Glucknachfolger, so wie er auch sicherlich Glucks meisterliche Orchesterbehandlung studiert hat. Aber Gluck arbeitet mit längeren Pinselstrichen, Vogler dagegen mit häufigerem Farbenwechsel und gleicht hier eher den Mannheimern und Georg Benda* [...] *Nicht selten trägt eine besondere Instrumentation oder ein Instrumentaleffekt zur klanglichen Abwechslung und zur Charakterisierung einzelner Personen bei.*

Von Interesse ist Voglers Musik auch hinsichtlich der Gestaltung größerer zusammenhängender Szenen, die sich aus einer Fülle kleinerer, musikalisch »selbständiger« Abschnitte zusammensetzen.

Insgesamt gesehen wird das Bemühen deutlich, die Musik bis in die musikalische Formgebung hinein dem dramatischen Ablauf in einer Art und Weise anzupassen, die eine bunte, an Kontrasten reiche und vielfältig wechselnde musikalische Sprache zuläßt bzw. fördert.

Das in diesen beiden Opern Voglers zu beobachtende Streben nach formalen Veränderungen und Ausweitung der Ensemble-Teile zeigt sich auch in der 1804 in Wien uraufgeführten Oper *Samori*, die im Untertitel als *große heroische Oper* bezeichnet ist und gesprochene Zwischentexte enthält[33]. Entscheidende Stellen im

[30] a.a.O., S. XVI

[31] a.a.O., S. XIX. Eine einzige Bravourarie findet sich am Ende der Oper in Nr. 58, Delagardie: *Fiender, bafven!*

[32] Vorwort KlA, a.a.O., S. XX bzw. XXIV. Einige Beispiele für die Instrumentation sind im Vorwort der Ausgabe, S. XXI-XXVII wiedergegeben, dort findet sich auch eine tabellarische Übersicht über die Instrumentation. Da die Oper als einzige der Voglerschen Bühnenwerke mit diesem Klavierauszug in einer Neuausgabe vorliegt, und das Werk für die Entwicklung der deutschsprachigen Opern von geringerem Interesse ist, kann hier auf eine genauere Beschreibung verzichtet und auf die Einleitung von Tegen verwiesen werden.

[33] Zur Handlung: Der Vater des amtierenden Nabob Tamburan hatte sich den Thron gewaltsam angeeignet. Der verdrängte Prinz Samori, von dem Sterndeuter Rama gerettet und unter dem Namen Pando erzogen, soll den Thron zurückerobern, wobei Ramas Tochter Maha (verliebt in

dramatischen Handlungsablauf sind aber nicht durch gesprochenen Dialog unterbrochen, sondern mit Hilfe von Rezitativen und *Ariosi* dargestellt. Abgeschlossene Arien einzelner Personen sind in diesem Werk fast ganz verdrängt. Mit einer großen Arie treten nur noch Tamburan (Nr. 7: *Kronen sind mir eine Bürde*) und Maha (Nr. 9: *Scene: Wie traurig ist mein Los* mit Bravourarie) auf, Pando erhält zu Beginn des Terzetts Nr. 4 eine kleinere Arie mit konzertierender Flöte und Klarinette (*Ich ward verfolgt*), und von den Nebenpersonen sind Naga und der Hofnarr Baradra mit eigenen *Arietten* bedacht (Nr. 5: *Woher mag dieses kommen* u. Nr. 17: *Ach das Schwatzen ist so süße*)[34]. Die gesamte übrige Handlung wird (sofern sie nicht auf die gesprochenen Zwischentexte verteilt ist) in Duetten oder Ensembles bzw. Chören dargestellt. Dabei kommt es zur Bildung großer zusammenhängender Szenen, in die die Chöre integriert sind.

Gleich zu Anfang der Oper wird z.B. das Duett *Wie beneidenswerth ist heute* von einem zweiten Stimmenpaar aufgenommen (KlA S. 8), dann im vierstimmigen Chorsatz (S. 10) und schließlich in Kombination mit Einwürfen der drei Solisten im siebenstimmigen Satz wiederholt (S. 13-15)[35], so daß eine refrainartig durchgestaltete Szene entsteht. In vergleichbarer Weise werden die in Nr. 3c zunächst sukzessiv geäußerten Affekte der Beteiligten (Tamburan und Maha: echtes bzw. verstelltes Liebesglück; Rama: Rachepläne; Chor: von äußerem Schein verblendete Teilnahme an der Freude der Liebenden) im Verlaufe der Nummer zur simultanen Siebenstimmigkeit vereint. Sehr fein und wirkungsvoll verdüstert dabei die Sekundreibungsfigur Ramas (S. 30ff.: *schauervoll und grässlich*, vgl. NB KlA S. 349) die oberflächlich fröhliche Stimmung[36].

Ein gewaltsam unterbrochenes Hochzeitsfest als Finale des ersten Aktes (Nr. 10, S. 79-102) vereinigt wiederum sukzessiv die vokalen und instrumentalen Mittel zu einem furiosen Abschluß in einer Gewitterszene. Von einem Marsch und Chor umrahmt wird hier eine Szene, in der zunächst unterschiedliche Empfindungen zusammentreffen (vgl. S. 81ff.), bis dann in der Sturmszene das Geschehen in einer Voglers *zusammengesetzten Ideen* entsprechenden Weise kulminiert. Ein *Chor des Volkes auf dem Lande* kommentiert mit Entsetzen die Angstschreie des (gleichzeitig erklingenden) *Schiffer-Chores*, während (zur selben Zeit) Maha, Pando, Rama und Mahadowa in diesem Ausbruch der Natur ein unerwartetes Zeichen der Hoffnung

Pando) Tamburan durch verstellte Liebe in eine Falle locken und ihm die Krone rauben soll. Bis zu den Vorbereitungen der Hochzeit zwischen Maha und Tamburan verläuft der Plan glatt, dann entdeckt Tamburan die Verschwörung; seine Rache verwandelt sich aber in verzeihenden Edelmut.

[34] Die kurze Nr. 17 wurde von Vogler später neu vertont, vgl. Partitur Darmstadt LHB, Mus. ms. 1131. Eingefügt ist danach in der späteren Fassung auch ein Terzett *Mit Angst und Schrecken erwarten wir*, das nur von tiefen Streichern (ohne Violinen, mit geteilten Violen) begleitet wird.

[35] vgl. auch den Beginn des *Castor und Pollux*: Phoebes *Terribil Dea!* (KlA, Bl. 8v) wird anschließend im teilweise *unisono* geführten Chor wiederholt (S. 10-11v)

[36] Das Motiv der Singstimme wird z.T. durch Bässe u. Klarinetten bzw. Fagotte gestützt. Man denkt bei dieser Stelle unwillkürlich an die Bratschenfigur in der letzten Strophe des *Jungfernkranzes*. In beiden Fällen wird die Vorfreude auf die bevorstehende Hochzeit mit dieser kleinen Sekundreibung getrübt. Als Baßmotiv zur Kennzeichnung dunkler Gedanken bzw. der düsteren Unterweltsphäre finden sich entsprechende Figuren auch in Voglers *Castor und Pollux* und *Hermann von Unna* häufig.

erblicken. Vogler bietet dabei erneut alle verfügbaren Orchestermittel auf, um die Szene entsprechend auszumalen[37].

Der zweite Aufzug enthält ein ausgedehntes *Terzetto con Coro* (S. 112-129), in dem Pando sich seinen Untergebenen als wahrer Sohn des Nabob zu erkennen gibt und zur Rache aufruft. Ein Rachechor, der seine Schlagkraft u.a. aus dem Wechsel von *unisono* und akkordischen Passagen erhält, beschließt die Szene. Nur durch das Duett Naga/Tamburan (Nr. 15) bzw. die *Arietta* Baradras (Nr. 17) unterbrochen, schließen sich die *Scena con Coro* Nr. 16 (S. 133-142) und das eigentliche Finale Nr. 18 (S. 144-159) an. Unruhig wartet zu Beginn der Nr. 16 Pando an geheimem Ort auf Maha, bis ein unsichtbarer Chor von Geistern den verwirrten Pando anspricht (S. 135) und in seinem Vorhaben bestärkt: *Deiner Brüder blut'ge Schatten fordern dich zur Rache auf* (S. 138). Die Szene endet mit einem jener von solistischen Figuren der Solostimme überlagerten Chorsätze, die sich nicht nur bei Vogler, sondern auch bei Weber großer Beliebtheit erfreuen (vgl. KlA S. 138-142)[38].

[37] vgl. Ausschnitt S. 218 mit der dort erwähnten unterschiedlichen Notation der gegensätzlichen Gruppen in G-Dur bzw. c-Moll. Das Finale ist instrumentiert für 2 Piccoli, 2 Flöten, 2 Oboen, 2 Klarinetten, 2 Fagotte, 3 Posaunen, 4 Hörner (2 G, 2 Es), 2 Trompeten, 3 Pauken (G, C, D) u. Streicher.

[38] Vogler hat diese von tiefen Hörnern, Klarinetten und Bassetthorn eingeleitete Szene später umgearbeitet, vgl. Partitur Darmstadt Mus. ms. 1131.

Das eigentliche Finale gibt mit der Schilderung der letzten Kämpfe und einem Triumphmarsch nochmals Gelegenheit zu vordergründig bildhafter Musik. Wie Vogler aber auch hier auf engem Raum mit wenigen Mitteln kontrastierende Stimmungen charakterisiert, zeigt der Höhepunkt der Handlung mit der überraschenden »Lösung« der für Pando ausweglosen Situation (vgl. KlA S. 156-158, Ausschnitt im folgenden NB).

Nur durch Posaunen und und Fagotte gestützt fordert der Chor: *Tod für den Missethäter*. Tamburans kurzer rezitativischer Einwurf: *So führe Pando hin, wo seine Strafe ihn, wie ich beschloss, erwartet* ist, wie gewöhnlich, durch Streicher begleitet. Rein instrumental setzt dann im Satz von Streichern, Fagott, Oboe und Klarinette eine *Marcia funebre* ein, die durch ein durchlaufendes rhythmisches Motiv der gedämpften kleinen Trommel charakterisiert ist und von drohenden Akkorden der Posaunen und Trompeten unterbrochen wird. Bei der Wiederholung dieses Marsches tritt der in gleichmäßigen Vierteln *sotto voce* deklamierende Chor *unisono*

dazu. In reinem Streichersatz wird das Rezitativ fortgeführt, erst mit Tamburans Bemerkung *Sieh diese Krone* treten die Holzbläser dazu, und nach einer durch übermäßige Akkorde verknüpften, stufenweise aufsteigenden und die Spannung verstärkenden Sequenz (*Sieh diese Krone, sie ist mein / dir hat mein Vater sie geraubt / doch keine Macht entreisst sie mir*) tritt überraschend ein (zunächst noch drohend wirkender) h-Moll-Akkord der Blechbläser (mit Pauken) ein (*ich setze sie frey*), wonach sich im Tutti ein zweiter E-Dur-Septakkord (*auf dein Haupt*) über A-Dur nach D-Dur in das Thema der schon vorher zu Nabobs Einzug erklingenden *Hymne*[39] auflöst, die als Symbol von Tamburans Edelmut betrachtet werden kann. Mit wenigen, aber sehr wirkungsvollen Strichen zeichnet Vogler hier die entscheidende Wende des Handlungsverlaufs[40].

So wie die Musik hier den inneren Spannungsablauf ausdrückt, also nur noch im übertragenen Sinne *malt*, wird sie an vielen Stellen der Partitur eingesetzt. Z.B. spiegelt das wiederholte Aufgreifen des unruhigen, stets die unbetonte Zeit hervorhebenden Streichermotivs im Terzett Nr. 4 (vgl. KlA S. 38ff.) die nicht zu stillende Unruhe Pandos, und dieses auch harmonisch sehr unruhige Gespräch Pandos mit Rama und Mahadowa kommt erst nach dem Versprechen, Pando werde Maha noch am gleichen Tag in den Armen halten, in dem reizvollen Satz *Sanfte Hoffnung, die mir winket* zur Ruhe, womit zugleich auch harmonische Stabilität wiederkehrt und somit der Textgehalt treffend ausgedrückt erscheint. (vgl. S. 44ff.).

Auch Koloraturen setzt Vogler oft inhaltlich begründet ein. So sind die Verzierungen der einander imitierenden oder in Terz-/Sextklängen parallel geführten Solostimmen des *Allegro*-Teils im Duett Nr. 13 (Maha/Pando: *Was brauchen wir Zepter*, vgl. *Um Freude einander zu geben*, KlA S. 107ff.) Ausdruck der grenzenlosen Freude der beiden Liebenden, deren Stimmung sich in den unablässigen Sechzehntelketten der konzertierenden Violine und Bratsche spiegelt, die das verliebte Spiel Mahas und Pandos nachahmen und dabei z.T. von den Holzbläsern unterstützt werden[41].

Obligate Soloinstrumente oder eine »charakteristische« Instrumentierung hat Vogler an vielen Stellen der Partitur eingesetzt und dabei vor allem die komische Seite gut getroffen. Die Verwendung des Solocellos und gedämpfter Streicher in der Arie des Naga (*Woher mag dieses kommen*) wurde bereits erwähnt[42]; auf das Cello hat Vogler auch in der *Arietta* des Baradra zurückgegriffen (Nr. 17: *Ach das Schwatzen ist so süsse*), wo er mit arpeggierenden Figuren und gezupften Streicherakkorden eine Guitarrenbegleitung nachahmt. Trefflich fand Weber den Humor des Terzetts Nr. 6, das *blos mit* [geteilten] *Bratschen und Bässen*[43] begleitet ist (vgl. NB S. 269). Bemerkenswert hinsichtlich der Instrumentation ist die bevorzugte Verwendung der Soloklarinette zu düster-klagenden oder melancholisch-»gefühlvollen«

[39] vgl. KlA, S. 149/150 (Es handelt sich um das später auch in der neuen Ouvertüre zu *Samori* verwendete Motiv).

[40] In der Wiener Fassung des Klavierauszuges beschließt ein kurzer Chor das Werk. Vogler scheint später das Bedürfnis empfunden zu haben, diese überraschende Wendung vor dem Schlußchor nochmals zu reflektieren und fügte ein entsprechendes kurzes Quintett (*Komm, edler Mann, umarme mich*) ein, vgl. Darmstadt LHB, Mus. ms. 1131.

[41] Von ähnlichem Typus ist das nachkomponierte Duett Nr. 4 *Umgaukelt von Liebe und Treue* in Webers *Abu Hassan*.

[42] vgl. dort auch das Wechselspiel von Violine und Cello bei den Worten *kein Blümchen, keine Spiele*

[43] Weber an Susan, 12./14. Juni 1804

Äußerungen. So ist in Mahas Arie Nr. 9 eine Soloklarinette zunächst im »klagenden« ersten Teil verwendet und dann mit Fagott im zweiten Teil *sanfte Hoffnung einst umstrahlte / kehrt zurük ihr Wonne-Stunden* (KlA S. 74ff.). Eine reizvolle Kombination von Klarinetten, Bassetthorn und Pedaltönen des Horns begegnet auch in der Einleitung zur Szene Nr. 16[44].

Inwiefern auch die Harmonik in den Dienst des Textausdrucks gestellt wird, konnte bereits am Beispiel des Duetts Nr. 2 gezeigt werden[45].

Über die ursprüngliche, dreiteilige Ouvertüre zu dieser Oper, die thematisch an spätere Motive anknüpft, schrieb Vogler an Großherzog Ludewig[46]:

> *Die ehemalige Ouvertüre hatte vorzüglich die große Szene im zweiten Akt, wo Pando von den vorgeblichen Schatten zur Rache aufgefordert wird, berüksichtigt. Die drei Klangfüße Pando flieh bildeten das Thema zu einer raschen Ausführung und ein erhabnes Mittelstük lieferte den Kontrast, der in Tamburans Edelmuth sich der Rache des Prinzen entgegensetzt.*

Die spätere neue Ouvertüre (im Partiturdruck bei André in Offenbach unter der Nr. 3689 erschienen) ist dagegen sehr viel umfangreicher und greift direkter auf Motive der Oper zurück. Vogler schrieb hierzu[47]:

> *Die neue, weit mehr umfassende, Ouvertüre zerfällt in drei Theile, wie jene zur Oper Kastor und Pollux. Das erste Allegro gründet sich auf den Mar*[s]*ch zum Einzuge des Nabobs*[48]. *Da bei den indischen und abyssinischen Regenten die Pauken eine Stufenreihe von Rang schildern, (denn dem Kaiser vom letzten Reiche werden 24 Pauken und in dieser herabsteigenden Linie den ersten Beamten 16, 12, 6 u.s.w. vorgetragen) so spricht die Pauke den Stof zum ersten Allegro kurz aus, der alsdann wei*[t] *ausgedehnt und durchgeführt wird. Das Andante macht den Zuhörer mit der Hymne des, durch das Ungewitter beängstigten, Volkes bekannt, welches die zerstöhrende Gottheit Siwa sucht zu besänftigen*[49]. *Das letzte Allegro ist eben so bevorkommend, als Tamburans Edelmuth der gerechtesten Rükforderung des Einzigen letzten Zweigs aus der Kaste Samori entgegen eilt. Diese sehr gedrängte logische Musick ist ein Vorspiel des Huldigung-Akts, wobei das Pauken-Thema zu Tamburans Einzug schon durchschimmert. So wie die doppelte Ehe zwischen beiden Häusern die Harmonie herstellt, so vermählen sich bei einer sehr strengen bearbeiteten, mit nicht ganz gewöhnlichen Inversionen und vier doppelten Kontrapunkten ausstafierten Fuge beide Stofe: Samoris und Tamburans Triumph. Ob es aber dem Autor gelungen ist, die* [...] *Ouvertüre zu Kastor und Pollux* [...] *durch dieses allerjüngste Kind seiner betagten Laune zu übertreffen, muß der Erfolg lehren.*

Es fällt auf, daß Vogler in seinen Bühnenwerken immer wieder Unterwelts-, Ungewitter- oder andere düstere Szenen sucht, die ihm Gelegenheit zum »Ausmalen« geben.

[44] die hs. Partitur weicht hier vom gedruckten KlA ab; vgl. auch Terzett Nr. 4

[45] vgl. o., S. 213ff.

[46] Vogler an Ludewig I., 13. Februar 1813, diktierter Brief

[47] Vogler an Ludewig, 13. Februar 1813. Vgl.zu dieser Ouvertüre VeitM, S. 121-124.

[48] vgl. KlA, S. 149-151

[49] vgl. KlA, S. 103/104. Das *Andante* ist instrumentiert für 2 Klarinetten, *Corno di Bassetto* u. Streicher mit Solocello.

Im *Hermann von Unna* findet sich im vierten Akt eine unterirdische Fehmgerichtsszene, innerhalb derer drei kurze, kontrastierende Chöre aufeinanderfolgen, die in wenigen Takten die Stimmung der Szene einfangen (vgl. KlA, S. 24/25). Der erste *Chor der Richter* in der *dorischen Tonart* (nur begleitet von hohen Streichern) wurde wegen seiner harmonischen Eigenheiten von den Zeitgenossen bewundert[50]. Der nachfolgende unsichtbare Chor *Bebe Verwegener* aus tiefen Baßstimmen wird von vier Hörnern, drei Posaunen und vier Fagotten begleitet, die zwei Sopranstimmen des dritten Chors *von oben*: *Doch ist sein Busen rein* (vgl. Mittelteil der Ouvertüre) durch zwei Flöten, zwei Oboen und zwei Klarinetten. In diesem Zusammenhang sei auch auf die Gewitterszene in Voglers *Lampedo*[51] und auf die Sturmdarstellung in der Ouvertüre zum *Eremiten auf Formentera*[52] verwiesen.

* * *

Das komische Element in Voglers Bühnenschaffen konnte Weber einerseits in den entsprechenden Nummern des *Samori* und des *Kaufmannn von Smyrna*, andererseits aber in dem Einakter *Der Admiral* kennen lernen, den Vogler um die Jahreswende 1810/1811 in Darmstadt komponierte. Weber hat den Klavierauszug dieses Werkes im Auftrage Voglers korrigiert (möglicherweise auch verfaßt)[53] und dabei eine Reihe von Fehlern beseitigt, vor allem aber Textergänzungen vorgenommen, kannte das Werk also gut.

Das nach Weber vom Text her miserable Verwirrspiel um die Erbschaft des Admirals[54] hat Vogler in elf Nummern (+ Ouvertüre) in teilweise liedhafter Form vertont, wobei der zweite Teil überwiegend von Ensembles bestimmt ist. Einer oft recht konventionellen und wenig abwechslungsreichen Melodik steht dabei eine vielfach differenzierte Instrumentation der Nummern gegenüber.

Die im zweistimmigen Violinsatz beginnende Ouvertüre z.B. enthält im zweiten Teil eine melodisch sehr schlichte *Schnurranten Musik*, die mit Strohfiedel, Harfe, Triangel, Tambourin, Piccoli, Fagott, Hörnern und Streichern besetzt ist[55]. Vogler notierte über der Partitur: *Rundgesang auf den Karakter einer Dorf-Schenke berechnet, doch veredelt.* Auffallend ist auch die Einleitung der liedhaften Nr. 1 (Schlurf: *Nichts auf der Welt geht übern Wein*) mit zwei solistischen A-Klarinetten in tiefer Lage (Klarinette II bis *cis*)[56]. Vogler hat in dieser Nummer die Begleitung der vier melodisch identischen Strophen variiert und dabei Solooboe und Fagott (Strophe 2),

[50] vgl. z.B. *AMZ* 2. Jg. 1799/1800, Sp. 532-536

[51] Partitur Darmstadt LHB, Mus. ms. 1097; vgl. dazu Voglers Beschreibung in den *Betrachtungen* II, S. 281ff. bzw. Veit: *Voglers Beitrag zur Gattung Melodram vor dem Hintergrund der frühen Mannheimer Melodramaufführungen*, Kolloquium Mannheim 1987, Bericht in Vorbereitung

[52] Partitur Darmstadt LHB, Mus. ms. 1069: *ein musicalisches Gemälde, das mit einem Sturm anfängt und mit der Meeresstille endigt, um die erste Szene der durch Schiffbruch allda gelandeten Fremdlinge vorzubereiten* (Vogler)

[53] vgl. biographischer Teil, S. 107 u.KlA Darmstadt LHB, Mus. ms. 1052a; zugehörige Partitur vgl. Mus. ms. 1052; Partitur mit Umarbeitung zum Gewonnenen Prozeß vgl. Mus. ms. 1116

[54] vgl. dazu a.a.O.

[55] Das Hauptmotiv der *Schnurranten Musik* stammt aus dem Ensemble Nr. 7, vgl. *Herr Schlurf soll mit euch Erbe sein*, KlA, Bl. 31v ff.

[56] Die Klarinetten sind auch in den Zwischenspielen verwendet; vgl. auch den Beginn von Nr. 11 mit Klarinetten und Fagotten oder die dem eigentlichen Beginn als eine Art »Ankündigung« vorgesetzten Bläserakkorde in den Nummern 7 u. 10.

Streicher (Strophe 3) und Flöten mit Klarinetten (Strophe 4) zu unterschiedlicher Farbgebung benutzt. In ähnlicher Weise sind die jeweils aus einem *Andante* und einem *Allegro*-Teil zusammengesetzten vier Strophen der Nr. 10 (Lene: *Ein Weib braucht jung und reich zu sein*) behandelt[57].

In besonderer Weise sind die Bläser auch in dem *vaudeville*-artigen Finale genutzt, wobei ein den Rundgesang begleitender lebhafter Gedanke strophisch alternierend in Oboe, Fagott, Klarinette und Flöte (jeweils mit einigen kleinen Varianten) erscheint.

Auch die Streicher werden »charakteristisch« verwendet. Die gestelzt wirkende Melodik der Arie des Quankl (Nr. 4: *Sonst war der Rechte Kandidat*) wird schon durch die unbeholfen wirkende Instrumentation der Einleitung (Viola, Cello, Kontrabaß und Fagott im unisono) sowie durch die anschließende quasi imitierende Begleitung und die stereotype Wiederholung der Schlußfloskel jeder Phrase ins Lächerliche gewendet. In ähnlicher Form wird die verstellte Trauer in dem choralartigen Abschnitt der Nr. 9 (*Der Admiral leb' ewig, der Himmel hab ihn selig*) durch die ausschließliche Verwendung tiefer Streicher gekennzeichnet. Im ersten Teil dieser Nummer, der als *Concertante* überschrieben ist, führen die beiden ersten Violinen ein »konzertierendes« Motiv durch, das den gesamten Ablauf motivisch vereinheitlicht. Auch in dem kürzeren Quartett Nr. 8 (*Seid munter ihr Brüder und jubelt*) sind beide Violinen quasi konzertierend verwendet.

Als Mittel des Humors wird aber auch die Harmonik genutzt. Die ungewöhnliche Harmonisierung der Melodiesequenzen zu Anfang der erwähnten Nr. 4 (vgl. T. 7-13, variiert in der Reprise, Bl. 15a) unterstreicht das großspurige Benehmen und die überraschende Wendung von D-Dur nach Es-Dur im *più moto*-Teil, mit der die *Zitationen* illustriert werden (vgl. NB S. 355), zeigen in Form und Instrumentation eine auffallende Ähnlichkeit zu der unerwarteten Wendung nach Des-Dur in Webers *Abu-Hassan*-Ouvertüre (T. 104ff.), die in enger zeitlicher Nachbarschaft zu diesem Klavierauszug entstand[58].

Bemerkenswert sind wiederum in vielen Nummern die chromatisch durchlaufenden, oft ausharmonisierten Floskeln in Baß- oder Mittelstimmen[59] und in den Ensembles refrainartige Wiederaufnahmen bzw. in einigen Fällen mehrfache Wechsel zu motivisch neuen Abschnitten[60]. Vorbildlich konnte diese Oper für Weber aber sicher in erster Linie hinsichtlich der abwechslungsreichen, nie überladenen Instrumentation und der gezielt eingesetzten, meist mit wenigen Mitteln erreichten Effekte sein - Merkmale, die auch die übrigen besprochenen Bühnenwerke Voglers auszeichnen.

[57] Dabei alternieren mit dem Tempowechsel Streicher und Bläser; vgl. besonders Strophe 4, wo das eigentliche Begleitmotiv in Klarinetten, Violine II und Viola erscheint.

[58] In beiden Fällen wird der Wechsel durch vier akzentuierte Viertel, durch Hörner und Fagotte (bei Weber zusätzlich Bässe) und durch ein Umspielungsmotiv der Violinen im nachfolgenden Takt ausgedrückt. Die Ouvertüre zu *Abu Hassan* schrieb Weber zwischen 9. und 11. Januar 1811; wenige Tage später, am 14. Januar, überbrachte er die Oper zusammen mit dem Klavierauszug des *Admiral* dem Darmstädter Hof - ein Zusammenhang scheint also durchaus naheliegend.

[59] vgl. etwa in Nr. 4, KlA, Bl. 14 oder Bl. 50

[60] vgl. Nr. 9: *Hier ist der Großahnherr / Fürwahr, die Sach ist sonnenklar* oder Nr. 7: *Ei, ei, Herr Schlurf / Er machet sich ganz sicherlich / Ein Wort, ein Mann / Herr Schlurf soll mit euch Erbe sein.*

Es erscheint schwierig, mit wenigen Worten (und ohne ausgiebe Partiturzitate) einen Eindruck dieser Werke vermitteln zu wollen und nur an einigen Details deren Besonderheiten zu verdeutlichen - damit beschränkt sich die Erkenntnis möglicher Parallelen zu Webers Schaffen immer auf eine Auswahl von Phänomenen. Für eine genauere Beurteilung der Tragweite von Voglers Einfluß wäre daher wünschenswert, daß zumindest seine beiden großen Opern durch Neupublikationen einem breiteren Fachpublikum zugänglich gemacht würden.

Zu Webers frühen Opern

Das *Rübezahl*-Fragment

Die Wahl des *Rübezahl*-Librettos von Johann Gottlieb Rhode als Grundlage von Webers dritter Oper verrät sein Interesse an der Gestaltung von Geisterszenen oder »wundersamer« Bühnenvorgänge, das durchaus mit Voglers Vorlieben für entsprechende Szenen zusammengebracht werden kann[1]. Rhodes zweiaktiges Libretto, das 1804 in zwei Bruchstücken im ***Breslauischen Erzähler*** erschienen war[2] und in

[1] Es sei daran erinnert, daß Vogler nur wenige Jahre vor Weber in Breslau ebenfalls eine *Rübezahl*-Oper komponiert hatte, die allerdings verschollen scheint (vgl. Anhang 2).

[2] vgl. Abdruck im Vorwort zur GA, Reihe 2, Bd. 2, S. VII-X

einem (möglicherweise autographen) vollständigen Exemplar in der Sammlung Weberiana erhalten ist[3], zeigt eine Fülle von Geister-Chören und verlangt in vielen Teilen eine sehr bildhafte Musik. Aus der Ferne hereinklingende Chöre bzw. einzelne Singstimmen begegnen in mehreren Szenen[4], und die dazu vorgesehene Musik erhält zumeist bestimmte, sie näher charakterisierende Aufgaben.

Der in Webers Komposition erhaltene *Geister-Chor hinter der Szene* Nr. 3 z.B. soll die von Rübezahl begehrte Prinzessin umgaukeln: *Seht dort wandelt sie* [...] *Fliegt zu ihr hin, umringt sie* [...] *Verwandelt euch in Nachtigallen, Lerchen, und bezaubert ihr Ohr mit nie gehörten, süßen Stimmen* (I, 2)[5]. Weber hat in dieser Nummer das Szenische sozusagen »auskomponiert«. Die von verschiedenen Seiten ertönenden unsichtbaren Chöre »täuschen« zunächst durch das sukzessive Einsetzen, dann durch die Vereinigung zur Zwölfstimmigkeit. Die in ruhigem Tempo bewußt ausgenutzten harmonischen »Überraschungen« dieses kurzen, aber harmonienreichen Satzes tragen zur Erhöhung der Wirkung bei. Auch die *ungewöhnliche Klangmischung* durch die Besetzung mit Sopran, zwei Tenören und Baß, dürfte mit vollem Bedacht gewählt sein[6]. Nur wer die szenische Einbindung dieses musikalisch durchaus schlichten Chorsatzes vergißt, empfindet das Stück als »dürftig«[7].

Neben dieser Aufgabe einer »verzaubernden«, täuschenden oder betörenden Musik[8] gibt das Textbuch aber auch Gelegenheit zu kontrastierenden Darstellungen. In der 2. Szene bieten die Geister ihre Dienste an mit den Worten: *wir fliegen auf Winden in sausender Luft, Durchfahren die Tiefen in felsiger Kluft - Wir brausen im Meere zum donnernden Streit, und haschen den Blitz - wenn der Meister gebeut!*[9], oder sie necken den Diener Kurt in handgreiflicher Form[10]. Es ist sehr zu bedauern, daß von diesen Nummern keine Musik erhalten blieb, obwohl Weber den Text nach eigenen Worten *größtenteils* komponiert hatte[11]. Für die Beurteilung der

[3] Mus. ms. C. M. v. Weber WFN 6(3), Autographenverzeichnis Bartlitz, S. 47 bzw. 56. Von den 15 Auftritten des ersten Aktes sind 12 in den Bruchstücken von 1804 veröffentlicht, jedoch mit einigen Varianten.

[4] vgl. Abdruck der Bruchstücke in der GA, a.a.O.

[5] vgl. a.a.O., S. VII. In den Bruchstücken heißt es noch zu dem nachfolgenden Text *Süß lacht die Liebe*: *Man hört aus der Ferne Musik und eine Stimme, die singt*, ebenso im hs. Textbuch: *aus der Ferne später eine Stimme singend*. Das hs. Textbuch scheint also ebenfalls noch nicht die endgültige Gestalt der (unvollendeten) Oper wiederzugeben. Auch die im ersten Akt neben den musikalischen Teilen mit rotem Bleistift vermerkten Nummern stimmen nicht mit den Numerierungen der Weberschen Autographe überein; vgl. besonders Quintett Nr. 10. Eine genauere Untersuchung dieses Textbuches steht noch aus.

[6] vgl. Vorwort zur GA, S. V

[7] vgl. z.B. Warrack, S. 60 (*hohl und banal*); dagegen SchnoorW, S. 89

[8] bgl. I, 2: *Tragt sie leis' und unbemerkt von Klipp' auf Klippe!*; I, 10: *sie gaukeln bei einer reizenden Musik im leichten Tanz um die Prinzeßin her*; I, 11: *Nur Kühlung weht, und süße Düft' ihr zu / und Lüfte die um ihre Schläfe säuseln* usw.

[9] vgl. damit den Realismus des Textes der Nr. 11 des Weberschen Oberon: *Wir sind hier! sprich, was soll geschehn? Solln wir spalten den Mond? Solln verfinstern die Sonn? Solln wir schaffen den Ozean von Grunde aus leer? Sprich! Wir tun's und noch viel mehr!*

[10] vgl. Auftritt I, 7 und I, 8: *Die Musik fällt rauschend ein, die Geister stürzen von allen Seiten herzu, und tanzen im Ausbruch der Freude lachend und wild durcheinander.*

[11] vgl. *AS* (KaiserS, S. 6)

kompositorischen Entwicklung wäre *Webers romantische Jugendschöpfung schlechthin*[12] aufschlußreich gewesen.

Wie sehr Weber aber auch die »reale Welt« des Dieners Kurt im Sinne einer »bildhaften« Musik gestaltet, zeigt das erhaltene Arien-Fragment. Nicht nur in der quasi rezitativisch-ariosen Einleitung, sondern auch in der *Arietta* selbst folgt die Musik eng der Bildlichkeit des Textes. Eine flüchtige Einleitungsfigur der Streicher (*Vernahm ich hier nicht ihre Stimmen*; ohne Baß!), durch Pausen voneinander abgesetzte Achtel und eine gewissermaßen »erzwungene« Kadenz nach e-Moll (*ach, sauer wird mir jeder Schritt, und dennoch muß ich mit*), die Parodie der drängenden Prinzessinnen (*man wollte nur* [...]), die Kurts Bitten und Flehen illustrierende Sequenz (T. 15-18), das larmoyante, »harmonienschwere« *Legato* des stufenweisen Bergsteigens und das sentenzartig abgesetzte *o liebst du deine Ruhe, versuch es nur, und hüte Mädchen*; - aus solchen aneinandergereihten Bildteilen setzt sich die Einleitung der *Arietta* zusammen. Die Leichtigkeit der munter hin und her sausenden *Bienchen im Frühling* wird durch die im tänzerischen Sechsachtel mit »leichter Feder« instrumentierte Nummer treffend ausgedrückt. Bereits das Vokabular dieser kurzen Nummer evoziert musikalische Vorstellungen:

> *Wie Bienchen im Frühling / Husch - sausen sie hin - / Mit hüpfendem Füßchen / Mit flatterndem Sinn! / Das Herzchen voll Wünsche - / Das Köpfchen voll Launen - / Bald her und bald hin, / Wie Bienchen im Frühling / Husch - sausen sie hin!*

Hinsichtlich der Bildlichkeit dürfte dieser Text Webers Forderung nach »musikerzeugenden« Versen durchaus entsprochen haben.

Vor allem das in der Weber-Literatur vielfach als überraschend reife Leistung des Jünglings gewürdigte Quintett der Oper[13] deutet aber an, welcher Entwicklungsschub in Webers Bühnenschaffen nach seiner Begegnung mit Vogler zu verzeichnen ist. Trotz der zuweilen etwas kurzatmig wirkenden Einzelteile hat Weber hier eine in sich geschlossene Szene geschaffen, die nicht nur durch die harmonische Ordnung[14], sondern auch durch motivische Beziehungen vereinheitlicht wird. Das eingangs verwendete Bratschenmotiv durchzieht in verschiedenen Varianten die gesamte Szene[15], und die Prinzessin ist mit einer weitgehend stufenweise *legato* geführten oder an Umspielungs- bzw. Vorschlagsfiguren reichen Melodik gekennzeichnet[16]. Mehrere mittels Dynamik und Instrumentation gestaltete *Crescendo*-Abschnitte fassen zudem kürzere Taktgruppen zusammen.

Wiederum neigt die Musik zu äußerer und »innerlicher« Bildlichkeit. Zu den »äußeren« Mitteln gehört etwa das Malen des klopfenden Herzens im Fagott (T. 32-35) oder die Verbindung von unerwartetem Oktavsprung und »bedeutender« harmonischer Wendung bei dem Wort *Tod* (T. 170)[17]. Die mehrfach wiederholte Textzeile *O, wie durchströmt meinen Busen der Seeligkeit Fülle* wird dagegen zu-

12 SchnoorW, S. 88

13 vgl. z.B. GA, Vorwort, S. V oder SchnoorW, S. 89

14 zur harmonischen Anlage vgl. w.o., S. 200ff.

15 vgl. u.a. T. 32 (Fagott), T. 43ff., 76ff., 105-107, 176ff. (Flöte), 185ff. (Fagott), 222/223 (Viola/Baß)

16 Doppelschlag- oder Vorschlagsfiguren bzw. »weibliche« Endungen mit chromatischen Schlußfloskeln verwendet Weber ähnlich wie Vogler bevorzugt in Verbindung mit Texten, die Zuneigung ausdrücken oder stark »gefühlbetont« sind.

17 zur formal-harmonischen Bedeutung dieser Stelle vgl. o., S. 201

nächst durch Vereinigung der instrumentalen Mittel (T. 47ff. mit *anhaltenden* Bläsern), dann durch mehrere *Crescendo*-Wellen ausgedrückt. Rübezahls Äußerungen erscheinen in dunklerer Färbung mit Begleitung von Streichern und Fagotten[18]; sehr kantabel ist der Mittelteil mit der Textzeile *wir theilen Freud' und Schmerz mit dir* gehalten, und der Schlußabschnitt *Freundschaft und Liebe* ist besonders durch die schon mehrfach erwähnte mediantische Wendung in Verbindung mit blockartig wechselnder Instrumentierung hervorgehoben[19].

In Webers früherer Oper *Peter Schmoll* sind zwar die humorvollen Züge und die Leichtigkeit seiner späteren Musik schon angedeutet, von dem hier zu beobachtenden neuen Ausdrucksvermögen ist dort aber noch nichts zu spüren. Im *Rübezahl* werden neue Tendenzen in Webers Musik sichtbar, die dann in der *Silvana* (für uns) deutlicher zu Tage treten. Noch in der Stuttgarter Zeit scheint der *Rübezahl* Webers Vorstellungen von einer Oper entsprochen zu haben, denn am Tag der Vollendung der *Silvana* schrieb der Textdichter Hiemer in Webers *Album amicorum*: *Silvana ist abgethan. Besinnen Sie sich auf den Chor der Gläubiger, dann machen wir uns über den Berggeist her, der uns die leeren Beutel gutmüthig füllen wird*[20]. Weber scheint also, wie bereits früher erwähnt, mit Hiemer nicht nur die Komposition der Oper *Abu Hassan* besprochen, sondern mit ihm auch eine Umarbeitung der *Rübezahl*-Oper geplant zu haben. Leider hat er lediglich im Jahre 1811 die Ouvertüre in eine neue Gestalt gebracht. Wie viel von seiner früheren Oper in andere Kompositionen Eingang gefunden hat, wird möglicherweise immer unklar bleiben.

Silvana

Angesichts der Tendenzen zu einer »ausdruckshaften« Musik, die in den Fragmenten des *Rübezahl* deutlich werden, scheint es keineswegs erstaunlich, daß Weber beim Wiederaufgreifen des früheren *Waldmädchen*-Stoffes die stumme Rolle der Silvana nicht beseitigt, sondern diese Figur durchgehend »stumm« belassen hat. Der Versuch von Ernst Pasqué und Ferdinand Langer, durch Textierung der Instrumentalphrasen Silvana wieder »beredt« zu machen[21], verkennt die Eigenart der Weberschen Partitur und zerstört gerade das, was ihren Hauptreiz ausmacht. Weber nutzte mit dieser stummen Rolle in bemerkenswerter Weise die Möglichkeiten, die Figur durch die Instrumentalsprache zum Reden zu bringen. Indem die Instrumente die Gefühlsregungen der Silvana »ausdrücken«, erhält die Musik eine über sich selbst hinausweisende Bedeutung und wird »redend« bzw. »malt« das Seelenleben der Protagonistin. Die Beredtheit, die die »pantomimische« Musik in dieser wortlosen Partie

[18] vgl. T. 109-115, 136-146 u. 173-189. Als er sich mit dem Satz *drum nutzt das kurze Leben hier* an die drei Mädchen wendet, nimmt die Flöte die Anfangsfigur wieder auf; vgl. T. 176ff.

[19] vgl. vor allem T. 158-165 bzw. T. 214-222

[20] Eintragung vom 25. Februar 1810 in Stuttgart

[21] vgl. dazu erläuternd Ernst Pasqué: *Silvana von Weber*, in: *Neue Musikzeitung*, 6. Jg. (15. Oktober 1885), S. 237-239

gewinnt, dürfte für Webers weitere Entwicklung als Opernkomponist von nicht zu unterschätzender Bedeutung sein[22].

Schon in der ***Introduktion*** tritt Silvana nach dem auskomponierten Abgang der Jäger, von einer Kantilene der Bläser begleitet, zögernd aus ihrer Höhle, ***nimmt allmählich einen fröhlichen Charakter an, und*** [...] ***fängt an*** [...] ***zu tanzen*** (vgl. GA, S. 45). Oboe, Flöte und Violine symbolisieren mit ihren melodischen Figuren in der kurzen *Polacca* und dem sich anschließenden *Allegretto* die zunehmend freieren Tanzbewegungen der Silvana, bis der hereinbrechende Bläsereinsatz mit der Erscheinung des Bären die Szene jäh unterbricht (GA, S. 46-48). Während hier und im ersten Finale (Nr. 8, S. 84-87), sowie im zweiten Teil der *Scena* Nr. 12 (S. 129-131) lediglich die tanzende Silvana durch entsprechende musikalische Formen unter Verwendung solistischer Bläser dargestellt wird, und der Beginn der 12. Szene das Erwachen der Silvana, ihren Blick in den Spiegel bis zum Beginn des Tanzes vor dem Spiegel musikalisch in allen Details nachvollzieht[23], stehen in den Szenen, die die Begegnung Silvanas mit Rudolph illustrieren, ihre Gemütsbewegungen im Vordergrund.

In der 7. Szene vertritt das Solocello (bzw. vereinzelt die erste Violine) die »Stimme« der Silvana[24], die zunächst wechselweise mit Rudolph zur Sprache kommt und sich im *Allegro*-Teil (T. 70ff.) schließlich mit ihm zum »Duett« vereint[25]. Die Arie des Rudoph Nr. 13, die man nach Laux ***geradezu ein Duett zwischen ihm und Silvana nennen kann***[26], verknüpft vor allem zu Anfang in den bewegten Figuren unterschiedlicher Soloinstrumente die Reaktionen Silvanas mit der Seelenstimmung Rudolphs, mündet aber im Schlußabschnitt in konventionellere Bahnen. Noch einmal kommt die stumme Silvana in dem Terzett Nr. 18 durch die Instrumente zur Sprache, indem ihre Todesangst mit bewegten chromatischen Linien und wiederholten Sekundreibungsfiguren ausgedrückt wird. Das unruhig ab- und wieder aufsteigende Motiv der Celli in T. 14-23 »malt« zugleich die ausweglose Flucht der Silvana und die innere Unruhe Adelharts, die durch die Begleitfiguren der Violinen und Viola auf unbetonter Zeit noch verstärkt wird. Die Musik wird hier zum Ausdruck der Situation »insgesamt«, sie spiegelt die Seelenzustände der Einzelpersonen, aber

22 Für Vogler war die ***pantomimische*** Ballettmusik eine wichtige Station auf dem Weg zu einer »beredten« Musik (vgl. o., S. 329). Webers *Silvana* ist im Hinblick auf eine Aufführung am Stuttgarter Hof geschrieben, so daß von daher die Integration mehrerer Balletteinlagen ihre Erklärung findet.

23 vgl. GA, S. 126-128: Mit Gespür für feinsinnige musikalische Malerei ist besonders das allmähliche Vertrautwerden mit dem Spiegelbild gestaltet: nach dem zweimaligen Erschrecken (T. 20 u. 23) bleiben die nächsten Versuche noch zaghaft (T. 24-28; die punktierte Figur der Bläser wirkt wie ein »Zurückwerfen« des Spiegelbildes), der ausgehaltene Akkord in T. 29 bzw. 31 mutet wie ein Innehalten und Nachdenken über das vorherige Erschrecken an, und allmählich verdichten sich die vereinzelten Versuche (T. 32-36), um nach kurzem Atemholen (T. 41) endgültig in den Tanz zu münden (T. 42-46, dann 47ff.). Das Motiv des »Spiegeltanzes« findet sich im übrigen auch schon im *Rübezahl*, vgl. I, 12 in: GA, Vorwort S. X.

24 Weber hat hier die Begleitfiguren der Violinen *con sordini* gesetzt, die gehaltenen Noten der tiefen Streicher und das solistisch hervortretende Cello dagegen ohne Dämpfer. Solche Differenzierungen konnte er vielfach in Voglers Partituren beobachten.

25 Wiederum hat Weber hier die aufkeimende Zuneigung zu Rudolph durch eine Fülle von Umspielungsfiguren bzw. durch die typische Vorschlagsfloskel vor der Endnote dargestellt.

26 LauxC, S. 55. Mit fast noch größerer Berechtigung gilt diese Bemerkung für Nr. 7.

auch den »Gesamtaffekt« des Bühnengeschehens. Es ist dieses »ausdruckshafte« Element der Musik, das auch Webers späteres Opernschaffen kennzeichnet.

Die *Silvana*-Partitur weist aber nicht nur in diesen Szenen voraus auf Webers späteres Schaffen. Die Darstellung des Sturmes zu Beginn des dritten Aktes, die zu einem Spiegel der inneren Verfassung (auch des teilnehmenden Zuschauers) wird, könnte in der Verwendung der Mittel einer Voglerschen Gewitterszene entnommen sein, wirkt aber durch ihre Stellung im Ganzen weniger äußerlich. Solche Naturschilderungen werden ebenso zu einem festen Bestandteil in Webers Opern wie die Jägerchor-Thematik[27]. Die Verwendung der vier Hörner und der Piccoli im eigentlichen Jägerchor Nr. 3 (als *Marcia* bezeichnet) und die Schilderung der allmählich sich nähernden und sich dann wieder entfernenden Jagd in der *Introduktion* weisen deutliche Gemeinsamkeiten mit *Freischütz* und *Euryanthe* oder *Preciosa* auf[28]. In kontrastierenden Farben wird ein Sich-Entfernen am Ende des ersten Aufzugs, nachdem Silvana sanft eingeschlafen ist, dargestellt. Die Leichtigkeit dieser Musik, die Parallelen zum dritten Teil des Gläubiger-Chors im *Abu Hassan* aufweist[29], findet sich später in sublimierter Form in Webers *Oberon*-Partitur wieder.

Ein wiederkehrende Element in Webers Schaffen bilden auch prachtvolle Festszenen, wie z.B. im Finale des zweiten Aktes, das dem zweiten Finale der *Euryanthe* oder der Volksszene im dritten Aufzug des *Freischütz* vergleichbar in unheilvolle Stimmung umschlägt, wobei Weber schon in der *Silvana* das Grauen bzw. das Entsetzen der zuschauenden Menge durch eine wirkungsvolle Vereinigung aller musikalischen Mittel auszudrücken weiß (vgl. GA, S. 173-183). Bangende, mitfühlende und mitleidende Personengruppen, wie etwa in den Chören des zweiten Finales oder im Ensemble des Terzetts Nr. 18 (vgl. T. 80-145 u. 196-236), die Gelegenheit zu einem »Malen« der (manchmal gegensätzlichen) Gefühle der Singenden geben, bleiben ebenfalls ein Mittel Weberscher Operngestaltung.

Heftigste individuelle Leidenschaft drückt sich dagegen etwa im Duett von Mechthilde und Adelhart (Nr. 9) oder in der von Weber später verworfenen umfangreichen Arie des Rudolph (Nr. 4, Anhang) aus. Diese Arie schildert ebenso eine innere Entwicklung hin zu einem Entschluß, wie etwa die Szene der Mechthilde Nr. 10 (Anhang)[30] und deutet bereits auf die »großen« Arien der späten Opern voraus.

Deutlich läßt sich in der *Silvana* eine Tendenz weg von der schlichten Arienform hin zu solchen solistischen *Szenen* oder zu größeren Ensembles feststellen. Nur die komische Nebenrolle des Krips ist mit kürzeren, z.T. liedhaft schlichten Nummern bedacht, die aber bei den Zeitgenossen zu den beliebtesten Nummern der Oper zählten (vgl. Nr. 2, 6 u. 14). Auffallend ist, daß alle weiteren solistischen Nummern

[27] Sofern der Stoff dies erlaubt; die Einführung des Jägerchores in der *Euryanthe* geht bekanntlich auf Webers eigenen nachträglichen Wunsch zurück.

[28] vgl. *Freischütz*, Nr. 2: *Laßt lustig die Hörner erschallen* bzw. Nr. 15; *Euryanthe*: Ende der *Cavatina* Nr. 17 u. Nr. 18; *Preciosa*: Chor der Zigeuner Nr. 5: *Im Wald* (Obwohl es sich hier nicht um einen ausdrücklichen Jägerchor handelt, ist die musikalische Gestalt den übrigen erwähnten Stücken sehr ähnlich. Die motivischen Gemeinsamkeiten sind sicherlich auch in der Hornidiomatik begründet, bemerkenswert ist aber dennoch das Zurückgreifen auf immer wieder ähnliche Situationen, das sich bei Weber auch in anderer Beziehung feststellen läßt.)

[29] vgl. *Silvana*, Nr. 8, T. 187-193 mit *Abu Hassan* Nr. 3, 3. Teil, T. 63-70

[30] Diese Entwicklung ist in der späteren Fassung sehr viel knapper und präziser dargestellt (134 statt 238 Takte).

aus rezitativischen, ariosen oder geschlosseneren Arienteilen zusammengesetzt sind und auch dann dem Charakter einer *Szene* entsprechen, wenn sie nicht ausdrücklich als solche bezeichnet werden[31].

Die ausgedehnteste Soloszene hat Weber mit der Nr. 4 im ersten Aufzug der ursprünglichen Stuttgart/Frankfurter Fassung geschrieben. Bei ein- bis viertaktig wechselnden Motiven und mehrfachem Wechsel zwischen rezitativischer Deklamation und ariosen Ansätzen reflektiert Rudolph zunächst seine ausweglose Situation (T. 1-49; durch Motivwiederholungen und Harmonik ist der Abschnitt vereinheitlicht), erinnert sich dann in einem geschlosseneren *Largo*-Teil des *namenlosen Sehnens* in seinem Innersten (T. 50-64), verfällt erneut in Fragen (T. 66-78), bis es ihn im *Allegro*-Abschnitt (T. 79ff.) fort in die Schlacht treibt und er dann diesen Entschluß mehrfach bekräftigt (musikalisch in Steigerungswellen dargestellt, vgl. T. 79-109, 110-141, 142-160, 161-193, 193-246), wobei Weber die Koloraturkünste des Sängers übermäßig strapaziert.

Daneben nehmen die Ensembleszenen mit oder ohne Chorbeteiligung breitesten Raum ein. So umfaßt bereits die *Introduktion* des ersten Aktes 270 Takte, nahezu ebensoviel das erste Finale. Auch bei dem Terzett Nr. 18 und dem dritten Finale handelt es sich um ausgedehnte Szenen. Mit weit über 500 Takten (in der älteren Fassung) übertrifft aber das Finale des zweiten Aktes selbst die *Introduktion* um das Doppelte. Die Dimension dieses Finales und dessen Thematik mit dem Umschlagen der festlichen Stimmung der Prunkszene in blutigste Rachegesinnung und Entsetzen, erinnert (auch im Wiederholen einzelner Teile) an das Finale des ersten Aufzugs aus Voglers *Samori*[32]. Weber nutzt dabei ausgiebig die Möglichkeit, die unterschiedlichen Stimmungen musikalisch »auszumalen«. Das düstere Ende der Szene spiegelt sich dann in der Gewitterszene der nachfolgenden Nr. 19 wider.

Die Natur als Sinnbild der inneren Verfassung der Handelnden gibt Weber auch über diese Szene hinaus Gelegenheit zu musikalischer »Malerei«. Das Oboenmotiv in Nr. 10 (alte Fassung, T. 95/96) als Ausdruck der *freundlichen Natur* und die Umspielungsfiguren der Singstimme bei der Textzeile *und leis' umschwebten uns die Horen* (T. 101-107) gehören ebenso in diesen Zusammenhang wie etwa die Illustration des Textes *Weh mir! ich höre Tritte rauschen! / Durch Blätter flüstert nur der Wind. / Dort murmelt was! Still, laßt uns lauschen. / Es ist der Bach* [...] im Quartett Nr. 11 (T. 101-119). Gerade solche Motive finden sich in Webers späteren Werken wieder[33].

[31] Als *Scena* bezeichnet sind Nr. 7 u. 12, ebenso Nr. 4 nach der Umarbeitung; den gleichen Charakter haben aber auch die Nr. 10 (in der umfangreichen älteren Fassung) u. Nr. 17, während die Arie des Rudolph Nr. 13 stärker konventionelle Züge trägt.

[32] Voglers Finale umfaßt jedoch nur etwa 300 Takte. Auch im *Castor und Pollux* bricht in das die Freundschaft besingende Terzett im ersten Akt der Angriff der Lacedämonier herein, während im dritten Akt umgekehrt auf die Höllenszene das Elysium folgt. Die Darstellung solcher gegensätzlicher Sphären und das »Umschlagen« der Stimmung sind in diesen Opern also bewußt gesucht. Auch Peter von Winters Oper *Das unterbrochene Opferfest*, die wenige Jahre vor Voglers *Samori* ebenfalls auf einen Text von Franz Xaver Huber entstand, bringt im ersten Akt eine solche Feststimmung, die sich ins Gegenteil verkehrt und die Voglers *Samori*-Finale noch näher steht (vgl. Klavierauszug, hg. v. Richard Kleinmichel, Wien: UE, o.J., S. 82-118). In französischen Opern findet sich dieser Topos ebenfalls häufig.

[33] vgl. z.B. *Freischütz*, Szene u. Arie Nr. 8; *Euryanthe*, Szene u. *Cavatine* Nr. 17; *Oberon*, Szene u. Arie Nr. 13

Während sich Weber bemüht, abgeschlossene »bildhafte« Szenen durch die Musik möglichst »anschaulich« zu malen und in der Abfolge möglichst kontrastierende Nummern miteinander zu verbinden, bleibt die dramaturgische Motivation der Nummern, bedingt durch die Textvorlage, weitgehend unbeachtet[34]. Auch darin zeigt sich ein Mangel, der Webers spätere Operntextbücher ebenfalls trifft, zugleich aber darauf verweist, daß Weber mehr an der möglichst vollkommenen Gestaltung des Einzelbildes als an einer dramaturgischen Verknüpfung des Ganzen interessiert scheint[35]. Bezeichnenderweise bevorzugt Weber dabei bestimmte (untereinander meist kontrastierende) typische Situationen, deren Ausgestaltung er in seinen Opern in immer neuen Varianten versucht.

Die Ouvertüre zur *Silvana* hat Weber aus Motiven der Oper zusammengesetzt. Die Fanfare des Herolds in der Festszene Nr. 15 (T. 70-73) leitet die Ouvertüre ein (T. 1-3), es folgt ein größerer Abschnitt aus der »Spiegelszene« (T. 7-20, vgl. Nr. 12, T. 10-23)[36]. Das »Dominantthema« der Ouvertüre wurde der usprünglichen Szene Nr. 4 entnommen (vgl. Ouvertüre T. 56-63 mit Nr. 4 Anhang T. 110-117: *und soll ich in dem Kampfe fallen*)[37], und das Hauptthema knüpft in der Form der Takte 78ff. bzw. im Nachsatz T. 86ff. deutlich an das Finale des zweiten Aktes T. 409-426 an (*Erbarmen, schütze ihn / Fort zur Rache, fort! stürzt ihn hinab ins dunkle Grab!*)[38]. Die Bestürzung und der Racheaufruf dieses zweiten Finales beherrschen motivisch weite Teile der Ouvertüre, daneben klingt Rudolphs Entschluß zum Kampf mehrfach an, und Silvana ist durch die einleitende *Spiegelszene* vertreten - damit sind wesentliche Elemente der Oper umschrieben, und die Ouvertüre erfüllt ihre Bedeutung als »Einführung« in die Thematik des folgende Werkes[39].

[34] vgl. dazu SchnoorW, S. 107/108

[35] vgl. Carl Dahlhaus: *Das ungeschriebene Finale. Zur musikalischen Dramaturgie von Webers Oberon*, in: *Neue Züricher Zeitung* (14. November 1986), wiederabgedruckt in: *Musik-Konzepte*, Heft 52: *Carl Maria von Weber*, hg. v. Heinz Klaus Metzger u. Rainer Riehn, München 1986, S. 79-85: *Die Substanz des Werkes besteht in charakteristisch gefärbten Momentbildern, die das Szenarium in lockerer Reihung aneinanderfügt: nicht die dramatischen Motive sind entscheidend, sondern die musikalisch-szenischen Tableaus* (a.a.O., S. 81). Die Tendenz zum Ausmalen solcher Bilder, aus deren Konfrontation im Freischütz noch dramatisches Leben entsteht (vgl. Dahlhaus, S. 85), zeigt sich im Ansatz schon in *Rübezahl*, *Silvana* und *Abu Hassan*.

[36] Diese Stelle ist in unveränderter Instrumentierung übernommen, vgl. Eulenburg-TP (die GA gibt die spätere Fassung wieder).

[37] Dieser Abschnitt wurde auch in die Neufassung der Nr. 4 übernommen, vgl. dort T. 115ff.

[38] In der »Reprise« sind auch die Schlußtakte dieses Finales übernommen; vgl. Finale II, T. 424-431 mit Ouvertüre T. 182-188. Die beiden Fassungen (in D-Dur) stimmen schon ab T. 404/166 motivisch überein.

[39] Da Weber die Ouvertüre im Autograph in fehlerhaftem Italienisch als *renovata il 23. Marzo 1809* bezeichnet und die Weberliteratur davon ausgeht, daß es sich dabei um die Umarbeitung der alten Ouvertüre zum *Waldmädchen* handelt (vgl. *JV* 87, S. 102/3, Anm. a), müßten die verwendeten Motive im wesentlichen auf die älteren Nummern der Oper hinweisen (wenn die Ouvertüre, wie die meisten Umarbeitungen Webers, motivisch im wesentlichen die alte Fassung widerspiegelt). Die Nr. 4, aus der Weber zitiert, lag bei der Umarbeitung der Ouvertüre schon in Neukomposition vor (Dezember 1808); da das Autograph des zweiten Akts verschollen ist, lassen sich die übrigen Daten nicht überprüfen. Im Falle der Nr. 4 deutet zumindest die spätere Neukomposition darauf hin, daß Weber möglicherweise in der Stuttgart/Frankfurter Fassung auf »veraltete Formen« zurückgegriffen hatte. Die Ouvertürentakte 86ff., die aus dem zweiten Finale stammen, wirken ebenfalls wenig inspiriert - eine verbindliche Aussage über das unterschiedliche Alter der einzelnen Teile läßt sich auf der Basis des gegenwärtig zugänglichen Materials aber kaum machen.

Abu Hassan

Die Ableitung der Thematik der Ouvertüre aus Motiven der Oper setzt sich im *Abu Hassan* fort[40] und bleibt ein Charakteristikum Weberscher Opernouvertüren. Auch musikalische Malerei im engeren und übertragenen Sinne spielt im *Abu Hassan* eine große Rolle. Platte musikalische Umsetzungen des Textes, wie etwa bei der Textzeile *und Königin des Festes sein* (Nr. 2, T. 31-34: fanfarenartiges Blechbläsermotiv) sind dabei selten[41]; origineller wirken der Oktavsprung am Ende der Nr. 9, der die Aufforderung *werfet tief in Staub euch hin* hörbar umsetzt oder auch das humorvolle *Tiktak* im Duett Nr. 6. Ähnliche Detailmalereien finden sich etwa bei der Textzeile *Umschwebt nur mein Liebchen* in der »herabschwebenden« Melodieführung der Nr. 2 oder in dem »umgaukelnden« *Allegro-giocoso*-Motiv der 1812 nachkomponierten Nr. 4.

Durch die Verbindung von charakteristischer Instrumentation mit sprechender Motivik *malt* Weber in dieser Oper vielfach mit wenigen Zügen ein perfektes »Stimmungsbild«. Dies gilt sowohl für die Details, als auch für größere Abschnitte oder ganze Nummern. Mit dem »türkischen« Instrumentarium, dem häufigen Wechsel zwischen entfernt terzverwandten Tonarten und mit unerwarteten harmonischen Wendungen sowie stereotypen Motiven zaubert Weber etwa in den wenigen Takten des Schlußchors »orientalisches« Kolorit, so wie er im *Andante* der Nr. 2 mit (doppelter) Guitarrenbegleitung zu einer betörenden Fagottmelodie den Tonfall eines nächtlichen Ständchens trifft[42], oder die (unterschiedlich begründete) innere Unruhe Fatimens, Hassans und Omars im Terzett Nr. 7 durch eine unruhig pulsierende Streicherbegleitung ausdrückt, die eigentlich nur aus zwei Motiven besteht. Auf unbetonter Zeit einsetzende melodische Floskeln erhalten auch im weiteren Verlauf dieser Nummer die unruhige Stimmung.

Ähnliches gilt zu Anfang des Terzetts Nr. 9 für das *ängstlich klopfende Herz*, das die Streicherbegleitung malt. Drastisch zeichnet Weber in dem »unharmonischen« *Fugato* des Gläubigerchores deren ungestümes Drängen; mit kräftigen Zügen ist auch der dreistimmige Chor der Gefolgsleute des Kalifen gezeichnet, der wiederum durch entfernte Terzverwandtschaft harmonisch die »Fremdartigkeit« unterstreicht. Weber hat bei diesem Marsch die Möglichkeit genutzt, ihn durch das allmähliche Annähern aus der Ferne in zwei unterschiedlich instrumentierten Fassungen erklingen zu lassen[43].

[40] Das Hauptthema ist aus dem Schlußchor, T. 1-8, abgeleitet und begegnet auch in Nr. 1 (T. 27ff.). Aus dem Schlußchor übernommen sind ferner T. 11-26 (vgl. Ouv. T. 36-51). Das Thema der Ouvertüre, T. 72ff. kann einerseits im Sinne der Voglerschen *Fortführung* als Anspielung auf T. 19/20 verstanden werden, andererseits aber auch als Variante des *Allegro*-Beginns in Hassans Arie Nr. 2 (*Umschwebt nur mein Liebchen* - Schlußwendung u. harmon. Grundlage stimmen überein; vgl. auch: *Was kümmerts mich und sie?*; vgl. ebenso Violine T. 98-101 mit der Stelle *mit Liedern und Tänzen*). Detaillierte Angaben vgl. *JV* 106, S. 129, Anm. d.

[41] Solche für unsere Ohren platt wirkenden Illustrationen hat Weber aber auch später nicht immer vermieden; vgl. etwa den im Zusammenhang merkwürdig anmutenden Rückgriff auf die Aura der Kirchenmusik im Finale des *Freischütz* (*Den Heili'gen Preis und Dank*) oder das quasi Händelsche *Preis Tönet dir* im Finale des *Oberon*.

[42] vgl. auch die Liedparodie in Nr. 1 und den *Siciliano*-Ton des *Andante con moto* der Nr. 6

[43] zunächst mit Oboen und Hörnern *auf der Bühne*, dann im *Tutti* mit türkischem Schlagwerk

Zu dem ungewöhnlich bunten Bild dieser Partitur trägt auch die romanzenhafte Arie der Fatime Nr. 5 bei, die in einen *polacca*-artigen *Allegro*-Teil mündet, in dem die Singstimme mit dem Cello konzertiert, ferner die quasi-*Stretta* des Duetts Nr. 6 mit konzertierender Solovioline bzw. überhaupt der häufige Wechsel von Tempo, Thematik und Instrumentation innerhalb der Einzelnummern. Durch Frische, Lebendigkeit und Leichtigkeit der melodischen Erfindung und Instrumentalbehandlung sowie durch die Formenvielfalt zeigt dieses Werk durchaus an, daß Weber in seiner künstlerischen Entwicklung zu dieser Zeit mit sich *abgeschlossen* hatte, und die Folgezeit nur das *Abschleifen der scharfen Ecken und das dem feststehenden Grunde notwendige Verleihen von Klarheit und Faßlichkeit* brachte, wie er es selbst in der *Autobiographischen Skizze* ausgedrückt hat[44].

Die Komposition dieser Oper hat Weber möglicherweise schon in Stuttgart begonnen, worauf nicht nur die im biographischen Teil erwähnten Dokumente deuten[45], sondern auch die Tatsache, daß unter den in Webers Tagebuch als *componirt* erwähnten Nummern (neben dem nachkomponierten Duett Nr. 4 und der erst in Dresden entstandenen Nr. 8) die Arie Nr. 2 fehlt, die auch in den beiden Autographen nicht datiert ist. Möglicherweise hat Weber hier, wie es für die Arie der Fatime Nr. 5 belegt ist[46], auf älteres Material zurückgegriffen oder aber diese Arie schon in Stuttgart vollendet.

* * *

Diese Arie der Fatime Nr. 5, deren erster Teil auf die *Romanza* Nr. 3 des *Peter Schmoll* zurückgreift, scheint aber noch in anderer Hinsicht bemerkenswert. Als Beilage im Autograph Nr. 1 des *Abu Hassan* fand sich eine Vertonung dieser Arie (in G-Dur statt C-Dur), die in ihrer Struktur, in der Aufeinanderfolge und Wahl der Einzelteile, sogar bis hin zur Länge der einzelnen Phrasen, mit der Vertonung der Nummer im *Abu Hassan* übereinstimmt (vgl. NB S. 365-369)[47].

Diese Vertonung verwendet ebenfalls geteilte Bratschen, beginnt ebenso mit einem *Allegretto moderato*, einem gehaltenen Bläserakkord mit nachfolgendem *pizzicato*-Streicherakkord, hat gleichlange melodische Phrasen, verwendet die gleiche solistische Cellofigur (T. 9-11, 13-15 u.ö.), bringt in Takt 31ff. ebenfalls ein kurzes, die Teile verknüpfendes *Recitativ* im *Allegro* und danach eine *Polacca* mit solistischem Fagott (statt Cello), wobei wiederum nicht nur die Länge der Phrasen, sondern auch einzelne Motive übernommen sind[48]. Musikalisch steht diese Vertonung aber weit hinter der des *Abu Hassan* zurück, so daß man vermuten könnte, daß es sich hier um eine der frühen Kompositionen des Knaben Weber handelt, die er für den *Abu Hassan* einer gründlichen Umarbeitung unterzogen hat, ohne die musikalische »Phrasenstruktur« wesentlich zu verändern.

[44] vgl. *AS* (KaiserS, S. 7)

[45] vgl. o., S. 47

[46] vgl. dazu den Abschnitt über die Umarbeitungen, S. 192f.

[47] Autograph Nr. 1 und Beilage in Privatbesitz. Die Arie ist in der Beilage für Streicher, Fagotte, Hörner und zwei Flöten (statt Oboen) instrumentiert; da es sich um ein Dokument handelt, das für weitere Untersuchungen früher Bühnenwerke Webers von Bedeutung ist, wird hier eine komplette Abschrift wiedergegeben.

[48] vgl. u.a. Solofagott bzw. Cello A: T. 35 mit B: T. 38; A: 38-39 mit B: 41-42; entsprechend Singstimme; oder Singstimme A: 54-62 mit B: 56-64; A: 64-66 mit B: 66-68 usw.

Allegretto moderato
[Flauti]
[Fagotti]
[Corni] in G
[°Flauti°]
Solo
[°Fagotti°]
Wird Phi-lo-me-le trau-ern, dem Kä-fig kaum entschlüpft, wenn sie im Duft der Ro-sen von Zweig zu Zwei-ge hüpft.
col'arco
for
pizzicato
dolce
ppo
pizz. p
Violoncello
Basso
10
Scheu blickt sie nach dem Fen- ster
nach dem ver-haß-ten Haus und strömt dann ih-re Freu-de in
pp
Basso
Violoncello

20
Dank-ge-sän-gen aus, und hebt die klei-nen Flü- gel und schwim-met nun aufs neu - e im wol-ken-lo-sen Ae- ther und jauchzet u. fühlt sich frey , und
pp
Basso
Violoncello
Violon Basso
30
Recit.
Allegro
attacca
subito
40
Fagotto obligato
Solo
(soprano)
fühlt sich frey. Doch A-bu Has-san, oh-ne Dich, was wäre mir das Le-ben
for
po

50
Du Trau-ter nur be-see-lest mich, nur Du kannst mich er-he-ben, Du Trau-ter nur be-see--lest mich, nur Du kannst mich er-he-ben
55
60
ich füh-le mich be-glückt und frey in dei-nen sanften Ket-ten, aus die-ser süs-sen Scla-ve-rey soll

65
70
nur der Tod mich ret - ten, aus die - ser süs - sen Sla - ve - rey soll nur der Tod mich ret - ten, der Tod mich ret - ten
for
po
colla parte
po
colla parte
po
colla parte
for
po
75
80
Du Trau - ter nur be - see - lest mich, nur Du kannst mich e - he - ben
theu - rer
for
fo
fo

85
90
Has-san was wä-re mir das Le-ben, was wä-re mir das Le-ben, A-bu Has-san oh-ne Dich, A-bu Has-san oh-ne Dich, A-bu Has-san oh-ne
cresc.
95
Dich.
for

Der Handschriftenbefund läßt allerdings nicht auf den Knaben Weber schließen, obwohl das Manuskript andererseits vom äußeren Erscheinungsbild durchaus erheblich älter als die Partiturteile des *Abu Hassan* (und der *Silvana*) zu sein scheint[49]. Der Bleistiftvermerk auf dem rechten oberen Rand des ersten Blattes: *Caroline Ruppius geb. Schlick* verursacht zusätzliche Verwirrung. Auch eine weitere Anlage zur Partitur, ein von fremder Hand stammender, mit autographen Bemerkungen Webers versehener Gesangsauszug des Duetts Nr. 4 *Thränen sollst du nicht vergießen*, das Weber 1812 in Gotha nachkomponierte, trägt den gleichen Bleistiftvermerk[50]. Caroline Schlick war Webers Klavierschülerin in Gotha[51]. Was Weber veranlaßt haben könnte, ihr neben dem Auszug des nachkomponierten Duetts auch die Partitur eines Frühwerkes zu überlassen, das er noch dazu in der späteren Oper »benutzt« hatte, scheint kaum erklärbar[52].

Im Vergleich mit der Neukomposition dieser Arie, die jedenfalls eindeutig auf die »Vorlage« zurückgreift, läßt sich nun aber das wachsende Klangempfinden Webers deutlich ablesen. Der Bläserakkord in T. 1 erscheint schon in der Umarbeitung der *Schmoll*-Partitur »ausgedünnt« nur noch als Oktave der Hörner, zudem wird er zum dominantischen Akkord verändert, ersetzt also den Tonikaakkord der ursprünglichen Fassung, die bereits auf der nächsten betonten Taktzeit mit dem Einsatz der Singstimme zur Subdominante weiterschreitet. Während Weber beim *pizzicato*-Akkord im *Schmoll* die Violen in Verdoppelung den dreistimmigen Violinakkord übernehmen läßt, ist dieser Klang im *Abu Hassan* auf beide Violinen verteilt, und die Sept der Bratschen verleiht dem Akkord seine dominantische Eindeutigkeit. In beiden späteren Bearbeitungen fehlen dann die Violinen im Romanzenteil, im *Hassan* hat Weber dazu auch noch die Baßstimme »ausgedünnt«[53]. Auf die kleingliedrige »Malerei« der frühen Vorlage verzichtet Weber hier: der Bläsereinsatz bei der Text-

[49] Dieser subjektive Eindruck wäre durch genauere Analysen zu überprüfen; eine Untersuchung des Papiers steht aber noch aus. Ein Wasserzeichen war mit einfachen Hilfsmitteln nicht festzustellen. Die Handschrift zeigt einige Besonderheiten: In T. 5-7 sind die Fagotte versehentlich in die zweite Flötenstimme geschrieben, letztere ist in der ersten Flötenstimme zugefügt und beides durch die Bemerkung *Flauti* bzw. *Fagotti* kenntlich gemacht. In T. 54 ist zwar der Text (*ich*) notiert, die Viertelnote der Singstimme fehlt aber. Gleiches gilt für die Pausen in Violine II bzw. Singstimme in T. 76 und 80. Schließlich wurde auf der letzten Partiturseite (T. 90-95) die Bratschenstimme vergessen, die über der Violine I nachgetragen ist. Auffallend erscheint ferner das ausgeschriebene *pizzicato* zwischen beiden Violinen im ersten Takt und die manchmals etwas unorthodoxe Halsung bei zweistimmiger Stimmführung.

[50] Bei diesem Auszug für die Singstimmen (auf anderem, vermutlich jüngerem Papier!) scheint es sich um einen Entwurf des Duetts zu handeln. Weber hat jedenfalls in der Partitur I zunächst nur diesen »Auszug« der Singstimmen (mit Ergänzung von Baß bzw. Violine I an entsprechenden Stellen) notiert und in einem späteren Arbeitsgang in anderer Tinte die Instrumentation vervollständigt. Ein mit dem vorliegenden Auszug direkt zusammenhängender Anfang des *Allegro*-Teiles dieser Arie (ebenfalls im Auszug für Singstimmen) findet sich in den Weberiana, Cl. I, 9 (vgl. Autographenverzeichnis Bartlitz, S. 17). Zur genauen Klärung der Abhängigkeiten sind weitere Forschungen nötig.

[51] vgl. C.M.v.Weber an die Türks, 2. Oktober 1812: *Wenn ich Ihnen meinen Tagesablauf erzähle* [...] *von 7-1 Uhr unabgesetzt am Schreibtisch oder Klavier, dann gehe ich zur Abfütterung* [...] *Dann lasse Karoline Schlick Klavier spielen bis gegen 4 Uhr* [...]. K. Schlick war die Tochter des in Gotha wirkenden Künstlerehepaars Schlick.

[52] Zu fragen wäre auch nach dem Zusammenhang, in den diese Arie in der ursprünglichen Fassung gehörte, da im Text der Name *Abu Hassan* erwähnt wird - handelt es sich möglicherweise um den Stoff zur frühen Oper *Die Macht der Liebe und des Weines*??

[53] zum Vergleich der beiden Fassungen des *Peter Schmoll* und des *Abu Hassan* vgl. o., S. 192f.

stelle *wenn sie im Duft der Rosen* (T. 6/7) und die überraschende, im Zusammenhang aufgesetzt wirkende Auszierung der Singstimme in T. 8 (*von Zweig zu Zweige hüpft*) sind gestrichen, die deutliche Abschnittsbildung durch die Kadenz in T. 8/9 wurde vermieden. Statt dessen verbreitet gewissermaßen der durchgearbeitete tiefe Streichersatz »großflächiger« den *Rosenduft*, ohne daß es besonderer Akzente bedürfte. Dabei sind die stereotypen Figuren der Bratschenoberstimme einer mit kleinen Varianten der Singstimme folgenden, wirklichen *Legato*-Linie gewichen, und das Cello beteiligt sich an dem dreistimmigen, nur abschnittsweise vom Baß grundierten, fast vokal empfundenen Unterstimmensatz von starkem klanglichen Reiz. Die Solopassage des Cellos entwickelt sich nun wie selbstverständlich (nach dem lediglich *intermediären Schlußfall* der Neukomposition in T. 4/5) aus dem Zusammenhang, die im ♩ ♪-Rhythmus repetierten Akkorde der Fagotte (ohne Flöten, Oboen u. Hörner) und der liegende Hornton wahren die Kontinuität der Stimmung und setzen zugleich vorsichtig einen gedämpften Farbtupfer hinzu. In der Singstimme vermeidet Weber jegliche, den Fluß störenden Akzente oder Unregelmäßigkeiten und hat schon im *Schmoll* zu einer sehr viel ansprechenderen Gestalt gefunden, die allerdings erst in der Fassung des *Abu Hassan*, durch die Begleitung »erhoben«, ihre volle Wirkung entfaltet.

Sehr viel kunstvoller ist auch der Übergang zum *Polacca*-Teil gestaltet. In der Vorlage setzt das Rezitativ nach einer deutlichen Kadenzwendung frei mit der Singstimme ein, die Streicher bestätigen mit den scharf punktierten Akkordrepetitionen den rezitativischen Charakter, und ein zurückgenommener, in den 3/4-Takt übergebundener Dominantseptakkord leitet schon nach zwei Takten unmittelbar zum Einsatz des Soloinstrumentes (vgl. T. 30-35). Im *Abu Hassan* moduliert Weber dagegen in den letzten Takten zur Dominante G-Dur (mit Kadenzwendung in T. 29-31), dann setzt das Solocello in hoher Lage überraschend (aber sozusagen im Klang »vorsichtig«) mit der Sept des G-Dur-Akkordes ein, und die auftaktige, abwärts gerichtete Floskel mündet in einen Quartvorhalt; die übrigen Streicher wiederholen die rhythmische Floskel, indem sie die Töne des G-Dur-Septakkordes (mit Nonvorhalt im Baß) ergänzen. Die Wiederholung dieser Floskel weckt die Erwartung nach Neuem, die Singstimme greift das Motiv dann auf (jetzt läßt Weber den Nonvorhalt weg), die variierte Wiederholung, die rhythmisch und durch die Verwendung der unteren Nebennote zur Akkordquinte abweicht, hebt die Textstelle *ohne Dich* hervor (T. 34/35), und die rhetorisch fragende Schlußfloskel nimmt bereits das folgende Solo des Cellos in einer Variante vorweg. Erst mit dem Beginn der *Polacca* löst sich der Dominantseptakkord (Hassans Phrase endet auch auf der Sept) in die neue Tonart auf; das Rezitativ ist also hier dominantisches Zwischenglied beider Teile.

Es fällt auf, daß Weber beide Soloinstrumente trotz unterschiedlicher Grundtonart der *Polacca* (G-Dur bzw. C-Dur) mit dem gleichen Ton *g* und einer fast identischen Floskel beginnen läßt (in der Vorlage grundtönig harmonisiert, im *Hassan* zunächst als Quinte, dann in T. 40 als Dominantgrundton) und den Mittelteil der G-Dur-*Polacca* fast unverändert in die C-Dur-Fasung versetzt. Nach dem Abschluß in T. 53 (vgl. Alt: T. 50) knüpft Weber (ohne Zwischentakt, vgl. A: T. 51) direkt in e-Moll (A: Tp; B: Dp) mit dem ins Cello verlegten Bläsermotiv an (vgl. A: T. 52/53 mit B: T. 54/55) und übernimmt dann Singstimme und Begleitung mit wenigen Varianten in originaler Tonhöhe (vgl. A: T. 54ff. mit B: T. 56ff.)[54]. Der harmonische Verlauf bleibt im wesentlichen identisch bis T. 66 (B: T. 68). In der Vorlage wird die Wendung C-$Fis^{v}_{5>}$-H (T. 65/66) wiederholt und nach einer Generalpause schließt mediantisch die »Reprise« an; im *Abu Hassan* hat Weber die erste Akkordfolge zu Fis^{7}-H verändert, wiederholt dann den Fis-Dur-Septakkord (mit Quinte), verändert innerhalb des Akkordes chromatisch *cis* zu *c* und *ais* zu *a*, so daß er einen D-Dur-Septnonakkord erhält, der sich über G-Dur nach C-Dur auflöst[55]. Diese ironische Hervorhebung des Wortes *der Tod* steht an einer formalen Nahtstelle des Ablaufes, die Fortführung »entlarvt« diese Betonung quasi als formal bedeutend, obwohl zunächst nur eine inhaltliche Hervorhebung gemeint schien. In der chromatischen Weiterführung des Akkordes wird diese Doppeldeutigkeit der Stelle dem Hörer erst recht bewußt, während in der Frühfassung die lediglich nebeneinandergesetzte Folge H-Dur/G-Dur »eindimensional« bleibt.

In solchen Details zeigt sich, daß der Fortschritt in Webers Entwicklung nicht bloß in einer rein technischen Beherrschung der Mittel liegt, sondern die leichtere Verfügbarkeit über die Mittel mit einem bewußteren Gebrauch derselben verbunden wird. Es ist dieses »Berechnen auf Effekt«, was Vogler seinen Schülern zu vermitteln suchte, und das sich in der selbstzufriedenen Bemerkung dokumentiert, mit der Weber die Münchener Uraufführung seines *Abu Hassan* kommentierte: *Mein größter Trost ist es, zu sehen, daß ich mich Gott sey Dank in keinem einzigen Effekt verrechnet habe. Alles wirkte, wie es sollte, und ich es mir dachte*[56]. Wahrscheinlich würde der *Plan zum Singspiel Abuhassan*, den Meyerbeer im Dezember 1810 an einen unbekannten Adressaten versandte[57], Aufschluß darüber geben, inwieweit die Verwendung der Mittel in Webers *Abu Hassan* in den gemeinsamen Darmstädter Stunden mit Vogler *zergliedert* wurde. Voglers Tendenz, Operntexte gleichzeitig mit seinen Schülern zu vertonen oder mehreren Schülern dieselbe Textvorlage zu geben, legt nahe, daß Meyerbeers Plan durch die Besprechung der Komposition Webers in Voglers »Unterricht« angeregt wurde. Ein Vergleich der Oper Webers mit Meyerbeers Plan bzw. seinen, unter Vogler entstandenen Kompositionen[58], dürfte jedenfalls von großem Aufschluß sein, scheitert aber am Fehlen entsprechender Quellen. Es bleibt zu hoffen, daß durch das Wiederauftauchen heute als verschollen geltender Materialen, darunter auch des erwähnten 1926 von Stargardt versteigerten Opernentwurfs, die Darmstädter Zeit der *harmonischen Trias* noch genauer durchleuchtet werden kann.

[54] Die Bläser aus T. 55 fehlen, die Baßstimme entspricht in T. 56-58 in der rhythmischen Gestalt den nachfolgenden Takten, ab T. 57 sind die Änderungen umfangreicher.

[55] Wie bei Weber bereits häufiger beobachtet, sind hier melodischer und harmonischer Repriseneintritt gegeneinander verschoben. Der C-Dur-Quartsextakkord in T. 71 ist Vorhalt zum folgenden G-Dur-Septakkord, erst mit dem C-Dur in T. 73 ist die Tonika erreicht.

[56] Weber an Gottfried Weber, 6. Juni 1811

[57] vgl. dazu o., S. 100, Anm. 12

[58] Dazu zählen vor allem *Jephtas Gelübde* und das Oratorium *Gott und die Natur*. Meyerbeers in Stuttgart 1813 uraufgeführte Oper *Wirth und Gast, oder Aus Scherz Ernst* behandelt ebenfalls einen Stoff aus den *Erzählungen aus Tausendundein Nächten*, wäre also in diesem Zusammenhang von besonderem Interesse. In Wien lief das Werk unter dem Titel *Die beyden Kalifen oder Alimelek* (Wien, 20. Oktober 1814).

Zum Stellenwert von Danzis Opernschaffen

Fragt man schließlich hinsichtlich der Bühnenwerke Webers auch nach möglichen Vorbildern oder Einflüssen Danzis, so finden sich zwar eine Reihe von Belegen für Webers Kenntnis oder seine freundschaftliche Bewunderung der Bühnenwerke Danzis[1], gerade die dabei angesprochenen Werke aus Danzis Münchener Zeit sind aber größtenteils verschollen. Komplett erhalten ist nur die *Mitternachtsstunde* (1788)[2], während von Danzis *Iphigenie in Aulis*, die Weber offensichtlich als einen wichtigen Beitrag zur neuen deutschen Richtung betrachtete[3], nur der Klavierauszug eines dreistimmigen Kanons (*Wie der Hoffnung froher Schimmer*, As-Dur, 24 Takte), einer *Cavatine* der Iphigenie und eines *Marsches* erhalten blieben[4]. Von der Oper *Der Triumph der Treue* (1789) ist nur das Textbuch[5], vom *Quasimann* (1789) nur eine *Arie der Therese* erhalten[6], von Danzis *Kuß* (1799) blieben zwei Arien und zwei Duette im gedruckten Klavierauszug[7] und von *El Bondokani* (1802) eine *Romanze* im Klavierauszug erhalten[8].

Der *Triumph der Treue* behandelt den *Oberon*-Stoff (nach Wielands Vorlage). Die Handlung beginnt nach dem Schiffbruch und der Entführung der Amande am Hofe Almansors und schildert die Auseinandersetzungen Amandes mit Almansor bzw. Hüons mit Almansaris. Die Vorgeschichte muß von Scherasmin in ausführlicher Form im 2. und 3. Auftritt des ersten Aktes berichtet werden (unterbrochen von zwei Arien, die das Erscheinen Oberons und den Schiffbruch zum Gegenstand haben), so daß sich schon darin die Schwäche des dramatischen Aufbaus dieser Oper zeigt. Musikalisch scheint das Werk ganz in der Singspieltradition zu stehen. Neben zahlreichen Arien und wenigen Duetten steht zu Anfang des ersten Aktes ein Quartett (Hüon, Scherasmin, Fatme, Ibrahim), außerdem finden sich einige Chöre, so in der letzten Szene des ersten Aktes ein moralisierender *Rundgesang* der *Sklaven und Sklavinnen* (*Liebt Menschen, liebet! diese Lehre giebt euch die kleinste*

[1] vgl. biographischer Teil, S. 53ff.

[2] gedruckter KlA Bonn: Simrock, PN 114; verwendete hs. Partitur: SPrK Berlin, Musikabteilung, Mus. ms. 4476; weitere hs. Partituren in der BSB München, Mus. Mss. 6311 u. St. th. 245. Für das Überlassen von Kopien sei der Ratsbücherei der Stadt Lüneburg und der Musikabteilung der SPrK Berlin gedankt.

[3] vgl. KaiserS, S. 142

[4] vgl. *RISM* Serie A/I, Bd. 2: Danzi D 927-929

[5] BSB München, Slg. Her 2619: *Der Triumph der Treue, ein ernsthaftes Singspiel in drey Aufzügen. In Musik gesetzt von Franz Danzi. Aufgeführt auf dem Churfürstl. Nationaltheater. München, gedruckt bey Franz Joseph Thuille, 1789.*

[6] hs. Partitur Wien GdM, Q 2832, sowie eine hs. Partitur mit unterlegtem italienischen Text (*Andiamo Signore*) in der Bibliothek der Hansestadt Lübeck, Mus. Qu. 3. Beiden Bibliotheken sei für Kopien herzlich gedankt.

[7] vgl. *RISM* Serie A/I, Bd. 2: Danzi D 930-933; verwendete Exemplare: BSB München. Bei dem handschriftlichen Klavierauszug der Oper, den die Bibliothèque Nationale Paris unter der Signatur Ms 10682 verzeichnet, handelt es sich lediglich um eine Abschrift der beiden auch gedruckten Duette, die übrigen Nummern dieser Hss. (zwei Arien, ein Duett und ein großes Chorrondo als Finale) stammen aus Peter Ritters Oper *Der Eremit auf Formentera* (1788).

[8] veröffentlicht als Beilage in: *Aurora, eine Zeitschrift aus dem südl. Deutschland*, München: Scherer, 1804 (Beilage zum 1. Februar 1804)

Kreatur), als Abschluß des zweiten Aktes ein *Chor der Sklaven* (*Hinab zu den schrecklichsten Finsternissen, hinab mit dem Frevler, hinab!*) und im Finale des dritten Aktes eine Chor- und Ensembleszene vor dem drohenden Scheiterhaufen. Hier stehen sich der Rache fordernde Chor des Volkes auf dem Theater und ein Chor *innerhalb der Scene von verschiedenen Seiten*, der die Befreiung des Paares Amande-Hüon fordert, gegenüber. Im Schlußchor wird schließlich Oberon gepriesen und der *Schauplatz verwandelt sich in Oberons Zauberschloß, in welchem Hüons, und Amandens Verbindung von Oberons Gefolge gefeyert wird*, d.h. ein Ballett beschließt die Handlung der Oper.

Keineswegs gehört dieses Werk in die Tradition der *durchkomponierten deutschen Opern*, wie Reipschläger vermutete[9]. Die Musiknummern sind im Textbuch deutlich abgesetzt, und im 5. Auftritt des ersten Aktes heißt es vor dem Dialogbeginn nach einer *sanften harmonischen Musik, während welcher Almansaris vom Throne steigt*, ausdrücklich: *Nach geendigter Musik*. Die Oper gleicht in ihrem Aufbau dem im selben Jahr 1789 in Wien uraufgeführten Zaubersingspiel *Oberon* von Paul Wranitzky, durch dessen Erfolg sie wahrscheinlich auch sehr schnell verdrängt wurde.

Von dem ebenfalls im Jahr 1789 in München aufgeführten *Quasimann* (eine komische Oper in zwei Aufzügen, die an exotischem Schauplatz spielt)[10] ist lediglich ein *Rondo der Therese* (Akt I, Nr. 3) in zwei Partiturabschriften überliefert[11]. Webers *Grand Potpourri* für Cello und Orchester belegt, daß er zumindest dieses *Rondo*, wahrscheinlich aber die ganze Oper genau kannte. Weber zitiert, wie bereits erwähnt, zu Anfang das *Rondo* Danzis vom Einsatz der Singstimme an mit vollständiger Übernahme der Instrumentation in der gleichen Tonart (T. 9-31 bei Danzi, vgl. Weber T. 242-264)[12]. Aber auch im späteren Verlauf des *Potpourris* beruhen einzelne Abschnitte auf Danzis Vorlage. So stimmt die Begleitung in Webers Takten 278-285 mit Ausnahme der Varianten in den drei letzten Takten mit Danzis *Rondo*, T. 33-40, überein; die Solostimme hat Weber durch den Einschub des *dis* in T. 278-280 sowie durch einige Verzierungen variiert. Leicht abgewandelt übernommen sind schließlich auch die Streicher aus den Takten 61-68: Weber hat diesen Gedanken auf Bläser und Streicher im Wechselspiel verteilt (T. 286-293)[13].

Man kann nur vermuten, daß die übrigen Sätze des *Potpourris* ebenfalls auf Vorlagen in Danzis Oper zurückgehen, wie dies bei dem mehrfach in Verbindung mit Danzi erwähnten Thema des *Musikalischen Sendschreibens* aus T. 68ff. der Fall zu sein scheint. So könnte der *Adagio*-Teil (T. 153ff.), der deutlich an die Art einiger langsamer Konzertsätze Danzis erinnert, mit der Arie der trauernden Blanda, der Schwester Thereses, in Verbindung gebracht werden[14]. Eine Bestätigung dieser Vermutung könnte aber nur durch Versuche einer Textunterlegung erfolgen; der von Herre erwähnte Text ist inzwischen aber leider verschollen.

[9] Reipschläger, a.a.O., S. 60

[10] zum Inhalt vgl. Herre, a.a.O., S. 140-143

[11] vgl. NB S. 375-379, Faksimile der Partiturabschrift Wien GdM, Q 2823. Für die Erlaubnis zum Abdruck sei herzlich gedankt.

[12] Taktzahlen vgl. Edition Eulenburg 6570; bemerkenswerte Abweichungen finden sich nur in der Viola II, Weber T. 253-257: T. 253 bei Danzi *g*, 254: *fis*, 256: Viertel *b* u. *g*, 257: 1. Note Viertel *g*

[13] Bezeichnend ist, daß Weber das *A* im Baß in T. 63/67 bei Danzi beseitigt (vgl. Weber T. 288/292), um den Klang $\not{E}^7$ über *A* zu vermeiden, der bei Danzi nicht ungewöhnlich ist.

[14] vgl. dazu Herre, a.a.O., S. 141

Danzi: *Quasimann*, Rondo der Therese

dan lächelt dem Himel dein dankbarer Blik, dann lächelt dem Himel dein
dankbaier Blik.
dan sind sie vergessen die
traurigen Stunden dan wird nur des Wie = der = sehens Wone empfunden, dan wird nur des Wie = der

63
sehens Wonne empfunden dann sind sie vergessen die traurigen Stunden, dan
69
75
und nur des Wiedersehns Wonne empfunden des Wiedersehns Wonne empfunden
80
85
Der Schutzgeist der Liebende stetig umschwebet mit Hofnung und Muth in Gefahr sie belebet Der

90
95
hat ihn erhalten der bringt ihn zurück der hat ihn erhalten der bringt zurück
100
105
110
küssend verschränkt ihr arm. dan sind sie vergessen die traurigen Stunden, dan wird nur des Wiedersehn

pizz.
Wonne empfunden, dan lächelt dem Himel sein Dankbarer Blik, der Schuzgeist der Liebende stetig umschwebet, mit
Hofnung und Muth in Gefahr sie belebet, der hat ihn erhalten der bringt ihn zurük, der hat ihn erhalten der bringt ihn zurück.
Del Signore Danzi

Bei der Oper *Der Kuß* (1799), die Danzi für eine geplante, aber nicht verwirklichte Stuttgarter Aufführung überarbeitete, um sie später in Karlsruhe unter dem Titel *Almansor und Dilara* herauszubringen[15], handelt es sich wiederum um eines der Zaubersingspiele nach Wiener Geschmack. Danzis Humor wird vor allem in der variierten strophischen Arie des Badur *Ihr Herrn und Frauen* deutlich; in dem Duett Dilara/Groma *Nacht und Nebel decken* liegt dagegen ein motivisch durchgearbeiteter Satz von düsterem Inhalt vor, der von häufigen seufzerartigen Vorhaltsakkorden durchsetzt ist. Schlußbildungen wie in T. 31/33, 37 u.ö. sowie zweitaktige melodische Phrasen mit durchgehenden oder auf den zweiten Teil beschränkten Achtelketten sind typisch für Danzis Melodiebildung in dieser Zeit.

Schließlich spielt auch das 1802 erstaufgeführte einaktige Singspiel *El Bondocani*, zu dem sich nur eine kurze *Romanze* erhalten hat, wieder in orientalischer Umgebung[16].

Von Danzis Münchener Opern vorwiegend komischen Inhalts hatte nur die *Mitternachtsstunde* größeren Erfolg[17]. In diesem Werk hat Danzi auf Chöre ganz verzichtet, dafür aber eine Fülle ausgedehnter Ensembleszenen komponiert, so die Nr. 5 als Finale des ersten Aktes (KlA, S. 28-42), die Nr. 8 im zweiten Aufzug (S. 50-64), Nr. 11 (73-80) und die ausgedehnten Finali des zweiten (S. 81-126) und dritten Aktes (150-183). Bemerkenswert ist dabei vor allem Danzis Gestaltung der Form, indem er eine Fülle wechselnder Charaktere bzw. Abschnitte mühelos aneinanderreiht und häufig (durch den Text bedingt) auch liedhafte Episoden einschiebt[18]. Eine ähnlich mühelose und unbekümmerte Zusammensetzung aus unterschiedlichsten Teilen zeigt sich auch in den Arien, die meist nicht dem *Da capo*-Schema folgen[19]. Die Form ist dabei nicht musikalisch, sondern durch den Wechsel in der Handlung oder neue inhaltliche Gedanken bestimmt[20]. Ausgiebig beschreibt Herre in seiner Besprechung der Oper die »Detailmalereien« Danzis; dieses *liebevolle Versenken ins Detail*[21] geht aber oft zu Lasten des dramatischen Zusammenhanges[22]:

> *Seine Musik erweist sich als wandlungsfähig und wird den wechselnden Empfindungen oft bis zur Empfindlichkeit gerecht, indem er jede Schwebung der Stimmung in der Musik zum Ausdruck bringen will. Dieses Ausarbeiten des Details, nicht in der Formgebung, sondern in der Anpassung, verleitet ihn bisweilen dazu, den grossen Zug aus dem Auge zu lassen.*

Dennoch sind es am ehesten die zahllosen Beispiele für *humorvolle Illustrierung*[23], die in Verbindung mit den scheinbar spielerisch zusammengesetzten Formen und der abwechslungsreichen, »leichten« Instrumentation den Reiz dieses Werkes ausmachen.

[15] vgl. Anhang 1
[16] Die Rolle des Schulden eintreibenden Cadi in der Anfangsszene erinnert an Omars Verhalten im *Abu Hassan*; vgl. Herre, a.a.O., S. 147-149.
[17] vgl. dazu Herre, a.a.O., S. 29
[18] vgl. KlA, S. 99, 131, 134, 155 u. 158
[19] vgl. Herre, S. 119
[20] vgl. a.a.O., S. 128 u. 130
[21] a.a.O., S. 118
[22] a.a.O., S. 127
[23] a.a.O., S. 121

Zu erwähnen ist in diesem Zusammenhang noch das erst 1812 in Stuttgart entstandene einaktige Singspiel *Camilla und Eugen oder der Gartenschlüssel*, dem ein Libretto Franz Carl Hiemers zu Grunde liegt[24]. Herre erkennt in diesem Werk eine *gesteigerte formale und orchestrale Technik*[25]. Hinsichtlich der Instrumentation lassen sich aber höchstens graduelle Unterschiede feststellen: die Bläser bleiben weitgehend »gruppenweise« verwendet[26] bzw. werden in ähnlicher Weise differenziert wie in der *Mitternachtsstunde*. Nur das *Allegretto* des Duetts zwischen Camilla und Eugen (Nr. 3) mit einer konzertierenden Klarinette (in A, ohne Verwendung des tiefen Registers) und die konzertierende Flöte in der Arie der Fräulein von Rosen (Nr. 4) heben die solistische Bedeutung der Bläser hervor. Bemerkenswert ist ferner, daß Danzi in der Ouvertüre zu diesem Einakter thematisch auf das Finale (Nr. 8) zurückgreift[27].

Der »leichte Tonfall« Danzischer Bühnenwerke ist in den erhaltenen Quellen also noch ausreichend dokumentiert, während für durchgehend »ernste« Vertonungen Belege aus der Münchener und Stuttgarter Zeit fehlen. Hier müßte wahrscheinlich auch das im Dezember 1811 in Stuttgart aufgeführte Melodram *Dido*, nach einem Text von Reinbeck, berücksichtigt werden, in dem die Handlung kommentierende Chöre (offensichtlich im Sinne einer Nachahmung klassischer Vorbilder) breiten Raum einnehmen[28].

Ein ernsterer Tonfall kennzeichnet auch Danzis *Rübezahl*-Oper, in der das Geisterhafte nicht ironisch gebrochen, sondern gewissermaßen als Realität dargestellt wird. Dieses Werk entstand aber erst nach der Stuttgarter Begegnung mit Weber und ist hier nur als Hinweis auf Danzis Art der Vertonung eines ernsthaften Stoffes von Interesse[29]. Bemerkenswert sind in dieser Oper vor allem die vielen, z.T. sehr umfangreichen, zusammenhängenden Ensembleszenen sowie die Geisterszenen, die in schroffem Kontrast zu den (vom Text her oft unerträglich moralisierenden) Arien und Chören der »realen« Welt stehen. So hat Danzi gleich zu Beginn eine ausgedehnte Szene in Rübezahls Reich komponiert, die sich aus unterschiedlichsten Teilen und Formen (auch rezitativischen) zusammensetzt[30]. Dabei ist das Instrumentarium um Posaunen, eine zweite Horngruppe in anderer Stimmung und Piccolo erweitert und besonders die Bläser sind als eigene Farbe verstärkt eingesetzt. Im Mittelpunkt der Szene stehen ein heftiger Gewitterausbruch und eine darin integrierte, melodramatisch vertonte Geister-Erscheinung, durch die Rübezahl gewarnt wird. (Auch hier ist das Gewitter Ausdruck der inneren Unruhe.) Nachdem sich das Gewitter erneuert hat, folgt ein *Chor der Gnomen* (*Gebeut uns Meister*), der von Donnerschlägen (vereinigte Bläser) unterbrochen wird. Mit dem Versinken der

[24] hs. Partitur SPrK Berlin, Musikabteilung, Mus. ms. 4475; eine weitere Partitur in der LB Stuttgart, HB XVII 126; zur Beschreibung dieses Werkes vgl. Herre, a.a.O., S. 162-168

[25] Herre, a.a.O., S. 162

[26] Typisch ist etwa der die Strophen umrahmende Bläserabschnitt in der Quartett-*Romanze* Nr. 6. In dieser blockhaften Form sind die Bläser zum Teil auch innerhalb der Nummern verwendet.

[27] Das Thema des *Allegro* (T. 11ff.) entspricht dem *Allegro* 2/4 des Finale: *die Liebenden trennet nicht Schloß und nicht Riegel.*

[28] Textbuchdruck vgl. *Königlich Württembergisches Hoftheater-Taschenbuch Stuttgart 1817*, S. 1-19

[29] *Der Berggeist oder Schicksal und Treue. Romantische Oper in zwei Aufzügen von Lohbauer. Musik von Franz Danzi*, Partiturautograph BSB München St. th. 441 (UA Karlsruhe 19. April 1813). Zum Inhalt des Werkes vgl. Herre, a.a.O., S. 169-191.

[30] zum Inhalt vgl. Herre, a.a.O., S. 171ff.

Gnomen endet die ausgedehnte Szene. Danzi gibt hier, wie in der ganzen Oper, dem Ausmalen der »Stimmung« breiten Raum.

> *War sie* [die Stimmung] *sonst über eine Melodie gebreitet, so formte doch die Melodie, jetzt aber wird zuweilen die Stimmung selbst formbildend und ihr ordnet sich die melodische Bildung unter; die Farbe ist das primäre, nicht die melodische Zeichnung. Danzi will illustrierend eine Stimmung erwecken* [...][31].

Dies kommt z.B. in dem primär harmonisch gedachten Oboen- und Fagottmotiv zum Ausdruck, das die in Zauberschlaf versunkene Erli darstellt und als eine Art Erinnerungsmotiv im Laufe der Oper wiederkehrt[32].

Zur Darstellung des *dumpfen Brausens in der Luft*, das die Gewitterszene einleitet, verwendet Danzi ein chromatisch aufsteigendes Streichermotiv, das ähnlich wie Webers Streichermotiv zu Beginn der Sturmszene im dritten Akt der *Silvana* wiederholt wird und allmählich in höhere Regionen wandert.

Während dieses Motiv bei Weber aber, mit einem sukzessiven Einsatz der Instrumente und einem *Crescendo* verbunden, wirkliche »Dynamik« ausdrückt, bleibt Danzis Motiv über weite Strecken an die Violinen gebunden; die Bläser treten blockartig mit Haltetönen hinzu, bis das Gewitter mit einem Alternieren der Instrumentengruppen wirklich ausbricht. Die Erscheinung des Geistes ist von wenigen, meist rezitativartigen Streicherakkorden begleitet, die Sprechstimme unterbricht meist die musikalischen Motive. Die Gnomen erscheinen zu aufwärts steigenden Streicherfiguren im *piano*, unterbrochen von gehaltenen *fortissimo*-Bläserakkorden, wobei Danzi wiederum Piccoloflöte und Posaunen einsetzt. Überhaupt zeigen sich in der Verwendung der Instrumente zur Erzeugung bestimmter Stimmungen neue Wege, etwa mit den tiefen Klarinetten und Fagotten am Anfang des ersten Finales, das im Schloß der Nixenkönigin in der Tiefe des Meeres spielt oder in dem überraschenden Einsatz der drei Posaunen beim Erwachen der Nixenkönigin. Auch die mit einem akzentuierten

[31] a.a.O., S. 179
[32] vgl. a.a.O., S. 185

Hornton anhebende Ouvertüre, in der sich die Geisterweltmotivik widerspiegelt, zeigt, daß Danzi in dieser Oper zu einem »neuen Ton« gefunden hat, der sich zumindest in den angesprochenen Szenen von seinen früheren Werken abhebt. Ob Weber aber von dieser Oper jemals mehr als möglicherweise das Textbuch gekannt hat, muß dahingestellt bleiben[33].

In dieser Komposition Danzis werden auch Einflüsse der französischen Oper sichtbar, worauf beispielsweise die ausgedehnten Chor- und Ensembleszenen hindeuten. Danzi hatte während seines Stuttgarter Engagements eine Reihe von ernsthaften und komischen französischen Opern aufgeführt, darunter in den Jahren 1808/1809 Werke von Berton (*Aline*), Boieldieu (*Tante Aurora*), Cherubini (*Lodoiska*, *Graf Armand*), Dalayrac (*Gulnar*, *Lehmann oder der Thurm von Neustadt*, *Adrian von Ostade*, *Adolph und Clara*), Gaveaux (*Der kleine Matrose*), Isouard (*Das rothe Käppchen*, *Die Intrigue durch die Fenster*), Méhul (*Helene*, *Der Schatzgräber*, *Uthal*, *Vetter Jakob*) und Solié (*Das Geheimnis*)[34]. Auch in Karlsruhe vertiefte sich seine Bekanntschaft und teilweise seine Vorliebe für die französischen Opern[35].

* * *

In dem möglichen Einfluß der französischen Opernkunst auf die Werke Danzis, aber auch, wie bereits angedeutet, auf die Opern Voglers offenbart sich zugleich die Schwierigkeit der genaueren Bestimmung der Einflüsse beider auf Webers Opernschaffen. Der Einfluß der französischen Oper auf das deutsche Repertoire um die Jahrhundertwende ist bisher zu wenig aufgearbeitet, als daß hier gesicherte Aussagen möglich wären. Es wäre aber ebenso einseitig wie grundfalsch, die Spuren der Gestaltung dramatischer Szenen bei Weber etwa nur in den durchaus verwandten Vorbildern Voglers zu suchen. Trotz aller sichtbar werdender Parallelen findet sich z.B. in Voglers Opern kein Äquivalent für die bei Weber so beliebten Jagdszenen bzw. die Jägerchorthematik mit Bevorzugung des »jagdmäßigen« Hörnerklanges. Wohl aber haben solche Elemente in den großen Chorszenen der französischen Opern eine Tradition. Es genüge hier der Hinweis auf Piccinnis *Didon* (1783)[36] oder Le Sueurs *Ossian ou les Bardes* (1804)[37] und auf den Hörnerklang in Cherubinis *Lodoiska* (1791) sowie den Räuberchor in Le Sueurs *La Caverne* (1793).

[33] vgl. Webers Wunsch, Danzi möge ihm die Textbücher bzw. ein Verzeichnis seiner Opern übersenden, Briefe vom 16. März 1816 u. 27. April 1818; dazu w.o., S. 54ff.

[34] mit deutschen Titel wiedergegeben nach der *Schwäbischen Chronik*, Stuttgart 1808/1809 bzw. Danzis Verzeichnis in seinem Brief an Morigotti vom 20. Januar 1809

[35] vgl. Haass, a.a.O., Bd. I, S. 83ff. Für Danzis Neigung zur französischen Oper spricht auch die Komposition des französischen Einakters *Deucalion et Pirrha* (hs. KlA London BL, Slg. Hirsch IV 1144; komponiert 1810). Seine frankophilen Neigungen spiegeln sich ebenfalls in den umfangreichen französischsprachigen Beständen seiner Bibliothek, wie dies aus der Nachlaßakte ersichtlich wird (GLA Karlsruhe 206/1127).

[36] *Tragédie lyrique en trois actes*. Paris, 16. Oktober 1783. Faksimile-Reprint Bologna: Forni, o.J. Hier findet sich in der zweiten Szene ein von jagdartigem Hörnerklang begleiteter Chor (*Le Cor nous appelle à la chasse / suivons la reine dans les bois*).

[37] Paris, 10. Juli 1804. Faksimile-Reprint New York: Garland, 1979. Im *Ossian* begegnet ein inhaltlich verwandter, von einem Hornmotiv eingeleiteter Jagdchor (*Son du Cor nous appelle, volons au sein des forêts*).

Gerade für die Gestaltung der Chorszenen sowie für die formale Konzeption großer szenischer Abläufe dürfte Weber Anregungen von der französischen Oper seiner Zeit empfangen haben. Vogler steht dieser Tradition mit seinen Werken durchaus nahe, versucht aber die Massierung der Mittel, zu der die französische Oper oft tendiert, zu vermeiden und durch eine punktuell oder abschnittsweise bewußt gestaltete Instrumentierung, die sich von umgebenden Teilen kontrastierend abhebt, die beabsichtigten Effekte zu erreichen. In diesem reflektierten, wohlberechneten Einsatz der Mittel konnte er für Weber vorbildhaft werden und durch die Schulung des Wahrnehmungsvermögens dessen weitere Entwicklung beeinflussen. Danzis Einfluß muß man wohl eher im Hinblick auf Leichtigkeit, Gesanglichkeit und Detailgestaltung berücksichtigen, die dramatische Kraft Voglers geht ihm ab. Einer genaueren Beurteilung der Einwirkungen beider auf Webers Opernkompositionen muß aber eine Untersuchung der »französischen Züge« in deren Werken sowie der französischen Einflüsse in Webers eigenem Schaffen vorausgehen. Hier konnte es nur darum gehen, skizzenhaft einige wichtige Züge in den Bühnenwerken Voglers und Danzis anzudeuten, um so Parallelen im frühen Schaffen Webers sichtbar werden zu lassen - daraus direkte Schlüsse hinsichtlich eines Einflusses beider auf Weber zu ziehen, wäre voreilig.

Schlußbemerkung

Wenn Max Maria von Weber in seinem *Lebensbild* den Einfluß Franz Danzis auf die künstlerische Entwicklung des jungen Weber höher einschätzt als den *irgend eine*[r] *andere*[n] *Persönlichkeit* [...], *Vogler nicht ausgenommen*[1], so muß diese Sicht nach den vorangehenden Untersuchungen korrigiert werden.

Danzi hat sich um Webers künstlerische Laufbahn vor allem dadurch verdient gemacht, daß er in einer Situation, die Weber fast von seiner *ursprünglichen Bestimmung abgeleitet hätte*, dessen *künstlerisches Streben* [...] *aufrecht erhielt*[2]. Vor allem diese menschliche Seite der Beziehung Webers zu dem vielseitig gebildeten Danzi und dessen Rolle in dem Entscheidungsprozeß der Stuttgarter Jahre verdienen hervorgehoben zu werden, da Weber sich nach der Ausweisung aus Württemberg endgültig zu einer künstlerischen Laufbahn als Pianist und Komponist entschlossen hatte.

Die Bestimmung des Anteils der künstlerischen Seite innerhalb dieser Beziehung bereitet größere Schwierigkeiten. Einerseits zeigt sich in einigen Punkten, daß nicht alle Danzi zugeschriebenen Veränderungen in den Kompositionen Webers aus den Werken Danzis abgeleitet werden können[3], und andere Merkmale schon *vor* den Stuttgarter Jahren Webers ausgeprägt sind; andererseits verbinden eine Reihe von Charakteristika Danzis Werke mit denen seines Mannheimer Lehrers Vogler, so daß bei einzelnen Einflußfaktoren eine genauere Bestimmung des jeweiligen Anteils beider höchstens an Hand zeitlicher bzw. biographischer Kriterien denkbar ist.

Im Verlauf der Untersuchungen wurde deutlich, daß viele der Merkmale in den Kompositionen Webers, die bisher mit dem Einfluß Danzis in Zusammenhang gebracht wurden, schon in den Werken ausgeprägt sind, die in Webers Breslauer und Carlsruher Zeit, also im Anschluß an den Unterricht bei Vogler in Wien, entstanden. Ohne daß die Ergebnisse der einzelnen Kapitel dieser Arbeit hier wiederholt werden sollen, muß nochmals vor allem auf den dauerhaften Einfluß hingewiesen werden, den Vogler besonders durch die Vermittlung seines *Harmonie-Systems* auf Harmonik und Satzweise seines Schülers ausgeübt hat. Dabei ist es nicht nur der Wandel der harmonischen Sprache im engeren Sinn, der ins Auge fällt, sondern auch die Übernahme einzelner Satztypen (z.B. ausharmonisierter Akkordketten mit gegenläufigen Außenstimmen), die bis in Webers späte Werke zu verfolgen sind und eine dauerhafte Prägung durch Vogler verraten. Entscheidende Veränderungen vollziehen sich auch auf dem Gebiet der Instrumentation; aber auch Webers Formdenken oder seine Bevorzugung von (im weitesten Sinne) »variierenden« Techniken, weisen deutlich auf das Vorbild Voglers hin.

Voglers Einfluß scheint »greifbarer«, weil wichtige Eigenheiten seiner Werke in seiner Lehre gründen, und mit deren ausformulierten kompositorischen Forderungen Kriterien für eine Bestimmung der Einwirkungen vorgegeben sind, wie sich dies z.B. an dem Verbot »falscher« Orgelpunktformen demonstrieren ließ. Danzis Werke

[1] MMW I, S. 140

[2] Weber an Danzi, 1. März 1824, zit. bei MMW II, S. 549

[3] z.B. die Ausnutzung extremer Instrumentenregister bei Weber

weisen vor allem in formaler oder harmonischer Hinsicht Gemeinsamkeiten mit Voglerschen Kompositionen auf, und er hat, trotz einer Reihe von Unterschieden auf anderen Gebieten, die von Weber bereits eingeschlagenen Pfade eher vertieft und zu mehr Klarheit im Gebrauch der Mittel angeregt als neue Richtungen vorgegeben.

Webers Verbindung zu den *Mannheimern* erschöpft sich aber eigentlich nicht in seinen Kontakten zu Danzi und Vogler. Auch während er sich mit seinem Vater, der selbst früher in kurpfälzischen Diensten gestanden hatte, mehrfach in München aufhielt, hatte er Gelegenheit, Mannheimer Kompositionen kennenzulernen, da die Mehrzahl der Mannheimer Musiker seit der Verlegung des kurpfälzischen Hofes ebenfalls in München tätig war. Wenn man die Existenz eines eigenen *Mannheimer Stils* annehmen will, so war es dieser, der Webers musikalische Eindrücke seit seinem dreizehnten Lebensjahr bis hin zur Darmstädter Zeit wesentlich bestimmte, denn selbst die Jahre in Wien 1803/1804 oder in Stuttgart 1807-1810 erhielten durch Vogler bzw. Danzi einen »mannheimerischen« Anstrich.

Es wäre aber sicherlich falsch, den *Mannheimer* Einfluß als einzigen Faktor in Webers früher Ausbildung zu nennen. So spielen Anregungen durch die französische Oper zwar in der frühen Ausbildung des Knaben kaum eine Rolle - Franz Anton von Weber bevorzugte in seiner Theatertruppe das deutsche Singspiel und die italienische *Buffa*[4] -, mit dem Erlebnis französischer Opernaufführungen in Wien 1803/1804 dürfte sich aber für Weber, parallel zur Ausbildung bei Vogler (und möglicherweise durch diesen gefördert), eine neue musikalische Welt aufgetan haben. Auch Konzerte fremder Pianisten in Wien können nicht ohne Auswirkung auf die künstlerische Phantasie des klavierspielenden und komponierenden jungen Mannes geblieben sein, und das Studium von Partituren aus dem Besitz seines mit Musikalien handelnden Vaters wird ebenfalls Spuren hinterlassen haben. Gerade hinsichtlich fremder Einflüsse in den Jugendwerken Webers erscheinen weitere Studien von Interesse. Dies betrifft auch die Abhängigkeit seines Klavierstils vom zeitgenössischen Repertoire reisender Virtuosen, aber ebenso die genauere Bestimmung der Einflüsse seiner ersten Lehrer Heuschkel und Kalcher oder der Anregungen aus den Aufführungen der Theatertruppe Franz Antons.

Dennoch zeigt die vorliegende Untersuchung, daß mit Voglers und Danzis Einfluß charakteristische Züge in Webers Werken in Verbindung gebracht werden können, und daß durch diesen bestimmenden Anteil beider in Webers frühem Schaffen die Existenz einer *Brücke* von Mannheim hin zur Romantik Weberscher Prägung bestätigt wird. Diese Brücke führt an Beethoven vorbei, quasi »über die Wiener Klassik hinweg« bzw. unbeeindruckt von den Werken des Wiener Meisters, direkt zur Romantik. Die Tatsache, daß in neueren Untersuchungen wiederholt festgestellt werden konnte, daß wesentliche Charakteristika der späteren Kompositionen Webers bereits in seinen Jugendwerken anzutreffen sind, unterstreicht diese angedeutete Verbindung und bestätigt Webers Bemerkung über den Mannheimer Abbé: *ich habe ihm viel zu verdanken*[5].

Bei der Beurteilung der Rolle Voglers und Danzis in Webers künstlerischem Schaffen wird man sicher, ohne den Einfluß Danzis zu verkennen, mit Jähns be-

[4] vgl. dazu die erhaltenen Theaterzettel der Truppe Franz Anton von Webers im Stadtarchiv Nürnberg, Signatur Nor. 1321.2° und Will VIII 570^{s}.2°

[5] Tagebucheintragung Webers vom 12. Mai 1814

haupten können, daß die Bekanntschaft mit Vogler ein Ereignis in Webers Leben darstellte, ***das als eines der einflussreichsten auf den Entwicklungsgang des werdenden Künstlers zu betrachten ist***[6].

Es bleibt die Frage, inwieweit sich die hier z.T. festgestellten ***Mannheimer*** Charakteristika in Webers Kompositionen auch in Werken anderer »Romantiker« wiederfinden lassen, wie stabil also die ***Brücke*** ist, die von der Mannheimer Kompositionstradition direkt zur »Romantik« führt?

[6] vgl. JähnsS, S. 7

Anhang 1

Zur Biographie Franz Danzis

Franz Danzi stammt, wie viele seiner Mannheimer Kollegen, aus einer der typischen Hofmusikerfamilien der zweiten Hälfte des 18. Jahrhunderts. Als Sohn des 1754 nach Mannheim verpflichteten, hochbezahlten italienischen Violoncellisten Innozenz Danzi[1] und der ebenfalls am Mannheimer Hof in Diensten stehenden Tänzerin Barbara Toeschi[2] (einer Schwester der Brüder Karl Joseph und Johann Baptist Toeschi) war für den am 15. Juni 1763 in Schwetzingen getauften Franz Ignaz Danzi[3] das Theater- und Musikleben am Hofe Carl Theodors die von frühester Kindheit an prägende Umgebung. Die Hofmusiker bildeten eine eigene soziale Schicht[4], und nur selten überwanden deren Mitglieder die Standesgrenzen - so waren auch Danzis Geschwister überwiegend im Theater- oder Musikbereich tätig[5].

Eine musikalische Ausbildung der einzelnen Familienmitglieder war offensichtlich selbstverständlich, und es scheint naheliegend, daß dafür zunächst Mitglieder der eigenen Familie zu sorgen hatten, wie dies die beiden frühesten Biographen Danzis, Felix Joseph

[1] Friedrich Walter gibt das Gehalt nach der Anstellungsurkunde vom 29. Mai 1754 mit 800 fl. an (Walter 1898, S. 221); in der Gehaltsliste von 1778 erscheint Innozenz dann sogar mit 1000 fl. (vgl. HSA München, HR I Fasz. 457/13). Ein vergleichbar hohes Gehalt erhielt der Flötist Wendling (Vergleichszahlen s. Walter 1898, S. 202 mit Anmerkung).

[2] Laut freundlicher Auskunft von Herrn Hans Götz (Mannheim) wurde die Ehe mit Barbara Toeschi am 28. Mai 1755 in Mannheim geschlossen (Taufregister der Kathol. Pfarrei Jesuitenkirche bzw. Oberes Pfarramt Mannheim; danach sind im folgenden auch die Daten der in Mannheim getauften Kinder dieser Ehe wiedergegeben). Im *Almanach electoral* 1757 und 1758 erscheint unter den *Danseuses et figurantes* eine *Barbe Danzi* (vgl. Walter 1898, S. 340, Anm. zu S. 160), bei der es sich um die Frau von Innozenz Danzi handeln dürfte. (Zur Familie Toeschi vgl. Robert Münster: *Die Sinfonien Toeschis. Ein Beitrag zur Geschichte der Mannheimer Sinfonie*, Diss. München 1956).

[3] vgl. Karl Mossemann: *Die Musiker der »Mannheimer Schule«, ihr Ensemble und die »Comoedianten« im Spiegel der Schwetzinger Kirchenbücher*, in: *Badische Familienkunde* 1969, S. 82

[4] Bezeichnenderweise stammen auch die beiden Taufpaten aus dem Musikerstand: Franz Ignaz Fränzl und Susanna Toeschi; vgl. Mossemann, a.a.O., S. 82.

[5] Die älteste Schwester Franziska Dorothea (*1756), die den Oboisten Lebrun heiratete, war eine in ihrer Zeit gefeierte Sängerin (vgl. Lipowsky: *Baierisches Musik-Lexikon*, München 1811, S. 40-41). Dem Gesang widmeten sich auch die 1759 geborene Maria Magdalena (vgl. *Churpfälzischer Hof- und Staats-Calender*, Mannheim 1790, S. 35-39) und der jüngere Bruder Anton Ludwig (*1766; vgl. *Hof- u. Staats-Calender* 1789, S. 36-39), der später als Bratschist im Münchener Orchester begegnet (HSA München, HR I Fasz. 457/13 u. *Baierisches Musik-Lexikon*, S. 65). Ein Violinist Johann Danzi, wahrscheinlich der 1758 geborene Johann Baptist, war zwischen 1773 und 1785 in der Hofkapelle in München beschäftigt (vgl. Walter 1898, S. 215 u. *Hof- u. Staats-Calender* 1785, S. 34-38). Bei dem 1783 in der kurtrierischen Hofkapelle genannten Jean Danzi dürfte es sich um Johann Ludwig Danzi (*1761) handeln (vgl. Gustav Bereths: *Die Musikpflege am kurtrierischen Hofe zu Koblenz-Ehrenbreitstein*, Mainz 1964, S. 101). Schließlich begegnet noch ein Violinist Danzi 1804/1805 als Tuttigeiger im Frankfurter Ensemble; vgl. *AMZ* 6. Jg. (21. März 1804), Sp. 418 u. 7. Jg. (13. März 1805), Sp. 389/390.

Lipowsky und Friedrich Rochlitz, aus ihrer persönlichen Bekanntschaft mit Danzi bestätigen[6]:

> *D.'s Vater, Innocenz, wurde der Lehrer des Sohnes, und das schon frühzeitig, da dieser Talent und Neigung zeigte. Er brachte ihm die Elem<em>entarkenntnisse aller Musik und das nächste Mittel, sie anzuwenden, das Klavierspielen und Singen, leicht bey; dann hielt er ihn zum Spiel seines eignen Instruments, des Violoncells, an, und im letztern blieb er auch in der Folge sein Lehrer. Uebrigens aber überliess er ihn, etwa vom zehnten Jahre an, der öffentlichen Schule, der musikalischen sowohl, als der wissenschaftlichen* [...]

Übereinstimmend berichten beide Biographen von frühen Kompositionsversuchen: *Schon als zwölf- bis dreizehnjähriger Knabe schrieb er unaufgefordert Allerley, was wenigstens dem Vater und dem engern Kreise, dem es bekannt ward, wohl gefiel. Lieder waren es und Stücke für's Violoncell*[7]. Eigentlichen Kompositionsunterricht scheint Danzi demnach frühestens in den Jahren 1773-1775 erhalten zu haben[8]. Als Lehrer erwähnt Lipowsky in seinem *Portrait* zunächst einen der beiden Brüder Toeschi: *Von früher Jugend einen innern Trieb zur Tonsezkunst fühlend, erhielt er hierin Anfangs Unterricht bei seinem Oheime dem Musik-Direktor Joseph Toeska* [...][9]. Im *Baierischen Musik-Lexikon* spricht Lipowsky nur von einem Unterricht bei Abt Vogler[10]. Rochlitz dagegen nennt Vogler nicht ausdrücklich als Lehrer, bezeichnet Danzi aber als Zögling der *Mannheimer Schule*, an der Vogler als einer *ihrer berühmtesten Lehrer der Composition* tätig war[11].

Über diesen Unterricht bei Vogler läßt sich wenig Konkretes feststellen; daß Danzi von Vogler schon während dessen erstem Aufenthalt in Mannheim unterrichtet wurde, wie Schafhäutl behauptet[12], dürfte nicht zutreffen, da Vogler schon im Frühjahr 1773 zu einer

[6] Die engere Bekanntschaft mit Lipowsky ergibt sich aus einem Brief Danzis an Morigotti vom 6. Dez. 1807, in dem Danzi seinen Freund bittet, die wenigen zu grüßen, die sich seiner in München noch erinnerten und dabei auch Lipowsky erwähnt. Mit Rochlitz wurde Danzi als Musikdirektor der Guardasonischen Truppe 1792 bekannt (vgl. Rochlitz: *Für Freunde der Tonkunst*, 3. Bd., Leipzig ^{3}1868, S. 111, Anmerkung). Nachfolgendes Zitat aus: Rochlitz: Nekrolog für Franz Danzi, *AMZ* 28. Jg. (6. September 1826), Sp. 582. Nach Lipowsky lernte Danzi *mit seiner Schwester Franziska* [...] *Klavier spielen und singen, von seinem Vater aber* [...] *das Violonzellspielen*. (*Baierisches Musik-Lexikon*, S. 63).

[7] Rochlitz: *Nekrolog*, a.a.O., Sp. 583. (Bei der Übernahme des Textes in den Band *Für Freunde der Tonkunst* wurde der letzte Satz verdorben zu: *Leider waren es nur Stücke für's Violoncell* [...]; vgl. a.a.O., S. 108). Lipowsky: *Baierisches Musik-Lexikon*, S. 63: *Schon als Knabe von zwölf Jahren verfertigte er ganz artige Musiken, die sein Genie und seinen Geschmack verriethen*. Gerber notiert im Handexemplar seines *Lexikons der Tonkünstler* (nachfolgend zit. als *LTK*): *Schon als Knabe von 9 Jahren komponirte er ohne Kentniß und Regeln* (vgl. Neuausgabe, Bd. 5: Ergänzungen - Berichtigungen - Nachträge, hg. v. Othmar Wessely, Graz 1969, S. 330).

[8] Bzw. seit 1772/1773, wenn man vom Geburtsjahr 1760 ausgeht, wie dies Rochlitz und Lipowsky fälschlich tun.

[9] Lipowsky: Artikel *Danzi*, in: *Portraite der berühmtesten Componisten der Tonkunst*, hg. v. H. Winter, München o. J., Nr. LIII

[10] a.a.O., S. 63. Vgl. auch Lipowsky: *Karl Theodor, wie es war, und wie es wahr ist, oder dessen Leben und Thaten*, Sulzbach 1828, S. 94/95: *Vogler hatte in Mannheim eine Tonschule errichtet, und sowohl im Gesange, als auch in der Tonsetzkunst Unterricht gegeben. Von ihm waren die nachmaligen Kapellmeister Peter Winter und Franz Danzi, so wie die Hofsängerinnen Franziska Lebrün, geb. Danzi, Dorothea Wendling, geb. Spurni u.s.m. unterrichtet und gebildet worden*. In Gerbers Handexemplar des *LTK* heißt es: *1776 unterrichtete ihn der Abt Vogler* (Neuausgabe, a.a.O., Bd. 5, S. 330).

[11] *Für Freunde*, a.a.O., S. 106/107

[12] Schafhäutl, S. 241. In seinem Nachlaß ließ sich keine Quellenangabe für diese Behauptung finden.

Italienreise aufbrach[13]. Wahrscheinlicher ist, daß Danzi erst nach der Ende 1776 erfolgten Gründung der Voglerschen *Tonschule*[14] bei dem Abbé in die Lehre ging; spätestens durch Voglers Reise nach Paris (1781) und London wurde der Unterricht wieder unterbrochen[15]. Schon bald nach der Anstellung in München im April 1784[16] begab sich Vogler erneut auf Reisen, so daß auch in diesem Zeitraum (ebenso während Voglers Münchener Aufenthalt 1805/1806) kaum an Unterricht zu denken ist.

Während Danzi im Gegensatz zu anderen Schülern Voglers in den drei Jahrgängen der *Betrachtungen der Mannheimer Tonschule* nicht mit einem Beitrag vertreten ist, gibt es für diesen Zeitraum ein indirektes Zeugnis der Schülerschaft durch einen späteren Artikel Voglers in der *Musikalischen Korrespondenz der teutschen Filarmonischen Gesellschaft*, in dem es heißt[17]:

> *Hr. Cannabich hat nie ein Lied von eigener Komposition hören lassen. Sein Lobredner Freiherr von Gemmingen kündigte zwar vor 12 Jahren von ihm die Musik zu Schwan's Azakia an. Sie ist aber noch nicht erschienen, und zwei von meinen Tonschülern haben sie gesezt.*

Diese *Azakia* wurde von den Vogler-Schülern Johann André und Franz Danzi vertont[18]; die erste Aufführung des Danzischen Singspiels fand am 6. Juni 1780 statt[19], also noch während Voglers zweitem Mannheim-Aufenthalt.

Zu diesem Zeitpunkt war Danzi bereits zwei Jahre lang nachweislich als Violoncellist im Mannheimer Orchester[20] und offensichtlich auch schon als Korrepetitor des Dalbergschen Nationaltheaters tätig[21], eine Stellung, die er aus nicht bekannten Gründen im September

13 Am 15. März 1773 wurden Vogler 500 fl. zu seiner *vorhabenden reiße* nach Italien genehmigt (vgl. GLA Karlsruhe 77/1656).

14 Zuschüsse zu *vorhabender Tonlehre* wurden Vogler am 25. Oktober 1776 auf drei Jahre bewilligt (GLA Karlsruhe 77/1656). Für eine Unterrichtstätigkeit im Auftrag des Hofes vor der Italienreise gibt es keinerlei Belege.

15 Schafhäutl erwähnt eine Aufführung eines Voglerschen Klavierkonzertes in Paris im Dezember 1781. 1782 legte Vogler sein System in Paris, anschließend in London vor (Schafhäutl, S. 28-30).

16 Nach einem Dekret vom 12. April 1784 wurde Vogler mit einem Gehalt von 1100 fl. in München angestellt (GLA Karlsruhe 77/1656).

17 Speyer 1790, Sp. 185; vgl. *Litteratur- und Theater-Zeitung Berlin*, 3. Jg. (1780), S. 537: *Danzi komponirt jetzo die Musik zu der Schwanischen Azakia.*

18 vgl. Franz Stieger: *Opernlexikon*, Tutzing 1975-1983, Teil I, Bd.1, S.132. Friedrich Walter führt in: *Archiv und Bibliothek des Grossh. Hof- und Nationaltheaters in Mannheim 1779-1839*, Bd. II: *Die Bibliothek*, Leipzig 1899, S. 8 das ursprünglich gedruckte Textbuch an: *Azakia. Sg. 3 v. C. F. Schwan. Die Musik ist von Herrn Direktor Cannabich (die beiden letzten Worte sind durchgestrichen und darüber geschrieben: Franz Danzy). Mannh., C. F. Schwan 1778.* Erhalten hat sich ein Textdruck der 2. Auflage 1780, dessen Titelblatt den gedruckten Vermerk trägt: *Die Musik ist von Herrn Franz Danzy* (Reiss-Museum Mannheim, Sign.: Mh 1674).

19 Walter 1899 II, S. 382. Eine zweite Aufführung ist am 11. Januar 1781 verzeichnet. Vgl. auch die kurze Besprechung in der Berliner *Litteratur- und Theater-Zeitung*, 3. Jg. (1780), S. 540.

20 In einer Gehaltsliste vom 6. August 1778 aus Mannheim erscheint *Danzi jun.* mit 90 fl. (HSA München, HR I, Fasz. 457/13). Möglicherweise war Danzi jedoch wesentlich früher bereits Volontär im Orchester, da er in dem von Reipschläger zitierten Schreiben an Seefeld vom 8. August 1807 angibt, er sei *seit seinem zehnten Jahre im Dienst* (vgl. Reipschläger, S. 66). Am 27. Juli 1780 erhielt Danzi laut Reipschläger eine Zulage von 50 Gulden mit Wirkung vom 1. August 1780 (Reipschläger, S. 56).

21 *Litteratur- und Theater-Zeitung* Berlin, 3. Jg. (1780), S. 730: *Ausserdem ist der Herr Concertmeister Fränzel zur Oberaufsicht übers Orchester, und Hr. Franz Danzy zur Einlernung der Operetten bestimmt. Hr. Wendling und Hr. Danzi der Jüngere dirigiren abwechselnd das Theaterorchester* [...]. Vgl. Reipschläger, S. 56: *In den Mannheimer Theaterakten finden wir ihn 1780 auch als Repetitor mit einem Jahrgehalt von 280 Gulden verzeichnet.*

1781 kündigte[22]. Anregungen empfing Danzi vor allem durch das Theater (nach Angaben des Schauspielers Karl Müller bestand im Hause der Danzis sogar ein eigenes Liebhabertheater[23]), und nach dem Wegzug des Hofes nach München entstanden in Mannheim die ersten größeren Werke, darunter die erwähnte *Azakia*, das Singspiel *Laura Rosetti* (EA 15. August 1781)[24], das Duodram *Cleopatra* (EA 30. Januar 1780)[25], sowie eine Reihe von Schauspielmusiken (Symphonien, Zwischenakte, Chöre) für die dortige Nationalbühne[26].

Neben der Entwicklung der musikalischen Fähigkeiten während der Mannheimer Zeit verdient die allgemeine schulische Ausbildung Danzis besondere Erwähnung. Rochlitz bezeichnet Danzis Bildung als *nach mehr*[er]*en Seiten hin, nicht unbeträchtlich, und für einen Tonkünstler ausgezeichnet*[27]:

> *Er hatte auf jenem früh gelegten, guten Grund mit Lust und Fleiß fortgebaut; ja, er bauete sein Leben lang daran fort; so daß er als Mann nicht nur über vielerlei Wissenschaftliches oder Weltliches, auch was mit seiner Kunst direct in keiner Verbindung steht, auslangend unterrichtet war, sondern auch, was er sich einmal angeeignet, im Zusammenhange beisammen und in Ordnung zur Hand hatte. Darum sprach und schrieb er auch gut; konnte von dem, was er wollte und machte, Rechenschaft geben; zeigte sich in der Unterhaltung eingänglich und anziehend, im Benehmen gesittet und wohlgefällig, so daß Jedermann gern mit ihm verkehrte und er überall einen angenehmen Eindruck zurückließ. Auch war er der lateinischen Sprache einigermaßen, der französischen hinlänglich, der italienischen vorzüglich mächtig; machte artige deutsche Verse, die er, ohne Ansprüche, vertrautern Freunden zu widmen pflegte; hatte mit Verstand und Wahl sich kleine Sammlungen literarischer und artistischer Hülfs- oder Erweckungsmittel angelegt: kurz, er war, was man, im Sinne der bessern Gesellschaft, einen Mann von Geschmack und feiner Ausbildung nennt.*

[22] Zur Kündigung heißt es in einer Protokollnotiz des Intendanten von Dalberg vom 28. Sept. 1781: *Nachdem Herr Danzy seiner Stelle bereits freiwillig entsagt und nicht wieder um dieselbe neuerdings angestanden hat, so ist es nöthig, daß bei Abgehung gedachten Herrn Danzy ein anderer Repetitor für die Operette beim Theater angestellt werde; es ist einstweilen zu diesem Ende Herr Einberger* [...] *angenommen worden* [...] (Max Martersteig: *Die Protokolle des Mannheimer Nationaltheaters unter Dalberg aus den Jahren 1781 bis 1789*, Mannheim 1890, S. 34).

[23] vgl. Hans Knudsen: *Selbstbiographisches vom Schauspieler Karl Müller*, in: *Mannheimer Geschichtsblätter*, 16. Jg. (1915), Sp. 69-70; dieser Hinweis findet sich bei Roland Würtz: *Verzeichnis und Ikonographie der kurpfälzischen Hofmusiker zu Mannheimer nebst darstellendem Theaterpersonal 1723-1803*, Wilhelmshaven 1975, S. 8.

[24] Theaterzettelband 1781 in der Theatersammlung des Reiss-Museums Mannheim. Während das Werk dort als *Singspiel* bezeichnet ist, begegnet es bei Walter 1899 II, S. 35 als *Schauspiel mit Gesang*.

[25] Theaterzettelband 1780, a.a.O.; das von Schwan gedruckte Textbuch hat sich in der Theatersammlung des Reiss-Museums unter der Signatur Mh 1676 erhalten. Walter 1899 II, S. 384 gibt als weitere Aufführungsdaten an: 4. Februar, 13. April u. 3. Dezember 1780.

[26] Die Theaterzettelbände der Theatersammlung des Reiss-Museums Mannheim weisen als Schauspiele mit Musik von Danzi aus: Ifflands *Albert von Thurneisen oder Liebe und Pflicht im Streit* (2. Juli 1781: *Symphonie und Entre Act*; 25. Juli 1782: *Symphonie und Zwischenacte*), Gotters *Liebhaber ohne Namen* (30. Januar 1783: *Symphonie, Zwischenacte u. Chöre*), Anton von Kleins *Franz von Sikingen* (27. Februar 1783: *Zwischenacte*), Plümickes *Lanassa* (27. April 1783; Walter gibt als erstes Aufführungsdatum den 29. Dez. 1782 an, weitere Aufführungen a.a.O., S. 398). Walter verzeichnet ferner eine Schauspielmusik zum *Schiffbruch* von Brandes (4. März 1781, a.a.O., S. 407, s. dazu *Litteratur- und Theater-Zeitung* Berlin, 5. Jg. 1782, S. 140: *einige Scenen mit Musikbegleitung, nemlich wo der Schiffbruch geschieht, die Musik zwischen den Akten, Symphonie und Märsche sind von* [...] *Franz Danzy*). Alexander gibt darüber hinaus Daten zu Schillers *Die Räuber* (13. Januar 1782; vgl. dazu Schiller: *Sämtliche Werke*, hg. v. Gerhard Fricke u. Herbert G. Göpfert, München: Hanser, Bd. I, S. 636) und einem Schauspiel *Der Wiederkauf* an (1780; vgl. Art. *Danzi*, in *GroveD*, S. 235).

[27] *Nekrolog*, a.a.O., Sp. 582; Zitat: *Für Freunde*, a.a.O., S. 107/108

Auch Lipowsky spricht davon, daß Danzi sich in der *Dichtkunst* [...] *durch Lektüre, und den Umgang mit gelehrten Männern in Mannheim und München* bildete: [...] *auch in der Literatur ist er sehr gebildet, und in allen Fächern der Wissenschaften bewandert*[28]. Als umfassend gebildeter Musiker war Danzi ein geschätzter Mitarbeiter mehrerer Zeitschriften, so bei der Münchener *Aurora*[29] und der Leipziger *AMZ*[30]. Wiederholt verweisen Zeitgenossen auf den Zusammenhang dieser Bildung mit dem Charakter der Kompositionen Danzis. So schreibt der Korrespondent des *Journal des Luxus und der Moden* im März 1808: *Der hohe Grad literarischer Bildung, der durch Lesung der Classiker tief eindringende philosophische Geist dieses Mannes, wirkten auf seine reif durchdachten Compositionen*[31]. Belege für *dieses Mannes Gelehrtheit, und eleganten Stil*[32] findet man nicht nur in den erhaltenen Briefen Danzis, sondern z.B. auch in seiner nachgelassenen kleinen Bibliothek, die außer auf literarische auch auf ausgeprägte historische Interessen schließen läßt[33].

Nach der Pensionierung seines Vaters bot man Danzi im November 1783 dessen Stelle im Münchener Orchester an; im Januar 1784 unterzeichnete Danzi den Kontrakt und siedelte nach München über[34]. Noch im gleichen Jahr erklang auf der dortigen Nationalbühne bereits ein Werk Danzis, das pantomimische Ballett von Crux *Der Tod des Orpheus* (10. Oktober 1784)[35]; im darauffolgenden Jahr erschien, wiederum als Ballett von Crux, *Der Teufel in allen Ecken*[36]. Als Opernkomponist trat Danzi dann im April 1788 mit der von Rochlitz gepriesenen *Mitternachtsstunde* auf der Nationalbühne in Erscheinung[37], im

[28] *Baierisches Musik-Lexikon*, a.a.O., S. 63/64

[29] a.a.O., S. 64. Lipowsky gibt eine Mitarbeit an der *Aurora* für die Jahre 1804 und 1805 an. In den von Joseph Scherer herausgegebenen beiden Bänden finden sich unter dem Namen Danzis allerdings lediglich drei Kompositionen (eine *Romanze aus El Bondokani*, eine *Ballade von Stollberg* und - ohne Namensangabe - Danzis *Notturno: S'io t'amo, oh Dio*; alle Beilagen im Jahrgang 1804). Da die einzelnen Artikel der Zeitschrift nicht gezeichnet sind, lassen sich Danzis Beiträge nicht festellen; die Auswahl der Beiträge legt aber nahe, daß er nicht nur musikbezogene Aufsätze beigesteuert hat (Möglicherweise stammen einige der Übersetzungen aus dem Französischen bzw. auf frz. Literatur bezogene Aufsätze aus Danzis Feder). Im Nachlaß Scherers (BSB München) existiert ein Schreiben Danzis, worin dieser bittet, ihm das Manuskript seiner Reimereien zurückzusenden: *sie dem größeren Publikum durch den Druck mitzutheilen, dazu sind sie allerdings zu unbedeutend* (undatierter Brief, J. Schereriana IV).

[30] Von Danzi stammt der Nekrolog für Karl Cannabich, *AMZ* 8. Jg. (21. Mai 1806), Sp. 529-530. In einem Brief vom 7. September 1803 an Breitkopf & Härtel schlägt Danzi aus Zeitmangel die Bitte um Übernahme von Rezensionen aus, legt aber gleichzeitig *einige Gedanken über Mozart's theatralische Werke bei, von denen Sie, im Fall Sie solche deßsen würdig halten sollten, in der Musikalischen Zeitung Gebrauch machen können, mit Verschweigung meines Nahmens, versteht sich*. Ein Beitrag über Mozart, der unter dem Titel *An meinen Freund* im 6. Jg. (28. März 1804), Sp. 421-424 erschien, ist ungezeichnet. Nach Martha Bruckner-Bigenwald: *Die Anfänge der Leipziger Allgemeinen Musikalischen Zeitung*, Diss. Freiburg 1938, Reprint Hilversum 1965, S. 94 stammt der *Ungen. Vorschlag zur Emporbringung der deutschen Oper* im 6. Jg. (7. März 1804), Sp. 365-377 von Danzi. Weitere Beiträge lassen sich wegen fehlender Signierung kaum identifizieren.

[31] Weimar 1808, S. 216

[32] *Baierisches Musik-Lexikon*, a.a.O., S. 64

[33] vgl. Erbteilungsakten GLA Karlsruhe 206/1127: Das Verzeichnis der zu versteigernden Bücher enthält hauptsächlich deutsche und französische, aber auch eine Reihe von italienischen und einige englische und lateinische Titel.

[34] vgl. Reipschläger, S. 57; Danzi erhält ein Drittel der Besoldung seines Vaters (= 333 fl. 20 xr.).

[35] Paul Legband: *Münchener Bühne und Literatur im 18. Jahrhundert*, München 1904, S. 446

[36] a.a.O., S. 448; Aufführung am 28. Januar 1785

[37] a.a.O., S. 457. Legband verzeichnet Wiederholungen dieses Werkes im Mai und August 1788, im Juli 1789, im September 1790, im Februar und März 1798 und im Februar 1799. Nach dem Erscheinen des Klavierauszugs im Jahre 1801 hat Rochlitz diese Oper sehr wohlwollend besprochen; vgl. *AMZ* 4. Jg. (16. Dezember 1801), Sp. 188-190. Zur Datierung der Oper vgl. o., S. 226

Februar 1789 folgte *Der Triumph der Treue*[38] und im August desselben Jahres *Der Quasimann*[39].

1790 heiratete Danzi die Tochter des Theaterdirektors Theobald Marchand, die u.a. von Leopold Mozart ausgebildete und seit 1786 als *Hofsängerin* engagierte Margarethe Marchand[40], und trat mit ihr, wahrscheinlich im Jahre 1792, eine ausgedehnte Kunstreise an[41]. Im gleichen Jahr begegnet Danzi als Musikdirektor der Guardasonischen Truppe in Leipzig und Prag, seine Gattin daselbst als Sängerin[42]. Die weiteren Stationen liegen im Dunkeln, erwähnt werden lediglich ein Italienaufenthalt 1794/1795 und Auftritte in Florenz und Venedig[43].

Zwei Jahre nach der Rückkehr aus Italien, am 18. Mai 1798, wurde Danzi bei zunächst unverändertem Gehalt zum *Vice-Kapellmeister* ernannt[44]. Nach dem Tode seiner lange Zeit kränkelnden Frau[45] und der Anstellung Karl Cannabichs als Musikdirektor (1801) beschränkte sich Danzis Tätigkeit am Hofe vorwiegend auf die Kirchenmusik; gleichzeitig übernahm er pädagogische Pflichten, d.h. Gesangsausbildung und Kompositionsunterricht[46].

[38] Legband, a.a.O., S. 460; laut Lipowsky (*Baierisches Musik-Lexikon*, S. 35) schrieb Danzi die Sopranpartie der Oper für Eva Brochard. Die Oper wurde noch zweimal im Februar 1789 in München aufgeführt, begegnet im Verzeichnis von Legband darüber hinaus aber nicht mehr.

[39] Legband, a.a.O., S. 461; Wiederholungen im August 1789, April 1790, Juni 1791 u. am 3. Februar 1791

[40] vgl. *AMZ* 4. Jg. (18. November 1801), Sp. 124/125. Am 1. April 1786 war Margarethe bereits als *Hofsängerin auf drey Jahre* mit 500 fl. am Münchener Hof angestellt worden (HSA München, HR I, Fasz. 470/675). Nach Angaben des vorstehend genannten Nachrufs in der *AMZ* sang sie *in Abwesenheit der berühmten Lebrun die erste Rolle in der Voglerischen Oper: Castor e Polluce, und wurde hierauf als Hofsängerinn aufgenommen.* (Das genannte Aufführungsjahr 1787 müßte nach F. M. Rudhart: *Geschichte der Oper am Hofe zu München*, Freising 1865, S. 173 zu 1786 korrigiert werden; vgl. dazu die Angaben in Lipowskys *Musik-Lexikon*, S. 432 u. Schafhäutl, S. 30).

[41] In einer Eingabe vom Mai 1792 bitten die Danzischen Eheleute um Belassung ihrer Besoldung während ihrer Abwesenheit. Das von Reipschläger S. 61 erwähnte Dokument aus HR I, Fasz. 461/31 ist nicht mehr aufzufinden.

[42] vgl. *Für Freunde*, a.a.O., S. 111; vgl. auch Oskar Teuber: *Geschichte des Prager Theaters*, Prag 1823, Bd. II, S. 324 u. Arnold Schering: *Musikgeschichte Leipzigs*, Bd. III, Leipzig 1941, S. 566 u. 581. Die Erwähnung eines Hamburger Auftritts der Eheleute Danzi im Jahre 1790 (Josef Sittard: *Geschichte des Musik- und Concertwesens in Hamburg*, Altona u. Leipzig 1890, S. 158) beruht auf einem Irrtum: in einer Zeitungsnotiz des *Hamburgischen unpartheyischen Correspondenten* wird für den 18. April 1790 Franziska Danzi mit ihrem Gatten, dem Oboisten Lebrun, angekündigt. Dieser Irrtum wurde von Gerhard Peters aufgedeckt (*Die musikgeschichtliche Stellung Franz Danzis*, Staatsarbeit Hamburg 1960, S. 9).

[43] vgl. *Nekrolog*, a.a.O., Sp. 585. Zwischen der ersten Kunstreise und der Reise nach Italien scheint sich das Ehepaar Danzi wieder in München aufgehalten zu haben, denn der Geburtsort des am 26. Juli 1794 geborenen Sohnes (August) Carl ist mit München angegeben (vgl. GLA Karlsruhe 232/214).

[44] HSA München, HR I, Fasz. 465/344. Ob diese Ernennung mit dem Tod Christian Cannabichs am 20. Januar 1798 zusammenhängt, war nicht zu ermitteln. Nur einen Monat vorher, am 17. April 1798 war auch Danzis Vater in München gestorben (vgl. a.a.O., HR I, Fasz. 465/343).

[45] Sie starb am 11. Juni 1800, vgl. HSA München, Fasz. 465/345. In einem Brief Babos vom 12. Juni heißt es, Margarethe Danzi habe *seit 1 Jahr wegen Unpäßlichkeit gar nichts geleistet* (a.a.O.). Vgl. dazu ein Schreiben des Mannheimer Direktors Heinrich Beck vom 24. Juli 1799 (zitiert bei Walter 1899 I, S. 247): *Warum ich jezt auf einmahl fürchtete, das meine Frau in München unentbehrlig ist? Weil die Danzi vollends ihre Stimme verlohren hat, seit einigen Wochen nicht singen kan, die Oper liegt, und ich preßirt werde zu kommen.*

[46] vgl. Brief Danzis vom 17. Februar 1807: *Da ich, so lange Cannabich lebte, außer den Kirchendiensten wenig zu thun hatte, so habe ich, aus Liebe zur Kunst, mich vorzüglich mit der Bildung junger Personen zu Sänger und Sängerinnen abgegeben, und bereits drei Sängerinnen zur hiesigen Oper geliefert* [...]. In einem Schreiben an Breitkopf & Härtel vom 7. September 1803 beklagt

In beiden Fächern scheint er erfolgreich unterrichtet zu haben: Zu seinen Gesangsschülern gehörten in München u.a. Margarethe und Josephine Lang[47], Rosine Lebrun, Antonia Peierl und der Bassist Felix Reiner[48], zu den Kompositionsschülern Theobald Lang, Anton Bohrer, Josepha Kanzler[49] und als bekanntester Schüler Johann Nepomuk von Poißl[50].

An eigenen größeren Kompositionen entstanden nach seiner Ernennung zum *Vice-Kapellmeister* in München neben zahlreichen Instrumentalwerken die Opern *Der Kuß* (27. Juni 1799)[51], das einaktige Singspiel *El Bondokani oder Der Caliph von Bagdad* (1802)[52] und die Oper *Iphigenie in Aulis*, die am 27. Januar 1807 zur Namensfeier der Königin Wilhelmine Friederike Caroline aufgeführt wurde[53].

1802 unternahm Danzi laut Reipschläger eine Reise nach Wien[54]; ins Jahr 1803 fällt eine Reise nach Stuttgart, wo Danzi auf Einladung des Hofes während der Feierlichkeiten zur Verleihung der Kurfürstenwürde (6.-8. Mai 1803) zwei eigens hierzu verfertige Kantaten zur Aufführung brachte[55]. Von Mai bis Oktober 1806 leitete Danzi nach dem Tode Karl Cannabichs vorübergehend die deutsche Oper in München[56], bis er durch den Amtsantritt des Nachfolgers Ferdinand Fränzl *in eine Art Unthätigkeit gesetzt* wurde[57].

Zunehmend unzufrieden mit seiner Behandlung in München, bot er im Februar 1807 dem württembergischen Hof seine Dienste an, ohne zunächst eine Zusage zu erhalten[58]. Im

sich Danzi über eine zu große Zahl an Gesangsschülerinnen. Aus dieser Zeit sind außerdem mehrere Kopialrechnungen für kirchenmusikaliche Werke Danzis im HSA München (HR II, Fasz. 159) erhalten.

47 Zu Margarethe Lang vgl. die Korrespondenz um Danzis Anstellung in Stuttgart u. *Baierisches Musik-Lexikon*, a.a.O., S. 166 u. 167.

48 *Baierisches Musik-Lexikon*, a.a.O., S. 42, 241 u. 273. Danzi hat Reiner noch nach dessen Ernennung zum Theatersänger unterrichtet (vgl. Quittungen für den Unterricht in der Zeit vom 1. November 1803 bis 29. Februar 1804, HSA München, HR II, Fasz. 155 u. 156).

49 *Baierisches Musik-Lexikon*, a.a.O., S. 166, 28 u. 141. Josepha Kanzler wurde anschließend von Vogler unterrichtet.

50 vgl. Reipschläger, S. 121

51 Franz Grandaur: *Chronik des Königlichen Hof- und National-Theaters in München*, München 1878, S. 55. Am 22. Juli erhielt Danzi für die Oper 150 fl. (HSA München, HR II, Fasz. 155).

52 Grandaur, a.a.O., S. 59

53 Reipschläger, S. 64

54 a.a.O., S. 63. Reipschläger bemerkt, Danzi sei dort *wahrscheinlich noch mit seinem Lehrer, dem Abt Vogler* zusammengetroffen. Er übersieht dabei, daß Danzi Vogler noch während dessen Münchener Aufenthalt 1805/1806 begegnen konnte.

55 vgl. Danzis ausführlichen Bericht über seine Reise in dem Brief vom 9. Mai 1803 an Georg Lambrecht. Der darin geäußerte Plan, die Oper *Der Kuß* in Stuttgart aufzuführen, scheint nicht verwirklicht worden zu sein. Zum Ablauf der Feierlichkeiten vgl. auch Frhr. Bruselle-Schaubeck: *Feier bei Annahme der Churfürstenwürde am Hofe zu Stuttgart den 6., 7. und 8. Mai 1803*, in: *Besondere Beilage des Staats-Anzeigers für Württemberg*, Nr. 9. u. 10, Stuttgart (19. Juni 1903), S. 129-134. Nach Lipowsky: *Portraite LIII*, hatte Danzi vom Stuttgarter Hof einen Ruf zu diesen Feierlichkeiten erhalten. Eine der *Kantaten zur Kurfeier* hat sich in der LB Stuttgart unter der Sign. HB XVII 130a erhalten. Ein Auszug für die Singstimmen (130b) zeigt, daß das Werk mehrfach verwendet wurde, da ein zweiter Text unterlegt ist.

56 Am 17. November 1806 quittierte Danzi 100 fl. *für die Direktion der deutschen Oper vom 24 May bis 10 Oktober* (HSA München, HR II, Fasz. 157); vgl. auch Danzis Brief an Roeder vom 17. Februar 1807: *Nach Cannabichs Tod wurde mir die Leitung der deutschen und italienischen Oper anvertraut, und ich kann* [...] *sagen, daß ich diesem Amte* [...] *mit dem allgemeinen Beifall der Kenner und der Achtung meiner Kameraden vorgestanden habe* [...]

57 vgl. Brief Danzis an Roeder vom 17. Februar 1807

58 a.a.O.; in einer Eingabe vom 26. Februar 1807 hatte Roeder anläßlich der nicht zufriedenstellend verlaufenen Probezeit des seit Dezember 1806 in Stuttgart angestellten Musikdirektors Knecht darauf hingewiesen, daß sich *jetzt die Gelegenheit zu dem Engagement eines als Capellmeister ausgezeichneten Talents* in der Person Danzis bieten würde (HSA Stuttgart, E 6, Bü 1).

Sommer 1807 reiste er mit seiner Schülerin Margarethe Lang über Stuttgart nach Frankfurt, wo Margarethe dann eine Einladung zu einer Festaufführung von Peter von Winters *Marie von Montalban* am Stuttgarter Hof erreichte[59]. Danzi begleitete seine Schülerin nach Stuttgart und sprang kurzfristig als Leiter der Festaufführung ein, worauf er (wie auch Margarethe) Anfang August 1807 ein Engagementsangebot erhielt[60]. Am 8. August bat er in einem Brief an den Grafen von Seefeld um seine Entlassung aus pfalz-bayerischen Diensten[61]. In dem inzwischen verlorenen, von Reipschläger zitierten Schreiben führte Danzi als Gründe für seinen Entschluß u.a. die geringe Bezahlung mit 900 Gulden, das Ausbleiben der Entlohnung für seine Opern *El Bondokani*, *Iphigenie in Aulis* und für die umfangreichen Einlagen in Cimarosas *Gli Orazi ed i Curiazi* an[62]. Rochlitz schreibt den Weggang auch dem gestörten Verhältnis zu Peter von Winter zu[63]; ob darüber hinaus die Schwächung der deutschen Opernbestrebungen in München seit dem Amtsantritt Max Josephs eine Rolle spielte, muß dahingestellt bleiben[64]. Seinem Münchener Freund Morigotti klagte Danzi: *Der König ist aufgebracht, daß ich seine Dienste verlaße, nach dem er mir 30 Jahre Brod zu freßen gegeben - ja wohl Brod, trocknes Brod, oft weniger als Brod*[65]. Am 25. August wurde die Bitte um Dienstentlassung gewährt[66]; von Mannheim aus reiste Danzi Ende September über Stuttgart noch einmal nach München und traf dann Ende Oktober 1807

[59] In einem Brief vom 1. August 1807 schreibt Danzi aus Frankfurt an den Münchener Hofrat Morigotti, es sei *heute eine Staffette des Königs von Wirtemberg angekommen, die die Gretchen einladet unverzüglich nach Stuttgart zu kommen, um am 7ten dieses Monaths, bei Gelegenheit eines Festes in einer Oper zu singen* [...] *und Morgen Nachmittag reisen wir von hier ab* [...]. Margarethe Lang übernahm die erste Partie in der Festaufführung der Oper *Marie von Montalban*, die am 13. August anläßlich der Vermählungsfeierlichkeiten des Königs Jérôme von Westphalen mit Prinzessin Katharina gegeben wurde (SA Ludwigsburg, E 18 I, Bü 51; für Kopien der umfangreichen Sammlung von Briefen Danzis an Morigotti sei dem Staatsarchiv Ludwigsburg sehr herzlich gedankt). Es handelte sich um die Festlichkeiten zur »formellen« Vermählung, bei der der nicht anwesende Bräutigam durch den Kronprinzen von Württemberg vertreten wurde; vgl. Frhr. Brusselle-Schaubeck: *Die Vermählung des Prinzen Jérôme von Frankreich mit der Prinzessin Katharina von Württemberg*, in: *Schwäbische Kronik*, Sonntagsbeilage Nr. 371 (10. August 1907).

[60] Am 4. August 1807 bat Graf Wintzingeroda den König, dem gerade eingetroffenen Danzi die Leitung der Festoper zu übertragen (offensichtlich war Knecht mit dieser Aufgabe überfordert) und ihn zugleich als ersten Kapellmeister anzustellen (HSA Stuttgart, E 6, Bü 1). Am 16. August teilte Wächter als Direktor des Theaters dem König die Bereitschaft Margarethe Langs zu einem Engagement mit. Bis Monatsende war das Engagement beider Musiker abgeschlossen; Danzi erhielt ein Gehalt von 1500 Gulden mit Aussicht auf freies Logis (a.a.O.).

[61] vgl. Reipschläger, S. 66-67

[62] a.a.O.; Danzi hatte in seiner Münchener Stellung im Laufe der Zeit finanzielle Einbußen hinnehmen müssen. Mit den 700 Gulden, die Danzis Frau bezog, betrug das Gehalt der Eheleute im Jahre 1799 1200 Gulden (HSA München, HR I, Fasz. 457/13). Nach dem Tod seiner Frau erhielt Danzi von deren Gehalt lediglich eine Zulage von 300 Gulden (HR I, 457/13) und im Jahr 1806 zusätzlich die erwähnten 100 Gulden für die Direktion der deutschen Oper (vgl. Anm. 56), so daß das Stuttgarter Angebot für ihn sehr lukrativ war.

[63] *Nekrolog*, a.a.O., Sp. 585

[64] Am 3. Mai 1805 wurde der kurfürstliche Entschluß verkündigt, künftighin seien wieder in jedem Jahr zwei große italienische Opern zu geben; vgl. Grandaur, a.a.O., S. 61. Daß Danzi Schwierigkeiten mit dem Münchener Intendanten Franz Marius von Babo hatte, zeigt auch eine spätere Äußerung über Babo in einem Brief an Morigotti vom 6. Juli 1809, in dem Danzi Babo als einen Mann *den Gott in seinem Zorne zum Theaterintendanten gemacht hat*, bezeichnet und anmerkt: [...] *das Niederträchtigste fällt mir von seiner Seite nicht mehr auf*. Vgl. dazu auch Reipschläger, S. 68-70.

[65] Danzi an Morigotti, 1. September 1807

[66] Reipschläger, S. 70; Danzi erhielt das Entlassungschreiben in Frankfurt, wie er Morigotti im Brief vom 1. September 1807 mitteilt.

wieder in Stuttgart ein, um sofort die Proben zu Cherubinis *Lodoiska* aufzunehmen, die als Festoper zur Ankunft des Königs von Westphalen vorgesehen war[67].

* * *

Als Leiter der Oper, der Kirchen- und der Hofkonzerte hatte Danzi in Stuttgart eine Fülle von Aufgaben wahrzunehmen. Für das Jahr 1808 verzeichnete er allein 302 abgeleistete Dienste, darunter die vergleichsweise hohe Zahl von 17 Opern-Neueinstudierungen und 11 Wiedereinstudierungen[68]. Ein besonderes Anliegen war ihm die Errichtung einer Singschule, um, wie er in seinem Bewerbungsschreiben zum Ausdruck brachte, *mit der Zeit einem Mangel* [abzuhelfen], *der die Wirkung der meisten Opern schwächt, - die Chöre*[69]. Ein entsprechendes, dem Waisenhaus angegliedertes Musikinstitut wurde allerdings erst mit Dekret vom 31. Dezember 1811 ins Leben gerufen[70]. Auch in privatem Rahmen bemühte sich Danzi weiter um die Vermittlung musikalischer Kenntnisse. Margarethe Lang, die in Stuttgart zu einer gefeierten Sopranistin avancierte, blieb bis zu ihrem Weggang nach Frankfurt im Jahre 1810 seine Schülerin[71]; in einem Brief an Morigotti erwähnt Danzi außerdem, daß er die Gemahlin des Prinzen Paul im Gesang unterrichte[72].

Selbstverständlich gehörte auch die Komposition eigener, vor allem kirchenmusikalischer Werke zu seinen Dienstpflichten. So komponierte er noch Ende 1807 in weniger als drei Wochen sein Oratorium *Abraham auf Moria*, das am Neujahrstag 1808 mit Beifall aufgeführt wurde[73] und das Lipowsky für *eines seiner gelungensten musikalischen Stücke* hielt[74]. Am Karfreitag 1808 erklang in der Hofkirche ein *Stabat Mater* Danzis[75], am Neujahrstag 1809 ein *Miserere* mit deutschem Text[76] und am 23. Dezember 1810 (dem Sterbetag Herzog Friedrich Eugens) sein *Requiem*[77]. Weniger erfolgreich war Danzi mit seinen Opernplänen am Stuttgarter Hof. Eine zunächst geplante Aufführung seiner *Iphigenie*

[67] vgl. Danzi an Morigotti, 1. September u. 29. Oktober 1807. Die Oper wurde nach der verspäteten Ankunft des Paares am 29. November 1807 erstmals gegeben; vgl. Brusselle-Schaubeck: *Die Vermählung des Prinzen Jérôme* [...], a.a.O.

[68] Danzi an Morigotti, 20. Januar 1809, mit beiliegendem Aufführungsverzeichnis des Jahres 1808. Zum Vergleich: in München wurden 1806 fünf, 1807 und 1808 sechs neue Opern gegeben (vgl. Grandaur, a.a.O., S. 64-68).

[69] vgl. dazu Danzis Bewerbungsschreiben vom 17. Februar 1807

[70] vgl. Rudolf Krauß: *Das Stuttgarter Hoftheater von den ältesten Zeiten bis zur Gegenwart*, Stuttgart 1908, S. 134. Zu Danzis Mitwirkung an der Gründung des Instituts vgl. auch SA Ludwigsburg, E 18 I, Bü 16 u. 66.

[71] Baron Wächter teilte dem König am 23. August 1807 im Rahmen der Anstellungsverhandlungen mit, daß die Sängerin Margarethe Lang die Anstellung in Stuttgart einem Frankfurter Angebot vorziehen wolle, *weil ihr der hiesige Aufenthalt sehr angenehm wäre, und sie dabey den Vortheil hätte, noch länger von denen guten Lehren des Capellmeisters Danzi profitiren zu können* [...] (HSA Stuttgart, E 6, Bü 1). Danzi bezeichnet Margarethe in den Briefen während der Stuttgarter Zeit stets als *seine Schülerin* und berichtet Morigotti wiederholt von deren Erfolgen (Briefe vom 8. September, 20. November 1808 u. 23. März 1809).

[72] Brief vom 10. Januar 1812

[73] Danzi an Morigotti, 2. Januar 1808; vgl. *Schwäbische Chronik* 1808, S. 2 u. 4

[74] vgl. Lipowsky: *Portraite LIII*. Danzi hat nach der Erstaufführung des Werkes noch einige Veränderungen vorgenommen. So schreibt er am 22. Juni 1808 an Morigotti: [...] *da ich bei verfertigung des Oratoriums ein wenig übereilt wurde, so mußt' ich aus andern meiner Werke Ouvertüre und Schlußchor nehmen, welche ich jezt erst neu dazu komponiren muß.*

[75] vgl. Danzi an Morigotti, 18. April 1808

[76] Danzi an Morigotti, 20. November 1808 u. 20. Januar 1809

[77] Danzi an Morigotti, 25. Dezember 1810

scheiterte[78], ebenso kam eine Aufführung der Oper *Der Kuß* nicht zustande, obwohl Danzi dieses Werk eigens im Frühjahr 1809 umarbeitete und dann eine Aufführung im Winter 1809 geplant war[79]. Unter Beifall wurde dagegen am 29. September 1808 als Festoper zum Geburtstag der Königin seine *Mitternachtsstunde* (mit einem Prolog von Hiemer) gegeben[80]. An größeren Bühnenwerken Danzis erklangen dann in Stuttgart lediglich noch das von Hofrat Reinbeck verfaßte Melodram *Dido* (am 21. Dezember 1811)[81] und die einaktige Oper *Camilla und Eugen* (am 15. März 1812)[82].

Dennoch entstanden in der Stuttgarter Zeit, wohl durch äußere Umstände begünstigt, einige weitere Bühnenwerke. Danzi war nach einem im Mai und Juni 1810 in München und in der Schweiz verbrachten Urlaub[83] im Sommer erkrankt und konnte ein Jahr lang wiederholt seine Dienstpflichten nicht wahrnehmen[84], bis eine zweimonatige ärztliche Behandlung in München im Juni/Juli 1811 vorübergehend Besserung brachte[85]. Die Zeit seiner Krankheit nutzte Danzi zu häuslicher Produktivität. Schon vorher scheint eine französische Oper entstanden zu sein, bei der es sich wohl um die laut Lipowsky für ein Privattheater ge-

78 Schon in seinem Bewerbungsschreiben vom 17. Februar 1807 deutet Danzi an, daß er das Werk in Stuttgart zu geben wünscht: *Mit dieser Oper* [...] *würde ich mich, glaube ich, am besten als Kompositör und Direktor zeigen können* [...]. Am 20. August 1807 schreibt er an Morigotti: *Wenn, wie man sagt, in ein paar Monaten die Krönung in Stuttgart seyn sollte, dann wird wahrscheinlich Iphigenie gegeben werden.* Am 6. Dezember 1807 heißt es dann jedoch zu den Plänen für die Festoper: *Es würde wohl Iphigenie gewesen seyn, wenn die Prinzessin sie nicht schon in München gesehen hätte.* Lediglich Danzis Ouvertüre erklang im Rahmen der Hofkonzerte während der Anwesenheit des Königs von Westphalen (vgl. Danzi an Morigotti, 6. Dezember 1807).

79 Danzi an Morigotti, 23. März 1809: *Ich bin eben beschäftigt meinen Kuß ein wenig zu renoviren welcher gegeben werden soll*; am 13. April 1809: *Ich bin mit der Umarbeitung des Kußes bereits fertig und hoffe, daß er bald wird aufgeführt werden*; 6. Juli 1809: *Mein Kuß wird wahrscheinlich erst künftigen Winter auf die Bühne kommen.* Im Opernverzeichniß von 1812 ist diese Oper zwar unter dem Titel *Almansor und Dilara* (zur Bezeichnung vgl. Danzi an Morigotti, 10. Dezember 1812) aufgelistet, allerdings ist angemerkt: [...] *wird, da es eine der ältern Arbeiten desselben ist, schwerlich viel Glük machen, und in Rücksicht der Maschinerie viel kosten. Uebrigens ist solche noch nicht erkauft* (SA Ludwigsburg E 18 I, Bü 31).

80 vgl. *Schwäbische Chronik* 1808; eine Wiederholung ist für den 9. Oktober 1808 angegeben. Auch hier mußte Danzi lange auf die Aufführung warten, denn schon am 2. Januar des Jahres hatte er hoffnungsvoll an Morigotti geschrieben, daß seine *Mitternachtsstunde* nun bald gegeben werde.

81 *Schwäbische Chronik* 1811 u. Brief an Morigotti vom 10. Januar 1812

82 *Schwäbische Chronik* 1812 u. Brief an Morigotti vom 26. März 1812

83 Der Urlaub war schon für Frühjahr 1809 vorgesehen, wurde dann aber durch die Kriegsunruhen verhindert (vgl. HSA Stuttgart, E 6, Bü 5 u. 6). Einen Aufenthalt in der Schweiz, u.a. bei dem Gutsbesitzer Baron Hoggner (Wolfsberg), erwähnt Danzi in seinem Brief an Morigotti vom 22. Juli 1810.

84 Erstmals ist von der Krankheit in einem Brief an Morigotti am 22. August 1810 die Rede: *Dann hab' ich auch einen sehr starken Katharr mit einem tüchtigen Fieber gehabt; der ist nun zwar vorüber, aber ich fürchte wieder stark an Obstruktionen zu leiden, denn ich bekomme meine leidigen Brustkrämpfe wieder, und stärker, als ich sie je gehabt habe.* Am 6. Februar 1811 heißt es: [...] *lieber wollte ich gar nicht mehr seyn, als länger in dem fatalen Zustand fort leben* [...] *in dem ich mich nun schon beinahe dreivierthel Jahr befinde.* Am 12. April 1811 schreibt er: *ich komme selten in das Theater seit ich keinen Dienst thue* [...]. Schließlich beantragte Danzi am 2. Juni 1811 einen sechswöchigen Urlaub, um das Bad in Rosenheim aufzusuchen, vorher aber noch seinen alten Arzt in München zu konsultieren (vgl. SA Ludwigsburg E 18 I, Bü 74). Bei dieser Gelegenheit traf er wieder mit Weber zusammen.

85 Am 23. Juni 1811 berichtete Danzi aus München, sein Arzt habe ihm die Kur in Rosenheim widerraten und wolle sie selbst vornehmen (SA Ludwigsburg, E 18 I, Bü 74); am 18. Juli bat er um drei Wochen Kurverlängerung und traf um den 20. August wieder in Stuttgart ein (Brief an Morigotti, 10. September 1811).

schriebene *Deucalion et Pirrha* handeln dürfte[86]. In einem Brief vom 20. November 1810 heißt es dann: *Ich arbeite* [...] *an meiner neuen Oper; wiewohl mir das Buch nicht ganz zusagt* [...][87], und bereits am 12. Januar 1811 schreibt er: *Nun bin ich mit meiner Oper bis auf die Introduktion fertig* [...] *Ich habe mir vorgenommen, nun die kleine Oper zu komponiren, die ich dir in München vorgelesen habe* [...][88]. Im März sind vier Stücke dieser neuen Oper fertiggestellt, und Danzi hat abermals einen neuen einaktigen Operntext (von Baron Hoggner) in Händen[89]. Am 2. Mai 1812, nur wenige Wochen nach der Aufführung von *Camilla und Eugen*, teilt er dann Morigotti mit, er habe *gestern bereits eine neue Oper in einem Akt vollendet.*

Neben der Komposition dieser nicht mit Titel genannten und leider wohl verschollenen Werke[90] arbeitete Danzi während der Stuttgarter Zeit einige seiner älteren Werke um[91], und es entstanden eine Reihe von Liedern[92] sowie Instrumentalkompositionen, die er jedoch zumeist für seine Münchener Freunde schrieb[93], da König Friedrich nach Danzis Worten kein Interesse an Instrumentalmusik hatte[94]. Auch in den Stuttgarter Hofkonzerten erklangen vorwiegend vokale Werke[95], und da Liebhaberkonzerte zu Danzis großem Bedauern

[86] Am 22. August 1810 berichtete Danzi an Morigotti, daß die Münchener Pianistin Dülken ihm geschrieben habe, daß die Königin ihm für den *Klavierauszug meiner französischen Oper* eine goldene Dose geschenkt habe. Lipowsky erwähnt in seiner kurzgefaßten Biographie eine Oper *in französischer Sprache für ein Privattheater Deucalion et Pirha 1810.* Der in der British Library London erhaltene Klavierauszug des Werkes gibt keine näheren Hinweise auf die Entstehungszeit.

[87] Brief an Morigotti; offensichtlich stammt der Text dieser Oper von Baron Hoggner, denn Danzi schreibt: *Doch ich opfre mich* [...] *dem Baron Hoggner auf, der eine (begreifliche) Autorliebe für dieses Ding hat.*

[88] Danzi an Morigotti

[89] Danzi an Morigotti, 3. März 1811: *Ich* [...] *werde nun mit der Komposition meiner kleinen Oper, wovon schon 4 Stücke fertig sind, fortfahren, während mein hiesiger Dichter mir den Dialog der von dir gehörten Oper neu bearbeitet* [...] *Hoggner hat mir neuerdings eine kleine allerliebste Oper in einem Akt verfertigt, die ich hier übersetzen laße.*

[90] In dem *Verzeichnis derer in dem Musikalien Depot des Königl. Hoftheaters vorhandenen Opern* von 1812 (SA Ludwigsburg, E 18 I, Bü 31) sind von Danzi nur die in Stuttgart aufgeführten Werke (*Camilla und Eugen, Dido, Die Mitternachtsstunde*) und die *nicht erkaufte* dreiaktige Oper *Almansor und Dilara / Der Kuß* aufgelistet.

[91] So schreibt er am 12. April 1811 an Morigotti: *Ich habe mich seit einiger Zeit damit beschäftigt, meine ältern, noch ungestochnen Werke in Ordnung zu bringen, damit im Fall ich mich aus dieser besten Welt empfehlen sollte, meine Kinder doch wißen, was ich ihnen hinterlaße*; vgl. auch das Schreiben vom 23. März 1809.

[92] vgl. Danzis Briefe an Morigotti vom 18. April, 1. Juni, 22. Juni 1808 (hier ist das Lied *Ich hab ein Mädchen* ausdrücklich erwähnt), 13. April u. 7. November 1809. In einem Brief vom 20. November 1808 heißt es außerdem: [...] *einige Kleinigkeiten habe ich wieder gemacht, die ich dir selbst mitbringen werde. Auch Prosa* [...]. Wahrscheinlich handelt es sich dabei um Texte, die zur Vertonung vorgesehen waren. Möglicherweise hängt die Komposition zahlreicher Lieder mit der Anwesenheit Margarethe Langs zusammen, da nach deren Weggang 1810 in der Stuttgarter Zeit keine Liedkompositionen mehr erwähnt sind. (In einem Brief an Morigotti vom 24. Juni 1813 schreibt Danzi, zur Liedkomposition gehöre *gewöhnlich eine Art Begeisterung von außen*).

[93] Im Brief vom 18. April 1808 an Morigotti erwähnt Danzi ein neues Klavierkonzert (*für B-Klavier*), am 23. März 1809 ein Violoncellokonzert für Moralt in München, am 25. September 1810 ein für München verfertigtes Violin-Sextett, am 3. Oktober 1810 eine Klaviersonate mit Bassetthorn, am 20. November 1810 ein Potpourri für die Gräfin Montgelas und am 25. Dezember 1810 vierhändige Arrangements von Mozart-Quartetten. Auch die letzten Hefte der *Erholungen am Klavier* entstanden in der Stuttgarter Zeit (vgl. Brief vom 22. Juli 1809 an Morigotti).

[94] *Der König hört aber die Instrumentalmusik nicht gern, auch sind wir hierin ein wenig beschränkt.* (20. Februar 1808 an Morigotti)

[95] Nach Danzi waren von neun bis zehn Werken in den Hofkonzerten nur zwei bis drei instrumental (Brief an Morigotti, 20. Februar 1808).

nicht zustande kamen, war für die Aufführung von Instrumentalmusik kaum Gelegenheit[96]. In seinen Briefen hob Danzi ausdrücklich die wenigen privaten Veranstaltungen hervor[97], und offensichtlich hat auch das Fehlen einer eigentlich bürgerlichen Musikkultur neben den offiziellen vom Hof getragenen Veranstaltungen dazu beigetragen, daß Danzi mit den Stuttgarter Verhältnissen unzufriedener wurde[98]. Zudem empfand er das Stuttgarter Klima als seiner Gesundheit unzuträglich und als infolge einer neuen Anordnung des Königs die Bezahlung seiner Oper *Camilla und Eugen* ausblieb, war ihm ein Angebot der Karlsruher Intendanz ein willkommener Anlaß, seine Stuttgarter Stellung zu kündigen[99]. Die erhoffte Rückkehr nach München wurde durch das Desinteresse des dortigen Hofes vereitelt[100], und so verpflichtete sich Danzi am 22. Mai 1812, mit einem Gehalt von 1800 Gulden in Badische Dienste zu treten[101]. Nachdem er am 10. Juni seine Entlassung erhalten hatte, siedelte er schon im Juli 1812 nach Karlsruhe über[102].

In der Sekundärliteratur, die sich mit den Karlsruher Theaterverhältnissen befaßt, herrscht das Urteil vor, Danzi habe die in ihn gesetzten Erwartungen nicht erfüllt[103], ja er sei als *körperlich und geistig fast gebrochener Mann* nach Karlsruhe gekommen[104]. Dieser Meinung, die sich vorwiegend auf einige kritische Anmerkungen des Karlsruher Korrespon-

[96] Am 18. April 1808 äußert er über Instrumentalkompositionen: *Es fehlt mir die rechte Lust dazu, wenn ich keinen Zweck dabei sehe. Für wen sollt' ich hier etwas komponiren? Wo ist hier eine Gelegenheit etwas zu produciren, das Hofkonzert ausgenommen, und nicht jede Musik ist für dieses Konzert geeignet; wo man vor Lärm sich oft selbst nicht hört.*

[97] vgl. z.B. am 23. März 1809 über die Aktivitäten im vergangenen Winter: *Musik hab' ich einmal bei mir, und einmal bei Baron Weber gemacht* [...]

[98] *Außer dem Theater hört man hier gar keine Musik, wenn ich nicht, wiewohl selten genug, ein paar Quartetten bei mir mache. - Wie oft beneide ich euch, um euer Orchester und um eure Liebhaberei!* [...] (Danzi an Morigotti, 13. April 1809). [...] *außer dem Theater und den, nicht sehr intressanten, Hofkonzerten bekömmt man beinah gar keine Musik zu hören* (an Morigotti, 7. November 1809) oder: [...] *was die Seele anbetrift, besonders die musikalische, dafür taucht die hiesige Luft gar nicht* [...] (an Morigotti, 3. März 1811).

[99] vgl. Entlassungsgesuch vom 26. Mai 1813 (SA Ludwigsburg E 18 I, Bü 72a). Als Gründe führt er an: die zugesicherte, aber nicht eingehaltene Bezahlung seiner Oper, das seiner Gesundheit nicht zuträgliche Stuttgarter Klima, die Sorge, seine Gesundheit zum Wohle seiner Kinder zu erhalten und schließlich die Nichterfüllung seines Kontraktes, worin ihm u.a. freies Logis zugesichert war.

[100] Danzi an Morigotti, 2. Mai 1812: *Wenn nehmlich wir über die Bedingungen einig werden können, und ich hier meine Entlassung erhalte, so ist mein Vorsatz, vor Abschliessung eines neuen Kontrakts zuvor an den Grafen Seefeld zu schreiben, und mich noch einmal - zum lezten mal - dem Münchner Hof anzutragen.* Am 17. Mai 1812 vermerkt Danzi: *von Delamotte* [dem Münchener Intendanten] *noch keine Antwort!* [...]

[101] Schreiben an Baron von Ende, GLA Karlsruhe 57/159. Die Verhandlungen waren von Danzis Forderung in Höhe von 2000 Gulden ausgegangen.

[102] vgl. Vermerk König Friedrichs auf Danzis Entlassungsgesuch vom 26. Mai 1812 (SA Ludwigsburg E 18 I, Bü 72a) und Danzis Briefe an von Ende vom 13. Juni 1812 (GLA Karlsruhe 57/159) bzw. an Morigotti vom 28. Juli 1812

[103] vgl. Heinrich Ordenstein: *Die Musik*, in: *Die Stadt Karlsruhe, ihre Geschichte und ihre Verwaltung. Festschrift zur Erinnerung an das 200jährige Bestehen der Stadt*, verfaßt v. Robert Goldschmit unter Mitwirkung v. Heinrich Ordenstein u. K. Widmer, Karlsruhe 1915, S. 358-359; Günther Haas: *Geschichte des ehemaligen Großherzoglich-Badischen Hoftheaters Karlsruhe von seiner Gründung bis zur Berufung seines Reformators Eduard Devrient 1806-1857*, Bd. 1: *Von der Gründung bis zum Comité (1806-1822)*, Diss. Heidelberg 1934, S. 93, 144 u. 182; Otto Danzer: *Johann Brandls Leben und Werke. Ein Beitrag zur Musikgeschichte von Karlsruhe*, Diss. München 1925, Druck Brünn 1936, S. 18-19; Friedrich Otto Leinert: *Johann Evangelist Brandl (1760-1837) als Lieder- und Kammerkomponist*, Wolfenbüttel 1927, S. 29-31.

[104] Ordenstein, a.a.O., S. 358; übernommen von Danzer, a.a.O., S. 17

denten der Leipziger *AMZ* aus der Zeit zwischen 1815 und 1818 stützt[105], widersprechen eine Reihe von Fakten, worunter am Rande auch Klingemanns Notizen über Karlsruhe[106] oder die Belobigungen durch den Intendanten von Auffenberg[107] zu nennen sind. Danzi hatte bei seinem Dienstantritt mit Disziplinschwierigkeiten der Orchestermusiker zu kämpfen[108] und fand mit seinen Reformbemühungen offensichtlich nicht die Unterstützung des damaligen Intendanten von Ende[109]. Auch das Verhältnis zu den nachfolgenden Intendanten war nicht ungetrübt[110], und erst unter Auffenberg und dem 1822 eingerichteten *Comité* ließen die Klagen nach.

Von einer wesentlichen Beeinträchtigung der Tätigkeit Danzis durch seine Krankheit[111] kann erst in den letzten Jahren die Rede sein: Infolge dieser Krankheit blieb er ab Ende Dezember 1825 häufiger den Sitzungen des *Comités* fern[112], versah aber im Rahmen seiner Möglichkeiten bis zuletzt den Kapellmeisterdienst[113].

Begonnen hatte er seine Karlsruher Tätigkeit mit einer Reihe von kompositorischen Arbeiten. Schon am 27. August 1812 führte er in Karlsruhe seine Oper *Camilla und Eugen* auf, und am 29. September wurde zur Entbindungsfeier der Großherzogin Stephanie eine *mythische Scene »Die Blumenfee«* mit Danzis Musik gegeben[114]. Im Laufe der nächsten Jahre schlossen sich mehrere neukomponierte Bühnenwerke an: am 19. April 1813 die

[105] *AMZ* 17. Jg. (20. September 1815), Sp. 645 (Die Klage über das Mißlingen der kleinen *französischen Operetten* trifft Danzi nicht, denn die Leitung dieser Werke war Brandl übertragen; vgl. F. O. Leinert, a.a.O., S. 31); *AMZ* 19. Jg. (28. Mai 1817), Sp. 376 u. 20. Jg. (21. Januar 1818), Sp. 46-50; vgl. Zitate u. Anmerkungen bei Max Herre, S. 68-69.

[106] Ernst August Friedrich Klingemann: *Kunst und Natur. Blätter aus meinem Reisetagebuch*, 1. Bd. Braunschweig 1819, S. 133-157 (*Das Carlsruher Hoftheater*; teilweise zitiert bei Haas, a.a.O., S. 197 u. 199.); vgl. auch 3. Bd., 1825, S. 51.

[107] z.T. zitiert bei Herre, S. 70

[108] vgl. Haas, a.a.O., S. 144-145 u. Herre, S. 71-73

[109] vgl. Haas, a.a.O., S. 145 u. Herre, S. 71-72. Am 1. März 1813 rügte von Ende Danzi wegen seiner negativen Äußerungen über die Verhältnisse am Theater und über einzelne Mitglieder (vgl. GLA Karlsruhe 57/159). Auch die an Danzi gerichtete Verordnung vom 8. Oktober 1813 (vgl. Herre, S. 71) zeugt von den Schwierigkeiten mit dem Intendanten von Ende. Danzis Unzufriedenheit spiegelt sich auch in einem Brief vom 14. August 1814 an Morigotti: *Warum sollte ich hier komponiren, da niemand darnach fragt, ob ich etwas arbeite oder nicht?*

[110] Mit dem Intendanten Karl Freiherr von Hacke (1816-1817) kam es zu einer Auseinandersetzung um die Museumskonzerte (vgl. GLA Karlsruhe 57/159, Brief Danzis vom 15. November 1816), mit Freiherrn von Gayling-Altheim (1819-1822) um die neuen Theatergesetze und besonders um die Stellung des Kapellmeisters (GLA Karlsruhe 57/159, Brief Danzis v. 17. Juli 1819, teilweise zit. bei Herre, S. 72; vgl. dazu Haas, a.a.O., S. 210-211. In dem Brief vom 17. Juli 1819 schreibt Danzi u.a.: *Ich bemerke überhaupt, daß man wenig Vertrauen auf meine artistischen Kenntniße zu setzen scheint, und daß man mich höchstens gut genug hält, bei den Opern den Takt zu geben*).

[111] vgl. Anm. 104 u. *AMZ* 19. Jg. (28. Mai 1817), Sp. 376

[112] vgl. GLA Karlsruhe 47/1153 u. 1154. In den Jahren 1822-1824 ist Danzi bei den Sitzungen des *Comités*, zu dem neben ihm der Regisseur Peter Mittell, der Hoftheaterverrechner Rat Keller und, in einer Art Intendanten-Position, Joseph Freiherr von Auffenberg gehörten, vereinzelt als krank entschuldigt, ab Dezember 1825 dann mit einigen Unterbrechungen (Ende Dezember, Anfang Februar und Anfang März) für längere Zeit bis zu seinem Tod.

[113] Dies beweist ein Schreiben an die Intendanz vom 25. Februar 1826, worin Danzi um Übersendung des Repertoriums an Musikdirektor Strauß bittet, da er selbst sich *noch nicht die Kraft zutraue, in Zeit von 10 bis 12 Tagen drei große Opern zu dirigiren* [...] (GLA Karlsruhe 57/159). Danzi wurde weder vorzeitig pensioniert (Ordenstein, a.a.O., S. 359), noch hatte er sein Amt schon 1824 an Strauß übergeben (a.a.O., S. 362). Dieser hatte vielmehr 1825 die Aufgaben Brandls in der Oper übernommen (vgl. dazu Danzer, a.a.O., S. 42).

[114] Haas, a.a.O., S. 112. Im Verzeichniß GLA Karlsruhe 56/922 ist das zweite Werk unter *Melodramen u. Monodramen* als *Prolog in 1 Akt* aufgeführt.

zweiaktige romantische Oper *Rübezahl der Berggeist oder Schicksal und Treue*[115], am 26. Dezember 1814 zum Namensfest der Großherzogin auf den Text des Karlsruher Theaterdichters Georg Christian Römer die dreiaktige *Malvina*[116], zum gleichen Anlaß zwei Jahre später die Vertonung der *Turandot* nach Gozzi[117], im Oktober 1818 eine einaktige Oper *Die Probe*[118], am 6. Juni 1810 eine zusammen mit Tanzmeister Zeis komponierte komisch-tragische Zauberpantomime *Die Zauberhöhle oder Arlekins Triumph*[119] und schließlich am 14. September 1820 die letzte Opernkomposition Danzis, *Abbé Lattaignant oder die Theaterprobe*, auf einen Text von Franz Carl Hiemer[120].

Neben diesen Opern entstanden zahlreiche Schauspielmusiken und Gelegenheitskompositionen[121], sowie wieder verstärkt auch instrumentale Werke[122], wozu die Karlsruher

[115] In dieser Oper debütierte Danzis Tochter, die 1813 für ein Jahr als Sängerin angestellt wurde zum zweiten Male (vgl. GLA Karlsruhe 47/883 bzw. Haas, a.a.O., S. 138-139). Eine für Anfang des Jahres geplante Aufführung der Oper *Der Kuß* ließ sich nicht nachweisen (vgl. Danzi an Morigotti, 10. Dezember 1812 u. 26. Januar 1813).

[116] Haas, a.a.O., S. 163. Zu dieser Oper schreibt der Referent der *AMZ* 17. Jg. (20. September 1815), Sp. 646: *Mit einer* [...] *leblosen, trivialen Opernpoesie hatte das Talent des Hrn. Kapellm.s Danzi in seiner Malvina zu kämpfen. Die Wolfsjagd hatte das Stück geheissen, und unter dem Titel wollte man es dem Namensfest der Grossherzogin widmen! Es soll nach dem Französischen verdeutscht seyn. Die Musik des sehr kunstverständigen Tonsetzers scheint, nicht dramatisch genug, zu sehr in Einer Empfindungsweise zu beharren, und darum, in dieser Oper wenigstens, im Ganzen zu langweilen, obschon man im Einzelnen allerdings schöne Stücke darin findet, und besonders eine Bravourarie mit obligater Violine, von Mad. Gervais sehr gut gesungen und von Hrn. Fesca eben so gut begleitet, den verdienten Beyfall erhielt.*

[117] Haas, a.a.O., S. 200

[118] a.a.O., S. 201. Zur Datierung vgl. *AMZ* 20. Jg. (21. Januar 1818), Sp. 46. Im Opernverzeichnis GLA Karlsruhe 56/922 ist das Werk als *komische Oper* in einem Akt bezeichnet; im alten Katalog der Badischen Landesbibliothek taucht es nicht auf.

[119] Haas, a.a.O., S. 217

[120] a.a.O., S. 223. Im Opernverzeichnis GLA Karlsruhe 47/1127 findet sich noch ein Werk *Die Unbefangenen v. C. Blum, nun der Schiffscapitaine von Danzi*; möglicherweise handelt es sich hier lediglich um eine Textparodie.

[121] Im alten Katalog der Badischen Landesbibliothek Karlsruhe sind folgende (im zweiten Weltkrieg vernichtete) Schauspielmusiken Danzis aufgelistet: Musik zu *Faust*, Trauerspiel von Klingemann (EA am 21. März 1817, vgl. Haas, a.a.O., S. 194); Musik zum Trauerspiel *Die Flibustier* von Auffenberg; Musik (Chor) zu *Die Spartaner* von Auffenberg; Musik zu *Viola* von Auffenberg; Hochzeitsmarsch zur *Braut von Messina* von Schiller; Lied der Fischerknaben zu *Wilhelm Tell* von Schiller; Ballett-Arie zu *Mädchenfreundschaft* von Kotzebue; Musik zum *Sturm auf Boxberg* von Jakob Maier; Musik (*Menuetto* u. *Allegretto*) zu *Romeo und Julia* von Shakespeare; Zwischenakt zum *Tagesbefehl* von Karl Töpfer; Musik zu *Die Tochter Jephtas* von Ludwig Robert. Ferner sind im Verzeichnis GLA Karlsruhe 47/1127 *5 Entre-Acts zu Sappho* (Trauerspiel von Grillparzer) aufgeführt. - An Gelegenheitswerken sind bisher durch Daten belegt: *Die Blumenfee* (vgl. Anm. 114) sowie Kantaten zur Einweihung des neuen Gebäudes der Museumsgesellschaft am 9. Dezember 1814 (Friedrich von Weech: *Karlsruhe, Geschichte der Stadt und ihrer Verwaltung*, Bd. 1, 1715-1830, Karlsruhe 1895, S. 341) und zum Geburtstag des Großherzogs am 9. Februar 1823 (Weech, a.a.O.. S. 407). Im alten Katalog der Landesbibliothek ist die Musik zu einem Epilog (*Und aus des Himmels ew'gen Räumen schwebt der Schutzgeist unsres Vaterlandes nieder. Sophien grüßt er* [...] *dem treuen Volk will er Glück verheißen u. Heil u. Segen unserm Fürstenhaus*), bestehend aus Instrumentalsätzen u. Chor, verzeichnet.

[122] Darunter befanden sich eine Reihe von Konzerten und Sinfonien, vor allem aber kammermusikalische Werke (vgl. Herre, S. 77-81). In den Karlsruher Jahren entstanden auch alle Bläserquintette Danzis (vgl. Briefe an André, besonders Brief vom 20. Dezember 1822).

Museums- und Liebhaberkonzerte Danzi ebenso anregten[123] wie die Sitte, gelegentlich in Opernzwischenakten Instrumentalkonzerte oder Sinfonien aufzuführen[124].

Außerhalb seines Dienstes erteilte Danzi auch in Karlsruhe Privatunterricht[125] und machte sich zudem durch die Gründung einer Musikalien-Leihbibliothek, die er Ende 1812 mit Friedrich Jeckel ins Leben rief, um das Musikleben der Stadt verdient[126].

Gerade diese Nebentätigkeiten und die in Briefen häufig geäußerte Kritik an musikalischen Zeiterscheinungen[127] verdeutlichen, daß sich Danzi als ein Künstler verstand, der sich einer über den Tag hinausreichenden Verantwortung bewußt war. Daher traf ihn auch jede Beschneidung seiner Rechte empfindlich, wie es etwa 1816 der Fall war, als ihm das Recht genommen wurde, die Wahl und die Leitung der Stücke in den Museumskonzerten zu bestimmen[128], oder als er seine Möglichkeiten durch die revidierten Theatergesetze von 1819 eingeschränkt sah[129]. *Da ich wenig Gelegenheit zum Handeln habe, so träume ich desto öfter* [...], schrieb Danzi Anfang 1820 enttäuscht an Morigotti[130]. In der Ära Auffenberg fand Danzi dann zwar zunehmende Anerkennung als Leiter der Oper[131], dennoch schien sein Interesse an diesem Amt zu erlahmen[132]. Die Gelegenheit zur Mitbestimmung

[123] *Den Winter werden hier auf dem Museum* [...] *große Konzerte gegeben* [...] *Da mir die Wahl der Stücke überlaßen wird, so denke ich immer, wie jeder ehrliche Egoist, an mein Vergnügen zuerst. Von meiner Komposition wurde bisher darin nichts, als eine Simphonie und ein Violoncellkonzert gegeben*, schreibt Danzi am 10. Dezember 1812 an Morigotti. In einem Schreiben vom 26. Januar 1813 an denselben heißt es: [...] *nebst dem, daß wir hier fleißig Opern geben, so haben wir gegenwärtig alle Sonnabende kleine Konzerte bei unserer liebenswürdigen Großherzogin* [...]

[124] vgl. Weech, a.a.O., S. 519

[125] Danzi an Morigotti, 26. Januar 1813: *Dann habe ich auch unter den Hofdamen einige Schülerinnen*. Im Brief vom 30. Januar 1821 an denselben spricht er von einer seiner Schülerinnen, [...] *von denen ich, nach meiner alten Weise, noch immer ein halbes Duzend habe* [...]. Im Brief vom 17. Juni 1822 an André bezeichnet er Karoline Schleicher als seine Schülerin.

[126] Am 28. Dezember 1812 schreibt Danzi (an André?): *Da ich im Begriff bin allhier, in Gesellschaft eines Freundes, eine musikalische Leihbibliothek anzulegen* [...]. Weech (a.a.O., S. 507) schreibt dazu: *Auch eine Musikalienhandlung, mit einer Leihbibliothek verbunden, wurde schon 1812 im Hause des Hofbuchbinders Zeuner von Fr. Danzi und Jeckel eröffnet*. Im 3. Jg. des *Badischen Magazins* heißt es dazu am 14. Juli 1813 (S. 1271): *Schon lange vermißte man hier eine Musikalien-Verlagshandlung und ein damit verbundenes Leihkabinett. Auf die angenehmste Weise wird uns nunmehr dieses längst gefühlte Bedürfniß durch den Herrn Kapellmeister Danzi und Herrn Chordirektor Jeckel befriedigt. In der Anlage erhalten Sie das erste Musikalien-Verzeichniß dieser neuen Anstalt, dem in Bälde ein zweytes folgen wird. Dasselbe bietet schon viele Mannichfaltigkeit dar, und berechtigt zu noch größeren Erwartungen.* (*Dieses reichhaltige erste Heft zeigt 416 Nummern*; [...]).

[127] Neben den Briefen an Morigotti vor allem in den Schreiben an André in Offenbach aus den Jahren 1819-1824. Für die Überlassung von Kopien der Briefe an André und die Möglichkeit der Einsichtnahme in die Kopierbücher sei dem Musikverlag Johann André herzlich gedankt.

[128] *Was soll ich bei diesen Konzerten thun, da man mir die Wahl der Stücke, die Direktion der Kantaten mit Chören genommen hat? Was bleibt mir zu thun übrig?*, klagt Danzi am 15. November 1816 gegenüber von Hacke und beantragt seine Entlassung aus der Komission, die die Museumskonzerte betreute. Nach Danzis Rücktritt übernahm Fesca die Leitung (Ordenstein, a.a.O., S. 377 u. Haas, a.a.O., S. 144).

[129] vgl. Anm. 110

[130] Brief vom 28. Januar 1820

[131] vgl. die bei Max Herre, S. 70 zitierten Belobigungen bzw. v. Verf.: *Carl Maria von Weber, Franz Danzi und Karlsruhe*, a.a.O., S. 8-9

[132] Schon am 24. Juni 1813 hatte Danzi, wohl angesichts der Schwierigkeiten mit dem Orchester, an Morigotti geschrieben: *Ich treibe mich nun schon vierzig Jahre im Orchester herum und bin - zwar nicht des Komponirens, aber des Dirigirens herzlich satt, und wünschte nichts sehnlicher, als meine übrigen Tage in Ruhe verleben zu können, wozu ich aber, ehe ich förmlich invalide werde, keine Aussicht habe*. An André schrieb er am 23. Januar 1823: *Ich, für meinen Theil, würde*

des Opernrepertoires und der Besetzung der Opern nahm er im Theater-*Comité* jedoch bis zuletzt offensichtlich mit Interesse wahr[133], und erst nach seinem Tod am 13. April 1826 wurde Josef Strauß, der ihn als Opernleiter im Krankheitsfall vertrat, auch in diesem Amte sein Nachfolger[134].

gern einem Andern (nicht meine Besoldung,) meinen Rang abtreten, wenn ich dadurch des lästigen Operndirigirens loswerden könnte.

133 vgl. die Sitzungsprotokolle des *Comités* Ende 1825 und Anfang 1826 (GLA Karlsruhe 47/1153 u. 1154). Danzi war trotz seiner anhaltenden Krankheit z.B. am 12. März und 3. April 1826 bei den Sitzungen anwesend.

134 Am 13. Mai 1826 wird Strauß offiziell Nachfolger Danzis im *Comité* (vgl. GLA Karlsruhe 47/1154).

Anhang 2

Voglers Wirken bis zu seinem Wiener Aufenthalt 1803/1804

Bei der Klärung der Frage, mit welchen Werken, Schriften und Ideen seines Lehrers Vogler Carl Maria von Weber während der Wiener Unterrichtszeit 1803/1804 in Berührung gekommen ist, muß neben den spärlichen Quellen für diese Wiener Zeit auch Voglers früheres Wirken berücksichtigt werden, denn erst aus einem umfassenderen Bild seiner Tätigkeiten in jenen Jahren lassen sich die Wesenszüge erhellen, die charakteristisch für das Schaffen und den möglichen Einfluß des Abbé sind.

Die wichtigsten Daten zu Voglers Mannheimer und Münchener Jahren und zur Gründung seiner Mannheimer *Tonschule* hat Karl Emil von Schafhäutl in seiner Monographie zusammengestellt, allerdings die sich anschließenden Jahre der Tätigkeit Voglers in Schweden und die Zeit um die Jahrhundertwende sehr knapp behandelt[1], so daß im Hinblick auf mögliche Nachwirkungen dieser Jahre im Schaffen Voglers einige Fakten zu ergänzen und zusammenfassende Bemerkungen anzufügen sind.

Voglers Wirken in der Zeit vor seiner Anstellung als *direktör för musiken*[2] am schwedischen Hof Gustav III. 1786 galt in erster Linie der Verbreitung seines *Harmonie-Systems*, das er im Anschluß an seinen Italienaufenthalt in Mannheim entwickelt und in der *Kuhrpfälzischen Tonschule* und den *Betrachtungen der Mannheimer Tonschule* (allerdings nicht gerade leicht verständlich) formuliert hatte[3]. Offensichtlich suchte Vogler in den Jahren nach Erscheinen dieser Schriften vor allem die Anerkennung seines *Systems* zu erringen, die ihm jedoch durch die Gegnerschaft zur norddeutschen und Berliner Musiktheorie versagt blieb[4]. Zwar wurde die *Kuhrpfälzische Tonschule* 1778 als Lehrbuch *in allen kuhrpfälzischen Schulen* anerkannt[5], und nach der Approbation in Paris 1781 und London 1783[6]

[1] vgl. Schafhäutl, S. 33-51

[2] vgl. Patrik Vretblad: *Konsertlivet i Stockholm under 1700-talet*, Stockholm 1918, S. 87. Die Übersetzung der Amtsbezeichnung mit *Musikdirektor* hat offensichtlich zu Mißverständnissen geführt, da dieses Amt in Deutschland in der Rangfolge unter dem *Kapellmeister* liegt. Vgl. dazu *AMZ* 2. Jg. (19. März 1800), Sp. 443 u. *Studien für Tonkünstler und Musikfreunde* [...] *fürs Jahr 1792*, hg. v. Friedirch Aemilius Kunzen u. Johann Friedrich Reichardt, Berlin 1793, S. 113: *Es sind drei Kapellmeister, der Abt Vogler, mit dem höchsten Titel Musikdirektor, der also mehr sagen will, als in Deutschland* [...] (daneben Utini u. Kraus als Kapellmeister); vgl. auch *PT*, S. XX.

[3] Zur Bedeutung dieses *Systems* vgl. Schafhäutl, S. 113-145 u. besonders Helmut Kreitz: *Abbé Vogler als Musiktheoretiker*, Diss. Saarbrücken, 1957 sowie VeitM, Kapitel II.

[4] vgl. *AMZ* 3. Jg. (28. Januar 1801), Sp. 304: *Bemerkungen über die Ausbildung der Tonkunst in Deutschland im 18. Jahrhundert*. Dort wird Vogler neben den anerkannten Theoretikern Kirnberger, Marpurg und C. Ph. E. Bach als eine Ausnahme genannt, da sein *System bis jezt noch nicht grossen Eingang gefunden hat* [...]

[5] vgl. *Litteratur- und Theater-Zeitung* Berlin, August 1778, S. 495: *Ankündigung eines musikalischen Schulbuchs*. Diese Ankündigung ist Ausgangspunkt der in der gleichen Zeitschrift erschienenen Polemik gegen Vogler (vgl. a.a.O., S. 547ff.), die Vogler aufgriff und in seinen *Betrachtungen* I, S. 196ff. vollständig abdruckte, um sie anschließend in der ihm eigenen Art zu »zerpflücken«.

[6] vgl. *PT*, Vorrede, S. III, Anmerkung: *Es ist nach vielen Kabalen und langen Debatten auf den Bericht von d'Alembert und Vandermonde* [...] *von der ehemaligen königl. französischen Akademie der Wissenschaften in Paris im Jahre 1781 - und, ohne Kabalen, ohne Debatten, nachdem*

wurde dieses *System* z.B. von Boßler 1790 für die Werkbesprechungen in seiner *Musikalischen Korrespondenz der teutschen Filarmonischen Gesellschaft* übernommen[7], außerhalb Süddeutschlands konnte Vogler aber mit seiner Lehre nicht durchdringen.

Die Bemühungen um die Verbreitung seines *Systems* setzte Vogler auch während seiner Stockholmer Zeit (1786-1799) fort[8], veröffentlichte zudem in Deutschland noch bis 1794 Artikel in der seit 1778 erscheinenden Frankfurter *Deutschen Encyclopädie*[9] und schrieb für seine in Stockholm veranstalteten Vorlesungen über Harmonielehre die *Inledning til Harmoniens Kännedom*, die er als Auszug aus seinen früheren Schriften 1794 veröffentlichte[10]. Voglers umfassende pädagogische Tätigkeit in Schweden hat - wie sein Wirken dort überhaupt - noch keine eingehende Darstellung gefunden, obwohl offensichtlich reichhaltige Quellen vorhanden sind[11].

Mit Unterstützung des Königs gründete Vogler in Stockholm eine Art »Musikschule«, in der Mitglieder des Orchesters unterrichteten[12]. Die Schüler mußten sich verpflichten, die Zeit, die sie mit der kostenlosen Ausbildung an dieser Schule verbrachten, *dem Könige nachmals wenn sie Dienstfähig sind umsonst zu dienen*[13]. Für diese *Nationella Musik-*

im Journal des Scavans von De la Lande ein Auszug (Le précis) davon erschienen war, unter Esqu. Joseph Banks Präsidium von der Royal Society in London im Jahre 1783 approbirt worden. Kritische Zeitgenossen haben diese Angaben Voglers in Zweifel gezogen, vgl. z.B. die von Forkel in seinem *Musikalischen Almanach* 1789 veröffentlichte Rezension aus dem *Hamburgischen Correspondenten* (S. 140-141) und Forkels Kommentar (a.a.O., S. 142-143).

7 Speyer (8. September 1790), Sp. 80: *In Zukunft werden alle in unsern Notenblättern eingerükte Kompositionen ohne Unterschied nach den strengsten Grundsäzen des Voglerschen Sistems mit Gründlichkeit und Faßlichkeit kritisch beleuchtet werden* [...]

8 So erschien z.B. in der *Musikalischen Korrespondenz der teutschen Filarmonischen Gesellschaft*, Speyer 1790, Sp. 10-16 u. 17-22 eine *Antwort des ehemaligen Manheimer Tonlehrers nunmerigen Direktors der Königl. Schwedischen Akademie auf verschiedene tiefgedachte, sein Sistem betreffende, von den Herrn Herausgebern der musikalischen Realzeitung in Speier ihm zugeschikte Fragen.*

9 *Deutsche Encyclopädie oder allgem. Realwörterbuch aller Künste und Wissenschaften*, Frankfurt/Main: Varrentrapp & Wenner, 1778-1804, 23 Bde., Buchstabe A-K. Die Mitarbeit Voglers beginnt mit Band II (1779) und reicht bis Band XVIII (1794). Ein Verzeichnis der Voglerschen Artikel findet sich bei VeitM, Anhang 2, S. 292-299.

10 Im Vorwort gibt Vogler an, es handele sich um einen Auszug seiner älteren Schriften, *nämligen af Churfalziska Ton-Scholan, de 36 Manheimska Betraktelserna, och af Frankfurtska Encyclopédien.* Gerber schreibt im Artikel *Vogler* seines *Neuen Lexikons der Tonkünstler*, dessen Angaben wahrscheinlich direkt auf Vogler zurückgehen: *Nach seiner Zurückkunft nach Stockholm fing er um 1793 an, Kollegia über seine Anleitung zur Harmonie zu lesen, und setzte diesen Kursus zwey Jahre nach einander fort* (a.a.O., Teil 4, 1813/1814, Sp. 471).

11 vgl. Carl Fredrik Hennerberg: *Einige Dokumente, den Abt Georg Joseph Vogler betreffend*, in: *Report of the International Musicological Society Congress IV*, London 1911, S. 134-138. *In schwedischen Archiven findet sich indessen eine grosse Menge bisher unbekannter Dokumente, Vogler betreffend, die teils verschiedene fehlerhafte Angaben über Vogler widerlegen, teils auch das biographische Material durch neue Funde bereichern* (a.a.O., S. 134).

12 vgl. Forkel: *Musikalischer Almanach* 1789, a.a.O., S. 131: Die Königliche Akademie habe [...] *seit dem 1sten Nov. 1786 eine Schule errichtet, und den Plan dazu lieferte der erste Königl. Musikdirektor, Hr. Vogler.*

13 vgl. Voglers Bericht aus Schweden, Autograph in der Handschriften- und Inkunabelabteilung der BSB München, Nachlaß Schafhäutl 4.3.1-1: *Die neugestiftete Schule hat im ersten Jahre schon der Absicht entsprochen die der König durch seine der musikalischen Akademie geschenkte allmälige Einnahme* [...] *nicht zu erzielen* [können glaubte...] *und doch kostet diese Schule S. M. fast gar nichts. Alle Eleven die von der Königlichen Musikschule Theil nehmen wollen, haben den Meister, Zimmer, Holz, Licht, MusikPapier, Musikalien, Saiten, Instrumente etc. frei, sind aber verbunden solang als sie auf Kösten des Königs gelernt haben, auch dem Könige nachmals wenn sie Dienst fähig sind umsonst zu dienen. Nun hat man keine besonderen Lehrer sondern Leute vom*

skolan oder *Svenska Musikskolan*, die auch eine Gesangsschule umfaßte, gab Vogler Ende 1786 / Anfang 1787 eine Reihe von Konzerten[14] und veröffentlichte als Frucht seines Unterrichts später die *Claver-Schola*[15]. Seiner Gründung der Orchester- und Singschule wird ein wesentlicher Einfluß auf die weitere Entwicklung des Musikwesens und besonders der musikalischen Akademie Schwedens zugeschrieben[16].

Die Struktur des Musiklebens beeinflußte Vogler auch durch die Gründung einer Witwen- und Waisenkasse im Jahre 1794[17]. Zugunsten dieses Institutes rief er die Veranstaltungsreihe der Stockholmer *Concerts-Spirituels* ins Leben, deren erstes am 4. Mai 1794 stattfand[18]. Zehn Konzerte dieser Art wurden bis Anfang 1796 veranstaltet, aber auch später stellte Vogler des öfteren seine Einnahmen für den neugegründeten Fonds zur Verfügung[19].

Neben dieser pädagogischen Tätigkeit widmete sich Vogler in Stockholm sowie auf den zahllosen Reisen dieser Jahre vor allem seinen programmatischen Orgelkonzerten, mit denen er in ganz Europa Aufsehen und Widerspruch erregte. Der Dienstvertrag mit Gustav III., der Vogler auf zehn Jahre als *direktör för musiken* und Lehrer des Kronprinzen an den schwedischen Hof verpflichtete, sah eine jährliche Dienstbefreiung von sechs Monaten vor[20], die Vogler eifrig zu Konzert- und sonstigen Reisen nutzte. Schon im Sommer 1787 berichtet Vogler von einer bevorstehenden ganzjährigen Reise[21], die ihn u.a. nach Petersburg und Rom[22] führte. Im Juli 1789 konzertierte er in Hannover[23], im August findet man ihn auf dem Weg nach Rotterdam[24], von dort fuhr er dann nach London[25], anschließend

Orchester mit einer kleinen Zulage dazu genommen, und ihnen eine ansehnliche Belohnung für jeden ausgesezt der im Orchester ohne ferneren Beistand des Lehrmeisters Dienste thun kann. Hier ist also kein groser Aufwand, um aber den Schülern auch etwas Nuzen eh sie noch auf Besoldungen Anspruch machen können zufliesen zu lassen: so hat der Abt Vogler die Pläze derjenigen Hofmusiker die ihrer Lektionen wegen im Sommer nicht wol die Hauptstadt verlassen können und ungern aufs Land ziehen, mit den tüchtigsten Eleven besezt und ihnen das Kostgeld zugewandt, folglich ist zum wechselseitigen Vortheil des Königs, des Landes, der Lehrmeister eine Schule gebildet worden die in der Folge auf die Erziehung und Bildung der Jugend in Schweden grosen Einflus haben muß.

14 vgl. Vretblad 1918, a.a.O., S. 91 u. 233/234 bzw. Gerber: *Neues LTK*, Sp. 471/472

15 Stockholm: Nordström, 1798. Die in Stockholm erschienenen und Gustav Adolph IV. gewidmeten *Pièces de clavecin* (SchafhäutlV 159) waren als *Handstycken* zu der Klavierschule gedacht, vgl. a.a.O., *Tredje Afdelningen*, S. 34-53.

16 vgl. Artikel *Vogler*, in: *Biografiskt Lexicon öfver namnkunnige svenske män*, Örebro, 1855-1857, XXII, S. 290; Vretblad 1918, a.a.O., S. 91 u. Gerber: *Neues LTK*, Sp. 471/472

17 Vretblad 1918, a.a.O., S. 98

18 a.a.O., S. 98/99 u. 250-257

19 z.B. in den Konzerten vom 22. Januar u. 19. März 1797, vgl. a.a.O., S. 262/263

20 a.a.O., S. 87

21 Vogler an Prof. Lidén in Norrköping, 5. Juli 1797: *Da ich in zween Monaten auf ein ganzes Jahr Schweden verlasse* [...]. Forkel gibt im *Musikalischen Almanach* 1789 sogar an, Voglers Abwesenheit dürfte, *der Königl. Erlaubniß nach, bis zum May 1789 dauern* (a.a.O., S. 131).

22 Nach Schafhäutl (S. 36/37) besuchte Vogler in Petersburg den Orgelbauer Krisnik; vgl. dazu Voglers Bericht: *Ueber Sprach- und Gesang-Automaten. Ein akustischer Versuch*, in: *Sammlung einiger im Frankfurter Museo vorgetragener Arbeiten, 1ster Theil*, Frankfurt 1810, S. 128. Aus Rom schrieb Vogler am 12. September 1788 und kündigte ein Orgelkonzert zugunsten der Armen an.

23 Heinrich Sievers: *Hannoversche Musikgeschichte*, Bd. II, Tutzing 1984, S. 2-3. Vogler habe *mit größtem Erfolg* dreimal in Hannover gespielt und die Einkünfte seines letzten Konzerts in der Marktkirche den Armen zur Verfügung gestellt.

24 Brief Voglers an einen Organisten in Zalt-Bomeln vom 12. August 1789

25 vgl. seinen von London geschriebenen Brief an den Landgrafen Ludewig von Hessen-Darmstadt vom 14. Mai 1790, dem Programme der Orgelkonzerte vom 1. und 8. Mai 1790 in London beiliegen. In der *Musikalischen Korrespondenz der teutschen Filarmonischen Gesellschaft*, Speyer, Juli 1790, Sp. 2 heißt es in einem Bericht vom 26. Juni 1790: *Hr. Vogler hielte sich vier Monate diesesmal in London auf, und wird nun auf der Rükreise seyn. Vor kurzem hat er bei dem König in*

kehrte er nach Deutschland zurück, reiste nach München[26], dann über Frankfurt[27] und Worms[28] nach Darmstadt[29]. Ende 1790 hielt er sich wiederum in Rotterdam und Amsterdam[30] sowie in Hamburg[31] und Lübeck[32] auf. Von Stockholm aus, wohin er im März 1791 zurückgekehrt war[33], unternahm er 1792 Reisen nach Norwegen[34] und Norddeutschland[35]. Dort erfuhr er von der Ermordung Gustav III.; da sein Vertrag aber von dessen Nachfolger übernommen wurde, setzte er seine Reisen fort, folgte einer Einladung nach Lissabon und befand sich im August 1793 in Cadix[36]. Von hier nahm die Reise nach Marokko ihren Ausgang, von der er im *Choral-System* spricht[37]. Ob die Reise zu den armenischen Inseln, die er ebenfalls dort erwähnt[38], 1793 stattfand, ließ sich bisher nicht ermitteln. Im Februar 1794 hielt sich Vogler wieder in Stockholm auf[39] und scheint in den folgenden Jahren (abgesehen von einer Reise nach Paris im Jahre 1795[40]) vorwiegend kleinere Reisen unternommen zu haben[41]. Nach Berichten von Zeitgenossen gehörten Schilderungen dieser

Schweden um die Erlaubniß angestanden, diesen Sommer sein Vaterland zu besuchen, und statt im Maimonate erst künftigen Herbst in Stokholm eintreffen zu dörfen. Se. Majestät haben ihm nicht nur allein diese Erlaubniß zugestanden, sondern auch aus eigener Bewegung um Allerhöchstderselben Zufriedenheit über seine gestiftete Schule und die Opera Gustav Adolph an den Tag zu legen, befohlen, ihm die während seiner Abwesenheit fälligen fünfzehnhundert Dukaten auszuzahlen.

26 vgl. Angabe im Brief Voglers an Gertrude Vogler in München, 12. Mai 1795; danach hielt er sich im September 1790 in München auf.

27 Dort konzertierte er während der Krönungsfeierlichkeiten Leopolds II. im Oktober 1790, vgl. Otto Bacher: *Mozarts Opern im Frankfurt des 18. Jahrhunderts*, in: *Mozart-Jb* 1929, III, S. 133-134.

28 vgl. Schafhäutl, S. 40

29 Vogler konzertierte am 23. u. 27. Oktober 1790 auf der Orgel der Hofkapelle; vgl. Elisabeth Noack: *Musikgeschichte Darmstadts vom Mittelalter bis zur Goethezeit*, Mainz 1967, S. 284. Voglers Aufenthalt stand in Verbindung zur Thronbesteigung des Landgrafen Ludewig X., die im April 1790 während Voglers Londoner Aufenthalt erfolgt war; vgl. dazu auch Voglers Glückwunschschreiben vom 14. Mai 1790.

30 Nach einer Anzeige der *Musikalischen Korrespondenz* [...], Speyer 1790, S. 192 ließ sich Vogler am 24., 25. u. 26. November 1790 in Amsterdam auf seinem *Orchestrion* hören. In Rotterdam war Vogler am 9. November, wie Schafhäutl S. 41 berichtet.

31 Am 13. Dezember 1790 spielte Vogler an der Orgel der Katharinenkirche, vgl. Josef Sittard: *Geschichte des Musik- und Concertwesens in Hamburg*, Altona u. Leipzig 1890, S. 197.

32 Johann Hennings u. Wilhelm Stahl: *Musikgeschichte Lübecks*, Bd. II: *Geistliche Musik*, Kassel 1952, S. 120 geben als Datum den 15. November 1790 an.

33 vgl. Brief Voglers an Prof. Lidén vom 14. März 1791 bzw. die bei Vretblad 1918, a.a.O., S. 238 erwähnten Konzerte v. 16. März u. 7. April 1791

34 Aufenthalt in Bergen im Februar 1792, vgl. Voglers Brief an seine Schwester Gertrude vom 12. Mai 1795

35 vgl. den vorstehend genannten Brief u. Sittard 1890, a.a.O., S. 197. Demnach konzertierte Vogler im Mai 1792 in Bremen und am 23. Mai wiederum in Hamburg.

36 vgl. Schafhäutl, S. 43, Briefe Voglers an Gertrude Vogler vom 12. Mai 1795 u. an Großmann vom 21. August 1793. Nach einem Brief Bernhard Anselm Webers an Großmann vom 8. April 1793 hielt sich Vogler zuvor in Gibraltar auf; vgl. dazu Max Unger: *Aus Bernhard Anselm Webers Jugendjahren. Briefe von Weber und anderen*, in: *Allgemeine Musik-Zeitung Berlin*, 38. Jg. (191)1, S. 928.

37 *CS*, S. 24 u. 35

38 a.a.O., S. 26

39 Ein erstes Konzert ist am 26. Februar 1794 erwähnt, vgl. Vretblad 1918, a.a.O., S. 247.

40 Nach Gerber: *Neues LTK*, Sp. 471 unternahm Vogler diese Reise *um die dasigen Revolutionsmusiken zu hören* [...]

41 Der detaillierte Nachweis der einzelnen Stationen seiner Reisen wie überhaupt die Ermittlung der Aufenthaltsorte Voglers während der Zeit seiner Stockholmer Anstellung muß späteren biographischen Arbeiten vorbehalten bleiben.

zahllosen Reisen später zu Voglers Lieblingsbeschäftigungen in gesellschaftlichen Zirkeln[42]. Welches Ansehen Vogler bei Gustav Adolph IV. errungen hatte, zeigt sich darin, daß trotz dieser fortwährenden Abwesenheiten Voglers Vertrag nach Ablauf bis zum Jahre 1799 verlängert wurde, so daß er Schweden erst im Sommer 1799 verließ[43].

Wenn man die Programme der ungeheuer großen Zahl von Orgelkonzerten, die Vogler in jenen Jahren gab[44], miteinander vergleicht, so fällt auf, daß im Grunde ein relativ kleiner Bestand von Werken in immer neuen Zusammensetzungen ständig wiederholt wurde. Dabei zeigt sich einerseits eine Tendenz zu programmgebundener Musik, die z.T. in den stark von außermusikalischen Vorstellungen geprägten frühen Ouvertüren Voglers ihr Vorbild haben dürfte[45]. Eine Reihe solcher Programme hat Vogler 1794 für den Artikel *Illusion und Täuschung* der *Deutschen Encyclopädie* zusammengestellt. Dort finden sich, jeweils durch Angabe der einzelnen Satzüberschriften näher erläutert, folgende Werktitel[46]:

- *Die Hirtenwonne vom Donnerwetter unterbrochen*
- *Die Belagerung von Jericho*
- *Schilderung einer Seeschlacht*
- *Wiens Befreyung, unter Leopold I.*
- *Der Tod des Menschenretters Herzog Leopold von Braunschweig*
- *Geschichte Sauls und Davids (in 3 x 5 Teilen)*

[42] vgl. etwa Gänsbacher: *Denkwürdigkeiten*, S. 38 oder Johanna Schopenhauer: *Ihr glücklichen Augen. Jugenderinnerungen, Tagebücher, Briefe*, Berlin 1979, S. 199

[43] vgl. Gerber: *Neues LTK*, Sp. 472: *Bey diesem glücklichen Erfolge seiner mannichfaltigen Bemühungen zum Besten der dasigen Musik war es also kein Wunder, daß seine Dienstzeit vom Herzoge-Regenten auch noch bis aufs folgende 11te Jahr ausgedehnt wurde*. Vgl. auch Brief Voglers vom 10. November 1797, veröff. bei Ernst Pasqué: *Abt Vogler*, Darmstadt 1884, S. 10-12. Dagegen gibt Vretblad 1918, a.a.O., S. 87 an, daß Voglers Vertrag bereits 1787 geändert worden sei, so daß das Engagement zunächst nur bis zum 1. Juli 1791 lief und Vogler am 1. Juli 1793 einen neuen vierjährigen Vertrag einging, der dann bis zum Jahr 1799 verlängert wurde. Dies würde auch die umfangreichen, durch eine Pension des Schwedenkönigs ermöglichten Reisen Voglers in den Jahren 1792/1793 erklären. - Das letzte von Vretblad erwähnte Konzert unter Voglers Leitung fand in Stockholm am 28. April 1799 statt (a.a.O., S. 277).

[44] Nach Angaben der *AMZ* 1. Jg. (7. April 1799), Sp. 428/429 hat sich Vogler auf der Orgel *in Schweden über 100 male hören lassen*. In diese Zahl, die anläßlich seines Jubiläumskonzerts im November 1798 in Stockholm erwähnt wird (Vretblad 1918, S. 275), sind allerdings auch die Konzerte eingeschlossen, in denen Vogler als Orchesterleiter auftrat. Am 25. März 1800 erwähnt Vogler in einem Brief an Breitkopf & Härtel, er habe in drei Sommermonaten *in 20 Städten 30 Konzerte* gegeben und neun Orgeln nach seinem *System simplifiziert*.

[45] vgl. Sinfonie zur Tragödie *Hamlet*, SchafhäutlV 106, Ouvertüre zum Melodram *Lampedo*, SchafhäutlV 103 u. zu *Castor und Pollux*, SchafhäutlV 135. Tendenzen zu programmgebundener Musik finden sich auch in anderen frühen Werken; vgl. etwa das dritte der sechs Klavierkonzerte von 1778 (SchafhäutlV 102), das die Überschrift *L'agnello perduto e ritrovato* trägt.

[46] *Encyclopädie*, Bd. XVII (1793), S. 185-187. Zwei Beispiele zur Untergliederung des Programms seien hier zitiert: *1. Der Tod des Menschenretters Herzog Leopold von Braunschweig: a) Der ruhige Lauf der Oder, - die Winde heulen und jagen die Fluten schneller- Anschwellung des Stroms bis zur völligen Ueberschwemmung. b) Allgemeine Bestürzung der Bewohner des jenseitigen Ufers der Oder, ihr Weinen, Heulen und Stöhnen. c) Der Held kömmt an - sein Drang Menschen zu retten, überstimmt jede zur Selbstschonung abzwekkende Gegenvorstellung der Umstehenden. d) Leopold steigt in den Kahn, stößt ihn vom Ufer ab, kämpft mit den Wellen - der Kahn stürzt um - der Prinz ertrinkt. e) Empfindung, die dem Vorgange angemessen ist. // 2. Das jüngste Gericht nach Rubens: a) Maiestätische Einleitung. b) Posaunenschall; die Gräber öffnen sich; die Todten stehen auf; c) Des Weltrichters Urtheil über die Gottlosen. d) Ihr Heulen und Fall in den Abgrund. 3) Der Heiland ruft die Seligen. f) Ihr Lobgesang vereinigt sich mit den Chören der Engel.* Vgl. die Varianten dieser Programme in den Wiedergaben bei Forkel: *Musikalischer Almanach* 1789, a.a.O., S. 133-134 u. 137-138.

- *Das jüngste Gericht nach Rubens*
- *Skizzen aus Don Quixotte*

Zu ergänzen ist diese Aufstellung um eine Reihe weiterer, darunter auch spezifisch schwedischer Programme[47]:

- *Abendspaziergang am Rheinstrom bzw.:*
- *Spazierfahrt auf dem Rhein vom Donnerwetter unterbrochen*
- *Aus Jesus Leidensgeschichte*
- *Israels Sieg*
- *Die Belagerung von Gibraltar*
- *Charakteristische Züge aus dem Leben König Gustav Wasas*
- *Der Sieg des Königs Gustav III. am Schwedischen Sund* usw.

Solche mehrteiligen Improvisationen standen im Zentrum der Orgelkonzerte Voglers und wurden unterbrochen durch andere *charakteristische* Orgelstücke, vor allem durch Übertragungen orgelfremder Musikgattungen auf dieses Instrument oder Nachahmungen der Idiomatik bestimmter Instrumente. Titel wie *Flötenkonzert*[48], *Scene*[49], *Glockenspiel*[50], *Cantabile, Nocturno, Harmonie-Musik, Solo Concert*[51], *Sonate de Carillon accompagnée de Flutes et Bassons*[52] sind hierfür typisch. Dazu fehlte meist auch ein *Fantasie und Fuge* bzw. *Choral und Fuge* betiteltes Stück nicht[53], wobei sich eine Fuge mit zwei zusätzlich eingewebten Themen aus Händels *Halleluja (Messias)* besonderer Beliebtheit erfreute[54].

[47] Die folgenden Angaben nach Vretblad: *Abbé Vogler som programmusiker*, in: *Svensk Tidskrift för Musikforskning*, Stockholm 1927, S. 79-98. Vogler fand mit seinen lukrativen Orgelimprovisationen bald Nachfolger, so daß er im Dezember 1790 eine *Warnung für Organisten und Orgelliebhaber* in die Speyrer *Musikalische Korrespondenz* [...], Sp. 197-200 einrücken ließ, in der vor den Nachahmungen der Organisten Diderich und Müngersdorf in Düsseldorf gewarnt wird. Die dort abgedruckten Programme unterscheiden sich nicht grundsätzlich von den Voglerschen, während ein Programm, das Vogler in der *Deutschen Encyclopädie* zitiert (Bd. IX, 1784, S. 918, abgedruckt bei Hertha Schweiger: *Abbé G. J. Vogler's Orgellehre*, Wien 1938, S. 41), als bösartige Polemik gedacht ist.

[48] vgl. Artikel *Illussion und Täuschung*, in: *Encyclopädie*, Bd. XVII, S. 185: [Flötenkonzert, ...] *wo die Ritournelle des ganzen Orchesters mit den Solo's der Flöte, die von den Violinen piano accompagnirt werden, und mit den Zwischenspielen der Hoboen, Waldhorne, und Fagotte abwechseln.* Der Verfasser der *Briefe an einen Freund in Berlin* in der *AMZ* schreibt zu einem solchen Flötenkonzert (3. Jg., 17. Dezember 1800, Sp. 194): [Doppelkonzert von einer Flöte mit einem Fagott, ...] *wo man deutlich 4 Manuale unterscheidet: d.i. für die Flöte, den Fagott, das starke Orchester, die sachte Instrumentalbegleitung* [...]

[49] *Encyclopädie*, Bd. XVII, S. 185: *Recitativo: Aria cantabile: Recitativo. eine mit dem Fagott concertirende Tenorarie*; vgl. dazu die *Italiänische Arie* im *Polymelos* Speyer.

[50] ein mit Hilfe von Kombinationstönen nach Voglers Simplifikationssystem hervorgerufener Effekt auf der Orgel

[51] die vier vorstehenden Titel nach Vretblad 1918, a.a.O., S. 231-232

[52] vgl. Programm London, 1. Mai 1790, Beilage zu Voglers Brief vom 14. Mai 1790 an Ludewig I.

[53] In dem Konzert vom 1. Mai 1790 z.B. am Anfang: *Prelude: adagio: allegro fugato*; im Konzert vom 8. Mai 1790 in London: *Grande Phantaisie commencée par une Pièce de Carillon, et terminée par una Fuga in Canone*. Vgl. auch die bei Vretblad 1918 angegebenen Programme: *En stor Phantasie, som slutas med en Fuga av tre Thema* (S. 230), *Fantasie och Fuga* (S. 232), *Choral nr: 154: »Ack sorg och nöd« - Fuga över denna Choral på orgverket* (S. 258). Die Verarbeitung des Chorals *O Haupt voll Blut und Wunden* in homophonem Satz, in kontrapunktischer und kanonischer Ausführung ist in einem Berliner Konzert vom 28. Nov. 1800 erwähnt; vgl. *AMZ* 3. Jg. (17. Dezember 1800), Sp. 195; diese Bearbeitung erklang im Mai 1801 auch in Leipzig (vgl. a.a.O., 13. Mai 1801, Sp. 563). Die Beispiele ließen sich beinahe beliebig vermehren.

[54] Vogler spielte dieses Stück in seinem Jubiläumskonzert in Stockholm (vgl. Vretblad 1918, a.a.O., S. 275), in dem in der vorhergehenden Anmerkung genannten Leipziger Konzert, 1802 in Prag

Neben diesen Stücken sowie den programmatischen Improvisationen erhielten in Voglers Programmen zunehmend von ihm so betitelte *nazional-karakteristische* Werke[55] eine auch über die Stockholmer Zeit hinausreichende Bedeutung. Schon im Dezember 1790 wurde bei Boßler in Speyer ein zweiteiliges Werk Voglers *Polymelos, oder karakteristische Nationalmusiken verschiedener Völkerschaften, eine originelle und sonderbare Sammlung von Volksliedern und Tänzen für das Klavier* [...] angekündigt, das aus den Sätzen: *Schwedischer Fakeltanz - Schottisches Lied - Kosakentanz - Polonoise - Russische Hörnermusik - Italiänische Arie - // Moderne Siziliana - Französische Arie - Hirtenmusik aus der Schweiz - Spanischer Fandango - Cheu Teu aus China - Deutscher Tanz* bestehen sollte[56]. Am 8. Mai 1790 spielte Vogler an der Orgel im Saal der Tottenham-Street in London unter dem Titel *Polymelos* neben den hier genannten Sätzen noch eine *Barcarole de Venise*, ein *Chanson de l'Isle d'Ischia, prês de Naple* und eine *Chanson Ecossaise*[57]. Diese Stücke begegnen auch in Voglers schwedischen Orgel- und Orchestrionkonzerten (vgl. u.), daneben finden sich dort eine Reihe ähnlicher Werke wie *Africansk musik*; *Mohrernas Liksång i Marocco*; *Arabisk romance*; *Finsk nationalmusik*; *Terassen*, *Africansk Nationalsång*; *Marockansk Cantique*; *Skotsk sång*; *Hottentotternas sång* u.a.m[58]. Einige dieser Stücke hat Vogler in die als Illustration seiner *Claver-Schola* gedachten *Pièces de Clavecin* übernommen[59] und später in die Münchener Veröffentlichung des *Polymelos* integriert[60], die daneben auch »bayerische« Themen enthält[61].

Nach Voglers großen Reisen spielen diese *nazional-karakteristischen* Werke ab Mitte der 1790er Jahre in seinen Konzerten eine immer größere Rolle[62]. Zusammen mit instrumentenidiomatischen Kompositionen sind sie auch Hauptrepertoire der *Orchestrion*-Konzerte Voglers, die dieser in Stockholm erstmals am 23. Oktober 1796 veranstaltete[63].

Der Bau des *Orchestrions* ist Ausdruck eines weiteren wichtigen Anliegens, dem Voglers Wirken in Schweden galt: Verbesserungen des Instrumenten- und Orgelbaues. 1788 hatte Vogler bei seiner Reise nach Petersburg die Verbesserungen, die der Orgelbauer Krisnik mit durchschlagenden Zungen im Pfeifenbau erreicht hatte, kennengelernt und dessen

(Tomaschek: *Selbstbiographie*, in: *Libussa*, 4. Jg., Prag 1845, S. 398) u.ö.; vgl. auch Meyerbeer, Tagebuch, 30. Mai 1812 (Becker I, S. 178).

55 vgl. Titel des *Polymelos*, SchafhäutlV 185

56 *Musikalische Korrespondenz* [...], Speyer (8. Dezember 1790), Sp. 183-184

57 Das Thema des *Cheu Teu*, eine *Air Chinois, que l'Empereur de la Chine a envoyé nouvellement à Londre*, wird dort im *Rondo* eines Flötenkonzerts verwendet; vgl. das in Anm. 53 genannte Programm.

58 vgl. Vretblad 1927, S. 96-98 u. Vretblad 1918, S. 230-275

59 vgl. Anm. 15; dort finden sich: *Barcarolle de Venise*, *Romance Africaine*, *Cheu Teu*, *Chanson Suedoise*, *Air Finois*, *Air Barbaresque*, *Polonoise*, *Marche de Charles XII auprès de Narva*, *Air Russe*, *Marche des Chevaliers de l'Ordre des Seraphims en Suède* u. *Danse Suedoise*. Diese für Schulzwecke gedachten Variationen entsprechen sicherlich nicht der Ausführung der Themen innerhalb von Voglers Improvisationen auf der Orgel.

60 vgl. SchafhäutlV 185. Bezeichnend für Vogler ist die Tatsache, daß das *Cheu Teu* dort als eine *chinesische Arie, die Vogler aus den Originalnoten der Missionäre von Peking entziffert hat*, bezeichnet wird (a.a.O., S. 268); vgl. dazu Anm. 57.

61 Nr. 3: *Bayerisches Vater unser* u. Nr. 9 *Ich bin ein Bayer*, vgl. SchafhäutlV 185. Diese Werke waren so *charakteristisch*, daß Vogler sie später skrupellos unter dem Titel *Hessisches Vater unser* (SchafhäutlV 187) und als *Frohe und fromme Empfindung eines Hessen: Ich bin aus Hessenland* (SchafhäutlV 284) wiederveröffentlichte.

62 vgl. Vretblad 1918, Verzeichnis der Konzerte ab 1794ff., S. 247ff. Dies gilt auch für die Konzerte Voglers in Deutschland in den folgenden Jahren.

63 a.a.O., S. 259; vgl. auch die bei Vretblad wiedergegebenen Programme vom 30. Oktober 1796, 3. März u. 6. Mai 1797 u. 17. Januar 1798

Gesellen Racknitz engagiert[64]. Mit ihm zusammen baute Vogler sein erstes *Orchestrion*[65] und offensichtlich entwickelte er mit ihm seine Ideen der *Orgelsimplifizierung*, die vom Projekt des *Orchestrions* ihren Ausgang nahmen und Vogler bis zum Ende seines Lebens zu immer neuen Orgelprojekten und -umschaffungen anregten[66].

Im November 1790 erklang das *Orchestrion* erstmals in Amsterdam[67], 1795 nahm Vogler auf der Rückreise von Paris das Instrument mit nach Stockholm, wo es nach einem Umbau in einem eigens dazu bestimmten Saale erklang[68]. Zuvor hatte Vogler mit Racknitz zusammen bereits das sogenannte *Organo-chordium*, eine Art Kombination von Klavier und Orgel, gebaut, auf dem er erstmals am 1. Mai 1794 konzertierte[69]. Mit der Umarbeitung

[64] vgl. Schafhäutl, S. 36-40 u. 152-153 bzw. Vogler: *Ueber Sprach- und Gesang-Automaten*, a.a.O., S. 128: [...] *ein sehr geschickter Fortepianomacher in Petersburg, Herr Kirschnick* [...] *verfertigte nach dieser Zeichnung* [von Kratzenstein] *die Zungen von Messing, und erhielt die silberne Medaille, und dessen Mitarbeiter, Herrn Racknitz, einen sehr scharfsinnigen Mechaniker, nahm ich in Dienste, der nachher acht Jahre für mich arbeitete* [...]. Vgl. auch Vogler an Gertrude Vogler vom 12. Mai 1795: *Dem Rackwitz, der mir seit 7 Jahren so treu geblieben, und seinen Stand in Petersburg mir zulieb verlassen, habe ich das Patent als königl. schwedischer HofInstrumentenmacher verschaft* [...]. Im *Neuen LTK* Gerbers wird Rackwitz bezeichnet als *Königl. Schwedischer privilegirter Orgel- und Instrumentenmacher zu Stockholm ums J. 1798, dessen Arbeit vom Hrn. Abt Vogler sehr gerühmt wird* [... Er] *hat nicht nur an dessen Orchestrion mit gearbeitet, als er sich noch in Holland befand, sondern auch nach der Zeit in Stockholm das vom Hrn. Abt Vogler sogenannte Organo-Chordium ganz allein verfertiget, welches in Schweden sehr viele Liebhaber gefunden haben soll* (a.a.O., Sp. 787).

[65] Nach einem Auszug aus der *Amsterdamer Zeitung* vom 27. November 1790, der einem Brief Voglers an Prof. Lidén vom 14. März 1791 beiliegt, wird das *Orchestrion* beschrieben als eine *Orgel von 4 Klavieren 63 Tasten 39 Pedalen und 3 Schwellern. Sie ist 9 Schuh hoch, tief und breit; so rein temperirt, daß man aus Cis wie aus C spielen kann; gleicht an Stärke einer 16füssigen Kirchenorgel, übertrift an Gravität manche 32füssige Werke, an Feinheit die Harmonika; hat für alle Stimmen ein Crescendo, ein Diminuendo das durch Viertels-Töne schleicht. In Ansehung der Varietät aber nannten die Orgelkenner das Konzert auf diesem grossen Chore: (Orchestrion) das non plus ultra von Orgelspiel- und Orgelbaukunst.* Die orchester-nachahmende Funktion des Instruments wird in einer Beschreibung in der *AMZ*, 3. Jg. (17. Dezember 1800), Sp. 191 hervorgehoben: *Eine vom Abt Vogler neue erfundene, auf eigne Kosten und wegen wiederholter Proben und misslungener Versuche endlich mit dem Aufwand von 8000 Thalern erbaute Orgel, die jezt mit nur 1137 Pfeiffen, aber 4 Manualen zu 63 Tasten, einem freyen Pedal zu 39 Tasten, und 48 Fuss-Ton, alle Instrumente täuschend nachahmt und ein ganzes Orchester vorstellt.*

[66] vgl. Vogler: *Data zur Akustik*, in: *AMZ* 3. Jg. (29. April 1801), Sp. 518: *Vor 11 Jahren ist es* [das *Orchestrion*] *fertig und in Amsterdam gehört worden. Seitdem wählte ich die Orgelmechanik und die akustischen Versuche zu meinem Lieblingsgeschäft.* In der *PT* bezeichnet Vogler das *Orchestrion* als den *lauttönenden Beweis des Simplifikazions-Systems für den Orgelbau* [...] (a.a.O., S. VII). Vgl. dazu auch Schafhäutl, S. 36ff. u. speziell zum *Simplificationssystem* Schafhäutl, S. 149-198; Emile Rupp: *Abbé Vogler als Mensch, Musiker und Orgelbautheoretiker unter besonderer Berücksichtigung des sog. »Simplificationssystems«*, Kassel 1922 u. Hertha Schweiger: *Abbé Voglers Simplificationssystem und seine ak. Studien*, in: *Kirchenmusikalisches Jb* 29. Jg. (1934), S. 72-123. Daneben finden sich zahlreiche Aufsätze zu einzelnen Orgelsimplifizierungen Voglers. Inwieweit auch Weber, Gänsbacher und Meyerbeer mit diesen Ideen Voglers konfrontiert wurden, ist im Abschnitt über Weber in Darmstadt angedeutet.

[67] vgl. Anm. 65 u. *Musikalische Korrespondenz* [...], Speyer 1790, Sp. 192. Nach Schafhäutl (S. 152) befand sich das Werk 1792 in Rotterdam, wo Vogler auch in eine Orgel seine neuen Pfeifen einsetzte.

[68] vgl. hierzu Vretblad 1918, a.a.O., S. 119 u. Gerber: *Neues LTK*, Sp. 471. Zu den akustischen Überlegungen Voglers während dieser Zeit vgl. auch seine *Bemerkungen über die der Musik vortheilhafteste Bauart eines Musikchors: ein Auszug aus einem Brief des Abt Voglers von Bergen in Norwegen 1792*, in: *Journal von und für Deutschland*, hg. v. S. Frhr. von Bibra, 9. Jg. (1792), S. 178-181.

[69] vgl. Vretblad 1918, a.a.O., S. 99, 255 u. 257

einiger schwedischer Orgeln[70] begann dann die stattliche Reihe der *Orgelsimplifizierungen* Voglers, über die am ausführlichsten Hertha Schweiger berichtet hat[71].

Bedingt durch diese vielfältigen Tätigkeiten ist der kompositorische Ertrag der schwedischen Jahre Voglers gering. Neben den Werken, die er für seine Konzerte schrieb bzw. die aus Improvisationen in seinen Konzerten hervorgingen, entstanden an größeren Kompositionen gleich zu Anfang seines Stockholmer Aufenthalts die Oper *Gustav Adolf och Ebba Brahe*[72] nach einem (auf der Grundlage des Textes von Gustav III.) von Johan Henrik Kellgren verfaßten Libretto und die Chöre zu Racines Drama *Athalia*, die so ausführlich ausfielen, daß sie das Schauspiel *fast um zwei Stunden* verlängerten[73]. Im Anschluß an seine großen Reisen schrieb Vogler Chöre und Ballette zu Skjöldebrands *Herrmann von Unna*[74], die aber nicht mehr in Stockholm, sondern in Kopenhagen zur Uraufführung kamen.

Während der letzten Jahre in Stockholm beschäftigte sich Vogler mit der Entwicklung seines *Choral-Systems*, das er als Frucht seiner Reisen nach Afrika und Griechenland bezeichnete und zunächst 1798/1799 in Form seiner *Organist-Schola* vorlegte[75]. Kernpunkt dieser Erläuterungen von Choralaussetzungen aus dem *Svenska Choral-Boken* ist die (kirchen)tonart-gemäße Harmonisierung der Choralmelodien[76]. 1799 ließ er den ersten Teil dieses Werks ins Dänische übertragen und zusammen mit der Übersetzung seiner *Inledning* und der *Claver-Schola* als *Abbed Vogler's Musik-Skole i trende Dele* in Kopenhagen veröffentlichen[77]. Dort erschien im Jahre 1800 nach zahllosen Ankündigungen in der deutschen Presse auch die deutsche Übersetzung des *Choral-Systems*[78], das aber besonders in den Partien, die sich (ausgehend vom Beispiel Bachscher Choralaussetzungen) gegen Kirnberger und die norddeutsche Musiktheorie richten, wesentlich erweitert ist[79].

[70] vgl. dazu Sven Witstedt: *Ett Bidrag till en Vogler-biografi*, in: *Svensk Tidskrift för Musikforskning*, Stockholm 1933, S. 5-28. Die Zahl der von Vogler in Schweden simplifizierten Orgeln müßte noch ermittelt werden.

[71] vgl. Hertha Schweiger: *Abbé Voglers Simplificationssystem* [...], a.a.O., S. 72-123 u. dies.: *Abbé G. J. Vogler's Orgellehre*, Diss. Freiburg i.Br. 1938.

[72] Uraufführung am Geburtstag Gustav III., dem 24. Januar 1788. Nach F. A. Dahlgren: *Förteckning över svenska skådespel*, Stockholm 1866 wurde die Oper bis 1794 23mal aufgeführt; vgl. dazu das Vorwort zum Klavierauszug, hg. v. Martin Tegen, Stockholm 1976. Die Oper war schon im Sommer 1787 vollendet, wie eine Äußerung in einem Brief Voglers an Prof. Lidén vom 5. Juli 1787 zeigt.

[73] vgl. *Studien für Tonkünstler und Musikfreunde* [...] *für das Jahr 1792*, a.a.O., S. 116. Schafhäutl (S. 261) verzeichnet zu dem Werk: *componirt 9. August 1786 auf dem kgl. Lustschloss Drottningholm.*

[74] SchafhäutlV 156; zu Voglers Kontakten zu Skjöldebrand vgl. dessen Memoiren, hg. v. Hendrik Schück, Stockholm, 1903-1904

[75] *Organist-Schola. Med 8 Graverade Tabeller. Af Kongl. Musik-Directeuren Aboten Vogler*, Stockholm: Nordström, 1798 u. *Organist Scholans Andra Del. Förklaring öfver Choral-Boken*, Stockholm: Nordström, 1799

[76] vgl. hierzu die Abschnitte zu Voglers *Choral-System* in den Aufsätzen von Floyd K. Grave: *Abbé Vogler and the Bach Legacy*, in: *Eighteenth-Century Studies*, Berkeley, Calif. XIII/2 (Winter 1979/1980), S. 119-122 u. Veit: *Abt Voglers »Verbesserungen« Bachscher Choräle*, a.a.O., S. 500-512

[77] Kopenhagen: Niels Christensen, 1800. Übersetzt von J. F. Bergse. Der zweite Teil der *Organist-Schola* fehlt hier, dafür gibt es zusätzlich ein *Alphabetisk Fortegnelse paa alle de musicalske Kunstord, som forekomme i den hele Musikskole*. Ein alphabetisches Register der musikal. *Kunstwörter* seiner *Claver-Schola* hatte Vogler erstmals in *Aboten Voglers Andra Lection til Choral-Eleven M. H.*, Stockholm: Nordström, 1800, S. 3-4 veröffentlicht.

[78] Kopenhagen: Niels Christensen, 1800. Hier ist wiederum der zweite Teil mit der Erläuterung von Choralaussetzungen des schwedischen Choralbuchs mit aufgenommen.

[79] vgl. z.B. *Organist-Schola*, S. 18-19 mit *Choral-System*, S. 58-61 u. 23-24; vgl. dazu den genannten Aufsatz des Verfassers

Bis zum Sommer 1800 hielt sich Vogler in Dänemark auf, konzertierte, simplifizierte Orgeln und brachte seine Schauspielmusik zu *Herrmann von Unna* zum Geburtstagsfest König Christians VII. von Dänemark (am 29. Januar) zur Aufführung[80]. Anschließend ging Vogler nach Berlin, wo im September 1800 dieselbe Schauspielmusik mit großem Erfolg aufgeführt wurde[81]. Nach der Umschaffung der Berliner St. Marienorgel und zwei Konzerten auf dem simplifizierten Instrument am 28. November und 22. Dezember[82] erhielt Vogler vom König den Auftrag zum Bau einer neuen viermanualigen Orgel in Neu-Ruppin[83]. Am 15. Dezember 1800 verlas er in der Sitzung der *naturforschenden Freunde* seine Abhandlung *Data zur Akustik*, die 1801 sowohl in der Leipziger *AMZ* als auch im Seperatdruck erschien[84].

Um Geschäfte mit Breitkopf & Härtel und Kühnel abzuschließen, wandte sich Vogler von Berlin aus nach Leipzig[85], konzertierte unterwegs am 25. März 1801 in Halle[86] und spielte in Leipzig zur Ostermesse auf den Orgeln der Universitäts- und Nikolaikirche[87]. Nach einem Zwischenaufenthalt in Dresden am 11. Mai traf er dann Ende des Monats in Prag ein[88], wo er sich über ein Jahr lang aufhielt.

In Prag bemühte sich Vogler wiederum um die Verbreitung seines harmonischen *Systems* und verfaßte zum Zwecke entsprechender Vorlesungen sein *Handbuch zur Harmonielehre und für den Generalbaß*, das 1802 im Druck erschien[89]. Die Vorlesungen wurden noch im Herbst 1801 begonnen[90], und Vogler hielt am 9. November seine Antrittsrede mit dem Thema *Was ist musikalische Akademie*, bei der nach Angaben des *Journal des Luxus und der Moden* noch 500 Zuhörer anwesend waren, während danach die

[80] Brief Voglers an Breitkopf & Härtel vom Februar 1800: *Meine Geschäfte sind hier drükend. Das Choral-System, das ich in deutscher Sprach verfasse, meine schwedische Theoretische Schriften, die in dänischer Sprache herauskommen, das GeburtstagStük Hermann von Unna, die Umschaffung des Orchestrion u.s.w. lassen mich kaum athmen.* Anfang April 1800 schreibt der Kopenhagener Korrespondent der *AMZ* (2. Jg., 23. April 1800, Sp. 532): *Ich war und bin noch Augenzeuge der grossen Wirkung, welche die Musik des Abts Vogler* [...] *in dem Schauspiele Hermann von Unna seit einigen Monaten hier auf das Publikum gemacht hat, und noch macht* [...]. Die Schauspielmusik wurde zu einem der erfolgreichsten Werke Voglers.

[81] Brief Voglers an Weyse in Kopenhagen vom 1. November 1800: *vor Ablauf von 2 Monaten schon 14 Vorstellungen*; vgl. dazu auch *AMZ* 3. Jg. (19. November 1800), Sp. 130-135

[82] Zu dem ersten Konzert vgl. die ausführliche Besprechung der *AMZ* 3. Jg. (17. Dezember 1800), Sp. 191-195. Die Simplifizierung der St. Marienorgel führte zu einer heftigen Auseinandersetzung in der Berliner Presse; vgl. dazu u.a. Schlimbach: *Ueber des Abt Vogler Umschaffung der Orgel zu St. Marien in Berlin* [...], in: *Berlinische Musikalische Zeitung*, 1. Jg., S. 383-386, 391-394, 404-406 u. 2. Jg., S. 13-16 sowie die Verbesserungsvorschläge in Nr. 22, 23 u. 42 des 2. Jgs; Voglers Anmerkungen in der Veröffentlichung des Aufsatzes *Data zur Akustik* u. *AMZ* 4. Jg. 1801/1802, Intelligenzblatt IV u. (21. Oktober 1801), Sp. 49-58.

[83] vgl. Brief Voglers an Weyse in Kopenhagen v. 30. Dezember 1800 u. *AMZ* 3. Jg. (4. Februar 1801), Sp. 336. Dort ist auch mitgeteilt, daß Vogler mit den in St. Marien eingesparten Pfeifen eine neue Orgel für die katholische Kirche St. Hedwig baute. Die Tatsache des königlichen Auftrags und die Empfehlung, in den preußischen Staaten künftig Orgeln nach dem Simplifikationssystem zu bauen (vgl. Brief Voglers vom 23. Oktober 1802), sprechen für den Erfolg des Voglerschen Unternehmens.

[84] *AMZ* 3. Jg. (1800/1801), Sp. 517-525, 533-540, 549-554 u. 565-571 bzw. Leipzig: Breitkopf & Härtel, 1801

[85] vgl. dazu Briefe Voglers an Breitkopf & Härtel vom 20. August 1800 u. an Kühnel vom 1. Juli 1801ff.

[86] Vogler an Breitkopf & Härtel, 21. März 1801 aus Halle

[87] *AMZ* 3. Jg. (13. Mai 1801), Sp. 563

[88] vgl. Briefe vom 11. bzw. 30. Mai 1801 an Breitkopf & Härtel

[89] *Handbuch* [...] *nach den Grundsätzen der Mannheimer Tonschule, zum Behuf der öffentlichen Vorlesungen im Orchestrions-Saale auf der k. k. Karl-Ferdinandeischen Universität zu Prag*, Prag: Karl Barth, 1802

[90] vgl. *AMZ* 4. Jg. (16. Dezember 1801), Sp. 192

Besucherzahl drastisch zurückging[91], was der Prager Komponist Wenzel Tomaschek auf die mehrstündigen mathematisch-akustischen Erläuterungen Voglers zurückführt[92]. Gleichzeitig wurde Vogler auf sein Ersuchen auf zehn Jahre der Saal des ehemaligen Altstädter Jesuitenkollegiums unentgeltlich zur Verfügung gestellt, damit er dort sein *Orchestrion* aufbauen und akustische Versuche vornehmen könne[93]. Das aus Stockholm herbeigeschaffte *Orchestrion* wurde unter Mitwirkung eines Sohnes des Biberacher Vogler-Apologeten Justin Heinrich Knecht[94] umgebaut, und Vogler konstruierte in dem gemieteten Saal eine Art »Schallspiegel«. Noch vor Fertigstellung des Orchestrions veranstaltete er in dem umgebauten Saal eine *musikalische Akademie, worin er* [...] *die Ouvertüre, Marsch und Gesänge aus Herrmann von Unna* [...], *den Aufgang der Sonne, ein Terzett; das Lob der Musik von Meißner, nach Rousseau's Trichordion instrumentirt, und Variationen für's Fortepiano, alles von seiner Kompositione hören ließ. Allgemeiner Beifall und eine reichliche Einnahme veranlaßte eine Wiederholung derselben*[95]. In einer wahrscheinlich auf Vogler selbst zurückgehenden Notiz der *Kurpfälzischen Staats-Zeitung München* heißt es zur akustischen Qualität des Saales: *In der äußersten Entfernung, und auf jeder Seite hört man den leisesten Laut, und vernimmt das Ganze*[96]. Wenig Glück hatte Vogler jedoch mit seinem *Orchestrion*. In den erwähnten Akademien blieb das Instrument angeblich noch stumm[97]; eine dritte Akademie am Ostermontag, dem 18. April 1802, mißlang völlig, da das Instrument noch nicht vollendet war[98]. Schonungslos berichtet der Korrespondent der *AMZ* vom Scheitern des Unternehmens[99]:

> *Und siehe, dies Wunder fiel so aus, dass alles, alles, theils lachte, theils zürnte, theils beschämt und roth dastand. Dieses Orgelchen - denn ein Orchestrion ist es gar nicht - hatte keine Stimmung, ist so sehr windstössig, dass man keinen reinen und deutlichen Ton vernehmen kann, und trotz seines »akustisch eingerichteten«, d.h. zu deutsch, mit Brettern verschlagenen Saales - war sie so schwach, dass man immer pst rufen musste,* [um] *nur einige Töne vernehmen zu können* [...] *Am schlechtesten fiel die Harmonika, und am ärmlichsten das Gewitter aus - wobey ein gellendes Gelächter des Publikums selbst sein Gewitter überstimmte. Dazu misslang Herrn V. sein Spiel so ganz, dass man gar nicht glauben konnte, er sitze an der Orgel.*

Ende des Monats gab Vogler noch der Hoffnung auf ein weiteres Konzert auf dem *Orchestrion* Ausdruck, das nach dem Einbau weiterer Register endlich vollendet werden solle[100]. Über ein solches Konzert wird aber nichts berichtet.

Nach dem Eklat der dritten Akademie, dem enttäuschenden Verlauf seiner Vorlesungen und der nicht zufriedenstellenden Aufführung seiner früheren Oper *Castor und Pollux*[101]

[91] *Journal des Luxus und der Moden*, 19. Bd., Weimar 1804, S. 124; zum Datum vgl. Gerber: *Neues LTK*, Sp. 472
[92] Tomaschek: *Selbstbiographie*, in: *Libussa* 1845, a.a.O., S. 398
[93] vgl. *Journal des Luxus und der Moden*, 17. Bd., Weimar 1802, S. 473 u. 19. Bd., 1804, S. 124-125
[94] a.a.O., 1804, S. 125 u. *Libussa* 1845, a.a.O., S. 383
[95] *Journal des Luxus* [...], a.a.O., 1804, S. 125; *Terzett* = SchafhätulV 166; *Lob der Musik* = SchafhäutlV 165
[96] München, 21. Juni 1802
[97] vgl. *AMZ*, 4. Jg. (28. April 1802), Sp. 509. Nach einem Bericht der *Kuhrpfalzbaierischen Staats-Zeitung München*, Nr. 51 vom Februar 1802, S. 242 wurde das Instrument jedoch in der Akademie vom 5. Februar 1802 zur Unterstützung des Donnerwetters im *Herrmann von Unna* bereits herangezogen, obwohl erst wenige Register fertig waren.
[98] vgl. den Bericht Tomascheks, der auch das Programm des Konzerts angibt (*Libussa* 1845, a.a.O., S. 388-389) bzw. *Journal des Luxus* [...], a.a.O., 1804, S. 125
[99] *AMZ* 4. Jg. (28. April 1802), Sp. 509-510
[100] vgl. Voglers Brief an Breitkopf & Härtel vom 27. April 1802
[101] Sie *wurde selbst unter des Komponisten Direktion so schlecht gegeben, dass er sich weitere*

sowie der offenbar mißlungenen Simplifizierung der Orgel der St. Niklas-Kirche[102], verließ Vogler im Juli 1802 Prag und ging von da nach Schlesien[103], wo er sich den Sommer über in Breslau aufhielt, um in der Stadt und Umgebung zu konzertieren und weitere Orgelumbauten vorzunehmen[104].

Am 23. Oktober 1802 berichtete Vogler aus Breslau von Proben zu *Herrmann von Unna* und zu der neuen *in Schlesien seit 2 Monaten gesezten komisch*[en] *Oper: Rübenzahl ein dramatisirtes schlesisches VolksMärchen, zu 3 Akte*[n][105]. Ferner wurde in Breslau eine Musik zu Kotzebues *Kreuzfahrern* aufgeführt, und es entstanden weitere Kompositionen[106]. Vogler verließ Breslau nach Angaben des *Schlesischen Tonkünstler-Lexikons* im Dezember 1802, um über Brieg nach Wien zu reisen, und er blieb von dort aus *eine Zeit lang mit Ebell und dem Professor Rhode in Breslau im Briefwechsel*[107], worauf die spätere Bitte Rhodes an Vogler zurückzuführen ist, einen neuen Opernleiter für das Breslauer Theater zu empfehlen[108].

Die Tätigkeiten Voglers waren also vor seiner Ankunft in Wien sehr vielfältig; neben den Bemühungen um die Verbreitung seines harmonischen *Systems* standen nun vor allem instrumentenbauliche und akustische Probleme und deren »praktische Demonstration« im Mittelpunkt. Man wird bei der Beurteilung seines Unterrichts diese Vielfalt Vogler interessierender Probleme, seine Offenheit für alle Dinge künstlerischer Erfahrung und die Eindrücke, die er auf seinen Reisen sammelte, berücksichtigen müssen, auch wenn keine bzw. wenige direkte Zeugnisse für den Unterricht selbst vorliegen. Vogler war - dies zeigt sich besonders in der Darmstädter Zeit - ein mitteilsamer Lehrer, so daß in seinem Unterricht neben reiner Satzlehre auch andere Ideen zur Sprache kamen, zumal seine verschiedenen *Systeme* durch ein einheitliches Ableitungsprinzip eng aufeinander bezogen waren und die ganze Breite musikalischer Erfahrungen umfassen wollten.

Das nicht immer seriöse Vorgehen Voglers und die »Großspurigkeit« seiner Ankündigungen zeigen sich besonders während seines Aufenthaltes in Prag, der sicherlich dazu beitrug, daß seine Anwesenheit in Wien sehr mißtrauisch beobachtet wurde. Die Aura eines »weltberühmten Gelehrten und Musikers« haftete ihm aber allemal an, und die Verbreitung einer Anekdote über sein Zusammentreffen mit dem berühmten Doktor Gall und einen Disput über die Schädellehre gleich nach seiner Ankunft in Wien[109] war geeignet, die Aufmerksamkeit des Publikums auf den Abbé zu lenken.

Aufführungen derselben verbat [...], *AMZ* 4. Jg. (16. Dezember 1801), Sp. 192. Nach Tomaschek (*Libussa* 1845, a.a.O., S. 390) hatte Vogler eigens für diese Aufführung einige Veränderungen an der Oper vorgenommen.

102 Tomaschek (*Libussa* 1845, a.a.O., S. 390/391) gibt an, daß dieser Orgelbau Voglers *zu seiner Ehre nicht gereiche* [...]

103 vgl. Voglers Paß vom 23. Juli 1802, Schafhäutliana 4.3.6.

104 Nach der *Kuhrpfalzbaierischen Staats-Zeitung München* vom 3. Januar 1803 simplifizierte Vogler Orgeln in Schweidnitz, Glogau und Lüben. Den Plan zur Simplifizierung der Breslauer Magdalenen-Orgel konnte er nach Angaben von Koßmaly u. Carlo (*Schlesisches Tonkünstler-Lexikon* 1846-1847, S. 325) nicht verwirklichen. Zu Voglers Breslauer Aufenthalt vgl. a.a.O., S. 324-326 u. Brief Voglers vom 23. Oktober 1802.

105 vgl. den Brief Voglers vom 23. Oktober 1802

106 *Schlesisches Tonkünstler-Lexikon*, a.a.O., S. 325. Dort wird *Herrman von Unna* irrtümlich als in Breslau entstanden angegeben; außerdem sind erwähnt: eine Arie für den Schauspieler Gelhaar, 7 Variationen für Gesang für Madame Schüler, ein Oratorium (unter Verwendung des 84. Psalms) zum 50jährigen Kirchweihfest in Schweidnitz und ein Wechselgesang, gedichtet von Diakon Höppe.

107 a.a.O., S. 326

108 vgl. dazu o., S. 72f.

109 vgl. *AMZ* 5. Jg. (23. Februar 1803), Sp. 375-376

Bibliographie

Literatur

Artikel aus einschlägigen Lexika sind nicht verzeichnet. Die kursiv gesetzten Autorennamen bezeichnen die unter diesem Kürzel ohne weitere Angaben zitierte Literatur.

ALEXANDER, Peter M.: *The Chamber Music of Franz Danzi: Sources, Chronology and Style*. Phil. Diss. Indiana University 1986

ALLEKOTTE, Heinrich: *Carl Maria von Webers Messen*. Diss. Bonn 1913

ALLROGGEN, Gerhard: *Die Opern-Ästhetik E. T. A. Hoffmanns*, in: *Beiträge zur Geschichte der Oper*. Hg. v. Heinz Becker. Regensburg 1969, S. 25-34 (*Studien zur Musikgeschichte des 19. Jahrhunderts*, Bd. 15)

AMELN, Konrad u. Hans Schnoor: *Deutsche Musiker. Briefe, Berichte, Urkunden*. Göttingen 1956 [Weber s. S. 232-248]

ANDREAS, Heide: *Kadenz, Pause - und was nun? Analytische Betrachtungen zu Webers Konzertouvertüre »Peter Schmoll« op. 8*, in: *MuB* 18. Jg. (1986), S. 973-977

ANON.: *Kurzer Abriß einer Biographie unseres C. M. v. Weber. Aus dem Beobachter von Paris und London gezogen*, in: *Berliner Allgemeine Musikzeitung*. Berlin (1826), Nr. 24

ANON.: *Vermächtnis der Witwe Webers. 2 unveröffentlichte Briefe*, in: *Dresdner Nachrichten* (19. November 1840)

ANON.: *Die Orgel. Mit Notizen über Abt Vogler*. Zürich: Orell, Füßli u. Co, 1859 (*XLVII. Neujahrsgeschenk an die Zürchersche Jugend von der allgemeinen Musik-Gesellschaft in Zürich auf das Jahr 1859*)

Baden und Württemberg im Zeitalter Napoleons. Ausstellung des Landes Baden-Württemberg. Hg. vom Württembergischen Landesmuseum Stuttgart. Bd. 1 u. 2. Stuttgart 1987

BARBEDETTE, H.: *Ch. M. de Weber. Sa vie et ses oeuvres*. Paris: Heugel & cie, 1873

BARTLITZ, Eveline (Hg.): *Mein vielgeliebter Muks. Hundert Briefe Carl Maria von Webers an Caroline Brand aus den Jahren 1814-1817*. Berlin u. München 1986

Ds.: *Carl Maria von Weber. Autographenverzeichnis*. Berlin 1986 (*Deutsche Staatsbibliothek. Handschrifteninventare*, Bd. 9)

Ds.: *Die Weberiana-Sammlung der Deutschen Staatsbibliothek*, in: *MuG* 36. Jg. (1986), S. 581-582

Ds.: *Eine vergessene Freundschaft - Miniatur zum Weber-Jubiläum 1986*, in: *Beiträge zur Musikwissenschaft* 29. Jg. (1987), S. 69-73

Ds.: *Die Briefe Webers an Caroline Brandt 1814-1817. Marginalien zur Edition, Biographie und Aufarbeitung des Erbes*, in: *Beiträge zur Musikwissenschaft* 30. Jg. (1988), S. 73-77

BASER, Friedrich: *Mannheim-Heidelberger Freundschaft zur Zeit der Romantik. Weber und Freiherr Alexander von Dusch*, in: *Die Musik* 26. Jg. (1934), S. 277-281

Ds.: *Carl Maria von Weber in Stuttgart, Mannheim und Heidelberg*, in: ds.: *Musikheimat Baden-Württemberg. Tausend Jahre Musikentwicklung*. Freiburg 1963, S. 231-235

BAUER, Anton: *150 Jahre Theater an der Wien*. Zürich 1952

BECKER, Carl: *Carl Maria von Weber*. Leipzig o. J.

BECKER, Heinz (Hg.): *Giacomo Meyerbeer. Briefwechsel und Tagebücher*. Berlin 1960ff. Bd. 1: *bis 1824*. 1960. Bd. 2: *1825-1836*. 1970. Bd. 3: *1837-1845*. 1975. Bd. 4: *1846-1849*. 1985

Ds.: *Giacomo Meyerbeer*. Reinbeck 1980 (*rowohlts monographien*)

Ds.: *Meyerbeers Wiener Reisetagebuch 1813*, in: *Festschrift Rudolf Elvers zum 60. Geburtstag*. Hg. v. E. Herttrich und Hans Schneider. Tutzing 1985, S. 29-47

BECKER, Max: *Zwischen Biedermeier, Romantik und Klassizismus. Zur Ästhetik Carl Maria von Webers*, in: *MuG* 36. Jg. (1986), S. 573-577

BECKER, Wolfgang: *Die deutsche Oper in Dresden unter der Leitung von Carl Maria von Weber 1817-1826*. Berlin 1962 (*Theater und Drama*, Bd. 22)

BENEDICT, Julius: *Weber*. London, New York 1881. (*The Great Musicians*). Reprint London 1923

BERLIOZ, Hector: *Instrumentationslehre. Ergänzt und revidiert von Richard Strauss*. Leipzig 1904. Neuauflage 1955

BIERLING, Ferdinand: *Caspar Ett, 1788-1847. Hoforganist bei St. Michael in München. Lebensbild. Verzeichnis seiner Compositionen*. Ellbach bei Tölz 1906

BJÖRCK, Staffan: *Diktarens orgel*, in: *Orgel. Tidskrift för Svensk Orgelkonst* 1. Jg. (1962), S. 367-370

BOLLERT, Werner u. Arno Lemke: *Carl Maria von Webers Briefe an Gottfried Weber*, in: *Jb. des Staatlichen Instituts für Musikforschung 1972*. Berlin 1973, S. 7-103

BOLLERT, Werner: *Anmerkungen zu Carl Maria von Webers Briefen an Gottfried Weber*, in: *Jb. des Staatlichen Instituts für Musikforschung 1973*. Berlin 1974, S. 76-135

BORCHERDT, Hans Heinrich: *Carl Maria von Weber in Schlesien*, in: *Schlesische Heimatblätter* 1908/1909, S. 185-190 u. 213-217

BRANDL, Willy: *Geheime Kabinettssache Carl Maria von Weber*, in: *Stuttgarter Zeitung* 10. Jg., Nr. 4 (6. Januar 1954), S. 8

Ds.: *Carl Maria von Webers »dunkelste Stunde«*, in: *NZfM* 118. Jg. (1957), S. 558-560

BRANDT, Ernst: *Franz Anton v. Weber als Leiter der Eutiner Hofkapelle*, in: *ZfM* 103. Jg. (1936), S. 1452-1453

BRITTON, David James: *Abbé Georg Joseph Vogler: his Life, and his Theories on Organ Design*. Phil. Diss. University of Rochester, Eastman School of Music, 1973

BRUCKNER-BIGENWALD, Martha: *Die Anfänge der Leipziger Allgemeinen Musikalischen Zeitung*. Diss. Freiburg 1938. Reprint Hilversum 1965

BRUSSELLE-SCHAUBECK, Freiherr: *Feier bei Annahme der Churfürstenwürde am Hofe zu Stuttgart den 6., 7. und 8. Mai 1803*, in: *Besondere Beilage des Staats-Anzeigers für Württemberg*. Stuttgart (19. Juni 1903), S. 129-134

Ds.: *Die Vermählung des Prinzen Jérôme von Frankreich mit der Prinzessin Katharina von Württemberg*, in: *Schwäbische Kronik, des Schwäbischen Merkurs 2. Abteilung*. Sonntagsbeilage Nr. 371 (10. August 1907), S. 9-10

BÜCKEN, Ernst: *Musikalische Charakterköpfe*. Leipzig 1924 [Weber s. S. 85-101]

Ds. (Hg.): *Musiker-Briefe*. Leipzig 1940 [Weber s. S. 131-144]

BURIAN, Karel Vladimir: *Carl Maria von Weber*. Prag 1970 (*Hudebni profily* 19)

BÜRKLI, Johann Georg: [Über C. M. v. Weber, mit Werkverzeichnis]. Hg. v. der Allgemeinen Musik-Gesellschaft Zürich auf das Jahr 1836 (*XXIV. Neujahrsgeschenk an die Zürcherische Jugend*)

BUZGA, Jaroslav: *Carl Maria von Webers Prager »Notizen-Buch« (1813-1816). Kommentar und Erstveröffentlichung des Originals*, in: *Oper heute. Ein Almanach der Musikbühne*. Hg. v. Horst Seeger und Mathias Rank. Bd. 8, Berlin 1985, S. 7-44

COEUROY, André: *Weber*. Paris 1925. Erweiterter Reprint Paris 1953

DAHLHAUS, Carl: *Die Musik des 19. Jahrhunderts*. Wiesbaden 1980 (*Neues Handbuch der Musikwissenschaft*, Bd. 6)

Ds.: *Das ungeschriebene Finale. Zur musikalischen Dramaturgie von Webers »Oberon«*, in: *Carl Maria von Weber*. München 1986 (*Musik-Konzepte*. Hg. v. Heinz-Klaus Metzger und Rainer Riehn, Heft 52), S. 79-85

DANZER, Otto: *Johann Brandls Leben und Werke: ein Beitrag zur Musikgeschichte von Karlsruhe*. Diss. München 1925. Druck: Brünn 1936

DEGEN, Max: *Die Lieder von Carl Maria von Weber*. Diss. Basel 1924/24. Freiburg 1923

DENT, Edward Joseph: *The Rise of Romantic Opera*. Ed. by Winton Dean. Cambridge 1976

DIECKMANN, Friedrich: *Weber über Bach. Ein Kommentar*, in: *MuG* 35. Jg (1985), S. 478-482

DÖRING, Heinrich: *Carl Maria von Webers Biographie und Charakteristik*, in: *Carl Maria von Webers Compositionen*. 1. rechtmäßige Ausgabe, revidiert und corrigiert von H. W. Stolze. Wolfenbüttel: Holle, 1857

DÜNNEBEIL, Hans: *Carl Maria von Weber*. Ein Brevier. Berlin 1949

Ds.: *Carl Maria von Weber. Leben und Wirken dargestellt in chronologischer Tafel. Mit vergleichenden Daten aus Musik-, Kunst-, Kultur- und Weltgeschichte*. Berlin 1953

Ds.: *Carl Maria von Weber und der Musikalienverlag uind Musikhandel*, in: *Musikhandel*. Bonn 8. Jg. (1957), S. 281-282 u. 337-339

Ds.: *Schrifttum über Carl Maria von Weber*. Berlin [4]1957

DUSCH, Alexander von: *Flüchtige Aufzeichnungen über die Lebens-Epoche Carl Maria von Webers unmittelbar nach dessen Fortgang von Stuttgart am 26. Febr. 1810*. Abschrift: DSB Berlin/DDR, Slg. Weberiana, Classe V 4 B

EGGEBRECHT, Hans Heinrich: *Das Ausdrucks-Prinzip im musikalischen Sturm und Drang*, in: ds.: *Musikalisches Denken. Aufsätze zur Theorie und Ästhetik der Musik*. Wilhelmshaven 1977, S. 69-111 (*Taschenbücher zur Musikwissenschaft*, Bd. 46)

ESBACH, Friedrich-Carl: *Das herzogliche Haus Württemberg zu Carlsruhe in Schlesien*. Stuttgart 1906

ESCHENBACH, Wolfram: *Friedrich Wilhelm Berner (1780-1827). Ein Beitrag zur Breslauer Musikgeschichte*. Diss. Breslau 1935

ESSELBORN, Karl: *C. M. v. Weber und Darmstadt*, in: *Darmstädter Blätter für Theater und Kunst* 4. Jg. (1926), Heft 35/36, S. 209-216

FERSEN, Axel von: *Axel von Fersens Dagbok*. Utgiven av Alma Söderhjelm. Första Delen: 11.6.1791 - 31.12.1793. Stockholm 1925

FÉTIS, Francois Josephe: *Sur Charles-Marie de Weber*, in: *Revue musicale* 2. Jg. (1828), S. 25-34

FISCHER, Kurt von: *C. Ph. E. Bachs Variationswerke*, in: *Revue Belge de Musicologie* 6. Jg. (1952), S. 190-218

Ds.: *Zur Theorie der Variation im 18. und beginnenden 19. Jahrhundert*, in: *Festschrift Joseph Schmidt-Görg zum 60. Geburtstag*. Hg. v. Dagmar Weise. Bonn 1968, S. 117-130

Ds.: *Arietta variata*, in: *Studies in Eighteenth-Century Music. Festschrift Karl Geiringer zum 70. Geburtstag*. Hg. v. H. C. Robbins Landon u. R. E. Chapman. London 1970, S. 224-235

FLEURY, Albert: *Die Musikzeitschrift »Caecilia« (1824-1848)*. Diss. Frankfurt 1953

FLOROS, Constantin: *Carl Maria von Weber. Grundsätzliches über sein Schaffen*, in: *Festschrift Heinz Becker zum 60. Geburtstag*. Hg. v. Jürgen Schläder u. Reinhold Quandt. Laaber 1982, S. 116-130. Wieder abgedruckt in: *Carl Maria von Weber*. München 1986 (*Musik-Konzepte*. Hg. v. Heinz-Klaus Metzger und Rainer Riehn, Heft 52), S. 5-21

FORCHERT, Arno: *Studien zum Musikverständnis im frühen 19. Jahrhundert. Voraussetzungen und Aspekte der zeitgenössischen Deutung instrumentaler Musikwerke*. Habil.-Schrift FU Berlin 1966

Ds.: *»Klassisch« und »romantisch« in der Musikliteratur des frühen 19. Jahrhunderts*, in: *Mf* 31. Jg. (1978), S. 405 -425

FORKEL, Johann Nikolaus (Hg.): *Musikalischer Almanach für Deutschland auf das Jahr 1789*. Leipzig: Schwickert, 1788. Reprint Hildesheim 1974 [zu Vogler s. S. 62-64, 96 u. 130-144]

FRITSCHE, Heinz Rudolf: *Webers Breslauer Zeit*, in: *Schlesische Monatshefte* 13. Jg. (1936), Nr. 9, S. 411-416

FRÖHLICH, Joseph: *Biographie des großen Tonkünstlers Abt Georg Joseph Vogler, bei Gelegenheit der Inauguration des an seinem Geburtshause vom historischen Vereine von Unterfranken und Aschaffenburg am 5. August gesetzten Denksteine*. Würzburg: Thein, 1845

FUCHS, Aloys: *Drei Briefe von [...] Carl Maria v. Weber in Dresden an Friedrich Treitschke [...] in Wien*, in: *Allgemeine Wiener Musik-Zeitung* (Hg. v. August Schmidt), 7. Jg. (1847), Nr. 110, S. 441-442

GÄNSBACHER, Johann: *Denkwürdigkeiten aus meinem Leben*. Hg. u. kommentiert v. Walter Senn. Thaur/Tirol 1986

GEHRING, Jacob: *Drei Musikerbriefe* [Schumann, Bartok, Weber], in: *Librarium* 6. Jg. (1963), S. 142-147

GEHRMANN, Herrmann: *Carl Maria von Weber*. Berlin: Harmonie, 1899 (*Berühmte Musiker*, Bd. 5)

GEISER, Samuel: *Goethe und die Mutter Carl Maria von Webers. Erstveröffentlichung eines Theatervertrags zwischen dem Weimarer Theater und Genovefa von Weber (1794), nach der Handschrift Goethes*, in: *SMZ* 97. Jg (1957), S. 177-180

GEORGII, Walter: *Karl Maria von Weber als Klavierkomponist*. Leipzig 1914

GERIGK, Herbert: *Carl Maria von Weber 1786-1826*, in: *Die Großen Deutschen*. Hg. v. W. Andreas u. W. v. Scholz. Berlin 1936, S. 280-294

Gnädigst bewilligte Freyberger gemeinnützige Nachrichten für das chursächsische Erzgebirge 1801, S. 11-16, 25, 39, 49-51, 69-70, 87-88, 94 u.a. [Auseinandersetzung um Webers *Waldmädchen*-Aufführung in Freyberg und Chemnitz 1800]

GOLDSCHMIT, Robert u.a. (Hg.): *Die Stadt Karlsruhe. Ihre Geschichte und ihre Verwaltung. Festschrift zur Erinnerung an das 200jährige Bestehen des Stadt*. Karlsruhe 1915

GÖRKE, Lothar: *Carl Maria von Weber und die Lithographie. Ein Beitrag zur Geschichte der Lithographie*, in: *Archiv für Buchgewerbe und Gebrauchsgraphik* 67. Jg. (1930), Heft 8, S. 378-381

GOSLICH, Siegfried: *Beiträge zur Geschichte der deutschen romantischen Oper zwischen Spohrs »Faust« und Wagners »Lohengrin«*. Leipzig 1937. 2. umgearbeitete u. erw. Aufl. Tutzing 1975

GRANDAUR, Franz: *Chronik des Königlichen Hof- und Nationaltheaters in München. Zur Feier seines 150jährigen Bestehens*. München 1878

GRAVE, Floyd K.: *Abbé Vogler's Revision of Pergolesi's Stabat Mater*, in: *JAMS* 30. Jg. (1977), S. 43-71

Ds.: *Abbé Vogler and the Study of Fugue*, in: *Music Theory Spectrum* (Bloomington, Indiana), 1. Jg. (1979) S. 43-66

Ds.: *Abbé Vogler and the Bach Legacy*, in: *Eighteenth-Century Studies* (Berkeley, Calif.), 13. Jg (1979/1980), S. 119-141

Ds.: *Abbé Vogler's Theory of Reduction*, in: *Current Musicology* (New York), 29. Jg. (1980), S. 41-69

GRÜNINGER, Fritz: *Carl Maria von Weber. Leben und Werk*. Freiburg 1954

GUMPRECHT, Otto: *Karl Maria von Weber*, in: ds.: *Neuere Meister. Musikalische Lebens- und Charakterbilder*. Bd. II: *Frédéric Chopin, Karl Maria von Weber, Gioachino Rossini, Daniel François Esprit Auber, Giacomo Meyerbeer*. 2. verm. Aufl. Leipzig: H. Haessel, 1883, S. 41-130

HAAS, Robert: *Carl Maria von Weber in Prag (1813-1816)*, in: *Mitteilungen des Vereins für Geschichte der Deutschen in Böhmen* (Prag), 52. Jg (1914), Heft 3-4, S. 512-527

Ds.: *Ein Notizen-Buch Karl Maria von Webers aus Prag*, in: *Der Merker. Halbmonatsschrift für Musik, Theater und Literatur*. Wien 7. Jg. (1916), Heft 6, S. 201-21

HAASS, Günther: *Geschichte des ehemaligen Großherzoglich-Badischen Hoftheaters Karlsruhe von seiner Gründung bis zur Berufung seines Reformators Eduard Devrient. 1806-1852*. Bd. 1: *1806-1822*. Diss. Karlsruhe 1934 [mehr nicht erschienen]

HAASS, Günther u.a. (Hg.): *Karlsruher Theatergeschichte. Vom Hoftheater zum Staatstheater*. Karlsruhe 1982

HAMANN, Heinz Wolfgang: *Abt Vogler aus Salzburger Sicht*, in: *ÖMZ* 17. Jg. (1962), S. 367-370

HAMANN, Heinz Wolfgang: *Eine Eingabe Karl Maria v. Webers an die Salzburger Theaterhofkommission*, in: *Mf* 15. Jg. (1962), S. 173-175
Ds.: *Abbé Voglers Simplifikations-System im Urteil der Zeitgenossen*, in: *MuK* 33. Jg. (1963), S. 28-31
HANSEMANN, Marlise: *Der Klavierauszug von den Anfängen bis Weber*. Diss. Berlin 1940. Borna-Leipzig 1940
HARTMANN, Karl: *Der Knabe Karl Maria von Weber auf der Nürnberger und Bayreuther Bühne*, in: *Nachrichten des Vereins für die Geschichte von Oberfranken* 1943, Nr. 3, S. 1-7
HÄRTWIG, Dieter: *Carl Maria von Weber*. Leipzig 1986
HAUSSWALD, Günter (Hg.): *Dresdner Weber-Dokumente*, in: ds. (Hg.): *Carl Maria von Weber. Eine Gedenkschrift*. Dresden 1951, S. 103-106
HAVLOVA, Magdalena: *Der Schulbegriff. Inhalt, Bedeutung und Anwendungsmöglichkeiten in bezug auf musikgeschichtliche Sachverhalte des 18. Jahrhunderts*, in: *Beiträge zur Musikwissenschaft* 22. Jg. (1980), S. 209-216
HEFELE, Friedrich: *Die Vorfahren Karl Maria von Webers. Neue Studien zu seinem 100. Todestag*. Karlsruhe 1926
HELL, Theodor (Hg.): *Hinterlassene Schriften von Carl Maria von Weber*. Bd. 1-3. Dresden u. Leipzig: Arnold, 1828
HELLINGHAUS, Otto: *Carl Maria von Weber. Seine Persönlichkeit in seinen Briefen und Tagebüchern und in Aufzeichnungen seiner Zeitgenossen*. Freiburg 1924
HENNERBERG, Carl Fredrik: *Einige Dokumente, den Abt Georg Joseph Vogler betreffend*, in: Report of the *International Musical Society Congress IV*, London 1911, S. 134-138
HERNIED, Robert: *Discoveries in Vienna: Unpublished Letters by Weber and Liszt*, in: *MQ* 32. Jg. (1946), S. 537-544
HERRE, Max: *Franz Danzi. Ein Beitrag zur Geschichte der deutschen Oper*. Diss. München 1924
Ds.: *Carl Maria von Weber und Augsburg*, in: *Zeitschrift des Historischen Vereins für Schwaben und Neuburg*. Augsburg Bd. 47 (1927), S. 217-234
HEUER, Hans: *Untersuchungen zur Struktur, Tonart und zum Begleitpart der Sololieder C. M. v. Webers*. Diss. Graz 1967
HIRSCHBERG, Leopold: *Webers Messen*, in: *Börsen-Courier*. Berlin 1916, Nr. 261 (6. Juni 1916), S. 5
Ds.: *Carl Maria v. Webers Briefe an Theodor Hell. Zum ersten Mal veröffentlicht von Dr. Leopold Hirschberg*, in: *Berliner Börsen-Courier*. Berlin 1923, Nr. 575
Ds.: *Zwei Briefe Webers an Meyerbeer und dessen Bruder*, in: *Berliner Tageblatt*. Berlin 1924, Nr. 16
Ds.: *Carl Maria von Weber an Louis Spohr. Eine Hundertjahrerinnerung an den 12. Januar 1824*, in: *Börsen-Courier*. Berlin 1924, Nr. 21
Ds.: *Carl Maria von Weber an den Komponisten des »Integer vitae«. Sechs Briefe des Meisters, zu seinem hundertsten Todestag (5. Juni 1926) erstmalig veröffentlicht*, in: *Westermanns Monatshefte*, Heft 838 (1926), S. 363-368
Ds. (Hg.): *Carl Maria von Weber: Siebenundsiebzig bisher ungedruckte Briefe. Zur Feier seines 100. Todestages hg. v. Leop. Hirschberg*. Hildburghausen 1926 (*Schriften über Musik und Musiker*, Bd. 6)
Ds.: *Grüße eines Todgeweihten. 3 Briefe aus Carl Maria von Webers letzter Zeit*, in: *Berliner Tageblatt*. Berlin 1926, Nr. 449
Ds.: *Ein verschollenes »Agnus dei« Webers*, in: *ZfM* 93. Jg. (1926), Heft 6, S. 332-334
HÖCKER, Karla: *Oberons Horn. Das Leben von Carl Maria von Weber*. Berlin 1986
HOFFMANN, Adalbert: *Ein für Carl Maria von Weber geschriebener Brief des Herzogs Eugen von Württemberg*, in: *Schlesische Monatshefte*. Hg. v. Ernst Boehlich. 3. Jg. (1926), S. 346
HOFFMANN, Hans: *Carl Maria von Weber. Leben und Werk*. Husum 1978

HOFFMANN, Hans: *Carl Maria von Weber. Biographie eines realistischen Romantikers.* Düsseldorf 1986
HÖFT, Brigitte: *Gottfried Weber (1779-1839) und das Mannheimer Musikleben des frühen 19. Jahrhunderts*, in: *Mannheimer Hefte* 1. Jg. (1981), S. 31-41
Ds. (Hg.): *Mannheimer Schule. Schriften - Schallplatten - Noten - Bilddokumente. Ein Führer durch die Sondersammlung der Stadtbücherei Mannheim.* Mannheim [4]1984
HOLTEI, Karl von: *Karl Maria von Weber. (1854)*, in: *Charpie, eine Sammlung vermischter Aufsätze.* Bd. 1. Breslau 1866, S. 225-254
Ds.: *Dreihundert Briefe aus zwei Jahrhunderten.* Bd. 2 (3. u. 4. Teil) Hannover: Karl Rümpler, 1872. [Weber s. S. 130-133]
HUBER, Max: *Abbé Vogler - der Phantast auf der Orgel*, in: *MuK* 40. Jg. (1970), S. 199-203
HUFFSCHMID, Oskar: *Karl Maria von Weber in Heidelberg*, in: *Festspielbuch der Heidelberger Festspiele 1928*, S. 44-50
HUSCHKE, Wolfgang: *Georg Joseph Abbé Vogler (1749-1814). Zur Abstammung des berühmten Organisten, Komponisten, Musikpädagogen und Musiktheoretikers*, in: *Genealogie* 1980, Heft 9, S. 276-284
ISMER, Ursula und Hanna John: *Studien zur Entwicklung der Variation vom 19. Jahrhundert bis zur spätbürgerlichen Musik.* Diss. Halle 1976
ISTEL, Edgar: *Meyerbeer's Way to Mastership*, in: *MQ* 12. Jg. (1926), S. 72-109
JAHN, Otto: *W. A. Mozart.* Leipzig [1]1856-1859. Neubearbeitete Ausgabe von Otto Jahn's Mozart v. Hermann Abert. 2. Teil, Leipzig [6]1914 (Beilage IX: *Mozart und Vogler*, S. 982-989)
JÄHNS, Friedrich Wilhelm: *Carl Maria von Weber in seinen Werken. Chronologisch-thematisches Verzeichniss seiner sämmtlichen Compositionen* [...]. Berlin: Schlesinger, 1871. Reprint Berlin 1967
Ds.: *Ein Brief C. M. V. Weber's an den Banquier M. Benedict in Stuttgart, den Vater Jul. v. Benedict's in London*, in: *Berliner Musik-Zeitung Echo* 21. Jg., Nr. 5 (1. Februar 1871), S. 45-47
Ds.: Carl Maria von Weber. Eine Lebensskizze nach authentischen Quellen. Leipzig: Fr. Wilh. Grunow, 1873
Ds.: *»Der Freybrief«. Eine Oper von Jos. Haydn, Fritz v. Weber, Mozart und Carl Maria v. Weber*, in: *AMZ* 11. Jg., Nr. 48 (29. November 1876), Sp. 753-757
JOHN, Hans: *Carl Maria von Weber - Unveröffentlichte Briefe an Carl Bertuch und Johann Friedrich Rochlitz*, in: *Sächsische Heimatblätter* 1977, Heft 5, S. 221-226
Ds.: *Carl Maria von Weber: Unveröffentlichte Briefe*, in: *Beiträge zur Musikwissenschaft* 20. Jg. (1978) Heft 3, S. 186-198
JUNG, Hermann: *»Der pedantisch geniale Abt Vogler«. Musiktheorie und Werkanalyse in der zweiten Hälfte des 18. Jahrhunderts*, in: *Musiktheorie* 3. Jg. (1988), S. 99-115
JUNG, K.: *Abbé Vogler und sein »Simplificationssystem«*, in: *Das Musikinstrument* 11. Jg. (1962), S. 344-346
KAISER, Georg: *Sämtliche Schriften von Carl Maria von Weber.* Kritische Ausgabe. Berlin u. Leipzig 1908
Ds.: *Ein unbekannter Brief Webers an Ignaz Franz Castelli*, in: *Der Merker. Österreichische Zeitschrift für Musik und Theater* 1. Jg., 3. Heft (10. November 1909), S. 97-100
Ds.: *Beiträge zu einer Charakteristik Carl Maria von Webers als Musikschriftsteller.* Diss. Leipzig 1910. Berlin 1910
Ds. (Hg.): *Carl Maria von Weber. Briefe an den Grafen von Brühl.* Leipzig 1911
KAISER, Hermann: *Das Großherzogliche Theater zu Darmstadt 1810-1910.* Darmstadt 1964
KAMIN, Gerhard: *Carl Maria von Weber. Ein großes Leben.* Eutin o. J. [1976]
KAPP, Julius: *Carl Maria von Weber. Eine Biographie.* Berlin 1931, [15]1944
Ds.: *Carl Maria v. Webers Aufenthalt in Berlin im August 1814. Nach unveröffentlichten Briefen an seine Braut*, in: *Die Musik* 18. Jg. (1925/26), Heft 9, S. 641-651

KAPP, Julius: *Der »Freischütz« in Wien. Mit unveröffentlichten Briefen C. M. V. Webers an seine Gattin*, in: *Die vierte Wand. Organ der deutschen Theater-Ausstellung Magdeburg 1927*, Nr. 14/15 (14. Mai 1927), S. 39-44

KIND, Friedrich: [Originalbriefe zum Freischützen. 37 Briefe und ein Faksimile von C. M. v. Weber], in: ds.: *Der Freischütz. Volks-Oper in 3 Aufzügen. Ausgabe letzter Hand mit August Apels Schattenrisse, 37 Originalbriefen und einem Facsimile von Carl Maria von Weber, einer biographischen Novelle, Gedichten und anderen Beilagen*. Leipzig: Göschen, 1843

KINSKY, Georg (Hg.): *Katalog des Musikhistorischen Museums von Wilhelm Heyer in Köln*. Bd. IV: *Musik-Autographen*. Leipzig 1916

Ds.: *Ungedruckte Briefe Carl Maria v. Webers*, in: *ZfM* 93. Jg. (1926), Heft 6-9, S. 335-339, 408-411 u. 428-486

Ds.: *Ein Brief Caroline von Webers*, in: *NZfM* 95. Jg (1926), S. 411

Ds. (Hg.): *Katalog der Musikautographensammlung Louis Koch*. Stuttgart 1953 [Weber s. S. 146-156]

KLEEFELD, Wilhelm: *Carl Maria von Weber*. Bielfeld u. Leipzig 1926

KLEINSCHMIDT, W.: *Carl Maria von Weber und Gottfried Weber. Eine urheberrechtliche Skizze*, in: *Musik im Kriege*. Hg. v. Herbert Gerigk. Berlin 2. Jg. (1944), Heft 7/8, S. 143-144

KLOSE, Martin: *Carlsruhe in Oberschlesien, eine schlesische Kunststätte des 18. Jahrhunderts, und seine Beziehungen zu Carl Maria von Weber*, in: *ZfM* 87. Jg. (1920), S. 386-390

KNEBEL, Konrad: *Weber in Freiberg. 1800-1801*, in: *Mitteilungen vom Freiberger Altertumsverein* 37. Jg. (1900), S. 72-89

KNISPEL, Hermann: *Das Großherzoglische Hoftheater zu Darmstadt von 1810 - 1890. Mit einem geschichtlichen Rückblick auf die dramatische Kunst zu Darmstadt von 1567 - 1810*. Darmstadt 1891

KNUDSEN, Hans: *Selbstbiographisches vom Schauspieler Karl Müller*, in: *Mannheimer Geschichtsblätter* 16. Jg. (1915), Sp. 69-70

KÖHLER, Siegfried: *Die Instrumentation als Mittel musikalischer Ausdrucksgestaltung. Instrumentationsgeschichtliche und ästhetische Untersuchungen an Opernwerken deutscher Komponisten zwischen 1750 und 1850*. Diss. Leipzig 1955

Ds.: *Carl Maria von Weber's Beziehungen zu Berlin. Studien am Berliner Weber Nachlass*, in: *Festschrift Heinrich Besseler*. Leipzig 1961, S. 425-435

Ds.: *Progressive Klangstrukturen in den Opern Carl Maria von Webers*, in: *MuG* 26. Jg. (1976), S. 328-332

KÖSTLIN, Heinrich Adolf: *C. M. von Weber - Friedrich Silcher*. Stuttgart: Levy & Müller, 1877

KRÄMER, Wilhelm: *Zwei deutsche Meister der Musik im 19. Jahrhundert in Ludwigsburg*, in: *Hie gut Württemberg* (*Beilage zur Ludwigsburger Kreiszeitung*) 15. Jg. (1964), Nr. 9/10, S. 37-39

KRAUSS, Rudolf: *Aus Franz Karl Hiemers Leben*, in: *Württembergische Vierteljahresheft für Landesgeschichte*, Neue Folge, 15. Jg. (1906), S. 572-598

Ds.: *Aus Karl Maria von Webers schwäbischen Flegeljahren*, in: *Vossische Zeitung* 1907, Sonntagsbeilage Nr. 38, S. 298-302

Ds.: *Das Stuttgarter Hoftheater von den ältesten Zeiten bis zur Gegenwart*. Stuttgart 1908

KREITZ, Helmut: *Abbé Vogler als Musiktheoretiker. Ein Beitrag zur Geschichte der Musiktheorie im 18. Jahrhundert*. Diss. Saarbrücken 1957

KREKLER, Ingeborg: *Katalog der handschriftlichen Theaterbücher des ehemaligen Württembergischen Hoftheaters (codices theatrales)*. Wiesbaden 1979 (*Die Handschriften der Württembergischen Landesbibliothek Stuttgart*, Sonderreihe, Bd. 1)

KROLL, Erwin: *Carl Maria von Weber*. Potsdam 1934. (*Die großen Meister der Musik*. Hg. v. Ernst Bücken). Reprint Laaber 1980

KROLL, Erwin: *Carl Maria von Weber und Beethoven*, in: *Neues Beethoven-Jahrbuch*. 6. Jg. (1935), S. 124-140

Ds.: *Carl Maria von Weber in Schlesien*, in: *Aurora* 24. Jg. (1964), S. 71-78 u. in: Schlesien 9. Jg. (1964), S. 166-172

KROLL, Oskar: *Weber und Baermann*, in: *ZfM* 103. Jg. (1936), S. 1439-1443

KRÖPLIN, Eckart: *Opernästhetische Fragestellungen bei Weber*, in: *Beiträge zur Musikwissenschaft* 30. Jg. (1988), S. 28-32

KRÜGER, Viktor: *Die Entwicklung Carl Maria von Weber's in seinen Jugendopern Abu Hassan und Silvana*. Diss. Wien 1907

KRUMMACHER, Friedhelm u. Heinrich W. Schwab (Hg.): *Weber - Jenseits des »Freischütz«. Referate des Eutiner Symposions 1986 anläßlich des 200. Geburtstages von Carl Maria von Weber*. Kassel u.a. 1986 (*Kieler Schriften zur Musikwissenschaft*, Bd. 32)

KRUSE, Georg Richard: *Meyerbeers Jugendopern*, in: *ZfMw* 1. Jg. (1918/1919), S. 399-413

KUNZE, Stefan: *Die »wirklich gantz neue Manier« in Beethovens Eroica-Variationen op. 35*, in: *AfMw* 29. Jg. (1972), S. 124-149

KÜNZEL, Heinrich: *Abt Vogler und seine Schüler Carl M. v. Weber und Meyerbeer*, in: *Phönix*. Frankfurt/Main 1836, Nr. 208-209, S. 829-830 u. 835-836

KURTHEN-WEIDESHEIM, Wilhelm: *Zur Geschichte der deutschen Singmesse*, in: *KmJb* 26. Jg. (1931), S. 76-110

KWASNIK, Walter: *Abbé Vogler zum Gedenken*, in: *Instrumentbau-Zeitschrift* 13. Jg. (1959), S. 232-233

LA MARA (Ps. für Marie Lipsius): Carl Maria von Weber. Neubearb. Einzeldruck aus den Musikalischen Studienköpfen. Leipzig 1920

Ds. (Hg.): *Musikerbriefe aus 5 Jahrhunderten*. Bd. II: *Von Beethoven bis zur Gegenwart*. Leipzig: Breitkopf & Härtel, 1886 [Weber s. S. 78-91]

LAUX, Karl: *Carl Maria von Weber. Aufriß seines Lebens, Wesens und Schaffens*. Berlin o. J. [1935] (*Musikalische Schriftenreihe*, 3. Heft)

Ds.: *Carl Maria von Webers Münchener Beitrag zur deutschen Oper*, in: *Festschrift Hans Engel zum Siebzigsten Geburtstag*. Hg. v. Horst Heussner. Kassel 1964, S. 221-230

Ds.: *Das Beethoven-Bild Carl Maria von Webers*, in: *Bericht über den Internationalen Beethoven-Kongress 10.-12. Dezember 1970 in Berlin*. Hg. v. Heinz Alfred Brockhaus u. Konrad Niemann. Berlin 1971, S. 65-69

Ds.: *Carl Maria von Weber*. [Bildbiographie]. Leipzig [2]1978

Ds.: *Carl Maria von Weber*. Leipzig [2]1986 (*Reclams Universal-Bibliothek*, Bd. 252)

LEBERMANN, Walter: *Zur Authentizität von Georg Joseph Voglers Geburtsort*, in: *Mf* 34. Jg. (1981), S. 462-463

LEGBAND, Paul: *Münchener Bühne und Literatur im 18. Jahrhundert*. München 1904

LEINERT, Friedrich Otto: *Johann Evangelist Brandl (1760-1837) als Lieder- und Kammerkomponist*. Wolfenbüttel 1937

LEINERT, Michael: *Carl Maria von Weber in Selbstzeugnissen und Bilddokumenten*. Reinbek 1978

LEMKE, Arno: *Jacob Gottfried Weber. Leben und Werk. Ein Beitrag zur Musikgeschichte des mittelrheinischen Raumes*. Mainz 1968 (*Beiträge zur Mittelrheinischen Musikgeschichte*, Nr. 9)

Ds.: *Einige Anmerkungen zur Freundschaft zwischen Carl Maria von Weber und Gottfried Weber*, in: *Jb. des Staatlichen Instituts für Musikforschung 1973*, Berlin 1974, S. 72-75

LENZ, Irmgard: *Georg Joseph Vogler. Zur 150. Wiederkehr seines Todestages*, in: *NZfM* 125. Jg. (1964), S. 434-440

LIPOWSKY, Felix: *Baierisches Musik-Lexikon*. München: Jakob Giel, 1811. Reprint Hildesheim 1982

Ds.: *Karl Theodor, wie er war, und wie es wahr ist, oder dessen Leben und Thaten*. Sulzbach: Seidel'sche Buchhandlung, 1828

LISTL, Paul: *Carl Maria von Weber als Ouvertürenkomponist*. Diss. München 1934. Druck: Würzburg 1936

LOBE, Johann Christian: *Gespräche mit Weber*, in: *Fliegende Blätter für Musik. Wahrheit über Tonkunst und Tonkünstler*. Leipzig 1853. Bd. 1, S. 27-34 u. 110-122

Ds.: *Dreiunddreißigster Brief. C. Maria v. Weber*, in: *Musikalische Briefe. Wahrheit über Tonkunst und Tonkünstler*. Leipzig ²1860, S. 220-228

LOHMEIER, Dieter: *Carl Maria von Weber. Ein Lebenslauf in Selbstzeugnissen und zeitgenössischen Äußerungen*, in: *Carl Maria von Weber. Werk und Wirkung im 19. Jahrhundert. Ausstellung der Schleswig-Holsteinischen Landesbibliothek Kiel. Katalog*. Kiel 1986, S. 10-35

LUBRICH, Fritz: *Die Musikbibliothek des Herzogs Eugen von Württemberg im Schlosse zu Carlsruhe*, in: *Kohle und Erz* 25. Jg. (1928), Sp. 273-274

LÜCHTEN, Jost van der: *Ueber den Abt Vogler. Nach Aufzeichnungen von Zeitgenossen mitgetheilt*, in: *Neue Berliner Musikzeitung* 28. Jg. (1874), Nr. 43 u. 44, S. 337-338 u. 345-347

LYSER, Johann Peter: *Vogler. Eine Episode aus seinem Jugendleben*, in: *NZfM* 10. Jg. (1839), S. 2-4, 9-10, 17-19, 25-27 u. 29-30

Ds.: *Ueber die Aechtheit des angeblich in London aufgefundenen musikalischen Nachlasses von Karl Maria v. Weber*, in: *Wiener Zeitschrift für Kunst, Literatur, Theater und Mode* (Hg. v. G. Ritter von Franck) 30. Jg. (1845), Nr. 108, S. 429-430

MANN, Alfred: *Padre Martini und Fux*, in: *Festschrift für Ernst Hermann Meyer zum 60. Geburtstag*. Hg. v. Georg Knepler. Leipzig 1973, S. 253-255

MARTERSTEIG, Max: *Die Protokolle des Mannheimer Nationaltheaters unter Dalberg aus den Jahren 1781 bis 1789*. Mannheim 1890

MERBACH, Paul Alfred: *Parodien und Nachwirkungen von Webers »Freischütz«. Auch ein Beitrag zur Geschichte einer Oper*, in: *ZfMw* 2. Jg. (1919/1920), S. 642-655

MIES, Paul: *Romantische Grundgedanken im Opernschaffen C. M. v. Webers*, in: *ZfM* 93. Jg. (1926), Heft 6, S. 326-332

Ds.: *W. A. Mozarts Variationenwerke und ihre Formungen*, in: *AfMf* 2. Jg. (1937), S. 466-496

MOBERG, Carl Allan: *Fran Abbé Vogler till John Morén. Ledande idéer i 1800=talets svenska koralverk*, in: *Kyrkohistorisk Arsskrift* (Utgiven av D. Emanuel Linderholm). Uppsala och Stockholm 35. Jg. (1935), S. 217-272

MOSER, Hans Joachim: *Carl Maria von Weber. Leben und Werk*. Leipzig 1940 u. ²1955

MÜLLER-PREM, Fritz: *Das Musikleben am Hofe der Herzöge von Württemberg in Oberschlesien. Carl Maria v. Weber als herzogl. Musikintendant und Herzog Eugen als Componist. Ein Beitrag zur Musikgeschichte in Schlesien*. Diss. Breslau 1922

Ds.: *C. M. von Weber als »herzoglicher Hofmusikintendant« in Carlsruhe in Schlesien*, in: *Die Saat* 4. Jg. (1922), Nr. 5, S. 69-75

MÜNSTER, Robert: *Zu Carl Maria von Webers Münchner Aufenthalt 1811*, in: *Musik. Edition. Interpretation. Gedenkschrift Günther Henle*. Hg. v. Martin Bente. München 1980, S. 369-383

MUSIOL, Robert: *Weberiana. 1. Ein verbrannter Schrank*, in: *Neue Berliner Musikzeitung* 33. Jg. (1879), S. 2-3, 10, 19-20, 26-27 u. 43

NEMEC, Zdenek: *Weberova Prazská Léta. Z Kroniky Prazké Opery*. Prag 1944

NEUMANN, William: *C. M. v. Weber. Eine Biographie*. Cassel: E. Balde, 1855 (*Die Componisten der neueren Zeit*, Bd. 20)

Ds.: *Peter von Winter. Abt Vogler. Friedrich Ernst Feska. Biographien*. Cassel: Ernst Balde, 1856 (*Componisten der neueren Zeit*, Bd. 38) [Vogler s. S. 51-81]

NEUREUTHER, J.: *Die große Renaissance-Orgel bei St. Peter*, in: *St. Peterskalender*. München 1920, S. 50-55

NIECKS, Frederick: *Bach, Vogler and Weber*, in: *The Monthly Musical Record* 1910, S. 146-148

NIECKS, Frederick: *Vogler and Weber on Twelve Chorales of J. S. Bach*, in: *The Monthly Musical Record* 1910, S. 170-171

NOHL, Ludwig: *Zwey Briefe I. Susann's an C. M. v. Weber*, in: *Wiener Zeitschrift für Kunst, Literatur, Theater und Mode* (Hg. v. Friedrich Witthauer) 1843, Nr. 7 u. 8, S. 49-51 u. 57-61

Ds.: *Briefe von Carl Maria von Weber*, in: *Wiener Zeitschrift für Kunst, Literatur, Theater und Mode* (Hg. v. Friedrich Witthauer) 1843, Nr. 1-6, S. 1-4, 9-12, 17-20, 25-27, 33-35, 41-44 u. 49-51

Ds. (Hg.): *Musiker-Briefe. Eine Sammlung Briefe von C. W. von Gluck, Ph. E. Bach, Jos. Haydn, Carl Maria von Weber und Felix Mendelssohn-Bartholdy*. Leipzig: Duncker und Humblot, 1867 u. [2]1873 [Weber s. S. 175-296]

Ds.: *Briefe C. M. von Weber's*, in: ds.: *Mosaik. Für Musikalisch-Gebildete*. Leipzig: Gebrüder Senf, 1882, S. 63-93

Ds.: *Weber*. Leipzig: Reclam o. J. [1890?] (*Musiker-Biographien*, Bd. 6)

OBSER, Karl: *Weber-Erinnerungen. Zum 100. Todestag Karl Maria von Webers*, in: *Die Pyramide. Wochenschrift zum Karlsruher Tagblatt* 15. Jg. (1926), Nr. 11, S. 47-48

Ds.: *Die Karlsruher Erstaufführung der Euryanthe*, in: *Die Pyramide. Wochenschrift zum Karlsruher Tagblatt* 17. Jg. (1928), Nr. 12, S. 47-49

PASQUÉ, Ernst: *Zu K. M. v. Webers Familien- und Jugendgeschichte*, in: *Recensionen und Mittheilungen über Theater, Musik und bildende Kunst* (Red: J. Schwenda). Wien 8. Jg. (1862), Nr. 8 (S. 115-119), Nr. 9 (S. 134-136) u. Nr. 18 (S. 276-278)

Ds.: *Major Franz Anton von Weber und sein Sohn Karl Maria. 1794-1801*, in: ds.: *Goethe's Theaterleitung in Weimar*. Bd. 2. Leipzig: J. J. Weber, 1863, S. 17-37

Ds.: *Abu Hassan*, in: *AMZ*, Neue Folge, 2. Jg. (1864), Sp. 113-116

PASQUÉ, Ernst: *Abt Georg Joseph Vogler als Tonkünstler, Lehrer und Priester, seine Widersacher und seine Anhänger; das projectirte Abt-Vogler-Denkmal zu Darmstadt und eine RinckOrgel*. Darmstadt: Druck und Verlag der Neuen Hessischen Volksblätter, 1884

Ds.: *Silvana von Carl Maria von Weber. Der Meister und seine Gehilfen*, in: *Neue Musik--Zeitung* (Köln) 6. Jg. (1885), Nr. 20, S. 237-239

PETERS, Gerhard: *Die musikgeschichtliche Stellung Franz Danzis (1763-1826)*. [Examensarbeit]. Künstlerisches Prüfungsamt für Lehramt an höheren Schulen der Hansestadt Hamburg, Juni 1960

PFLICHT, Stephan: *Kurfürst Carl Theodor von der Pfalz und seine Bedeutung für die Entwicklung des deutschen Theaters. Die Begründung des Mannheimer und des Münchener Nationaltheaters im Zusammenhang wittelsbachischer Kultur- und Bildungspolitik im Zeitalter der Aufklärung*. Reichling 1976

PFORDTEN, Hermann, Freiherr von der: *Carl Maria von Weber*. Leipzig 1919

PLESSKE, Hans-Martin: *Der Bestand Musikverlag C. F. Peters im Staatsarchiv Leipzig. Geschäftsbriefe aus den Jahren 1800 bis 1926 als Quellenmaterial für die Musikforschung und die Geschichte des Buchhandels*, in: *Jb. der Deutschen Bücherei*. Leipzig 6. Jg. (1970), S. 75-99

Ds.: *»...so müssen die Kerls endlich zu Kreuze kriechen!« Carl Maria von Weber und seine Leipziger Musikverleger*, in: *Börsenblatt für den Deutschen Buchhandel* 143. Jg. (1976), Heft 22, S. 444-446

POHL, Hans: *Drei Aktenstücke über K. M. v. Webers Gefangennahme in Stuttgart 1810*, in: *Allgemeine Musik-Zeitung* (Berlin) 37. Jg. (1910), S. 1207-1208

PRÖLSS, Robert: *Beiträge zur Geschichte des Hoftheaters zu Dresden in actenmäßiger Darstellung*. Erfurt: Fr. Bartholomäus, o. J.

RAABE, Peter: *Wege zu Weber*. Regensburg 1942 [2 Ausgaben!]

RABENAU, Eva-Dorothee von: *Die Klaviervariationen in Deutschland zwischen Bach und Beethoven*. Diss. Berlin 1941

REIPSCHLÄGER, Erich: *Schubaur, Danzi und Poissl als Opernkomponisten. Ein Beitrag zur Entwicklungsgeschichte der deutschen Oper auf Münchener Boden*. Berlin 1911

REISSMANN, August: *Carl Maria von Weber. Sein Leben und seine Werke*. Berlin: Robert Oppenheim, 1886
RELLSTAB, Ludwig: *Carl Maria von Weber*, in: Caecilia Bd. 7, Heft 25 (1828), S. 1-20
RIEHL, Wilhelm Heinrich: *K. M. von Weber als Klaviercomponist*, in: ds.: *Musikalische Charakterköpfe. Ein kunstgeschichtliches Skizzenbuch*. Zweite Folge. Stuttgart u. Augsburg: Cotta, 1860, S. 260-301
RIEMANN, Hugo: *Abt Vogler*, in: *Hamburgische Musik-Zeitung* 1. Jg. (1887/1888), Nr. 51, S. 461-462
RINCK, Johann Christian Heinrich: *Selbstbiographie Johann Christian Heinrich Rinck's, Großherzoglich-Hessischen Cantors, Hoforganisten, wie auch Kammer-Musici in Darmstadt. Aus der Musikzeitschrift Eutonia besonders abgedruckt für die vielen Freunde dieses hochgeehrten Veteranen der Tonkunst und seiner Compositionen*. Breslau: G. P. Aderholz, 1833
ROCHLITZ, Friedrich: *Nekrolog für Franz Danzi*, in: *AMZ* 28. Jg. (6. September 1826), Sp. 581-587
Ds.: *Für Freunde der Tonkunst*. Bd. 3. Leipzig: Carl Cnobloch, [3]1868
ROGNONI, Luigi: *Due Lettere di Weber e una di Spontini inedite*, in: *Ricerche Musicali III*, Mailand 1979, S. 34-51
ROSENTHAL, Albi: *Franz Anton und Carl Maria von Weber in der Frühgeschichte der Lithographie. Mit zwei unveröffentlichten Briefen an Simrock*, in: *Festschrift Rudolf Elvers zum 60. Geburtstag*. Hg. v. Ernst Herttich und Hans Schneider. Tutzing 1985, S. 437-445
ROSENTHAL, Karl August: *Kanon und Fuge in Carl Maria von Webers Jugendmesse*, in: *ZfMw* 9. Jg. (1926), S. 406-413
RUDORFF, Ernst (Hg.): *Briefe von Carl Maria von Weber an Hinrich Lichtenstein*. Braunschweig 1900
RUNGENHAGEN, Karl Friedrich: *Nachrichten aus dem Leben und über die Musik-Werke Carl Maria von Weber's, mit einem sehr ähnlichen Bildnisse desselben*. Berlin: T. Trautwein, 1826
RUPP, Emile: *Abbé Vogler als Mensch, Musiker und Musiktheoretiker unter besonderer Berücksichtigung des sog. »Simplificationssystems«*. Kassel 1922
S., L.: *Lebensbeschreibung von Carl Maria von Weber*. Gotha: Henning'sche Buchhandlung, 1829. Wieder abgedruckt in: *Deutscher Ehren-Tempel*. Bearb. v. einer Gesellschaft Gelehrter u. hg. v. W. Hennings. Bd. 11. Gotha 1831
SAILER, Johann Michael: *Von dem Bunde der Religion mit der Kunst. Eine akademische Rede, gehalten vor den Lehrern und Studirenden der Universität Landshut im Jahre 1808*, in: ds.: *Neue Beiträge zur Bildung des Geistlichen*. Nr. 5. München: Lentner, 1809, S. 189-208
SANDNER, Wolfgang: *Die Klarinette bei Carl Maria von Weber*. Wiesbaden 1971
SANDT, Alfred: *Karl Maria von Weber's Opern in ihrer Instrumentation*. Diss. Frankfurt/Main 1921
SAUER, Paul: *Der schwäbische Zar: Friedrich, Württembergs erster König*. Stuttgart 1984
SAUNDERS, William: *Weber*. London 1940. Reprint New York 1970
SCHAFHÄUTL, Karl Emil von: *Abt Georg Joseph Vogler. Sein Leben, Charakter und musikalisches System. Seine Werke, seine Schule, Bildnisse etc*. Augsburg: Huttler, 1888. Reprint: Hildesheim 1979
Ds.: *Erinnerungen an Caspar Ett*, in: *KmJb* 6.Jg. (1891), S. 58-69
SCHEIBLER, Ludwig: *Zur Verteidigung von Webers einstimmigen Liedern. Eine Übersicht sämtlicher Lieder nach den musikalischen Formen*, in: *Die Musik* 5. Jg. (1905/06), Heft 17/18, S. 331-336 u. 387-391
SCHENK, Erich: *Über Carl Maria v. Webers Salzburger Aufenthalt*, in: *ZfMw* 11. Jg. (1928/1929), S. 59-62

SCHLESINGER, Maximilian: *Geschichte des Breslauer Theaters*. Bd. I: *1522-1841*. Berlin: S. Fischer, 1898
SCHLIMBACH: *Ueber des Abt Vogler Umschaffung der Orgel zu St. Marien in Berlin, nach seinem Simplifications-System, nebst leicht ausführbaren Vorschlägen zu einigen bedeutenden Verbesserungen der Orgel*, in: *Berliner Musikalische Zeitung* (Hg. v. J. F. Reichardt), 1. Jg. (1805), S. 383-386, 391-394, 404-406 und 2. Jg. (1806), S. 13-16
SCHLOßBERGER, A. von: *Ein Baireuther Theater vor 100 Jahren*, in: *Besondere Beilage des Staats-Anzeigers für Württemberg Stuttgart 1892*, Nr. 7 und 8, S. 97-106
SCHMID, Anton: *Briefe von Carl Maria von Weber an den verstorbenen k. k. Hofrath Franz Edlen von Mosel* [...], in: *Wiener Allgemeine Musik-Zeitung (Hg. v. August Schmidt)*, 6. Jg. (1846), Nr. 118-124, S. 473-474, 477-478, 481-482, 485-486, 489-490, 493-494 u. 497-498
SCHMID, Hans: *Falter & Sohn. Ein Münchener Musikverlag des 19. Jahrhunderts*, in: *Mitteilungen der Gesellschaft für Bayerische Musikgeschichte* 6. Jg. (1973), S. 108-116
SCHMID, Otto: *Weber und Morlacchi. Nach unveröffentlichten Briefen*, in: *Dresdner Nachrichten* (11. September 1934)
SCHMIDT, August: *Denksteine. Biographien*. Wien: Mechitharisten-Congregation, 1848
SCHMIDT, Ludwig: *Zeitgenössische Nachrichten über Carl Maria v. Weber*, in: *Die Musik* 18. Jg. (1926), Heft 9, S. 653-659
SCHNAUS, Peter: *Gottfried Weber über C. M. v. Webers Ouvertüre zum »Beherrscher der Geister«. Romantik und Pseudo-Romantik einer AMZ-Rezension*, in: *Festschrift Heinrich Sievers zum 70. Geburtstag*. In Verbindung mit Richard Jakoby hg. v. Günter Katzenberger. Tutzing 1978, S. 155-165
SCHNEIDER, Constantin: *Carl Maria von Webers große Jugendmesse in Es Dur*, in: *Musica divina* 14. Jg. (1926), Heft 3 u. 4, S. 33-40 u. 53-56
SCHNEIDER, Manfred: *Studien zu den Messenkompositionen Johann Baptist Gänsbachers (1778-1844)*. Diss. Innsbruck 1976
SCHNOOR, Hans: *Weber auf dem Welttheater. Ein Freischützbuch*. Dresden 1942
Ds.: *Weber. Gestalt und Schöpfung*. Dresden 1953
SCHNYDER VON WARTENSEE, Xaver: *Lebenserinnerungen von Xaver Schnyder von Wartensee nebst musikalischen Beilagen und einem Gesammtverzeichnis seiner Werke*. Hg. v. d. Stiftung v. Schnyder v. Wartensee. Zürich: Gebr. Hug, 1887
SCHÖNFELDER, Gerd: *Webers Schaffen im historischen Umfeld*, in: *MuG* 36. Jg. (1986), S. 562-568
SCHULER, Heinz: *Carl Maria von Webers mütterliche Vorfahren*, in: *Genealogie* 24. Jg. (1975), Heft 5, S. 521-526 (*Musikgeschichte und Genealogie*, Bd. 38)
SCHULZ, Adalbert: *Die St. Michaels-Hofkirche in München. Festschrift zum dreihundertjährigen Jubiläum der Einweihung*. München: J. J. Kentnersche Hofbuchhandlung, 1897
SCHÜNEMANN, Georg: *Carl Maria von Weber in Berlin. Sein erster Besuch im Jahre 1812*, in: *Von deutscher Tonkunst. Festschrift zu Peter Raabes 70. Geburtstag*. In Gemeinschaft mit 22 Fachgenossen hg. v. Alfred Morgenroth. Leipzig 1942, S. 78-94
SCHWAB, Heinrich W.: *Die Sonett-Kompositionen von Carl Maria von Weber. Probleme und Lösungen bei der Vertonung von Exemplaren einer literarischen Gattung*, in: *Weber - Jenseits des »Freischütz«. Referate des Eutiner Symposions 1986 anläßlich des 200. Geburtstages von Carl Maria von Weber*. Hg. v. Friedhelm Krummacher u. Heinrich W. Schwab. Kassel 1989, S. 215-234
SCHWAB, Ute: *Webers Werke zwischen Urheberrecht und Salonmusik*, in: *Carl Maria von Weber. Werk und Wirkung im 19. Jahrhundert. Ausstellung der Schleswig-Holsteinischen Landesbibliothek Kiel. Katalog*. Kiel 1986, S. 63-72
SCHWEIGER, Hertha: *Abbé Voglers Simplifikationssystem und seine akustischen Studien*, in: *KmJb* 29. Jg. (1934), S. 72-123
SCHWEIGER, Hertha: *Abbé G. J. Vogler's Orgellehre. Ein Beitrag zur Klanggeschichte der frühromantischen Orgel*. Diss. Freiburg i.Br. 1938

SEGNER, Franz: *Zwei unbekannte Weber-Briefe*, in: *Die Musik* 5. Jg. (1905/05), Heft 17, S. 296-302

SENEFELDER, Alois: *Vollständiges Lehrbuch der Steindruckerey enthaltend eine richtige und deutliche Anweisung* [...] *nebst einer vorangehenden ausführlichen Geschichte dieser Kunst von ihrem Entstehen bis auf gegenwärtige Zeit. Mit einer Vorrede* [...] *des Directors Friedrich v. Schlichtegroll*. München: Senefelder u. Fleischmann, ²1821. Neu hg. durch den Verband der Lithographen, Steindrucker und verwandten Berufe. Berlin 1909

SERAUKY, Walter: *Süd- und Norddeutschland in Webers Musikanschauung*, in: *C. M. v. Weber. Eine Gedenkschrift*. Hg. v. Günter Hausswald. Dresden 1951, S. 39-49

SERVIÈRES, Georges: *Weber. Biographie critique*. Paris 1906 (*Les Musiciens Célèbres*)

SHEDLOCK, John South: *Letters from Weber to the Abbé Vogler and to Spontini*, in: *Studies in Music by Various Authors*. Hg. v. Robin Grey. New York 1901, S. 233-251

SIMON, James: *Abt Voglers kompositorisches Wirken mit besonderer Berücksichtigung der romantischen Momente*. Berlin 1904

SITTARD, Josef: *Zur Geschichte der Musik und des Theaters am Württembergischen Hofe*. Bd. 2: *1733-1793*. Stuttgart 1890.

SPIESS, Hermann: *Abt Vogler und die von ihm 1805 simplifizierte Orgel von St. Peter in Salzburg*. Mainz ²1940

SPITTA, Philipp: *Carl Maria von Weber*, in: ds.: *Zur Musik. 16 Aufsätze*. Berlin: Gebrüder Paetel, 1892, S. 267-291

STEBBINS, Lucy Poate and Richard Poate: *Enchanted Wanderer. The Life of Carl Maria von Weber*. New York 1940

STEIN, Norbert: *Das Haus Württemberg, sein Musik- und Theaterwesen*, in: *900 Jahre Haus Württemberg - Leben und Leistung für Land und Volk*. Hg. v. Robert Uhland. Stuttgart 1984, S. 554-573

Ds.: *Musik und Theater im Ludwigsburg des 18. und 19. Jahrhunderts*, in: *Ludwigsburger Geschichtsblätter*, Heft 38 (1985), S. 61-87

STEINBECK, Wolfram: *»Mehr Ouvertüren- als ächter Symphonie-Styl«. Kompositionsprinzipien in Webers I. Sinfonie*, in: *Weber - Jenseits des »Freischütz«. Referate des Eutiner Symposions 1986 anläßlich des 200. Geburtstages von Carl Maria von Weber*. Hg. v. Friedhelm Krummacher u. Heinrich W. Schwab. Kassel 1989, S. 84-103

STEINER, Johann Wilhelm Chr.: *Ludewig I. Großherzog von Hessen und bei Rhein, nach seinem Leben und Wirken*. Offenbach: Steiner, 1842

STEPHAN, Günther u. Hans John (Hg.): *Carl Maria von Weber und der Gedanke der Nationaloper. Wissenschaftliche Konferenz im Rahmen der Dresdner Musikfestspiele 1986* [Konferenzbericht]. Dresden 1987 (*Schriftenreihe der Hochschule für Musik »Carl Maria von Weber« Dresden*, 10. Sonderheft)

STEVENS, Jane R.: Theme, Harmony and Texture in Classic-Romantic Descriptions of Concerto First-Movement Form, in: *JAMS* 27. Jg. (1974), S. 25-60

Ds.: *Georg Joseph Vogler and the »Second Theme« in Sonata Form: Some 18th-Century Perceptions of Musical Contrast*, in: *Journal of Musicology* 2. Jg. (1983), S. 278-304

STRELITZER, Hugo: *Meyerbeer's Deutsche Jugendopern*. Diss. Münster 1921

STUMPE, Friedrich: *Carl Maria von Weber in Carlsruhe O. S.*, in: *Der Oberschlesier* 8. Jg. (1926), S. 450-455

Ds.: *Führer durch Bad Carlsruhe Oberschlesien und seine romantische Vergangenheit*. Schweidnitz 1927

Ds.: *Carl Maria von Webers Welt in Carlsruhe OS. Nach Max M. von Weber und einem alten Rechnungsbuche*, in: *Der Oberschlesier* 19. Jg. (1937), S. 44-49

SULZMANN, Bernd: *Eine Planung Abbé G. J. Voglers aus dem Jahre 1806*, in: *Acta Organologica*, Bd. 11 (1977), S. 54-69

TENSCHERT, Roland: *Die Sinfonien Webers*, in: *Neue Musik-Zeitung* (Stuttgart) 48. Jg. (1927), Heft 22, S. 481-485

THOMAS, Georg Sebastian: *Die Großherzogliche Hofkapelle, deren Personalbestand und Wirken unter Ludewig I. Großherzog von Hessen und bei Rhein*. Darmstadt: Jonghaus'sche Hofbuchhandlung, ²1859

TOMASCHEK, Wenzel Johann: *Selbstbiographie*, in: *Libussa* (Jahrbuch). Hg. v. Paul Aloys Klar. Prag, 4. Jg (1845), S. 349-398 u. 5. Jg. (1846), S. 321-376

TUSA, Michael Charles: *Carl Maria von Weber's »Euryanthe«: a Study of its Historical Context, Genesis and Reception*. Phil. Diss. Princeton University 1983. Ann Arbor 1983

TUTENBERG, Fritz: *Ein unbekannter Brief Webers. Zur 125. Wiederkehr seines Todestages am 5. Juni*, in: *ZfM* 112. Jg. (1951), S. 305-306

UFFINGER, Hermann: *Die Grundlagen des Münchener Konzertlebens. (Die Musikpflege bei Hof und im Bürgertum im 18. Jahrhundert bis zur Gründung der Musikalischen Akademie)*. Diss. München 1941

UNGER, Max: *Aus Bernhard Anselm Webers Jugendjahren. Briefe von Weber und anderen, mitgeteilt von Max Unger, Leipzig*, in: *Allgemeine Musik-Zeitung* (Berlin) 38. Jg. (1911), S. 835-836, 859-861, 881-883, 903-905 u. 927-929

UNVERRICHT, Joseph: *Franz Joseph Fröhlich als Musikhistoriker und Musikschriftsteller*, in: *Musik in Bayern*, Heft 22 (1981), S. 151-162

URSPRUNG, Otto: *Aus Münchens musikalischer Vergangenheit. Von der Frühzeit bis zu Richard Wagner*. München 1927

VEIT, Joachim: *Die Sinfonien Franz Danzis und die Theorie des Abbé Vogler. Beiträge zu einer stilkritischen Untersuchung der Spätmannheimer Sinfonik*. Magisterarbeit Paderborn-Detmold, 1983

Ds.: *Jähns 88 - eine Komposition Franz Danzis*, in: *Beiträge zur Musikwissenschaft* 26. Jg. (1984), S. 151-152

Ds.: *Carl Maria von Weber, Franz Danzi und Karlsruhe*, in: *Karlsruher Musiktage 25. Mai - 15. Juni 1986. Carl Maria von Weber. Franz Liszt. Programmbuch*. Karlsruhe 1986, S. 4-10

Ds.: *Zum Formproblem in den Kopfsätzen der Sinfonien Carl Maria von Webers*, in: *Festschrift Arno Forchert zum 60. Geburtstag am 29. Dezember 1985*. Hg. v. Gerhard Allroggen und Detlef Altenburg. Kassel u.a. 1986, S. 184-199

Ds.: *Abt Voglers »Verbesserungen« Bachscher Choräle*, in: *Alte Musik als ästhetische Gegenwart: Bach - Händel - Schütz. Bericht über den internationalen musikwissenschaftlichen Kongreß Stuttgart 1985*. Hg. v. Dietrich Berke u. Dorothee Hanemann. Bd. 2. Kassel u.a. 1987, S. 500-512

Ds.: *Quellen zur Biographie des jungen Carl Maria von Weber (bis etwa 1815). Anmerkungen zum Forschungsstand*, in: *Beiträge zur Musikwissenschaft* 30. Jg. (1988), S. 68-72

VIERTEL, Matthias S.: *Die Instrumentalmusik Carl Maria von Webers. Ästhetische Voraussetzungen und struktureller Befund*. Frankfurt a. M. u.a. 1986 (*Europäische Hochschulschriften*, Reihe XXXVI: *Musikwissenschaft*, Bd. 20)

Ds.: *Carl Maria von Weber im Konzertsaal*, in: *Carl Maria von Weber. Werk und Wirkung im 19. Jahrhundert. Ausstellung der Schleswig-Holsteinischen Landesbibliothek Kiel. Katalog*. Kiel 1986, S. 36-50

Ds.: *Carl Maria von Weber - eine trügerische Idylle*, in: *MuB* 18. Jg. (1986), S. 956-962

VIRNEISEL, Wilhelm: *Aus dem Berliner Freundeskreis Webers. Unveröffentlichte Briefe Webers an Friederike Koch*, in: *Carl Maria von Weber. Eine Gedenkschrift*. Hg. v. Günter Hausswald. Dresden 1951, S. 52-102

VOGLER, Georg Joseph: *Tonwissenschaft und Tonsezkunst*. Mannheim: Kuhrfürstliche Hofbuchdruckerei, 1776. Reprint Hildesheim 1970

Ds.: *Stimmbildungskunst*. Mannheim: Kuhrfürstliche Hofbuchdruckerei, 1776

Ds.: *Kuhrpfälzische Tonschule*. Teil I: *Tonkunst, Clavierschule, Stimmbildungskunst, Singschule, Begleitungskunst*. Teil II: *Tonwissenschaft, Tonsezkunst, Nuzbarkeit des Tonmases, Gebrauch der Harmonie, Tonlehre*. Mannheim: F. C. Schwan u. M. Götz, 1778

VOGLER, Georg Joseph: *Gründe der Kuhrpfälzischen Tonschule in Beispielen: als Vorbereitung zur Mannheimer Monats-Schrift und zu den Herausgaben des öffentlichen Tonlehrers*. Mannheim 1778

Ds.: *Betrachtungen der Mannheimer Tonschule*. 3 Jahrgänge. Mannheim 1778-1781. Reprint Hildesheim 1974

Ds.: *Gegenstände der Betrachtungen* [Notenlieferungen zu den *Betrachtungen*]. Mannheim 1778-1781. Reprint Hildesheim 1974

Ds.: Beiträge zur *Deutschen Encyclopädie oder allgem. Realwörterbuch aller Künste und Wissenschaften*. Bd. II-XVIII. Frankfurt/Main: Varrentrap & Wenner, 1779-1794

Ds.: *Entwurf eines neuen Wörterbuchs für die Tonschule, gewidmet einem musikalischen Deutschland, um Beiträge und Stimmen zu sammeln*. Frankfurt und Leipzig: Varrentrapp Sohn & Wenner, 1780

Ds.: *Über die Musik der Oper Rosamunde*, in: *Rheinische Beiträge zur Gelehrsamkeit* 1780, Heft 6, S. 497-514

Ds.: *Ueber Holzbauers Lebensbegrif*, in: *Musikalische Korrespondenz der teutschen Filarmonischen Gesellschaft*. Speyer, 15. Dezember 1790, Sp. 185ff.

Ds.: *Antwort des ehemaligen Mannheimer Tonlehrers nunmerigen Direktors der Königl. Schwedischen musikalischen Akademie auf verschiedene tiefgedachte, sein Sistem betreffende, von den Herrn Herausgebern der musikalischen Realzeitung in Speier ihm zugeschikte Fragen*, in: *Musikalische Korrespondenz der teutschen Filarmonischen Gesellschaft*. Speyer, 14. Juli 1790, Sp. 10-16 u. 21. Juli 1790, Sp. 17-22

Ds.: *Erste musikalische Preisausteilung für das Jahr 1791*. Frankfurt/Main 1791

Ds.: *Hrn. Abt Voglers Aesthetisch-kritische Zergliederung des wesentlich vierstimmigen Singsazes des von Hrn. Musikdirektor Knecht in Musik gesezten ersten Psalms*, in: *Musikalische Korrespondenz der teutschen Filarmonischen Gesellschaft*. Speyer, 1792, Sp. 155-159, 163-164, 314-319 u. 356-359

Ds.: *Bemerkungen über die der Musik vortheilhafteste Bauart eines Musikchors: ein Auszug aus einem Brief des Abt Voglers von Bergen in Norwegen 1792*, in: *Journal von und für Deutschland*. Hg. v. Siegmund Freyherrn von Bibra. 9. Jg. (1792), S. 178-181

Ds.: *Kontrapunktische Bearbeitung des Englischen Volksliedes God save the king* [= *Verbesserung der Forkel'schen Veränderungen über das Lied*. Textteil und Notenteil]. Frankfurt: Varrentrapp & Wenner, 1793

Ds.: *Inledning til Harmoniens Kännedom. Af Kongl. Musik-Directeuren Aboten Vogler. Med atta dertil hörande graverade Tabeller*. Stockholm: Nordström, 1794

Ds.: *Claver-Schola Med 44 Graverade Tabeller. Af Kongl. Musik-Directeuren Aboten Vogler*. Stockholm: Nordström, 1798

Ds.: *Organist-Schola. Med 8 Graverade Tabeller. Af Kongl. Musik-Directeuren Aboten Vogler*. Stockholm: Nordström, 1798

Ds.: *Organist-Scholas Andra Del. Förklaring Öfver Choral-Boken*. Stockholm: Nordström, 1799

Ds.: *Aboten Voglers Lection til Choral-Eleven M. H.* Stockholm: Nordström, 1799

Ds.: *Aboten Voglers Andra Lection til Choral-Eleven M. H.* Stockholm: Nordström, 1800

Ds.: *Abbed Vogler's Musik-Skole i trende Dele med 60 kobberstukne Tabeller*. Kopenhagen: Niels Christensen, 1800

Ds.: *Abt Vogler's Choral-System*. Kopenhagen: Niels Christensen, 1800 (mit Notentafeln)

Ds.: *Abt Voglers Aeusserung über Hrn. Knechts Harmonik*, in: *AMZ* 2. Jg. (2. Juli 1800), Sp. 689-696

Ds.: *Data zur Akustik. Eine Abhandlung vorgelesen bey der Sitzung der naturforschenden Freunde in Berlin, den 15ten Dezember 1800 vom Abt Vogler*. Leipzig: Breitkopf & Härtel, 1801

Ds.: *Handbuch zur Harmonielehre und für den Generalbaß, nach den Grundsätzen der Mannheimer Tonschule* [= *Prager Tonschule*]. Prag: Carl Barth, 1802 (mit Notentafeln)

VOGLER, Georg Joseph: *32 Präludien für die Orgel und für das Fortepiano. Nebst einer Zergliederung in ästhetischer, rhetorischer und harmonischer Rücksicht mit praktischem Bezug auf das Handbuch der Tonlehre vom Abt Vogler*. München: Falter, 1806 [Notentext, Vorbericht u. Zergliederung]

Ds.: *Uiber die harmonische Akustik (Tonlehre) und über ihren Einfluß auf die musikalischen Bildungs-Anstalten. Rede, gehalten in Verbindung mit den öffentlichen Vorlesungen im musikalischen Saale der deutschen Schulanstalt in München vom wirklichen und ordentlichen Mitgliede der königl. bairischen Akademie der Wissenschaften A. Vogler den 1. Juni 1806*. München 1806

Ds.: *Utile Dulci. Vogler's belehrende musikalische Herausgaben. Zergliederung der musikalischen Bearbeitung des Bußpsalmen im Choral-Styl, zu vier wesentlichen und selbständigen Singstimmen, doch willkührlichem Tenor*. München: Falter, 1807

Ds.: *Abbé Voglers, gründliche Anleitung zum Clavierstimmen, für die, welche gutes Gehör haben. Nebst einer neuen Anzeige, jedes Saiteninstrument vortheilhaft und richtig zu beziehen*. Stuttgart 1807

Ds.: *Abt Voglers Vertheidigung seines Simplifications-Systems für den Orgelbau*, in: *Neue Fränkische Chronik*. Hg. v. Andres. Würzburg 3. Jg. (1808), Nr. 50, S. 775-780

Ds.: *Ueber Sprach- und Gesang-Automaten, ein akustischer Versuch*, in: *Sammlung einiger im Frankfurter Museo vorgetragenen Arbeiten*. 1. Theil. Frankfurt 1810, S. 118-130

Ds.: *12 Choräle von Sebastian Bach, umgearbeitet von Vogler, zergliedert von Carl Maria von Weber*. Leipzig: C. F. Peters, PN 843

Ds.: *System für den Fugenbau als Einleitung zur harmonischen Gesang-Verbindungs-Lehre vom Abt Vogler. Nach dem hinterlassenen Manuscripte des Autors herausgegeben*. Offenbach: Joh. André, PN 3631 (mit Notentafeln)

Ds.: *Über die Oxydation der schwingenden Metallkörper* [Referat für die Bayerischen Akademie der Wissenschaften]. Abschrift: Hessisches Staatsarchiv Darmstadt D 12 Nr. 48/26-27

Ds.: *Vergleich der Kempelenschen Sprach-Maschine mit dem, der Menschenstimme täuschend nachahmenden, singbaren Orgel-Register, von dieser Ähnlichkeit Vox humana genannt*. Abschrift: Hessisches Staatsarchiv Darmstadt D 12 Nr. 48/26-27 [= *Ueber Sprach- und Gesang-Automaten*, s.o.]

Ds.: *Harmonisch-Akustische Bemerkungen über den Theater Bau*. Abschrift: Hessisches Staatsarchiv Darmstadt D 12 Nr. 48/26-27

VRETBLAD, Patrick: *Konzertlivet i Stockholm under 1700-talet*. Stockholm 1918

Ds.: *Abbé Vogler som Programmusiker*, in: *Svensk tidskrift für musikforskning*. Stockholm 1927, S. 79-98

WAGNER, Carl: *Carl Maria von Weber und die Lithographie*, in: *Buch und Schrift. Jahrbuch des deutschen Vereins für Buchwesen und Schrifttum*. Leipzig, Bd. 5 (1931), S. 9-13

WAGNER, Karl O.: *Das Salzburger Hoftheater (1775-1805)*, in: *Mitteilungen der Gesellschaft für Salzburger Landeskunde*. Hg. v. Hans Widmann. 50. Vereinsjahr. Salzburg 1910, S. 285-328

WALLNER, Bertha Antonia: *Carl Maria von Webers Messen, Jähns 224 und 251*, in: *ZfMw* 8. Jg. (1925/1926), S. 530-550

WALTER, Friedrich: *Karl Maria von Weber in Mannheim und Heidelberg 1810 und sein Freundeskreis*, in: *Mannheimer Geschichtsblätter* 25. Jg. (1924), Sp. 18-73

Ds.: *Geschichte des Theaters und der Musik am Kurpfälzischen Hofe*. Leipzig: Breitkopf & Härtel, 1898. Reprint Hildesheim 1968

Ds.: *Archiv und Bibliothek des Grossh. Hof- und Nationaltheaters in Mannheim 1779-1839*. Bd. 1: *Das Theaterarchiv*. Bd. 2: *Die Bibliothek*. Leipzig: Hirzel, 1899

WARRACK, John: *Carl Maria von Weber. Eine Biographie. Übersetzt von Horst Leuchtmann*. Hamburg u. Düsseldorf 1972 u. Leipzig [2]1986

WARRACK, John: *German Operatic Ambitions at the Beginning of the 19th Century*, in: *PRMA* 104. Jg. (1977/78), S. 79-88

Ds.: *Carl Maria von Weber in his Diaries*, in: *Slavonik and Western Music: Essays für Gerald Abraham*. Ed. by Malcom Hamrick Brown and R. J. Wiley. Oxford u. Ann Arbor 1984, S. 131-138

WATERHOUSE, William: *Webers Fagottkonzert op. 75 - ein Vergleich von handschriftlichen und gedruckten Quellen*, in: *Tibia* 11. Jg. (1986), S. 22-30

WEBER, Carl von (Hg.): *Reise-Briefe von Carl Maria von Weber an seine Gattin Caroline*. Leipzig: Alphons Dürr, 1886

WEBER, Max Maria von: *Carl Maria von Weber. Ein Lebensbild*. Bd. 1—3. Leipzig: E. Keil, 1864-1866

WEECH, Friedrich von: *Karlsruhe. Geschichte der Stadt und ihrer Verwaltung*. Bd.1: *1715-1830*. Karlsruhe: Macklot, 1895

WEHNERT, Martin: *Die Romanfragmente zu »Tonkünstlers Leben« als Quelle ästhetischer Anschauungen Carl Maria von Webers*, in: *Beiträge zur Musikwissenschaft* 29. Jg. (1987), S. 227-239

WENDT, Amadeus: *Über Abt Voglers Schriften*, in: *Caecilia* Bd. 14, Heft 56 (1832), S. 315

WERBECK, Walter: *E. T. A. Hoffmanns und C. M. v. Webers Kammermusik*, in: *Mitteilungen der E. T. A. Hoffmann-Gesellschaft e.V.*, 24. Heft (1978), S. 14-25

WESTENRIEDER, Lorenz: *Baierisch-historischer Calender oder Jahrbuch der merkwürdigsten baierischen Begebenheiten alt- und neuerer Zeit für 1787*. München: J. B. Strobl., o. J.

WISTEDT, Sven: *Ett Bidrag till en Vogler-biografi*, in: *Svensk tidskrift för musikforskning*. Stockholm 1933, S. 5-28

WOLZOGEN, Hans von: *Karl Maria von Weber*, in: *Großmeister deutscher Musik. Bach - Mozart - Beethoven - Weber - Wagner*. Regensburg 1924, S. 157-207

WORBS, Hans Christoph (Hg.): *Carl Maria von Weber*. Briefe. Frankfurt 1982

WÜRTZ, Roland: *Mannheim und Italien - Zur Vorgeschichte der Mannheimer. Bericht über das Mannheimer Kolloquium im März 1982*. Mainz u.a. 1984 (*Beiträge zur Mittelrheinischen Musikgeschichte*, NF., Bd. 25)

ZDUNIAK, Maria: *Webers Wirken am »Königlich privilegierten Breslauischen Theater«*, in: Stephan, Günther u. Hans John (Hg.): *Carl Maria von Weber und der Gedanke der Nationaloper. Wissenschaftliche Konferenz im Rahmen der Dresdner Musikfestspiele 1986* [Konferenzbericht]. Dresden 1987

ZENGER, Max: *Geschichte der Münchener Oper*. Nachgelassenes Werk. Hg. v. Theodor Kroyer. München 1923

ZENTNER, Wilhelm: *Carl Maria von Weber. Sein Leben und sein Schaffen*. Olten u. Freiburg 1952

ZIMMER, Herbert: *Julius Rietz als Herausgeber Weberscher Werke*, in: *Deutsche Musikkultur* 2. Jg. (1937/38), S. 268-275

ZSCHACKE, Günter: *Carl Maria von Weber. Romantiker im Aufbruch*. Lübeck 1985

Noten

Franz Danzi

Neudrucke:

Concertante für Flöte, Klarinette und Orchester. op. 41. Hg. v. András Adorján. München: Max Hieber, 1981
Concertino für Klarinette, Fagott und Orchester B-Dur. Hg. v. György Balassa, rev. v. Mihály Hajdu. Adliswil/ZH: Edition Kunzelmann, 1983
Konzert Es-Dur für Horn solo, zwei Flöten, zwei Hörner und Streicher. Bearb. v. Edmond Leloir. Wilhelmshaven u.a.: Heinrichshofen, 1968
Konzert Nr. 1 G-Dur für Flöte und Orchester. op. 30. Hg. v. Peter Anspacher. Wilhelmshaven u.a.: Heinrichshofen, 1972
Konzert Nr. 2 für Flöte und Orchester d-Moll. op. 31. Hg. u. bearb. v. Dieter H. Förster. Adliswil/ZH: Edition Eulenburg GmbH, 1974
Konzert Nr. 3 für Flöte und Orchester d-Moll. op. 42. Hg. v. Dieter Sonntag. Heidelberg: Willy Müller, Süddeutscher Verlag, 1963
Konzert Nr. 4 für Flöte und Orchester D-Dur. op. 43. Hg. v. Dieter H. Förster. Adliswil/ZH: Edition Eulenburg, 1973
Konzert F-Dur für Fagott und Orchester. Rev. v. Robert Münster. München: Leuckart, 1963
Konzert in C-Dur für Fagott und Orchester. Hg. v. Joachim Veit. München: Leuckart, 1984
Konzert F-Dur für Fagott und Orchester. Hg. v. Joachim Veit. Hamburg: Sikorski, 1984
Drei Quartette für 2 Violinen, Viola und Violoncello. op. 5 und 6. Mainz: Schott o. J. PN 82
Quintett d-Moll für Klavier, Oboe, Klarinette, Horn und Fagott. op. 41. Hg. v. Kurt Janetzky. London: Musica Rara, 1961
Quintett Nr. 1. op. 53, für Klavier, Flöte, Oboe, Klarinette und Fagott. Hg. v. Georg Meerwein. London: Musica Rara, 1972
Quintett Nr. 2. op. 54, für Klavier, Flöte, Oboe, Klarinette und Fagott. Hg. v. Georg Meerwein. London: Musica Rara, 1972
Drei Quintette für Flöte, Oboe, Klarinette, Horn und Fagott: op. 56 Nr. 1-3. Hg. v. Klaus Burmeister. Leipzig: Peters, 1982
Drei Quintette für Flöte, Oboe, Klarinette, Horn und Fagott: op. 67 Nr. 1-3. Hg. v. Klaus Burmeister. Leipzig: Peters, 1982
Drei Quintette für Flöte, Oboe, Klarinette, Horn und Fagott: op. 68 Nr. 1-3. Hg. v. Klaus Burmeister. Leipzig: Peters, 1982
Sextett Es-Dur für 2 Klarinetten, 2 Hörner und 2 Fagotte. Hg. u. bearb. v. Johannes Wojciechowski. Hamburg: Sikorski, 1965
Sinfonia concertante in Es-Dur für Klavier, Flöte, Oboe, Horn und Fagott. Hg. v. R. P. Block. London: Musica Rara, 1976
Sonate für Klarinette und Klavier. Hg. v. György Balassa. Mainz: Schott's Söhne, 1971. Neu hg. u. rev. v. Johannes Wojciechowski. Hamburg: Anton J. Benjamin GmbH - N. Simrock, 1960
Sonate Es-Dur für Waldhorn in Es und Klavier. op. 28. Hg. v. Günter Hausswald. Leipzig: Hofmeister, o. J.
Sonatine e-Moll für Flöte (oder Violine) und Klavier. op. 34. Hg. v. Joachim Draheim. Heidelberg: Willy Müller, Süddeutscher Musikverlag, 1976

Zeitgenössische Drucke:

Verwendete zeitgenössische Drucke vgl. *RISM*, *Einzeldrucke vor 1800*, Bd. 2, Kassel u.a. 1972:
Nr. D 907, D 921, D 924, D 925, D 927 - 934, D 960, D 965, D 971, D 980, D 982, D 1006, D 1007, D 1033, D 1039 u. D 1041

Handschriften:

Abraham auf Moria. Oratorium. Partitur. D-brd B: Mus. ms. 4472
Der Berggeist oder: Schicksal und Treue. Romantische Oper in zwei Aufzügen von Lohbauer. Partitur. D-brd Mbs: St. th. 441
Camilla und Eugen oder der Gartenschlüssel. Singspiel von Franz Karl Hiemer. Partitur. D-brd B: Mus. ms. 4475 und D-brd Sl: HB XVII 126
Cleopatra. Ein Duo Dram in einem Aufzug. Partitur. D-brd B: Mus. ms. 4477
Deucalion et Pirrha. Opera en un acte. Klavierauszug. GB Lbm: Hirsch IV/1144
Der Kuß = Almansor und Dilara. Oper in drei Akten. Klavierauszug. F Pn: Ms. 10682 [Enthält nur die beiden gedruckten Duette, die übrigen Teile stammen aus Peter Ritters Oper *Der Eremit auf Formentera*]
Mi lagnero tacendo. Aria. Partitur. GB Lbm: Add. 32079. Ms late XVIII
Die Mitternachtsstunde. Eine komische Oper in 3 Ackten. Partitur. D-brd Mbs: St. th. 245 und D-brd B: Mus. ms. 4476
Rondo »Der Schutzgeist, der Liebende«. Partitur. A Wgm: Q 2832. Mit ital. Text *»Andiamo Signore«*. Partitur. D-brd Lüh: Mus Q 3
Turandot. Singspiel in zwei Aufzügen nach Gozzi. Partitur. D-brd Mbs: St. th. 442
[*Viola*]. *Musick zum romantischen Trauerspiel Viola von Kammerherrn Freiherrn von Auffenberg*. Partitur. D-brd Mbs: St. th. 290

Georg Joseph Vogler

Neudrucke:

Gustav Adolf och Ebba Brahe. Lyrisches Drama in drei Akten. Klavierauszug v. P. C. Boman. Hg. v. Martin Tegen. Stockholm: Edition Reimers, 1976 (*Monumenta musicae svecicae*. Hg. v. der Schwedischen Gesellschaft für Musikforschung, Bd. 7)
Missa pastoritia. Hg. v. Jos. St. Winter. Karlsruhe: Fritz Müller Süddeutscher Musikverlag, o. J.
112 Préludes für die Orgel. Hg. v. Joachim Dorfmüller. Bonn-Bad Godesberg: Rob. Forberg, Musikverlag, 1980
Variations sur l'Air de Marlborough. Variationen und Capriccio über Malbrough s'en va-t-en guerre. Für Klavier mit Begleitung eines kleinen Kammerorchesters. Eingerichtet u. hg. v. Fritz Schröder. Mainz: Schott, 1951
Pièces de Clavecin (1789) and Zwei und Dreisig Präludien (1806). Hg. v. Floyd K. Grave. Madison: A-R Editions, o. J. (*Recent Researches in the Music of the Classical Era*, Vol. 24)

Zeitgenössische Drucke:

Verwendete zeitgenössische Drucke vgl. *RISM, Notendrucke vor 1800*, Bd. 9, Kassel u.a., 1982:
Nr. V 2369, V 2372, V 2375 - 2377, V 2380 - 2382, V 2385 - 2387, V 2399, V 2405, V 2408, V 2411, V 2421, V 2432, V 2434, V 2453, V 2456, V 2463, V 2465, V 2474, V 2475, V 2479 - 2483, V 2488, V 2493, V 2495, V 2503, V 2509, V 2511 u. V 2514.

Handschriften:

Der Admiral. Oper in einem Akt. Klavierauszug mit Eintragungen C. M. v. Webers. D-brd DS: Mus. ms. 1052a
Der Admiral. Partitur. D-brd DS: Mus. ms. 1052b
Amor prigionero. Degl' Abbati Metastasio. Partitur. D-brd DS: Mus. ms. 1057 u. 1057a-c
Athalie. Schauspielmusik. Partitur. D-brd DS: Mus. ms. 1058
Die Auferstehung Jesu. Oratorium. Partitur. D-brd DS: Mus. ms. 1059
Augustas Krone für eine Singstimme mit Begleitung. Partitur. D-brd Mbs: Mus. Mss. 2783
Castore e Polluce. Autographe Partitur. D-brd DS: Mus. ms. 1063c
Castor è Pollux. [Oper in drei Akten]. Partitur. D-brd DS: Mus. ms. 1063 u. 1063d u. e
Castore e Polluce. Opera seria in tre Atti. Klavierauszug. D-brd DS: Mus. ms. 1063f
Sinfonia Guerriera del Opera Castor et Pollux. Partitur. D-brd DS: Mus. ms. 1063g
Castor e Polluce. Drei Stücke mit italienischem Text in abweichender Fassung. Partitur. D-brd DS: Mus. ms. 1063h
Castor und Pollux. Drei Stücke mit deutschem Text in abweichender Fassung. Partitur. D-brd DS: Mus. ms. 1063i
14 Choräle. Partitur. D-brd DS: Mus. ms. 1064
Concerto. (für Cembalo) Partitur. D-brd DS: Mus. ms. 1065
Der gewonnene Prozess. Partitur. D-brd DS: Mus. ms. 1116
Dole Vise. Variationen für Kalvier und Orchester. Partitur. D-brd DS: Mus. ms. 1071
Empfindungen des Hessen. Partitur. D-brd DS: Mus. ms. 1066b
Epimenides. Operette in einem Akt. Partitur. D-brd DS: Mus. ms. 1068
Ouvertüre zum Eremiten. Partitur. D-brd DS: Mus. ms. 1069
Erwin und Elmire. Singspiel in einem Akt. Partitur. D-brd DS: Mus. ms. 1070
Frohe und fromme Empfindungen bey der glücklichen Zurückunft Eines Allgemein u. Viel Geliebten. Partitur. D-brd DS: Mus. ms. 1067
12 kleinere Gesänge. Partitur. D-brd Mbs: Mus. Mss. 4306
Gustaf Adolph och Ebba Brahe. Oper in drei Akten. Partitur. D-brd DS: Mus. ms. 1077
Heilig. Partitur. D-brd Mbs: Mus. Mss. 4299
Herrmann von Unna. Schauspiel mit Chören und Ballett. Partitur. D-brd DS: Mus. ms. 1080 u. 1080a u. 1080b
Ino. Kantate von Ramler. Partitur. D-brd DS: Mus. ms. 1089
Der Kaufmann von Smyrna. Operette. Partitur. D-brd DS: Mus. ms. 1090
Die Kreuzfahrer. Ouvertüre. Partitur. D-brd DS: Mus. ms. 1093a
Lampedo. Melodram. Partitur. D-brd DS: Mus. ms. 1097 u. 1097a
Requiem g-Moll. Partitur. D-brd DS: Mus. ms. 1125
Requiem Es-Dur. Partitur. D-brd DS: Mus. ms. 1126
Samori. Heroisch komische Oper in zwei Aufzügen. Partitur. D-brd DS: Mus. ms. 1130 u. 1131
Einlage zu Samori: Laß mich noch einmal hören. Duett Naga/Tamburan. Partitur. D-brd DS: Mus. ms. 1131e
Ouvertüre zu Samori. Arrangement für Sextett von Joseph von Blumenthal. Partitur. D-brd Mbs: Mus. Mss. 7067

Sinfonie d-Moll [*Pariser Sinfonie*]. Partitur. D-brd DS: Mus. ms. 1137
Sinfonie G-Dur. Partitur. D-brd DS: Mus. ms. 1138
16 Variationen »Ah vous dirais-je Maman?«. Partitur. D-brd DS: Mus. ms. 1054

Carl Maria von Weber

Neudrucke:

Im folgenden sind nur die verwendeten Neudrucke angegeben, die nicht bei Jähns verzeichnet sind.

Musikalische Werke. Erste kritische Gesamtausgabe unter Ltg. v. Hans Joachim Moser. 2. Reihe: Dramatische Werke, 1. Bd.: *Jugendopern* (hg. v. Alfred Lorenz, Augsburg: Filser, 1926), 2. Bd.: *Rübezahl* und *Silvana* (hg. v. Willibald Kaehler, Augsburg: Filser, 1928), 3. Bd.: *Preciosa* (hg. v. Ludwig K. Mayer, Braunschweig: Litolff, 1932) [mehr nicht erschienen]
Grosse Messe in Es-Dur (Salzburg 1802). Hg. v. Constantin Schneider. Augsburg: Filser, 1926 [geplant als Bd. 1 der 1. Reihe der Musikalischen Werke] - Klavierauszug von Carl Blessinger, a.a.O., 1927
Reliquienschrein des Meisters Carl Maria von Weber. Hg. v. Leopold Hirschberg. Berlin u.a.: Morawe & Scheffelt, 1927
Abu Hassan. Komische Oper in einem Akt. JV 106. Partitur. Hg. v. Willy Werner-Göttig. Offenbach: Werner Dohany, 1925 (Sonderdruck der *Deutschen Kunstschau*).
Andante und Rondo Ungarese für Fagott und Orchester. op. 35, JV 158. Reprint: Berlin: Lienau, o. J.
Andante und Rondo Ungarese für Viola und Orchester. JV 79. Hg. v. Georg Schünemann. Mainz u.a.: Schott, 1938
Concertino für Horn und Orchester. op. 45, JV 188. Hg. v. Peter Damm. Leipzig: EP, 1975
Concertino für Horn und Orchester. op. 45, JV 188. Faksimile nach dem Partiturautograph der Deutschen Staatsbibliothek. Leipzig: Zentralantiquariat, 1986
Concertino für Klarinette und Orchester. op. 26, JV 109. Hg. v. Roger Fiske. ETP 1971
Deutsche Tänze. op. 4, JV 15-26. Bearb. v. Martin Frey. Mainz u.a.: Schott, o. J.
Der Freischütz. Romantische Oper in drei Aufzügen. JV 277. Hg. v. Joachim Freyer. Leipzig: EP, 1976
Grand Duo concertant op. 48, JV 204 für Klavier und Klarinette. Hg. v. Richard Hofmann. Frankfurt u.a.: EP, o. J.
Grand Pot-Pourri pour le violoncell avec acc. de l'orchestre. op. 20, JV 64. Hg. als *Concerto (Fantasie)* v. Franz Beyer. ETP 1969
Hymne »In seiner Ordnung schafft der Herr«. op. 36, JV 154. Reprint: Berlin: Lienau, o. J.
Jubel-Ouverture op. 59, JV 245. ETP o. J.
Kampf und Sieg. Kantate. op. 44, JV 190. Bearb. v. Hanns Mießner. Berlin: Lienau, 1915
Klavierwerke in 3 Bdn. Hg. v. Louis Köhler u. Adolf Ruthardt. I. *Sonaten*. II. *Klavierstücke und Variationen*. III. *Variationen und Konzerte*. Frankfurt u.a.: EP, o. J.
Konzert für Fagott und Orchester F-Dur. op. 75, JV 127. Hg. v. Max Alberti. ETP 1952
Konzert für Klarinette und Orchester F-Moll. op. 73, JV 114. Hg. v. Max Alberti. ETP o. J.
Konzert für Klarinette und Orchester Es-Dur. op. 74, JV 118. Hg. v. Max Alberti. ETP o. J.
Konzert für Klavier und Orchester Nr. 1 C-Dur. op. 11, JV 98. Hg. v. Max Alberti, rev. v. Hans-Hubert Schönzeler. ETP 1959

Konzert für Klavier und Orchester Nr. 2 Es-Dur. op. 32, JV 155. Hg. v. Max Alberti, rev. v. Hans-Hubert Schönzeler. ETP 1959
Konzertstück für Klavier und Orchester F-Dur. op. 79, JV 282. Hg. v. Max Alberti. ETP 1943
Ausgewählte Lieder für eine Singstimme mit Pianofortebegleitung. Frankfurt u.a.: EP, 1887
Meine Lieder. Meine Sänge. Lieder zur Gitarre von Carl Maria von Weber. Hg. v. Wolfgang Goldhan. Berlin: Lied der Zeit, 1986
Musik zu Turandot. op. 37, JV 75. Hg. v. Hans-Hubert Schönzeler. Adliswil: Eulenburg, 1976
Originalkompositionen für Klavier zu vier Händen. Rev. v. Adolf Ruthardt. Frankfurt u.a.: EP, 1948
Ouvertüre zu Abu Hassan. JV 106. ETP o. J.
Ouvertüre zu Der Beherrscher der Geister. op. 27, JV 122. ETP o. J.
Ouvertüre zu Euryanthe. op. 81, JV 291. ETP o. J.
Ouvertüre zu Peter Schmoll. op. 8, JV 54 (Konzertfassung). Hg. v. Ernst Praetorius. ETP 1938
Ouvertüre zu Silvana JV 87 (alte Fassung). ETP o. J.
Quartett für Klavier, Violine. Viola und Violoncello. op. 8, JV 76. Frankfurt u.a.: Peters, o. J.
Quintett B-Dur für Klarinette und Streichquartett. op. 34, JV 182. ETP o. J.
Romanza Siciliana (op. posth. Nr. 2) für Flöte und Orchester. JV 47. Berlin: Lienau, o. J.
Peter Schmoll. Komische Oper in zwei Akten. JV 208. Musikal. Einrichtung u. Klavierauszug v. Meinhard v. Zallinger. Frankfurt u.a.: Litolff/Peters, 1963
Sechs Sonaten für Klavier und Violine. op. 10 (b), JV 99-104. Hg. v. Ewald Zimmermann. München: Henle, 1965
Sinfonie Nr. 1 in C-Dur. JV 50. Hg. v. Fritz Oeser. ETP 1948
Sinfonie Nr. 2 in C-Dur. JV 51. Hg. v. Hans-Hubert Schönzeler. ETP 1970
Tänze. Sechs Favoritwalzer JV 143-148, Walzer JV 185, Max-Walzer JV Anh. II/81 für Klavier. Hg. v. Brigitte Höft. Wiesbaden: Breitkopf & Härtel, 1986
Thema und Variationen für Viola und Orchester. JV 49. Hg. v. Ulrich Drüner. Aliswil/ZH u.a.: Eulenburg Zürich, 1976
Trio für Pianoforte, Flöte und Violoncello. op. 63, JV 259. Hg. v. Roger Fiske. ETP 1977
Variationen für Violoncello und Orchester. JV 94 (Fassung für Violoncell und Klavier) Hg. v. Wilfried Jentzsch. Leipzig: EP, 1971
Sieben Variationen für Clarinette und Pianoforte. op. 33, JV 128. Hg. v. Peter Hodgson. London: EP, 1964
Walzer mit Trio nach dem Lied »Mayenblümlein so schön« für 8 Bläser. JV 149. Hg. v. Kurt Janetzky. Adliswil/Zürich: Kunzelmann, 1980

Autographe:

Im folgenden sind nur jene verwendeten Autographe verzeichnet, die nicht in der Sammlung *Weberiana* der Deutschen Staatsbibliothek Berlin/DDR zu finden sind. (Für diese Autographe sei auf den Katalog der Weber-Autographe der DSB Berlin von Eveline Bartlitz, Berlin 1986 verwiesen; Abschriften von Jähns sind im *Katalog der Sammlung Weberiana* von Jähns verzeichnet). Die Reihenfolge der Angaben folgt dem Werkverzeichnis von Jähns.

Peter Schmoll JV 8. Partitur II (1. Akt von der Hand Franz Antons). D-brd B: Mus. ms. autogr. C. M. v. Weber, Nachlaß Jähns I.1
Samori-Variationen op. 6, JV 43. Klavierpart. GB LBm: Add. 41634
Sinfonie Nr. 1 C-Dur JV 50. Partitur. Privatbesitz
Sinfonie Nr. 2 C-Dur JV 51. Partitur. Privatbesitz

Der Erste Ton JV 58. Schlußchor im Klavierauszug (ohne Singstimmen). GB LBm: Add. 47861 B

Andante und Rondo Ungarese für die Alt Viola JV 79. Partitur. D-brd B: Mus. ms. autogr. C. M. v. Weber, Nachlaß Jähns I.5

Silvana JV 87. Partitur, unvollständig. Privatbesitz

Variationen für das Violoncell JV 94. Partitur. US Wc: Music 1208

Klavierkonzert Nr. 1 C-Dur JV 98. Partitur. GB LBm: Add. 47853

Six Sonates progressives pour le Pianoforte avec Violon ogligé op. 10, JV 99-104. D-brd DS: Mus. ms. 1166

Abu Hassan JV 106. Partitur. Autograph a: Privatbesitz. Autograph b: D-brd DS: Mus. ms. 1164

Missa Sancta Nr. 1 in Es JV 224. Partitur. D-brd B: Mus. ms. autogr. C. M. v. Weber, Nachlaß Jähns I.18

Jugendmesse in Es-Dur. Partitur. A-Salzburg, Museum Carolino Augusteum Hs 558

Archivalien zu Danzi, Vogler und Weber

Hessisches Staatsarchiv Darmstadt:

C 2 Darmstadt Nr. 23, S. 286:	Vogler (Verkauf des Hauses)
D 4 Nr. 643/1	(Brief Voglers an Prinz Emil)
D 8 Nr. 17/3-9	(Aufführungsverzeichnisse)
D 8 Nr. 67/8	(Zahlungen der Hoftheaterkasse)
D 12 Nr. 23/1	(Familie Janitsch)
D 12 Nr. 33/27	(Meyerbeer)
D 12 Nr. 48/26-27	(Acten betreff Vogler, früher D 4 N 695)
D 12 Nr. 49/32	(Acten betreff C. M. v. Weber, früher D 4 N 696)
G Darmstadt F 2871/8	(Nachlaßakte Voglers)

Badisches Generallandesarchiv Karlsruhe:

47/812	(Betragen des Personals)
47/823	(Niedersetzung eines Comités)
47/881-886	(Correspondenz mit Personal in Oper u.a.)
47/902	(Correspondenz, u.a. Weber-Autograph)
47/912-913	(Hoforchester)
47/1105-1107	(Anschaffungen von Opern etc, Briefe Webers)
47/1127	(Inventarium)
47/1142-1146	(Repertoiregenehmigungen u.a.)
47/1147-1154	(Sitzungsprotokolle)
47/1163	(Witwen- und Waisenfond)
56/922	(Kataloge)
57/123	(Zeremoniell)
57/159	(Dienstsachen Franz Danzi)
57/324	(Belobungen und Verweise)
76/1467	(u.a. Carl Danzi)
77/1156	(Dienstbestallung, u.a. Vogler betr.)
77/1160	(u.a. Innozenz Danzi)
206/1127	(Erbteilung Franz Danzi)
232/214	(Carl Danzi)

Staatsarchiv Ludwigsburg:

E 18 I: Theaterakten:

Bü 16	(Vermischte Theatersachen)
Bü 25-27	(Theaterzettel, Stückeverz., Angebote von Opern)
Bü 31	(Musikalien)
Bü 51	(Festtheater)
Bü 66	(Musikinstitut)
Bü 69	(Oratorien)
Bü 72	(Orchester)
Bü 72a	(50 Briefe Danzis an Morigotti)
Bü 74	(Beurlaubungen)
Bü 75	(Benefizvorst.)
Bü 81	(Vergehen u. Strafen)
Bü 119	(Musikdirektor Knecht)
Bü 124	(Regine Lang)
D 52 Bü 1044	(Residenzpolizeiministerium)

Bayerisches Hauptstaatsarchiv München:

HR I:	
Fasz. 458, Nr. 23-24	(Zensur)
Fasz. 463, Nr. 240	(Kalcher betr.)
Fasz. 465, Nr. 343	(Innozenz Danzi)
Fasz. 465, Nr. 344	(Franz Danzi)
Fasz. 465, Nr. 345	(Margarethe Danzi)
Fasz. 470, Nr. 675	(Marchand)
HR II:	
Fasz. 155-159	(Rechnungsbelege)
GR:	
Fasz. 981, Nr. 3	(Vogler betr.)

Bayerische Staatsbibliothek München, Handschriften- u. Inkunabelabteilung:

Nachlaß Karl Emil von Schafhäutl:
Vogler betreffend: 4.1.1 - 4.3.21
(darunter Briefe von und an Joseph Fröhlich in Würzburg in Fasz. 4.3.4)

Hauptstaatsarchiv Stuttgart:

E 6 Hofstaat und Kabinett:	
Bü 1-6	(Berichte über Personal u. Stellen 1807-1813)
Bü 7-8	(Repertoire 1811-1812)
Geheimes Hausarchiv G 246:	
Bü 5	(Prozeßakte Weber)

Briefregesten

Briefe Franz Danzis:

Neben den Bibliothekssiglen von *RISM* und den Namensverweisen auf die vorangehende Bibliographie werden folgende Abkürzungen verwendet:

GLA Ka = Badisches Generallandesarchiv Karlsruhe
HSA St = Hauptstaatsarchiv Stuttgart
L 72 a = Staatsarchiv Ludwigsburg: E 18 I Bü 72a (Briefe an Morigotti)
SA Lu = Staatsarchiv Ludwigsburg
StA = Stadtarchiv

Datum	Empfänger	Fundort	Veröffentlichung
09. 05. 1803	Georg Lambrecht	US PHhs	
07. 09. 1803	Breitkopf & Härtel	D-brd B	
15. 11. 1803	Breitkopf & Härtel	D-brd Mbs	
23. 05. 1804	Breitkopf & Härtel?	CH Zz	
17. 02. 1807	Intendant von Roeder	HSA St	
19. 07. 1807	Morigotti	L 72a	
01. 08. 1807	Morigotti	L 72a	
20. 08. 1807	Morigotti	L 72a	
01. 09. 1807	Morigotti	L 72a	
19. 09. 1807	Morigotti	L 72a	
29. 10. 1807	Morigotti	L 72a	
07. 11. 1807	Morigotti	L 72a	
06. 12. 1807	Morigotti	L 72a	
02. 01. 1808	Morigotti	L 72a	
20. 02. 1808	Morigotti	L 72a	
18. 04. 1808	Morigotti	L 72a	
01. 06. 1808	Morigotti	L 72a	
22. 06. 1808	Morigotti	L 72a	
08. 09. 1808	Morigotti	L 72a	
20. 11. 1808	Morigotti	L 72a	
20. 01. 1809	Morigotti	L 72a	
24. 01. 1809	Intendanz Stuttgart	HSA St	
13. 04. 1809	Morigotti	L 72a	
23. 03. 1809	Morigotti	L 72a	
? 04. 1809	Friedrich I. v. Württ.	SA Lu	
06. 07. 1809	Morigotti	L 72a	
22. 07. 1809	Morigotti	L 72a	
07. 08. 1809	Weber	D-ddr Bds	Reipschläger
30. 08. 1809	Morigotti	L 72a	
25.?09. 1809	Friedrich I. v. Württ.	SA Lu	
07. 11. 1809	Morigotti	L 72a	
03. 04. 1810	Intendant von Wächter	SA Lu	
14. 04. 1810	Morigotti	L 72a	
22. 07. 1810	Morigotti	L 72a	
22. 08. 1810	Morigotti	L 72a	
03. 10. 1810	Morigotti	L 72a	

Datum	Empfänger	Fundort	Veröffentlichung
01. 09. 1810	Morigotti	L 72a	
28. 10. 1810	Morigotti	L 72a	
20. 11. 1810	Morigotti	L 72a	
25. 12. 1810	Morigotti	L 72a	
05. 01. 1811	Intendant von Wächter	SA Lu	
12. 01. 1811	Morigotti	L 72a	
06. 02. 1811	Morigotti	L 72a	
17. 02. 1811	Morigotti	L 72a	
03. 03. 1811	Morigotti	L 72a	
25. 03. 1811	Morigotti	L 72a	
12. 04. 1811	Morigotti	L 72a	
02. 06. 1811	Intendant von Wächter	SA Lu	
23. 06. 1811	Intendant von Wächter	SA Lu	
10. 07. 1811	Intendant von Wächter	SA Lu	
18. 07. 1811	Intendant von Wächter	SA Lu	
18. 07. 1811	Hofrat ?	SA Lu	
10. 09. 1811	Morigotti	L 72a	
10. 01. 1812	Morigotti	L 72a	
12. 01. 1812	Intendanz Stuttgart	HSA St	
26. 03. 1812	Morigotti	L 72a	
02. 05. 1812	Morigotti	L 72a	
09. 05. 1812	Gervais ?	Antiquariat Zimmermann Nr. 10	
17. 05. 1812	Morigotti	L 72a	
22. 05. 1812	Baron von Ende?	GLA Ka	
26. 05. 1812	Intendant von Wächter	SA Lu	
05. 06. 1812	Baron von Ende	GLA Ka	
13. 06. 1812	Baron von Ende	GLA Ka	
28. 07. 1812	Morigotti	L 72a	
10. 12. 1812	Morigotti	L 72a	
28. 12. 1812	an einen Verleger	StA Stuttgart	
26. 01. 1813	Morigotti	L 72a	
29. 04. 1813	Baron von Ende	GLA Ka	
01. 05. 1813	Baron von Ende	GLA Ka	
24. 06. 1813	Morigotti	L 72a	
12. 08. 1813	Morigotti	L 72a	
23. 08. 1813	Baron von Ende	GLA Ka	
28. 09. 1813	Baron von Ende	GLA Ka	
14. 08. 1813	Morigotti	L 72a	
11. 08. 1815	Morigotti	L 72a	
06. 09. 1815	Baron von Ende	GLA Ka	
08. 12. 1815	von Ende	GLA Ka	
15. 11. 1816	?	GLA Ka	
27. 06. 1817	Kammersänger Häser	StA Stuttgart	
17. 07. 1819	Baron von Ende	GLA Ka	
30. 12. 1819	J. André	Offenbach: André-Archiv	
14. 01. 1820	J. André	Offenbach: André-Archiv	
28. 01. 1820	Morigotti	L 72a	
22. 05. 1820	J. André	Offenbach: André-Archiv	
05. 06. 1820	J. André	Offenbach: André-Archiv	
15. 09. 1820	J. André	Offenbach: André-Archiv	
30. 01. 1821	Morigotti	L 72a	

Datum	Empfänger	Fundort	Veröffentlichung
15. 03. 1821	an einen Freund	StA Karlsruhe	
04. 07. 1821	Intendanz Karlsruhe	GLA Ka	
08. 03. 1822	Josef von Auffenberg?	GLA Ka	
17. 06. 1822	J. André	Offenbach: André-Archiv	
29. 10. 1822	J. André	Offenbach: André-Archiv	
26. 11. 1822	Regisseur Mittell	GLA Ka	
20. 12. 1822	J. André	Offenbach: André-Archiv	
23. 01. 1823	J. André	Offenbach: André-Archiv	
10. 02. 1823	Regisseur Mittell	GLA Ka	
13. 03. 1823	J. André	Offenbach: André-Archiv	
15. 05. 1823	Louis Spohr	D-brd Kl	
22. 12. 1823	Josef von Auffenberg?	GLA Ka	
27. 12. 1823	Josef von Auffenberg	GLA Ka	
06. 07. 1824	J. André	Offenbach: André-Archiv	
27. 08. 1824	Rat Keller	StA Karlsruhe	
07. 03. 1825	an einen Freund	StA Karlsruhe	
20. 04. 1825	an einen Komponisten	Stargardt Kat. 491	
16. 07. 1825	Peter Ritter?	US PHhs	
09. 09. 1825	Rat Keller	D-ddr Bds	
29. 11. 1825	Rat Keller	A Wgm	
25. 02. 1826	Baron von Ende	GLA Ka	
? ?	Intendant ?	Antiquariat Zimmermann Nr. 10	
? (vor 1807)	an einen Doktor	D-brd Mbs	

Georg Joseph Vogler

HSA Mü = Bayerisches Hauptstaatsarchiv München
GLA Ka = Badisches Generallandesarchiv Karlsruhe
SA Da = Hessisches Staatsarchiv Darmstadt
Veröffentlichungen sind nur mit dem Namen des Herausgebers angegeben (vgl. hierzu Bibliographie, S. 417ff.)

Datum	Empfänger	Fundort	Veröffentlichung
24. 12. 1773	Voglers Eltern	A Wst	La Mara: Musikerbriefe I
09. 04. 1779	?	D-brd F	
13. 06. 1779	?	Slg. Heyer III	
18. 12. 1780	Geheimrat von Geiger	GLA Ka	Sulzmann
26. 07. 1784	Joseph Fröhlich	US PHhs	
05. 07. 1787	Johan Hinric Lidén	S Uu	Hennerberg
08. 09. 1788	Prof. Bernoulli	CH Bu	
12. 09. 1788	Geheimen Cämmerier?	D-brd DS	
13. 07. 1789			Faksimile in Schafhäutl
12. 08. 1789	Organist Hoft	D-brd B	
01. 11. 1789	Knigge	Liepmannssohn Verst. 28	
14. 05. 1790	Ludewig I.	SA Da	
14. 03. 1791	Johan Hinric Lidén	S Uu	Hennerberg
21. 08. 1793	Großmann		Unger

Datum	Empfänger	Fundort	Veröffentlichung
26. 07. 1794	?	S Sm	
12. 05. 1795	Gertrude Vogler	CH Zz	
29. 11. 1796	B. in Bremen?	Slg. Heyer I	
10. 11. 1797	? in Würzburg		Pasqué
21. 06. 1799	C. E. F. Weyse	DK Kk	
14. 08. 1799	C. E. F. Weyse	DK Kk	
? 09. 1799	?	D-brd F	
? 02. 1800	Breitkopf & Härtel	D-brd B	
25. 03. 1800	Breitkopf & Härtel	D-brd B	
02. 07. 1800	C. E. F. Weyse	DK Kk	
16. 07. 1800	?	Slg. Heyer I	
05. 08. 1800	Breitkopf & Härtel	D-brd B	
06. 08. 1800	Breitkopf & Härtel	D-brd DS	
20. 08. 1800	Redaktion der AMZ?	D-brd B	
03. 10. 1800	C. E. F. Weyse	DK Kk	
01. 11. 1800	C. E. F. Weyse	DK Kk	
10. 11. 1800	Breitkopf & Härtel	D-brd B	
30. 12. 1800	C. E. F. Weyse	DK Kk	
07. 02. 1801	Prof. Siebold	D-brd WÜu	
17. 02. 1801	?	Slg. Heyer III	
21. 02. 1801	?	Slg. Heyer III	
22. 02. 1801	Anhalt u. Wagener	D-ddr Bds	
21. 03. 1801	Breitkopf & Härtel	Us NYpm	
11. 05. 1801	Breitkopf & Härtel	D-brd B	
30. 05. 1801	Breitkopf & Härtel	D-brd B	
01. 07. 1801	Kühnel	D-brd Ds	
19. 07. 1801	Kühnel	D-brd	
21. 07. 1801	Kühnel	US Wc	
30. 07. 1801	Kühnel	US Wc	
28. 09. 1801	Kühnel	F Pn	
31. 10. 1801	Kühnel	Slg. Heyer I	
27. 04. 1802	Breitkopf & Härtel	D-brd B	
23. 10. 1802	?	D-ddr Bds	
27. 04. 1803	Kühnel	S Sm	
20. 07. 1803	Mad. Frank	A Wst	
04. 09. 1803	?	D-ddr Bds	
12. 09. 1804	Gänsbacher	A Wgm	
20. 10. 1804	Gänsbacher	A Wgm	
08. 03. 1805	Gänsbacher	A Wgm	
15. 03. 1805	Gänsbacher	Privatbesitz	
31. 03. 1805	Gänsbacher	A Wgm	
09. 04. 1805	Gänsbacher	Privatbesitz	
28. 04. 1805	Gänsbacher	A Wgm	
03. 05. 1805	Gänsbacher	Privatbesitz	
25. 05. 1805	Gänsbacher	A Wgm	
06. 08. 1805	? in Linz	A Wn	
26. 08. 1805	(Gutachten)	HSA Mü	
11. 10. 1805	Treitschke	Slg. Heyer I	
08. 04. 1806	Treitschke	Slg. Heyer I	
24. 04. 1806	Akademie Mü	SA Da	
09. 05. 1806	Treitschke	S Sm	

Datum	Empfänger	Fundort	Veröffentlichung
03. 06. 1806	Treitschke	D-ddr Bds	
21. 06. 1806	Treitschke	D-brd Mbs	
01. 07. 1806	Kühnel	S Sm	
24. 07. 1806	Kühnel	S Sm	
01. 10. 1806	(Kontrakt)	HSA Mü	
01. 10. 1806	(Vertrag mit Aretin)	HSA Mü	
31. 10. 1806	an einen Verleger	Charavay Auktion 16. Juni 1884	
20. 04. 1807	?	A Ws	
19. 05. 1807	(Vertrag)	S Sm	
08. 10. 1807	an einen Freund	F Pn	
12. 11. 1807	Baron Aretin	Friedrich Cohen, Kat. 98	
? ? 1807	Ludewig I. (Bewerbung)	SA Da	
10. 03. 1808	an einen Freund	D-ddr Bds	
20. 04. 1808	Kühnel	D-ddr Bds	
17. 08. 1808	(für Familie Janitsch)	SA Da	
20. 08. 1818	?	Stargardt Kat. 533	
03. 10. 1808	Schleiermacher	SA Da	
05. 10. 1808	Sigismund Neukomm	A Ws	
27. 10. 1808	Gänsbacher	A-Wgm	
01. 11. 1808	(Vertragsentwurf)	D-brd Ms	
05. 11. 1808	Schleiermacher	SA Da	
15. 11. 1808	Schleiermacher	SA Da	
06. 12. 1808	Schleiermacher	SA Da	
01. 03. 1809	Joseph Fröhlich	D-brd Ms	
12. 06. 1809	C. M. v. Weber	D-ddr Bds	Faksimile bei Kleefeld
24. 07. 1809	?	D-ddr Bds	
14. 09. 1809	Kronprinz Ludwig	D-brd Ms	
03. 10. 1809	Kronprinz Ludwig	D-brd Ms	
15. 10. 1809	Schleiermacher	SA Da	
? 12. 1809	Ludewig I.	SA Da	
17. 01. 1810	Gänsbacher	A Wgm	
07. 02. 1810	Becker in Gotha	Liepmannssohn Kat. 174	
03. 05. 1810	Amalia Beer	D-brd B?	Becker I
10. 07. 1810	Gräfin Firmian	A Wgm	Nohl 1867
30. 07. 1810	J. André	US NYpm	
13. 09. 1810	?	US Wc	
15. 10. 1810	?	D-brd BNu	
18. 12. 1810	an einen Drucker	Liepmannssohn Kat. 174	
01. 01. 1811	Ludewig I.	SA Da	
17. 01. 1811	an einen geistl. Rat	US PHhs	
26. 05. 1811	(Empfehlungsschreiben)	D-brd F	
07. 06. 1811	Johann Tollmann	CH Bu	
05. 07. 1811	Jacob H. Beer	D-brd B?	Becker I
21. 07. 1811	Gottfried Weber	US Wc	
15. 10. 1811	Amalia Beer	D-brd B?	Becker I
? 10. 1811	Joseph Fröhlich	D-brd Ms	
05. 11. 1811	Joseph Fröhlich	D-brd Ms	
? 12. 1811	Ludewig I.	SA DA	
09. 01. 1812	an einen Geheimen Rat	D-brd TRs	
02. 02. 1812	Joseph Fröhlich	D-brd Ms	
02. 02. 1812	Rat Oberthür?	US Bc	

Datum	Empfänger	Fundort	Veröffentlichung
06. 03. 1812	Joseph Fröhlich	S Sm	
20. 05. 1812	Rat Oberthür	US Wc	
24. 05. 1812	Rat Oberthür	D-brd	
? 05. 1812	Schulthesius	Liepmannssohn Kat. 174	
12. 06. 1812	Ludewig I.	SA Da	
16. 07. 1812	Schleiermacher	SA Da	
08. 08. 1812	Schulthesius	Liepmannssohn Kat. 174	
11. 08. 1812	Schleiermacher	SA Da	
16. 08. 1812	Ludewig I.	SA Da	
19. 10. 1812	Ludewig I.	SA Da	
10. 12. 1812	Ludewig I.	SA Da	
20. 12. 1812	Ludewig I.	SA Da	
? 1812/1813	Ludewig I.	SA Da	
11. 01. 1813	Rat Oberthür	S Sm	
15. 01. 1813	Ludewig I.	SA Da	
11. 02. 1813	Schleiermacher?	SA Da	
13. 02. 1813	Ludewig I.	SA Da	
19. 03. 1813	Ludewig I.	SA Da	
14. 04. 1813	Skjöldebrand	S Sm	
22. 04. 1813	Kapellmeister Glöggl		La Mara: Musikerbriefe I
20. 05. 1813	Schleiermacher	SA Da	
22. 05. 1813	Ludewig I.	SA Da	
08. 06. 1813	Kapellmeister Glöggl	D-ddr Bds	
23. 06. 1813	Ludewig I.	SA Da	
23. 06. 1813	Gänsbacher	A Wgm	
09. 07. 1813	Organist Veltmann	Stargardt Kat. 487	
13. 07. 1813	Joseph von Blumenthal	D-ddr Bds	
21. 07. 1813	Ludewig I.	SA Da	
27. 07. 1813	Gänsbacher	Privatbesitz	
03. 08. 1813	Joseph von Blumenthal	D-ddr Bds	
03. 09. 1813	Ludewig I.	SA Da	
14. 10. 1813	Präfekt Schmid	D-brd Ms	
09. 11. 1813	Joseph von Blumenthal	D-ddr Bds	
11. 11. 1813	?	Liepmannssohn Kat. 174	
15. 11. 1813	an eine Postbehörde	W Wn	
29. 11. 1813	Joseph von Blumenthal	S Sm	
17. 03. 1814	Gottfried Weber	D-brd HEu	
27. 03. 1814	Heinrich Bärmann?	S Sm	
? ? 1814	Großherzogin ?	D-brd B	
? ?	Ludewig I.	SA Da	(mehrere undatierte)

Register

Die kursiv gesetzten Seitenzahlen bezeichnen Notenbeispiele im Text.